《中国社会科学》创刊三十五周年论文选（1980—2014）卷一

主 编　张 江　高 翔

副主编　王利民　余新华　李红岩
　　　　孙 麾　李新烽

中国社会科学出版社

图书在版编目（CIP）数据

《中国社会科学》创刊三十五周年论文选：1980—2014：全 4 卷／
张江，高翔主编 . —北京：中国社会科学出版社，2017. 1
ISBN 978 – 7 – 5161 – 9008 – 1

Ⅰ. ①中…　Ⅱ. ①张…②高…　Ⅲ. ①社会科学—中国—文集
Ⅳ. ①C53

中国版本图书馆 CIP 数据核字（2016）第 227363 号

出 版 人　赵剑英
责任编辑　王　茵　马　明
责任校对　李　丽
责任印制　王　超

出　　　版　中国社会科学出版社
社　　　址　北京鼓楼西大街甲 158 号
邮　　　编　100720
网　　　址　http://www.csspw.cn
发 行 部　010 – 84083685
门 市 部　010 – 84029450
经　　　销　新华书店及其他书店

印　　　装　北京君升印刷有限公司
版　　　次　2017 年 1 月第 1 版
印　　　次　2017 年 1 月第 1 次印刷

开　　　本　710×1000　1/16
印　　　张　163. 25
字　　　数　2900 千字
定　　　价　360. 00 元(全四卷)

年代的社会史大论战中逐渐成为进步学术的主流。新中国成立后，人文社会科学界形成了以马克思主义为指导的学术话语体系，这是新时期中国学术前进的基础和出发点。

《中国社会科学》自诞生起就处在剧烈而深刻的社会变革之中，面临着各种思潮的相互激荡和竞争。它一方面积极倡导学者解放思想，大胆探索、大胆创新，为时代的进步鼓与呼；一方面毫不含糊地宣示，以马克思主义为指导是近代以来中国历史的必然选择，是中国学术的必由之路。坚持马克思主义，中国学术就从根本上坚持了科学的世界观和方法论；掌握了马克思主义，中国学术就从根本上掌握了自己的未来。马克思主义不是束缚学术创新的教条；相反，它从未离开人类文明发展的大道，从不保守，从不固步自封，是最没有狭隘宗派主义的思想体系，具有最宽阔的胸怀和包容能力，善于通过批判的方法吸收和借鉴全人类的一切思想精华，使自己得到丰富和发展。

马克思主义与时俱进的品格，要求学者站在社会进步的最前沿，在理论和实践的双重探索中，不断开辟新的思想境界、学术境界。这是当代中国学人的使命，也是中国知识界应有的精神追求。正是从坚持和发展马克思主义的立场出发，《中国社会科学》组织、刊发了一系列具有重大影响的文章，体现出《中国社会科学》和中国学人的理论担当与学术勇气。

服务中国特色社会主义是当代
中国学术的根本宗旨

对亿万苍生的关切，对人类命运的关注，始终是学术文明得以展开、得以延续、得以发展的前提。"士不可以不弘毅，任重而道远"，"为天地立心，为生民立命，为往圣继绝学，为万世开太平"，铸就了一代代中国学人的崇高品格和凛然风骨。当代中国学术必须继承和弘扬这一经世传统，矢志不渝地为我们这个时代的进步提供思想和智慧的支持。

服务现实与学术研究并不矛盾，而是相辅相成、相得益彰。学术的生命力，从来都来自对重大现实问题的深切追问，来自对人类前途命运的终极关怀。学术不断地从现实中汲取创新的素材和灵感，而人类生活的现实也在学术的不断进步中获得提升和改善。30多年来，中国最具创新价值的学术成果，最有可能成为"传世之作"的学术文献，无一不饱含着深

用学术书写时代进步的华章

——为《中国社会科学》创刊 35 周年而作

高 翔*

35 年前，也就是 1980 年，《中国社会科学》创刊了。这个诞生、成长于改革开放新时期的幸运儿，从一开始就承载着独特的使命，凝聚着众多的期望。时任中国社会科学院院长的胡乔木同志对这份刊物饱含深情，倾注了大量心血。他确定了《中国社会科学》的办刊方向和编辑方针，强调要"以马克思主义为指导，研究国内外社会历史和学术思想，增进国际学术交流，为我国的社会主义现代化和我国哲学社会科学的发展服务"；明确要求《中国社会科学》发表的论文质量要在全国是第一流的，能代表中国社会科学院以至我们国家的社会科学水平，能够带动全国的哲学社会科学研究工作发展。

斗转星移 35 年，《中国社会科学》始终不忘创刊者的嘱咐和重托，始终牢记自己的责任，努力走在时代和学术进步的前沿。从 1980 年至今，《中国社会科学》刊发了 3800 余篇文章。这些在不同时期刊发的文章，无不鲜活而深刻地体现了当代中国学人的精神追求以及对时代问题的思考与回应。可以说，《中国社会科学》是新时期中国学术道路的一个缩影。"风云雄气象，笔墨辟鸿蒙。"回望过去，《中国社会科学》一路走来，不乏辉煌与荣光，也经历过曲折和迷茫。反思、总结其中的经验与教训，对我们更好地把握中国学术的未来不无裨益。

马克思主义是当代中国学术的旗帜和灵魂

中国的马克思主义学术萌生于上世纪五四运动前后，在上世纪二三十

* 高翔，中国社会科学院秘书长、党组成员，中国社会科学杂志社总编辑。

沉的家国情怀，无一不清晰而直接地回答时代的课题。正是从对重大理论和现实问题的关注和思考中，从人民群众创造历史的伟大实践中，我们的学者获得了思想创新的动力和源泉。以《中国社会科学》所刊发文章为例，围绕实行农村家庭联产承包责任制、建立社会主义市场经济体制、健全社会主义法制与推进依法治国、推进国家治理体系和治理能力现代化等方面的文章，与时代的脉搏共振，与人民的呼声相应，具有鲜明的理论和学术创新价值。

毋庸讳言，无论过去还是现在，中国学人在坚持独立思考和服务现实方面还存在改进的空间。但这不应该成为远离现实、逃避使命与担当的理由，中国学人的双脚必须牢牢站立在实践的热土上。否则，"躲进小楼成一统"，"不知有汉，无论魏晋"，无论多么劳神费力，最终形成的只能是精致的"纸老虎"。历史反复证明，学术要发展，一个最基本的前提就是要投身到时代进步的洪流中，去推波助澜，去激流扬帆，而不是冷眼旁观，更不能逆流而动。

形成中国特色学术话语体系是当代中国学术的坚定追求

在我们这个星球上，每一个民族的文化都是独一无二、不可替代的。作为人类文明高层次组成部分的人文社会科学知识体系，更是如此。当今时代，伴随着信息技术的进步、交通工具的发达，不同国家、不同民族的联系日渐紧密，文化在交融、知识在汇通，学术的全球化似乎正成为一场宏大的"盛宴"。然而，表象不等于本质，时尚不等于方向，真正成熟的学者不应该在喧嚣和狂欢中迷失自我。我们需要对学术的全球化作冷思考。

毫无疑问，当今时代，在学术上搞闭关锁国既无出路，也不可能。学术要发展，必须具有全球视野，必须善于借鉴、学习其他国家，包括国际主流学术中的合理成分。但也要看到，学术交流应该是平等的、双向的，放弃人文社会科学研究的民族性，用西方的学术理念改造我们的学术文化，只能是死路一条。事实上，在如何正确处理中外学术关系上，我们既有成功的经验，也不乏痛苦的教训。一个时期以来，一些学科过于强调西方学术的先进性和普适性，盲目迷信和崇拜西方学术与理论，妨碍了我们的独立思考和理论创新。面对中外学术思潮的汹涌激荡，我们诚然需要有宽广的视野、博大的胸怀和谦逊的姿态，但前提是坚守我们的学术价值、学术立场与学术原则，坚持独立思考、独抒己见、以我为主、为我所用。中国学人不能一味当洋人的学生，不能放弃民族学术的尊严与自信。中国学术必须说中国话，必须形成人文社会科学研究的中国学派。这是《中国社会科学》矢志不移的学术追求。

坚守科学精神是当代中国学术的基本原则

敬畏学术，以审慎的态度对待学术，是中国知识界一以贯之的优良传统。清代学者钱大昕说，"学问乃千秋之事"，"通儒之学，必自实事求是始"。在中国马克思主义学术发展史上，真正的名家巨匠从来都是严谨治学的典范。然而，近些年学术氛围、学术风气出现种种弊端，自尊自重之风渐衰，庸俗媚俗之习蔓延；求实严谨之风不兴，轻浮贪功之气弥盛；抄袭剽窃时发，低层次重复成果甚多。与此同时，批评之声渐微，坚持真理的品格不彰。所谓的学术评论，往往谀词充斥，媚语多有；所谓的学术批评，往往避重就轻，避实击虚。这一现状，不但对包括《中国社会科学》在内的学术期刊的编辑工作提出了严峻的挑战，而且影响着当代中国学术的形象。中国学术要在未来的路上走得更好、更远，就必须杜绝浮华，返璞归真；坚守科学精神，坚守职业道德，坚守学术规矩；坚持做人、做事、做学问相统一，老老实实做人，踏踏实实做事，扎扎实实做学问；将科学研究作为千秋之事，敬之慎之，不为虚名所惑，不为近利所诱，脚踏实地，厚积薄发，使研究成果真正经得起实践的检验、经得起人民的评说、经得起历史的考验，从而使我们的学术界有品位、有尊严，风清气正，一归于淳朴正直之道。

"礼乐百年而后兴。"35 年，在人类历史上不过是短暂的一瞬。然而，这 35 年，中国创造了人类发展进步的历史奇迹。中国人文社会科学受益于这个时代，也成为时代前进的助推者、欢呼者。《中国社会科学》表征着我们这个时代知识的升华，反映着当代学人思想的追求，见证着社会的变迁与发展。在未来的岁月里，《中国社会科学》将在追求真理的途中，与探索者一路同行，并留下浓墨重彩的华章。

2015 年 11 月

卷一目录

马克思主义

哲　　学

政治学·公共管理·国际关系

马克思主义

马克思主义关于历史动力的
理论及其现实意义

庞卓恒[*]

摘要 历史发展的动力问题，是马克思主义历史唯物论基本问题之一。马克思、恩格斯在论及历史发展动力的论著中，曾提出"最后动力"、"直接动力"和"合力"等概念。本文结合欧洲与中国的一些历史实例，对这些基本概念的含义与相互关系提出了自己的见解，论证了生产力与阶级斗争、经济运动与政治运动、物质因素与精神因素、个人自主活动与历史客观进程的相互关系，论述了历史发展的客观规律性与历史发展的丰富性和生动性，力图按照历史的本来面目来论述历史的发展。

马克思主义关于历史动力的理论，是历史唯物论基本原理的一部分，它所回答的问题是：社会历史运动是由哪些力量推动着前进的？那些力量各自起着什么样的作用，又是怎样起作用的？从一定意义上说，关于历史动力的理论，就是从历史运动由哪些力量促成以及怎样促成的角度，对历史唯物论所揭示的历史运动客观规律所作的表述。因此，这一理论不仅指导着人们正确地认识已逝的过去，而且指导着人们自觉地去创造自己的现在和未来。

一

在马克思恩格斯论及历史发展动力的著作中，我们见到"最后动力"、"直接动力"和"合力"这样一些概念。具体地理解这些概念的含

---

* 庞卓恒，1935 年生，天津师范学院历史系讲师。

义及其相互关系，对于理解马克思主义关于历史动力的完整理论，是极其重要的。

"最后动力"概念，是恩格斯在《费尔巴哈和德国古典哲学的终结》中提出的。恩格斯指出："如果要去探究那些隐藏在——自觉地或不自觉地，而且往往是不自觉地——历史人物的动机背后并且构成历史的真正的最后动力的动力，那末应当注意的，与其说是个别人物、即使是非常杰出的人物的动机，不如说是使广大群众，使整个整个的民族、以及在每一民族中间又使整个整个阶级行动起来的动机。"① 接着，恩格斯就以西欧资本主义社会的历史为例，说明土地贵族、资产阶级和无产阶级"这三大阶级的斗争和它们的利益冲突是现代历史的动力"，然后进一步剖析这些阶级斗争背后的经济原因，指出"土地占有制和资产阶级之间的斗争，正如资产阶级和无产阶级之间的斗争一样，首先是为了经济利益而进行的，政治权力不过是用来实现经济利益的手段"，而"国家的愿望总的说来是由市民社会的不断变化的需要，是由某个阶级的优势地位，归根到底，是由生产力和交换关系的发展决定的"。②

由恩格斯的整个推导可以看出，他所说的历史的"最后动力"，就是"生产力和交换关系的发展"，而在作为最后动力的这种动力的两因素中，生产力又是更为根本的因素。正如马克思恩格斯早就指出的那样："已成为桎梏的旧的交往形式被适应于比较发达的生产力，因而也适应于更进步的个人自主活动类型的新的交往形式所代替；新的交往形式又会变成桎梏并为别的交往形式所代替。由于这些条件在历史发展的每一阶段上都是与同一时期的生产力的发展相适应的，所以它们的历史同时也是发展着的、为各个新的一代所承受下来的生产力的历史，从而也是个人本身力量发展的历史。"③

什么是生产力？通常说生产者同以生产工具为主的劳动资料的结合，就是生产力。然而，从生产者个人来看，生产力就是他在一定的社会分工部门和一定的生产关系中运用一定的劳动资料和生产技术从事物质生产的"自主活动"的个人力量，这些个人力量通过一定的生产关系形成整个社

---

① 《马克思恩格斯选集》第 4 卷，第 245 页。
② 同上书，第 246—247 页。
③ 《马克思恩格斯选集》第 1 卷，第 79 页。

会的生产力总和。所以马克思恩格斯指出：每个个人的力量就是生产力。① 当然，不能像费尔巴哈、鲍威尔和施蒂纳等人那样，把"个人自主活动"力量的发展史归结为个人的意识发展史，而应视为不以个人主观意志为转移的物质运动过程，视为在前一代留存下来的生产力的基础上渐渐地积累着、前进着的过程。在这个意义上，我们可以把"个人自主活动"的力量视为整个社会生产力总和赖以形成的基础，把"个人本身力量发展的历史"视为整个生产力发展的历史的基础。随着"个人自主活动类型"逐渐向着"更进步"的形式发展，整个社会的生产力和交往形式也相应地发展。

生产力和与它相应的交往形式的发展，构成历史过程中的"经济运动"。与经济运动相应而行并对经济运动产生反作用力的，有"政治运动"。"这是两种不相等的力量的交互作用：一方面是经济运动，另一方面是追求尽可能多的独立性并且一经产生也就有了自己的运动的新的政治权力。总的说来，经济运动会替自己开辟道路，但是它也必定要经受它自己所造成的并具有相对独立性的政治运动的反作用，即国家权力的以及和它同时产生的反对派的运动的反作用"，而"在政府和反对派之间的斗争中也反映出先前已经存在着并且在斗争着的各个阶级的斗争"。②

由此可见，恩格斯把来源于经济运动而又反作用于经济运动的政治运动，主要归纳为国家权力的运动以及反映着各个阶级的斗争的"政府和反对派之间的斗争"这样两个方面。

恩格斯进一步指出："国家权力对于经济发展的反作用可能有三种：它可以沿着同一方向起作用，在这种情况下就会发展得比较快；它可以沿着相反方向起作用，在这种情况下它现在在每个大民族中经过一定的时期就都要遭到崩溃；或者是它可以阻碍经济发展沿着某些方向走，而推动它沿着另一种方向走，这第三种情况归根到底还是归结为前两种情况中的一种。但是很明显，在第二和第三种情况下，政治权力能给经济发展造成巨大的损害，并能引起大量的人力和物力的浪费。"③

恩格斯还指出，法律、宗教、哲学、科学、道德以及存在于人们头脑

---

① 《马克思恩格斯选集》第 1 卷，第 73 页。
② 《马克思恩格斯选集》第 4 卷，第 482—483 页。
③ 同上书，第 483 页。

中的传统等，也都是来源于经济运动又反过来对经济运动产生反作用力的因素。

从马克思恩格斯的许多著作中，我们可以看到，他们把"动力"分为"最后动力"即原动力和非原动的动力两种，后者相对于前者来说，是直接的动力。并且他们正是从政治（包括阶级斗争）、思想等的运动对于作为最后动力的经济运动的促进性的反作用力的角度，提出了促进历史发展的直接动力的概念的，而且把这种直接动力的作用，比喻为"杠杆"或"助产婆"的作用。

例如，马克思在论述促进资本原始积累的各种方法时指出："所有这些方法都利用国家权力，也就是利用集中的有组织的社会暴力，来顺利地促进从封建生产方式向资本主义生产方式的转变过程，缩短过渡时间。暴力是每一个孕育着新社会的旧社会的助产婆。暴力本身就是一种经济力。"① 在这种情况下，国家权力就成了促进资本主义生产方式确立的直接动力或杠杆。又如，恩格斯指出："自从阶级对立产生以来，正是人的恶劣的情欲——贪欲和权势欲成了历史发展的杠杆，关于这方面，例如封建制度的和资产阶级的历史就是一个独一无二的持续不断的证明。"② 他还指出："卑劣的贪欲是文明时代从它存在的第一日起直至今日的动力。"③ 这里指的，显然就包括那些在客观上同经济发展"沿着同一方向起作用"的封建的和资产阶级的国家权力代表者们的"贪欲和权势欲"。对于这类人物，马克思恩格斯总是一方面无情揭露他们的阶级本质，另一方面肯定他们在促进经济运动前进方面，客观上起到了一部分动力或杠杆的作用。

"当某一个国家内部的国家政权同它的经济发展处于对立地位的时候——直到现在，几乎一切政治权力在一定的发展阶段上都是这样，——斗争每次总是以政治权力被推翻而告终。经济发展总是毫无例外地和无情地为自己开辟道路，最近这方面最显著的例子，就是我们已经提到过的法国大革命。"④ 在这样的情况下，代表经济发展要求的先进阶级的阶级斗争和革命，就成了推动历史前进的"直接动力"或"巨大杠杆"了。马克思恩格斯说："将近四十年来，我们都非常重视阶级斗争，认为它是历

---

① 《马克思恩格斯选集》第2卷，第256页。
② 《马克思恩格斯选集》第4卷，第233页。
③ 同上书，第173页。
④ 《马克思恩格斯选集》第3卷，第222—223页。

史的直接动力，特别是重视资产阶级和无产阶级之间的阶级斗争，认为它是现代社会变革的巨大杠杆。"① 这里所说的"直接动力"或"巨大杠杆"，显然也是就它们所起的促进经济运动"为自己开辟道路"的作用而言的。

这样，我们就看到，阶级斗争与经济运动的关系，就是"直接动力"与"最后动力"的关系，或者说就是"杠杆"与"原动力"的关系。也就是说，阶级斗争是在经济运动这个原动力驱动之下并帮助原动力"为自己开辟道路"的一个巨大的传动杠杆。

按同样的道理，凡是有助于促使经济运动为自己开辟道路的其他的力量或因素，包括法律、科学、哲学、教育等，也都可能成为促进历史发展的直接动力或杠杆。也就是说，凡是能对经济运动起促进性的反作用的力量或因素，都可以视为历史的直接动力或杠杆。

不过，所有这些直接动力或杠杆，包括政治权力和阶级斗争在内，同作为"最后动力"的经济运动相比较而言，经济运动总是"更有力得多的、最原始的、最有决定性的"②。

如前所述，既然推动历史发展的除了"最后动力"之外，还存在许多种杠杆或直接动力，所以不能把历史的发展归结为某一种单一的动力，而只能归结为多种动力形成的合力。一八九〇年九月二十一至二十二日恩格斯在致约·布洛赫的一封信中就曾经指出，"历史是这样创造的：最终的结果总是从许多单个的意志的相互冲突中产生出来的，而其中每一个意志，又是由于许多特殊的生活条件，才成为它所成为的那样。这样就有无数互相交错的力量，有无数个力的平行四边形……融合为一个总的平均数，一个总的合力"③，历史事变的最终结果就是由此而产生出来的。

乍看起来，这里表述的由各个人的意志"融合为一个总的平均数，一个总的合力"的概念，同我们通常所熟悉的阶级斗争动力论和"新兴阶级消灭腐朽阶级"这类概念，是格格不入的。实际上并非如此。因为"其中每一个意志，又是由于许多特殊的生活条件，才成为它所成为的那样"，所以"许多单个的意志的相互冲突"，归根到底可以还原为不同的

---

① 《马克思恩格斯选集》第 3 卷，第 374 页。
② 《马克思恩格斯选集》第 4 卷，第 487 页。
③ 同上书，第 478 页。

生活条件决定的各个阶级的意志之间的相互冲突，而这种冲突的最后结果，即无数个力的平行四边形融合而成的合力，就促成了新兴阶级的胜利和腐朽阶级的灭亡，促成了旧的社会形态为新的社会形态所代替。所以，从本质上说，合力论本身就包含着阶级斗争动力论。问题在于，对"新兴阶级消灭腐朽阶级"这类概念应有一个恰当的理解。这类概念突出了新兴阶级在历史变革中的主导作用，本质上是正确的。但是，如果把这类概念绝对化，就可能导致忽略经济运动对阶级斗争的制约作用和各种力量、各种因素互相制约、互相影响的作用，这样，无比复杂、无比生动的历史过程，就可能被捆入"最简单的一次方程式"的包裹里，而历史的绚丽光彩，也就可能被历史唯心论和形而上学的丑恶暗影掩盖。

不过，我们在理解合力概念时，有几点需要注意：

第一，虽说是由各阶级的各个意志的无数个力的平行四边形融合而成为"一个总的平均数，一个总的合力"，但这个总的平均数并不是历史活动的全体参与者的意志或力量的简单的算术平均数。按照合力定律，在组成合力的各个力量中，总是矢量最大的那些力在决定合力的大小和方向方面起着主导作用。例如，在资本主义社会代替封建社会的历史过程中，毕竟是顺应着经济运动方向、代表着新的生产方式的资产阶级的力量，起着主导作用；在社会主义代替资本主义的历史过程中，毕竟是无产阶级的力量起着主导作用。

第二，如前所述，合力，还可以理解为来自社会生活各个领域的各种因素的共同作用，从经济基础到上层建筑、从科学技术到文化艺术，凡是促进经济运动前进的所有的动力，都包括在内。

第三，来自社会各阶级和各领域的合力如何形成以及形成什么样式，归根到底是由经济状况或经济运动决定的。正如恩格斯指出："这里表现出这一切因素间的交互作用，而在这种交互作用中归根到底是经济运动作为必然的东西通过无穷无尽的偶然事件（即这样一些事物，它们的内部联系是如此疏远或者是如此难于确定，以致我们可以忘掉这种联系，认为这种联系并不存在）向前发展。"① 在无数的个人—阶级的意志和愿望中，究竟哪些意志和愿望以何种角度"融合"到合力中去，何种意志在何种程度上能取得成功，归根到底是由它们在多大程度上顺应了经济运动的方

---

① 《马克思恩格斯选集》第 4 卷，第 477 页。

向和规律决定的；各个社会生活领域中的各种因素在形成合力过程中能起什么作用，也是由经济运动决定的。

总之，在整个社会历史运动中，经济运动是"最后动力"；代表先进制度的新兴阶级和代表过时制度的腐朽阶级之间的阶级斗争，是在"最后动力"驱动之下发生作用的主要的"直接动力"或"巨大杠杆"；同时，还存在着其他许多来自不同阶级、不同领域的直接动力或杠杆；最后，所有这些动力在总的经济运动规律支配下，形成一个总的合力，促成了呈现在我们面前的一切历史事变和全部历史。

这样，我们所获得的历史图景就可能比较全面一些，符合实际一些，生动具体一些，因而也就可能使历史更富于教育意义，更能启迪人们认识历史、创造历史的智慧。

二

1884 年恩格斯所写《论封建制度的解体和民族国家的产生》[①] 一文，对于促使西欧封建社会发生根本性变革的种种力量和因素，做了系统的分析，可以启发我们具体地理解马克思主义关于历史动力的理论。下面我就从恩格斯的这篇著作谈起，看一看促成历史发展的"最后动力"、"直接动力"和"合力"在一个具体的历史变革过程中是怎样起作用的。

首先，恩格斯指出："当居于统治地位的封建贵族的疯狂争斗的喧叫充塞着中世纪的时候，被压迫阶级的静悄悄的劳动却在破坏着整个西欧的封建制度，创造着使封建主的地位日益削弱的条件。"

这里指的，主要是日耳曼人征服西欧以后，在劳动人民四五百年间"静悄悄的劳动"过程中，广大劳动者的"个人自主活动"能力逐步提高，使得农业、手工业的技术水平和产品总量不断地增长，使得满足农村直接消费之外的多余产品日渐增多。这就使得手工业同农业之间发生新的较大规模的分工有了可能。这样，从十世纪以后，在西欧许多地区都开始出现了手工业从农业和农村中比较普遍地分离出来的过程，出现了商品货币经济迅速发展的过程。在这个经济运动的推动之下，出现了一系列促使

---

① 载《马克思恩格斯全集》第 21 卷，第 448—458 页。以下凡引该文，不再注出处。

西欧封建制度走向解体的经济关系和阶级关系的变化：

（1）手工业从农业和农村的分离以及商品货币经济的发展，导致了城市的兴起。新出现的城市主要是由逃亡农奴建立起来的。那些农奴在长时期"静悄悄的劳动"过程中积累了较多的劳动技能和生产资料，比他们的先辈具有了较高的"个人自主活动"能力；而整个社会农业、手工业之间的分工的发展，又为他们从农奴制庄园逃亡出去开辟新的活动天地提供了实际的可能。这样，"在封建地区中，到处都楔入了有反封建的要求、有自己的法和武装的市民的城市"。"在这些城墙和城壕的后面，发展了中世纪的手工业（十足市民行会的和小的），积累起最初的资本，产生了城市相互之间和城市与外界之间商业来往的需要，而与这种需要同时，也逐渐产生了保护商业来往的手段。"

（2）商品货币关系渗入农村，破坏着封建的自然经济和农奴制度。"凡是在货币关系排挤了人身关系和货币贡赋排挤了实物贡赋的地方，封建关系就让位于资产阶级关系。"在这种情况下，"封建主义的政治制度在农村中也丧失了它的社会基础"。

（3）"在十五世纪末，货币已经把封建制度破坏和从内部侵蚀到何种程度，从西欧在这一时期被黄金热所迷这一点看得很清楚。……到远方去冒险寻找黄金的渴望，虽然最初是以封建和半封建形式实现的，但是从本质上来说已经与封建主义不相容了。"

（4）在商品货币经济冲击之下，封建主阶级日益没落。城市"通过货币，已经在一定程度上使封建主在社会方面甚至有的地方在政治方面从属于自己"。"贵族越来越成为多余并且阻碍着发展，而市民却成为体现着进一步发展生产、贸易、教育、社会制度和政治制度的阶级了。"

（5）在商品货币经济发展和各地经济联系日渐加强的形势下，建立统一的民族国家的趋势加强了。"无论在城市或农村，到处都增加了这样的居民，他们首先要求结束连绵不断毫无意义的战争，停止那种总是引起内战——甚至当外敌盘踞国土时还在内战——的封建主之间的争吵……这些居民本身还过于软弱，不能实现自己的愿望，所以就向整个封建制度的首脑即王权寻求有力的支持。"

然后，恩格斯"从探讨社会关系进到了探讨国家关系，从经济方面转到政治方面"，进一步展开他的分析。

他指出，在当时西欧的历史条件下，"王权在混乱中代表着秩序，代表着正在形成的民族（Nation）而与分裂成叛乱的各附庸国的状态对抗。在封建主义表层下形成着的一切革命因素都倾向王权，正像王权倾向它们一样"。

在这样的形势下，从十世纪开始，就逐渐在王权和市民阶级之间形成反对封建贵族的联盟。此后，恩格斯就以"市民阶级和王权反对封建制度的斗争"为中心，论述封建贵族进一步衰落和封建制度进一步解体的过程。他指出，在市民阶级和王权联合进行的反封建斗争过程中，先后有以下一些因素起了重大作用：

（1）"无论国王或市民，都从成长着的法学家等级中找到了强大的支持。……这批新的法学家实质上属于市民等级"，他们所学、所教和所用的法律，是反映"纯粹私有制占统治的社会的生活条件和冲突"的罗马法；那种法律"按其性质来说实质上也是反封建的，在某些方面还是市民阶级的"。

（2）由于经济关系和阶级关系的变化，王权有可能在市民阶级支持下，从市民或城市游民中，从自由农民或逃亡农奴中，用招募或雇佣的方式，建立起新型的步兵；从此，就再也不必依赖按封建关系征集的、以骑士为主干的封建军队了。兵制上的这一变化，"向封建贵族表明：他们统治社会和国家的时期结束了，他们即使在战场上作为骑士也不再需要了"。

（3）在 14 世纪，火药和大炮的使用方法传到欧洲，也起了革命性作用。市民和国王军队的重炮"多次打穿骑士城堡的无掩蔽的石墙，向封建贵族宣告：他们的统治随着火药的出现而告终了"。

（4）"印刷术的推广，古代文化研究的复兴，从一四五〇年起日益强大和日益普遍的整个文化运动，所有这一切都给市民阶级和王权反对封建制度的斗争带来了好处。"

最后，恩格斯指出："所有这些原因的共同作用（由于这些原因朝同一方向日益加快的互相影响不断增长，其共同作用便一年年强大），在十五世纪下半叶就保证了对封建制度的胜利。"

不过，恩格斯指出，十五世纪下半叶"对封建制度的胜利"，还只表现为"王权的胜利"，而不是"市民阶级的胜利"。此后，"资产阶级反对封建制度的长期斗争，在三次大决战中，达到了顶点"。这就是宗教改革——德国农民战争、英国革命和法国革命。经过三次大决战，封建制度被推翻了。"在所有三次资产阶级大起义中，都是农民提供了战斗部队……如果没有这种自耕农和城市平民，单单资产阶级决不会把斗争进行到底"①。

从恩格斯的整个分析中，我们可以看到，他始终是把生产力的发展及其引起的经济关系的变化视为促使西欧封建制度走向瓦解的"最后动力"。首先是"被压迫阶级的静悄悄劳动"，也就是作为整个社会生产力基础的、不断积累和扩展着的劳动者的"个人自主活动"，在那里"破坏着整个西欧的封建制度，创造着使封建主的地位日益削弱的条件"。诸如手工业同农业的重新分离、城市和市民阶级的兴起、商品货币经济的发展、货币地租的盛行、开辟新航路新市场的航海业的兴起、随着经济联系日渐加强而来的国家统一趋势的加强……等等，都是在劳动者"自主活动"能力及与此相应的整个社会生产力发展的推动之下出现的新因素，也正是这些新因素对封建制度起着极大的破坏作用，特别是商品货币经济的发展对封建制度所起的破坏作用尤为突出。所以，恩格斯以极其形象的语言指出："骑士的城堡在被新式火炮轰开以前很久，就已经被货币破坏了。实际上，火药只不过像为货币服务的法警而已。"

恩格斯从经济运动转而分析政治状况和阶级斗争时，也有几点值得注意：

（1）恩格斯把市民——资产阶级②反对封建贵族的阶级斗争，视为促使西欧封建社会发生根本性变革的一个主要的直接动力。这是因为，在经济运动的推动下，封建主阶级和市民—资产阶级，分别成为趋于腐朽的社会形态和正在孕育着的新的社会形态的主要代表者了。

（2）恩格斯没有把农民阶级的斗争和城市平民的斗争视为促进封建社会发展和变革的主要直接动力。马克思恩格斯曾指出："平民有时也举行暴动来反对整个城市制度（但是由于这些平民的软弱无力，这种暴动没有任何结果），……中世纪所有的大规模的起义都是从乡村中爆发的，

---

① 《马克思恩格斯选集》第3卷，第392页。

② 资产阶级是从中世纪市民阶级中的一部分发展转化而来的。在西方语言中，"资产阶级"（Bourgeoisie）一词，同介于封建贵族与无产者、半无产者之间的"中产阶级"或"中等阶级"（middle class）几乎同义，其最初的含义，与英语中的 Burgher 和德语中的 Bürger-thum 或 Bürgertum 相近，都是泛指"市民"或"市民阶级"，在马克思恩格斯的著作中，在论述资产阶级的历史发展过程时，对于"资产阶级"和"市民阶级"这两个概念，有时区别，有时不加以区分。

但是由于农民的分散性以及由此而来的极端落后性，这些起义也毫无结果。"① 另一方面，马克思恩格斯向来十分重视农民和城市平民作为封建社会生产力发展的主要推动者所起的重要作用，也非常重视他们作为市民—资产阶级反封建斗争中的同盟者和战斗部队所起的重要作用。

（3）在分析市民阶级反封建斗争的发展过程时，恩格斯充分估计到作为市民阶级同盟者的封建王权所起的促进封建制度解体的作用。马克思在这方面也做过许多精辟论述。他指出："为资本主义生产方式奠定基础的变革的序幕，是在十五世纪最后三十多年和十六世纪最初几十年演出的。"② 他具体地提到了演出变革序幕的一些主要角色，其中有著名的英国封建专制王朝——都铎王朝的专制君主亨利七世（1845—1509）、亨利八世（1509—1547）、爱德华六世（1547—1553）和伊丽莎白一世（1558—1603）。马克思正是在总结这个被称作资本原始积累的变革过程时，提出了"暴力是每一个孕育着新社会的旧社会的助产婆"这一著名论断；而其中所说的暴力，除了指资产阶级取得政权以后通过资产阶级国家政权采取的暴力措施以外，也包括前面提到的那些揭开了"变革的序幕"的封建专制君主的某些暴力措施。

（4）恩格斯十分重视科学技术发明在促进封建社会政治变革方面所起的作用。马克思也曾指出："火药、指南针、印刷术——这是预告资产阶级社会到来的三大发明。火药把骑士阶层炸得粉碎，指南针打开了世界市场并建立了殖民地，而印刷术则变成新教的工具，总的来说变成科学复兴的手段，变成对精神发展创造必要前提的最强大的杠杆。"③ 科学技术本是生产力的一部分，在这里，我们又看到，某些科学技术发明不仅作为生产力而在经济运动中起作用，还在阶级斗争中对军事力量对比的变化和促进"精神发展"上起着强大的杠杆作用。

（5）恩格斯还注意到了诸如法律、兵制、文化、意识形态等方面的作用。

最后，恩格斯十分强调"所有这些原因的共同作用"，强调"这些原因朝同一方向日益加快的互相影响"。

---

① 《马克思恩格斯选集》第 1 卷，第 58 页。
② 《马克思恩格斯选集》第 2 卷，第 224 页。
③ 《机器·自然力和科学的应用》，1978 年版，第 67 页。

这里所说的"朝同一方向"互相影响的各种因素的"共同作用"，可以看作"无数个力的平行四边形"融合而成的"一个总的合力"的作用的表现。其中包括从经济基础到上层建筑、从科学技术到文化艺术的各个领域的多种动力；而从阶级斗争的角度来看，就包含着封建社会中互相冲突着的各阶级的意志和力量最后形成的"合力"。例如，单是在促成封建制度解体的阶级舞台上，我们见到的就不仅仅是市民—资产阶级的意志和活动，封建王权、农民阶级、城市平民都在其中起过重要作用。还有，如马克思恩格斯不止一次指出过的，像英国封建主阶级中的那些为追求货币权力而圈占土地经营牧场的"新的封建贵族"，也起到过促进封建制度解体的作用。为了争权夺势而发动和参与红白玫瑰战争的那些大封建贵族，也因他们在战争中"自相残杀殆尽"，从而为促成旧封建贵族的灭亡和王权与市民阶级联盟的胜利准备了条件。

三

下面再以中国封建社会的历史为例，探讨一下在社会形态基本上只有量的变化的情况下，"最后动力"、"直接动力"和"合力"是怎样起作用的。

在相当长一段时间里，流行着把农民起义视为中国封建社会历史的唯一动力的观点。持这种观点的同志，倾向于把中国封建社会中一切多少有些进步性的社会变迁，都归因于农民起义。诸如社会经济的发展、封建土地所有制形式和对农民奴役形式的改变，其中包括农民人身依附关系的逐步减弱、世家大族门阀士族势力的逐步消灭以及田制、税制的相应改变等，似乎都主要是在农民起义的推动下促成的。这种观点是不是符合中国历史实际？是不是符合马克思主义关于历史动力的理论？这是需要给予科学回答的问题。

我们先讨论一下中国封建社会土地所有制和对农民的奴役形式的演变问题，看看促成这种演变的，究竟是哪些力量或因素。

大约自战国秦汉以来，中国封建社会长期并存着两种主要的封建土地所有制，即封建土地国有制，主要指战国以来相继出现的计口授田制、假民公田制、屯田制、占田课田制、均田制等形式；还有大封建地产主的土地私有制，主要指战国以后相继出现的豪强大族、世家大族、门阀士族和其他各种强宗豪右之家拥有的大封建地产。与此相应，对农民的奴役形式也主要有两种：一种是封建土地国有制下的国家编户奴役制，即封建国家对于耕种国有土地的编户农民进行租税劳役的剥削和奴役制度；另一种是大封建土地私有制下的私家隐户奴役制，即形形色色的世家大族和强宗豪右之家对"宾萌"、"私属徒"、"部曲"、"徒附"、"佃客"……等隐匿于国家编户以外的各种依附农民的剥削和奴役制度。

这两种封建土地所有制和两种对农民的奴役形式，从战国秦汉开始，存在了1200多年，当中经过了秦朝末年、西汉末年、东汉末年和隋朝末年四次全国性大规模农民战争和无数次中小规模的农民起义，并没被暴力摧毁，只是到了唐朝中期，恰恰是在没有大规模农民起义的情况下，开始从经济制度上逐步退出历史舞台。780年，唐朝政府正式宣告废除租庸调制而实行两税法，可以说是从法律上正式承认了两种封建土地所有制和两种奴役制度已经不能照旧并存下去的现实。从此以后，封建土地国有制主要只能以"官庄"、"皇庄"之类的"官家私产"形式存在，而私家隐户奴役制也开始逐渐被契约式租佃制代替。作为这一重大转变开端的标志性的年代——780年，距最近的一次农民大起义，即隋末农民大起义的结束，已达一个半世纪以上，怎能把它主要归于农民大起义的结果呢？

马克思主义的唯物史观固然十分重视被剥削阶级的暴力反抗斗争在历史运动中的作用，但从来不主张把暴力视为社会制度变迁的根本原因；即使是革命性的暴力，也只能把它视为帮助新制度、新因素出现的"助产婆"或杠杆式的动力，而不能视为"最后动力"。

那么，促成封建土地所有制和农民受奴役形式发生变化的"最后动力"是什么呢？仍然是经济运动，特别是其中基于劳动者"自主活动"能力的生产力的运动。

无论是封建土地国有制下的国家编户奴役制还是大封建地产主的私家隐户奴役制，都是以个体农民从事小农经营的"自主活动"能力的相对低下状态作为其赖以存在的物质前提的。在这种状态下，数量众多的个体小农的耕作技术和熟练程度较低，难于独立地提供维持小农经济存在的一些必不可少的起码条件；而封建官府或大封建地产主就以耕牛、农具、种子之类的借贷或垦荒和水利条件的提供之类作为诱饵，再加上欺诈和强制，迫使数量众多的个体农民，接受苛刻的剥削和人身依附条件，在两种几乎同样残酷的剥削和奴役制度之下选择自己的命运，求得艰难的生存。当他们作为国家编户农民所遭受的剥削和奴役使他们连最低限度的生存也无法维持下去时，就宁肯出卖甚至抛弃国家"假"给或"授"给的份地，脱离国家编户，逃亡到大封建地产主门下，成为私家隐户制下的依附农。当两种奴役制度都使他们无法生存下去时，他们就只好揭竿而起，以暴力反抗争取自己的生存权。在这种背景下爆发的每一次农民起义都对这两种封建土地所有制和两种奴役制度有所打击。但是，只要相当多数的个体农民的"自主活动"能力没有一定程度的提高，即使那样的农民起义导致了旧王朝的崩溃和新王朝的建立，那两种封建土地所有制和相应的两种奴役制度又重新确立起来；在重新确立的初期，剥削和奴役的程度一般有所减轻，但过一段时期以后，又必然出现新的循环。

什么力量才能打破这种恶的循环呢？只有恩格斯说的那种"被压迫阶级的静悄悄的劳动"，在长期劳动过程中使自己的"自主活动"能力逐步提高。

侯外庐同志在分析中国封建土地所有制和农民被奴役形式在唐代中期开始发生重大变化的原因时，指出了"生产力发展和劳动熟练程度的提高"是一个重要因素。他根据自己的计算指出："汉代亩产量合唐量三斗多到一石。唐代亩产量合唐量一石多到二石。这说明了唐代单位面积产量有了显著的提高。而单位面积产量的提高，当然是和生产工具的发展分不开的，同时更是和劳动技术、劳动熟练程度的提高分不开的。"[①] 这是很精辟的见解。

当然，有许多事实表明，唐代亩产量比汉代亩产量的显著提高，并不是普遍现象。但是，同样有许多事实可以说明，唐代许多个体农民在继承祖祖辈辈千百年的劳动经验和生产技术基础上，"个人自主活动"能力的确有了某些提高。侯外庐同志引述的关于唐代生产工具、灌溉工具的进步和生产技术的改进的史料，也有助于说明这个问题。农民的"个人自主活动"能力的某些提高，意味着他们挣脱不堪忍受的奴役条件的可能性相应地有所增长。这突出地表现在早在武则天当政的时候就出现了"天下户口亡逃过半"[②] 的惊人现象。这个事实当然直接表明了当时国家编户

---

① 《中国封建社会史论》，1979 年版，第 171、172、174 页。
② 《旧唐书》卷 88《韦思谦传附韦嗣立传》。

奴役制的残酷性已达到了迫使那些农户不得不离开封建国有土地的程度，但又从另一个侧面反映了一种值得注意的趋势。唐朝编户亡逃情况远比西晋严重，① 却未爆发西晋那样大规模的流民起义，说明唐朝亡逃农户中的许多人并没有像西晋一些逃户那样成为大群的无业流民，而是通过种种方式谋得了可以生存下去的条件。当然，由于中国封建社会的生产力并没有发展到可以促成手工业从农业和农村中比较普遍地分离出来的程度，所以亡逃出来的农民不可能大量涌入城市转化成市民阶级或城市平民，但他们中的许多人看来已经可能凭着比他们先辈较高的"自主活动"能力，挣得某种奴役较轻的生存条件。在这种情况下，唐朝政府尽管多次采取大规模的"括户"措施，竭力要把他们重新"括"回到编户奴役制下，终究无力挽狂澜于既倒，只得宣告废弃均田制和租庸调法。

在这种情况下，大封建地产主把农民当作自己的私家部曲、徒附来奴役的旧制度也难以照旧维持下去了。因为如果一个大封建地产主的奴役条件过分苛刻，提高了"自主活动"能力的农户就比以前较易于离开他而另谋生路。这就是唐朝中后期开始较多地出现契约租佃制的最根本的原因。

与此同时，也应看到，促使封建土地所有制和农民被奴役形式发生变化的，还有其他一些因素和力量。诸如：

（1）土地私有化倾向的发展，是促成封建土地国有制难于照旧维持下去的重要因素。不过，土地私有化倾向的发展本身，是商品货币关系的发展引起土地买卖现象增多的结果，而商品货币关系的发展，又是生产力发展的结果。而且，如果单有土地私有化倾向的发展而没有农民"自主活动"能力的提高，那就只能导致大封建地产主的私家隐户奴役制的普遍化，而不会出现契约租佃制取而代之的结果。

（2）在经济关系不断变化的过程中，大封建地产主阶层日益腐朽和衰落，是促成私家隐户奴役制退出历史舞台的一个辅助因素。其中特别突

---

① 西晋末年的户口流徙情况，据王仲荦同志计算，"总计迁徙的户口，见于记载的，将近三十万户，约占西晋全国总户数（三百七十七万）十二分之一强"（《魏晋南北朝史》上册，1979年版，第223页）。唐朝自武则天以后，继续出现大量亡逃情况。据杜佑记载，天宝十四年（755年），唐朝控制的总户数为八百九十多万户。他认为，"唐百三十余年中，虽时起兵戎，都不至减耗，而浮浪日众，版图不收。若比量汉时，实合有加数，约计天下人户，少犹可有千三四百万矣"（《通典·丁中》卷7）。由此推算，在实行两税法前夕，逃匿于国家编户之外的户数，达四五百万户之多，占唐朝控制的总户数的一半左右。

出的例子，就是魏晋时期兴起的士族门阀阶层。他们"或百室合户，或千丁共籍"①，隐占着大量依附农民，在经济、政治、军事各个领域都曾占据过支配地位。到南北朝时期，这个阶层的势力达到了它的顶峰，同时也是它衰落的起点。值得注意的是，这个衰落的开端，恰恰是在长期未曾爆发全国性大规模农民起义的情况下出现的。事实上，他们的衰落，主要是他们以自己的特权腐蚀自己的结果。他们日益变成了专靠特权滋养自己的寄生虫。《颜氏家训》生动地记述了这些寄生虫的种种丑态。如他们参加考试，只能雇人答卷；临宴赋诗，只能托人代笔；出门不敢骑马，有的见到马打喷嚏和踢跳竟误以为虎而色变。他们既无能经营田庄，也无能做官打仗，完全成了恩格斯说的那种"多余的人"。正是在这样的情况下，早在南北朝时候，一些较有作为、较有进取精神的庶族寒门之士已经开始在经济、政治和军事各个领域取代他们的地位了。当然，门阀士族阶层的衰落并不意味着其他身份的大封建地产主和私家隐户奴役制的衰落，但毕竟为这种奴役制度的破产准备了一个辅助性条件。

（3）封建政权为了维护自己的专制统治而采取的某些抑制和打击门阀士族和其他大封建地产主的措施，也加速了这些腐朽势力的衰落和私家隐户奴役制的破产。

（4）形形色色的大封建地产主对封建国有土地和国家编户的不断侵噬，也是促使封建土地国有制和国家编户奴役制破产的辅助性因素之一。但是，反过来看，国家编户奴役制的破产，又使得私家隐户奴役制失去了一个重要的依存条件。原来，私家隐户奴役制在某种程度上是靠着国家编户奴役制的残酷的"鞭子"把大量编户农民驱赶到大封建地产主门下而存在和发展的；现在，旧形式的国家编户奴役制已经不存在了，而两税法又规定"户无主客，以见居为簿"②，这就使得从前无权拥有独立户籍的私家依附农也有了独自立户的权利。这就使他们的人身依附地位有所减轻，从而为契约租佃制的发展和私家隐户奴役制的破产提供了另一个辅助条件。事实上，私家隐户奴役制几乎是伴随国家编户奴役制而同归于尽的。

（5）无数次的农民起义当然是对这两种奴役制度的破产和小农经济

---

① 《晋书》卷127《慕容德载记》。

② 《旧唐书》卷118《杨炎传》。

的新的存在形式的出现分别起到了摧枯拉朽和助产婆的"直接动力"作用。而且，正如许多同志指出的那样，秦汉到隋唐时期的农民起义的纲领口号主要是以反对暴政、奴役和争取人身权利为重点，这一特点正是农民阶级对上述两种奴役制度的强烈反抗的反映。随着这两种奴役制度的破产，下一时期的农民起义也就具有了新的纲领口号和新的特点。

这样，我们就看到，中国封建土地所有制形式和农民受奴役形式的变化，也是在"最后动力"的驱动之下，在阶级斗争的"直接动力"促进之下，同时也是在多种力量、意志和因素的"合力"的作用之下实现的。这个变化的结果，导致了直接生产者人身依附程度的减弱，当然也就有利于生产力的发展。

说到中国封建社会生产力的发展，有的同志也往往主要归结为农民起义对腐朽王朝和地主阶级势力的打击。这也是值得商榷的。

生产力的运动，有它本身的发展动因和规律。人类为求得自身的生存和发展，每时每刻都在克服自然界和社会的阻力过程中积累和发展着自己的生产力。在封建社会里，广大农民在成年累月的"静悄悄的劳动"过程中，不断积累劳动经验和生产技术，渐渐地有所发明创造，渐渐地开阔着自己的社会视野，从而使得自己的"自主活动"能力逐渐地提高。这是促进整个社会生产力发展的基础。在这个漫长的发展过程中，农民阶级对腐朽的政治统治和阶级势力发动暴力反抗斗争，争得一些有利于发展小农经济和"自主活动"能力的条件，正是在这个意义上说，农民起义的确是有利于为"最后动力"开辟前进道路的重要的"直接动力"。但也正因为如此，不能把它视为"最后动力"本身，也不能视为唯一的"杠杆"或"动力"。

中国封建社会的基本的物质经济基础就是男耕女织的小农经济。因此，一切有利于小农经济发展的因素，都是对于封建社会生产力的发展多少起一些杠杆作用的因素。正是在这个意义上，应该承认某些封建统治者采取的有利于小农经济发展的措施，也对生产力的发展起着一定的"杠杆"式的"动力"作用。

持"农民起义唯一动力论"的同志，往往把封建政权采取的维护小农经济的措施归结为农民起义促成的让步政策。应该承认，一些比较有见识的封建统治者的确能够从农民起义推翻腐朽王朝的事实中总结教训，从而实行一些具有"让步"色彩的政策。但是，如果把封建统治者实行的所有维护小农经济的措施都归因于农民逼出的"让步"的结果，是难以服人的。很难证明孟轲的"民贵君轻"思想和"仁政"主张是农民起义压力的产物。也很难证明刘邦等人实行"与民休息"政策单纯是出于总结秦亡教训而不是同时也为了改变"民亡盖藏，自天子不能具醇驷，而将相或乘牛车"的现实窘迫处境。

如前所述，剥削阶级的国家权力本来就有可能在某些时期或某些范围内同经济发展"沿着同一方向起作用"。而且，国家为了维护自己的统治秩序，本来就有可能力求缓和阶级冲突，以便"把冲突保持在'秩序'的范围以内"①。因此，一个小农社会的统治者采取某些措施来维护自己统治的物质经济基础，很难说一定要在就近一次农民起义的逼迫下才有可能。他们的某些维护小农经济的措施，应当说也或多或少起过一些杠杆式的促进作用。

总之，中国封建社会生产力的发展，也是多种力量多种因素的"合力"作用的结果，而不能视为某种单一动力的结果。

还应看到，中国封建社会生产力的发展始终是极其有限的。

马克思恩格斯指出："一个民族的生产力发展的水平，最明显地表现在该民族分工的发展程度上。任何新的生产力，只要它不仅仅是现有生产力的量的扩大（例如开垦新的土地），都会引起分工的进一步发展。"②

这样来衡量，我们就看到，中国封建社会生产力的发展，主要是表现为"现有生产力的量的扩大"，而且是长期在破坏—恢复—再破坏—再恢复的往复循环中蹒跚地运动。明清时期虽然出现过农业手工业分工规模的某种扩大，甚至出现了某些类似于西欧资本主义手工工场的新的分工形态，但从全局来看，这样一些新的因素微乎其微，犹如在封建自然经济的汪洋大海之中刚刚露出水面的星星点点的沙礁，稍有一点涟漪般的海浪就会把它们重新淹没在水面以下。而且，单从量的扩大来看，也主要限于垦殖面积的扩大、已垦土地上的精耕细作和早已发明的效率较高的工具和技术的普及。中国封建社会经济文化的繁荣，颇大程度上有赖于此。从劳动者的生产率来看，早在战国秦汉时候，个体农民的劳动生产率就已达到"一夫百亩"程度，折合近世度量单位，大体上是一个农业劳动力耕地约

---

① 《马克思恩格斯选集》第4卷，第166页。
② 《马克思恩格斯选集》第1卷，第25页。

三十亩，收获三十石左右。直到解放后实现合作化以前，"三十亩地一头牛"仍是许多个体农户理想的小康境界。个体农户生产率的停滞状况是何等的惊人！

正因为中国封建社会的生产力始终未曾发展到能以促成农业手工业大规模分工的程度，也就没有形成西欧封建社会中后期那样的经济运动，也就没有形成西欧那样的市民阶级，因而在阶级斗争舞台上也就没有出现能够作为新生产方式代表者而战斗的直接动力。整个社会结构被封建专制主义的蛛网般的锁链束缚得像一块难于移动分毫的巨石。在这种情况下，尽管富有聪明才智的中国人早就发明了指南针、火药和印刷术，却在千百年的漫长岁月里始终未能像在西欧那样对封建制度起到摧枯拉朽的奇功巨效；无数次的农民起义，其规模之大，持续时间之长，波及地区之广，远非欧洲农民起义可比，却没有一次起到过像德国农民战争那样揭开资产阶级革命第一幕的作用。这一切，充分说明"最后动力"的状况最终决定着整个社会发展的进程。

四

以往的历史运动，都是像自然界发展过程那样自发地运转着。那时候，人类社会不可能自觉地驾驭推动历史前进的各种力量去自觉地创造自己的历史，而是盲目地受着这些力量的支配。

只有当无产阶级取得了政权，并且以生产资料的社会主义公有制代替私有制以后，当剥削制度和剥削阶级基本上被消灭以后，人类才有可能比较全面地掌握和驾驭推动历史前进的各种力量及其运动规律，从而自觉地创造自己的历史。

从马克思主义关于历史动力的理论来看，自觉地创造历史，首先就表现在社会主义的"政治权力"可能而且应该自觉地同经济发展"沿着同一方向起作用"。在以往的历史中，剥削阶级的政治权力即使在某些情况下能够同经济发展沿着同一方向起作用，归根到底只是出于维护自己统治赖以建立的物质经济基础，而不可能真正自觉地去促进"最后动力"全面健康地发展。而且，由于剥削阶级的政治权力总是要维护剥削阶级的既得利益和特权，所以总是要走上同经济运动"沿着相反方向起作用"的道路。只有社会主义的政治权力可能而且应该自觉地为"最后动力"全面健康的发展开辟道路。

这就要求社会主义的"政治权力"逐步地把自己的活动重心转移到促进生产力的发展方面来。这也就是我们通常所熟悉的社会主义的上层建筑要自觉地促进社会主义物质经济基础发展的历史唯物论的要求。

我们的党正是运用历史唯物论和它所揭示的历史动力理论，领导工人阶级和全国各族人民自觉地创造历史的政党。早在革命战争年代，毛泽东同志就指出："中国一切政党的政策及其实践在中国人民中所表现的作用的好坏、大小，归根到底，看它对于中国人民的生产力的发展是否有帮助及其帮助之大小，看它是束缚生产力的，还是解放生产力的。"① 到1949年推翻帝国主义、封建主义和官僚资本主义反动统治的前夕，毛泽东同志又及时地指出："从现在起，开始了由城市到乡村并由城市领导乡村的时期。党的工作重心由乡村移到了城市"；而在谈到城市工作时又指出："城市中其他的工作，例如党的组织工作，政权机关的工作，工会的工作，其他各种民众团体的工作，文化教育方面的工作，肃反工作，通讯社报纸广播电台的工作，都是围绕着生产建设这一个中心工作并为这个中心工作服务的。"② 到1956年党的八大时，刘少奇同志代表党中央作的政治报告和八大的决议，更是明确地提出了把工作重点转移到经济建设上来和集中力量提高社会生产力的决策以及相应的政治路线。

可是，近三十年来，经过几次波折，始终没有能够把我们的工作重点转移到社会主义建设方面来。

造成这种状况的原因，当然主要是在政治方面。特别是林彪、"四人帮"别有用心地利用"阶级斗争为纲"和"批判唯生产力论"这类口号，造成了极大的破坏。

与此同时，我们也不能不看到，在过去一段时间里，我们对于马克思主义的历史唯物论及其中的历史动力理论，在研究和阐述方面，也带有某些片面性。例如，在我们以前的某些书刊文章中，在讲到历史动力问题时，往往只着重提"阶级斗争是历史发展的动力"，而对于阶级斗争受着生产力水平和整个经济运动的制约这方面，讲得不够充分；也就是说，对于"直接动力"与"最后动力"之间的关系，或"杠杆"与"原动力"

---

① 《毛泽东选集》第3卷，第1028页。
② 《毛泽东选集》第4卷，第1365—1366页。

的关系，讲得不够充分。很长时期也基本上不讲促成历史发展的"合力"。这样就在理论方面留下了某些罅隙。应该看到，林彪、"四人帮"在某种程度上利用了这些罅隙，扩大这些罅隙，进而根本颠倒历史运动过程中物质因素同精神因素的关系，经济因素同政治因素的关系，生产力同阶级斗争的关系，在理论、学术和现实中造成大混乱，从而更便于他们利用"阶级斗争为纲"和"批判唯生产力论"这类口号去大肆破坏社会主义事业。

林彪、"四人帮"的肆虐，使我们付出的代价是如此创巨痛深，我们经历过这场浩劫的一切幸存者，都矢志于总结这场浩劫的历史教训，决心使我们的党、我们的民族永远不再罹此浩劫。

"没有哪一次巨大的历史灾难不是以历史的进步为补偿的"[①]。林彪、"四人帮"造成的历史性灾难，也使我们正在获得相应的补偿。这个补偿的最集中的表现，就是我们党中央集中全党全国人民的心愿而提出的新时期的总路线，这就是："团结全国各族人民，调动一切积极因素，同心同德，鼓足干劲，力争上游，多快好省地建设现代化的社会主义强国。"

从理论上看，总路线要求把工作重点转移到社会主义建设方面来，这就体现了上层建筑自觉地为历史发展中的"最后动力"开辟道路的要求；总路线要求团结全国各族人民，调动一切积极因素，同心同德，奋勇直前，这就要求全国各族人民，要求政治、经济、军事、文化各个领域的社会主义劳动者自觉地团结在总路线的旗帜下，形成一个强大的合力，促进整个社会生产力总和的高速发展。

要促进社会生产力总和的发展，首先就要促使社会主义劳动者自觉的"个人自主活动"能力得到发展和发挥。

就个人来说，要"获得自己的充分的、不再受限制的自主活动"，就必须使自己达到"向完整的个人的发展以及一切自发性的消除"[②]。在阶级社会中，由于私有制和剥削制度把劳动者分裂成为一些"分散的和彼此对立"的个人，使他们成为具有私有观念和种种自发性的个人，使得他们的个人力量要经过无数相互冲突的环节才能融合到社会生产力总和中去，而且在这个融合过程中大量的生产力在互相冲突中抵消了。社会主义

---

① 《马克思恩格斯全集》第39卷，第149页。
② 《马克思恩格斯选集》第1卷，第75页。

的劳动者可能而且应该消除自己的自发性，使自己成为具有自觉的"自主活动"能力的个人，能够自觉地把自己的一份力量融合到社会生产力总和中去的个人。这也就是我们通常所说的又红又专的个人。社会主义社会应该尽可能造就数量众多的又红又专的个人，在这方面付出的投资，本身就是对发展生产力的投资。在整个社会中，具有自觉的"自主活动"能力的个人数量越多，"自发性的"和"多余的"个人数量越少，整个社会生产力总和的增长也就越多、越快。

就社会主义国家来说，要自觉地促进生产力的增长，就要自觉地改革那些束缚社会主义劳动者"自主活动"的体制、制度、方针和政策，实行有利于发挥劳动者"自主活动"才能和积极性的体制、制度、方针和政策。

整个历史告诉我们，一个社会的劳动者"自主活动"所受的束缚越大，生产力总和的增长也就越缓慢。在漫长的中国封建社会里，密如蛛网般的封建专制主义的重重锁链，再加上一大堆"三纲五常"和"存天理灭人欲"之类的"以理杀人"的说教，把本来富有聪明才智的广大人民的"自主活动"束缚到了世界历史上罕见的濒于窒息的程度。这是中国封建社会生产力的发展缓慢甚至长期处于停滞状态的一个重大原因。

在一切剥削阶级统治的社会里，由于剥削阶级及其国家权力总是为了维护自己的特权和既得利益而顽固地坚持束缚劳动者"自主活动"和整个社会生产力的腐朽制度，这样才引起剧烈的阶级斗争，才使得代表生产力发展方向的先进阶级反对腐朽阶级的阶级斗争成为历史发展的直接动力或巨大杠杆。这是人类为换得历史的进步而不得不付出的代价。在基本上消灭了私有制和剥削阶级的社会主义社会里，虽然还存在一些特殊形式的阶级斗争，但已经可能而且应该避免阶级社会中那种席卷整个社会的阶级斗争，可能而且应该避免再付出那样巨大的代价。在这种情况下，社会主义国家就有可能自觉地改革束缚劳动者"自主活动"的制度和体制，自觉地实行适应劳动者"自主活动"的发挥和生产力发展需要的制度和体制。要使这种可能变为现实，关键在于充分保障和真正实行社会主义民主。这样，社会主义的国家权力及其通过民主集中制而自觉地改革不适应生产力发展的制度、体制等的活动，就成为促进生产力发展和整个社会物质、精神文明全面发展的直接动力和巨大杠杆了。

除此以外，整个社会从经济基础到上层建筑，从科学技术到文化艺

术，各个领域各个部门的活动，也都可能而且应该自觉地起到促进劳动者
"自主活动"能力和整个社会生产力发展的动力的作用。

然而，任何一种制度、体制、方针和政策，任何一种历史活动，是否
真能起到促进历史发展的动力的作用，不是任何个人的意志和愿望所能决
定的。任何个人，即使是杰出的个人，也不能保证自己的每项决策、每项
活动能够完全适应不断发展着的历史运动的客观要求。这就需要不断地接
受实践效果的检验。只有那些被实践证明是促进了社会物质文明、精神文
明健康发展的历史活动，才能被认为是起到了推动历史发展的动力作用的
历史活动，才算是符合了客观规律的自觉的创造历史的活动。

总之，只要我们的各级领导和广大群众都自觉地顺应历史运动的客观
规律，自觉地把自己的一份力量汇合到推动历史发展的合力中去，我们就
一定能够多快好省地创造出美好的现在和更加美好的未来。因为，说到
底，历史发展的动力本是出自参与历史活动的人们自己，是"我们自己
创造着我们的历史"。①

《中国社会科学》1980 年第 5 期

---

① 《马克思恩格斯选集》第 4 卷，第 477 页。

马克思的东方社会理论

张奎良*

摘要　东方社会理论是马克思学说中未予充分阐释的重大课题。本文指出，在19世纪70年代中期以前，马克思用自己的"世界历史"思想涵盖东方社会，认为尽管东方国家存在着亚细亚生产方式，但最终仍要走上资本主义发展的历史轨道。19世纪70年代中期以后，马克思的认识发生巨大变化，他认为，在资本主义经济迅速增长、政治相对稳定的情况下，东方国家应该另辟蹊径，探索社会主义胜利的新途径。鉴于俄国、印度等东方国家普遍存在着村社土地公有制，马克思设想，东方国家为了避免资本主义的"一切极端不幸的灾难"，减少痛苦和牺牲，可以绕过资本主义的"卡夫丁峡谷"，由村社公有制直接过渡到共产主义。在这里，人道主义已不仅是一种伦理规范，它已被提升为历史的尺度。这是马克思对自己先前学说，特别是唯物史观进行深刻反思所带来的巨大突破，也是在新的基础上向他早期的实践人本主义的复归。

马克思的学说是一个庞大的思想体系，它不仅包含多方面丰富的内容，而且这些内容都是和马克思不同时期的实践活动有机地联系在一起的。许多马克思学说的阐释者，都有一览无遗地宣示马克思全部学说的愿望，但是由于在实践经验和观点倾向上的差异，这种愿望难以实现。列宁在总结马克思主义历史发展的特点时指出，不同的社会政治形势会使"马克思主义这一活的学说的各个不同方面……分别提到首要地位"。① 因

＊ 张奎良，1937年生，黑龙江大学哲学系教授，著有《张奎良集——沉思与求索》。
① 《列宁选集》第2卷，第398页。

此，在马克思的学说中，只有那些为实践所迫切需要的部分才能得到后人的充分阐释，而那些距离现实斗争较远或与阐释者本人观点相抵的部分则往往遭到忽视和冷落，以至被搁置或隐匿起来。现在，越来越多的事实清楚表明，马克思主义不仅面临亟待发展创新的大趋势，而且马克思主义本身还潜藏着许多鲜为人知的东西，具有极大的开发价值。马克思的东方社会理论就是马克思主义园圃中一颗未展花姿的蓓蕾。细心研究可以发现，这颗蓓蕾一旦开放，将是一朵与众不同的花。它体现了马克思对自己先前学说的深沉的反思和理论上的巨大突破。特别是其中关于人道主义的历史尺度和多样化的历史取向以及东方国家走向社会主义的非决定论的构想等等，展示了马克思晚年思想的新动向，反映了马克思从不把自己的学说僵固起来的可贵的创新精神和马克思主义内在的生机与活力。研究马克思的东方社会理论不仅能够揭示马克思学说中未得充分阐发的一个侧面，从而有助于我们把握马克思学说的真实全貌，而且对于我们今天深入理解和推进中国的社会主义初级阶段理论也会提供一个难得的历史反衬，并在当前炙热的文化批判之外，开辟一个社会历史批判的新视角，赋予中国的改革现实以新的认识工具。

一　东方社会理论的最初形态，马克思的"世界历史"思想

早在马克思主义创立之初，东方社会问题就引起了马克思的关注。黑格尔在《历史哲学》中关于东方世界普遍存在专制制度的论述，曾经给马克思留下了深刻的印象。但是，这时总的来说，马克思并不了解东方社会的特点，还不能用特殊的理论来解决东方社会的特殊问题。相反，他把它涵盖在大一统的"世界历史"思想之下了。

"世界历史"思想是黑格尔最早提出来的，这是一个相当诱人的有价值的思想。黑格尔认为，历史不应是杂乱无章的，而是服从某种法则的有规律的演进，主宰历史规律的不是什么神秘的天意，而是在世界历史范围内运动着的"绝对精神"。"绝对精神"具有世界历史性，这就决定了历史的世界性。黑格尔的历史观以世界各地区各民族的相互联系和相互作用为前提，把孤立分散的历史现象联结为一个从东方走向西方的世界性的历史行程。在广阔的世界范围内叙述历史的规律性，这就使他的历史哲学具

有大尺度的普遍适应性。一个民族的现状即使不符合时代精神，但它作为世界历史的一个环节，却符合历史某一特定阶段的时代精神，同样有其必然性和适应性。何况在黑格尔看来，"'世界历史'不过是自由概念的发展。但是'客观自由'——真正的'自由'的各种法则——要求征服那偶然的'意志'，因为这种'意志'在本质上是形式上的"①。所以各民族不论现状如何，最后都要被"自由概念"所统一，最终都要走到世界历史的共同道路上去。黑格尔在《历史哲学》中认真地考察了法国大革命和世界历史的关系，研究了"这个革命怎样变作世界历史"②的，认为"这件大事依照它的内容是'世界历史'性的"③，因为"它的原则差不多灌输到了一切现代国家"④。

马克思在登上哲学舞台，试图建构自己的社会历史理论时，就继承了黑格尔的"世界历史"思想的合理内核，并在新的基础上形成了自己的"世界历史"思想。马克思认为，随着生产的发展、交往的扩大和资本主义世界市场的形成，各民族和国家——结束了封闭状况，都程度不同地卷入到世界历史的洪流中来，"人们的世界历史性的而不是狭隘地域性的存在已经是经验的存在了"⑤。人本身也结束了孤立自在的状况，"狭隘地域性的个人为世界历史性的、真正普遍的个人所代替"⑥。这就为共产主义的实现准备了历史前提，因为共产主义不能"作为某种地域性的东西而存在"⑦，它"只有作为占统治地位的各民族'立即'同时发生的行动才可能是经验的"⑧。马克思由此得出结论认为，"每一个单独的个人的解放的程度是与历史完全转变为世界历史的程度一致的"⑨，置身于世界历史之外，处在封闭狭隘地域的人不可能获得真正的解放。所以马克思又说："无产阶级只有在世界历史意义上才能存在，就象它的事业——共产主义

---

① ［德］黑格尔：《历史哲学》，生活·读书·新知三联书店1956年版，第503页。
② 同上书，第494页。
③ 同上书，第499页。
④ 同上。
⑤ 《马克思恩格斯选集》第1卷，第39页。
⑥ 同上书，第40页。
⑦ 同上。
⑧ 同上。
⑨ 同上书，第42页。

一般只有作为'世界历史性的'存在才有可能实现一样。"①

　　"世界历史"思想的核心问题是各民族怎样冲破狭隘的地域界限走向世界历史。对于欧洲来说，绝大多数国家都已走上资本主义道路，卷入了世界历史的激流。马克思肯定资产阶级"首次开创了世界历史，……消灭了以往自然形成的各国的孤立状态"②。现在的问题是怎样在资产阶级已经开创的前提下进一步推进世界历史，向理想社会进军。对此，马克思提出了共产主义在欧洲同时胜利的设想。但是对于东方世界来说，马克思贯彻自己的"世界历史"思想就遇到了较为复杂的问题。当时东方世界的绝大多数国家都处于前资本主义时代，就其发展程度来说，还没有跨入"世界历史"。它们怎样才能赶上时代，跨越已经拉大了的与西方先进国家之间的距离呢？马克思当时认为，世界历史的发展规律和途径是唯一的，对各民族来说都是共同的，任何国家概莫能外。1859年，马克思在其著名的《〈政治经济学批判〉序言》中写道："大体说来，亚细亚的、古代的、封建的和现代资产阶级的生产方式可以看做是社会经济形态演进的几个时代。资产阶级的生产关系是社会生产过程的最后一个对抗形式，……因此，人类社会的史前时期就以这种社会形态而告终。"③马克思这时站在"世界历史"的立场上认定，东方国家尽管有自己特殊的历史条件，但同样必须经历资本主义发展阶段。这样，东方国家就有一个西化或资本主义化的问题，这是地域性历史转变为世界历史所要求的。

　　对于这个问题，马克思早在《共产党宣言》中就有生动的描述："资产阶级，由于开拓了世界市场，使一切国家的生产和消费都成为世界性的了。……它迫使一切民族——如果它们不想灭亡的话——采用资产阶级的生产方式"；④"它使未开化和半开化的国家从属于文明的国家，使农民的民族从属于资产阶级的民族，使东方从属于西方"⑤；马克思认为，资产阶级在全世界，特别是对东方的侵略和渗透，在客观上推进了世界历史，曾经起到了非常革命的作用。

　　马克思以印度为例，具体分析了西方列强的殖民侵略所造成的后果。

---

① 《马克思恩格斯选集》第1卷，第41页。
② 同上书，第67页。
③ 《马克思恩格斯选集》第2卷，第83页。
④ 《马克思恩格斯选集》第1卷，第254—255页。
⑤ 同上书，第255页。

马克思断定，像印度这样建立在农村公社基础上长期停滞的社会，必须经过西方文明的冲击，它的发展前途只能是西方式的资本主义社会。根据这种看法，他认为，英国对印度的侵略实际上是"要完成双重的使命：一个是破坏性的使命，即消灭旧的亚洲式的社会；另一个是建设性的使命，即在亚洲为西方式的社会奠定物质基础"①。正是基于这种认识，马克思意味深长地写道："问题并不在于英国是否有权利来征服印度，而在于印度被不列颠人征服是否要比被土耳其人、波斯人或俄国人征服好些"，因为"印度本来就逃不掉被征服的命运"。②

马克思的"世界历史"思想运用到东方国家不是没有矛盾和阻力的。一个显著的矛盾是他的"世界历史"思想与传统的价值观念和道德标准撞车了。一方面，东方国家原有的基础被破坏，输入新的资本主义因素是符合"世界历史"要求的；但是另一方面，这一切又都是在血与火的残忍征杀中实现的。历史的发展伴以非人道，社会的进步以牺牲人为代价，这两者是不应结合在一起的。马克思在分析英国对印度的侵略时清醒地意识到这一点，但他却在"世界历史"思想指导下把它们统一起来了。马克思说：

> 的确，英国在印度斯坦造成的社会革命完全是被极卑鄙的利益驱使的，在谋取这些利益的方式上也很愚钝。但是问题不在这里。问题在于，如果亚洲的社会状况没有一个根本的革命，人类能不能完成自己的使命。如果不能，那末，英国不管是干出了多大的罪行，它在造成这个革命的时候毕竟是充当了历史的不自觉的工具。这么说来，不论古老世界崩溃的情景对我们个人的情感是怎样难受，但是从历史的观点来看，我们有权同歌德一起高唱：
>
> 既然痛苦是快乐的源泉，
> 那又何必因痛苦而伤心？
> 难道不是有无数生灵，
> 曾遭到帖木儿的蹂躏？③

---

① 《马克思恩格斯选集》第 2 卷，第 70 页。
② 同上书，第 69—70 页。
③ 同上书，第 68 页。

可以看出，马克思对英国的侵略罪行是过分达观了些，原因就在于当时在他心中有一个理想和价值的标准在升腾，那就是"世界历史"思想。这个观念使他把自己的立足点放到世界历史的发展上来，人道主义准则只能占从属的第二位。这是至高无上的准则。从这个准则出发，他认为，英国在印度的罪行只是"破坏了这种小小的半野蛮半文明的公社"①，"结果，就在亚洲造成了一场最大的、老实说也是亚洲历来仅有的一次社会革命"②。因此，必须丢掉无益的伤感，不要被伦理道德标准蒙住了自己的视线，要充分估计英国的侵略对印度走向世界历史所起的积极作用，这就是马克思所得出的结论。尽管马克思也多处谴责英国的侵略暴行，揭露了西方文明的伪善性，但是这掩盖不了他总的思想倾向，比较一下就可以看出，"世界历史"思想一直在他心目中占据主导地位。

对于英国侵略中国，发动两次鸦片战争，马克思也从"世界历史"思想出发，作了与上相似的评价。对于农奴制的俄国，马克思也认为必须经过资本主义化，才能走上健康的发展道路。

上述马克思对英国侵略后果的评估以及对印度、俄国、中国未来发展道路的设想，显然面临以下三个矛盾：

一是"世界历史"思想与人的价值观念的矛盾。为了历史而牺牲人的价值，甚至对殖民者的侵略暴行也从理智上加以宽宥和容忍，这与马克思一贯坚持的崇高的人道主义理想和原则是相悖的。

二是普遍性与特殊性的矛盾。马克思一贯重视历史发展的普遍规律，同时又顾及不同国家的具体情况。现在马克思要把东方各国一概拉入西方资本主义体系之内，这就不是在普遍和特殊的统一中来解决东方社会的发展问题，而是牺牲特殊，强制特殊服从普遍，忽视了矛盾的特殊性。

三是理想与现实的矛盾。马克思早在《共产党宣言》中就宣判了资本主义制度的死刑，在《资本论》中又通过对资本主义经济关系的解剖，敲响了资本主义灭亡的丧钟。马克思毕生致力于领导工人运动，其目的就是为了从实践上埋葬资本主义。可是出于"世界历史"思想，他却主张在东方各国发展资本主义关系，建立资本主义秩序，甚至不惜付出巨大的代价，这就使他的"世界历史"思想与他消灭资本主义的宏伟理想和现

---

① 《马克思恩格斯选集》第 2 卷，第 67 页。
② 同上。

实工人运动的实践处于深刻的对立和矛盾中。

这些矛盾反映出一个事实，即马克思当时还未能彻底扫除长期流行的"欧洲中心论"的影响。因为马克思一直生活在英国这个世界资本主义的中心，不管他主观上是否意识到，欧洲高度发达的文明环境总是要对他的视野和心态产生一定的影响，所以他很容易以西方文明的尺度去看世界，以资本主义为基准，为东方社会设计未来的发展前景。这个思想同他对东方社会没有亲身实感，只有从书刊上得来的间接知识是有关的。这就难免从逻辑出发做出一些主观臆断。

众所周知，马克思的这个思想也就是所谓历史发展的单线论。既然全世界都要走上世界历史的共同道路，那么历史发展就只能有一条线索可循。而造成这种单线论的直接原因就是单一的历史尺度，即生产力决定生产关系的线性决定论。马克思在构思东方社会的发展前途时，只考虑到东方社会生产力与生产关系都很落后，必须输入西方的刺激，即使这种刺激方式是非人道的也在所不惜。这里就只有一个尺度，即生产力决定生产关系的尺度，而人道主义则被剥夺了作为历史尺度的权利。这种历史发展的单线论显然是有弊病的，它以一刀切的思维方式来裁剪丰富多彩的历史，实际上也是逻辑对历史的一种规范和强制。到了晚期，马克思在构想东方社会历史发展前景时，不仅运用"世界历史"尺度，而且运用人道主义尺度，理顺了各种矛盾关系，从而实现了历史发展的多格局和多线索。在这个意义上，马克思的"世界历史"思想不具有终极意义，只反映他思想的一个侧面。他从这个思想出发规划的东方社会必须经历西化或资本主义化也只是他特定时期的一种看法。只有把马克思的"世界历史"思想与晚期的东方社会理论互相结合，才能体现出唯物史观的全面真理。

二 东方社会理论的形成，马克思 关于亚细亚生产方式的论述

所谓东方社会理论是相对于西方社会理论而言。西方社会理论主要以英、法、德三国为背景，是马克思关于欧洲，特别是关于西欧的历史发展和现实资本主义状况及未来向共产主义过渡的全面系统的理论。《共产党宣言》、《〈政治经济学批判〉序言》、《资本论》和《哥达纲领批判》等是马克思西方社会理论的主要代表作。具体来说，西方社会理论就是我们

所熟悉的关于人类社会发展的规律、动力、社会形态的依次更迭和关于共产主义及其过渡条件、途径的学说，它构成历史唯物主义的核心，通常我们所说的马克思在社会历史观上的伟大变革主要就是对马克思创立的西方社会理论而言的。

东方社会理论则与此不同，它主要以占全世界人口绝大多数和广大地区的东方世界为背景，特别是以印度、俄国和中国为典型，是马克思关于东方社会的历史发展、现实社会状况及未来走向共产主义的理论。马克思的东方社会理论没有大部头的著作，它的主要思想散见于马克思研究印度、俄国和中国的文章中以及《资本论》和晚期的人类学笔记中。现在我们所接触到的马克思关于东方社会必须经过资本主义发展阶段的观点，关于东方各国普遍存在亚细亚生产方式的认识，70 年代中期以后马克思关于东方各国可以跳跃"卡夫丁峡谷"的论断等等，都属于东方社会理论的内容。那么，这个理论是怎样形成的呢？

首先，就思想动机来看，马克思创立东方社会理论，不仅是为了探索东方社会的特点，解决其历史发展道路问题，更重要的是通过对东方社会和人类社会原生形态的研究，试图解决社会形态更迭过程中私有制的历史地位，即私有制在历史上是如何从公有制演化而来的问题，用以证明私有制的暂时性，最终必然重新被公有制取代。马克思认为，东方社会的现实似乎提供了这方面的材料，有助于解决这个问题。

众所周知，马克思在创立新世界观的开始，就十分重视解决人类社会的历史更迭问题。解决这个问题不仅需要有一个总体的理论设计，更重要的是还需要有大量经得起检验的实证材料。可是在 19 世纪中叶，越往古代追溯，材料就越贫乏。在这种情况下，马克思采用了解剖典型推论一般的方法。《资本论》对资本主义的解剖就具有这种意义。马克思认为："资产阶级社会是历史上最发达的和最复杂的生产组织。因此，那些表现它的各种关系的范畴以及对于它的结构的理解，同时也能使我们透视一切已经覆灭的社会形式的结构和生产关系。资产阶级社会借这些社会形式的残片和因素建立起来"[①]。因此，《资本论》不仅可以起到揭开资本主义秘密的作用，而且可以用来当作一面镜子，去透视过去的一切社会。这就是

---

① 《马克思恩格斯选集》第 2 卷，第 108 页。

马克思所说的"资产阶级经济为古代经济等等提供了钥匙"①。比较起来，奴隶社会和封建社会还是清楚的，揭示它的秘密不太困难，一是时间不太久远，二是有大量史料可查。但是，无论是奴隶社会还是封建社会都不是人类社会的原生形态，它们只是一种次生形态，是从比它们更早的原生形态发展而来的。不了解原生形态就无从说明人类社会是怎样从史前时期发展到今天的，私有制是怎样从史前的公有制中转化来的。由于原生形态是人类社会的起点，所以解决这个问题具有重大的理论意义。

资产阶级历史学家和思想家都力图证明私有制古已有之，是天经地义的。而马克思恪守他的辩证法观，认为私有制是从古老的公有制发展而来的，人类社会最后必然还要回复到公有制，即进入高级形态的公有制。可是，原始的公有制在哪里呢？它是什么样子呢？早在《德意志意识形态》中，马克思根据生产和分工的不同发展阶段，认为人类社会的"第一种所有制形式是部落所有制"②，从而确认了部落所有制的初始地位。但是部落所有制到底是什么样的，当时由于材料所限，难以做出精确的回答。马克思只认定，在部落所有制阶段，生产很不发达，人们靠狩猎、捕鱼、牧畜或者最多靠耕作生活。与这种落后的生产力水平相适应，当时分工也很不发达，"仅限于家庭中现有的自然产生的分工的进一步扩大"③。社会结构也"只局限于家庭的扩大：父权制的酋长、他们所管辖的部落成员以及奴隶"④。马克思还特意提到，部落内部隐蔽地存在着奴隶制的对抗关系，这是"随着人口和需求的增长，随着同外界往来（表现为战争或交易）的扩大而逐渐发展起来的"⑤。事实证明，马克思的这些看法并没有充分的实证材料作根据，他只是根据后来社会状况对原初社会的一种推论或设定，他当时还不能在足够的史料基础上科学地说明人类社会的原生形态。这种状况对马克思的理论显然是十分不利的，甚至潜伏着把马克思引向错误判断的危险种子。

为了建构和完善唯物史观，特别是给历史的依次更迭提供一个科学的起点，在理论上亟须弄清人类社会的原生形态。可是，当时史学界对史前

---

① 《马克思恩格斯选集》第 2 卷，第 108 页。
② 《马克思恩格斯选集》第 1 卷，第 26 页。
③ 同上。
④ 同上。
⑤ 同上。

原生形态研究得很不够，没有提供这方面的充足材料。于是马克思便不得不借助于研究前资本主义各经济形态，特别是从东方社会普遍存在的亚细亚生产方式中得到启发，即从东方社会的土地公有制中找到人类社会原生形态的基本特点。在马克思看来，人类社会原生形态问题可以从现存于东方社会的亚细亚生产方式中找到答案。马克思把东方国家普遍存在的以农村公社为基础的土地公有制形式称为亚细亚生产方式。这种生产方式不仅存在资本主义之前，而且由于它的公有制性质，还可以设想它存在于整个私有制之前。正是在这个意义上，马克思在《资本论》手稿中已经把亚细亚生产方式当作前资本主义社会的历史形式，并且认为，在其原始形式上，它必然充当了从史前土地公有制向土地私有制过渡的原初形式或中介。他在1858年撰写的《政治经济学批判》中明确指出："仔细研究一下亚细亚的、尤其是印度的公社所有制形式，就会得到证明，从原始公社所有制的不同形式中，怎祥产生出它的解体的各种形式。例如，罗马和日耳曼的私人所有制的各种原型，就可以从印度的公社所有制的各种形式中推出来。"① 正是基于这种认识，1859年马克思在《〈政治经济学批判〉序言》中排列人类历史依次更迭的社会次序时，把亚细亚生产方式这个东方社会现实的所有制形式排在古代的和封建的生产方式以前，从而赋予亚细亚生产方式以双重性质：一方面它是人类社会的原生形态，是向私有制转变的出发点或中介；另一方面，它在历史的演化中并未消逝，相反，它具有顽强的生命力，在东方社会，它与西方社会中古代的、封建的和资本主义的生产方式平行存在，成为东方社会直到当时为止仍占主导地位的所有制形式。亚细亚生产方式的这种双重性质使它具有如同地质学中生物化石般的意义，通过它可以生动地、形象地、具体地透视人类社会的原生形态。这就是马克思最初提出东方社会理论的直接动机。

怎样评价马克思当时提出的东方社会理论呢？首先应该确认，马克思试图通过亚细亚生产方式推论出人类社会的原生形态，这仍然不是从直接的事实和史料出发得出的科学结论，而仅是一种推论和逻辑把握，它只能反映人类社会原生形态的若干特征，还不能全面深刻地揭示原生形态各个方面的特点。它和后来摩尔根依据对印第安人部落进行实地考察所得出的结论是不同的。不仅如此，这种把握方式还可能造成某些误解。比如亚细

---

① 《马克思恩格斯全集》第13卷，第22页。

亚生产方式中土地公有制与农村公社和专制国家三位一体，通过它来把握史前社会很容易给人造成一种错觉，似乎人类社会的原生形态也存在着专制国家，因而具有阶级性和私有性质。实际上，人类社会的原生形态作为后来私有制的出发点，具有无阶级、无私有制和无国家的性质。对于这种史前类型的社会用现时代仍存在的具有阶级性质的亚细亚生产方式来把握，显然是不适宜的。但这种状况是由当时的科学水平造成的。到了19世纪70年代，当摩尔根的《古代社会》一书出版以后，马克思立即接受了新的科学成果，修正了自己从前的看法，对人类社会原生形态的认识有了新的跃进。因此我认为，马克思提出东方社会理论的最大成果不在于找到人类社会原生形态的基本特点、完善唯物史观，而在于他发现了东方社会不同于西方社会的鲜明特点，并进而探索了东方国家走向未来新世界的具体道路。

1853年3月到5月，马克思为了了解东方社会的状况，专门阅读了贝尔尼埃、克列姆、萨文梯柯夫和麦克库洛赫等人的著作，并作了摘录。同年6月12日，马克思在致恩格斯的信中特别赞扬了贝尔尼埃关于莫卧儿土地所有制的见解。他写道："贝尔尼埃完全正确地看到，东方（他指的是土耳其、波斯、印度斯坦）一切现象的基础是不存在土地私有制。这甚至是了解东方天国的一把真正的钥匙。"[1] 在马克思看来，东方不存在土地私有制，只存在土地的个人占有，土地的真正所有者是农村公社。恩格斯回信完全赞同马克思的见解，他说："不存在土地私有制，的确是了解整个东方的一把钥匙。这是东方全部政治史和宗教史的基础。"[2] 恩格斯还深入思考："东方各民族为什么没有达到土地私有制，甚至没有达到封建土地所有制呢"?[3] 他认为，"这主要是由于气候和土壤的性质，特别是由于大沙漠地带，这个地带从撒哈拉经过阿拉伯、波斯、印度和鞑靼直到亚洲高原的最高地区。在这里，农业的第一个条件是人工灌溉，而这是村社、省或中央政府的事。"[4] 由于任何个人都无力承担灌溉任务，所以在这些地区一开始就排斥了土地私有的可能，只能存在土地公有制。马克思后来在《不列颠在印度的统治》一文中利用了恩格斯的这个思想，

---

① 《马克思恩格斯全集》第28卷，第256页。
② 同上书，第260页。
③ 同上。
④ 同上书，第260—263页。

他进一步发挥说："节省用水和共同用水是基本的要求，这种要求，在西方，例如在弗兰德和意大利，曾使私人企业家结成自愿的联合；但是在东方，由于文明程度太低，幅员太大，不能产生自愿的联合，所以就迫切需要中央集权的政府来干预。因此亚洲的一切政府都不能不执行一种经济职能，即举办公共工程的职能。"① 这样，在土地公有制的基础上不但没有形成民主制度，反而形成了专制国家。东方各国人民一方面在专制国家治理下生活，"另一方面，他们又散处于全国各地，因农业和手工业的家庭结合而聚居在各个很小的地点。由于这两种情况，所以从很古的时候起，在印度便产生了一种特殊的社会制度，即所谓村社制度。这种制度使每一个这样的小单位都成为独立的组织，过着闭关自守的生活"②。这样就形成了东方社会独有的土地公有、农村公社和专制国家三位一体的特点。在这三位一体的紧密结合中，自然地理因素是根本原因，土地公有制是基础，专制国家是矗立其上专门管理公共工程、军事及财政事务的上层建筑。农村公社是社会基本组织形式，它既负责分配土地，是土地的实际所有者，又是社会的最小单位，在它身上体现出东方社会的一系列典型的特征：

首先是公社内部，个人对公社来说不是独立的。个人受公社的土地及传统法规的制约，"是同公社牢牢地长在一起的"③，生产的范围仅限于自给自足，农业和手工业紧紧地结合在一起。

其次从公社外部关系来说，它们彼此隔绝，缺少联系。如马克思所说："农村公社最坏的一个特点，即社会分解为许多模样相同而互不联系的原子的现象，却一直残留着。农村公社的孤立状态在印度造成了道路的缺少，而道路的缺少又使公社的孤立状态长久存在下去。在这种情况下，公社就一直处在那种很低的生活水平上，同其他公社几乎没有来往，没有希望社会进步的意向，没有推动社会进步的行动。"④ 恩格斯也说："各个公社相互间这种完全隔绝的状态，在全国造成虽然相同但绝非共同的利益，这就是东方专制制度的自然基础。从印度到俄国，凡是这种社会形态

---

① 《马克思恩格斯选集》第 2 卷，第 64 页。
② 同上书，第 66 页。
③ 《马克思恩格斯全集》第 46 卷上，第 495 页。
④ 《马克思恩格斯全集》第 9 卷，第 249 页。

占优势的地方，总是产生这种专制制度"①。

第三，在公社内外封闭的条件下形成了极端落后的文化心态。马克思在谈到印度公社时曾说："我们不应该忘记那种不开化的人的利己性，他们把自己的全部注意力集中在一块小得可怜的土地上，静静地看着整个帝国的崩溃、各种难以形容的残暴行为和大城市居民的被屠杀，就像观看自然现象那样无动于衷；至于他们自己，只要某个侵略者肯来照顾他们一下，他们就成为这个侵略者的无可奈何的俘虏。"②

农村公社所具有的这三方面特征表现了东方社会的极端落后性，然而正是这种落后性成了它具有顽强生命力的源泉。亚细亚生产方式之所以能够长期存在甚至伴随了整个欧洲奴隶社会和封建社会漫长的历史，其基本原因就在于它存在着以土地公有制为基础的内外封闭的村社制度。这种村社内部限制个人自由，实行农工结合，自给自足，难以瓦解和破坏。村社外部又互相隔绝，难以彼此影响，互相推动。再加上落后的思想意识和文化心态，只求太平安稳，不要任何刺激和变化，使得农村公社具有极大的稳定性。就整个国家来说，国内事变、外族入侵都能导致改朝换代，但对村社来说，不论朝代怎样更迭，它始终顽强地维护自己，不受外界变化的影响。这种顽强的生命力鲜明地表现了东方社会发展的缓慢性和停滞性，这正是东方社会的又一重大特征。

东方社会的这些特点意味着什么？它说明东方社会在历史上走着与西方社会完全不同的道路。西方社会按照"世界历史"的逻辑从原始社会开始依次走完了奴隶社会、封建社会，现在正处在资本主义阶段。而东方社会从原始社会起直到上一世纪，一直保留着人类社会原生形态的某些特征。这就表明，东方社会在历史上是一个特殊的世界。马克思以资本主义制度作为分界线，充分肯定了前资本主义时代东方社会的特殊性。他认为，就资本主义的发生和发展来说，在历史上存在着两条基本线索：一条是"自由小土地所有制的解体"③，另一条是"以东方公社为基础的公共土地所有制的解体"④。这就是说，在马克思的心目中，东方社会的特殊性不容抹煞，他承认以往几千年东方社会特殊的发展道路。但是，马克思

① 《马克思恩格斯全集》第18卷，第618—619页。
② 《马克思恩格斯选集》第2卷，第67页。
③ 参见《马克思恩格斯全集》第46卷上，第471页。
④ 同上。

在承认东方社会长期固有的特殊性的同时，却认为到了资本主义时代，东方社会的这种特殊性将会消失，它也要沿着"世界历史"的共同道路，经过资本主义发展阶段，然后再走向共产主义。这就是 19 世纪 50—60 年代马克思对东方社会特殊性的理解。

这里显然存在着一个逻辑上的矛盾：既然东方社会作为一种特殊的形态可以和奴隶社会与封建社会长期并行地发展，可以不遵循西方社会的历史规律，那么为什么到了资本主义时代，东方社会就要失掉这种特殊性，非得经过资本主义形态呢？为什么不可以设想东方社会能够绕过资本主义暗礁，直接通向新社会呢？这个矛盾的存在反映出，马克思当时还受自己所发现的社会发展模式的束缚；他的思维方式偏重于一般普遍原则，想用它来框架具体事物。表明他的思想还有待于深化，需要从已有的社会历史模式中走出来。

三　马克思论俄国社会发展道路，跳越"卡夫丁峡谷"的设想

俄国是个典型的东方国家，马克思晚年关于东方社会跳越资本主义"卡夫丁峡谷"的设想就是直接从对俄国村社土地公有制的研究中得出来的。系统地研究马克思对俄国社会发展道路的认识及转变过程，对于我们把握马克思的东方社会理论具有重要意义。

俄国是马克思、恩格斯终生十分重视因而论及较多的国家之一。19世纪中叶，俄国几乎是反动一词的同义语。在人们眼中，它不仅是个中世纪专制落后的国家，而且是欧洲的反动宪兵和警察，是欧洲和国际反动势力的堡垒。有鉴于此，马克思、恩格斯为了无产阶级革命的共同利益，曾不断号召欧洲的革命和民主力量团结起来，发动一场反对沙皇俄国的革命战争，他们认为，这是欧洲以至世界革命胜利的必要前提。在这种情况下，马克思、恩格斯一直对沙皇俄国抱敌视和蔑视的态度，他们所关注的是如何遏止俄国势力的扩展，粉碎沙俄称霸世界的野心。在他们看来，俄国当时还不具备爆发革命的条件，俄国革命胜利的前景还是遥远未来的事情，所以他们较少谈论俄国社会发展的前途。当然这也与马克思、恩格斯对俄国情况了解较少有关。

1845 年，德国著名历史学家、政府顾问哈克斯特豪森游历俄国时，

发现俄国不仅保持有村社的残余，而且完整的村社组织和土地村社公有制也普遍存在着。1847 年，哈克斯特豪森发表他的第一部专著《对俄国的内部关系、人民生活、特别是农村设施的考察》，如恩格斯所说，在这本书里，"他把这种所有制当作一种十分奇妙的东西向全世界大肆吹嘘"①。哈克斯特豪森说道："俄国的公社组织，对于俄国，尤其在现时，在国家制度方面说，是无限重要的。西欧所有的国家现在都患着一种病，想把这种病治好，至今仍是一个不能解决的任务——这种病就是赤贫状态和无产阶级化。俄国就不知道有这种灾难；因为公社组织使它免于灾难。"② 从 19 世纪 50 年代起，俄国的一部分知识分子，特别是后来的一些民粹派思想家，竭力证明俄国由于公社土地所有制的存在可以避免西方国家所经历的资本主义发展阶段，直接进入共产主义，村社就是新社会的支点。俄国著名民粹派思想家特卡乔夫曾说："我国人民……绝大多数……都充满着公社占有制原则的精神；他们——如果可以这样说的话——是本能的、传统的共产主义者。……由此看来，很清楚，我国人民尽管愚昧无知，但是比西欧各国人民更接近于社会主义，虽然他们是较有教养的。"③ 这样，从 19 世纪 50 年代开始，俄国社会特殊发展道路问题就在欧洲，特别是在俄国国内被热闹地宣扬起来。

但是在 19 世纪 50—60 年代，俄国特殊论这一喧嚣并未影响到马克思和恩格斯，当时他们正处在"世界历史"思想的高峰时期，不仅用这个思想来说明欧洲的历史发展，而且依据这个思想提出东方社会的普遍资本主义化问题。从方法论来说，当时马克思还偏重于一般普遍原则的广泛适用性，还没有可能去具体分析每个国家历史发展的特殊性。因此，在马克思心目中，《德意志意识形态》和《共产党宣言》所表述的"世界历史"思想是放之四海而皆准的，任何国家都不例外，俄国也必须经历资本主义发展阶段，走上"世界历史"的道路。1859 年，马克思曾著文分析了俄国农民起义的可能性，指出："如果发生这种情形，俄国的 1793 年就会到来"④。言下之意，农民起义将破坏沙皇中世纪式的专制统治，开辟资产阶级的文明新时代。因此对于俄国来说，社会发展的近期前景显然是资本

---

① 《马克思恩格斯全集》第 18 卷，第 617 页。
② 转引自《普列汉诺夫哲学著作选集》第 1 卷，第 149 页。
③ 转引自《马克思恩格斯全集》第 18 卷，第 617—618 页。
④ 《马克思恩格斯全集》第 12 卷，第 725 页。

主义，而不可能是社会主义。1860 年，马克思在评论即将开始的俄国农奴制改革的前途时，详尽地分析了沙皇、贵族和农民的态度以及他们可能做出的选择。马克思当时认为，沙皇所理解的解放农奴就是要"排除那些仍然限制着皇帝专制的最后障碍。一方面，应当取消贵族的以专横统治大多数俄国人民为基础的相对独立性；另一方面，应当用政府的消灭'共产主义'原则的计划，来取消以共同占有被奴役土地为基础的农奴的村社自治"①。这后一句话表明，马克思已经完全了解所谓俄国村社是向共产主义过渡基础的那些喧嚣一时的理论，但他把共产主义一词打上了引号，说明马克思当时并未真正认为村社是共产主义的基础，共产主义还不是俄国的现实出路。马克思比较了各种可能的选择，最后认定，俄国农民只能在向贵族和地主交纳赎金的前提下获得解放（后来的事实也证明了这一点）。马克思认为，交纳补偿金就会"使农民由农奴变为契约债务人，这样一来，从物质利益这方面来说，至少在两三个世代之内，除了农奴依附的形式可能由宗法式的变为新的、文明的形式外，就什么也不会改变"②。这就意味着原来的农奴制宗法依附关系将被资本主义的雇佣劳动形式取代，俄国走上资本主义道路。

但是到了 19 世纪 70 年代中期以后，马克思的观点开始发生变化，并随着时间的推移而逐渐强化和明朗起来。马克思是个充满革命激情的理想主义者，他终生都对欧洲革命抱有热切的期待。1848 年革命曾使马克思激动不已，他曾预言革命高潮将会很快到来。1871 年巴黎公社革命爆发，马克思希望它能对欧洲革命有所推动，但事与愿违，巴黎公社以后，工人运动所面临的环境和条件更加严酷。马克思对革命的预想经过多次的波折以后，逐渐把理想和现实统一起来，努力客观地、冷静地估计形势，分析环境。马克思看到，19 世纪 70 年代中期以后，资本主义世界经济迅速增长，政治相对稳定，社会主义革命在短时期内难以胜利实现。在这种情况下，他在进一步研究东方国家的社会发展前景时，便产生了一些新的想法，将社会主义也置于这些国家的实践之内。形势促使马克思改变了对俄国社会发展道路的看法，他越来越坚定地认为，俄国这个东方社会的国家，可以避开资本主义前途，在村社土地公有制的基础上，实现共产

---

① 《马克思恩格斯全集》第 15 卷，第 193 页。

② 同上书，第 194 页。

主义。

为此，马克思首先在理论上否定了资本主义的普遍意义，他在给俄国《祖国纪事》杂志编辑部和女革命家查苏利奇的信中一再说，《资本论》所描述的资本主义产生的历史必然性"明确地限于西欧各国"①。"一定要把我关于西欧资本主义起源的历史概述彻底变成一般发展道路的历史哲学理论，一切民族，不管他们所处的历史环境如何，都注定要走这条道路，……他这样做，会给我过多的荣誉，同时也会给我过多的侮辱"②。他表示："因为我不喜欢留下'一些东西让人去揣测'，我准备直接了当地说。为了能够对俄国的经济的发展作出准确的判断，我学习了俄文，后来又在许多年内研究了和这个问题有关的官方发表的和其他方面发表的资料。我得到了这样一个结论：如果俄国继续走它在 1861 年所开始走的道路，那它将失去当时历史所能提供给一个民族的最好机会，而遭受资本主义制度所带来的一切极端不幸的灾难。"③ 从这里可以看出，马克思对 1861 年的农奴制改革及其引起的资本主义发展是持否定态度的。

马克思在 1881 年给查苏利奇的复信草稿中再次表明了自己的上述看法。他认为，正因为俄国村社"和资本主义生产是同时代的东西，所以它能够不通过资本主义生产的一切可怕的波折而吸收它的一切肯定的成就"④。马克思写道："如果俄国资本主义制度的崇拜者要否认这种进化的理论上的可能性，那我要问他们：俄国为了采用机器、轮船、铁路等等，难道一定要象西方那样，先经过一段很长的机器生产发展的孕育期吗？同时也请他们给我说明：他们怎么能够把西方需要几个世纪的发展才建立起来的一套机构（银行、信用公司等等）一下子就在自己这里建立起来呢？"⑤ 在马克思看来，1861 年的改革不应消灭村社，如果在农民解放的时候，农村公社立即被放在正常的发展条件下，如果农民缴纳的赎金都用于进一步发展农村公社，"那么，现在谁也不会再考虑消灭公社的'历史必然性了'"。⑥ 马克思认为："公社是俄国社会复兴的因素和俄国比其他

---

① 《马克思恩格斯全集》第 19 卷，第 268 页。
② 同上书，第 130 页。
③ 同上书，第 129 页。
④ 同上书，第 431 页。
⑤ 同上。
⑥ 同上。

还处在资本主义制度压迫下的国家优越的因素。"① 与资本主义相比，公社在各方面都好得多。马克思说："在俄国公社面前，资本主义是处于危机状态，这种危机只能随着资本主义的消灭、现代社会回复到'古代'类型的公有制而结束，……因此不应该特别害怕'古代'一词。"② 马克思的结论是："俄国是在全国范围内把'农业公社'保存到今天的欧洲唯一的国家。它不像东印度那样，是外国征服者的猎获物。同时，它也不是脱离现代世界孤立生存的。一方面，土地公有制使它有可能直接地、逐步地把小土地个体耕作变为集体耕作，并且俄国农民已经在没有进行分配的草地上实行着集体耕作。俄国土地的天然地势适合于大规模地使用机器。农民习惯于劳动组合关系，有助于他们从小土地经济向合作经济过渡；最后，长久以来靠农民维持生存的俄国社会，也有义务给予农民必要的垫款，来实现这一过渡。另一方面，和控制着世界市场的西方生产同时存在，使俄国可以不通过资本主义制度的卡夫丁峡谷，而把资本主义制度的一切肯定的成就用到公社中来。"③ 这样，马克思就通过对俄国村社土地公有制及其所处的时代条件和特点的分析，得出了俄国可以绕过资本主义"卡夫丁峡谷"的设想。1882 年，马克思在《共产党宣言》俄文版序言中，又进一步申明了上述看法，他写道："假如俄国革命将成为西方无产阶级革命的信号而双方互相补充的话，那末现今的俄国土地公共所有制便能成为共产主义发展的起点。"④

我认为，马克思的这个新设想在理论上带来的震动和冲击是巨大的、惊人的，其中包含着马克思对自己先前学说的一系列反思和突破：

首先，马克思跳越"卡夫丁峡谷"的思想确立了人道主义的历史尺度，这是马克思思想的一次飞跃。长期以来，马克思一向以生产力决定生产关系作为历史发展的机制和动力，同时把它视为衡量和观察社会形态的基本尺度。现在当马克思确认俄国可以跳越"卡夫丁峡谷"时，他的出发点和着眼点已变为：避免资本主义的痛苦和灾难，减少牺牲和代价，维护人的尊严和价值。这实际上是把人道主义原则提升为历史的尺度了。当历史发展和人的价值标准发生冲突时，为了人本身就应该跳越"卡夫丁

---

① 《马克思恩格斯全集》第 19 卷，第 431—432 页。
② 同上书，第 432 页。
③ 同上书，第 435—436 页。
④ 《马克思恩格斯选集》第 1 卷，第 231 页。

峡谷"，在村社基础上，向共产主义迈进。这表明，马克思晚年又把人道主义视为历史发展的尺度和契机，这是在新的基础上向他早期实践人本主义的复归。

其次，马克思的东方社会理论，特别是跳越"卡夫丁峡谷"的设想提供了用多样化思维来理解历史的典范。过去，马克思从"世界历史"思想出发，认为世界是唯一的，历史发展的规律和道路也是唯一的，一切地区和民族不管有多大的差别，都必须纳入统一的历史发展序列中。这就导致了历史发展的单线论。现在马克思的东方社会理论表明，人类世界从古至今就分为西方和东方两个世界，它们的具体历史特点不同，走过的道路不同，未来向新社会过渡的根据和途径也不同。它们的一系列差别表明，历史并不是严格确定的发展序列；偶然的、或然的、主体自身的需要等多方面因素都对历史发展起重大作用。这就决定了历史发展不是一元的、单线的，而是多元的、复线的。马克思的东方社会理论本身就是多元化历史观的鲜明例证。

当然也要看到，马克思象他过去对一切未来问题所抱的审慎态度一样，他只是把俄国跳越"卡夫丁峡谷"当作一种可能性，这种可能性化为现实必须具备多方面的前提，没有诸多条件的综合作用，这种可能性也不能化为现实性。所以，马克思在设想跳越"卡夫丁峡谷"时并未把话说死，他还充分注意到俄国向资本主义发展的可能。他在给查苏利奇的信的初稿中说："农业公社的构成形式只能是下面两种情况之一：或者是它所包含的私有制因素战胜集体所有制因素，或者是后者战胜前者。一切都取决于它所处的历史环境，……先验地说，两种结局都是可能的。但是，对于其中任何一种，显然都必须有完全不同的历史环境。"①

马克思不仅对公社的前景作了这种辩证的分析，就是在分析公社的内在生命力时，也采取了辩证的态度。马克思认为："'农业公社'所固有的二重性能够成为它的强大的生命力的源泉，因为，一方面，公有制以及公有制所造成的各种社会关系，使公社基础稳固，同时，房屋的私有、耕地的小块耕种和产品的私人占有又使个人获得发展，而这种个人发展和较古的公社条件是不相容的。"② 因此，马克思认为："这种二重性也可能逐

---

① 《马克思恩格斯全集》第 19 卷，第 435 页。
② 同上书，第 434 页。

渐成为公社解体的根源。"① 恩格斯正是较多地看到了公社内在的破坏因素和外在的不利条件，因而才较多地强调了资本主义在东方滋长的可能。②

历史是一幅难以一下认清的扑朔迷离的画卷。过去将近一个世纪以来，许多人为马克思的东方社会理论，特别是为跳跃"卡夫丁峡谷"的设想而伤透脑筋，认为这是对传统理论的背离，是不可理解的。近几十年来，由于东方社会理论和列宁所反对的俄国"民粹派"的观点比较一致，在这种情况下，人们就更不敢问津了。没想到在一个世纪以后的今天，马克思的东方社会理论在进行了四五十年社会主义实践的诸多国家中找到了实验的园地。直到今天，社会主义革命并未在典型的西方国家中发生，相反，革命恰恰是在资本主义没有充分发展起来的东方国家首先胜利的。这就证明，社会主义不一定是资本主义高度发展的产物，"卡夫丁峡谷"确实是可以跳越的。就这点来说，马克思的东方社会理论确实得到了验证。但是，今天所有的社会主义国家跳越"卡夫丁峡谷"又都不太成功，在和资本主义的较量中还没有充分显示出社会主义的优越性，原因就在于亚细亚生产方式是和资本主义同时代的东西，可以跳越资本主义制度，而不可跳越与资本主义连带的肯定成就。这个肯定成就是什么，马克思没有具体说明。今天看来，无非是指高度发达的商品经济和社会生产力以及民主政治、人的个性发展等。这些肯定成就不但不能跳越，而且必须在夺取政权后经过一个长时期的社会主义初级阶段补上这一课，努力把它们吸取过来。这大概就是马克思当年所说的吸取资本主义肯定成就的本意。

《中国社会科学》1989 年第 2 期

---

① 《马克思恩格斯全集》第 19 卷，第 434 页。

② 参见《马克思恩格斯选集》第 2 卷，第 624—626 页。

马克思主义是发展的理论

胡 绳[*]

摘要 本文指出，发展马克思主义是每一个真诚的马克思主义者所应负起的任务。马克思主义的科学特性，决定了它必然要求理论随着实际生活的发展而不断地发展，它的基本原理也必须不断地以人类社会的新的经验和新的认识来充实和丰富其内容。作者认为，要发展马克思主义的社会主义建设的科学，当代马克思主义者应当研究科学技术正在迅猛发展的历史条件及其巨大影响，把社会主义建设同当代科学技术发展的潮流更好地结合起来；应当维护马克思关于越过"资本主义制度的卡夫丁峡谷"设想中的基本观点：社会主义在比较不发达的国家取得胜利，新的社会在必须经历的一些过渡阶段中，如果不能保证社会劳动生产力极高度的发展，不能享受资本主义制度的一切肯定成果，其中首先包括现代生产力，那么社会主义就不能走向成熟；应当总结本世纪社会主义建设中的成功和失败的经验，特别是失败的经验，在建设的领域内，摆脱妨碍人们实事求是的种种思想桎梏，开创新局面。文章指出，建设有中国特色社会主义的理论和路线是马克思主义的社会主义建设学说在中国条件下的巨大发展。我们还要通过实践，进行深入的科学研究，弄清至今尚未弄清的许多具体规律，正确认识世界，懂得世界与中国的相互关系，发展马克思主义的社会主义建设的科学。

马克思主义理论是在不断的发展中的。这个命题恩格斯早就提出。他在1887年给一位美国女士的信中说："我们的理论是发展的理论，而不是

---

* 胡绳，1918年生，全国政协副主席，中国社会科学院院长。

必须背得烂熟并机械地加以重复的教条。"① 按照这种观点，恩格斯曾告诫说，"认为人们可以到马克思的著作中去找一些不变的、现成的、永远适用的定义"是一种"误解"②。

马克思主义之所以是科学，是因为它的一切理论观点都以事实为最后依据，因为它坚持理论和实践相结合。马克思主义的这种特性，决定了它可能而且必然要求理论随着实际生活的发展而不断地发展。

说马克思主义是发展的科学，当然不是说马克思主义的基本观点是不稳定的。马克思和恩格斯在 19 世纪中叶及其后期，站在最先进的工人阶级的立场上，所创立的科学理论的基本观点是人类历史经验的总结，并在后来的社会实践中被证明是正确的。这些基本观点包括：以人类对自然的科学认识和社会历史发展的经验为基础而得出的世界观和历史观，对当时在西方一些国家正在成熟起来的资本主义的经济、社会的本质的和全面的分析，资本主义社会在发展中必然要为社会主义社会所代替的理论，关于建立能够担当社会主义革命任务的工人阶级政党的学说等等。

这些基本原理之所以有价值，是因为它们可以被有效地运用于实际。在后人运用这些原理的时候，当然必须从他们所处的具体历史条件出发。因此，马克思主义的基本原理也必须不断地以人类社会的新的经验和新的认识来充实和丰富它的内容，否则它就成为僵死的教条。

因此，不能把马克思主义局限于马克思（加上恩格斯，或者再加上他们的伟大后继者列宁）说过的东西，不能仅仅以马克思主义创始者说过什么或者没有说过什么，来判断什么是、什么不是马克思主义。

马克思死于 1883 年，恩格斯死于 1895 年。从 19 世纪末叶到现在，人类对自然的认识、人类的社会历史都发生了巨大的变化和发展。这些变化和发展的具体形态和进程是马克思主义的创始人所不可能预料到的，他们也没有试图去预料。在 20 世纪快要结束的时候，我们略微回顾一下这些发展和变化，可能就会感到马克思主义已有的发展还不能和现实生活相适应，因而感到发展马克思主义是每一个真诚的马克思主义者所应该负起的任务。

---

① 《马克思恩格斯全集》第 36 卷，第 584 页。
② 《马克思恩格斯全集》第 25 卷，第 17 页。

<h1 style="text-align:center">一</h1>

100 年来，科学技术的飞跃发展，是人类社会的一个突出现象。

马克思主义的创始人十分重视自然科学研究和科学技术的发展。其所以重视有两个方面的原因：第一，辩证的同时又是唯物主义的世界观，必须以对自然界的科学认识为其坚实的基础。第二，生产力的发展对社会进步起着决定性的作用，而在社会历史上，越到近代，科学技术在生产力中所占位置越加重要。

马克思精通数学，并在研究政治经济学的过程中，深入钻研与此有关的化学、农业化学、生物学、地质学等学科。他晚年对用化学合成法制造细胞的实验很感兴趣，并对电在各方面的应用表示重视，认为他在 1882 年看到的远距离输电线路的发明很有前途。恩格斯对自然科学领域的各个学科有渊博而精到的了解。他在马克思墓前的演说中说："在马克思看来，科学是一种在历史上起推动作用的革命力量。任何一门理论科学中的每一个新发现，即使它的实际应用甚至还无法预见，都使马克思感到衷心喜悦，但是当有了立即对工业、对一般历史发展产生革命影响的发现的时候，他的喜悦就完全不同了。"① 可以看到，马克思、恩格斯在世的年代，电的应用还只是初见端倪。恩格斯虽然逝世得晚一点，但汽车在他逝世那年刚冒头，那时作为新的交通工具正在国际范围内普遍应用起来的还是铁路和航海轮船。从科学技术的进步来说，20 世纪的面貌是大大变化了。

继 19 世纪末期发电机、电动机和内燃机的发明有力地推动了社会生产力的发展以后，20 世纪的科学技术大步地跨上了新的台阶。本世纪初的物理学的革命，标志着科学新时代的到来。40 年代以后，原子能、电子计算机、自动化、宇宙航行、卫星通信、电子信息技术、生物工程等方面的科学技术的发展，开辟了许多新的生产领域，为生产力的飞跃创造了以往不能想象的宽广的可能性，使人类社会生活多方面发生变革。把 20 世纪后期的科学技术的发展描写为突飞猛进是完全适当的，这时期每 10 年新增的发明和创造比以往 2000 年的总和还多。在发达国家中一项新的技术从创造出来到它被投入实际应用之间的时间日益缩短。依靠科学技

---

① 《马克思恩格斯全集》第 19 卷，第 375 页。

术，20世纪新发展起来的国家往往能达到19世纪所无法企及的经济增长率，因而赶上本来居于前列的国家。科学技术是最活跃的一种生产力，这一点在近几十年中比过去任何时代都表现得更明显。

科学技术的发展，使人类对自然界的认识，无论宏观世界还是微观世界，无论无机世界还是生命现象，都达到前所未有的新的水平。新的认识并不是否定了马克思主义的唯物主义、辩证法的世界观，而恰好是为这种世界观提供了更有力的论据。利用人类对自然界认识的新成果来丰富马克思主义的世界观，应该是当代马克思主义者的任务。

马克思主义绝不是任何宗派主义，因为这种理论在产生过程中吸收了人类社会以往历史中所创造的一切有价值的成果，特别是人类在资本主义制度下所创造的文明成果。这样的吸取工作，并不因为马克思主义已经创立就宣告中止。现代科学所取得的一切成就，是马克思主义为了发展自己所绝不可以忽视的；应该说，脱离这一切要发展马克思主义是不可想象的。

当代科学技术的发展，造成了社会生产力迅猛发展的可能性，同时给资本主义社会带来了许多新的问题。这些问题涉及教育、就业、通信、产业结构，以至资源、生态和环境保护等等。社会主义社会同样也不能不面对这些问题。一方面，科学技术的进步可能造福于地球上的居民；另一方面，在现实的世界上，居住在发展水平低的国家中的穷人和半饥饿的人数，在全世界人口中所占的比例可能越来越大。由于资本主义制度产生的这种矛盾，是科学技术发展本身所不能解决的。毫无疑问，马克思主义要发展就必须面对这些问题。

科学技术的发展，对于资本主义社会如何进入社会主义社会的问题，对于已经建立社会主义制度的国家如何建设社会主义的问题，都不能不发生巨大的影响。也就是说，考虑这两个问题不能不顾及科学技术正在迅猛发展的历史条件。一个非常明显的事实是，如果先进的科学技术为资本主义发达国家所垄断，那就谈不上社会主义的胜利。因此，对社会主义建设来说，如何同当代科学技术发展的潮流更好地结合起来，充分发挥社会主义应有和能有的优越性，成为一个迫切的任务。

二

在马克思、恩格斯逝世以后100年间，马克思主义的社会主义理想，在世界上很广大的领域内成为现实。但是有两个必须引起注意的历史现象。其一是社会主义并不像马克思、恩格斯所设想的那样，首先在资本主义最发达的国家中诞生，它诞生的地方倒是在资本主义欠发达的国家，或者甚至是很不发达的国家。其二是社会主义制度在一些国家中建立起来以后没有能长期保持，在苏联这样的重要国家中既唱了社会主义的凯歌，又为它奏了挽歌。这里先讨论前一个现象。

社会主义社会是否首先在资本主义发达的国家产生的问题，当然也就是资本主义制度是否首先在那里崩溃的问题。对这个问题，恩格斯在1891年即他逝世前4年在给德国的倍倍尔的信中曾这样说："你说我似乎曾经预言资产阶级社会将于1898年崩溃，这是一个误会。我只是说：到1898年，我们可能取得政权。如果这种情况没有发生，旧的资产阶级社会还可以继续存在一段时间，直到外来的冲击使这座腐朽的大厦倒塌为止。这样一个腐朽陈旧的建筑物，当它实际上已经过期之后，如果风平气稳，也还可以支撑数十年。因此，我当然要避免事先作这类预言。"①

恩格斯逝世后20年发生世界大战；后30余年，发生震撼整个资本主义世界的严重的经济危机；后50年爆发又一场规模更大的世界战争。所有的历史事实一方面表明，马克思主义关于资本主义社会存在着自己所不能解决的根本矛盾的学说是站得住的。另一方面又表明，这座资产阶级社会的大厦并不是到处都很容易被冲塌，就主要的资本主义国家而言，它在恩格斯以后又存在了100年，而且还将继续支撑不少年。对前一方面，当代的马克思主义者当然应当根据新的事实给以论证，后一方面尤其需要人们从实际出发进行深入的分析和研究。社会生产力的猛烈发展并没有加速资产阶级社会大厦的倒塌，倒是似乎为资产阶级统治者提供了修补这座大厦的材料。但资本主义的不平衡发展使大国的兴衰过程加速，使资本主义世界内部各种矛盾加剧。研究这些事实，并据以展望资本主义社会的前途，人们将能够给马克思主义的理论武库增添新的观点。

20世纪60年代，国际共产主义队伍中曾有过肯定和平过渡的可能性和否定这种可能性的争论，争论的双方其实都没有充分的根据。按照第一次和第二次世界大战的经验作出的"或者战争引起革命，或者革命制止战争"的预言，至少在可以预见的将来并没有现实性。也许由此可见，

---

① 《马克思恩格斯全集》第38卷，第186页。

或者和平过渡，或者武装斗争，这种两分法过于简单，历史也不会机械地重复已有的经验。这些都有待于人们解放思想，从实际出发，进行新的理论探索。

马克思主义创始人曾设想，社会主义在比较不发达的国家取得胜利，而且走一条特殊的路。马克思 1881 年在考虑回答关于俄国农村公社的问题时提出，俄国的农村公社有可能不通过"资本主义制度的卡夫丁峡谷"，也就是，"不通过资本主义生产的一切可怕的波折而吸收它的一切肯定的成就"。① 但他们仍是以西方无产阶级革命的胜利作为前提的。马克思和恩格斯共同署名的一篇文章这样认为："假如俄国革命将成为西方无产阶级革命的信号而双方互相补充的话，那末现今的俄国土地公社所有制就能成为共产主义发展的起点。"②

东西方革命互为信号、互相补充的情形从来没有实现过。历史经验倒是证明，任何国家是否能革命胜利，取得怎样的胜利，怎样走向社会主义，主要取决于本国的条件。国外条件只能起部分的、副次的作用。不顾其本国条件，揠苗助长，总是不成功的，一切过分重视国际影响的观点都为实际生活所否定。

不是每个国家都必须经过资本主义社会的全过程，在这个意义上，"不通过资本主义的卡夫丁峡谷"已有事实可证明。但事实也证明，不通过这个峡谷，代替资本主义的一切可怕的波折，新社会必须经历一些过渡阶段，不可能径直走向社会主义制度的胜利和成熟。这当然不是前一世纪的人能够预先设计的。

按照马克思当时关于这个问题的论述，如果不能保证社会劳动生产力极高度的发展，不能享受资本主义制度的一切肯定的成果，其中显然首先包括现代生产力，那么就谈不到越过"资本主义制度的卡夫丁峡谷"。这个基本观点，我们应该维护。

三

从 20 世纪 20 年代起，人们开始面对社会主义革命胜利后如何去建立

---

① 《马克思恩格斯全集》第 19 卷，第 431、438 页。

② 同上书，第 326 页。

社会主义制度，如何进行社会主义建设的问题。对于这些问题，在马克思主义武库中不可能有现成的答案。恩格斯在为《资本论》第一卷写的书评中说："马克思关于社会变革后将怎样，他只是最一般地谈到"，① 当然也只能是这样。因为当时现实生活还没有提出这样的问题，没有提供可以进行科学研究的实际材料。

马克思主义在 20 世纪从革命的科学，发展为不但是革命的科学而且是建设的科学。革命的任务在全世界远没有结束，革命的科学也需要创造性地发展。建设的科学更非从头建立不可。社会主义要建设区别于以往一切社会的崭新的社会，就这个意义可以说，社会主义建设的科学也是革命的科学。但是它所要研究的是如何建立新社会的问题，而不是如何破坏旧社会的问题，因此它的内容绝不能只限于原有的革命的科学。治理一个国家和发动一场革命是性质不同的事。在剥削阶级统治的国家中处于被压迫地位的政党，和在社会主义国家中执政的政党对于社会所负责任极不同，也是很明显的事。革命是在社会动乱中发生，建设则要求社会安定，在这两种不同的历史条件下，阶级斗争的作用及其具体形式，当然大不相同。马克思主义从来重视以往的社会历史经验的研究，而从建设的角度研究历史经验，和从革命的角度进行这种研究相比，会有许多原来不注意的内容需要注意。对旧社会的科学的分析，也有助于建立新的社会，但是建设新社会的科学必须依靠新的经验建立起来。

在以社会主义为目的的革命中，各个国家之间有一些共同的规律性的东西，但革命的具体过程和具体形式绝不是千篇一律的。每个国家要按照自己的国情来走出自己的走向社会主义的道路。至于社会主义建设，虽然古代中国人曾把未来的理想社会称为"大同"，但看来也不能只见其"同"，而不见其"异"，或者说"同"是要经过"异"才能达到的。每个国家要根据本国的历史条件、民族文化传统、经济社会发展情况，以及在世界格局中所处的地位，来决定自己在社会主义建设上的具体道路和具体做法。用单一的模式来规范不同的国家，这已经在历史实践中证明是完全错误的。

如何在原来拥有很高生产力的资本主义国家中建设社会主义，也会有许多需要解决的问题；现在是在资本主义欠发达或不发达的国家中建设社

---

① 《马克思恩格斯全集》第 37 卷，第 322 页。

会主义，问题就显然更加复杂。

70多年来，人类积累了社会主义建设的丰富的经验，包括成功的经验和失败的经验。在整个改造旧世界和建设新世界的事业中，不经过挫折和失败是不可想象的。恩格斯说得好："和其他一切政党一样，无产阶级将从没有人能使它完全避免的错误中最快地取得教训。"①

20世纪90年代初，社会主义事业在苏联和东欧国家中的瓦解，是共产主义运动历史上所遭遇到的最大的失败。这个失败证明社会主义建设的科学远没有成熟。在建设的领域内，马克思主义者需要摆脱妨碍人们实事求是的种种思想桎梏，总结已有经验，开创新的局面。所以这个失败很可能是先进的人们对于如何建设新世界的认识出现一个飞跃的契机。

当代马克思主义者不可推卸的一个重大责任，就是要总结20世纪的社会主义建设中的成功和失败的经验，特别是失败的经验，用以发展马克思主义的社会主义建设的科学。

四

中国共产党人在中国的历史条件下，为发展马克思主义做了不懈的努力，取得了巨大的成就。

在民主革命的过程中，中国的马克思主义者一方面反对了社会上存在的一种中国特殊论，这就是认为中国的国情是绝对的特殊，因此完全不适用于马克思主义的阶级分析、阶级斗争理论、社会发展理论和科学社会主义理论。另一方面，我们又反对了主要在党内产生的教条主义，那就是根本不考虑中国的具体情况，甚至以为作这种考虑只会使人离开马克思主义。把马克思主义看成只是书本上的条条和外国的现成经验的教条主义者，不懂得书本上的条条即使是对中国适用的指导原理的话，还必须和中国具体实际相结合，才能有益于中国的实际；他们也不懂得，外国经验即使是成功的，也不能照搬到中国来。由于战胜和克服了这两个方面的错误倾向，中国共产党人在中国民主革命的长期实践中做到了坚持马克思主义和发展马克思主义。以毛泽东为代表的中国共产党人，从中国处于半殖民地半封建的地位，资本主义发展薄弱，农民占人口的绝大多数这种实际出

---

① 《马克思恩格斯全集》第37卷，第322页。

发，总结革命实践的经验，得出了一套具有中国特色的革命学说，走出了建立农村革命根据地，在无产阶级领导下武装农民，用农村包围城市的道路。这条道路在教条主义者看来是异端邪说。但实践证明，这是在中国历史条件下，对马克思主义的创造性的发展，它引领中国革命达到了教条主义者所不能相信的胜利。

中国共产党领导的民主革命，是经过一些失败的经验以后才找到走向胜利的正确道路的。在社会主义建设问题上，情况也一样。中国的社会主义建设在 1956 年后 20 年间虽然取得了许多成就，但发展不快，而且遭到许多挫折和失败。经验证明：第一，照搬苏联的模式不能解决中国的问题。在中国自己没有经验的情况下，向苏联学习本来是无可非议的，是可行的。但这种学习应当只是借鉴，有所取舍，何况苏联模式本身就有致命的弱点。第二，照搬革命时期阶级斗争和群众运动的具体经验也很有害。革命时期的好经验、好传统固然应该继承，但不顾具体情况变化照搬则是不可取的。中国革命的伟大胜利，使指导中国革命胜利的那一套办法有了无限崇高的威信，这就很容易造成自己没有新鲜的经验，别国的经验也不愿意照抄的情况下，回头来从民主革命胜利的若干具体经验中寻求社会主义建设的道路，而且用一些关于社会主义的抽象概念来解释这种经验。实践已证明，这样做是不能解决社会主义建设问题的。

以邓小平同志为代表的中国共产党人，依据中国自己的建设事业中的成功和失败经验的总结，也参考外国的经验，逐步地形成建设有中国特色社会主义的理论。1978 年 12 月的十一届三中全会具有划时代的意义。在这以后，推行了以经济建设为中心，坚持党的领导和社会主义，坚持改革和开放的路线和一系列政策和措施。中国的社会主义建设近十几年来面貌焕然一新，取得了巨大的成就，在世界风浪的震撼下屹立如山。实践证明，建设有中国特色社会主义的理论和路线是马克思主义社会主义建设学说在中国条件下的巨大发展。

当然中国的社会主义建设远不能说已经完成，建设有中国特色社会主义的理论也不能说已经完成。我们还要用几十年的艰苦努力，克服各种困难，来达到社会主义建设的完全胜利。我们还要通过实践，对具有中国特色社会主义的理论进行深入的科学研究，弄清楚至今还没有弄清楚的许多具体规律。中国处于其中的世界，是科学技术迅猛发展的世界，是政治格局和经济格局剧烈变化的世界，中国的马克思主义者也必须正确地认识世界，并且懂得世界和中国的相互关系。

为了这些，我们就必须坚持解放思想，实事求是，一切从实际出发。我们一定要坚持马克思主义，发展马克思主义。

《中国社会科学》1995 年第 2 期

论两种不同的历史唯物主义概念

俞吾金*

摘要 历史唯物主义与马克思哲学的关系问题是一个极为重要的理论问题。"推广论"认为，马克思哲学就是辩证唯物主义与历史唯物主义，历史唯物主义是把辩证唯物主义推广到社会历史领域的结果。"基础和核心论"则认为，历史唯物主义是马克思哲学的基础和核心，这一见解实际上倡导了一种逆向的"推广论"，即把历史唯物主义作为基础理论应用到自然界，从而推广出辩证唯物主义。这两种见解的共同点是：把哲学的世界整体图景抽象地分割为自然、社会、思维三大块，辩证唯物主义对应的是"自然"部分，历史唯物主义对应的则是"社会"部分，这就把马克思哲学的总体性破坏了。本文认为，这两种见解坚持的都是"狭义的历史唯物主义概念"，对应于狭义的社会概念。实际上，马克思哲学就是"广义的历史唯物主义概念"，这一概念对应于广义的社会或社会生活（即在人的生存实践活动中展现出来的整体世界），借助这一概念，马克思哲学的总体性和本真精神得到了恢复。

众所周知，历史唯物主义是马克思的两个伟大的发现之一，历史唯物主义与马克思哲学的关系问题是一个极为重要的理论问题。这一问题曾经引起广泛的讨论，但迄今为止并未取得实质性的进展。目前学术界流行的两种见解是：1. 马克思哲学即辩证唯物主义和历史唯物主义，历史唯物主义是把辩证唯物主义的原理推广到社会历史领域的结果；2. 历史唯物主义是马克思哲学的基础和核心。第二种见解确实与第一种见解有较大的

---

* 俞吾金，1948 年生，哲学博士，复旦大学哲学系教授、博士生导师、系主任。

区别，但问题在于，第二种见解与第一种见解一样，把历史唯物主义理解为仅仅适用于社会历史领域的学说，而且并未阐明作为马克思哲学的基础和核心的历史唯物主义与其他非基础和非核心部分之间的联系。尽管第二种见解比第一种见解更接近于对马克思哲学的本质意义的把握，但归根到底，这两种见解都窄化了历史唯物主义的理论内涵，从而在一定程度上掩蔽了马克思哲学的划时代的贡献。

本文所要提出的第三种见解是：历史唯物主义是马克思的划时代的哲学创造之所在，马克思并没有创立过历史唯物主义以外的任何其他的哲学①。换言之，历史唯物主义就是马克思哲学。这样一来，本文中的历史唯物主义概念就获得了新的内涵。为了阐明本文的见解与上述两种见解之间的本质差异，为了使历史唯物主义，即马克思哲学的最重要的贡献得以透显，本文提出了关于历史唯物主义的两种不同的概念，即把上述两种见解所涉及的历史唯物主义称为"狭义的历史唯物主义概念"，而把本文所主张的历史唯物主义称为"广义的历史唯物主义概念"。下面，我们将就这一主题展开具体的论述。

一

什么是"狭义的历史唯物主义概念"呢？我们把那种认为历史唯物主义仅仅适用于社会历史领域的观念称为"狭义的历史唯物主义概念"。这里涉及的社会历史领域也是狭义的，它对应于人们从未认真地反思过的哲学的"世界"概念（由自然、社会、思维这三大部分组成）中的"社会"部分。也就是说，"狭义的历史唯物主义概念"仅仅适用于这一"世界"图景中的"社会"部分。这一概念通过传统的哲学教科书至今仍在学术界拥有支配性的影响，之所以拥有如此大的影响，是因为它与人们早已熟悉并接受的"推广论"是一起叙述出来的。

"推广论"，即把历史唯物主义理解为一般唯物主义或辩证唯物主义推广到社会历史领域的结果。它的形成、发展是有一个过程的。在《路德维希·费尔巴哈和德国古典哲学的终结》（原文的 der Ausgang 不应译为"终结"，而应译为"出路"）一书中，当恩格斯谈到马克思对黑格尔

---

① 参阅拙文《关于唯物史观及其历史命运的思考》，《学术月刊》1994 年第 7 期。

哲学的改造时写道："同黑格尔哲学的分离，在这里也是由于返回到唯物主义观点而产生的结果。……只是在这里第一次对唯物主义世界观采取了真正严肃的态度，把这个世界观彻底地（至少在主要方面）运用（durch-gefuehrt，此词也可译为'贯彻'、'实行'——引者注）到所研究的一切知识领域里去了。"① 这段论述包含着两层意思。第一层意思是：马克思哲学的基础部分是唯物主义；第二层意思是：必须把唯物主义的世界观"运用"到一切知识领域（包括社会历史领域）。所以，恩格斯实际上已经提出了这样的见解，即历史唯物主义是唯物主义在社会历史领域中的运用。当然，恩格斯所说的"唯物主义"是指现代唯物主义，而按他在《反杜林论》一书中的说法，现代唯物主义本质上是辩证的。因此，恩格斯虽然使用过"唯物主义辩证法"的术语②，而未使用过"辩证唯物主义"的概念，但已为这一概念的提出奠定了思想基础。这里已显露出一种倾向，即把马克思哲学的结构理解为两个层面：一是基础部分——现代唯物主义，对应于"世界"概念中的"自然"部分；二是应用部分——历史唯物主义，对应于"世界"概念中的"社会"部分。这从《终结》、《反杜林论》等著作的结构也可以看出来，恩格斯总是先讨论与自然界相关的一般哲学问题，再讨论社会历史领域里的哲学问题。

普列汉诺夫作为马克思主义学说的积极的传播者，接受并进一步阐明了恩格斯对马克思哲学的理解模式。他说："我们用'辩证唯物主义'这一术语，它是唯一能够正确说明马克思的哲学的术语。"③ 在解释辩证唯物主义与历史唯物主义的关系时，他又指出："……因为辩证唯物主义涉及历史，所以恩格斯有时将它叫作历史的。这个形容词不是说明唯物主义的特征，而只表明应用它去解释的那些领域之一。"④ 在普列汉诺夫看来，马克思哲学的基础层面是辩证唯物主义，应用层面则是历史唯物主义。

如果说，普列汉诺夫还没有把辩证唯物主义与历史唯物主义的关系作为马克思哲学的核心问题提出来进行讨论的话，那么，在列宁那里，这个

---

① 《马克思恩格斯选集》第 4 卷，第 238 页。
② 同上书，第 239 页。
③ ［俄］普列汉诺夫：《论一元历史观之发展》，生活·读书·新知三联书店 1961 年版，第 198 页。
④ 《普列汉诺夫哲学著作选集》第 2 卷，生活·读书·新知三联书店 1962 年版，第 311 页。

问题的重要性已经充分地显露出来。在《唯物主义和经验批判主义》这部著作中，列宁开宗明义地指出：“马克思和恩格斯几十次地把自己的哲学观点叫作辩证唯物主义。”① 在肯定马克思哲学的基础层面是辩证唯物主义之后，列宁进而又写道：“马克思和恩格斯十分注意的不是重复旧的东西，而是认真地在理论上发展唯物主义，把唯物主义应用于历史，就是说，修盖好唯物主义哲学这所建筑物的上层。”② 列宁的见解是十分清楚的。他把马克思哲学比喻为一座“建筑物”，其中辩证唯物主义是它的基础部分，而历史唯物主义则是它的“上层”部分。列宁的《唯物主义和经验批判主义》一书的结构也是先谈辩证唯物主义（以自然界为对象），后谈历史唯物主义（以社会历史领域为对象）。应当指出，把历史唯物主义理解为辩证唯物主义在社会历史领域里的“推广”和“运用”，这不是列宁偶尔表达的一个观点，而是他的一贯思想。在《马克思主义的三个来源和三个组成部分》一文中，列宁指出：“马克思加深和发展了哲学唯物主义，使它成为完备的唯物主义哲学，把唯物主义对自然界的认识推广到对人类社会的认识。马克思的历史唯物主义是科学思想中的最大成果。”③ 在《卡尔·马克思》一文中，列宁又发挥道：“发现唯物主义历史观，或更确切地说，彻底发挥唯物主义，即把唯物主义运用于社会现象。”④ 这样一来，“推广论”的雏形在列宁那里已经形成了。

列宁的上述见解在斯大林那里得到了更明确的表述。斯大林这样写道：“历史唯物主义就是把辩证唯物主义的原理推广去研究社会生活，把辩证唯物主义的原理应用于社会生活现象，应用于研究社会，应用于研究社会历史。”⑤ 从此，“推广论”就成了人们理解马克思哲学的固定的模式。这种模式不仅影响了苏联、东欧和中国哲学界的马克思哲学的正统的研究者，而且在这个范围之外的研究者那里也产生了广泛的影响。比如，布哈林早在出版于 1927 年的《唯物主义历史观》一书中，已经指出：“历史唯物主义是应用到历史上的唯物主义。”⑥ 就是在号称富于独创性的

---

① 《列宁选集》第 2 卷，第 12 页。

② 同上书，第 248 页。

③ 同上书，第 443 页。

④ 同上书，第 586 页。

⑤ 《联共（布）党史简明教程》，人民出版社 1975 年版，第 115—116 页。

⑥ ［苏联］布哈林：《唯物主义历史观》第一分册，上海人民出版社 1964 年版，第 20 页。

"西方马克思主义"者那里，这种理论也拥有一定的影响，如赖希的著作《辩证唯物主义和精神分析》（1929年）、施密特的论文《论辩证唯物主义中历史和自然的关系》（1965年）等。

综上所述，在"推广论"的视野中，历史唯物主义只不过是辩证唯物主义在社会历史领域中的"推广"或"运用"。也就是说，这里的历史唯物主义概念只是与传统的"世界"概念中的"社会"部分相对应的"狭义的历史唯物主义概念"。

二

现在让我们进一步来考察，这个"狭义的历史唯物主义概念"的理论困难在哪里，它究竟能否像传统的哲学教科书的编写者所声称的那样，把马克思哲学的最本质的内容充分展示出来。

首先，我们来探讨一下：从一般唯物主义或辩证唯物主义出发，能否在社会历史领域里达到历史唯物主义的见解？我们的回答是否定的。在展开我们的论述之前，有必要先来阐明一下"一般唯物主义"这一概念的含义。列宁是这样表述的："物质的存在不依赖于感觉。物质是第一性的。感觉、思想、意识是按特殊方式组成的物质的高级产物。这就是一般唯物主义的观点，特别是马克思和恩格斯的观点。"① 在列宁看来，费尔巴哈坚持的也是一般唯物主义的观点。确实，当费尔巴哈考察自然的时候，他是一个纯粹的唯物主义者，然而一进入社会历史领域，他却用宗教的变化去解释社会历史的变迁，从而成为历史唯心主义者了。正如马克思所批评的："当费尔巴哈是一个唯物主义者的时候，历史在他的视野之外；当他去探讨历史的时候，他决不是一个唯物主义者。在他那里，唯物主义和历史是彼此完全脱离的。"② 这就告诉我们，从一般唯物主义的立场出发，不但推广不出历史唯物主义，而且由于一般唯物主义坚持的是抽象的、与社会历史相分离的哲学立场，因而在考察社会历史时，必然会陷入历史唯心主义的立场。那么，把辩证唯物主义理论应用于社会历史领域，是否会导致历史唯物主义的结论呢？我们认为，这同样是不可能的。

① 《列宁选集》第2卷，第50页。
② 《马克思恩格斯全集》第3卷，第51页。

如前所述，辩证唯物主义是以自然界为研究对象的，而我们的世界概念又是按照自然、社会、思维的次序而展示出来的。既然在我们的世界图式中，自然置于社会之前，而人以及人的活动只能以社会的方式显示出来，那就是说，我们所考察的自然乃是一个脱离人及人的活动的、抽象的自然。辩证唯物主义的对象正是这样一个抽象的自然。所以，在辩证唯物主义领域中，人们所谈论的"存在"也就是指与人的活动相分离的、抽象的物质。然而，在社会历史领域里，一切都发生了变化。人们在这个领域里谈论的"社会存在"蕴含着人、人的目的和人的活动。把一般唯物主义转化为辩证唯物主义（其研究对象仍然是脱离人的），并把它引入充斥着人的目的和动机的社会历史领域，是不可能推广出历史唯物主义的结论来的。因为这一"推广"在起点上就是抽象的，而从抽象的前提出发是引申不出具体的结论来的（注意：这与"从抽象到具体"的研究方法完全是两回事）。与历史唯物主义的基本立场相契合的只可能是"人化的自然"或"历史的自然"，而不可能是与人相分离的、抽象的自然；只可能是作为人的生产活动的要素（如原料、工具、产品等）出现的物质的具体形态，而不可能是与人相分离的、抽象的物质。要言之，辩证唯物主义虽然把唯物主义辩证化了，但由于作为辩证法的承担者的物质世界或自然界仍然是以抽象的、前社会的方式表达出来的，所以它在历史领域中的应用是不可能引申出历史唯物主义的结论来的。

其次，在"狭义的历史唯物主义概念"中，历史唯物主义被理解为马克思哲学这一建筑物的"上层"，或者换一种说法，被理解为马克思哲学中的"最高的"或"最后的""成果"。也就是说，历史唯物主义的基本理论不是马克思哲学中的基础部分，而是被推广出来的部分；不是马克思在考察一切问题时的出发点，而仅仅是他在研究历史领域时引申出来的局部性的结论。这样一来，历史唯物主义在哲学发展史上的划时代的变革作用被窄化和弱化了，甚至被掩蔽起来了，因为我们仍然把它理解为第二性的、"推广"出来的"成果"，仍然把哲学史上古已有之的一般唯物主义或至多把已经辩证化了的一般唯物主义，即辩证唯物主义作为基础置于历史唯物主义之前。按照这样的方式去理解马克思的哲学，必然会错失它的本质。

最后，通过"狭义的历史唯物主义概念"，马克思哲学被实证化了，它向人们展示出来的只是它的应用价值，而且就应用价值而言，也只能用于狭义的社会历史领域。这里涉及对马克思的一段重要论述的理解。在

《德意志意识形态》一书中，马克思写道："思辨终止的地方，即在现实生活面前，正是描述人们的实践活动和实际发展过程的真正实证的科学（Positive Wissenschaft）开始的地方。……对现实的描述会使独立的哲学（Die Selbstaendige Philosophie）失去生存环境，能够取而代之的充其量不过是从对人类历史发展的观察中抽象出来的最一般的结果的综合（Zusammenfassung）。"① 在这段话中，马克思强调，作为历史学的"实证的科学"将取代"思辨"哲学；而"从对人类历史的观察中抽象出来的最一般结果的综合"（以下简称"综合"）则将取代"独立的哲学"。人们常常把马克思的这段话理解为：在社会历史领域里，哲学已经终结了，代之而起的只是作为"实证的科学"的历史学。这就把马克思的历史观（即历史唯物主义）实证化了。实际上，马克思在这里拒斥的并不是一切哲学，而主要是以黑格尔为代表的历史哲学，马克思在上面说的"思辨"和"独立的哲学"指的正是这种历史哲学。那么，历史哲学终结之后，是否只剩下了作为实证科学的历史学了呢？马克思的回答显然是否定的。马克思上面所说的"综合"正是实证的、经验的历史学赖以为前提的历史观，而这种历史观正是历史唯物主义。历史唯物主义是一种新的哲学学说，是我们研究一切领域（不仅仅是传统意义上的、狭义的社会历史领域）的理论前提。"狭义的历史唯物主义概念"把历史唯物主义学说束缚于狭义的社会历史领域，强调它是一般唯物主义的应用的产物，这就必然使它实证科学化，失去其深刻的哲学内涵和理论前提作用。

在以卢卡奇为肇始人的"西方马克思主义"思潮的影响下，苏联、东欧和中国学术界对"推广论"的认识和批评渐渐明朗化。80 年代以来，中国学术界形成了一种颇有影响的新见解。这种见解逆转了"推广"的方向，强调历史唯物主义是马克思哲学的基础和核心。原来在辩证唯物主义部分讨论的认识论、方法论、范畴论等都应在历史唯物主义的基础上加以讨论。这不能不说是在重新理解马克思哲学上的一个极为重要的进展。然而，这种"基础和核心论"最终并未超越"狭义的历史唯物主义概念"。为什么这么说呢？因为第一，这种理论虽然反对把历史唯物主义看作辩证唯物主义在社会历史领域中的应用，但仍然坚持认为，历史唯物主义是对应于传统意义上的社会历史领域的；第二，如果把历史唯物主义称

①《马克思恩格斯全集》第3卷，第30—31页。

为马克思哲学的"基础和核心"的话，马克思哲学中的非基础和核心的部分又是什么呢？能否把上面说的认识论、方法论、范畴论称为非基础和核心的部分呢？如果是的话，那岂不是把历史唯物主义的内容窄化了吗？第三，这种理论主张保留原来意义上的辩证唯物主义概念。这样一来，一方面，"推广论"的理论失误不能得到根本的清理；另一方面，人们的理论视野仍然停留在"狭义的历史唯物主义概念"内，无法深入地领悟马克思哲学的本质。

三

上面的论述表明，只要人们停留在"狭义的历史唯物主义概念"上，就不可能理解马克思的划时代的哲学变革的真正的实质和意义。在我们看来，马克思哲学应当是"广义的历史唯物主义概念"。所谓"广义的历史唯物主义概念"是指：第一，历史唯物主义不仅适合于传统意义上的社会历史领域，而且同时适合于其他一切领域，是我们研究一切领域的前提性理论；第二，历史唯物主义不仅是马克思哲学的"基础和核心"，而且是全部马克思哲学。它本身就蕴含着自己的认识论、方法论、范畴论。要进入"广义的历史唯物主义概念"，必须先从理论上澄清下列问题。

第一个问题是：历史唯物主义的世界整体图景是什么？如前所述，"推广论"认为，世界是由三个部分即自然、社会、思维构成的；"基础和核心论"并不反对这三个部分的划分，它要求更改的只是它们的次序，即把上述结构改写为：社会、自然、思维。不能否认，这一改写具有重要的理论意义，因为前者从抽象的、与人分离的自然出发去考察一切；后者则从社会历史领域出发去考察一切。但不管如何，世界的整体图景已经被破坏了。因为我们把社会与自然、思维割裂开来了。换言之，我们这里谈论的"社会"概念仍然是一个狭义的社会概念，而在马克思那里，"社会"概念是广义的，是蕴含自然、人和人的思维活动在内的。在《1844年经济学哲学手稿》中，马克思写道："社会是人同自然界的完成了的本质的统一，是自然界的真正复活，是人的实现了的自然主义和自然界的实现了的人道主义。"① 在马克思看来，社会并不是人的思维与自然之外的

---

① 《马克思恩格斯全集》第 42 卷，第 122 页。

某个东西，它本身就是人（当然也包括人的思维）与自然的统一。马克思又说："**整个所谓世界历史**不外是人通过人的劳动而诞生的过程，是自然界对人说来的生成过程。"① 所以，马克思的广义的社会概念显示出一个完整的世界图景，而"广义的历史唯物主义概念"所要展示的也正是这样的世界图景。一旦这一完整的世界图景通过马克思的"社会"或"社会生活"的概念显示出来，狭义的"社会"概念和"狭义的历史唯物主义概念"也就从理论上被扬弃了。

第二个问题是：历史唯物主义强调的是怎样的历史性？所谓"历史性"就是社会历史特性，它是人、人的思维和活动、人所面对的感性世界得以展示的境域。对于"狭义的历史唯物主义概念"来说，历史性仅仅是在传统意义上的社会历史领域里才是有效的。所以，当人们运用"狭义的历史唯物主义概念"去考察自然时，由于撇开了自然的历史性，必然陷入一种抽象的唯物主义的态度。正如马克思所指出的："那种排除历史过程的、抽象的自然科学的唯物主义的缺点，每当它的代表越出自己的专业范围时，就在他们的抽象的和唯心主义的观念中立刻显露出来。"② 这种对历史性的作用的限制乃至消解也表现在认识论、方法论和范畴论研究中。一方面，人们把这三论和自然观并列在一起，放在辩证唯物主义部分加以讨论，而这些讨论又是以"前历史唯物主义"的方式来展开的；另一方面，在考察这三论的时候，人们也像考察自然一样抽掉了历史性，从而使这三论也被抽象化了。具体而言，方法论的考察由于忽视了辩证法的承担者的社会历史内涵，因而被变形为抽象的诡辩；范畴论的考察由于忽视了范畴得以抽引出来的现实的社会关系，因而被变形为概念游戏；认识论的考察由于忽视了认识主体的社会历史特征，因而被变形为抽象的认识论。在《唯物主义和经验批判主义》一书中，列宁总是撇开认识主体的社会历史性来谈论认识主体对外部世界的感觉与思考，所以柯尔施批评说："列宁总是从一个抽象的认识论的立场上来阐述这些关系。他从不在意识的社会——历史形式的同样的平面上来分析知识，从不把它作为一种历史的现象，作为任何既定时代社会经济基础的意识形态方面的'上层

---

① 《马克思恩格斯全集》第42卷，第131页。
② 《资本论》第1卷，人民出版社1975年版，第410页。

建筑'来加以探讨。"① 与此不同的是，对于"广义的历史唯物主义概念"来说，历史性不仅仅适合于传统意义上的社会历史领域，而且适合于一切领域。

当我们从"广义的历史唯物主义概念"出发去考察自然时，历史性就契入了自然之中，自然不再是与人相分离的抽象物，而是成了"人化的自然"、"历史的自然"。所以马克思说："在人类历史中即在人类社会的产生过程中形成的自然界是人的现实的自然界；因此，通过工业——尽管以异化的形式——形成的自然界，是真正的、人类学的自然界。"② 同样地，自然科学也将失去它的抽象物质的或者不如说是唯心主义的方向，人们将历史地考察它如何通过工业日益从实践上进入人的生活，改造人的生活，并为人的解放作准备。要言之，自然科学和人的科学将成为一门科学。这样，我们就不会脱离人的实践活动去考察所谓"自然界自身"是怎样运动的，而是通过实践活动的媒介去考察人与自然的关系是如何发展的；我们也不会撇开一切历史条件去谈论自然科学研究的课题和成果，而是致力于研究自然科学同人之间的现实的历史关系。同样地，由于历史性的先行契入，前面提及的三论也不再是抽象的了。就认识论而言，它不再把认识主体视为抽象的认识容器，一味地朝历史的开端处去询问认识究竟起源于什么，它的根本任务是在认识过程展开之前，先行地澄明认识主体和认识对象的社会历史属性。换言之，把整个认识活动奠基于人的社会实践活动之上。举例来说，马克思认为，统治阶级的思想在每一时代都是占统治地位的思想。"例如，在某一国家里，某个时期王权、贵族和资产阶级争夺统治，因而，在那里统治是分享的，那里占统治地位的思想就会是关于分权的学说，人们把分权当作'永恒规律'来谈论。"③ 如果我们撇开历史背景，只是从抽象的认识论出发去讨论"分权"的问题，那就会纠缠在一些空洞的概念上，根本无法把握这场讨论的实质。只有先行地澄明任何认识活动的社会历史内涵，才可能正确地考察这些认识活动。就方法论而言，人们不再把辩证法单独地抽取出来进行论述，也不再把它与它的抽象的承担者——与人相分离的物质或自然结合起来进行论述，而是把

---

① ［德］柯尔施：《马克思主义和哲学》，伦敦，1970年版，第134页。
② 《马克思恩格斯全集》第42卷，第128页。
③ 《马克思恩格斯全集》第3卷，第52—53页。

辩证法和它的真正的载体——人类的生存实践活动结合起来进行论述。这样一来，我们的方法论就不会满足于以抽象的方式去讨论对立面的同一性、斗争性等经院哲学式的问题，而是把异化劳动及异化劳动之扬弃作为方法论的中心课题来讨论。就范畴论而言，我们也不会抽象地、脱离一切社会历史内容地去讨论诸如原因与结果、内容与形式、现象与本质、偶然与必然、可能与现实等关系，而是关注范畴与现实的社会关系之间的内在联系。正如马克思在论述经济范畴时指出的那样："经济范畴只是这些现实关系的抽象，它们仅仅在这些关系存在的时候才是真实的。"① 总之，一旦人们进入"广义的历史唯物主义概念"的视野，历史性的先行澄明就成了他们从事一切研究活动的根本前提。

第三个问题是：在"广义的历史唯物主义概念"的视野里，如何看待辩证唯物主义这一概念？我们认为，这一概念面临着两种选择：如果它保留原来的含义，即以与人相分离的、抽象的自然界为研究对象，那么它就没有必要继续存在下去。正如我们在前面已经指出过的那样，把抽象的辩证法和抽象的唯物主义叠加起来，决不是马克思本人的哲学立场。这样做必然会磨平马克思哲学与一切旧哲学之间的本质差异。如果这一概念要继续存在下去，它就必须改变自己的含义。也就是说，它必须成为历史唯物主义（广义的）的同名词。在这个意义上，辩证唯物主义就是历史唯物主义（广义的）。有人也许会问：既然是同名词，辩证唯物主义概念的保留还有什么意义呢？我们认为，不但有意义，而且其意义还是十分重要的，那就是通过这一概念来透显历史唯物主义（广义的）的辩证的性质。马克思本人曾对辩证法作过许多重要的论述，在他的诸多论述中，下面这段话具有特别重要的意义："黑格尔的《现象学》及其最后成果——作为推动原则和创造原则的否定性的辩证法（der Dialektik der Negativita-et）——的伟大之处首先在于，黑格尔把人的自我产生看作一个过程，把对象化看作失去对象，看作外化和这种外化的扬弃；因而，他抓住了劳动的本质，把对象性的人、现实的因而是真正的人理解为他自己的劳动的结果。"② 通过这段话，马克思告诉我们：第一，他强调的辩证法不是以抽象的物质世界或抽象的自然界为承担者的辩证法，而是以人类的生存实践

---

① 《马克思恩格斯选集》第 4 卷，第 325 页。
② 《马克思恩格斯全集》第 42 卷，第 163 页。

活动——劳动为承担者和主体的辩证法，人类的历史就是在这种劳动的辩证法的基础上展示出来的；第二，他强调的辩证法是"否定性的辩证法"。马克思之所以把辩证法的这一本质特征——"否定性"提示出来，正表明他的学说与以孔德为肇始人的实证主义思潮有着本质的差异。实证主义的核心概念 positive 既可解释为"实证的"，又可解释为"肯定的"，所以，实证主义对外部世界的研究同时蕴含着对外部世界的肯定和认同。相反，从另一方面来看，作为辩证法的核心概念的 negative 的意义也是十分明了的，那就是"否定的"。也就是说，辩证法就其实质而言是批判的和革命的，它并不崇拜外部世界的任何现存的东西，并不只用肯定的态度去描述外部世界，而是用批判的眼光审查一切，哪怕是人们早已通过教化而接受的传统的信念。所以，马克思在谈到自己的合理形态的辩证法时指出："辩证法在对现存事物的肯定的理解中同时包含对现存事物的否定的理解，即对现存事物的必然灭亡的理解。"① 从上面的论述可以看出，保留作为"广义的历史唯物主义概念"的同名词的辩证唯物主义概念是有必要的，因为它可以透显马克思哲学的批判性和革命性，从根本上抵御把马克思哲学实证化的各种企图；而且从本质上看，"广义的历史唯物主义概念"所蕴含的"历史性"与作为这一概念的同名词的辩证唯物主义概念所蕴含的"辩证性"也是完全一致的。

第四个问题是：如何看待"广义的历史唯物主义概念"与实践唯物主义概念的关系？我们认为，实践唯物主义概念所透显的"实践性"与"广义的历史唯物主义概念"所透显的"历史性"及与这一概念同义的辩证唯物主义概念所透显的"辩证性"都具有同样的始原性，而且它们相互之间是不能分离的，不能说其中哪个概念是另外两个概念的基础。它们指称的都是马克思哲学，不过是从不同的侧面加以指称罢了。把实践唯物主义概念作为"广义的历史唯物主义概念"的同名词保留下来，具有同样重要的意义。第一，如前所述，"广义的历史唯物主义概念"的统一的世界图景是通过实践活动展示出来的。马克思说："社会生活在本质上是实践的。凡是把理论导致神秘主义方面去的神秘东西，都能在人的实践中以及对这个实践的理解中得到合理的解决。"② 在这里，马克思并没有说

① 《资本论》第 1 卷，第 24 页。
② 《马克思恩格斯全集》第 3 卷，第 5 页。

"社会生活"是以实践活动为基础的（有些人由于误解了马克思的意思而把实践唯物主义理解为历史唯物主义的基础，但这样一来，就把历史唯物主义本身所包含的实践原则抽取掉了，从而使它成了一种支离破碎的东西），马克思实际上要说的是：实践活动是蕴含在"社会生活"中的，换言之，"社会生活"的统一的世界图景正是通过实践活动展示出来的。这正是马克思哲学不同于传统哲学的重要地方。如果说，旧唯物主义学说是通过抽象的物质来统一世界图景的话，那么，形形色色的唯心主义学说则是通过抽象的理念、精神或意志来统一世界图景的。马克思不同于他们的地方正在于他主张从实践活动出发去展示世界的整体图景，事实上，正是在实践活动的视野中，自然、社会（狭义的）、思维这三者的抽象的、并列的关系被扬弃了，"社会生活"的统一性和完整性得到了确证；第二，正是通过实践的概念，马克思揭示了一切意识、观念和文本的意向性。也就是说，一切意识、观念和文本都是与人的实践活动联系在一起的，不管它们表现得多么神秘、多么不可思议，人们都可以通过对它们所意向的实践活动的回溯，揭示出它们的本质内涵；第三，更为重要的是，马克思哲学改造现存世界的根本宗旨也是通过实践活动显示出来的。马克思哲学与一切旧哲学的根本差异正在于，旧哲学仅仅停留在解释世界上，而马克思则认为，改变世界才是新哲学面临的最根本的任务。应当看到，"广义的历史唯物主义概念"虽然实际上是从历史的生存实践活动出发去透视一切的，但从概念本身看来，"实践性"并不像实践唯物主义概念那样能直接显示出来。基于上述种种原因，保留实践唯物主义概念仍然是必要的。

综上所述，只有进入"广义的历史唯物主义概念"的视野，才能明了马克思哲学的基本立场并完整地领悟其一系列哲学概念之间的内在联系，才能彻底地澄清以往理论研究中出现的种种思想混乱及对马克思哲学的根深蒂固的误解。

四

在对"狭义的历史唯物主义概念"和"广义的历史唯物主义概念"之间的差异作了深入的考察之后，现在我们有条件来说明提出"广义的历史唯物主义概念"的理论意义了。

首先，"广义的历史唯物主义概念"的提出将使我们比较彻底地突破传统教科书体系的框架，在哲学研究上真正地向前迈进。近年来，关于马克思哲学体系的改革有过多次讨论，也发表过不少论著，在许多重要问题，如本体论、真理与价值关系、认识与评价关系、异化与人道主义等问题上都获得了新的见解。尽管如此，我们对马克思哲学体系的认识从根本上还未突破"推广论"的框架。而"广义的历史唯物主义概念"的引入，将帮助我们跳出传统的思维模式，对历史唯物主义和马克思哲学的关系获得新的理解。

其次，"广义的历史唯物主义概念"的提出将使我们对历史唯物主义在人类思想发展史上所实现的划时代的变革获得新的理解。在"推广论"的视野里，马克思哲学的基础部分仍然是一般唯物主义或辩证唯物主义，而历史唯物主义不过是它的基础部分在社会历史领域里的应用性成果。这样一来，马克思的划时代的哲学创造的意义被埋没了，马克思哲学与传统哲学之间的本质差异被磨平了。因为我们仍然站在传统哲学的基地上，不加批判地使用着传统哲学留下来的概念，如世界、自然、物质、思维、存在、主体、客体、唯物主义、唯心主义，等等。即使我们把辩证唯物主义（原来意义上的）理解为马克思在哲学上的新的创造，但由于我们总是撇开物质的具体形态（如商品）的社会历史特征（如拜物教），抽象地谈论世界的物质性，所以，我们仍然是在传统哲学的旧框架内理解马克思哲学。"基础和核心论"虽然对于"推广论"来说是一个进步，但由于其未摆脱"狭义的历史唯物主义概念"的影响，也未对上面提到的这些基本概念进行系统的、新的反思，所以归根到底仍然低估了马克思哲学的划时代的意义。从"广义的历史唯物主义概念"出发，我们将会发现，历史唯物主义不仅为一切哲学研究澄明了前提，而且为我们理解以往的乃至当代的全部哲学学说提供了钥匙。一言以蔽之，历史唯物主义乃是哲学领域里的一场根本性的革命，它从基础上改变了人们的思维方式。

最后，"广义的历史唯物主义概念"的提出将为我们展示出一个崭新的哲学研究的问题域。在先行地澄明历史性的前提下，我们将重新反思一切传统的、我们早已习以为常的哲学问题，如世界观、自然观、物质观、本体论、认识论、辩证法、范畴论、哲学基本问题，等等。随着这些反思的不断深入，马克思哲学的本真的理论形象将清晰地展现在我们的面前。

交往与文化

刘 奔[*]

摘要 本文以马克思的实践观为立论基础，依据马克思的社会三形态理论，探讨交往活动与文化发展的本质联系。认为：交往作为实践活动的重要环节和侧面，是人与人之间以一定的手段为媒介的、互为主体和客体的相互作用过程。交往中具有否定性的、起媒介作用的要素，是导致不同的社会形态下形成不同的交往结构的决定性因素。对应于不同的交往结构，人的社会性也表现为不同的水平和性质，从而有不同的文化结构。文化结构是随着交往结构的变革而历史地变动着的矛盾运动的动态关系。在不同的交往结构中所形成的客观价值关系系统，构成不同时代文化结构的核心。为这种价值关系系统所贯穿的生产方式、交往方式和思维方式三者互为媒介、相互制约，形成一定时代的文化形态。

本文之所以把交往与文化的关系作为一个重要问题来探讨，是出于对文化概念的如下理解：文化是标志作为目的本身的人的发展过程及其成果的范畴，是从人作为主体的自我实现这个角度对社会历史的一种科学抽象。文化是人的本质力量（社会力量和潜能）在实践活动中，在对象化和非对象化的矛盾的不断解决中得以形成、存在、积累、传递、发展和发挥的永不停息的活动过程及其成果，是体现在人类创造的物质、精神财富中，以价值体系为核心的一整套规范的结构和功能的统一；它中介着人与外部世界的关系，也媒介着同代人之间的社会联系和不同世代人们之间的历史联系。文化既不是本体也不是实体性存在，更不是以自身为本体和实

---

* 刘奔，1942 年生，《哲学研究》副主编（常务），编审。

体的观念自己产生自己的独立的神秘活动，不能把文化史归结为单纯的观念史。文化的实体是人类以世代相承的个体为主体、以否定性为媒介的连续不断的活动。实现作为主体的人的扩大再生产，是文化的根本功能。文化只是作为实践的产物，才以活动的要素的方式发挥其功能。人的自由而全面的发展，是文化的最高价值。

而且，文化对象作为"可感觉而又超感觉"的东西，具有一种不可能从外部直观中了解到的属性。这种属性就是对象化于物质生产和精神生产的产品中的人的社会特性。文化事物中凝结和体现的人的社会特性，不能从单纯的人和自然的关系中直接引申出来，它是社会的生产活动和交往活动互为媒介、交互作用的产物。

实践中的主—客体关系，是在物质生产起决定作用的前提下，主体和客体之间的物质变换关系、价值关系和观念关系相互制约、互为媒介的复杂系统。这里的"主客体关系"，不单是指作为主—客体关系的人与自然的关系，还包括人与人（个人之间、共同体之间、社会集团和阶级之间、民族之间等）的关系。物质变换关系也不仅是指人与自然之间的物质变换，还包括人与人之间的社会物质变换。因此，人与人之间的交往活动，是社会实践总体的有机组成部分。社会交往（包括物质交往和精神交往）成为人类生产活动的媒介。从直接意义来说，文化中凝结的人的社会特性，正是从交往活动的媒介作用中形成和发展的。所以，以实践的观点探讨文化的本质，就不能不专门地探讨交往与文化的关系。

一　交往活动的结构与功能

这里所说的交往，不同于法兰克福学派 J. 哈贝马斯所著《交往与社会进化》中所说的交往。该书所论的交往（Communication），基本上是局限于精神交往的范畴。我们所说的交往（Verkehr），则是依据马克思的理解，虽然也包括精神领域的交往活动（例如借助于语言符号所实现的思想交流、沟通或争论等），然而是在最广泛的意义上来使用的。完整意义上的交往范畴，概括了全部社会物质生活和精神生活中，人与人之间的物质的和精神的变换过程，是人与人之间交换其活动、能力及其成果的过程，是人与人之间以一定的物质或精神的手段为媒介的互为主客体的相互作用过程。交往活动是人的个体活动加入和转化为社会活动总体的基本形式，也是社会活动总体的各要素在不同个体或集团中分配的基本形式。

交往作为实践活动的不可或缺的重要方面，起初只是作为生产活动得以正常进行的保证而发挥作用的。而物质生产的发展和扩大，也发展和扩大着人们对交往本身的需要，并提供交往发展和扩大的前提，从物质生产的手段中发展出交往手段的功能；即使是专门用于交往的手段的产生也离不开物质生产活动。而交往的发展和扩大又反作用于物质生产，通过产生新需要、发展和开拓新的生产领域、改变生产的目的、促进科学在生产中的应用、创造出活动对象化的新形式来促进生产的发展。特别是共同体之间的交往，常常对生产方式的变革起决定性作用。

在考察交往活动的结构和功能时，不能忽视这种总体联系。否则，就会导致对交往的抽象理解。例如把精神交往从整个交往活动中孤立出来，就不能科学地把握精神交往的实质，乃至不能恰如其分地估价它在社会生活中的作用。这是当代西方思潮某些流派的通病。

在分析实践的结构和功能时，可以把目的、手段和结果看成实践的简单要素，把实践看作以一定的主体和客体存在为前提，以手段为中项由目的向结果的推理过程。这实际上也适用于交往活动。不过，交往中发生的不仅仅是人作为主体与外部对象之间的相互作用，而主要是人与人之间的相互作用。交往活动从其直接意义来说，不是解决人与物之间的矛盾，而是解决人与人之间（包括个体之间、共同体之间、社会集团和阶级之间）的矛盾。

基于交往活动的这个特点，有些论者用"主体—主体"或"主体—客体（手段）—主体"的公式来表示交往活动，以区别于用"主体—客体"（或"主体—手段—客体"）的公式所表示的人作为主体同外界物之间的关系。对交往活动的这种理解，即把交往理解为主体间的关系，并非没有道理，因为这种理解适用于交往的某些场合。

例如，马克思所说的"在共同占有和共同控制生产资料的基础上联合起来的个人所进行的自由交换"[①]，就可以看作在主体间实现的过程。马克思所说的"最初在生产中发生的交换"，即"由共同需要，共同目的所决定的活动的交换"[②]，也属于这种情况。还有以共同目标自由联合起

① 《马克思恩格斯全集》第46卷上，第105页。
② 参见《马克思恩格斯全集》第46卷上，第119页。

来的科学团体中进行的精神交往，也是主体间的相互作用过程。在这些情况下，由共同需要或利益、共同目的所决定的交往中，交往者都是以平等的主体的身份实现某种协作，来从事共同的活动。这样形成的共同体，用马克思的话来说，是"自觉的共同体"。

再如，从商品交换的最简单的规定来看的商品交换，也可以看成"主体—主体"关系。因为在这种场合，考察的只是形式规定，"而且这种形式规定是经济规定，是个人借以互相发生交往关系的规定"①。在这种形式规定中，交换者仅仅是交换者，因此他们的关系是平等的、自由的关系。当然，这不过是一种抽象。

然而，即使在上述这些场合，把交换者之间的交往仅仅理解为"主体—主体"关系，也是不充分的。因为，尽管交往者没有例外地都以主体身份出现，但他们之间所发生的实际关系，从本质上说应该是互为主客体的关系。在这种关系中，某甲以主体的身份出现，也就是把对方某乙当作满足自己需要的客体和手段；同样，某乙也把某甲作为满足自己需要的客体和手段，使自己以主体的形式参与交往。同时，每一方只有把自己作为对方的客体和手段，才能达到自己的目的，实现为主体；每一方只有以对方为媒介才把自己转化为客体。所以，无论何者，都各自是主体，同时又是客体，相互能动地发生关系。总之，每个人之所以能以主体的形式参加交往，正是因为每个人都有主体和客体二重规定。因此，"主体—主体"这个公式还不能说已切近地揭示了交往关系的本质。

况且，更为重要的一点，是这种理解忽略一个基本事实，即如马克思所指出的："一切先前的所有制形式都使人类较大部分，奴隶，注定成为纯粹的劳动工具。"② 就是说，在迄今为止的许多交往形式中，人们并非都以主体的身份出现，许多人只是作为客体出现，作为手段出现。这是对上述平等和自由关系的否定。经济上的剥削、征服和劫掠、不平等贸易、宗教等形式的交往，都属于这种情况。

因此，单从作为物质交往的主要形式的交换活动来说，在不同的社会、历史条件下，交往活动会有完全不同的结构。而结构的不同在于其构成要素——目的、手段和结果——及其相互关系的本质差异，其中特别是

①　参见《马克思恩格斯全集》第46卷上，第192页。
②　《马克思恩格斯全集》第46卷下，第88页。

起媒介作用的要素具有决定性的意义。

在交往中起媒介作用的环节，即目的和结果之间的中项（手段），虽然表现为某种可直接感知的客体，但不是纯粹的物，不是物的自然性，而是由作为手段的客体承担的社会关系。例如在买和卖行为中起媒介作用的商品和货币，就是人们之间的社会关系的承担者。看不到这种媒介的社会性质，就无法揭示交往活动的本质。

从这个角度来看，可以从总的历史进程上划分出三种不同的物质交往形式：（1）以人的依赖关系或个人之间的统治和服从关系（自然发生的或政治性的）为基础的交往；（2）建立在交换价值基础上的一切劳动产品、能力和活动的私人交换；（3）自觉联合起来的个人之间的自由交换①。这三种形式是与马克思说的社会发展三形态相对应的。

第一种交往形式发生于最初自然发生的原始共同体之中。在共同体的内部，各成员之间在活动中是一种平等的协作关系，其交往是由共同需要和共同目的决定的活动的交换。这种共同目的就是维持共同体本身和共同体成员的存在所需要的使用价值的生产。这种活动的共同性，使活动在交换之前就已成为共同活动的有机部分或环节；因此，这种活动本身的交换不必以活动的物化即产品的交换为媒介。在这里，活动的共同性成为个人参与共同活动的媒介，因而交换一开始就包含着单个人对共同的产品的分享。在这种交往关系中，共同体表现为主体，个人从属于共同体。在这个阶段上，真正意义上的商品交换只是附带进行，而且是发生在不同的共同体之间。而对于有的共同体来说，战争作为经常的交往形式，是针对其他共同体的，或是"为了占领生存的客观条件，或是为了保护并永久保持这种占领所要求的巨大的共同任务，巨大的共同工作"。②

我们知道，辩证法是从否定性（或否定之否定的意义上）来理解媒介这个范畴的。作为交往手段的媒介作用，当然也不能不具有否定（或否定之否定）的意义。在自然发生的共同体内部的交往中起媒介作用的共同性，或者说是个人在其中活动的社会生产条件本身，就已经包含了对人的自然存在的否定。当然，由于人与自然关系还处于从直接统一向以活动为媒介的统一的过渡阶段上，由于活动的共同性还只是自然发生的共同

---

① 参见《马克思恩格斯全集》第46卷上，第105页。

② 《马克思恩格斯全集》第46卷上，第475页。

体的共同性，其否定性还是没有充分展开的。

在第二种交往形式上，交换价值作为媒介，其否定性得到了充分的展开。交换价值作为交换的媒介，起初只是作为解决交换价值和使用价值的矛盾，以及造成这种矛盾的私人劳动和社会劳动的矛盾的手段而出现。然而，在交换价值的简单规定中，就已潜在地包含着它不甘于做手段而向目的僭越的倾向。因为，以交换价值为媒介，意味着每个人的劳动只有转变为交换价值才能比较，才能交换，即意味着个人只有作为交换价值的生产者才能存在，因而，同时就意味着对以使用价值为目的的生产的否定。但是这种否定并不是简单地取消使用价值，而是通过交换价值的媒介作用，把使用价值从目的变为手段，使其作为这种媒介的要素为交换价值的增值服务。这正是体现交换价值的货币转化为资本的必然结果。对资本来说唯一有直接意义的使用价值就是使它自身增值，具有这种使用价值的特殊商品就是工人的活的劳动能力。活劳动只有对资本来说才是使用价值。在这里，媒介作用的实质是手段和目的颠倒，手段变为目的，变成主体，其他要素都变成从属于这个主体的手段。活劳动只有作为主体才能存在，而在这里却被贬为作为资本的死劳动增值的手段。这正是作为媒介的资产阶级财富的特征。

关于这一点，马克思有过深刻的分析："重要的是应当指出，财富本身，即资产阶级财富，当它表现为媒介，表现为交换价值和使用价值这两极间的媒介时，总是在最高次方上表现为交换价值。这个中项总是表现为完成的经济关系，因为它把两个对立面综合在一起，并且，归根到底，这个中项对于两极本身来说总是表现为片面的较高次方的东西，因为最初在两极间起媒介作用的运动或关系，按照辩证法必然会导致这样的结果，即这种关系表现为它自己的媒介，表现为主体，两极只是这个主体的要素，它扬弃这两极的独立的存在，以便通过这两极的扬弃本身来把自己确立为唯一独立的东西。"①

在精神交往中，例如在宗教领域，"耶稣，即上帝与人之间的媒介——两者之间的单纯流通工具——变成了二者的统一体，变成了神人，而且作为神人变得比上帝更重要；圣徒比耶稣更重要；牧师比圣徒更重

————————
① 《马克思恩格斯全集》第46卷上，第295页。

要"。①

以交换价值为媒介的交往所形成的共同体，既不同于自然发生的共同体，也不同于从事自由交往的自觉的共同体。在这种共同体中，人们获得社会的存在，但这仅仅表现为使他们的个性物化的手段。"所以这种共同体必然作为……独立的、外在的、偶然的、物的东西同他们这些独立的主体相对立而存在。"②

第三种交往形式是在更高水平上向第一种交往形式的复归。但是，这种形式与第一种形式不同，它不是以自然形成的共同性为媒介，而是以共同占有和共同控制生产资料的基础上所实现的共同性为媒介。这种共同性不是任意的事情，它以物质和精神条件的高度发展为前提。在这里，也不是个人从属于自然发生的共同体；而是个人"作为自觉的共同体成员使共同体从属于自己"③，成为自主活动的主体。当然，这时的交往活动不再具有强制性，而是真正成为自主活动，自由自觉的活动。

由上述可见，各种交往形式中起媒介作用的要素，体现着人的社会性的发展程度、人们之间社会结合的性质和水平。而所谓不同的交往方式，不过是直接或间接地解决单个人的特殊活动和社会的一般活动、私人活动和社会活动、人的个性和共同性的矛盾的不同方式。交往使单个人的劳动成为被扬弃的个别劳动，即成为社会劳动。通过交往，具有特殊个性的个别活动成为人类整个发展中的一环，使个人的精神的和天赋的特性同时采取一种社会特性的形态；而且，交往又使个人能以特殊活动为媒介而享受人类总体活动的一般成果。所以，交往是个人创造和发展社会文化，而社会文化又塑造和发展个人的基本形式之一。

交往创造了一种人类积累、交换、传递、继承和发展自己本质力量的特殊社会机制，即根本不同于动物自然生理遗传和进化的社会进化机制。没有一定范围的发展了的交往，人的个体发明创造就会失传，每一代人必须重新开始。而交往则使具有特殊个性的创造具有普遍的社会价值，成为传世之作，成为范本；这种成果不会因直接的消费活动而消失，相反，正因为被消费而获得自己的继续存在，因而能在个体的横向联系中传播和不

---

① 《马克思恩格斯全集》第 46 卷上，第 295 页。
② 《马克思恩格斯全集》第 46 卷下，第 470 页。
③ 同上。

同世代个体的历史联系中传递，获得不朽的价值。

交往活动的结果，不是像直接生产活动那样改变物质客体的形态，而是变革和更新人本身的社会存在形式，更新人与人之间的社会关系，形成某种共同体或社会组织。这从简单的商品交换关系中就可看出。例如在买和卖的过程中，买卖双方的地位就发生了变化：买者由货币持有者变成了某种产品的所有者，而卖者则由某种产品的所有者变成了货币持有者。交往活动本身的对象化，形成人们之间的稳定的社会联系，形成以一定的制度和准制度（习俗、风俗等）为承担者的社会规范，如经济规范、政治规范、法律规范、伦理规范等。这些规范又成为人们之间经济交往、政治交往、精神交往形式的手段，具有调节社会生活的功能。社会规范以个人活动为媒介转化为个人的思想和行为规范，通过个人的能动活动而内化为具体的、历史的个性和人格。

二　人的社会性在交往中的历史发展

活动是人的存在方式。人本身的社会性是其活动的社会性所铸成的。所谓活动具有社会性质，也就是说活动的内容由人们之间的社会联系决定，是个人作为社会联系的一环而活动，即不仅为了满足自己的需要而活动，而且为满足他人需要而活动，通过满足他人需要来满足自己的需要。人的活动的这种社会性质绝不是自然的产物，"而是某种社会过程的精巧的结果"。① 这也就是人逐步克服自然局限性的过程；从另一角度来说，也就是通过交往的扩大把"由自然决定"的关系转化为"由社会决定"的关系的过程。

在最初的社会形态，即人的依赖关系中，个人虽然已具有某种社会的规定性，但这种社会规定性还建立在对自然界（自身自然和外部自然）的依赖性基础上。在这种条件下，"劳动的主体是自然的个人，是自然存在"，"他的劳动的第一个客观条件表现为自然，土地，表现为他的无机体；他本身不但是有机体，而且还是这种作为主体的无机自然。这种条件不是他的产物，而是预先存在的；作为在他之外的自然存在，是他的前

---

① 参见《马克思恩格斯全集》第 46 卷下，第 471—472 页。

提。"① 导致人们共同活动的共同需要，作为人们交往媒介的原始共同性，人们活动的内容以及在活动中形成的关系，"其本身具有狭隘的、为自然所决定的性质"。即使到了封建时代，也还没能超出这种自然局限性②。

这个社会形态中的个人，其狭隘的社会性质在于：个人的发展体现为通过不发达的生产活动和交往活动而将属于自身无机存在的自然前提不断占有的过程。个人只是狭隘的地域性的存在。单个人显得比较全面，是相对于其所处关系和需要的狭隘性而言的，只是"原始的丰富"。人们之间关系的直接自然形式获得直接的社会性质——统治和服从关系、人身依附关系。

社会发展的第二大形态，即以物的依赖性为基础的人的独立性，则由自然依赖性变为社会的依存性。在这里，"一切关系都是由社会决定的，不是由自然决定的"③。

由"自然决定"向"社会决定"的转变，是根本性的质的飞跃。导致这一飞跃的决定性因素，一方面是生产力的发展，另一方面是交往的扩大。其中，共同体之间的交往，特别是共同体之间的产品交换，在这种变革中发挥了决定性的作用。

在远古，有所谓商业民族、航海民族、生产民族、游牧民族等的区分。这可以看作共同体之间的自然分工。这种自然分工成为原始民族之间发展交往关系的前提。起初是经营商业的民族出现在半开化或未开化的民族之间，或者是由于自然条件不同而从事不同生产的各个原始共同体发生接触。这些都会导致剩余产品的交换。

马克思高度评价了这种剩余产品交换的历史作用。他说："剩余产品的交换是设定交换和交换价值的交往。"尽管这种交往仅仅涉及剩余产品，因而同生产本身相比只起次要作用；然而，如果商业民族的商人一再地出现在生产民族之间，从而，这种民族之间的贸易继续不断地发展起来，剩余产品的生产也相应地继续下去，使剩余产品不再是偶然的、间或出现的剩余产品，产品交换也就不再是偶然的、个别的交换。这样，对外贸易就从外部造成一种越来越强大的动力，使本地生产本身具有一种以流

---

① 《马克思恩格斯全集》第 46 卷上，第 487 页。
② 参见《马克思恩格斯全集》第 46 卷上，第 111 页。
③ 同上书，第 234 页。

通、以设定交换价值为目的的趋势，并导致本地生产组织和生产方式的变革，最终使作为商品的产品交换，进而交换价值本身，取代原始共同性，成为人们之间活动交换的媒介，"这就是所谓对外贸易的**传播文明的作用**。"①

这种以设定交换价值为目的的趋势，改变着人们同作为生产客观条件的自然条件的关系，也改变着人本身的自然存在。例如，在 16 世纪和 17 世纪初的英国，由于尼德兰商品的输入，刺激了用于交换的剩余产品羊毛的生产，结果耕地变成了牧羊场，小租佃制被破坏，导致清扫领地等的变化。为了发展以交换价值为目的的生产，"土地所有者本身清扫土地上的过剩人口，把大地的儿女从养育他们的怀抱里拉走，于是，甚至按性质来说是直接生存源泉的土地耕作，也变成了纯粹依存于社会关系的间接生存源泉"②。只有在这种情况下，人与自然界的直接统一才真正转化为以活动为媒介的统一；而作为统一媒介的活动，不仅仅是生产活动，还包括深刻变革了的交往活动，从而使人与自然的关系依存于社会关系。

这样一来，人本身也变成完全由社会决定的人了。

在这种情况下，人们不再把使用价值作为生产的直接目的，他们只有作为交换价值的生产者才能存在，"这种情况就已经包含着对个人的自然存在的完全否定，因而个人完全是由社会所决定的"。因为，"交换价值这个前提决不是从个人的意志产生，也不是从个人的直接自然产生，它是一个**历史的**前提，它已经把个人当作是由社会**决定**的人了"③。

以交换价值为全面媒介的交往活动，无情地割断了人们同自然生存条件的直接联系，割断了人们之间自然血缘的、人身依附的等联系，割断了生活资料同消费者的嘴之间的直接联系，割断了劳动同其客观条件之间的直接联系，把劳动的主体条件和客体条件割裂开来，全都抛向流通市场，置于货币财富的势力范围和统治之下。总之，一方面造成人们之间一切固定的依赖关系的解体，造成私人利益的普遍对立和互不相干即个人的独立化；另一方面又造成以物的依赖关系为媒介的全面的相互依赖。这是一个由社会依赖性取代自然依赖性，"社会决定"的关系取代"自然决定"的

---

① 参见《马克思恩格斯全集》第 46 卷上，第 210—211 页。
② 《马克思恩格斯全集》第 46 卷上，第 234 页。
③ 同上书，第 200—201 页。

关系的过程。所谓"社会决定"，就是说毫不相干、互相独立的私人利益是社会决定的利益，其内容以及实现的形式和手段则是不以任何人为转移的社会条件所决定的。也就是说，活动和产品的普遍交换已成为每一单个人的生存条件；而这种普遍交换所形成的人们的社会存在、社会关系，又以交换价值为媒介转化为物的关系，表现为对他们来说无关的、异己的力量。"通过独立的个人的接触而形成的社会联系，对于他们既表现为物的必然性，同时又表现为外在的联系，这一点正好表现出他们的独立性，对于这种独立性来说，社会存在固然是必然性，但只是手段。""他们是作为社会的个人，在社会里生产并为社会而生产，但同时这仅仅表现为使他们的个性物化的手段。"[①] 人的社会性发展的这个历史阶段的特征，可以说是社会联系和个性的物化。

人们社会结合的力量，异化为交换手段所拥有的力量、资本的力量。人的社会性的发展是以资本与劳动的对抗形式，以牺牲大多数人的发展为沉重代价的。从总的历史过程看，这是一种进步。这种进步作用，即对人本身发展的积极意义，不仅表现在为人的全面发展创造条件、提供可能性，而且也会对劳动阶级地位的某种改善起促进作用。

私人交换以一种不可遏止的趋向超越国界，产生出世界贸易，私人的独立性产生出对世界普遍交往和世界市场的普遍依赖性，各民族卷入世界普遍交往，民族的历史向世界历史转变，狭隘地域性的个人开始为"世界历史性的个人"所取代。作为这个过程的积极结果，则是"生产力或一般财富从趋势和可能性来看的普遍发展成了基础，同样，交往的普遍性，从而世界市场成了基础。这种基础是个人全面发展的可能性，而个人从这个基础出发的实际发展是对这一发展的限制的不断消灭，这种限制被意识到是限制，而不是被当作某种神圣的限制"。[②]

一切界限都表现为必须克服的限制。超越民族的界限、创造世界市场的趋势，即向全世界推广以资本为基础的生产或与资本相适应的生产方式的趋势，是资本的规定所固有的。因此不存在闭关自守、不向外扩张的资本。资本在世界范围的扩张，如马克思所说，是充当不自觉的"历史工具"，客观上执行"资产阶级历史时期负有"的"造成以全人类互相依赖

---

① 《马克思恩格斯全集》第 46 卷下，第 469—470 页。

② 同上书，第 36 页。

为基础的世界交往，以及进行这种交往的工具"的历史使命，以便为新世界创造物质基础①。这个历史使命的实现过程，必然伴随着国际资本间的互相争夺以及对异族的侵略、扩张、掠夺和压迫的残酷暴行。因此，开创世界范围的普遍交往的过程，必然也是被压迫民族的觉醒和民族解放运动兴起的过程；而且，上述历史使命的实现，也是以这种觉醒和奋起为前提的。

因此，在考察人的社会特性在交往中的发展时，不能不注意到世界历史的一个很重要的方面，即资本在世界范围的扩张，向中国这样的非资本主义国家提出的严峻课题：如何摆脱帝国主义列强的奴役，实现民族独立，并在避免资本主义苦难的前提下，以人道的方式继承资本主义的文明成果，以实现本民族的现代化。鸦片战争以后的中国，正是在这个世界历史背景下，出现了"三千年未有之大变局"，成为世界上各种势力斗争的重要舞台，成为经济的、政治的、军事的和意识形态的世界交往的重要舞台。鸦片战争以来发生的太平天国革命、洋务运动、百日维新、义和团运动、辛亥革命、五四运动、北伐战争、抗日战争等一系列重大历史事件，直到今天的改革开放实践，其实都是在世界普遍交往的背景下，中华民族前仆后继，以实践的方式解决这个历史课题，探索有自己民族特色的现代化道路的奋斗历程。在这个加入世界交往的历程中，有对世界文明成果的批判吸收，有对本民族历史局限性的扬弃和民族优良传统的发扬，有一代接一代的具有世界历史性的新人涌现和成长，一句话，有文化的发展。那种把这些有世界历史意义的历史实践，要么看成与文化的发展无关，要么看成文化发展的障碍的观点（例如"救亡压倒启蒙"，认为太平天国以来的一系列革命活动造成传统的"断裂"，导致民族虚无主义、政治激进主义等观点），实际上是一种观念论的文化史观，是脱离世界普遍交往这个大坐标来看待这些历史事件所得出的有碍文化发展的虚妄之见。试问：离开民族的迫切的重大现实课题的解决，何以能有人本身的发展，何以能有民族文化的发扬呢？

以资本为基础的交往形式冲破各种限制占领世界，同时它又在世界上处处为自己设置障碍，因此，它按照自身固有的逻辑自己构成自己的限制。这实质上是它与由它造成的生产力之间的矛盾。这个矛盾不可能在资

①　参见《马克思恩格斯选集》第1卷，人民出版社1995年版，第773页。

本关系范围内得以解决。只有通过联合起来的社会化的个人通过革命的手段，把资本所垄断的社会权力收归联合起来的个人所有，在全球性的科技革命的基础上，扬弃科学劳动的资本主义方式，才能从根本上解决这个矛盾。由此就进入人的自由个性真正成为社会发展的基础的时代，即人们在最无愧于和适合于他们的人类本性的条件下，合理地调节他们和自然之间，以及他们之间的物质变换的时代。从当代的发展趋势看，这一步不可能在一个民族的范围内单独实现，它需要把世界范围的交往发展到最大限度；这在相当程度上取决于发展中国家的现代化进程。因为这是一个彻底的世界历史性的课题。

三 交往与文化结构

实践是文化形成和发展的基础。文化的结构不过是实践的基本矛盾及其解决方式在文化这个层面上的体现。因此，文化的结构是动态的结构，是矛盾运动的结构。

实践的基本矛盾是对象化（主体客体化）和非对象化（客体主体化）的矛盾。这个矛盾体现在文化上，就是文化的客体存在方式和主体存在方式的矛盾，换言之，也就是文化作为活动的产物（文化产品）和文化作为活动本身的矛盾。

文化这个概念所概括的不仅仅是实践活动的成果，还包括创造成果的活动本身。就是说，文化不仅以活动的产品形式存在，也以活动本身的形式存在。从活动的产品这个角度看，文化通常有物质文化产品和精神文化产品之分。而从活动主体的角度看，文化又可区分为社会化形式和个性化形式。这些都需要分别加以考察。

由实践活动的对象化和非对象化的矛盾决定，文化相应地具有两种基本存在方式：主体存在方式和客体存在方式。文化的主体存在方式是指人作为历史主体的本质力量之形成和发展的感性物质活动过程，即文化的动态形式，是文化在时间上的存在。文化的客体存在方式是指人的本质力量的对象化形式，即文化作为活动产品形式的存在，其中包括物质生产活动产生出的物质产品的物化形态，精神产品的可感知的感性物质符号，科学著作、艺术作品等外在形式，具有相对稳定形式的规范形态（制度、风俗习惯等），它们是活动的晶化形式、静态形式，即人的本质力量的结晶、确证和积累的方式。

像物化劳动具有固定、保存和积累劳动成果的作用一样，文化的客体存在方式也具有固定、保存和积累文化成果的作用，它体现着文化的累积性。活动本身是易逝的，随着时间的流逝，一代一代人的活动消失了，丧失了在时间上的存在，但活动的成果却不因活动的消逝而化为乌有。因为这些成果取得了对象化的客观形式。文化的这种客观存在形式，不仅使个体之间、不同民族和地域之间的文化交流和相互理解成为可能，而且使文化成果在不同世代人们之间的传递、积累和继承得到保障。但是另一方面，如果文化成果仅仅停留于这种静态的客观存在形式，也不可能维持自己的继续存在，也不能保存下去，更谈不上发展。文化的客体存在方式如果离开了主体存在方式即活动，也将丧失其文化的意义。例如古人遗留下来的文献资料，不管具有多么大的文化价值，如果没有后人去研究和利用，虽然也可以保持其在图书馆中的存在，但只不过是一堆废纸。只有当前人的文化遗产加入现代人的活动，服从于特定的活动目的而被改造和扬弃，才能保持这些遗产作为文化因素的继续存在，发挥其文化的功能。只有当文化的客体存在方式实际成为现实主体活动的条件和要素（对象和手段），转化为主体的能力和素质，才能保持自己的存在并发扬光大。文化的功能，从根本上说是对作为历史活动的主体的人的不断塑造。只有通过现实的活动，才能使这种功能得以发挥。

所谓文化的结构，就是文化的这两种存在形式的矛盾在文化发展中的展开。这种矛盾体现在文化上，也就是文化作为产品对文化作为活动的关系，实际上也就是文化产品对于作为活动主体的人本身的肯定或否定关系。在肯定的形式上，产品表现为实现主体人的目的的手段。在否定的形式上，这种目的和手段的关系被颠倒过来，主体人被贬低为手段，文化的物化形式表现为目的。这种肯定或否定关系的展开就表现为"目的—手段"关系系统，即客观的价值关系系统。这个客观的价值系统，恰恰就是构成文化结构核心的东西。

把价值系统视为文化的核心，看来已成为人们的共识。但迄今为止，有相当多的论者还局限于从观念论的立场来理解这个价值系统，把它看作深藏于所谓"文化心理结构"中的价值观念系统。这种理解的前提，是把文化看成纯粹观念的东西。其实，价值观念是派生的东西，它至多只能在观念文化中居核心地位，它并不等同于在实践中形成的客观价值关系，因而也不能取代客观价值系统在文化结构中的核心地位。

在实践活动中，文化的主体存在方式和客体存在方式处在不停息地相互转化过程中。一方面，文化的活动形式不断转化为产品的形式，转化为客体化的文化。另一方面，在活动的重复和继续中，文化的产品形式又不断地转化为活动的要素，转化为主体的存在。具体地说，就是转化为主体活动的对象和手段，并形成一整套活动规范，即广义理解的社会生活方式，包括生产方式、交往方式和思维方式。所谓文化的主体存在方式，正是指转化为人的活动方式的东西。而作为文化核心的价值关系系统，也就是贯穿人们的生产方式、交往方式和思维方式，决定着人们的活动目的和方向的生命要素。同时，它也制约着文化的社会化形式和个性化形式的具体关系。

这种作为文化之核心的价值系统的展开，在生产方式中体现为物质和精神生产的目的，即在人和物的关系上何者为目的、何者为手段；在交往方式上表现为人与人之间、个人与共同体之间的价值关系；在思维方式上则体现为理性因素和价值因素之间的关系。理性因素一般而言是客观规律的某种反映，表现为关于是与非的真理性判断；价值因素即通常表现为所谓应然（应该与否）性判断。一定的生产方式、交往方式和思维方式互为媒介、相互制约，就形成一定时代的完整的文化结构。

这就意味着，文化结构不是一成不变的，而是随着生产方式和交往方式的变化而变化的。如前所述，对应于马克思说的三大社会形态，就有三种不同的交往结构；对应于不同的交往结构，就有体现着文化发展的时代性的三种不同的文化结构。我们曾经指出，使用价值、商品交换价值和哲学意义上的价值之间是以否定性为媒介的关系；这种关系正好提供了人类价值发展的否定之否定过程的一个典型例证①。其实，从使用价值到交换价值再到哲学意义上的价值，这个肯定、否定、否定之否定的过程，恰恰是作为文化核心的客观价值系统发展的历史本身的逻辑。

在最初的社会形态，即人类文化的初期，是以人的依赖关系为基础的交往。由于这种交往是以自然发生的共同性为媒介，因此作为文化核心的价值系统的特点，用马克思的话来说，是人本身"始终表现为生产的目的"，或者说，其目的是作为自给自足的共同体成员的再生产。这可以说

---

① 参见方军、刘奔《实践·历史必然性·价值》，《哲学研究》1993 年第 11 期。

是人本身的生产居于主导地位的客观价值取向。因而"人们研究的问题总是，哪一种所有制形式会造就最好的国家公民"①。而物化形态的文化（文化的客体形式），例如工具本身，还同活劳动本身连在一起，还表现为活劳动所支配的领域，即活劳动作为自主活动，支配着物化劳动，服从于人本身生产这个目的。物质生产和人本身发展的这种一致性，直接有利于文化，特别是艺术的发展，以致出现了像希腊艺术这样的具有永恒魅力的"高不可及的范本"。

但是，在这种社会形态下，物质生产与人本身发展的一致性，是以自然发生的自然经济为前提的。个人之间进行交往的条件是个人自主活动的条件，而且是由这种自主活动创造出来的。这些条件是同他们现实的局限性和片面存在相适应的。实践中的对象化和非对象化的矛盾尚未充分展开，人和自然、生产活动和交往活动、活劳动和物化劳动、文化的社会化形式和个性化形式，等等，还处于未完全分化的直接同一性之中。在人和自然的关系上，人还未能摆脱对自然界的崇拜和自然力的盲目支配。在交往方式上，"虽然个人之间的关系表现为较明显的人的关系，但他们只是作为具有某种（社会）规定性的个人而互相交往，如封建主和臣仆、地主和农奴等等，或作为种姓成员等等，或属于某个等级等等"②。因此，人的能力只是在狭窄的范围内和孤立的地点上发展着。

生产方式和交往方式的狭隘性决定了思维方式的狭隘性。在这个水平上，思维方式的基本特点是理性因素和价值因素尚未完全分化开来。中国古代儒、道、释的思维方式，虽有各自的特点，但就总体特征而言，应该说是与人的依赖关系为基础的交往方式相适应的思维方式。例如儒家仁学主张"仁者爱人"，可以说是当时以人为目的的生产方式在道德观念上的反映。这种道德意识比较注重人伦关系，而不大注重对自然规律的认识和把握。然而，儒家的"仁者爱人"并不是如有的论者所说的那样，是一种"人道主义"。人道主义在本质上不能是人的依赖关系的产物。而儒家的"仁者爱人"所体现的以人为目的，仅仅是就人与物的关系而言的；因此它毫不意味着各种等级的人都平等地表现为目的，相反，"仁者爱人"是以森严的等级关系，即统治与服从的关系为前提的。中国古代的

---

① 《马克思恩格斯全集》第 46 卷（上），第 485 页。

② 同上书，第 110 页。

"天人合一"观念，也不能简单地理解为人与自然的关系。这里的"天"，不是纯粹的自然界，而往往是由人与人之间的价值关系折射的，还没有明确分化的力量，因而恰好是反映了当时人们思维方式上理性因素和价值因素还没完全分化开和没有明确地区别开的特征。

以物的依赖关系为基础的人的独立性，是第二大形态。在这种形态下，由于交往是以交换价值为媒介的，因而在生产方式上，是生产表现为人的目的，财富即交换价值表现为生产的目的。这样也就在交往方式上，造成了人与人之间、个人与社会之间异化了的价值关系。实践的对象化和非对象化的矛盾得以充分展开并发展为对抗：对象化成为人的主体性的丧失，非对象化的结果却是活动的客观条件的人格化——主客体的颠倒。这也就是文化的客体存在方式与主体存在方式的矛盾和对抗：死劳动与活劳动相分离并反过来支配活劳动。商品交换成为物质交往的基本方式，并且从物质生产中分化和独立出来成为支配物质生产的力量。商品交换，"从根本上说，是作为交换价值的**物化劳动**同作为使用价值的活劳动之间的交换；或者可以换一种说法，是劳动把劳动客观条件——因而也是把劳动本身所创造的客体性——看作是他人财产的关系：**劳动的异化**。"① 结果"使大批个人脱离他们先前的（以这种和那种形式）对**劳动的客观条件**的肯定关系，把这些关系加以否定"。"历史的过程是使在此以前联系着的因素互相分离；因此，这个过程的结果，并不是这些因素中有一个消失，而是其中的每一个因素都跟另一个因素处在否定关系中"②。这也就是把肯定性的价值关系变成否定性的价值关系，从而造成了文化的异化结构。

在这种形态下，文化的结构极为鲜明地表现为**矛盾的结构**，即文化和异化的矛盾运动结构。文化只有在同普遍的异化关系的抗争中得到发展。各种文化价值都是在同以追求交换价值为目的的价值体系的抗争中形成和发展的。正是这种不同价值体系的对立和冲突，成为文化发展的动力。

在这种形态下，人的社会化和个性化这两个方面也发生了矛盾和对抗。社会化力量对众多个体来说是作为陌生的、冷酷的现实强加于自己的，这时个性化就以否定的形式来实现。意识到异化并自觉同异化作斗争的个人是有个性的个人，不同于毫无自我意识的个人。个性化同社会化的

---

① 《马克思恩格斯全集》第46卷上，第519页。
② 同上书，第505、506页。

异化形式的这种矛盾，以及个体间的个性差异，表现为不同价值体系间的矛盾、冲突，而这又为个体的能动选择提出了要求并提供了余地，成为文化变革的推动因素。主张"自由、平等、博爱"的抽象人道主义也正是这个时代交往关系的产物。起初，这种价值观是作为对封建专制主义等级制度的反叛而出现的。为了实现"自由、平等、博爱"，人们却付出了普遍异化的沉重代价，导致个人主义（建立在物的依赖关系基础上的个人独立性的反映）的极度膨胀。而现代人道主义则是作为对普遍异化的抗议而出现的。

在思维方式上，理性因素和价值因素的分化、对立和冲突也日益尖锐地表现出来，以至形成了科学主义和人文主义两大思潮的对立。克服这种对立以实现自然科学和人文科学的统一，在思维方式上解决理性因素和价值因素的矛盾，已成为当代文化发展的紧迫任务。

社会发展的第三大形态，即未来的共产主义，是前两大形态的辩证综合，即否定之否定。在这一形态下，由于交往的结构真正成为人们自由自主自觉活动的结构，因而所形成的价值系统是"建立在个人全面发展和他们共同的社会生产能力成为他们的社会财富这一基础上的自由个性"，成为目的本身。在这里，上述种种对抗将得到克服，物化劳动即文化的客体存在方式，将成为活劳动的越来越庞大的身躯，成为个性自我实现的手段。包括物质生产在内的一切人类活动，都将像真正的艺术创造一样，成为无愧于人类本性的活动，真正意义上的文化活动。"只有在这个阶段上，自主活动才同物质生活一致起来，而这又是同各个人向完全的个人的发展以及一切自发性的消除相适应的。同样，劳动向自主活动的转化，同过去受制约的交往向个人本身的交往转化，也是相互适应的。"①

由上述可见，处于文化结构核心地位的价值关系系统，其实就是"目的—手段"关系的两极在活动的不同要素中的分配。说这种关系是客观的，是因为这种关系首先不取决于人们的价值观念，而是由基于生产力发展的生产方式和交往方式决定的。例如物质生产是以人本身为目的，还是以交换价值为目的，从根本上说，并不取决于人们的价值观念，而是取决于生产方式的性质和交往活动的结构。因此这是客观的目

---

① 《马克思恩格斯选集》第1卷，人民出版社1995年版，第130页。

的，人们的价值观念反倒由这种客观目的决定。而所谓价值冲突的根源，是生产力和交往形式的冲突，这才是导致文化变革的真正根源。当然，这不是说人们的价值观念的变革对于文化的进步毫无意义。价值观念能否发挥推动历史进步的作用，取决于它对现实的冲突是否有敏锐的意识。

在探讨交往与文化的关系时，还必然涉及交往手段的符号化和符号的文化意义。弄清这个问题对于揭示精神交往的结构及其对文化结构的制约，是不可缺少的。限于篇幅，这个问题只好另文专门讨论。

《中国社会科学》1996 年第 2 期

塑造和引导新的时代精神[*]

——面向新千年的马克思哲学

孙正聿^{**}

摘要 近代以来的哲学是消解人在"神圣形象"中的自我异化、以理性代替上帝的过程，其实质是以理论的方式表达了人的独立性建立在对物的依赖性基础上的生存状况。现代哲学的使命则跃迁为消解人在"非神圣形象"中的自我异化，把异化给理性的人的本质归还给个人；马克思哲学以实现人的全面发展这个历史大尺度，为当代哲学确认了消解对物的依赖性的历史任务。马克思的"批判的武器"自觉地承担起把人从抽象的普遍理性中解放出来的使命，承担起了把资本的独立性和个性变为人的独立性和个性的使命，正是这一哲学使命理论地塑造和引导了新的时代精神。

关键词 理性 物的依赖性 时代精神

马克思曾经把"任何真正的哲学"比喻为"时代精神的精华"和"文明的活的灵魂"。这个比喻精辟地显示了哲学的人类性与时代性的不可割裂的统一性：哲学作为"文明的活的灵魂"，它总是结晶为"时代精神的精华"；哲学作为"时代精神的精华"，则总是凝聚为"文明的活的灵魂"；而哲学作为时代精神之"精华"与文明之"活的灵魂"的统一，则不仅仅是反映和表达自己时代的"时代精神"，而尤为重要的是塑造和引导新的"时代精神"。面向新千年的马克思哲学，其根本的使命与价值就是用"文明的活的灵魂"塑造和引导新世纪乃至新千年的时代精神。

---

* 本文为第一届"马克思哲学论坛"入选论文。

** 孙正聿，1946 年生，吉林大学哲学社会学院教授。

一 时代精神的变革与哲学使命的跃迁：
两个"消解"与两种"归还"

早在 19 世纪 40 年代中期，马克思就对时代的变革与哲学的使命及其相互关系作出这样的论述："**彼岸世界的真理**消逝以后，**历史的任务**就是确立**此岸世界的真理**。人的自我异化的**神圣形象**被揭穿以后，揭露非神圣**形象**中的自我异化，就成了为历史服务的**哲学**的迫切**任务**。于是对天国的批判就变成对尘世的批判，对**宗教的批判**就变成对**法的批判**，对**神学的批判**就变成对**政治的批判**。"①

马克思的这段论述，既总结了近代哲学的基本状况，又提出了现代哲学的历史任务，这就是两个"消解"与两种"归还"：近代以来的哲学是"消解"人在"神圣形象"中的"自我异化"，把异化给"神圣形象"的人的本质"归还"给人；现代哲学的使命则是"消解"人在"非神圣形象"中的"自我异化"，把异化给"非神圣形象"的人的本质"归还"给人。这两个"消解"的对象与任务是不同的，因此，这两种"归还"的内容与使命也是不同的。

近代以来的西方历史，从经济形态上说，是以市场经济取代自然经济的过程；从人的存在形态上说，是人从人对人的"依附性"存在转化为"以物的依赖性为基础的人的独立性"的过程；而从文化形态上说，则是从"神学文化"转化为"哲学—科学文化"的过程。这个历史过程所构成的时代精神的变革，是哲学使命的历史性转换的最重要的生活基础。

如果说前市场经济的自然经济所要求的是经济生活的禁欲主义、精神生活的蒙昧主义和政治生活的专制主义，并从而造成"人的依附性"存在，即造成人在"神圣形象"中的"自我异化"，那么，取代自然经济的市场经济则是反对经济生活的禁欲主义而要求人的现实幸福、反对精神生活的蒙昧主义而要求人的理性自由、反对政治生活的专制主义而要求人的天赋人权，从而形成了市场经济的三个基本取向的统一，即功利主义的价值取向、工具理性的思维取向和民主法治的政治取向的统一。市场经济的这种价值取向、思维取向和政治取向的统一，实现了马克思所说的"以

---

① 《马克思恩格斯选集》第 1 卷，人民出版社 1972 年版，第 2 页。

物的依赖性为基础的人的独立性"，即"消解"了人在"神圣形象"中的"自我异化"，把人的存在方式从人对人的"依附性"存在转换成人对物的"依赖性"存在。这是人类从自然经济中的生存状态跃迁为市场经济中的生存状态所实现的历史性的飞跃，同时也是人类的自我意识从"依附性"的存在跃迁为"以物的依赖性为基础的人的独立性"的存在所实现的"时代精神"的飞跃。

人类存在的历史性飞跃以及由此形成的时代精神的飞跃，以理论的形态构成哲学理念的飞跃，这就是从中世纪的"信仰的时代"的哲学跃迁为近代的"理性的时代"的哲学。从总体上看，近代以来的西方哲学，正是在"自我先于上帝、理性先于信仰"的哲学进军中，理论地表征了以"理性的时代"取代"信仰的时代"的过程，也就是理论地表征了人从"依附性"的存在到"独立性"的存在的历史性转化。

作为"信仰的时代"的中世纪哲学，它理论地表征着人在"神圣形象"中的"自我异化"，即人在"上帝"中的"自我异化"。人把自己的本质异化给作为"神圣形象"的"上帝"，"上帝"就成为无所不在、无所不知、无所不能的"神圣形象"，而人本身则成了依附于"上帝"的存在。马克思说，"宗教是那些还没有获得自己或是再度丧失了自己的人的自我意识和自我感觉"。[1] 这就深刻地揭示了以宗教的方式表现的"人的依附性"存在的生存状态。而中世纪的哲学沦为神学的"婢女"，则恰恰是理论地表征着人在"神圣形象"中的"自我异化"。因此，自文艺复兴以来的西方近代哲学，它的根本使命就是"消解"人在"神圣形象"中的"自我异化"，把人的本质"归还"给人本身，由此便构成了贯穿整个西方近代哲学的"上帝"的自然化、物质化、精神化和人本化的过程，即"上帝"的"人化"过程。

近代西方哲学"消解"人在"神圣形象"中的"自我异化"的过程，从根本上说，是以"理性"代替"上帝"的过程。在以自然经济为基础的传统社会中，作为"神圣形象"的"上帝"凌驾于人的"理性"之上，窒息了理性对世界的求索，从而严重地阻碍了生产和科学的发展，因此，表征近代精神的近代哲学，以其所弘扬的"理性"精神塑造和引导了长达数百年"理性的时代"的时代精神。黑格尔哲学在精神领域取

---

[1] 《马克思恩格斯选集》第 1 卷，第 1 页。

得了独占的统治，除了理性，再也没有另一个凌驾于人之上的真正的上帝，他干脆宣布理性为上帝。

把"理性"变成"上帝"，也就是用"理性"这个"非神圣形象"去代替"上帝"这个"神圣形象"，这种代替集中地显示了以"理性的时代"为标志的近代哲学的深刻的内在矛盾：一方面，近代哲学实现了人在"理性"中的自我发现，即以"理性"消解了人在"神圣形象"中的"自我异化"，把人的本质"归还"给了人的"理性"；另一方面，近代哲学又使人在"理性"中造成了新的"自我异化"，即以"理性"构成了人在"非神圣形象"中的"自我异化"，把"理性"变成了凌驾于人之上的"本质主义的肆虐"。马克思在评论黑格尔的"绝对理念"即"无人身的理性"时，就极其精辟地阐释了这种"理性主义"哲学与整个近代以来的人类生存状况的关系，即：黑格尔的"无人身的理性"是以"最抽象"的形式表达了人类"最现实"的生存状况——"个人现在受抽象统治，而他们以前是互相依赖的。但是，抽象或观念，无非是那些统治个人的物质关系的理论表现。"① 由此我们可以看到，把人的本质"归还"给"理性"的近代哲学，其实质是以理论的方式表达了正在受"抽象"统治的近代以来的人类生存状况，也就是人的"独立性"建立在对"物的依赖性"的基础之上的生存状况。

近代哲学的历史任务是"消解"人在"神圣形象"中的"自我异化"，即把异化给"上帝"的人的本质"归还"给人的"理性"；所谓的现代哲学，它的历史任务则是"消解"人在"非神圣形象"中的自我异化，即把异化给"理性"的人的本质归还给作为个体的个人。因此，如果我们把整个近代哲学所表征的时代精神称为"理性的时代"，那么，我们可以把超越近代哲学的现代哲学概括为"理性的批判"，而把现代哲学所表征的时代精神称为"反省理性的时代"。

现代哲学中的两大思潮——科学主义思潮和人本主义思潮——都是以反省理性、批判理性为使命的。所谓科学主义思潮，它把近代哲学所弘扬的理性视为一种"狂妄的理性"，认为近代哲学、特别是作为其集大成者的黑格尔哲学是把哲学自身当作无所不在、无所不至、无所不能的理性，从而把"理性"变成了"上帝"，造成了"理性的放荡"，因此它要求用

---

① 《马克思恩格斯选集》第 46 卷上，人民出版社 1979 年版，第 111 页。

"谦虚的理性"去改造"狂妄的理性"，也就是用"科学"去改造"哲学"，把哲学变成"科学哲学"；所谓人本主义思潮，它则把近代哲学所弘扬的理性视为一种"冷酷的理性"，认为近代哲学、特别是作为其集大成者的黑格尔哲学是把人异化为"理性"，用"上帝"一样的"理性"去规范人的存在，从而造成了"本质主义的肆虐"，因此它要求用"丰富的人性"去改造"冷酷的理性"，也就是用"文化"去改造"哲学"，把哲学变成"文化哲学"或"人学"。

同整个现代哲学一样，马克思哲学的历史任务，也同样是"消解"人在"非神圣形象"中的"自我异化"，把人的本质"归还"给人本身。应当指出的是，这个历史任务，正是马克思在《〈黑格尔法哲学批判〉导言》中明确提出的。但是，我们特别关切的是，在下述三个方面，马克思哲学与作为现代哲学的科学主义和人本主义两大思潮具有不容回避的原则区别，并因此显示了马克思哲学的不容否认的当代价值。

第一，马克思认为，"对宗教的批判是其他一切批判的前提"，因为"反宗教的斗争间接地也就是反对以宗教为精神**慰藉**的**那个世界**的斗争。"① 由于现代哲学只是把"对宗教的批判"作为"其他一切批判的前提"，而不是把"宗教"当做唯一的批判对象，因此，现代哲学的使命就不仅仅是消解人在"神圣形象"中的"自我异化"，而且必须致力于消解人在"非神圣形象"中的"自我异化"；现代哲学所面对的"非神圣形象"，也并非仅仅是抽象的"理性"，而且更为根本的是那些"统治个人的物质关系"，因此马克思要求把"对天国的批判"变成"对尘世的批判"，把"对宗教的批判"变成"对法的批判"，把"对神学的批判"变成"对政治的批判"，并具体地展开了对德国古典哲学、英国古典政治经济学和英、法空想社会主义的批判，从而实现了"凡是把理论导致神秘主义方面去的神秘东西，都能在人的实践中以及对这个实践的理解中得到合理的解决"②，即实现了哲学史上的革命性的"实践转向"。

第二，以"实践转向"为标志的马克思哲学，既不是像科学主义思潮那样仅仅把近代哲学所弘扬的理性视为"狂妄的理性"，力图以"谦虚的理性"即"科学"去改造"哲学"，把哲学变成"拟科学"的哲学，

① 《马克思恩格斯全集》第1卷，第1页。
② 《马克思恩格斯选集》第1卷，第18页。

也不是像人本主义思潮那样仅仅把近代哲学所弘扬的理性视为"冷酷的理性"，试图以"丰富的人性"即文化的多样性去改造"哲学"，把哲学变成"拟文学"的哲学，而是如恩格斯强调指出的那样，从"现实的人及其历史发展"出发，以实践观点的思维方式去揭示思维与存在、人与世界之间的无限丰富的矛盾关系，用"现实的理性"（实践）去批判"抽象的理性"（绝对精神），从而达到对思维与存在、人与世界之间的否定性统一的辩证理解，真正地扬弃了近代哲学所造成的人在"理性"这个"非神圣形象"中的"自我异化"。

第三，以"实践转向"为标志的马克思哲学，从人对世界的实践关系出发，不是把"哲学"视为凌驾于科学之上的"解释世界"的"普遍理性"，而是把"哲学"视为"改变世界"的"世界观"，即从总体上理解和协调人与世界的相互关系的理论，因此从根本上"消解"了人在以"哲学"为化身的"普遍理性"中的"自我异化"，并从而把人的"本质""归还"给人类以自身的实践活动及其历史发展所实现的人类自身的解放——"建立在个人全面发展"基础上的"自由个性"①。正是在这个把"解释世界"的哲学变革为"改革世界"的哲学的意义上，恩格斯提出，马克思哲学已经不再是"哲学"，而只是"世界观"。正是这个以"改变世界"为己任的"世界观"理论，不仅消解了人在"神圣形象"中的"自我异化"，而且真正地消解着人在"非神圣形象"中的"自我异化"，使人从各种非人的关系中解放出来，特别是从人对"物的依赖性"中解放出来。这是马克思哲学的当代价值的集中体现，也是21世纪乃至新千年的哲学的根本使命。

二 "消解"人对"物的依赖性"：历史的视野与"归还"的实现

近代哲学塑造和引导的以"理性"为核心的时代精神，弘扬了人的理性权威，确认了人的主体地位，发挥了人的能动作用，从而推进了社会的进步和人自身的发展。但是，近代哲学对"理性"的弘扬却是具有二重性的：代替作为"神圣形象"的"上帝"，把人从"神圣形象"中的

---

① 参见《马克思恩格斯全集》第46卷上，第104页。

"自我异化"解放出来，这个"理性"是积极的、进步的；而把"理性"变成作为"非神圣形象"的"上帝"，造成人在"非神圣形象"中的"自我异化"，这个"理性"则是必须扬弃的。百多年来的现代哲学之所以要"终结哲学"或"消解哲学"，其实质正是以"消解"、"终结"哲学的方式而批判地反省近代哲学所弘扬的"理性"。然而，跨入新世纪的哲学，首要的任务却是反省百多年来的现代哲学对"哲学"的"消解"。

以"理性"为核心的近代的时代精神，首先是一种以科学进步为基础的"科学精神"。正是近代以来的科学进步为近代哲学弘扬"理性"提供了时代的科学精神。然而，近代以来的科学发展，特别是现当代科学的空前迅猛的发展，并不仅仅是为哲学弘扬"理性"提供了现实的根据，而且越来越尖锐地向以"理性"化身自居的"哲学"提出了两个方面的严峻挑战：其一，如果人类有效地解释世界的方式只能是科学，如果人类有效地改造世界的活动只能以科学为指导，那么，"超越"科学的"哲学"将如何"安身立命"？这种"哲学"所代表的"理性"又当如何评价？其二，如果人类所创建的科学并不能有效地说明人自身，并不能有效地阻止人类对自身的危害（如两次世界大战以及所谓的"全球问题"），那么，人类又当如何对待"科学"所代表的"理性"？人类是否需要一种超越"科学理性"的新的"哲学"？正是在回应这两方面的严峻挑战中，20世纪的西方哲学形成了双峰对峙的两大思潮——科学主义思潮和人本主义思潮，并构成了贯通这两大思潮的新的哲学方式及其所蕴含的哲学精神——以"终结哲学"的方式"反省理性"。

作为对第一个挑战的回应，即回应科学对哲学的挑战，所谓的科学主义思潮采取的是"妥协"的策略，也就是承诺科学解释世界的唯一合法性，试图以"科学"的理论和方法改造"哲学"，把"哲学"改造成"拟科学"或"准科学"的"科学的副产品"；所谓的人本主义思潮采取的则是"对抗"的策略，也就是在承诺科学解释世界的唯一合法性的同时，申诉"哲学"探索科学所无力解释的人的存在意义的权力，试图以"拟价值"或"拟文学"的方式而延续"哲学"的生存。然而，作为"妥协"策略的科学主义思潮，为了保留"解释世界"的"真理"的权力而丢弃了哲学对价值理念的寻求；作为"对抗"策略的人本主义思潮，为了坚持"理解人自身"的"价值"的权力而丢弃了哲学对真理理念的寻求；在"哲学科学化"和"哲学文学化"的双重冲击中，哲学对真善美的统一性寻求断裂了，哲学的真理性与价值性被分割了，哲学已经无力构成"时代精神的精华"和"文明的活的灵魂"。

作为对第二个挑战的回答，即回应生活对科学的挑战，则集中地表现为所谓"后现代主义"的兴起。被称为"后现代主义"的哲学思潮，是以反本质主义、反中心主义、反根源主义和反基础主义而著称于世的。所谓反本质主义，就是消解现象与本质的逻辑二元对立，亦即消解哲学所追求的超验的"本体"；所谓反中心主义，就是消解中心与边缘的结构二元对立，亦即消解哲学所追求的"全体的自由性"；所谓反根源主义，就是消解本源与派生的历史二元对立，亦即消解哲学所追求的"发展的规律性"；所谓反基础主义，就是消解深层与表层的文化二元对立，亦即消解"知识分类表"或"自然等级秩序"对哲学的"诱惑"。在这种后现代主义思潮中，德里达试图以"边缘"颠覆"中心"，福柯试图以"断层"取消"根源"，罗蒂试图以"多元"代替"基础"，从而把西方现代哲学的"消解哲学"运动推向了极端。这个长达百年的"消解哲学"运动，它的自我期待是"消解"使人"异化"的一切的"非人"的存在，然而，它在"消解"各种"非神圣形象"的过程中，却否认了理性的权威性、确定性和统一性，动摇了人类存在的合理性、必然性和规律性的信念。与现代西方哲学所讨伐的黑格尔哲学的"狂妄的理性"相比，它们从对人类理性的鲸吞宇宙的幻想，变成了对人类理性的深感忧虑的怀疑；从对人类未来的满怀激情的憧憬，变成了对人类未来的惴惴不安的恐惧；从对人类所渴望的真善美的雄心勃勃的追求，变成了对人类所指向的真善美的黯然失色的叹息。真理观的多元主义，价值观的相对主义，历史观的非决定论，构成了20世纪西方哲学的主流与基调。这样，一向是以"崇高"的化身而自期自许的"哲学"，就变成了"往昔时代旧理想的隐退了的光辉"。

20世纪的西方哲学，刚刚走过它长达百年的"消解哲学"的历程。它为人类理性的自我反省进行了种种哲学探索，并在反省人类理性的进程中，在哲学的层面上挺立了个人的独立性、文化的多样性和选择的合理性；然而，由于它在人类理性的自我反省中否弃人类对"崇高"的追求，蔑视人类精神生活的支撑点，因而也使它自身走向了"消解"——新世纪的哲学将重新审视人类理性和哲学对崇高的追求。反省包括"后现代主义"在内的现代西方哲学的"消解哲学"运动，总结这场长达百年的

"消解"运动的经验教训，使我们更加清晰地把握马克思哲学的当代意义。

首先，在哲学的理论旨趣和追求方式上，马克思主义哲学创始人以对传统哲学的扬弃而发展了人类的哲学追求。

马克思主义创始人认为，基于人类实践本性的人类思维，它的"个别实现和每次的现实"都是"非至上"的，而它的"本性、使命、可能和历史的终极目的"则是"至上"的。对于人类思维的这种"至上性"与"非至上性"的矛盾，传统哲学是以牺牲思维的"现实性"而实现思维的"全体自由性"，现代西方哲学则以抛弃对"全体自由性"的寻求为代价而"拒斥"传统哲学的"形而上学"追求。马克思主义创始人认为，哲学对思维把握世界的"全体自由性"的寻求，其根源在于人类的实践活动永不满足于已达到的水平，人类的思维活动永不满足于对世界的已有认识，因而作为人类自我意识理论的哲学总是批判地反思人类认识和改造世界的认识论前提和价值论前提，总是超越人类的现实存在而提供新的理想性目标。因此，马克思哲学在对传统哲学的批判中，抛弃了传统哲学占有绝对真理的幻想而肯定了哲学追求思维全体自由性的目标，否定了传统哲学的"解释世界"的研究方式而继承了它所积淀的思维的历史和成就。把哲学所追求的思维全体自由性与人类实践的历史发展统一起来，把真理的绝对性与相对性统一起来，把哲学的进步与科学的发展统一起来，运用"通晓思维的历史和成就的"辩证思维深化哲学对"全体自由性"的追求，这是马克思哲学在对传统哲学的批判中所开拓的新的哲学道路，也是马克思哲学的始终不渝的历史使命。

其次，马克思主义创始人对传统哲学的批判及其所开拓的哲学道路，深深地植根于他们对社会历史的深切理解和对人自身的"全面发展"的追求。

由近代哲学对"神圣形象"的批判发展为现代哲学对"非神圣形象"的批判，这理论地表征着人类存在的历史形态的变革。马克思正是从宏观的历史视野把哲学的理论批判与人类的存在方式统一起来，并用后者去解释前者，从而不仅在"时代精神"转换的意义上定位哲学的历史特征，而且在"归还"人的本质的意义上揭示哲学的历史使命。

马克思从"现实的人及其历史发展"出发，抛弃了关于合乎"人的本性"的社会条件的议论，而去考察和揭示人类历史的现实基础，从而在社会有机体众多因素的交互作用中，在社会形态曲折发展的历史进程中，在社会意识相对独立的历史更替中，发现了生产力的最终的决定作用，从而揭示了人类社会发展的客观规律。与此相对应，马克思提出，人类的存在表现为三大历史形态，即"人的依赖关系"、"以**物的**依赖性为基础的人的独立性"和"建立在个人全面发展和他们共同的社会生产能力成为他们的社会财富这一基础上的自由个性。"① 在"人的依赖关系"的历史形态中，个人依附于群体，个人不具有独立性，只不过是"一定的狭隘人群的附属物"，因而造成人在以"群体"名义而存在的"神圣形象"中的"自我异化"。与人的这种存在形态相适应的哲学，只能是确立"神圣形象"的哲学，即作为"神学文化"的哲学。为了挣脱人在"神圣形象"中的"自我异化"，把人从"依附性"的存在中解放出来，作为"时代精神的精华"的哲学，其历史任务就是"消解"人在"神圣形象"中的"自我异化"。但是，在"以物的依赖性为基础的人的独立性"的历史形态中，虽然个人摆脱了人身依附关系而获得了"独立性"，但这种"独立性"却是"以物的依赖性为基础"的，人在对"物的依赖性"中"再度丧失了自己"，因此哲学的现代使命就跃迁为对"非神圣形象"（物）的批判。马克思把哲学的批判首先指向黑格尔的"无人身的理性"，使现实的关系从抽象的观念中显现出来，又从哲学批判转向政治经济学批判，使人与人的关系从物与物的关系中显现出来。这样，马克思的"批判的武器"，就明确地承担起把人从"抽象"的"普遍理性"中解放出来的使命，承担起把人从"物"的普遍统治中解放出来的使命，把人从"资本"的普遍统治中解放出来的使命，承担起把"资本"的独立性和个性变为人的独立性和个性的使命。人类今天所面对的最大问题不正是人的"物化"问题吗？人类在新世纪乃至新千年所追求的根本目标不正是人从对"物的依赖性"中解放出来吗？因此，马克思自觉地承担起的哲学使命，不正是理论地表征了我们今天的"时代精神"吗？不正是理论地塑造和引导了新世纪乃至新千年的新的"时代精神"吗？

最后，马克思哲学所实现的"实践转向"，及其所确认的"消解"人对"物的依赖性"的哲学使命，不仅是为哲学承担的历史任务作出了明确的定位，而且是为哲学范式的革命性变革提供了新的理念。

---

① 《马克思恩格斯全集》第 46 卷上，第 104 页。

人类的哲学思想，归根到底是对人类自身的存在的关切，即为人类自身的存在寻求"安身立命之本"。然而，从哲学的宏观历史上看，哲学对人类生存的关切，却可以划分为两种基本方式：一种是以文化的"层级"性去关切人类存在，即以"深层"文化的"基础性"、"根源性"来规范人类的全部思想与行为，从而将"深层"文化作为人类的"安身立命之本"。这种"层级"性的关切，可以说是一种"解释"性的关切——以"深层"文化解释"表层"文化；另一种则是以文化的"顺序"性去关切人类存在，即把"重要"的文化选择为人的"安身立命之本"，以它来规范人的思想与行为。这种"顺序"性的关切，可以说是一种"操作"（实践）性的关切——以"重要"的规范"次要"的。

对比"层级"性的关切与"顺序"性的关切，我们首先就会发现，这是"非历史"的关切与"历史"的关切这样两种不同的关切。"层级"性的关切，它先验地断定了文化样式的不同"层级"，并先验地承诺了"深层"文化对"表层"文化的基础性和根源性，因而它给自己提出的是"非历史"的任务——寻求"超历史"的、永恒的、终极的"本体"。与此相反，"顺序"性的关切，是以否定文化样式的先验的"层级"性为前提，并致力于"消解"文化样式"层级性"的先验原则，因而它给自己提出的是"历史"的任务——在自己时代的水平上对人的"安身立命之本"作出慎重的文化选择。

在对"层级"性的关切与"顺序"性的关切的对比中，我们还会发现，"层级"性的关切总是"两极对立"的。在"层级"性的关切中，哲学的核心范畴总是离开人的历史性存在，表现为"本体"对"变体"、"共相"对"个别"、"本质"对"现象"、"必然"对"偶然"等的"两极对立"关系，并且具有"本体"规定"变体"、"共相"解释"个别"、"本质"决定"现象"、"必然"支配"偶然"的恒定的"层级"关系。与此相反，在"顺序"性的关切中，则是以人的历史性存在为前提，构成表征人与世界、人与历史、人与社会、人与他人、人与自我之间的辩证关系的哲学范畴，诸如"自然"与"超自然"、"能动"与"受动"、"理想"与"现实"、"公平"与"效率"、"真理"与"价值"、"标准"与"选择"等相辅相成的矛盾关系。在这种"顺序"性的哲学关切中，它的诸对范畴具有显著的"平等"的特性，其"主从"关系则是"历史"性的。这表明，哲学从"层级"性的关切转向"顺序"性的关切，不只是从"思维方式"上体现了现代哲学的"从两极到中介"的变革，而且是从"价值导向"上实现了现代哲学的"从两极到中介"的变革。

哲学追求的"层级性"与"顺序性"，是与如何处理"标准"和"选择"这对范畴的相互关系密不可分的。人的"生命"活动是寻求和实现"意义"的"生活"活动，而"生活"活动的"意义"则总是存在于"标准"与"选择"这对范畴的矛盾关系之中，即"选择"什么样的"标准"来确定生命活动的"意义"。哲学作为理论形态的关于人类存在意义的自我意识，它的全部理论活动，都可以归结为处理"标准"与"选择"这对范畴的矛盾关系。

我们之所以说"传统哲学"是一种"层级"性的追求，从根本上说，就在于它以"表层"与"深层"的对立关系"弱化"甚至是"取代"了"标准"与"选择"的矛盾关系；具体地说，"传统哲学"是以"变体"与"本体"的对立代替了"标准"与"选择"的矛盾关系，把"本体"作为无须"选择"的"标准"，并因而否弃人们对"标准"进行"选择"的权力。而我们之所以说"现代哲学"是一种"顺序"性的追求，从根本上说，就在于它以"重要"与"次要"的历史性的矛盾转化关系实现了"标准"与"选择"的矛盾关系。具体地说，"现代哲学"是从"重要"与"次要"的"选择"中历史性地确认"标准"，而不是先验地确认"标准"并排斥历史性的"选择"。就此而言，我们可以说"传统哲学"追求的是一种"没有选择的标准"，而"现代哲学"则承诺的是一种"可以选择的标准"。

在"层级"性的传统哲学的追求中，"本体"与"变体"的"层级"关系是永恒不变的；哲学的任务，只不过是寻找那个作为永恒真理的"本体"，并用它来"解释"一切"变体"的存在。正因如此，以"层级"性的追求为使命的传统哲学，只能是"用不同的方式解释世界"，并且只能是以"超历史"的"神"或"非历史"的"物"作为"本体"或"标准"，去规范人的全部思想和行为。这就是传统哲学的"本质主义的肆虐"。而在"顺序"性的现代哲学的追求中，"顺序"既是对历史文化的一种承诺，更是对现实生活的一种"选择"和"安排"，因而真正成为马克思所说的"改变世界"的活动。

哲学从"层级"性的追求到"顺序"性的选择，它所改变的是以"层级"的先验性而确认的"标准"的永恒性、终极性，而不是取消人的历史性选择的标准。哲学作为社会的自我意识（或人类的而非个人的自我意识），它所承担的使命，总是以"历史的大尺度"（人类的、社会的、整体的、世代的尺度）去观照和反省人类的思想与行为，把"历史的小尺度"（当下的或局部的尺度）所忽略的东西提升到"重要"的位置，从而在价值"排序"中"选择"某种"历史的大尺度"作为人的思想与行为的"标准"。马克思哲学正是以实现人的全面发展这个"历史的大尺度"，为当代哲学确认了"消解"人对"物的依赖性"的历史任务，并为当代哲学的自我发展确认了"从两极到中介"和"从层级到顺序"的基本理念。这就是马克思哲学的当代使命与当代意义的统一。

《中国社会科学》2001 年第 5 期

哲学中的问题与问题中的哲学

陈先达*

　　摘要　马克思主义哲学的创立，表明作为科学之科学的旧哲学的消灭，而哲学仍然以世界观的形式作为自身的存在方式并真正发挥作用。马克思主义哲学家，不能是单纯以注经释义为最高意旨的哲学家，而应该是以自己的哲学参与改变世界的实际活动并从中提炼哲学思想的哲学家。我们应该区分哲学中的问题和问题中的哲学。哲学中的问题只有来自问题中的哲学，才是有生命力有现实性的哲学问题，因为现实的要求和矛盾最强烈地表现在人类面对的问题之中。

　　关键词　哲学变革　哲学终结　问题中的哲学

　　马克思主义哲学既是哲学的变革又是变革的哲学；它不仅重视哲学中的问题，更重视问题中的哲学。深刻把握马克思主义哲学在人类哲学发展史上的地位和特征，对于理解在建设中国特色社会主义的伟大事业中为什么要坚持马克思主义哲学是至关重要的。

一　哲学变革与哲学终结

　　马克思主义哲学是变革的哲学，是为变革现实资本主义，为人类解放宗旨的需要而产生的哲学。正因为如此，它必然要求哲学发生变革，必然要求从对象、内容到功能都产生一种新的哲学。没有变革现实的需要，就不会产生哲学的变革，而没有哲学变革，就不可能有指导变革现实的变革的哲学。在马克思主义哲学中，哲学的变革与变革的哲学是统

---

　　* 陈先达，1930 年生，中国人民大学哲学系教授。

一的。

马克思和恩格斯提出过"消灭哲学";当代西方哲学家中的某些学派倡导"哲学终结"。其实,这两者无论就时代背景、语境和内涵都是根本不同的。

"终结哲学",这是当代西方哲学对传统哲学充满挑战性的口号。从逻辑实证主义的拒斥形而上学到当代后现代主义的反本质主义、反基础主义和所谓"后哲学文化",都在着力于反对所谓传统哲学的本体论和认识论,反对哲学的认识功能,倡言"终结哲学"。当然,倡导"消灭哲学"的逻辑实证主义和后现代主义,实际上并没有消灭哲学。不过是以一种哲学学说来取代被他们视为传统哲学的哲学。以哲学终结哲学本身就是悖论,这就证明哲学是不可能终结的。实际上所有极力张扬"终结哲学"的派别都处在哲学之中。"终结哲学"的主张本身就是一种哲学观点,它用以取代被取消的哲学的观点仍然是哲学的。

哲学是不会终结的。只要人存在,哲学就不可能终结。因为人只能以人的方式存在,他的思维方式和实践方式中都存在哲学。思维不可能只是直观的具体的思维而不进行抽象思维,实践不可能是本能的而没有自觉意识的。哲学家的哲学只是对这种现实的哲学思考。可是对某种哲学形态来说,却是可以终结的。这种终结往往意味着哲学形态的不同程度的变革。

马克思和恩格斯在建立马克思主义哲学的过程中,曾多次倡言"消灭哲学"。但马克思和恩格斯提出的"消灭哲学"是在特定历史境况中有具体针对性的哲学革命口号。"消灭哲学"是马克思和恩格斯正在探求创立一种以变革现实为目的的哲学,以一种新的哲学来代替传统的思辨哲学内容的浓缩口号。

所谓"消灭哲学",从根本上讲就是消灭那种把哲学视为科学之科学,视为凌驾于各门科学之上,把自己臆想的联系强加于各门实证科学的形而上学的思辨哲学的传统,使哲学真正成为一种世界观,而不是包罗万象的永恒不变的抽象原则。实际上,这种包罗万象的、最终完成的关于自然和社会的绝对真理的哲学是与人类的辩证认识规律相矛盾的。早在《德意志意识形态》中,他们就说,"对现实的描述会使独立的哲学失去生存环境,能够取而代之的充其量不过是从对人类历史发展的观察中抽象出来的最一般的结果的综合。这些抽象本身离开了现实的历史就没有任何价值"，这些抽象与哲学不同，它们绝不提供适用于各个时代的药方和公式。①

恩格斯在《反杜林论》中谈到他们创立的现代唯物主义时，说它"已经根本不再是哲学，而只是世界观，它不应当在某种特殊的科学的科学中，而应当在各种现实的科学中得到证实和表现出来。因此，哲学在这里被'扬弃'了，就是说，'既被克服又被保存'；按其形式来说是被克服了，按其现实的内容来说是被保存了"。② 马克思主义哲学的创立，表明作为科学之科学的旧哲学的消灭，而哲学仍然以世界观的形式作为自身的存在方式并真正发挥哲学的作用。

其实，恩格斯在他的名著《路德维希·费尔巴哈和德国古典哲学的终结》中，以总结的方式清楚地表明了他们所说的"消灭哲学"的含义。他之所以把费尔巴哈与德国古典哲学的终结联在一起，就是因为"哲学这一似乎凌驾于一切专门科学之上并把它们包罗在内的科学的科学，对他来说，仍然是不可逾越的屏障，不可侵犯的圣物"。③ 费尔巴哈是德国古典哲学的最后一位"杰出哲学家"，也是马克思和恩格斯所要消灭的哲学的最后一位哲学巨人。马克思主义哲学的创立意味着包括费尔巴哈在内的德国古典哲学的终结，实际上也标示着作为科学之科学的哲学传统的消灭。

从哲学的功能来说，消灭哲学讲的是根本改变以往哲学只是解释世界而不是着重改变世界的缺陷。历史上出现过各种哲学，它们可以对现实不满、对现实进行批判，但没有一种为创立新的世界而奋斗的哲学。它们的社会理想，往往是不满现在，怀念过去，而不是通过实际地改变现实，走向未来。马克思主义哲学的世界观当然具有科学解释世界的功能，但更重要的是它实际改变世界的功能，即强调哲学应该在参与改变世界的活动中实际发挥作用。在《德意志意识形态》中关于实践的唯物主义本质的表述，在《关于费尔巴哈提纲》中关于哲学功能的论述，都充分表明马克思"消灭哲学"和创立新哲学的真正意图。当马克思把哲学看成无产阶级解放的"头脑"，强调哲学把无产阶级当作自己的物质武器，无产阶级

---

① 参见《马克思恩格斯全集》第 3 卷，人民出版社 1965 年版，第 31 页。
② 《马克思恩格斯选集》第 3 卷，人民出版社 1995 年版，第 481 页。
③ 《马克思恩格斯选集》第 4 卷，人民出版社 1995 年版，第 241 页。

把哲学当作自己的精神武器，就是以明白无误的政治语言，阐明了他所说的"消灭哲学"的真实意义。

当然，马克思和恩格斯所说的"消灭哲学"并不是全盘否定以往哲学，否定历史上哲学的功绩。相反，马克思非常重视哲学中的继承性，它否定的是旧哲学的形而上学的思辨传统，但充分肯定人类在哲学这种文化形式中所获得的积极成果。恩格斯在讲到"消灭哲学"时用的是"扬弃"，即抛弃哲学妄图作为科学之科学的奢望，但保存人类哲学认识的积极成果。他把自己创立的现代唯物主义看成否定之否定，"现代唯物主义，否定之否定。不是单纯地恢复旧唯物主义，而是把两千年来哲学和自然科学发展的全部思想内容以及这两千年的历史本身的全部思想内容加到旧唯物主义的永久性基础上"。他强调，现代唯物主义"已经根本不再是哲学，而只是世界观"。这里说的不再是哲学，就是指不再是原来那种作为科学之科学意义上的哲学。

恢复哲学作为世界观的本性，这在哲学和现实中具有划时代意义。历来哲学内容可以很庞杂，但它的基础和核心部分是世界观，否则就不能称为哲学。强调哲学是世界观，这是马克思主义的哲学观，或者说是马克思主义对哲学的一种看法。可是在以往哲学史上，由于历史和知识的局限，哲学家们或者赋予哲学太多的非哲学内容，既包括各门科学的具体知识，又具有为各门学科提供知识源泉和一切答案的神奇功能，从而使哲学作为世界观的本质被淹没在关于哲学的形形色色的定义之中。按照马克思和恩格斯的看法，哲学不同于非哲学形态，就在于它是世界观，而不是关于世界分门别类的具体知识，也不具有为各门科学提供最终的解释权，它只能是世界观。马克思主义哲学使哲学摆脱历史的重负，使它真正变为世界观，变为一种科学的世界观，并发挥它的世界观的作用。如果马克思主义哲学仍然是沿着历史上哲学的逻辑前进，而不改变它的方向，走出形而上学思辨哲学的传统，把哲学定位于世界观，就不可能有哲学的变革，也就没有变革的哲学。

自马克思主义传入中国以后，在中国革命和建设实践中，马克思主义哲学的作用集中表现为世界观和方法论作用。我们从毛泽东关于中国革命对象、动力、阶段、途径、方式的分析，从毛泽东对中国革命和战争的战略和策略的分析，对不同时期形势与任务的分析，都能最深切地体会到马克思主义哲学世界观作为分析方法的巨大威力。更不用说毛泽东哲学著作中所体现的哲学的变革与变革的哲学相结合的风格。邓小平关于中国特色社会主义建设规律的伟大理论、"三个代表"重要思想以及科学发展观，是在新的历史时期最为强烈最为集中地体现了马克思主义哲学作为世界观和方法论的作用。实践和理论都证明，离开了马克思主义哲学作为科学世界观和方法论，就不可能真正理解马克思主义哲学何以是变革的哲学和哲学的变革。

马克思和恩格斯是与以往哲学家不同的另一种类型的哲学家，是与他们创立的变革世界的哲学相一致的哲学家——以改变世界为目的的哲学家。他们在《德意志意识形态》中说的实践唯物主义的真实含义就在于此。因而马克思主义哲学最根本的特点，它不是单纯学者的哲学，而是革命者、实践者的哲学。马克思主义哲学家，不能是单纯以注经释义为最高意旨的哲学家，而应该是以自己的哲学参与改变世界的实际活动并从中提炼哲学思想的哲学家。不仅马克思主义哲学的创立者具有这种品格，许多马克思主义哲学家都是这样。这种特点最鲜明地表现为：在马克思主义哲学发展史上，无产阶级革命运动的领导人与马克思主义哲学家身份的合一。很多共产党的领导人、左派革命家都同时具有很高的哲学造诣甚至特殊贡献。这既取决于马克思主义哲学的本性，又取决于革命家拥有的实践经验和地位。

当然，这不是说，纯学理研究的马克思主义哲学家完全不可能。不是的。马克思主义哲学既然是科学世界观，就要求人们进行科学研究，而不是简单地接受和单纯信仰。可是马克思主义哲学变革现实的哲学这一根本特点，决定了马克思主义哲学研究者不能走经院哲学家的道路，闭门注经或面壁虚构，而应该把对马克思主义哲学的研究看成参与实际活动的一个不可分割的组成部分，使自己的研究成果发挥实际的社会效用。如果一个马克思主义哲学的研究者不关心社会发展和人类的命运，只关心自己的概念和范畴，只操心自己的哲学体系的构建，这是与马克思主义哲学的本性相悖的。

在社会主义国家中国，由于革命的胜利，马克思主义成为处于主导地位的意识形态，马克思主义哲学教学成为我们思想理论工作的重要部分。马克思主义哲学教员是马克思主义哲学与学生的中介，即把马克思主义哲学的重要理论与思想介绍、解释给我们的学生和听众。但马克思主义哲学教员并不是新闻发言人，并非客观地介绍马克思主义哲学原理，实际上，由于自己的实践经验和理论素养的不同，特别是由于不同的时期和文化背景的差异，对马克思主义哲学和原著的理解不同，教学水平和效果也会参差不齐。因而紧紧把握马克思主义哲学是哲学的变革和变革的哲学相统一的哲学，深刻理解它的阶级性、实践性和与时俱进的理论本质，联系实际，才能正确宣讲马克思主义哲学的基本原理。马克思主义哲学教学不仅应该是一种创造性劳动，而且它应该参与学生正确世界观的形成，这是哲学教学改造世界活动的一种特殊方式。

二 哲学中的问题和问题中的哲学

我们应该区分哲学中的问题和问题中的哲学。哲学中的问题，是指属于哲学研究范围的问题，这是一些按其性质和问题都不同于科学和现实具体问题的问题。这是一些真正形而上的问题。而问题中的哲学，是指科学研究中和现实生活中存在的问题中所蕴含的哲学问题。这不是直接的哲学问题，而是形而下的问题，是需要哲学家从中捕捉的问题。哲学中的问题只有来自问题中的哲学才是有生命力有现实性的哲学问题。哲学与非哲学一旦绝对对立，哲学就会成为无源之水、无本之木，丧失它赖以存在和成长的土壤。

问题，无论在自然科学还是在哲学中都是思维发展的推动力量，是思想创新的推动力量。科学探索总是要对未知对象问一个"为什么"，寻求对科学问题的答案。而哲学恰好是要对"为什么"再问"为什么"，是对"为什么"中普遍存在的"为什么"的探索。哲学问题不能存在于人类的实践活动中的问题之外。先有问题中的哲学才会有哲学中的问题。哲学中的问题决不会是哲学家头脑中主观自生的。马克思说，"哲学不是世界之外的遐想"，"哲学首先是通过人脑和世界相联系，然后才用双脚站在地上；但这时人类的其他许多活动领域早已双脚立地，并用双手攀摘大地的果实，它们甚至想也不想：究竟是'头脑'属于这个世界，还是这个世界是头脑的世界。"[①] 哲学之所以是哲学，就在于它对人们实践（生活中的一切领域和各门科学）中已经存在但习以为常或从未研究过的问题进行哲学思考。这就把问题中的哲学变为哲学中的问题。

---

① 《马克思恩格斯全集》第 1 卷，人民出版社 1956 年版，第 120—121 页。

从全部哲学史来看，具有重要地位的哲学体系的创立，总是与它提出的问题和解决问题的方式相联系的。我们无法把哲学体系的建立和哲学家对哲学问题的审视分开。所有哲学体系都是关于哲学问题的体系；而所有哲学问题只有被系统地探索才能显示它的价值。

哲学的时代特色表现在哲学家立足时代提出的哲学问题之中。哲学的民族特色，表现在这个民族的哲学所探索的具有民族特色的哲学问题之中。如果从哲学中取消了问题，那就不可能有哲学发展史。一部哲学史集中表现为问题史，即不同的时代与民族的哲学所提出的哲学问题。中国哲学的独特性表现在它有自己的独特问题，如天人问题、神形问题、义理问题、心性问题，等等；而西方哲学则注重本体问题，认识与对象问题，感性与理性问题，等等。问题的概括和论述则结晶为基本的哲学范畴。而对问题解决的系统的逻辑论证和概念之间的关系则表现为独特的哲学体系。

但无论中国哲学问题和西方哲学问题有多大特点，总有相通的东西。我们曾争论过中国哲学究竟是哲学在中国还是中国的哲学的问题。其实，这两者并不是对立的。如果哲学在中国指的是中国哲学是西方哲学的中国版，那显然是不对的。因为中国哲学有自身的问题，它不是西方哲学在中国，即完全按照西方哲学的范畴和概念来梳理中国哲学。如果从哲学问题无所不在的角度说，应该说中国哲学也离不开具有普遍性的哲学问题，诸如本体论、认识论、人生论、社会论方面的问题。哲学是关于宇宙、社会、人生的大问题。这一点东方和西方都是相通的。但问题解决的方式、重点、范畴概念，论证方法以及语言风格，肯定各有特点。这才有哲学的民族性问题。在中国哲学中既有个性又有共性。个性是民族性，共性是哲学问题的普遍性。真正伟大的哲学思想是以民族的语言揭示具有普遍性的问题。

哲学问题是哲学的生命线。没有哲学问题，就不可能产生哲学。不提出新哲学问题就不可能创立新的哲学学派。当然哲学中也会有一些一再重复出现的问题。但即使是老问题，只要它被重新提出，必然会有新的时代背景或从中引出新的问题。哲学中最重要的是问题而不是构建体系。任何面壁虚构庞大哲学体系的做法，只能像恩格斯批评的杜林和当年的德国大学生一样，制造哲学泡沫。

可是哲学问题不同于科学问题。科学问题是具体的，一个科学问题解决了就不会再重复提出。可哲学不同，它可以不断地重复提出同样的问题。我们可以看到哲学史上许多哲学家都在解答同样的难题。世界本性、人的本性问题，因果性和必然性问题，社会规律客观性问题，等等，可以说是世代难题。因此，对于科学家来说，科学史是一个专门领域，并非必须学习的领域。不懂数学史照样可以研究数学，可以成为数学家，不懂物理学史照样可以是物理学家。可哲学不同，不学习哲学史、不熟悉哲学史，就无法学习哲学。因为哲学就是一种历史性的存在，人类丰富的哲学智慧存在于哲学史之中。各个伟大的哲学家可以从各个角度对同一问题提供智慧，不能彼此代替。恩格斯在讲到理论思维的培养时说过："为了进行这种培养，除了学习以往的哲学，直到现在还没有别的办法。"① 当代西方哲学家让·伊波利特也表达了同样的意思，为了学会哲学思考，需要从过去的著作中学习，因为在哲学话语内容与哲学家所处环境之间有一种隐秘的关系。这意味着这个内容的意义在由其关系界定的成分的建构或结构中，即在它的形式中（与数学内容的情形相反），是取之不尽的。所以他强调："不能在搞哲学时脱离哲学史。就是说脱离过去的重要著作，脱离过去重要体系的历史。"② 哲学史上看似对同样问题的重复，实际上都是对哲学的深化和进展。没有进展，没有新意，只是重复，就不可能登上哲学的殿堂。

我们应该把哲学的本质与哲学问题区分开来。哲学的本质是相对稳定的，它决定了哲学不同于其他学科的本性；而哲学中的问题是变化的。变化着的哲学问题表现的是哲学的时代特点、民族特点和哲学体系的个人特征。如果没有哲学问题的变化，哲学必然是僵死的、固定不变的、可以公式化的范畴体系，这就失去了哲学的本性。可哲学问题的变化是在哲学范围内的变化，哲学问题的变化不改变哲学的本质。因此无论哲学中的问题如何变化，它始终属于哲学问题。形形色色的哲学定义及其分歧，不少是由于混淆哲学的本质和哲学中的问题所致。

哲学究竟有没有真理的问题，这是一个有争论的问题。不少哲学家否认哲学的真理性，强调哲学与科学的区分。西方有的学者强调，不存在哲学真理，哲学是一种思辨类型，它的价值不能用真或假来衡量。真理的价值只能与科学认知完全吻合。哲学是一种价值规范，哲学不应该

---

① 《马克思恩格斯选集》第 4 卷，第 284 页。
② 《哲学家时代》，社会科学文献音像出版社 1965 年版，第 5 页。

模仿科学，科学应该反映对象，而哲学只拥有对于人类知识和实践的调节和规范作用。这种看法在国内也得到一些哲学家的附和与赞同。他们说，哲学没有真理与谬误的问题，只要涉及真理，就不是哲学而是科学。

上述看法的一个根本问题是没有分清哲学体系和哲学问题。哲学体系的确没有真理与谬误的区分。我们不能说柏拉图的哲学体系是真理，黑格尔的哲学体系是谬误，或者相反。我们也不能认为某个唯物主义的哲学体系是真理，或某个唯心主义哲学家的体系是谬误。哲学体系是哲学家的思想的结构，它是一个思想整体。在一个哲学体系中可能既有真理性的东西，也可能包含谬误，因为哲学体系是由一系列命题和判断组成的。哲学体系中的命题和判断是有真理和谬误之分的。不容否认，哲学中有些判断和命题属于对世界和人生的意义的价值判断，这些很难简单用真理和谬误来区分。而且可以长期争论不休，成为一个永远难解的问题。如人为什么活着，生命的意义和价值这类问题。每个时代甚至每个人都会遇到同样的问题，都会有不同的答案。这些属于价值的问题不能简单用真理和谬误来判别，而只能就它的意义和人文价值来区分高下优劣。

所以哲学中的问题可以分为两个方面：一个方面的问题是与科学和人的认识和实践活动中的经验与事实相联系的问题，这些是可以通过人类的实践和科学来证实和证伪的。无论在本体论、认识论和历史观中都存在这类问题。这类问题虽然表现为基本规律和范畴，但能通过一定方式在人的实践中得到证实。另一个方面的问题属于价值问题，它表现的是哲学家的理想、信仰、期待、追求，总之表现的是哲学家的个人体悟和人生理想。这方面的答案没有真假问题，但有先进与落后之分。因为价值观不能是纯个人的，它总会表达一群人或某个集团的利益。所以价值观的评价标准不是真假，而是先进与落后。

哲学问题，我们可以称之为形而上问题。作为哲学的哲学问题，从哪里来？它不是单纯来源于纯哲学的研究，而是来自实践和科学、来自生活中提出的哲学难题。因而哲学问题的形成有一个由实际问题向具有普遍性的理论问题，即由形而下向形而上提升的过程。以往哲学发展的一个特点，就是不少哲学家思想的发展和继承是在哲学史范围内进行的。哲学家们重视哲学中的问题而轻视问题中的哲学。可没有问题中的哲学，哲学只能在范畴概念中自我旋转，只有最能捕捉现实中哲学问题的哲学家才是真正具有创造性、可望突破旧说的哲学家。

马克思主义哲学发展是在双重轨道中前进的。它重视哲学中的问题，继承了全人类的优秀文化遗产特别是德国古典哲学的成果，是德国古典哲学的当然继承者；可马克思和恩格斯不仅重视哲学中的问题，更重视问题中的哲学。马克思和恩格斯在创立马克思主义哲学时，的确以自己的方式回答了历史上哲学中存在的问题。但马克思主义哲学最为突出的不是研究哲学中的问题，而是问题中的哲学。一个哲学家只重视哲学中的问题而不重视问题中的哲学表明他脱离现实，脱离自己的时代。因为现实的要求和矛盾最强烈地表现在人类面对的问题之中。从根本上说，马克思主义哲学就是从资本主义社会向何处去，人类向何处去，无产阶级和人类如何获得解放，获得全面发展等等问题中的探索和解决中产生的。以历史唯物主义为例，它并不始于抽象地研究历史发展的规律，而是以探索资本主义社会的结构、矛盾和前景为依据的哲学概括。《资本论》是伟大的经济学著作，也是伟大的哲学著作，《资本论》中的哲学思想，就存在于对资本主义社会形态发展规律的分析之中。中国的马克思主义发展也是如此。毛泽东的《矛盾论》是从探索中国革命面对的矛盾中产生的，《实践论》是从面对中国共产党人应如何处理知（马克思主义基本原理）与行（中国革命的实践）关系的争论中产生的，是从反对教条主义和经验主义的斗争中需要回答的问题中产生的；《关于正确处理人民内部矛盾的问题》中一系列哲学观点，是从社会主义改造基本完成后面对的新问题、新矛盾中产生的。邓小平关于中国特色社会主义理论中的哲学思想，"三个代表"重要思想和科学发展观，都充分继承和发扬了马克思主义哲学这个最显著的特点，即立足现实，把问题中的哲学变为哲学中的问题，从马克思主义哲学世界观和方法论高度对中国当代面临的重大现实问题及其解决途径，赋予浓重的理论色彩。这样既推进了马克思主义哲学，又解决了实际问题，具有最鲜明的时代特征和创造性。

当代中国的马克思主义哲学的理论工作者和研究家，一切有出息的马克思主义哲学研究者，要想真正有所成就、有所创造，必须立足现实，以我们正在做的问题为中心，把问题中的哲学变为哲学中的问题。这个过程就是真正立足于实践研究马克思主义的过程。强调立足于现实绝不是轻视理论。问题并不直接存在于对象之中，而是存在于研究对象的主体的意识之中。客观存在的只是对象和它的存在条件与内在矛盾，它的进一步发展的障碍和方向。要把客观矛盾变为主体意识中的问题，需要哲学思维。善于捕捉问题，善于提出问题，即善于把客观现实的矛盾变为主观意识中的问题，并从现实的问题中揭示它的哲学蕴涵，这本身就是一种哲学研究过程。否则，即使面对同一现实矛盾，也并不意味着在主体意识中能形成同样的问题。因为只有真正理解现实的矛盾所在才构成问题，问题是对客观矛盾的理性把握。

在当代哲学中，真正能把现实问题中的哲学蕴涵变为哲学中的问题，必须坚持马克思主义哲学的世界观和方法论。因为问题的发现、捕捉和提出是一个思维过程。经验证明，任何人都不可能以空白的头脑提出有价值的问题。提出问题的人都有自己的思维定式和价值观念，拥有先前获得的知识和论断，一句话，拥有固有的思维传统。这种先于问题而为主体所拥有的观念，可以阻碍问题发现也可以帮助问题的发现，关键是拥有什么样的观念。正因为如此，正确的世界观和方法论对于发现问题是至关重要的。

辩证思维的一个最根本特点是创造性思维。思维的发展就是人的认识不能停留在原来的水平上，必须承认可以突破原来的成就。这就要求打破思维定式，承认认识创新的可能性。如果把已有成就视为不可超越的最终成果，往往会犯保守主义的错误。把一定时间做不到或尚未做到的事视为永远不能做到的形而上学的思维方法，就会阻碍对新的发现或发明可能性的视线。

毛泽东曾把马克思主义世界观比喻为望远镜和显微镜。望远镜可以看远，高瞻远瞩；显微镜可以入微，察秋毫之末。远，表明事物处在视线之外；微，表明事物还处于萌芽状态。要观远察微，首先要站得高。只有登高才能观远。在人类认识中的登高，实际上就是观察事物的立场问题。察微同样也是如此。持相反的立场，对同样的事物，可以视而不见、听而不闻。

要观远察微还要有规律性观念。远在视线之外和处在萌芽状态的事，往往为一般人所忽视。黑格尔讲的量变的狡猾指的就是这个意思。一个人的智慧高低就在于能否察微观远。中国古人讲的月晕知风、础润知雨，就是见微知著。海德格尔强调不在场即在直接在场的东西中看到不在场的东西，在现有的、具体的东西中看到被遮蔽的东西。这当然是一种重要的思维方法。可是没有规律性观念，没有因果观念，离开了唯物主义原则，是不可能真正做到的。

实践证明，当哲学自居为科学之科学，高踞于一切科学和实践之上，仿佛无所不能，实际上是镶嵌在科学王冠上的一颗假珍珠；相反，当马克思主义哲学只作为世界观和方法论，作为思维方法，仿佛缩小了哲学的地盘，贬低了哲学的地位，实际上却最有效地发挥了哲学的功能。上帝的东西归上帝，恺撒的东西归恺撒。马克思和恩格斯在哲学变革中把世界观和方法论功能还给哲学，从而真正为人类锻造出指导实践和认识的锐利武器。这正是马克思主义哲学作为哲学的变革和变革的哲学的力量所在。

《中国社会科学》2006 年第 2 期

对马克思主义中国化研究中
两个问题的理解

陶德麟[*]

摘要 马克思主义中国化研究中有两个基础性的问题：马克思主义中国化的可能性；检验马克思主义中国化成败得失的标准。否认马克思主义中国化可能性的三种论点，即中国人学到的不是真正的马克思主义、中国人不可能读懂马克思主义原著、中国化会使马克思主义变形走样，在学理上和事实上都不能成立。马克思主义中国化这个概念提出的历史背景和条件就决定了它是一个标志实践目的、实践过程和实践结果的概念，同时也就逻辑地蕴含了它的检验方式和检验标准。与版本学、校勘学、考据学、训诂学一类的问题不同，检验马克思主义中国化的成败得失不能用汉儒和清代朴学家注经的办法，以某个论断与某个文本是否符合为标准，而只能以实践的结果与实践方案的预期目的是否符合为标准。中国革命建设的历程表明，以文本为检验标准必然导致教条主义。

关键词 马克思主义中国化 实践标准 文本 教条主义

近年来，学术界对马克思主义中国化的研究出现了空前繁荣的局面，成果累累。有些见解上的差异也很自然，通过切磋交流有助于加深认识。但有些问题涉及马克思主义中国化的理论基础，是一些前提性的问题，必须澄清。本文试图对其中两个问题提出看法，这两个问题是：马克思主义中国化的可能性问题；检验马克思主义中国化成败得失的标准问题。

---

* 陶德麟，武汉大学人文社会科学资深教授。

一 马克思主义中国化的可能性问题

否定马克思主义中国化的可能性的论点大体可以归结为三种：一是认为中国人学到的"马克思主义"其实并不是"真正的"马克思主义；二是认为中国人即使面对着马克思主义的文本也不可能读懂；三是认为即使中国人读懂了马克思主义的文本也不可能使马克思主义中国化。这三个论点是层层递进的。现逐一辨析如下。

（一）中国人学到的马克思主义是不是真正的马克思主义

对这个问题做否定回答的论者首先做了一个预设：只有马克思本人亲笔写的论著才是真正的马克思主义，其他统统不算。他们对文本做了精细的研究，其意图和着力点都在于找出马克思与恩格斯的"根本分歧"，证明恩格斯的理论与马克思的理论从来就不一致。例如，在哲学上马克思是"实践本体论"，恩格斯是"物质本体论"；马克思是"人本主义"，恩格斯是"物本主义"。不宁唯是，就连马克思本人的论著也有时段之分，只有早期和晚期的论著才是真正的马克思主义。至于其他的后继者，例如列宁和斯大林，更与马克思主义无缘。在做了这个预设之后，他们就来考证中国人的马克思主义是从何处学来的。他们发现，中国人的马克思主义是"十月革命一声炮响"从苏俄"送"来的，早期的中国共产党人读的书籍无非是从苏俄介绍来的论著，充其量也只读过恩格斯、列宁和斯大林的几本书，加上苏俄理论家编写的转述马克思主义的书，马克思本人的书读得很少很少，连马克思的《1844年经济学哲学手稿》都还不知道。他们头脑里的马克思主义不仅少得可怜，而且是变形走样的"马克思主义"，与"真正的"马克思主义相去甚远，实际上并不是马克思主义。他们不过是拿着被误解了的"马克思主义"来处理中国革命的一些实际问题，在这个过程中建立了一套自己的理论体系，然后把这个理论体系自称为马克思主义中国化的成果罢了。

我认为这些观点是不能成立的。

1. 把恩格斯的理论排除在马克思主义之外，我认为没有根据。马克思和恩格斯确实是通过不同的道路、经过不同的思想历程才成为合作者的；成为合作者以后他们也有各自的特点，各自的风格，研究的领域也各有侧重，任务也有必要的分工。他们的合作也是共同探索的过程，其中有理论内容上的切磋砥砺，有文字表述上的推敲润色，各人对自己的想法和表述也会经常有所变动。这些都是很自然的事。要从他们在不同情况下发表的论著中找出两人的差别，特别是从手稿文本中找出两人的差别，并不困难；甚至要找出马克思自己与自己的差别、恩格斯自己与自己的差别也不困难。我并不笼统地反对这种寻找差别的研究，因为这种研究对于更细致地了解马克思主义形成的思想历程是有价值的。但是，如果找出这种差别之后刻意做许多文章加以渲染，把这种差别说成马克思和恩格斯的"根本分歧"，否认恩格斯是马克思主义的创立者之一，断言恩格斯的理论不是马克思主义，只有马克思本人亲笔写的论著（而且又只限于早期和晚期）才是马克思主义，那就远离事实了。事实上，马克思和恩格斯自合作以来，在原则问题上是高度一致、没有分歧的。1844 年 9 月至 11月写的以批判鲍威尔兄弟为主题的《神圣家族》，1845 年 9 月至 1846 年夏写的《德意志意识形态》，1848 年写的《共产党宣言》，都是他们两人的合著。在这些著作的手稿上确能发现有增添删削之处，但这是在任何合作者的手稿上甚至在同一人的手稿上都常见的事，并不表明有什么"根本分歧"。说这样共同创作共同署名的著作不是两人共同思想的结晶，是说不过去的。1845 年马克思写的《关于费尔巴哈的提纲》是由恩格斯在1888 年首次发表的，并认为是"包含着新世界观的天才萌芽的第一个文件"。恩格斯在发表这篇手稿时确实做了几处改动，但这种改动并不表明恩格斯与马克思有什么"根本分歧"。有人把《反杜林论》和《自然辩证法》当成恩格斯与马克思"分歧"的"铁证"。然而《反杜林论》的全部原稿是念给马克思听过的，而且经济学那一编的第十章（《〈批判史〉论述》）还是马克思亲自写的。① 恩格斯指出，这部著作是"对马克思和我所主张的辩证方法和共产主义世界观的比较连贯的阐述"，② 这决不是恩格斯的自我标榜。马克思本人在 1880 年为《社会主义从空想到科学的发展》（即《反杜林论》的一部分）法文版写的前言中就高度赞扬了《反杜林论》："在德国社会主义者中间获得了巨大的成功。"③ 哪里有什

---

① 参见《马克思恩格斯选集》第 3 卷，人民出版社 1995 年版，第 347 页。
② 《马克思恩格斯选集》第 3 卷，第 347 页。
③ 同上书，第 689 页。

么"物质本体论"与"实践本体论"的"分歧","物本主义"与"人本主义"的"分歧"？在事关人类命运的严肃斗争中，在如此重大的理论问题上，如果马克思竟然赞同恩格斯发表歪曲自己思想的论著，还亲自参加写作，还给予高度评价，那就不可思议了。至于《自然辩证法》的写作，是恩格斯"确立辩证的同时又是唯物主义的自然观"① 而刻苦研究自然科学的结晶，是马克思主义哲学的不可缺少的组成部分。这部著作虽然在马克思和恩格斯生前没有发表，但恩格斯在1873年写信向马克思详细谈过它的计划和基本构思，马克思从未提出过不同意见。② 在这里"分歧"之说同样没有根据。

2. 说列宁的理论不是马克思主义，这也是曲解。列宁在当时的新条件下提出的社会主义革命可以在一国首先胜利的理论，以及他在领导社会主义建设的几年中提出的许多设想都是马克思在世时没有提出过的新论断，这是事实。但这些新论断正是他运用马克思主义的根本原理（特别是哲学原理）分析现实的结果，也是无可否认的事实。这与他的具体论断是否全部正确是两回事。马克思本人也有许多具体论断并不正确，但并不能由此得出结论说他在这些问题上没有运用自己的理论，或者他的理论不是马克思主义。有人认为列宁的哲学不是马克思主义哲学，而是旧唯物主义，其主要根据就是《唯物主义与经验批判主义》一书中坚持了认识论上的反映论。我认为应当指出几点：第一，反映论是一切唯物主义（庸俗唯物主义除外）在认识论上的起码的、共同的原则，是唯物主义区别于唯心主义的标志。马克思的认识论与旧唯物主义的分歧不在于是否承认反映论，而在于承认什么样的反映论。马克思说："观念的东西不外是移入人的头脑并在人的头脑中改造过的物质的东西而已。"③ "经济范畴只不过是生产的社会关系的理论表现，即其抽象。"④ 这就是反映论，只不过马克思主义的反映论不是旧唯物主义的消极的、直观的、机械的反映论，而是以实践为基础的积极的、能动的、辩证的反映论而已。以为只要一讲反映论就是旧唯物主义，这恰恰是误解和曲解。第二，即使是旧唯物

---

① 参见恩格斯《反杜林论》，载《马克思恩格斯选集》第3卷，"序言"，第349页。

② 参见《恩格斯致马克思》（1873年5月30日），载《马克思恩格斯选集》第4卷，人民出版社1995年版，第614—616页。

③ 《马克思恩格斯选集》第2卷，人民出版社1995年版，第112页。

④ 《马克思恩格斯选集》第1卷，人民出版社1995年版，第141页。

主义的反映论也不是一切皆错，它在坚持从物质到感觉到思维的认识路线这一根本出发点上毕竟比唯心主义的认识路线正确。列宁当时面对的是以对所谓"物理学的危机"的错误解释为借口的主观唯心主义思潮，是连"地球在人类出现以前就存在"和"人是用头脑思想的"都不承认的荒谬理论，这种理论动摇了一切唯物主义的起码的共同原则，在斯托雷平反动时期泛滥成灾，党内一些大知识分子也群起附和，危及党的生存那种情况下，列宁理所当然地要突出强调坚持唯物主义的基本路线，强调一切唯物主义的共同原则，有选择地借用一些旧唯物主义反对唯心主义的正确论断来驳斥唯心主义也是必要的。第三，就在这本书里，列宁也决没有把马克思主义的反映论与旧唯物主义的反映论混为一谈，决没有轻视旧唯物主义的消极性、直观性、机械性的缺陷。恰恰相反，正是他突出地强调了辩证唯物主义与旧唯物主义的原则区别，划清了两者的界限，深刻地揭露了旧唯物主义由于不懂辩证法而在与唯心主义的斗争中软弱无力，指出旧唯物主义的物质观必然无法抵挡唯心主义的进攻。也正是他强调了实践的观点是马克思主义认识论的首要的基本的观点，精辟地论述了绝对真理与相对真理的辩证关系、实践标准的绝对性与相对性的辩证关系等一系列重大问题，因此与旧唯物主义根本不可同日而语。第四，列宁在1895—1916年写的《哲学笔记》中又发展了自己的思想，那些充满辩证法的精彩分析和论断，例如关于辩证法、认识论和逻辑三者同一的思想，关于辩证法诸要素的思想，关于人的意识不仅反映世界而且创造世界的思想，关于"聪明的唯心主义"（指辩证的唯心主义）比"愚蠢的唯物主义"（指旧唯物主义）更接近于"聪明的唯物主义"（指辩证唯物主义）的思想，关于黑格尔《逻辑学》这部最唯心的著作中"唯心主义最少，唯物主义最多"的思想，等等，更是任何旧唯物主义不能望其项背的。这充分说明了列宁的哲学思想与马克思哲学思想一致而又有所发展。断言列宁的理论不是马克思主义是不能成立的。

3. 斯大林在理论上和实践上都有错误，对中国革命也做过某些不正确的干预，曾经助长过中国党内的"左"右倾错误，这是事实。但若以此为理由来证明中国人学不到真正的马克思主义，却不是公允之论。我这里只想指出两点：第一，无论列举斯大林多少错误，也说明不了他的理论根本不是马克思主义。人们指责最多的是他的《辩证唯物主义与历史唯物主义》一书（通常叫作斯大林的"小册子"），认为是马克思主义哲学的赝品，而且祸延中国达数十年之久，情况并非如此。这本"小册子"是由十二章组成的《苏联共产党（布）历史简明教程》的第四章的第二节，它的任务是向党员简要介绍辩证唯物主义和历史唯物主义的基本观点，而不是全面系统地论述马克思主义哲学，也不可能把马克思主义哲学的丰富思想发挥得很充分。作为这种性质的"小册子"，虽有缺点错误，但并非一无是处，更不能说是马克思主义的赝品。这本"小册子"的缺点错误主要是有不少简单化绝对化的东西，辩证法的精神比较薄弱，其中也确有一些不符合马克思主义的东西。在斯大林个人崇拜时期，这本"小册子"在苏联确实被捧到了不适当的高度，被说成了马克思主义哲学的典范，对苏联哲学界产生了很大的束缚作用。但抓住这一点就断定斯大林的理论与马克思主义根本不相干，我认为并不符合实际。第二，更重要的是，中国人的马克思主义一开始就不是从斯大林那里学来的。李大钊、陈独秀等人早在斯大林的"小册子"发表前 20 年就学习马克思主义了。1921 年 9 月中国共产党创办第一个人民出版社的时候，计划出版的书籍有《马克思全书》15 种，《列宁全书》14 种。一年之内实际出版了 15 种，包括《共产党宣言》、《哥达纲领批判》、《工钱劳动与资本》、[①]《国家与革命》等马克思列宁的原著和《〈资本论〉入门》等书，并无斯大林的著作。中国的唯物辩证法运动在 20 世纪 20 年代末 30 年代初就已经开始了，那时也还没有斯大林的"小册子"。李达在 1929—1932 年翻译成中文出版的 4 本书，[②] 其中有两本就并非来自苏联，来自苏联的两本的出版也早在斯大林的"小册子"之前，而且这些书都有各自的体系，与后来出版的斯大林的"小册子"的体系并不一样。至于这个时期中国人自己写的马克思主义哲学著作，如李达的《社会学大纲》，[③] 艾思奇的《大众哲学》，[④] 毛泽东的《辩证法唯物论提纲》——包括《实践论》和《矛盾论》，[⑤] 也都发表在斯大林的"小册子"之前。以李达的《社会学大

---

① 即《雇佣劳动与资本》。

② 指德国塔尔海玛的《现代世界观》（1929 年 9 月出版），日本河上肇的《马克思主义之哲学的基础》（这是《马克思主义经济理论》一书的上篇，全书 1930 年 6 月出版），苏联卢波尔的《理论与实践的社会科学理论》（1930 年 10 月出版），苏联西洛可夫等的《辩证法唯物论教程》（1932 年 9 月出版）。

③ 1935 年作为北平大学的讲义印行，1937 年由笔耕堂书店正式出版。

④ 原名《哲学讲话》，1936 年出版。

⑤ 1937 年发表。

纲》为例，这本被毛泽东称为"中国人自己写的第一本马克思主义哲学教科书"的名著就反映了中国当时的马克思主义者对马克思恩格斯原著已有相当系统的独立研究。这本书在第一篇第一章第二节《唯物辩证法的生成及发展》中论述马克思主义哲学的创立过程时，不仅分析了《论犹太人问题》、《黑格尔法哲学批判》、《英国工人阶级状况》、《神圣家族》、《关于费尔巴哈的提纲》、《德意志意识形态》等马克思和恩格斯的原著，还分析了1932年才首次在苏联出版的《1844年经济学哲学手稿》。这本书在斯大林的"小册子"发表前5年就印行了。怎么能说中国人的马克思主义哲学都是从斯大林那里学来的呢？即使在斯大林的"小册子"1938年发表之后，它的体系对中国马克思主义哲学（包括教科书的编写）也没有特别重大的影响。事实上，除了20世纪50年代来中国的苏联专家在讲课时一度采用过这种体系外，中国学者写的马克思主义哲学教科书都没有按照这个体系。这是有书为证的。[①] 其实，对斯大林的这本"小册子"的缺点错误提出尖锐批评的正是中国的马克思主义者。毛泽东在1957年1月27日的讲话中就曾尖锐地批评了"斯大林有许多形而上学，并且教会许多人搞形而上学"。他说斯大林在《苏联共产党（布）历史简明教程》中讲事物的"联系"时没有说明联系就是对立的两个侧面的联系；讲事物的内在矛盾又只讲对立面的斗争而不讲对立面的统一和在一定条件下的互相转化。他还批评了苏联的《简明哲学词典》第四版关于"同一性"的一条"就反映了斯大林的观点"，"是根本错误的"。"对立面的这种斗争和统一，斯大林就联系不起来。苏联一些人的思想就是形而上学，就是那么硬化，要么这样，要么那样，不承认对立统一。因此，在政治上犯错误。"[②] 那时中国的刊物还公开发表过普通青年学者批评斯大林哲学观点的文章，[③] 可见中国理论界并没有把斯大林的观点奉为圭臬。说斯大林的理论对中国人掌握马克思主义有巨大而恶劣的影响，以致使中国人学不到真正的马克思主义，是无事实根据的。

---

① 例如艾思奇主编的《辩证唯物主义与历史唯物主义》、李达主编的《唯物辩证法大纲》等。

② 参见毛泽东1957年1月27日在省市自治区党委书记会议上的讲话。

③ 参见陶德麟《关于"矛盾同一性"的一点意见》，《哲学研究》1956年第2期。

（二）中国人能不能读懂马克思主义的文本

有的论者更进一步，认为中国人即使读了马克思的原著也很难理解马克思主义。理由是，要理解马克思主义，首先就得读懂整个马克思主义的基础——马克思主义哲学。而马克思主义哲学是产生于西方"语境"的学问，是整个西方文化传统发展的产物。西方的文化背景、思维方式、语言习惯都与中国迥然不同，这是一个难以逾越的鸿沟。古希腊哲学就与中国哲学没有共同语言。中国人如果不把自己的思维方式和语言习惯改变得与西方人一模一样，就读不懂古希腊哲学，因而也读不懂全部西方哲学，当然也读不懂马克思主义哲学。中国人要读懂马克思主义哲学，就得首先把自己的思维方式、语言习惯彻底西方化，跨过这个鸿沟，否则即使把马克思的文本摆在面前也读不懂，自以为读懂了其实也是歪曲的，与文本的原意相去甚远。中国人要想跨越这个鸿沟，至少也要在书斋里磨上几十年，直到把自己的思维方式彻底西方化了，才有资格谈论马克思主义。几个急于为中国的救亡图存的实务忙得不可开交的人怎么可能做这件事？不做这件事又怎么能掌握真正的马克思主义哲学？不掌握真正的马克思主义哲学又怎能掌握真正的马克思主义？不掌握真正的马克思主义又哪里谈得上使马克思主义中国化？可见，所谓马克思主义中国化，不过是中国共产党人拿着被误解了的"马克思主义"在那里解决一些实际问题，然后把这个过程叫作"马克思主义中国化"而已。于是结论不言而喻：马克思主义中国化其实是虚构的东西，至少到现在还没有这回事，将来即使可能，也是难于上青天的事。

这是从西方解释学的角度更彻底地否定马克思主义中国化的可能性的观点，很容易给人以貌似合理的满足，但实际上是似是而非的。不错，哲学与文化传统的关系无可否认，中西思维方式和语言习惯的差别也是事实。但也不必把这一点夸大到神乎其神的程度。既为哲学，无论"形而上"到什么程度，所论的总还是宇宙人生的大事，概括的总还是有普适性的内容，而不可能是一个文化圈里的秘传暗语，更不可能是哲学家私人的自言自语，否则算什么哲学？那些哲学家的书又是写给谁看的？语言习惯和思维方式当然有民族特征，确实需要一个沟通理解的过程。但各民族之间的生存条件和实践方式也并非毫无共同之处，由此形成的思维方式也不绝对会格格不入，不可通约。假如有一天真有"外星人"同我们打交道，我相信他们的逻辑与我们还是相通的。同在一个地球上的人，彼此的思想何至于就不可以互相沟通、互相理解？那鸿沟就真的巨大到几乎不可逾越？倘真如此，现在大家提倡的文化交流和对话等等岂非痴人说梦？马克思主义哲学诚然是西方哲学传统的产物，它的思维方式和表述方式也确与中国传统哲学有许多歧异，但它的内容却是世界性的。它的基本原理和基本精神，它在哲学领域里取得的成果和造成的变革，是世界各民族有正常思维能力的人都可以理解的，并不因为中国人一解读就必然面目全非。印度与中国虽然都是东方国家，但文化的差异也并不小。然而产生于印度的佛教哲学从东汉传入中国以后至今将近两千年，在中国形成了许多有中国特色的流派，谁也不会说这些中国化了的佛教哲学就不成其为佛教哲学。佛教哲学如此，马克思主义哲学何独不然？不错，最早接受马克思主义哲学的一批中国人确实不是西方哲学的专家，他们的思维方式和语言习惯当然也与地道的西方人有所不同。但他们也绝非对西方文化一无所知的冬烘先生，而是相当熟悉西方文化的先进知识分子。他们对马克思主义哲学的理解和论述，在今天看来虽然简单一些，肤浅一些，常常有不全面、不深刻、不准确的毛病，对文本也确有一些误读之处。但这是马克思主义中国化的历史过程中不可避免的现象，是符合认识规律的正常现象。这与中国人原则上不可能读懂马克思主义是完全不同性质的两回事。何况马克思主义中国化并不止于起点，它一直在不停顿地发展。在总结中国实践经验的过程中，在进一步研读马克思主义著作的过程中，中国人对整个马克思主义的理解、包括对马克思主义哲学的理解也在不断深化。说中国人从来没有读懂过马克思主义，并且不可能读懂马克思主义，未免言之过甚了。

（三）中国人能不能使马克思主义中国化

有的论者再进一步，认为中国人即使读懂了马克思主义，也不可能使马克思主义中国化。理由是，马克思主义本来就是西欧的社会条件和文化背景的产物，是离不开西方土壤的东西。一到中国就必定水土不服，变形走样，不成其为马克思主义了。如果一定要使马克思主义中国化，结果只能是"儒家化"、"封建化"，或者民粹主义化，实际上把马克思主义"化"为乌有，根本不是马克思主义了。

这种说法仍然是陈旧的"马克思主义不符合中国国情论"的另一种

说法，在理论上站不住脚。马克思主义虽然产生于西欧，但它的视域是整个人类历史和世界全局，而不仅是西欧。它不是地域性的理论，而是世界性的理论。马克思主义的根本原理并不只是西欧情况的概括，而是整个世界历史发展过程的概括。特别是它的世界观和方法论，是整个人类认识史的总计、总和与结论，对人类社会是有普适性的。中国的特殊性诚然在马克思主义的原典中找不到具体论述，正因为如此才需要中国化；但中国的特殊性并没有取消马克思主义原理的普适性，倒正是这种普适性的特殊表现和印证。我们并不否认马克思主义中国化发生失误的可能，事实上也发生过许多失误，其中有些失误既违背了马克思主义的根本原理也违背了中国的具体实际，今后也不能排除这种可能，但不能由此推出马克思主义根本不可能中国化的结论。

那么，马克思主义中国化会不会使马克思主义走样呢？那要看对"走样"这个词怎么理解。如果认为只有与马克思本人的著作不爽毫厘才算不"走样"，那么"走样"的事实确实存在。但有两种不同性质的"走样"：一种是从根本上背离马克思主义的根本原理，首先是背离它的世界观和方法论，并且朝着倒退方向的"走样"。这是不可取的，因为它是思维水平的降低。一种是坚持马克思主义的根本原理而又有所前进的"走样"。这是极大的好事，不允许这种意义的"走样"，就等于禁止马克思主义随着实践的发展而发展，把马克思主义视为化石，变成教条。如果把这种"走样"也看成罪过，那么第一个难辞其咎的就是马克思本人。马克思的思想也是活的，也是随着实践的发展和他本人认识的发展而发展，决非一成不变。他的世界观和方法论本质上就是批判的、革命的，不仅批判别人，也经常自我批判，自己也常常"走样"。如果马克思今天还健在，他还会一字不差地复述一百多年前的每一句老话吗？马克思自己可以根据实践和认识的发展做一些"走样"的事情，为什么他的后继者就不可以这样做呢？

黑格尔是肯定理论民族化的可能性的，并且特别重视民族化的意义。他在给 J. H. 沃斯的一封信里说得很精彩："路德让圣经说德语，您让荷马说德语，这是对一个民族所作的最大贡献，因为，一个民族除非用自己的语言来习知那最优秀的东西，那么这东西就不会真正成为它的财富，它还将是野蛮的。""现在我想说，我也在力求教给哲学说德语。如果哲学一旦学会了说德语，那么那些平庸的思想就永远也难于在语言上貌似深奥了。"① 黑格尔说的"教给哲学说德语"，让哲学"学会说德语"，正是为了使那些并非产生于德国的哲学德国化，成为德国的财富。我想，黑格尔的这段话是很正确、很深刻的。它不仅适用于哲学，也适用于一切社会历史理论；不仅适用于德国，也适用于中国。马克思主义之所以能成为中华民族的宝贵财富，正因为中国的马克思主义者"教给马克思主义说中国话"，"让马克思主义学会说中国话"，也就是做了马克思主义中国化的工作。如果"让马克思主义说中国话"是根本不可能的事，那么"让圣经说德语"、"让荷马说德语"也同样是徒劳之举，黑格尔就没有理由赞扬沃斯，黑格尔本人的全部工作也都毫无意义。这显然是非常荒谬的。

二 检验马克思主义中国化
成败得失的标准问题

马克思主义中国化的成败得失以什么为标准来检验，这也是一个前提性的问题。在这个问题上的不同意见，主要表现在文本标准和实践标准的区别上。其实，这一分歧并不是现在才发生的问题，而是一直贯穿马克思主义中国化的各个历史阶段的一个重大的原则问题，它经历了非常复杂而曲折的过程，与中国的前途命运息息相关。

我认为，离开了对历史经验的回顾和分析，抽象地争论这个问题是不易说清的。

不妨先大略回顾一下中国民主革命阶段的情况。

1840 年以后，中国在资本帝国主义的侵略宰割下面临着沦亡的惨祸，历史向中国人民提出了两大课题：一是救亡图存，二是民族复兴。先进的中国人以前仆后继可歌可泣的努力向西方寻找救国救民的方案，为的就是解决这两大课题。救亡图存是民族复兴的前提，尤其迫在眉睫。但是，80 年奋斗牺牲的历史表明，在西方曾经行之有效的种种资产阶级学说和理论都不能帮助中国人认清自己的处境，提供解放的道路，——归于失败；直到俄国十月革命的胜利之后，中国人才找到马克思主义这个观察国家命运

---

① ［德］黑格尔：《致 J. H. 沃斯的信》，载苗力田译编《黑格尔通信百封》，上海人民出版社 1981 年版，第 202 页。

的有效工具，使中国革命的面貌焕然一新，中国共产党应运而生。中国共产党不是一个学术研究团体，更不是一个专务清谈的沙龙，而是一个有明确纲领的政党，是一个领导实际斗争的司令部。党的使命就是以马克思主义的理论为武器，在中国实现救亡图存和民族复兴两大任务。但是，中国的社会性质和民族特点与产生马克思主义的西欧不同，与已经取得革命胜利的俄国也不同，在马克思主义的原典中找不到解决中国问题的方案，俄国的成功经验也不能照样移植。党要运用马克思主义解决中国问题，就只能在马克思主义的普遍原理指导下考察中国的具体实际，把一般与特殊结合起来，创造出符合中国特点的理论和策略，以指导自己的行动，舍此别无他途。这不是任何人的主观意图，而是历史决定的客观需要。这一客观需要就蕴含着马克思主义中国化的指向和内容。

党从成立之日起实际上就在做着马克思主义中国化的工作，但这并不等于一开始就对马克思主义中国化有明晰而深刻的认识，甚至在很长的时间里也还没有马克思主义中国化这个语词。建党前后的三次大论战只是原则上解决了必须和可能用马克思主义改造中国的问题。1920年创办的《共产党月刊》号召"举行社会革命，建设劳工专政的国家"，介绍十月革命的成就和经验，报道国际共产主义运动的消息，号召探讨中国革命的问题。1921年党的"一大"提出的纲领是"以无产阶级革命军队推翻资产阶级"，"采用无产阶级专政，以达到阶级斗争的目的——消灭阶级"，"废除资本私有制"，但对中国的具体实际认识得很少。在列宁领导的共产国际帮助下，1922年党的"二大"正确认识了中国的社会性质，明确了中国革命要分两步走，第一次提出了反帝反封建的纲领。1923年党的"三大"决定全体共产党员以个人名义加入国民党，建立各民族阶级的统一战线。1925年党的"四大"进一步规定了国共合作和工农联盟的方针。这些都表明党在马克思主义中国化道路上正在逐步深化认识，提高水平。但是，当时的党毕竟还是幼年的党，对马克思主义与中国实际两个方面都还知之不多，知之不深，对如何把两方面结合起来更缺乏经验。所以当1927年蒋介石叛变革命，形势骤然逆转之际，党对如何在严峻局面下把革命坚持下去就缺乏统一的正确认识和有效的行动方针，还存在着诸多的分歧和争论。党的"五大"也没有解决这个问题。斯大林领导的共产国际极力主张的城市武装暴动的办法并不符合中国国情，在实践中一再碰壁。毛泽东首先提出并实行的建立农村革命根据地和工农武装割据的道路本来是符合中国国情并且行之有效的道路，却因为没有马克思主义著作和共产国际指示的"文本"依据，竟被视为离经叛道的错误，毛泽东还因此受到打击和排斥。1928 年在莫斯科举行的党的"六大"基本正确地总结了大革命失败的教训，在中国社会性质和革命性质问题上又深化了一步，但对中国革命的具体特点、革命的中心问题、党的工作重心等关键问题仍然没有深刻的认识，并没有准确地掌握中国革命的规律；虽然由于事实的教训认可了毛泽东的做法，但也仅仅把它看作一时的策略，还是把依靠工人实行中心城市暴动作为夺取政权的最终方式。在这种思想的影响下，党的领导机关一再发生"左"倾错误，尤以共产国际支持的王明的错误为害最烈，使辛苦聚积起来的革命力量受到惨重的损失，几乎断送了中国革命。1931 年红军长征途中的遵义会议确立了毛泽东的军事指挥权，毛泽东也实际上主导了全党的决策，因而挽救了中国革命，但在组织上还并没有确立毛泽东在全党的领导地位。1937 年抗日战争爆发后党实行了联合国民党抗日的战略转变，开辟了新局面。1938 年共产国际举行"七大"时，国际的领导才认识到"不要机械地把一国的经验搬到别国去，不要用呆板格式和笼统公式去代替具体的马克思主义的分析"。"在解决一切问题时要根据每个国家的具体情况和特点，一般不要直接干涉各国共产党内部组织上的事宜"，① 并对中国共产党有了新的看法，承认了毛泽东在全党的应有地位。在 1938 年 9 月至 11 月党的六届六中全会上，确立了以毛泽东为首的政治局，由他代表中央做了《论新阶段》的报告。马克思主义中国化的概念，就是由毛泽东在这个报告中正式提出，并给予精辟阐释的。② 他指出：

> "共产党员是国际主义的马克思主义者，但是马克思主义必须和我国的具体特点相结合并通过一定的民族形式才能实现。马克思列宁主义的伟大力量，就在于它是和各个国家具体的革命实践相联系的。

---

① 参见《共产国际第七次代表大会决议》，莫斯科，1939 年版，第 4—5 页。

② 毛泽东在《解放》第 57 期发表《论新阶段》的报告时用的是"马克思主义中国化"的概念，这一概念得到了全党的认同，并出现在党的许多领导人的文章中。刘少奇在"七大"修改党章的报告中多次使用了这个概念，并把它解释为"马克思主义的普遍真理与中国革命的具体实践相结合"。但是，由于当时共产国际领导人仍然不认同这一概念，毛泽东在 1938 年出版《毛泽东选集》时把这一提法改成了"使马克思主义在中国具体化"。但实际上中国共产党对这一提法的理解与"马克思主义中国化"是没有区别的，与苏共和共产国际领导人的理解并不一样。

对于中国共产党说来，就是要学会把马克思列宁主义的理论应用于中国的具体的环境。成为伟大中华民族的一部分而和这个民族血肉相联的共产党员，离开中国特点来谈马克思主义，只是抽象的空洞的马克思主义。因此，使马克思主义在中国具体化，使之在其每一表现中带着必须有的中国的特性，即是说，按照中国的特点去应用它，成为全党亟待了解并亟须解决的问题。洋八股必须废止，空洞抽象的调头必须少唱，教条主义必须休息，而代之以新鲜活泼的、为中国老百姓所喜闻乐见的中国作风和中国气派。把国际主义的内容和民族形式分离起来，是一点也不懂国际主义的人们的做法，我们则要把二者紧密地结合起来。在这个问题上，我们队伍中存在着的一些严重的错误，是应该认真地克服的。""当前的运动的特点是什么？它有什么规律性？如何指导这个运动？这些都是实际的问题。直到今天，我们还没有懂得日本帝国主义的全部，也还没有懂得中国的全部。运动在发展中，又有新的东西在前头，新东西是层出不穷的。研究这个运动的全面及其发展，是我们要时刻注意的大课题。如果有人拒绝对于这些作认真的过细的研究，那他就不是一个马克思主义者。"①

毛泽东对马克思主义中国化概念的科学含义的揭示，凝聚着中国共产党人和中国人民用鲜血换来的宝贵经验。经过整风运动，转化成了全党高度统一的认识。党的"七大"确认了马克思主义中国化的成果——毛泽东思想为全党的指导思想，很快就赢得了中国民主革命的胜利和新中国的诞生，中国人民救亡图存的历史任务经过109年的奋斗终于胜利完成。毛泽东思想的产生，标志着马克思主义中国化历程中的一次飞跃。实践证明，毛泽东思想就是马克思主义中国化的理论成果，即中国化的马克思主义。

在回顾这段历史的时候，我想至少应该得到这样的启示：

（一）马克思主义中国化这个概念本来就不是从书本研究中产生，而是从中国人民的解放斗争的实践中产生的。这个概念提出的历史背景和条件就决定了它的性质和内容，决定了它是一个标志实践目的、实践过程和实践结果的概念，同时也就逻辑地蕴含了它的检验方式和检验标准。与版

---

① 《毛泽东选集》第2卷，人民出版社1991年版，第534页。

本学、校勘学、考据学、训诂学一类的问题不同，检验马克思主义中国化的成败得失不能用汉儒和清代朴学家注经的办法，以某个论断与某个文本是否符合为标准，而只能以实践的结果与实践方案的预期目的是否符合为标准。一句话，应当是实践标准，而不是文本标准。教条主义者与马克思主义者的分歧不在于是否重视文本，而在于对文本的意义和作用如何理解。教条主义者之所以为教条主义者，就因为他们崇奉的是唯文本主义或文本至上主义，以为文本就是无条件的真理，就是检验认识真理性的标准。他们的根本谬误在于不了解一切文本都是思想的记录，都是由概念判断推理组成的认识成果，都是第二性的东西，它们只能是客观实际的反映，只能来源于实践，它们的真理性也只有实践才能确证。马克思主义的经典文本也不例外。这些文本也是马克思主义经典作家根据他们掌握的实际情况、针对一定的问题做出的论断；这些论断本身的真理性也要经过实践的检验；经过实践证实的论断也还要由不断发展着的实践继续检验，根据检验的结果保持那些符合新的实际情况的东西，修正和更新那些已经不再符合新的实际情况的东西；在此时此地是真理的论断，在彼时彼地就未必是真理。马克思和恩格斯本人毕生对自己的论断不知做过多少订正，连《共产党宣言》这样的著作都多次以序言的形式做过订正，对革命形势的估计更是做过多次订正。列宁的社会主义在一国首先胜利的理论就没有照搬马克思恩格斯的文本，但实践证明了它的真理性。如果以文本作为检验真理的标准，就是以尚待检验的认识为标准，等于没有标准。

（二）文本标准与实践标准之争不仅是一个学理问题，更重要的还是一个关系中国人民前途命运的实际问题。中国的教条主义者如果只是在书斋里坐而论道，不问世事，他们持怎样的看法倒也无关大局。问题在于他们恰恰是实践者，是从事中国革命活动并往往居于领导地位的指挥者，他们的错误就必定要造成灾难。这灾难又得由中国人民承担，这就关系到中国人民的前途和命运，非同小可了。马克思主义中国化的事业从起步到成熟，从历经挫折到终于成功，始终伴随着与教条主义的斗争，绝非偶然。中国的教条主义者奉为真理标准的文本有两种：一是马克思主义经典著作中的论断，二是共产国际的指示。在他们看来，一切都必须符合这两种文本才算正确，否则一概是错误。毛泽东根据中国具体情况得出的结论即使明明在实践中达到了预期的目的，导致了胜利，也是"山沟里的马克思主义"、"狭隘经验论"；而他们的一套尽管在实践中碰得头破血流，把革命搞得倾家荡产，也是"百分之百的马克思主义"。这就是他们的逻辑。毛泽东是最早清晰地意识到这个问题的严重意义的。他在1930年写的《反对本本主义》中就一针见血地指出："以为上了书的就是对的，文化落后的中国农民至今还存在着这种心理。不谓共产党内讨论问题，也还有人开口闭口'拿本本来'。""我们说马克思主义是对的，决不是因为马克思这个人是什么'先哲'，而是因为他的理论，在我们的实践中，在我们的斗争中，证明了是对的。""马克思主义的'本本'是要学习的，但是必须同我国的实际情况相结合。我们需要'本本'，但是一定要纠正脱离实际情况的本本主义。"①他尖锐地批评了那种以为"党的第六次全国代表大会的'本本'保障了永久的胜利"的"空洞乐观"的观念，认为这是"思想路线"问题，这种本本主义"如不根本丢掉，将会给革命造成很大损失，也会害了这些同志自己"。②毛泽东的洞见不幸而言中，民主革命阶段最严重的教条主义错误就发生在此后的几年中，使革命一度危如累卵，直到受到实践的残酷惩罚之后才被迫转变。这种付出了高昂代价的惨痛教训一次一次地表明，马克思主义只能是行动的指南，绝不能当成教条，绝不能把马克思主义的文本当成检验真理的标准。实践的结果最顽强，最无情，它绝不迁就任何文本。文本标准必定导致主观与客观相分裂、认识与实践相脱离。

再回顾一下中国社会主义建设阶段的情况。

新中国的成立标志着党的第一大历史任务——救亡图存的胜利完成，第二大任务——民族复兴即建设社会主义的任务迅速提上了日程。这是一个伟大的历史转折。马克思主义中国化的内容完全不同了。毛泽东在建国前夕和建国初期极其清醒睿智地指出了这一点。他在建国前夕的七届二中全会的报告中，在《论人民民主专政》这篇著名论文中，都再三强调夺取全国胜利"只是万里长征走完了第一步"，"只是一出长剧的一个短小的序幕"，"革命以后的路程更长，工作更伟大，更艰苦"，"务必使同志们继续地保持谦虚、谨慎、不骄、不躁的作风，务必使同志们继续地保持艰苦奋斗的作风"，"学会我们原来不懂的东西。"③"我们熟习的东西有

---

① 《毛泽东选集》第1卷，人民出版社1991年版，第111—112页。
② 同上书，第115—116页。
③ 《毛泽东选集》第4卷，人民出版社1991年版，第1438—1439页。

些快要闲起来了，我们不熟习的东西正在强迫我们去做。这就是困难。"
"我们必须克服困难，我们必须学会自己不懂的东西。我们必须向一切内
行的人们（不管什么人）学经济工作，拜他们做老师，恭恭敬敬地学，
老老实实地学。不懂就是不懂，不要装懂。"① 这说明他看到了中国具体
实际的内容与革命战争时期已经不同，要完成的任务也不同，马克思主义
中国化的事业在社会主义建设的新阶段必须继续发展。他率领全党以万里
长征的精神开始了新的探索。探索的头几年曾一度不得不移植苏联的经
验，提出过"学习苏联"的口号，但很快就意识到苏联的做法有许多并
不符合中国的实际情况，不能照搬。毛泽东领导党和人民走上了独立自主
地探索中国社会主义建设规律的道路，也就是在社会主义建设阶段实现马
克思主义中国化的道路，在这条道路上走了 27 年，其艰难曲折的程度至
少不亚于民主革命阶段。一方面取得了伟大的成绩，积累了宝贵的经验，
另一方面也犯了长时间的全局性的错误，"文化大革命"标志着错误的顶
端。党的十一届六中全会关于建国以来若干历史问题的决议②对此做了全
面的科学总结，这里无须详说了。

这些错误初看起来似乎与文本问题无关。谁都知道毛泽东历来最坚决
地反对教条主义，最系统地倡导马克思主义的普遍真理与中国的具体实际
相结合，最强调从实际出发。中国革命的胜利就是由此取得的。建国以后
他也一直强调这一原则，坚持独立自主地走自己的路。他是从来不搞文本
崇拜，不把马克思主义的"本本"当做"圣经"，也不把苏联的一套当做
碑帖去临摹的。他的中国特色可谓举世无双，很难说有教条主义之嫌。难
道他也会犯教条主义的错误吗？但是，如果仔细回顾一下就可以发现，这
27 年中的失误还是与教条主义有绝大的关系。

（一）中国的社会主义建设离不开马克思主义普遍真理的指导，这毋
庸置疑。但是，什么是马克思主义的普遍真理？马克思主义的论著中的哪
些论断是普遍真理？普遍到什么程度？是否符合中国的实际情况？离开了
具体实践的检验，是判定不了的。例如在什么是社会主义的问题上，马克
思主义经典作家也确有一些一般性的论断，但他们并没有在实际的社会主

---

① 《毛泽东选集》第 4 卷，人民出版社 1991 年版，第 1480—1481 页。
② 《中国共产党中央委员会关于若干历史问题的决议》，参见《三中全会以来重要文献选
编》，人民出版社 1982 年版，第 788—849 页。

义社会里生活过，并没有从事过社会主义社会建设的实践，这些论断是从他们对资本主义的分析中推论出来的，带有设想的性质。这些论断是不是普遍真理？适用不适用于中国？这本来是一个需要实践检验才能判定的问题。但是，毛泽东却把这些论断当成了不容置疑的普遍真理，不自觉地奉为教条了。他心目中的社会主义就是从经典作家的论断推导出来的，其中就有不符合实际的成分，而他却把这一社会主义的概念当成了不可移易的模式，当然也当成了检验社会主义建设是否成功的标准。为了与这一概念相一致，他又在经典著作中引用了一些论断，还加上他自己的某些误读，一起作为"理论依据"，加以教条化。例如，认为商品交换中的等价交换原则应该作为"资产阶级权利"加以批判，甚至引申到八级工资制也应该批判；认为社会主义改造基本完成后小生产还会每日每时地大批地产生资本主义和资产阶级；认为党内的思想分歧都是阶级斗争的反映；夸大阶级斗争的范围、性质和作用，提出"年年讲，月月讲，天天讲"；把许多符合中国实际的意见都视为导致"资本主义复辟"的"修正主义"等等。① 这些错误的教条主义性质是很明显的。

（二）更严重的是新的教条主义的产生和泛滥。实事求是地看，毛泽东对社会主义建设问题的许多论断，大部分并不是来自马克思主义经典著作的文本，而是他的发挥和创造。其中有非常正确深刻的思想，也有非常严重的错误。由于多年形成的种种复杂原因，他的所有论断，包括错误的论断，也都逐步被视为无可怀疑的真理，并且是马克思主义在中国的新发展，在"文化大革命"中甚至被说成"马克思主义的当代顶峰"，"最高最活的马克思主义"，"句句是真理"。这样，毛泽东的一切论断就都成了不容置疑的"最高指示"，成了新教条，凌驾于实践之上，成了检验真理的标准和判定方针政策是非得失的标准，而且是唯一标准。这种与最高权力相结合的新教条主义，彻底破坏了马克思主义的思想路线，切断了马克思主义与中国实际的应有的联系，堵塞了实事求是的大门，导致了主观与客观、认识与实践的分裂，造成了巨大的灾难。应该承认，即使在这种情况下，毛泽东也并没有公然在理论上提倡文本崇拜和教条主义，相反，他还一再强调人的正确思想只能从实践中来，思想的正确与否只能靠实践来检验；他仍然提倡实事求是、调查研究，严厉批评"形而上学猖獗，唯

---

① 参见《三中全会以来重要文献选编》，第818页。

心主义横行"。他在具体问题的处理上也纠正过一些错误。他的悲剧就在
于他没有意识到他自己的论断正在被人神化为教条，新的教条主义已经在
全国造成了极其严重的恶果。他后来虽然有所觉察，批评过"顶峰论"
和"一句顶一万句"的荒谬，但他并没有从根本上纠正新教条主义，反
而在实际上容许甚至助长了它的泛滥。这种错误使马克思主义中国化的事
业受到了严重阻碍，陷入了背道而驰的险境。当然，邓小平说得很公允，
造成这些错误的原因极其复杂，不能简单地把这些错误归结到毛泽东一个
人身上。① 这个问题与本文要论述的问题无关，为避免枝蔓，此处不加
分析。

粉碎"四人帮"以后一段时间，拨乱反正的主要障碍是"两个凡
是"。邓小平一语中的："'两个凡是'的观点就是想原封不动地把毛泽东
同志晚年的错误思想坚持下去。"② "两个凡是"就是"句句是真理"的
翻版，就是新教条主义的继续，要害还是文本标准，也就是以毛泽东的论
断为检验真理和判定是非得失的标准。只要还坚持这个标准，真理和谬误
就无法区分，"文化大革命"的错误就无法纠正，拨乱反正就寸步难行，
社会主义现代化的事业就无从迈步，马克思主义中国化就无从谈起。1978
年的真理标准讨论之所以值得载入史册，就因为它摧毁了新教条主义的依
据，恢复了党的实事求是的思想路线，从根本上为马克思主义中国化的事
业扫除了障碍，重新开辟了道路。党的十一届三中全会以来中国社会主义
建设的空前伟大的成就，从邓小平理论、"三个代表"重要思想到科学发
展观的中国特色社会主义理论体系的形成，就是发端于此。我们清晰地看
到，在摆脱了文本标准的束缚之后，党中央是怎样用马克思主义的立场观
点方法艰苦地探求中国的实际情况，在马克思主义中国化的道路上胜利前
进的。邓小平的英明首先就在于他既坚持马克思主义的立场观点方法的指
导，又不搞文本崇拜和文本标准，在新的条件下恢复和发扬了从实际出发
的传统。他说："什么叫社会主义，什么叫马克思主义？我们过去对这个
问题的认识不是完全清醒的。"③ 他反复强调"问题是要把什么叫社会主

---

① 《对起草〈关于建国以来党的若干历史问题的决议〉的意见》，载《邓小平文选》（一九
七五——一九八二年），人民出版社 1983 年版，第 260 页。

② 同上书，第 262 页。

③ 《邓小平文选》第 3 卷，人民出版社 1993 年版，第 63 页。

义搞清楚，把怎么样建设和发展社会主义搞清楚"。① 他只指出："贫穷不是社会主义，更不是共产主义。"② "社会主义的本质，是解放生产力，发展生产力，消灭剥削，消除两极分化，最终达到共同富裕。"③ 并不提出束缚人们手脚的具体模式。邓小平说的"摸着石头过河"，有人说是经验主义，其实正好是马克思主义的一种通俗形象的说法。"石头"就是指中国的实际情况，"摸"就是在实践中去探索研究，"过河"就是实现社会主义现代化建设的目标。这与民主革命时期毛泽东坚持的实事求是、有的放矢是一个意思，就是要以马克思主义的立场观点方法为指导去弄清中国的实际情况（包括中国所处的时代条件和国际环境），弄清中国社会主义建设必须遵循的规律，从而开辟中国特色社会主义的道路。像当年民主革命时期开辟农村包围城市的革命道路一样，这也就是在社会主义建设时期把马克思主义中国化的事业推向前进的工作。这30年的探索就是在做这件工作。回顾30年的历程，我们可以清楚地看到探索道路的崎岖，几乎每走一步都有艰难的认识过程，都有"左"的和右的干扰，而这些干扰又都与实践标准和文本标准的分歧有关。有人指责新的方针政策和具体措施违背了马克思主义文本的这一说法那一说法，有人又鼓吹抛弃马克思主义而照搬西方资本主义理论，把这些理论的文本奉为教条。30年来的探索实践的过程就是不断地排除各种干扰的过程，其中排除文本主义的干扰就占了很大的比重。邓小平提出的"三个有利于"标准，就是针对文本主义的实践标准，就是针对中国的实际情况具体化了的实践标准。如果不按这个标准去检验方针政策和具体措施的是非得失，而按马克思主义论著的文本或者西方资本主义理论的文本去检验一切，我们就会重犯民主革命时期教条主义的错误，中国的社会主义现代化就将不知如何进行，中国特色社会主义理论体系就将永远无法产生，中国今天的大好局面就不可能出现，全面建设小康社会的宏伟目标就将成为泡影，马克思主义中国化也将成为纸上谈兵。我们说从邓小平理论到"三个代表"重要思想再到科学发展观的中国特色社会主义理论体系是马克思主义中国化历程中的又一次飞跃，是马克思主义中国化的新成果，并不是根据文本做出的判断，而是

---

① 《邓小平文选》第3卷，人民出版社1993年版，第369页。
② 同上书，第64页。
③ 同上书，第373页。

根据 30 年来实践的结果做出的判断。

实践的发展过程无止境，马克思主义中国化的过程无止境，实践的检验过程也无止境。中国特色社会主义理论体系是诸多命题组成的系统，命题的层次不一，实践检验的结果又有直接与间接、目前与长远、对这一方面的作用和对那一方面的作用之分，检验必然是非常复杂的动态过程，而不可能毕其功于一役。因此，这个理论体系必然是开放的而不是封闭的，必然会在不断发展的实践中与时俱进，日新又新。这是可以预期的。

本文提出异议的只是以文本为标准来检验马克思主义中国化的成败得失，而不是轻视文本研究意义和作用。文本研究不仅有其自身的学术意义，也是马克思主义中国化的不可缺少的组成部分。这至少有两方面的理由：第一，要做好马克思主义中国化的工作，就需要准确地把握马克思主义创始人和其他代表人物思想形成和发展的历程，把握马克思主义理论在全世界的发展历程，正确地总结马克思主义与各国实际结合的经验教训，作为在中国如何运用马克思主义的借鉴。中国是世界的一部分，马克思主义中国化是马克思主义在世界实践和发展的一部分。不了解这些涉及世界全局的问题也就不可能深刻地了解中国实际，而要如实地了解这些情况就有赖于对文本的正确把握。第二，要做好马克思主义中国化的工作，就需要准确地把握马克思主义经典作家在何时何地针对何种情况做出过何种论断，防止和避免对马克思主义著作的误读和误解。因此，马克思主义著作文本的精确翻译和系统研究是一件必不可少的基础性的工作，今后还需要下大气力解读马克思主义的文本，以求尽可能全面准确地理解和把握原意。现在也比以往任何时候更有条件做好这件工作。马克思主义的文本从来不是教条，只有在被人们当作教条对待的时候才会变成教条。文本研究并不必然导致教条主义。教条主义的产生不是文本研究之过，而是教条主义者对待文本的错误态度之过。在警惕和克服教条主义的前提下，对文本研究无论下多少功夫也只会有益而不会有害，一部分学者专做皓首穷经的工作也是很有意义的贡献。这与把文本当做检验马克思主义中国化的成败得失的标准是截然不同的两回事。我们只是反对以文本为标准来检验认识，剪裁实践，反对以文本为理由限制我们在实践中运用和发展马克思主义，而不是反对文本研究本身。

论中国的和平主义发展道路
及其世界历史意义

吴晓明[*]

摘要 中国的发展道路必然是和平主义性质的，这种和平主义虽然与中国的文化传统有着密切的联系，但本质上是由中国近代以来的历史性实践为其制订方向的。由于这条道路不可能依循现代资本主义的基本建制来为自己取得全部规定，所以它在批判地澄清现代冲突与战争之主要根源的同时，为中国和平主义传统的复活与重建提供了现实的可能性。中国发展的和平主义道路将具有这样一种世界历史意义：它把不以扩张主义为出发点也不以霸权主义为必然归宿的发展前景启示给人类向着未来的历史筹划。

关键词 和平主义 中国道路 文明样式 现代性

新中国成立以来，特别是改革开放以来，中国的发展成就可谓举世瞩目。随着国民经济的快速增长和综合国力的巨大提升，整个世界日益在国际政治和全球战略的主题上关切中国的发展走向，以及这种走向可能产生的诸多后果。当所谓"中国崩溃论"和"中国威胁论"的种种猜测和鼓噪渐渐平息下去时，人们开始谈论中国发展的不确定性。按照这种"不确定论"的观点，在确定中国的经济、政治、军事力量将快速增长的同时，却无法确定它将如何运用新近取得的进步成果，因而其发展取向在总体上是不确定的。这种观点虽然明智地选择了不作断言，然而，就像不确定论的观点往往可以隐藏各种任意和武断一样，它也会使下述理应回答的问题被延宕下来：在当今全球化的背景下，中国究竟在走一条怎样的发展

---

* 吴晓明，长江学者，复旦大学哲学学院教授。

道路？这条发展道路具有怎样的基本性质？从而，依据这种基本性质，中国的发展将会产生怎样的历史后果？本文试图对这些问题做出积极的回应，其基本观点是：（1）中国的发展道路必然是和平主义性质的，这种和平主义虽然与中国的文化传统有着密切的联系，但本质上是由中国近代以来的历史性实践为其制订方向的；（2）由于这条道路不可能依循现代资本主义的基本建制来为自己取得全部规定，所以它在批判地澄清现代冲突与战争之主要根源的同时，为中国和平主义传统的复活与重建提供了现实的可能性；（3）中国发展的和平主义道路将具有这样一种世界历史意义：它把不以扩张主义为出发点也不以霸权主义为必然归宿的发展前景启示给人类向着未来的历史筹划。

一

就当代世界之基本的国际政治格局而言，人们最为疑虑且暗中又颇为肯定的一点是：随着国民经济和总体国力的快速增长，中国的发展将直接或间接地导致**帝国主义**和**霸权主义**（首先是地区霸权主义）。这种观念看来是相当普遍的，因为它确实符合现代世界的理论逻辑和实践法则。事实上，由此而来的推测 60 年前就已出现过。按照费正清（J. K. Fairbank）的说法，"1789 年法国大革命使民族国家发扬光大，并用暴力扩展了法兰西国家势力。与此相对比，1949 年中国革命以后，虽然外界预料它会对外侵略扩张，它却出人意料地没有这样做"。[①] 而较为晚近的推测是：西方对中国正在逐渐丧失竞争优势。太空技术开发、核武反制和海上封锁能力的提升，使中国军力的发展首先对美国地区性的军事存在构成挑战；崛起的中国将力图把美国的势力从亚洲驱赶出去，以谋求其地区霸权。这种**"中国争霸"**的态势看起来是如此合乎逻辑，以至于像哈维（D. Harvey）这样的新马克思主义者也开始认为，中国是正在形成中的另一种类型的帝国主义，而这种帝国主义的根源就在于："真正的大量的剩余正在东亚和东南亚积聚。可确认的帝国主义实践也正在这个地区出现，中国通过重新确定自己的领土权力概念的非常古老的逻辑，来积极寻求摆脱其自身资本

---

① ［美］费正清：《伟大的中国革命》，刘尊棋译，世界知识出版社 2001 年版，第 46—47 页。

剩余的途径。"①

上述图景及其推论的理论框架在亨廷顿的"文明的冲突"模式中得到简要而清晰的表达。这个模式赋予文明或文化差异以第一的和根本的重要性;而此种重要性的获取,起源于先前意识形态对立的式微。虽然描述现今"多文化或多文明的世界"的基本单位有七到八种,但构成文明之冲突的主干者则大体上是三大文明,即西方文明、中华文明、伊斯兰文明。而造成当今冲突态势的力量对比关系是:(1)西方的衰落。它在冷战中获胜所带来的却是衰竭,从而在世界经济、政治和军事领域的权力正在下降;(2)东亚——特别是中国——在经济上的崛起。这一地区在物质领域中的巨大成功导致了对文化的自我伸张;(3)伊斯兰教的复兴。它表现为对西方意识形态的拒斥以及由于这种拒斥而要求的"解决办法",于是伊斯兰教乃成为认同、意义、合法性、发展、权力和希望等的本源。② 正是由于这种力量关系的变迁和新格局,"结果,在21世纪最初几年可能会发生非西方力量和文化的持续复兴,以及非西方文明的各民族与西方之间以及它们相互之间的冲突"。③

立足于这样一种理解方案,亨廷顿乃把中国的争霸——即**对外扩张、自我伸张和实行帝国主义**——称为"自然的结果",就像金属钾在空气中加热便会爆燃,水到100℃就会沸腾一样。"中国的历史、文化、传统、规模、经济活力和自我形象,都驱使它在东亚寻求一种霸权地位。这个目标是中国经济迅速发展的自然结果。所有其他大国如英国、法国、德国、日本、美国和苏联,在经历高速工业化和经济增长的同时或在紧随其后的年代里,都进行了对外扩张、自我伸张和实行帝国主义。没有理由认为,中国在经济和军事实力增强后不会采取同样的做法。"④ 这听起来确实十分自然,然而,一个十分重要的问题是:这里所谓"自然的结果"在怎样的前提下才是可能的?回答是:只有当中华文明仅仅被抽象化为一个其爆炸当量不断上升的"火药桶"时,它才是可能的;而要把中华文

---

① [英]哈维:《"新帝国主义之新"新在何处》,载《国外马克思主义研究报告(2008)》,人民出版社2008年版,第431页。

② 参见[美]塞缪尔·亨廷顿《文明的冲突与世界秩序的重建》,周琪译,新华出版社1999年版,第79、103—118页。

③ [美]塞缪尔·亨廷顿:《文明的冲突与世界秩序的重建》,第125页。

④ 同上书,第255页。

明如此这般地抽象化为一只火药桶，又只有在一概抹杀其"**历史、文化、传统**"，并完全无视其"规模、经济活力和自我形象"的特殊性质时才是可能的。

因此，亨廷顿对当今文明之冲突的整个理解是无内容的抽象化，而他对"中华文明"的理解尤其是非历史的和自然主义的。这种观点实起源于现代性意识形态的幻觉（因而它必然是一种普遍的幻觉），而这种幻觉的现实性根据则在于：现代性的原则——资本和现代形而上学——本身就是最强有力的抽象化和形式化的力量，并且正如我们后面要谈到的那样，其基本性质乃是无止境扩张的、进步强制的和进攻性的。于是在观念形态上，整个人类历史的图景就像当今世界政治的图景一样，被反映为诸"原子帝国"之间自然的（并因而是永恒的）冲突。如果戴着这样一副意识形态的眼镜来观察历史，那么西方的文明史就是"一部兴起和衰落的国家之间的'霸权战争'史"，而作为一个在抽象化过程中变得完全相同的原子帝国，"中国的崛起则是核心国家大规模文明间战争的潜在根源"。①

然而，就"历史、文化、传统"而言，正是在亨廷顿所称"中国曾一直是东亚的杰出大国"的两千年里，中华文明的基本原则从来就不是什么**霸权主义**，而恰好是霸权主义的反面，即**和平主义**。这种和平主义的传统是如此地清晰、独特、有力和贯彻始终，以至于几乎每一位稍有识见的观察家、评论家和哲学家都异口同声并毫不犹豫地声称，中华民族的传统是确定无疑的和平主义。虽说对此的评价和褒贬可以相当不同，但作为一个基本事实却得到高度一致的认可。这方面的材料多到不计其数，我们姑且从中选择三位在背景上大有差异的证人。

首先是活动于 16 世纪末 17 世纪初的意大利传教士利玛窦（Matteo Ricci）。对于已有近百年对外殖民扩张历史的西方世界来说，一种十分"自然"的意识形态是：一切弱者都是殖民主义掠夺的对象，而一切强大的国家都必走对外殖民扩张之路。利玛窦的问题是：为什么强大的中华帝国却没有殖民于周边较为弱小的国家与民族呢？他的研究使他发现了一个与西方全然不同的历史文化传统，发现了一个不是黩武的而是和平主义的国家。利玛窦的著名结论是，"把中国人与欧洲人不同的一些事物记录下

---

① ［美］塞缪尔·亨廷顿：《文明的冲突与世界秩序的重建》，第 230 页。

来，似乎是十分值得的……虽然他们有装备精良的陆军和海军，很容易征服邻近的国家，但他们的皇上和人民却从未想过要发动侵略战争。他们很满足于自己已有的东西，没有征服的野心。在这方面，他们和欧洲人很不相同。欧洲人常常不满意自己的政府，并贪求别人所享有的东西……我仔细研究了中国长达四千多年的历史，我不得不承认，我从未见到有这类征服的记载，也没听说过他们扩张国界"。① 这可以看作一个由历史研究而来的总体描述。虽说这个四百年前作出的描述在细节上总存在着调整和补充的必要，却依然十分清晰地指证了中华文明（确切些说，应是中华帝国）一以贯之的**和平主义传统**。

另一位证人是 19 世纪末 20 世纪初的日本学者桑原骘藏，他被推崇为日本东方历史研究的奠基者。在其批评中国人的文弱与保守的著述中，他认为除开先天气质外，造成中国人温和、文弱之特点的原因在于中国自古以来的学说一直都在宣扬"和平思想"。孔子主张立国之本首在民信（信），其次为财政（食），最次为军备（兵）；继此传统的孟子进一步鼓吹"仁者无敌主义"；而主张"不争"的老子和主张"兼爱"的墨子则依其主导思想倡言"极端的和睦主义"；甚至汉字中的"武"字亦为"止"和"戈"二字构成的会意字，故武字的原义乃为"止戈"——《左传》释为"武禁暴戢兵"；《易》曰"神武不杀"。② 正是由于这样一种**和平主义的思想传统**，所以，"视兵役为苦楚，厌恶战争的中国人，一般不侵略外国。中国自古号称华夏，把周边异族斥为东夷、西戎、南蛮、北狄，除非不得已，决不诉诸武力。所谓'辉德不观兵'或者'远人不服则修文德以来之'是中国对待蛮夷的总方针"。③ 在桑原骘藏看来，中国的和平主义传统与其文弱的民族性格有着重要的关联。虽然他对这种文弱性格颇多挞伐，并使之比照于日本的武士道传统，但他仍然认为，"比起盲目的好战，文弱更为世界和平所珍视"。④

最后我们要特别提到的是马克斯·韦伯（Max Weber），他的观察富于敏锐的洞察力，而他的方法又使研究大大地扩展和深化了。韦伯指认

---

① 《利玛窦中国札记》，何高济等译，中华书局 1983 年版，第 58—59 页。
② ［日］桑原骘藏：《中国人的文弱与保守》，载何兆武等主编《中国印象——世界名人论中国文化》下册，广西师范大学出版社 2001 年版，第 319—321 页。
③ 同上书，第 325—326 页。
④ 同上书，第 328 页。

说，中国之进入到历史时代，是与它逐渐的和平主义转向步调一致的：尽管中国文化的最初发展同样伴随着黩武主义，并且其整个历史中战事不乏，但在它进入历史时代——至迟到汉代——后就逐渐成为一个"和平化的世界帝国"。这一转向的根据在于：中华文明对治水的依赖，以及由此而来的对诸侯的官僚主义专制的依赖，决定性地瓦解了其早期的黩武主义和英雄主义，并由和平主义—官僚主义的文化传统取而代之。在这样一种文化传统的规约下，就像帝国内部不再有"合法的"全民战争一样，对蛮族的防御与征服也不再有"理性的"战争的意义，而大致只是相当于一项纯粹由保安警察执行的任务。总之，"静态的经济生活的压力，使得中国的战神从来无法得到像奥林匹斯诸神那么崇高的地位。中国的皇帝亲行耕作的仪式，他早就是农民的守护神，也就是说，他早就不再是一位武士的君主了。纯粹的大地神话信仰从来就不具有支配性的意义。随着文官当政，意识形态自然地转向和平主义，反之亦然"。①

按照韦伯的分析，中国的和平主义传统突出地表现在诸多重要的领域。例如，在内政方面，这种和平主义与官僚制互为表里。在其独特的传统中，中国历来最为突出的一点就是将人文教育作为社会评价的标准（其程度远胜于人文主义时代的欧洲），这是因为高贵的俗人教育（vornehme Laienbildung）所培养出来的士人不仅是体现文化统一性的决定性人物，而且其地位对于中国文化发展的样式具有无比的重要性。从而中国的政治组织以及官僚体制结构的整个发展，"是与帝国的和平化同时出现的，更确切地说，是帝国和平化的必然结果"。② 在对外关系方面，这个世界帝国的和平化一方面使它没有"海外的殖民地关系"，另一方面使它缺乏种种所谓的"掠夺资本主义"（诸如与海盗行为相关联的地中海式的海外贸易资本主义和殖民地资本主义）。其原因部分地出自大内陆帝国的地理条件，部分地是由于中国社会之一般的政治与经济特性。③ 随着帝国的统一，制度的正统表现为人文主义的仪式主义，而观念的正统表现为和平主义的秩序主义。在意识形态方面，韦伯称中华文明之主导的意识形态——儒教——乃是"和平主义的、以国内福利为政治取向的"，并因而

---

① ［德］马克斯·韦伯：《儒教与道教》，洪天富译，江苏人民出版社1995年版，第32页；并参见第30—38页。

② 同上书，第134页；并参见第127—132页。

③ 同上书，第124页。

对军事强权采取"拒绝或不理解的态度"。因此，儒教的"理性"乃是一种本质上具有和平主义性质的秩序理性主义，就像儒教的伦理乃是"和平主义的、入世的、纯粹以敬畏鬼神为取向的"。这一主导方面甚至规定了对于其他意识形态的斟酌取舍，例如，佛教之所以在中国成为唯一被允许的救赎宗教，亦是因为它所具有的和平主义性质。①

综上所述，我们在这里反复申说了这样一个基本主题，即中华文明的和平主义传统。由此而无比清晰地显现出来的东西是：根据中国的"历史、文化、传统"，对它来说"自然而然"的东西根本不是扩张主义和霸权主义，而是和平主义。如果想要借此来推论中国即将开始的——并且是自然而然的——对外扩张、自我伸张和实行帝国主义，并且将中国的复兴比为威廉一世时代德国在欧洲的崛起，岂不是南辕北辙并且自相矛盾吗？事实上，在这种无类比附导致对文明性质错估的同时，总已伴随着对时代性质的错估——这两类错估在无批判的观点中几乎总是比肩而立并且相互扶持。然而，正像我们已经提示过的那样，一个文明的今日状况及其所处的世界格局，并不是自然的产物，而是历史的结果。今日之中国，是否还仅仅被锁闭在其过去的历史、文化和传统之中呢？是否还能仅仅根据这一传统来对它行使实体性的判断呢？如果说，中华文明的和平主义传统乃是无可置疑的，那么，在当今世界中，它究竟在多大程度上仍能继续保有并传承这一伟大传统呢？

二

虽说中国的和平主义发展道路非常切近地与其传统相联系，但这一发展道路却并不能直接从其固有的和平主义传统中完整地引申出来。因为就这一传统本身而言，就其作为特定主题上综合中华文明两千年来最重要的文化特质而言，它并不直接意味着发展——现代意义上的发展，而倒是意味着停滞，意味着不发展。这方面的观察和评论绝不鲜见，以至于擅长历史哲学的德国思想家终于把中华帝国刻画为一种化石，甚至一具木乃伊，"拿欧洲人的标准来衡量，这个民族在科学上建树甚微。几千年来，他们始终停滞不前……这个帝国是一具木乃伊，它周身涂有防腐香料、描画有

---

① ［德］马克斯·韦伯：《儒教与道教》，第165、195—196、259—260页。

象形文字，并且以丝绸包裹起来；它体内血液循环已经停止，犹如冬眠的动物一般"。① 赫尔德（J. G. von Herder）的这个说法大体为谢林（F. W. J. von Schelling）所赞同，只是他在宗教学和神话学的主题上对此作了更加详尽和深入的发挥，② 并得出了一些有意义的见地。至于黑格尔（G. W. F. Hegel），我们看到他特别地从哲学上阐说了中华帝国的"抽象的统一"，而这种统一的原则导致其历史表现不出任何真正的进展，"中国很早就已进展到了它今日的情状；但是因为它客观的存在和主观运动之间仍然缺少一种对峙，所以无从发生任何变化，一种终古如此的固定的东西代替了一种真正的历史的东西"。③ 由此可以得出的基本结论是：中华帝国的文明缺失一种主观性的原则，因而也就缺失主观和客观之间的高度紧张的对立，缺失一种由之而来的作为无限机能的"纯粹的活动"——这一文明的和平主义传统植根于此，而这一文明之内在的停滞特性亦植根于此。

上述见解遭遇到某些对中华文明有专门研究的历史学家的反驳。例如，在威尔斯（H. G. Wells）和费正清看来，传统中国并非一成不变，也不是保守的、静止的和毫无生气的。④ 而李约瑟（J. Needham）则声称，关于中国停滞的陈词滥调实出自西方的误解，而从来不真正适合于中国；问题或悖论的出现仅仅在于："中国的缓慢而稳步的进展被在文艺复兴以后近代科学的按指数的发展及其一切成果所超越"。⑤ 这样的说法诚然不错，并且也将有益于纠正实际存在着的诸多误解和偏见。然而，只要这里的主题涉及中国的现代发展，那么，全部问题的讨论就势必在所谓"现代世界"已然展开了的意义领域中来进行。就此而言，我们必须明确地承认，与中国的和平主义传统相表里的固有的文明样式，

---

① ［德］赫尔德：《中国》，载《德国思想家论中国》，江苏人民出版社 1989 年版，第 89 页。

② 参见［德］谢林《中国——神话哲学》，载《德国思想家论中国》，第 157—158、164—165 页。

③ ［德］黑格尔：《历史哲学》，王造时译，上海书店出版社 2006 年版，第 110 页；并参见第 105—109 页。

④ 参见［英］威尔斯《世界史纲》，载何兆武等主编《中国印象——世界名人论中国文化》，第 75—77 页；参见费正清《美国与中国》，张理京译，世界知识出版社 1999 年版，第 30、57 页。

⑤ ［英］李约瑟：《科学与中国对世界的影响》，载何兆武等主编：《中国印象——世界名人论中国文化》，第 159—163 页。

并不自行地契合现代意义的发展。这种承认意味着达成一个原则高度——这个原则高度不是由任意的主观性设想出来的，而是由中华民族一百多年来的现代化实践确定的，是依循这一历史性实践的进程而不断地被要求和被理解的。

然则这一原则高度是否意味着中国的现代化进程将彻底地剪除其固有的文化传统，并使自身无条件地沉浸到"现代世界"已然确立了的法则之中呢？不，这根本不可能。这种想法不过是某种理论上纯粹抽象的可能性；正像某种纯粹抽象的理论就是这样来定义、来理解中国的现代化发展的。由于这种想象从未深入到真正的内容之中并批判地检审过问题的基本前提和基本界限，所以它只是从属于黑格尔所谓的主观意识及其"外部反思"；而在主观意识的外部反思中，"现实"（Wirklichkeit）——社会现实——毋宁说是全然被遮蔽着的。就此老黑格尔曾不无尖刻地嘲讽说，那只不过是你随便谈谈个人的想法罢了。因此，为了能够真正切中作为现实的内容本身，就必须首先对问题的前提和界限做出批判的澄清，以便使当今中国发展道路的现实可能性切近地显现出来。

这里应当确定的第一个要点是：中国是在非常独特的——与西方几乎完全不同的——国情及文化传统的基础上提出并执行自己的现代化任务的。因此，要论及当代中国的发展道路，就根本不可能撇开或脱离这一现实的前提。作为独特国情之本质重要的部分和文化表现，传统不应当仅仅被看作一个消极的前提，它确实是并且也应当被理解为一个积极的前提。只是在这一前提的基础上，才谈得上中国的独特的现代化任务，才包含着中国发展道路的真正意义和积极作为。当抽象的观念力图摆脱这一现实的前提（把它贬低到零或归结为单纯的消极性）时，中国近代以来的历史性实践就一再以其现实性的力量来纠正这种观念（无数的经验和教训）。之所以如此，是因为中华文明的传统——它的和平主义传统——是强有力的，正像它的现代化诉求是强有力的一样。中国近代以来现实的发展道路是受这两方面的相互关系制约的，是在这两者矛盾的持续张力中表现自身之独特性的。

就一般的表象而言，中华民族的独特性格十分清晰地印证了其文化传统之深厚广阔的支配力，而这种性格的历史变迁又非常突出地展现出其文化传统之辽远恒久的影响力。如此这般的情形必定给无数观察家和思想家留下深刻的印象。谢林在喟叹亚述、米底、波斯、希腊和罗马等古老帝国的没落之际，大大地惊诧于中国像一条不知其源头的河流始终在从容地流淌。如果说，这种国运毕竟与其文化品格有关，那么可以说，中华民族的文化传统是如此地独特和坚韧，以至于这个民族实在应该被称为"一个伟大的、独特的例外"，甚至应该被称为"第二人类"。① 二战以后，费正清继续指认了这一点。他写道，中国虽然有不断的变化和千差万别的情况，却总不脱离其文化上和制度上所特有的总格局。"这个总的格局顽强地持续存在，是因为多少世纪以来，中国的各种制度——经济制度、政治制度、社会制度、文化制度——曾在它的国土范围内促成了引人注目的自给自足、平衡和稳定的局面。总之，制度和文化的持续性曾经产生了体现为气势磅礴和坚守既定方针的惯性，而并非不动的惰性。"②

更加重要的事实是，作为某种"思想格局"，这一和平主义文化传统依然保持着强大的生命力。谢林曾引证文德施曼的结论说，一个从一开始就支配中华帝国并贯穿其始终的原则必定是一个强有力的原则。在此起决定作用的肯定不是某种人为构造的东西，即仅仅由主观意见或协议所产生的东西，而是某种强有力的文化原则——它是如此地强大，以至于外来的东西只能在其自身教化范围内维持一段时间，就很快被这一原则所固有的力量所同化并从属于它。③ 与之相类似，在费正清看来，只有当我们认识了外来民族之征服中国，不仅没有瓦解反而却强化了其文化传统的思想格局，我们才能真正体会到"这个思想格局如何具有那么强大的生命力"。④ 显然，对于中华民族来说，先前游牧民族的征服与近代西方势力的扩张具有相当不同的意义，但中国文化传统的强大生命力和影响力却是无可置疑的。即便在一战以后中国最屈辱、最委顿的年代，敏感的法国诗人瓦莱里（P. Valéry）依然从中华文化中识别出其"宝贵的生命力"和"无穷的繁衍力"。⑤ 事实上，中华民族自近代以来的全部历史性实践从未间断地把其文化传统揭示为一种实际起作用的、重大的现实力量。无论就这一力量的评价会引起多大的分歧和争议，它终究反映着一个基本的现实，即中华

---

① ［德］谢林：《中国——神话哲学》，载《德国思想家论中国》，第 135、146、163 页。
② ［美］费正清：《美国与中国》，第 75 页。
③ ［德］谢林：《中国——神话哲学》，载《德国思想家论中国》，第 142—143 页。
④ ［美］费正清：《美国与中国》，第 75 页。
⑤ 参见 ［德］瓦莱里《中国和西方——盛成〈我的母亲〉序》，载《德国思想家论中国》，第 88—90 页。

文明就其历史—文化的传统来说乃是深远且独特的，而此种深远且独特的传统又不能不深刻地影响到并极大地作用于"中国近代的事实"。因此，要能够正确地理解中国的发展道路，是决不能将其文化传统这一现实弃置不顾的。

第二个需要批判地加以澄清的要点是：必须在中国的发展道路这个主题上明确地区分现代化和西方化，明确地区分现代化的资本主义样式和社会主义样式。这种区分经常被看作老生常谈，那是因为它往往滞留于抽象的理论形式的区分。然而，就中国之现实的发展道路而言，它的现代化不等于（也不可能等于）西方化，它的社会主义道路不等于（也不可能等于）资本主义道路——这不是一个可以在抽象的理论上用"假设历史"的方式来讨论的问题，而是一个首先由中华民族的历史性实践做出的决定性区分，是一种历史的"决断"；用费尔巴哈的话来说，是一个"可以用我们的鲜血来盖图章担保的真理"。在这个意义上，把现代化同西方化及其资本主义样式区别开来，并不意味着"现代化"因此就是乌有，就是空疏的和无内容的；恰恰相反，与那种仅只把现代化设定在西方资本主义样式中的抽象观点不同，对于中国的发展道路来说，在上述区分中出现的"现代化"具有现实的内容，并且唯在此种区分中它才可能是现实的。

20 世纪 20 年代，伯特兰·罗素（B. Russell）曾谈论过一个非常有意义的主题"今日世界混乱之诸原因"（causes of present chaos in world）。这个主题是要追究，有什么原动力造成今日全世界的动荡紊乱。按罗素的观点，现代世界日渐增进的是两大主义，即实业主义（industrialism）和国家主义（nationalism）。[①] 而这每一个主义中，又有两种变形，为压迫者和被压迫者各自所主张：实业主义中有资本主义（capitalism）和共产主义（communism），国家主义中有帝国主义（imperialism）和自决主义（self-determination）。今日世界之纷扰，就因为有这四种原动力互相冲突，主要是以资本主义与帝国主义为一方，以共产主义与自决主义为另一方的互相冲突。[②] 这一区分至今仍然是有意义的。即使在所谓"意识形态对抗"结束之后，虽然表面上看起来界限和冲突似乎在渐次隐退，但问题

---

① 这里的 nationalism 又译民族主义。但对于中国来说，无论是"国家主义"还是"民族主义"，都不确切。此处姑从译者作"国家主义"。

② ［英］罗素：《罗素在华演讲集》，北京大学出版社 2004 年版，第 251—257 页。

的实质却并没有发生根本的改变。在这个意义上，沃勒斯坦（I. Wallerstein）是有理由抨击"现代化理论"的，因为关于"现代化"的理论范式掩盖了"现代世界"的资本主义性质，并模糊了其中实际存在着的冲突与争斗。"我们并非生活在一个现代化的世界，而是在一个资本主义的世界。"①

只要明确了那些决定性的区分，"现代化"的概念本身是无能为害的，它只保留自身为一个对于分析来说是必要的抽象。例如，对于中国的发展道路来说，"现代化"总已先行地意味着必得在资本主义与社会主义中间有其一途，就像它也必得在帝国主义与和平主义中间有其一途一样。因此，如果我们有理由把"现代性"——现代世界的本质根据——理解为资本和现代形而上学，那么，虽然"现代化"总以这样的本质根据为枢轴，但不同的发展道路也必以相当不同的方式去理解和占有这种本质。这里的关键在于：正像传统文化差异的重要性不应遮蔽现实历史的向度（现代历史的本质生成）一样，现代化与西方化的区分不能取消对现代性本身（资本和现代形而上学）的分析和批判。就此而言，马克思的学说具有决定性的意义。因为在这样的主题上，马克思的学说无非就是现代性批判；如果说这一批判同时也就是对资本主义的批判，那么这仅仅是因为"这一个"现代世界是经由资本主义一途被建立起来的。

准此，则现代化与西方化的区分，现代化的资本主义样式与社会主义样式的区分，就不止于单纯抽象的形式区分，而是要求深入到历史的本质性一度中去，亦即要求深入到社会的现实中去。唯有在此一度中，传统文化差异的重要性才会在现代历史的本质生成中获得其基本规定，而这些规定本身也才会被建立在对现代性本质之批判的基础上。遗憾的是，我们现在所看到的许多这类区分，例如亨廷顿在其著作中对西方"普世主义"的批评以及对现代化不等于西方化的论证，却大体上仅仅从属于自由主义之"政治上的正确"；它们既缺乏历史的向度，又缺乏对现代性本身予以批判的理论上的彻底性。这种无关痛痒的形式区分虽然不乏善意地对不同的文明表示尊重，却既未能对现代世界的本质做出批判的理解，又无法对这一世界中传统文化的意义和命运做出真切的估价。依循这种无内容的区

---

① ［美］沃勒斯坦：《沃勒斯坦精粹》，南京大学出版社 2003 年版，第 137 页；并参见第 135—138 页。

分，是不可能正确理解中国的发展道路的。

第三个要点实际上是上述讨论的综合，它试图表明中国的发展道路在怎样的前提下——以及在何种程度上——能够接续其文化传统，能够更新并重建其和平主义的取向。所谓发展道路总意味着一种敞开的可能性，而所谓现实的可能性总意味着趋于某种"在展开过程中表现为必然性的东西"。因此，一种体现现实可能性的历史要求和历史决断必然将仅只是抽象的可能性加以排除——将之作为纯粹的主观意见、作为实际的不可能性加以排除。对于中国的现代化发展来说，其现实的可能性首先在下述的不可能性中找到依据，即它不可能依循西方资本主义—帝国主义的现代形式求得自身通达的道路。这样一种历史命运固然受制于文化传统，但同时也为其发展道路之开启和平主义方向提供了必要的前提。

时至今日，并不需要太多的智慧就可以清楚地理解到，在中国，完全依照西方资本主义的标准和方式来开展的现代化是根本行不通的，就像完全根据书本和模仿苏联的教条主义只能带来深刻的历史教训一样。而无头脑的自由主义者之所以迷信这种标准和方式达于偶像崇拜的地步，仅仅是因为他们完全无批判地跌落到现代性意识形态的汪洋大海之中。帕森斯（T. Parsons）曾这样写道："如果像人们经常设想的那样，对环境不加限制就足以引起一个现代资本主义的发展，那么肯定远在近代以前，现代资本主义就在中国产生了。"[①] 而引起上述幻觉的前提是：中华文明已经先行地立足于那实际上引导了西方资本主义发展的基地之上，换言之，它已经被先行地放置在欧洲中世纪的废墟上，而从那里走出来的中国人则已经先行地成为黄皮肤黑头发的堂吉诃德或浮士德了。指出这一点是重要的，因为对于西方资本主义的整个现代建制具有决定意义的"原子个人"——无论它表现为经济上的"利己主义个人"或哲学上的"自我意识"，还是表现为伦理上的"道德主体"或政治上的"法权主体"——乃是欧洲历史的产物；如果说这样的"个人"是以所谓抽象的"人格"或"人格性"（personality）为基准的，那么，从文化上来说，它是一千多年基督教教化的产物（姑且撇开其希腊源头不谈）。当马克斯·韦伯指证新教伦理与现代资本主义精神的内在联系时，他确实颇有见地地提示了欧洲

①　［美］帕森斯：《社会行动的结构》，载何兆武等主编《中国印象——世界名人论中国文化》，第351页。

资本主义得以形成和发展的重要的文化条件。

对于中国的现代化发展来说，与西方不同的文化条件乃是同等重要的。虽说作为这种文化条件的传统绝不是一成不变的（事实上，它在近代遭遇到了巨大的震撼），但只要是依然活着的传统，则上述改变就只有在西方的现代原则本身也相应改变的那个境域中才是可能的，才是实际有效准的。这种双重改变的活动范围完全是历史性质的，它部分地取决于西方资本主义的扩张权力，部分地取决于这一传统文化的发展潜力。因此，如果说西方资本主义的整个现代建制是以所谓"原子个人"作为基本前提的，那么，彻底西方化的标准就必得要求这样的个人能够从中国的文化传统中先行产生出来（亦即与这一文化传统割断一切联系）。然而我们实在没有任何理由指望中国人会在西方资本主义文明衰竭之前变成这种原子个人，变成真正的清教徒（Puritans）或边沁式的个人主义者，我们也没有理由指望用一千多年的基督教教化来造就这种人格（假定这是可能的），以便后来实现一个彻头彻尾西方标准的现代化，就像我们没有理由指望"希腊七贤"中有一位西徐亚人（阿那卡雪斯）就使西徐亚人变成希腊人一样。所以，在谈到所谓"中国式的个人主义"时，费正清也是颇费踌躇并且小心翼翼地写道："这是一个很有限制的个人主义形式；但说到底，正如德巴里所指出的，它可能'比现代西方式的个人主义更能适应社会主义社会'"。①

总而言之，中国发展道路的现实可能性首先来自它走西方资本主义道路的不可能性，这种不可能性从基本性质上规定了中国现代化实践的出发点和立足点，规定了它的实际内容和价值取向。另一方面，正是中国的现代化实践为其和平主义传统的接续提供了一切可能性的前提，因为这一实践所要求着的发展不仅打开了传统本身所固有的锁闭形态，而且为这一传统的取舍和光大创造了条件并指明了基本方向。由此而形成的发展道路必定是有中国特色的，但这种中国特色却并不仅仅归结为既有的传统，仿佛它只是为某种既有的现代原则披上一层中国式的外衣。毋宁说，倒是中国特色的历史性实践为其既有的文化传统开辟出真正的意义领域和活动空间，而中国的和平主义传统也是依循这一发展道路的实际取向而被开启、被重建，并且被复活的。这个过程或许可以称为"实体性内容的再度青

---

① ［美］费正清：《美国与中国》，第69页。

春化"（黑格尔语）。它在西方近代文明的开端出现过：我们见到这种情形在莱布尼茨（G. W. von Leibniz）的哲学中得到初始的表现，并最终在黑格尔的哲学中被完成。① 然而，对于中国来说，这个过程还只是刚刚开始。

三

从前面的讨论中可以看出，中国的发展道路既意味着不可遏制的现代化的发展要求，又意味着此一发展是在不能脱开其独特文化传统的基地上对这一传统的积极开启与重建。因此，这条发展道路是非常独特的，这种独特性从一个方面来说就在于它与和平主义具有本质的关联。然而，这样一种和平主义的发展道路将具有怎样的基本性质？它在所谓全球化时代又会具有怎样的意义呢？

与和平相对立的是战争；与和平主义相对立的是这样一种主义（无论它叫什么名字）：它总是不断地生产出冲突和战争，并且总是不断地把冲突和战争的根源再生产出来。这里的关键首先在于辨明当今世界之冲突与战争的现代根源。因为即使是历史上流传下来的冲突，也总是在现代世界中开展出来并在这个世界中被规定的。如果撇开这一根源来谈冲突或战争，那么它们就会是完全非历史的；从而就与古代部族之间的争斗没有什么两样，说到底就与猴群之间或狼群之间的争斗没什么两样了。一种自然主义的观点很容易把这一切等量齐观，然而我们正在谈论的恰好是在人类历史中生成并开展出来的冲突与战争。因此，就当今世界之冲突的现代根源而言，问题并不在于西方列强天生的"霸道"或"恶之本性"，而在于现代资本主义文明——开辟了世界历史的、以资本为原则的文明——本身的基本性质。正像现代资本主义文明的伟大的历史性成就由此而来一样，当今世界之持续不断的冲突与战争亦是由此而来。

就现代资本主义的基本性质而言，在此可以简要概括的几个主要方面是：第一，现代的、以资本为原则的文明是贪欲的和进步主义的。资本本身的存在条件就是不断地获取超出自身价值以上的价值，从而这一文明的

---

① ［德］伽达默尔：《哲学解释学》，宋建平、夏镇平译，上海译文出版社 1994 年版，第109—110 页。

基本特征就是无止境的进步，亦即永不停息地欲求着剩余、增殖和积累，并从而饕餮之。正如《共产党宣言》所说："生产的不断变革，一切社会状况不停的动荡，永远的不安定和变动，这就是资产阶级时代不同于过去一切时代的地方。"① 当人们将"浮士德精神"把握为现代世界之无止境进步的典型形象时，当海德格尔（M. Heidegger）用"进步强制"（Progressionszwang）——生产强制和需求强制——来揭示现时代的总特征②时，都是在申说这一文明之无止境进取的基本性质。第二，现代资本主义世界按其本质来说是征服性的和权力主义的。作为一种本身是抽象的并且是遍及一切的抽象权力，现代资本的活动直接就是权力的实施，即统治——对自然界的控制、对活劳动的支配，就像现代形而上学在其基本建制（"我思"）中设定了主体对于客体的优先性、主导权和进攻态势一样。按罗素的说法，现代世界的主体由原先上帝的"雇农"变成了"自耕农"；按海德格尔的说法，现代形而上学的主体不断地"压榨"和"拷打"自然界，以便强制性地促逼其供应能量。第三，由于上述两个基本特征，以资本为主导原则的文明是开发性的和扩张主义的。这种开发和扩张的现实性的力量，既来自资本之无止境的推动，又来自现代形而上学之无止境的谋划，从而成为一种力图夷平各种差别、内容和特质的普遍的开发和扩张力量。按照沃勒斯坦的说法，资本主义作用的内部逻辑——最大限度地寻求利润，总是迫使它不断地进行扩张：生产的扩展、市场的扩大、资本的积累，总而言之，广泛地占据整个地球。③ 当今世界之永无止息的冲突和战争，难道不是在这样一个世界上开展出来的吗？现代扩张主义和霸权主义（包括所谓"非领土扩张"和"文化霸权主义"），难道不是在这一世界的内在逻辑中有其最深刻的根源吗？

1795 年，康德（I. Kant）写下了著名的《永久和平论》，对于这部著作我们不能不怀有崇高的敬意。虽然这位大哲看到那些所谓文明国家对于异国和异族的征服、压迫、战争挑拨，以及惊人的不正义，但他仍试图通过"一种哲学的规划"，来论证合乎理性的共和国、自由国家的联盟、世

---

① 《马克思恩格斯选集》第 1 卷，人民出版社 1995 年版，第 275 页。
② 参见《晚期海德格尔的三天讨论班纪要》，《哲学译丛》2001 年第 3 期。
③ 参见［美］沃勒斯坦《沃勒斯坦精粹》，第 138 页。

界公民体制等，以便使这个世界能够不断地趋近永久和平。① 然而，就像康德的"绝对命令"一遇到现实就变得软弱无力一样，理性的国家和理性的"世界共和国"像海市蜃楼一样幻灭了。先前承诺的永久和平变成了无休止的掠夺战争，并在 20 世纪划时代的世界大战中达到高峰。

"公理战胜"之所以成为一幅"令人极度失望的讽刺画"，② 是因为"公理"在现代资本主义世界中不能不表现为强权，因而这一文明的本质不是和平，而是冲突和战争。帝国主义只不过是这一本质之极致，是其合乎逻辑的产物罢了。斯宾格勒（O. Spengler）在《西方的没落》中写道，塞西尔·罗得斯（C. Rhodes）的名言——"扩张即是一切"——是每一完全成熟了的文明之固有倾向的一次拿破仑式的重申。扩张的倾向紧抓着、强迫着、耗尽着世界都市阶段的晚期人类。一句话，"帝国主义是不折不扣的文明。西方的命运正在不可逆转地陷入这种现象的形式中"。③若去除其思辨的形式，斯宾格勒的说法无疑是正确的。我们在此同样还会思及列宁的一个著名论断——"帝国主义就是战争"。如果说在原子能时代世界规模的大战毕竟未曾爆发，那么，这与其说是因为战争的根源被铲除了，毋宁说是因为战争的动机被大毁灭的恐惧压抑了。面对这样的态势，罗素问道：人类还有没有前途（Has man a future）？

中国的和平主义发展道路在此间显示出它的重大意义。这条发展道路之所以是和平主义的，首先是因为它没有把现代化局限于现代资本主义文明的范式中，而表现为对这一范式的批判的脱离，表现为一条社会主义的道路。就何谓社会主义曾有过无数的争论，但可以肯定的是：中国的发展道路是在现实的历史（尤其是近代以来的历史）中形成的，因此这条道路的社会主义方向意味着它在现实的历史中不可能重走西方资本主义文明的老路，意味着它在现实的历史中领会到现代资本主义本身的历史限度，并且意味着它在现实的历史中能够就制约自身的文化传统做出建设性的开启。

这样一些内容是十分紧密地联系在一起的。对于一个"具有有限的

---

① ［德］康德：《永久和平论》，载《康德历史理性批判文集》，商务印书馆 1990 年版，第97—98、104—118 页。

② 参见《马克思恩格斯选集》第 3 卷，人民出版社 1995 年版，第 723 页。

③ ［德］斯宾格勒：《西方的没落》第 1 卷，吴琼译，上海三联书店 2006 年版，第 36 页；并参见第 35—38 页。

个体意识"且"具有非凡社会才能"的民族①来讲，当现实的发展成为一项紧迫而根本的任务时，它理所当然地诉诸"集体的力量"，并力图以保有这种力量的方式推进自身的发展。正因为如此，所以中国的发展道路必然在当今世界的格局中采取社会主义的立场，并在文化传统的复兴中光大和平主义的方向。从完全西方标准的前提来看，"尚未高度个体化的社会"乃是一种绝对的缺陷，因为彻底的个体化被看作分化发展的绝对前提。然而，在西方文明的历史性局限已然绽露之际，个体化的极致以及由之而来的无止境的分化发展则表现为一种亢进性的衰竭，它在瓦解集体力量并销蚀社会有机性的同时，持续不断地再生产出各种类型的冲突、对抗和争斗。正像沃勒斯坦突出地指证了资本主义世界内部的诸多冲突关系一样，②詹姆逊（F. Jameson）在揭示金钱、资本主义和市场如何瓦解并摧毁集体性的东西时，特别强调要为"集体力量"找到保存和发展自己的方式。因此，"如果中国的社会主义能够成功地建立一个不同于西方资本主义的选择，这毫无疑问对全球的任何一个地方都是重要的，将有深远的意义"。③

中国文化传统的和平主义也正是由此而获得现代定向并被赋予积极意义的。凭借这种定向和意义，它被建设性地整合到中国的发展道路之中，从而这一发展道路便深刻地不同于西方资本主义——它是和平主义的。这种和平主义与其社会主义的方向是内在一致的：只有当中国的发展道路表现为对资本主义的批判的脱离时，它才可能是和平主义的；而只要这一道路表现为此种脱离，那么它在现代世界的格局中就意味着社会主义。即便这里的问题不牵涉中国，许多有识之士也已充分意识到，世界和平的真正重建有赖于和现代资本主义完全不同的社会基地。启蒙时代的伟大的和平构想在今天已经变得如此不现实，以至于它只能被肤浅化为这样一种想象的和平，即完全无内容的均衡：一切冲突在抽象中的平均化和完成。因此，沃勒斯坦确实有理由把能够设想的未来和平——"世界政府"——

---

① ［德］凯泽林：《一位哲学家的旅行日记》，载何兆武等主编《中国印象——世界名人论中国文化》上册，第290页。
② ［美］沃勒斯坦：《沃勒斯坦精粹》，第137—138页。
③ 《詹姆逊文集》第1卷，中国人民大学出版社2004年版，第356—357页；并参见第363页。

同社会主义生产方式联系在一起。①

　　虽然我们无法以实际知识的方式来论断未来，但仍然能够根据过去与现在来理解由本质规定的基本趋势。此间需要以进一步的方式去追究现代化过程之不同道路的文化精神，以便能够揭示实际地导向未来的基本特征，而不同精神品格之间的比照将会是富于教益的。17 世纪的哲学家莱布尼茨曾这样说过，欧洲和中国是全人类两个最伟大的文化和最发达的文明，中国实在可以被称为"东方的欧洲"。这两个文明是互有短长的。然而，在战争艺术和战争科学方面，中国却远不如欧洲。"这不是出于无知，而是他们本意不愿如此，因为他们鄙视人类中所有产生或者导致侵略的行径，也因为他们……厌恶战争本身"。② 中华文明的这种突出的特征，从而与西方文明的突出的差别，就文化的精神品格来说，深刻地反映在"儒教"和"清教"（即基督教新教）的世界观对比中。韦伯指出，和清教的理性主义比较起来，儒教作为一种理性的伦理将人与世界的紧张性减至"绝对低弱的程度"。如果说清教伦理与世界处在一种强烈而严峻的紧张关系中，那么儒教则对世上万物采取一种"随和的"（unbefangen）态度。因此，从哲学上讲，儒教的和平主义乃体现在其理想的人格即"君子"的世界观本质中，"他们没有事先确定下来的超验的伦理，没有超世的上帝的律令和现实之间的对峙；他们没有对彼岸目标的追求，也没有极恶的观念。……根据我们的回忆，在中国从未出现过与'现世'的紧张对峙，因为从来没有一个超世的、提出伦理要求的上帝作过伦理的预言"。③ 这是一个颇为深入的见解，它有效地揭示了中国的和平主义传统的世界观根据。这个见解既承续着谢林关于中国意识的非神话性和非宗教性的论点，又从哲学上说明了罗素敏锐地指证出来的现象——中国人所特有的、无与伦比的宽容，"我认为，中国人的宽容，欧洲人根据本国经历是无法想象的。我们自认为宽容，但只不过比我们的老祖宗显得宽容一些罢了"。④ 毫无疑问，和平主义只有在真正宽容的土地上才有可能滋长繁衍。

---

　　① 参见［美］沃勒斯坦《沃勒斯坦精粹》，第 139—140 页。

　　② ［德］莱布尼茨：《〈中国近事〉序言：以中国最近情况阐述我们时代的历史》，载《德国思想家论中国》，第 4 页；并参见第 3—10 页。

　　③ ［德］马克斯·韦伯：《儒教与道教》，第 258—259、264—265 页。

　　④ ［英］罗素：《中国问题》，秦悦译，学林出版社 1996 年版，第 155 页。

与之形成鲜明对照的精神样式在歌德（J. W. von Goethe）的《浮士德》中被人格化了。正像这部诗剧被誉为"现代世界的《伊利亚特》"一样，它的主人公则被称作"现代的普罗米修斯"。浮士德是一个追求人的自我扩张的文学形象，他的精神就是黑格尔所谓的"自我无限扩张的精神"。这是一个真正意义上的"现代"（西方）人：他永不知足，意图把人生巨釜中的一切掠为己有；他钻研科学，探索帝国，也乐于官能享受；他献身于实际工作，并力图控制自然。按照丹尼尔·贝尔的说法，整个时代的人们在这一人物身上发现了自己的思想和灵魂，辨认出自己不幸的分裂意识。① 如果说现代形而上学的最后成果再现了浮士德历险的精神旅程，那么诚如海德格尔所言，新时代的劳动的形而上学本质在黑格尔的《现象学》中被作为"精神"的自我运动道说出来了。确实，由此得到表现的精神开创了一个全新的时代，建设起资本主义的现代文明。"它第一个证明了，人的活动能够取得什么样的成就。它创造了完全不同于埃及金字塔、罗马水道和哥特式教堂的奇迹；它完成了完全不同于民族大迁徙和十字军征讨的远征。"② 然而，贡献出如此巨大的生产力并创造出如此丰硕文明成果的现代资本主义，其文化—精神类型则既属于韦伯所谓的"禁欲苦行主义"（asceticism），又属于桑巴特（W. Sombert）所谓的"贪婪摄取性"（acquisitiveness）。③ 而罗素则用"精力过剩的合理化"来说明西方文明的"工业主义、军国主义、热爱进步、传教狂热、扩张势力、控制和组织社团"等；它推动着无止境的竞争和开发，也推动着无止境的扩张和破坏——它正在使这一文明走向毁灭的结局。④ 这是浮士德的结局：年老失明的主人公依然雄心勃勃，不停工作，他命令精灵们开挖他所规划的河道，他听到了挖掘声——但那是给他自己掘墓的声音。

如前所述，在现代资本主义已经开辟出世界历史的时代，特别是在全球化时代，中国所固有的和平主义传统是为其当下的历史性实践赋予意义的；而这一传统本身，或者作为历史经验的对象，或者作为浪漫主义怀旧的对象，并不包含现代意义的发展原理——分化、个体化、主观性以及由

① ［美］丹尼尔·贝尔：《资本主义文化矛盾》，赵一凡、蒲隆、任晓晋译，生活·读书·新知三联书店1989年版，第209页。

② 《马克思恩格斯选集》第1卷，第275页。

③ ［美］丹尼尔·贝尔：《资本主义文化矛盾》，第29—30页。

④ ［英］罗素：《中国问题》，第7—8页。

之而来的对峙。因此，只有当中国的发展能够在占有现代发展之积极成果（亦即将其本质力量据为己有）的同时，拯救并复活自身的和平主义传统，才会有真正的中国道路，而这一道路——和平主义的发展道路——才会具有真正的当代意义。黑格尔的见地是颇为深刻的，他说，彼时的中国就像印度一样，还处在世界历史的局外，"而只是预期着、等待着若干因素的结合，然后才能够得到活泼生动的进步"；然而，中国的原则又具有那样一种实体性，"所以它既是最古的、同时又是最新的帝国"。① 只有在中国发展道路的积极开启和实践贯彻中，我们才能期待那实体性的内容经由这一过程而被"再度青春化"。

由此而得到理解的中国的和平主义发展道路，不仅具有一般的当代意义，而且具有所谓"世界历史意义"。什么叫作具有世界历史意义？黑格尔说，这意味着一个民族精神采取比它自身更高、更博大的新原则，而这个原则在其基本元素和基本目的中具备一个对于世界历史来说是普遍的原则。正像"世界历史个人"——亚历山大、恺撒、拿破仑等——代表着不同普遍原则在世界历史中的前进步伐一样，伴随着先前原则的完成和解体，是另一个"世界历史民族"登上舞台，它代表另一种精神，另一种普遍原则，从而是另一个世界历史纪元的发生。② 因此，中国的和平主义发展道路可能具有的世界历史意义取决于两个基本方面。其一是否定的方面，即先前之普遍原则的完成和解体——这一过程正在发生，我们无须去断言它的临终之日，那是先知和预言家的事；但只有最幼稚的头脑才会相信现代资本主义文明将是无限制发展并因而是永世长存的。除开马克思和列宁的经典批判，我们还听到尼采（F. Nietzsche）的警告——"欧洲虚无主义的降临"，③ 听到斯宾格勒的呼声——"西方的没落"；整个 20 世纪批判的思想几乎全都集中在这个主题上。只是当批判的思想陷入酣睡之际，这个世界的实际瓦解过程才似乎被暂时地遮蔽起来。

另一个方面是指向未来的建设性的方面。当罗素由各种无休止的战争来解说"西方文明的失败"④ 时，当汤因比（A. J. Toynbee）由"人类集

---

① ［德］黑格尔：《历史哲学》，第 110 页。
② 同上书，第 59—64、66—70 页。
③ 参见［德］尼采《权力意志》，孙周兴译，商务印书馆 1996 年版，第 373 页。
④ ［英］罗素：《罗素在华演讲集》，第 300—301、251—257 页。

体自杀之路"来指证西方文明的无出路状态①时，他们都热切地期许着世界的和平与统一，而且他们又都把这种重建和平主义的期许特别地指派给中国。因为在他们看来，只有中国的和平主义传统才意味着希望，才意味着积极建设的可能性。汤因比声称，世界的和平与稳定是避免使世界陷于悲惨结局的唯一道路，因而建立真正的和平统一乃是今天世界的"绝对要求"（这让我们再度回想起启蒙时代对永久和平的瞩望）。如果说当今世界的统一只有在和平中才能实现，那么它一定是以地理和文化主轴为中心，不断地结晶扩大起来。这个主轴不在美国、欧洲和俄国，而只能被设想在东亚，特别是在中国。这不仅是因为中国的政治统一自汉代以来一直延续至今，而且因为这种统一既是和平主义的，又是世界主义的。与之形成对照的是，西欧世界自罗马帝国崩溃以后就再也没有挽回过其政治上的统一，而它的政治传统也不再是世界主义的而是民族主义的了。因此，"恐怕可以说正是中国肩负着不止给半个世界而是给整个世界带来政治统一与和平的命运"。② 作为伟大的历史学家，汤因比的历史见地是准确和深入的；但是如果人们因此把重建世界和平的期许仅仅建立在中国先前的历史和文化之上，那么这种期许就不能不是面向过去的浪漫主义；如果这种期许还同时激起了人们的许多幻觉和无责任能力的自大狂，那么由之而来的一切就不能不是误入歧途的浪漫主义了。

真正具有世界历史意义的东西不是纯粹的过往，不是仅仅滞留于传统之中，而是中国的和平主义发展道路，是唯有在这一道路的历史性实践中才能被开启和复活的和平主义传统。它不是既与的、已经完成了的东西，而是正在生成着的东西，是在其展开过程中表现为必然性的东西。用我们传统的术语来说，中国的和平主义发展道路乃是真正的"道"——是合于大道（新的普遍原则）的通达之道（道路），是和平主义的"王道"而不是强权主义的"霸道"。它的世界历史意义就在于：它扬弃并且超越现代资本主义的发展道路，从而把不以扩张主义为出发点也不以霸权主义为必然归宿的发展前景启示给人类向着未来的历史筹划。然而，正因为中国的和平主义发展还只是在历史地生成着，所以它既意味着前途与希望，

---

① ［英］汤因比、［日］池田大佐：《展望二十一世纪》，荀春生等译，国际文化出版公司1985 年版，第 295 页。

② 同上书，第 282—296 页。

也面临着挑战与危险。它应当被正确地理解为一项任务——一项由能思的实践来把握自身命运的历史任务,并且被理解为一种考验——一种对中华民族之真正发展潜力的历史考验。

《中国社会科学》2009 年第 5 期

毛泽东是中国特色社会主义的
伟大奠基者、探索者和先行者

王伟光*

摘要 毛泽东在革命战争年代就指明了中国革命的前途，即通过新民主主义革命不间断地进入到社会主义革命，最终建设社会主义和共产主义。新中国成立后，毛泽东创建并不断完善社会主义经济制度以及与之相适应的政治制度，领导了大规模的社会主义经济、政治和文化建设，奠定了中国特色社会主义的制度前提、思想保证、物质基础，创造了社会主义建设的有利外部环境。在这个过程中，毛泽东创造了一系列独创性的关于中国社会主义建设的理论成果，提出实现马克思主义普遍真理同中国实际的第二次结合，走自己的路，探索适合中国国情、具有中国特点的社会主义建设道路，这是毛泽东在中国社会主义发展史上的重大理论贡献，为实现马克思主义中国化第二次历史性飞跃做了充分的思想酝酿与理论准备，不仅是中国特色社会主义理论、道路、制度形成的历史和逻辑的起点，而且是中国革命、建设和改革的一个指导原则。毛泽东在探索中既留下了成功的经验也留下了失误的教训，这两方面都为当今中国特色社会主义建设积累了宝贵经验和重要启示。因此，不论是从历史实践还是从理论逻辑上说，毛泽东都是中国特色社会主义事业的伟大奠基者、探索者和先行者。

关键词 毛泽东 马克思主义中国化 社会主义建设 中国特色社会主义

---

* 王伟光，中国社会科学院院长、党组书记、学部主席团主席、教授。

　　毛泽东领导的社会主义建设实践与探索，同今天党领导的中国特色社会主义伟大事业，是同一件大事的两个不同的发展时期，既相互联系又有所区别，同属于中国共产党领导中国人民实现社会主义现代化和中华民族伟大复兴的中国梦的总体历史进程，前者是后者的探索和准备，后者是前者的继承和发展。不论是从历史实践还是从理论逻辑上说，毛泽东都是中国特色社会主义事业的伟大奠基者、探索者和先行者。

　　作为社会主义新中国的缔造者，在领导完成新民主主义革命胜利、创建新中国、恢复国民经济的历史任务后，毛泽东及时地领导了对生产资料私有制的社会主义三大改造，建立了社会主义基本制度。他率先提出要走自己的路，实现马克思主义基本原理同中国具体实际的第二次结合，探索适合中国具体情况、具有中国特点的社会主义建设道路。虽然毛泽东在探索实践中出现严重错误和挫折，但成就巨大而卓越：创建了社会主义基本制度，领导了大规模的社会主义建设，积累了社会主义的物质财富和精神财富，形成了关于社会主义建设的独创性理论成果，积累了社会主义建设宝贵的经验教训，为开创和发展中国特色社会主义伟大事业提供了制度条件、物质基础、理论准备和宝贵经验。

一　取得社会主义建设的巨大成就，为中国特色社会主义奠定了制度条件和物质基础

　　作为占世界人口1/4的中国人民，走上社会主义道路，是20世纪中国乃至世界发展进程中的一个极其伟大的历史事件。它从根本上改变了中国历史发展的方向，对世界历史进程产生了深刻的影响，对今天中国特色社会主义事业的开创和推进有着深远而重要的理论和现实意义。

　　早在革命战争年代，毛泽东就指明了中国革命的前途，即通过新民主主义革命不间断地进入社会主义革命，最终建设社会主义和共产主义。新中国成立后，他成功地领导开辟了一条具有中国特色的社会主义改造道路，创建并不断完善社会主义经济制度以及与之相适应的政治制度，领导了大规模的社会主义经济、政治和文化建设，奠定了中国特色社会主义的制度前提、思想保证、物质基础，创造了中国社会主义建设的有利外部环境。

　　第一，领导完成生产资料所有制的社会主义改造任务，创立并不断发

展社会主义经济制度。

新中国建立以后，毛泽东领导党和人民在极其艰苦的条件下，迅速实现了国民经济的全面恢复和较快发展。他紧接着就开始思考中国向社会主义转向的问题，1952 年 9 月 24 日，在中央书记处会议上提出"中国怎样从现在逐步过渡到社会主义去"的战略思考。1953 年 12 月，他完整地提出了党在社会主义过渡时期的总路线："从中华人民共和国成立，到社会主义改造基本完成，这是一个过渡时期。党在这个过渡时期的总路线和总任务，是要在一个相当长的时期内，逐步实现国家的社会主义工业化，并逐步实现国家对农业、对手工业和对资本主义工商业的社会主义改造。"[1]在毛泽东的领导下，我国全面开展了对生产资料私有制的社会主义三大改造运动，成功地开辟了一条具有中国特点的社会主义改造道路：对资本主义工商业，采取了一系列从低级到高级的国家资本主义的过渡形式，实现了对资产阶级的和平赎买，创造了一条从资本主义和平进入社会主义的独特道路；对个体农业，遵循自愿互利、典型示范和国家帮助的原则，创造了从互助组到初级农业生产合作社再到高级农业生产合作社的社会主义集体所有制形式；对于个体手工业的改造，也采取了类似的方式。

1956 年底，生产资料私有制的社会主义改造取得了决定性的胜利，社会主义性质的国营经济、合作社集体经济和公私合营经济占到了国民经济的 92.9%；农村基本上实现了土地公有，96.3% 的农户加入了农业生产合作社，建立起社会主义集体经济；绝大多数的手工业者也加入了手工业集体经济组织；以国营经济和集体经济为主体的社会主义经济制度基本确立。[2] 1956 年后，在开展大规模的社会主义建设过程中，尽管发生过一些曲折，出现急于向纯而又纯的"公有制"过渡，过度强调"一大二公"等情况，但是社会主义最基本的经济制度始终没有发生大的改变并不断得到巩固，为新时期改革开放和社会主义现代化建设创造了经济制度条件。

第二，与建设社会主义经济基础相适应，领导建立并不断发展社会主义政治制度和法律体系。

毛泽东首先领导党创建了社会主义的人民民主专政国体。所谓国体就

---

① 《毛泽东文集》第 6 卷，人民出版社 1999 年版，第 316 页。
② 中共中央党史研究室：《中国共产党历史》第 2 卷上册，中共党史出版社 2011 年版，第 360 页。

是国家的政治制度。作为国体的人民民主专政，核心是对人民实行民主和对敌人实行专政，领导力量是工人阶级。人民民主专政的实质是无产阶级专政，是无产阶级专政在中国的具体形式。为了对人民实行最广泛的民主，毛泽东领导创立了人民代表大会制度，形成了我国的根本政治制度。他在七届二中全会上就明确指出，我们不采取资产阶级共和国的国会制度，而采取无产阶级共和国的苏维埃制度，但"在内容上我们和苏联的无产阶级专政的苏维埃是有区别的，我们是以工农联盟为基础的人民苏维埃"。① 这就是说，人民代表大会制度既不是资产阶级的议会制，也不同于苏联的苏维埃制，而是完全符合中国具体实际的独特而科学的根本政治制度，是实现中国人民当家作主的重要途径和最高形式，体现了中国社会主义民主政治的鲜明特点。在实行人民代表大会制度的前提下，毛泽东领导建立了一整套社会主义的基本政治制度。创立了中国共产党领导的多党合作和政治协商制度，使之成为一种具有中国特色的各民主党派、各人民团体和各界人士进行民主协商、参政议政的制度平台，成为我国的一项基本政治制度。创立了正确处理民族关系的民族政策和民族区域自治制度，即在国家统一领导下，各少数民族聚居的地方设立自治机关，行使自治权，实行区域自治。这项政治制度不同于苏联式的联邦制度，而是根据我国历史发展、文化特点、民族关系和民族分布等具体情况做出的制度安排，符合各民族人民的共同利益和发展要求。毛泽东在领导创建社会主义一系列基本政治制度的同时，亲自领导制定和颁布实施了中华人民共和国第一部宪法，并以宪法为指导制定颁布了政治、经济、文化以及党的建设等领域的相关法律法规，初步形成了我国的社会主义法律体系。

进入全面建设社会主义时期之后，我国的社会主义基本政治制度进一步发展。人民民主专政的国家制度得到不断加强，抗美援朝取得重大胜利，平定了西藏上层集团的叛乱，打击了民族分裂势力，维护了社会稳定，进行了中印边界自卫反击等斗争，抗击了外来侵略，捍卫了国家主权，巩固了社会主义国家政权。分别于1954年、1959年、1964年召开了三届全国人民代表大会，人民民主得到了较好发展，国家根本政治制度健康运行。中国共产党同各民主党派长期共存、相互监督，民主党派和各界人士积极参政议政，政治协商制度顺利发展。继内蒙古自治区之后，1955

① 《毛泽东文集》第5卷，人民出版社1999年版，第265页。

年到 1965 年间，又先后成立了新疆维吾尔自治区、广西壮族自治区、宁夏回族自治区和西藏自治区，民族区域自治制度得到进一步完善。

第三，领导开展大规模的社会主义建设，为社会主义巩固和发展积累坚实的物质基础。

建立社会主义制度的同时，毛泽东领导开展了大规模的社会主义建设运动，提出了实现社会主义工业现代化、农业现代化、科学技术现代化和国防现代化的伟大号召，在工业、农业、科技、国防以及文化、外交等方面取得了巨大成就，形成了比较完整的工业体系和国民经济体系，极大地提升了人民的物质文化生活水平。

积极推进社会主义工业化，工业体系和布局基本形成，工业生产能力大幅提高。中国共产党从旧中国接过来的工业是一个烂摊子，中国社会主义工业化是在"一穷二白"的基础上开始的。在毛泽东的领导下，全党全国人民奋发图强，艰苦奋斗，大力开展社会主义工业化建设，迅速摆脱了贫穷落后的工业面貌，取得了巨大成就。到 1965 年，在能源工业方面，发电量达到 676 亿瓦，电力工业基本上实现了全国联网；煤炭工业稳步向现代化发展，原煤产量达到 2.32 亿吨；石油工业实现了完全自给，原油产量达到 1131 万吨，把长期禁锢中国发展的"贫油国"帽子抛到了太平洋；在冶金工业方面，钢铁产量和品种都上了一个大的台阶，钢产量达到 1223 万吨，建成了包括鞍钢、武钢、包钢等十大钢铁公司在内的一大批重点钢铁企业；在机械工业方面，形成了门类齐全的机械制造体系，主要机械设备自给率已经达到了 90% 以上，纺织机械等产品不仅能够完全满足国内需要，而且开始向许多国家和地区提供成套设备；电子工业、原子能工业、航天工业等新兴工业，也从无到有、从小到大逐步发展起来。[①] 在工业布局方面，建成了 531 个大中型工业项目。[②] 在大力发展沿海工业基地的同时，广大内地省份也都建立起了现代工业，其工业产值在全国工业产值中的比例不断提高。社会主义工业体系达到相当规模和一定技术水平，形成比较合理的工业布局，工业生产能力得到大幅度的提高。

努力推进社会主义农业现代化，农业基础设施得到明显改善，农业机

[①] 参见中共中央党史研究室《中国共产党历史》第 2 卷下册，中共党史出版社 2011 年版，第 732—733 页。

[②] 刘日新：《新中国经济建设简史》，中央文献出版社 2006 年版，第 229 页。

械化水平不断提升。毛泽东根据中国的具体情况，高度重视农业在国民经济中的重要地位。他强调提出，"全党一定要重视农业。农业关系国计民生极大。要注意，不抓粮食很危险。不抓粮食，总有一天要天下大乱"。① 提出"手里有粮，心里不慌，脚踏实地，喜气洋洋"。② 在实现农业集体化的前提下，大力推进农业现代化。从 1958 年到 1965 年，建成了 150 多项大中型水利设施，黄河、海河、淮河等都得到了很大程度上的治理，当年为害人民生产生活的河流水系，成为社会主义农业发展的有利条件。灌溉面积在全国耕地中所占的比例从 1957 年的 24.4% 上升到了 1965 年的 31.9%。随着基础设施的逐步改善，中国的农业机械化、现代化也得到了极大的进展，现代机械和化学肥料在农业增产中发挥的作用不断提高，机耕面积在耕地总面积中的比重从 1957 年的 2.4% 上升到 1965 年的 15%，机灌面积在灌溉总面积的比重从 4.4% 上升到 24.5%，化肥使用量从每亩 0.5 斤上升到 2.5 斤。③ 与此同时，在推广良种、水土保护、植树造林、改良土壤等方面，也取得了很大成就。农业基础设施不断得到改善，农业现代化的水平不断提升，农业产值有了大幅度提高，形成了农业全面发展的局面。

大力推进科学技术现代化，科学技术发展成绩十分显著，科技成果得到了广泛运用。毛泽东极其重视科技发展，他明确指出，"科学技术这一仗，一定要打，而且必须打好。……不搞科学技术，生产力无法提高"。④ 他指导成立了国务院科学规划委员会和国家科学技术委员会。在 1956 年就制定了《1956—1967 年科学技术发展远景规划纲要》（即"十二年科技发展远景规划"），并于 1962 年提前基本完成。1963 年，他又指导制定了《1963—1972 年科学技术发展规划》（即"十年科学规划"）。在毛泽东的领导下，我国科学技术事业取得了巨大成就。形成了一支比较强大的科学技术队伍，到 1965 年底，全国自然科学技术人员达 245.8 万人，全国专门的科学研究机构 1714 个，专门从事科学研究的人员达 12 万人，⑤ 形成了由中国科学院、各部委和省市自治区直辖市的科研机构、国防系统

---

① 《毛泽东文集》第 7 卷，人民出版社 1999 年版，第 199 页。
② 《毛泽东文集》第 8 卷，人民出版社 1999 年版，第 84 页。
③ 参见刘日新《新中国经济建设简史》，第 233 页。
④ 《毛泽东文集》第 8 卷，第 351 页。
⑤ 中共中央党史研究室：《中国共产党历史》第 2 卷下册，第 689 页。

科研机构、高校科研机构等构成的全国科研工作系统。基础科学研究方面有很多进展，1965 年首次完成人工合成牛胰岛素，这项技术处于世界领先地位。科学应用技术研究方面取得了一系列重大成果，研制了众多新型材料、仪器仪表、精密机械和大型设备，试制了电子计算机、电子显微镜、射电望远镜、高速照相机、氨分子钟、30 万千瓦双水内冷发电机等高精尖设备。这些技术广泛应用于工业、农业、国防等领域，推动了我国科学技术水平的总体提升。

全面推进国防现代化，国防尖端技术攻关成效显著，国防现代化初具规模。在国际军事斗争的实践中，毛泽东清楚地认识到，国防科技特别是尖端技术，决不可能依靠国外，必须自力更生、自己攻关，建立独立的现代国防体系。20 世纪 50 年代中期，毛泽东就明确提出要正确处理经济建设和国防建设的关系，重点研究和发展国防尖端技术，特别是提出了"两弹一星"的重大战略决策。在他的大力倡导和关怀指导下，1958 年 6 月，中国第一座试验原子能反应堆投入试验，并开展研制核动力潜艇。1959 年 6 月，苏联终止向中国提供核武器和导弹技术援助，同年 7 月毛泽东以战略家的胆识提出，我们要自己动手，从头摸起，独立自主地研制尖端技术特别是原子弹。1960 年 11 月，仿制的"东风一号"近程液体弹道导弹发射成功，实现了中国军事装备历史上的重大转折。1964 年 6 月 29 日，中国自行研制的"东风二号"中近程地对地导弹发射成功。同年 10 月 16 日，自行研制的第一颗原子弹爆炸成功。1966 年 10 月 27 日，又实现了原子弹与导弹"两弹结合"的成功试验。与此同时，我国在空军装备、海军装备等方面，都取得了长足发展。国防尖端技术和国防装备现代化的发展，标志着中国的国防科技已经有了迅速发展，大大提高了中国在国际上的地位，为社会主义事业提供了强大的国防军事保障。

繁荣发展教育卫生体育等事业，全面提高和改善群众生活质量，人民生活水平得到显著提高。毛泽东历来高度重视社会主义社会事业的全面发展，以及社会主义条件下人的全面发展，致力于提高人民群众的物质文化生活水平。他积极推进教育事业发展，1957 年就提出了社会主义教育方针："我们的教育方针，应该使受教育者在德育、智育、体育几方面都得到发展，成为有社会主义觉悟的有文化的劳动者。"① 到 1965 年，全国在

---

① 《毛泽东文集》第 7 卷，第 226 页。

校学生达到 1.3 亿人；小学 168.19 万所，在校学生 11620.9 万人，学龄儿童入学率达到了 84.7%；普通中学 18102 所，在校学生 933.8 万人；高等学校 434 所，在校学生 67.4 万人。[①] 中国人民的文化素质得到了极大提高。毛泽东极为重视同人民身体状况直接相关的卫生事业，在他的领导支持下，我国已经建立了比较完善的医疗保健制度，形成了城乡卫生医疗网。到 1965 年，全国省地县级卫生防疫站、妇幼保健站都已建立，绝大部分公社也都建立了卫生院，各种类型的农村基层卫生医疗机构遍布乡村；群众性的爱国卫生运动全面开展，防治流行性疾病工作取得显著成就，旧中国流行的传染病如天花、霍乱、血吸虫病等，有的灭绝，有的基本消灭。我国体育事业蓬勃发展，成功地连续举办了全国运动会，竞技体育有了很大进展，我国运动员多次在世界大赛中获得世界冠军，群众体育更是快速发展，不断掀起全民体育运动高潮，人民群众的身体素质得到了极大提高。毛泽东领导党和国家全面改善群众生活，人民的物质生活水平得到了很大的改善，1964 年的猪肉、羊肉、蔬菜等副食品比 1957 年增长了 30% 以上，纺织品、自行车、收音机等日常生活用品比 1957 年增长了50% 以上。[②] 社会主义制度在改善、提高人民群众生活质量、生活水平方面的优越性，得到了比较好的体现。

毛泽东领导开展了大规模的社会主义文化建设，提出并不断发展完善我国思想文化建设的指导思想、根本标准、方针政策，逐步形成了社会主义的文化体系，对社会主义发展起到了思想保证作用，并在新时期中国特色社会主义事业发展中焕发出新的活力。他还领导确立了和平共处五项原则，制定了独立自主的外交政策，积极发展最广泛的国际友好合作，为中国特色社会主义开辟了有利的国际环境。

二　形成关于社会主义建设的独创性理论成果，为中国特色社会主义提供了思想指南和理论准备

毛泽东在领导社会主义建设的过程中，创造了一系列独创性的关于中

---

① 中华人民共和国教育部计划财务司编：《中国教育成就 1949—1983》（统计资料），人民教育出版社 1984 年版，第 20—23、226 页。

② 人民出版社编：《中华人民共和国第三届全国人民代表大会第一次会议主要文件》，人民出版社 1965 年版，第 8 页。

国社会主义建设的理论成果，极大地推进了马克思主义中国化的进程，为中国特色社会主义提出了正确的思想指南，提供了重要的理论准备。

第一，提出实现马克思主义同中国实际的第二次结合，为建设中国式社会主义确立总的指导原则。

毛泽东对马克思主义、对社会主义和共产主义事业最伟大的理论贡献，一是实现了马克思主义与中国革命实践的第一次结合；二是提出并初步探索了马克思主义与中国建设实际的第二次结合。第一次结合的主题是要找出中国自己的革命道路；第二次结合的主题是要找到中国自己的建设道路。在新民主主义革命和社会主义革命的过程中，毛泽东把马克思主义普遍真理同中国革命的具体实践相结合，走出了具有中国特色的新民主主义革命和社会主义革命道路，形成了指导中国新民主主义革命与社会主义革命的理论及路线方针政策，创立了第一次伟大结合的重大理论成果——毛泽东思想。当中国进入社会主义建设阶段后，毛泽东又率先提出实现马克思主义同中国建设实际的第二次结合的重要思想。随着我国建设事业的全面开展，以及苏联模式弊端的逐渐暴露，毛泽东日益认识到寻找适合中国国情的社会主义建设道路的重要性、必要性和紧迫性。1956 年 3 月 12日，在中共中央政治局会议上，毛泽东就提出应该自己开动脑筋，解决本国革命和建设问题。3 月 23 日，在中共中央书记处扩大会议上，他提出，"把马克思列宁主义的基本原理同我国革命和建设的具体实际结合起来，探索在我们国家里建设社会主义的道路"。4 月 4 日，他明确提出第二次结合的命题："最重要的是要独立思考，把马列主义的基本原理同中国革命和建设的具体实际相结合。民主革命时期我们在吃了大亏之后才成功地实现了这种结合，取得了中国新民主主义革命的胜利。现在是社会主义革命和建设时期，我们要进行第二次结合，找出在中国怎样建设社会主义的道路。……我们应从各方面考虑如何按照中国的情况办事，……现在更要努力找到中国建设社会主义的具体道路。"[①] 正是在这样的理论思考之下，他率先强调中国必须以苏为戒、以苏为鉴，独立自主地探索适合中国国情、具有中国特点的社会主义建设道路。在《论十大关系》的讲话中，他告诫人们："最近苏联方面暴露了他们在建设社会主义过程中的一些缺

---

① 吴冷西：《忆毛主席——我亲身经历的若干重大历史事件片断》，新华出版社 1995 年版，第 9—10 页。

点和错误，他们走过的弯路，你还想走？过去我们就是鉴于他们的经验教训，少走了一些弯路，现在当然更要引以为戒。"① 在修改"八大"政治报告时，他写道："我国是一个东方国家，又是一个大国。因此，我国不但在民主革命过程中有自己的许多特点，在社会主义改造和社会主义建设的过程中也带有自己的许多特点，而且在将来建成社会主义社会以后还会继续存在自己的许多特点。"② 在研读苏联《政治经济学教科书》时，对于书中关于每一个国家都应该"具有自己特别的具体的社会主义建设的形式和方法"的提法，他极为赞同，表示必须把"普遍规律和具体特点相结合"。③ 提出实现马克思主义普遍真理同中国实际的第二次结合，走自己的路，探索适合中国国情、具有中国特点的社会主义建设道路，这是毛泽东在中国社会主义发展史上的重大理论贡献，为实现马克思主义中国化第二次历史性飞跃做了充分的思想酝酿与理论准备，不仅是中国特色社会主义理论、道路、制度形成的历史和逻辑的起点，而且是中国革命、建设和改革的一条指导原则。

第二，做出中国处于不发达社会主义阶段的理论判断，为建设中国式社会主义明确国情依据和战略目标。

实现马克思主义与中国实际的第二次结合，走中国特色社会主义道路，首先必须搞清中国社会主义建设所面临的实际国情，只有搞清国情，从实际出发，才能真正实现第二次结合。对国情的判断，最重要的就是要科学分析我国所处的发展阶段。经过深入调查研究和比较分析，毛泽东提出，社会主义分为不发达的社会主义和比较发达的社会主义两个阶段，中国不要过早地讲建成社会主义，得出了中国正在并长期处于"不发达的社会主义"阶段④的判断。从这个基本认识出发，他对我国社会主义建设的阶段性、长期性和曲折性有了初步认识。他说，"建设强大的社会主义经济，在中国，五十年不行，会要一百年，或者更多的时间"。⑤ 毛泽东关于中国处于不发达的社会主义阶段的判断，是党提出社会主义初级阶段理论的思想源头，揭示了中国社会主义建设的国情依据和基本出发点。从

---

① 《毛泽东文集》第 7 卷，第 23 页。
② 《建国以来毛泽东文稿》第 6 册，中央文献出版社 1992 年版，第 143 页。
③ 《毛泽东文集》第 8 卷，第 116 页。
④ 同上。
⑤ 同上书，第 301 页。

中国实际国情出发，毛泽东对中国社会主义发展战略作了科学谋划。关于中国社会主义的长远发展战略，毛泽东从新中国成立伊始就开始长期探索，做出了重要论断。新中国成立初期提出"三年五年恢复，十年八年发展"的规划，50 年代早期提出经过三个五年计划完成过渡任务的战略，在社会主义改造的进程中提出了要过好民主主义关、过渡时期关和社会主义关的"过三关"思想。他多次明确提出中国要经过 50 年到 100 年的时间，赶上和超过英美等资本主义发达国家，把中国建设成为强大的富强的社会主义国家的战略目标。在《关于正确处理人民内部矛盾的问题》中，比较完整地提出了社会主义现代化的发展战略，这就是要"将我国建设成为一个具有现代工业、现代农业和现代科学文化的社会主义国家"。①在阅读苏联《政治经济学教科书》时，又提出要加上国防现代化："建设社会主义，原来要求是工业现代化，农业现代化，科学文化现代化，现在要加上国防现代化。"② 他提出的社会主义战略目标，对新时期我国社会主义现代化发展战略的制定具有极大的前瞻性和指导性。

第三，创立社会主义基本矛盾、主要矛盾和人民内部矛盾学说，为建设中国式社会主义提供哲学依据和科学方法。

在《论十大关系》、《关于正确处理人民内部矛盾的问题》等著作中，毛泽东运用对立统一的观点观察分析当时我国社会的阶级、阶级斗争和社会矛盾问题，明确提出了关于社会主义基本矛盾、主要矛盾和人民内部矛盾的创新理论。他在马克思主义发展史上第一次明确提出，社会主义社会的基本矛盾仍然是生产力和生产关系、上层建筑和经济基础的矛盾，二者之间基本适应但又有不适应的方面，这种不适应可以通过改革使社会主义制度不断完善加以解决。他指出，进入社会主义建设时期，阶级斗争已经不是我国的主要矛盾，人民对于经济文化迅速发展的需要同当前经济文化不能满足人们需要的状况之间的矛盾是国内的主要矛盾，这个矛盾决定了发展生产力是社会主义的根本任务。他明确提出，社会主义社会存在着两类不同性质的矛盾，即敌我矛盾和人民内部矛盾，前者是对抗性质的，后者是非对抗性质的，两种不同性质的矛盾的解决方法是不同的，必须正确区分和处理两类不同性质的矛盾，特别是要把正确处理人民内部矛盾作为

---

① 《毛泽东文集》第 7 卷，第 207 页。
② 《毛泽东文集》第 8 卷，第 116 页。

国家政治生活的主题。在《论十大关系》中，他以马克思主义的唯物辩证法为指导，系统论述了社会主义建设和发展中带有全局性的重大关系，强调必须用辩证法思想、统筹兼顾的方法来处理这些关系，既要坚持两点论，又要坚持重点论；既要抓好主要矛盾，又要解决好非主要矛盾；在处理国家、集体和个人三者利益的关系上，必须统筹兼顾，不能只顾一头；在中央和地方的关系上，必须处理好统一性和独立性的关系……必须把这些辩证法思想贯彻到社会主义建设的方方面面。毛泽东关于社会主义基本矛盾、主要矛盾和人民内部矛盾的理论，是我国实现拨乱反正，实行改革开放，确立以经济建设为中心的基本路线的哲学根据；他关于社会主义建设方法的探索，为形成社会主义建设正确路线提供了重要的方法论依据。

第四，制定社会主义民主政治建设的总方针和总目标，为建设中国式社会主义明确政治方向和基本方针。

新中国成立后，毛泽东就一直致力于探索社会主义政治发展道路，提出要形成一种有利于社会主义建设的良好政治局面。1957年他提出了社会主义民主政治建设的总目标，即"要造成一个又有集中又有民主，又有纪律又有自由，又有统一意志、又有个人心情舒畅、生动活泼，那样一种政治局面"。怎样形成良好的政治局面呢？在《论十大关系》中，毛泽东开宗明义地提出了一个基本方针，"就是要把国内外一切积极因素调动起来，为社会主义事业服务"；"要调动一切直接的和间接的力量，为把我国建设成为一个强大的社会主义国家而奋斗"。[①] 为了调动一切积极因素，他提出了要处理好一系列重要的政治关系，他所论述的十大关系，其中有五个方面都是有关政治建设的，即汉族和少数民族的关系、党和非党的关系、革命和反革命的关系、是非关系、中国和外国的关系。围绕着这个基本方针，毛泽东在社会主义民主政治建设问题上，提出了一系列重要的观点：在国家的根本政治制度上，必须始终坚持人民民主专政，实行人民代表大会制度；在中国共产党和民主党派的关系上，必须加强中国共产党领导下的多党合作和政治协商制度，共产党和民主党派要实行"长期共存、互相监督"的方针；在民族问题上，坚决实施民族区域自治制度，推动民族地区的民主改革，促进少数民族经济文化发展，反对大汉族主义和地方民族主义。毛泽东对社会主义民主法制是高度重视的，他多次强

---

① 《毛泽东文集》第7卷，第23—24页。

调，在国家政治生活中要扩大党内民主和社会民主，把坚持民主集中制和发扬社会主义民主，提高到巩固国家政权的高度，"没有民主集中制，无产阶级专政不可能巩固"。在法制问题上，他强调必须反对官僚主义，逐步健全社会主义法制，真正做到"有法可依、有法必依"。

第五，探求指导社会主义建设的经济理论和经济政策，为建设中国式社会主义做出重要的政治经济学理论创新。

毛泽东强调，为了推进中国社会主义经济建设，既要坚持马克思主义政治经济学的基本原理，又要立足中国国情，总结中国经验，不断推进马克思主义理论创新，产生自己的理论家，创造自己的经济学理论，形成具有中国自己特色的政治经济学理论。他在读苏联《政治经济学教科书》时明确指出："马克思这些老祖宗的书，必须读，他们的基本原理必须遵守，这是第一。但是，任何国家的共产党，任何国家的思想界，都要创造新的理论，写出新的著作，产生自己的理论家，来为当前的政治服务，单靠老祖宗是不行的。"① 毛泽东自己就在社会主义政治经济学理论方面做出了重要的理论创新，在经济体制、商品经济、对外开放等方面提出了一系列重要理论论断。他率先提出社会主义要大力发展商品生产和商品交换，认为商品生产本身是没有什么制度性的，它只是一种工具，看一种商品经济的制度特征，"要看它是同什么经济制度相联系，同资本主义制度相联系就是资本主义的商品生产，同社会主义制度相联系就是社会主义的商品生产"。② 社会主义时期，必须充分利用商品经济这个工具，使之为社会主义建设服务，中国的商品经济很不发达，一定要"有计划地大力发展社会主义的商品生产"；③ 一味否定商品经济的观点"是错误的，这是违背客观法则的"。④ 他明确指出，价值规律在我国的社会主义建设中发挥着作用，价值"这个法则是一个伟大的学校，只有利用它，才有可能教会我们的几千万干部和几万万人民，才有可能建设我们的社会主义和共产主义。否则一切都不可能"。⑤ 他从中国实际国情出发明确指出，基于中国经济发展的现实状况，在对待资本主义和私营经济问题上，既不搞

① 《毛泽东文集》第 8 卷，第 109 页。
② 《毛泽东文集》第 7 卷，第 439 页。
③ 同上书，第 437 页。
④ 同上书，第 438 页。
⑤ 《毛泽东文集》第 8 卷，第 34 页。

教条化，也不搞西化，认为可以在搞国营的基础上搞私营，坚持社会主义的前提下搞资本主义，"可以搞国营，也可以搞私营"，① 可以消灭资本主义，又搞资本主义，因为"它是社会主义经济的一个补充"。② 在经济体制和所有制结构方面，他明确提出要调动两个积极性的思想，"我们不能像苏联那样，把什么都集中到中央，把地方卡得死死的，一点机动权也没有"。③ 一定要划分好中央和地方的经济管理权限，充分发挥好中央和地方两个积极性。在对外开放的问题上，他提出"向外国学习"④ 的口号，在对外开放问题上，要搞两点论而不是一点论，"一切民族、一切国家的长处都要学，政治、经济、科学、技术、文学、艺术的一切真正好的东西都要学。但是，必须有分析有批判地学，不能盲目地学，不能一切照抄，机械搬用"。⑤ 他在经济建设的基本方针和方法上提出：既要反对保守又要反对冒进，在综合平衡中稳步前进，以农业为基础，以工业为主导，按农、轻、重的次序安排国民经济计划，从中国的具体情况出发，搞好综合平衡，统筹兼顾，适当安排，勤俭办事。这些重要论断为改革开放时期我们党提出经济体制改革、对外开放、社会主义市场经济体制等做了重要的理论储备。

第六，提出发展社会主义文化的方针政策和战略思考，为建设中国式社会主义确定思想指南和文化旨要。

毛泽东首先明确了马克思主义在我国社会主义建设中的根本指导地位，把马克思主义牢固地确立为社会主义思想文化的灵魂。他反复强调，马克思主义是指导我们思想的理论基础，"马克思主义的基本原则又是不能违背的，违背了就要犯错误"。⑥ 马克思主义不是某一方面工作的指导思想，而是社会主义建设全部工作的根本指针，是当代中国一切发展进步的方向引领和思想保证，任何时候都不能偏离更不能动摇。他亲自主持把马克思列宁主义作为指导思想写进新中国的首部宪法当中，使作为领导阶级的工人阶级的世界观方法论——马克思主义成为社会主义的国家意志，

---

① 《毛泽东文集》第 7 卷，第 170 页。

② 中共中央文献研究室编：《刘少奇论新中国经济建设》，中央文献出版社 1993 年版，第 327 页。

③ 《毛泽东文集》第 7 卷，第 31 页。

④ 同上书，第 41 页。

⑤ 同上。

⑥ 同上书，第 281 页。

使党的指导思想上升为国家的主流意识形态，形成了中国社会主义文化建设的核心内容和根本原则。他从中国社会主义制度长远发展的战略高度，高度强调共产主义理想信念教育，提出了培养共产主义接班人的重大历史任务，并提出了"又红又专"的接班人标准。明确提出了社会主义文化发展中判别大是大非的六条根本标准，即有利于团结全国各族人民、有利于社会主义改造和社会主义建设、有利于巩固人民民主专政、有利于巩固民主集中制、有利于巩固共产党的领导、有利于社会主义的国际团结和全世界爱好和平人民的国际团结，并特别强调，"这六条标准中，最重要的是社会主义道路和党的领导两条"。① 这六条标准成为"四项基本原则"的直接理论源头，邓小平曾明确说过"这四项基本原则并不是新的东西，是我们党长期以来所一贯坚持的"。② 毛泽东创造性地提出了繁荣发展社会主义文化的根本方针，他指出："百花齐放，百家争鸣，这是一个基本性的同时也是长期性的方针，不是一个暂时性的方针。"③ 他提出要做到"古为今用、洋为中用"，继承和吸收古今中外一切有益的科学文化知识。他高度重视科学技术在社会主义建设中的极端重要性，明确提出了"向科学进军"的口号，并把科学技术现代化作为社会主义现代化的重要组成部分。他充分肯定知识分子在社会主义建设中的地位作用，明确提出我国知识分子的大多数已经是中国工人阶级的组成部分，要实现达到世界先进水平的伟大目标，"决定一切的是要有干部，要有数量足够的、优秀的科学技术专家"。④

第七，规定中国外交工作总的方针政策，为建设中国式社会主义争取有利的外部环境。

毛泽东提出了"互相尊重主权和领土完整、互不侵犯、互不干涉内政、平等互利、和平共处"的五项原则，确定了新中国处理国际关系的根本原则。在世界总体格局上，提出了"三个世界"划分的战略思想，认为中国作为第三世界国家，要加强同广大第三世界国家的团结，争取第二世界国家，反对超级大国的控制，反对殖民主义、帝国主义和霸权主义，中国现在不是，将来也决不做超级大国，着力改善和发展同新兴民族

① 《毛泽东文集》第7卷，第234页。
② 《邓小平文选》第2卷，人民出版社1994年版，第165页。
③ 《毛泽东文集》第7卷，第278页。
④ 同上书，第2页。

独立国家尤其是临近国家的关系。在党际关系上，强调各个国家的共产党是兄弟党而不是父子党关系，各国共产党应该根据本国的具体国情确定自己的路线方针政策，在社会主义阵营中，各国应该独立自主地探索符合自身国情的社会主义道路。在依靠自己和借鉴外国经验的关系上，提出了自力更生为主、争取外援为辅的基本路线，强调必须破除迷信，独立自主地干工业、干农业、干科技革命和文化革命，打倒奴隶思想，埋葬教条主义，要认真学习外国的好经验，也一定要研究外国的坏经验。毛泽东坚持独立自主的外交方针，为维护国家主权，同美国、苏联等超级大国进行斗争，坚决反对美国炮制的"两个中国"的阴谋，顶住来自苏联的压力，合理调整社会主义阵营中的党际国际关系；全面改善同周边国家的关系，和平解决同西南邻国的边界问题；妥善处理同世界范围内三种力量的关系，积极发展同广大发展中国家特别是亚非拉国家的友好合作关系；经过长期艰苦的外交斗争，在1971年第26届联合国大会上成功恢复中华人民共和国在联合国的一切合法权利，取得了外交工作的重大突破；在反对大国霸权主义的前提下，同法国、加拿大、意大利、英国、日本等西方大国展开全面外交，并成功启动了中美关系正常化的历史进程。这些重大成果，极大地改善了中国的安全环境，拓展了中国外交活动的舞台，为开展社会主义建设创造了比较好的国际环境，为新时期的改革开放和更加积极地参与国际事务活动创造了前提条件。

第八，坚持中国共产党在中国社会主义建设中的领导核心地位，为建设中国式社会主义提供重要的组织保证。

毛泽东深刻论述了中国共产党在社会主义建设中的重要地位，强调党是全国人民的领导核心，是领导中国社会主义建设事业的核心力量，任何时候都必须坚持中国共产党的领导。党的七届二中全会上，他就告诫全党同志要牢记"两个务必"。新中国成立以后，针对中国共产党夺取政权后的形势和特点，及时提出了加强执政党建设的紧迫任务，强调要始终警惕和预防共产党变质变色。毛泽东高度重视党的制度建设，强调维护和发展民主集中制，发展党内民主，加强党内监督，加强集体领导，反对个人崇拜，维护党的团结统一，初步提出了废除领导干部终身制的设想，并明确提出自己希望退出领导岗位，提出了在中央领导中设置一线、二线，推行党代表常任制和领导干部任期制。他还提出了思想工作是一切工作的生命线等科学论断，大力加强党的作风建设、思想建设，强调必须始终贯彻党的群众路线，密切联系群众，反对主观主义、宗派主义和官僚主义，全面推进党的建设伟大工程。

三 积累社会主义建设正反两方面的经验教训，为中国特色社会主义提供宝贵经验

在中国搞社会主义建设是前无古人的事情，必须在实践中边实践、边探索、边总结、边发展。1961 年 6 月 12 日，毛泽东在中共中央工作会议上就谈道："社会主义谁也没有干过，没有先学会社会主义的具体政策而后搞社会主义的。我们搞了十一年社会主义，现在要总结经验。"① 在探索中不可能一帆风顺，失误在所难免，失误的教训也是宝贵经验。1963 年 9 月 3 日，他曾谈到，"我们有两种经验，错误的经验和正确的经验。正确的经验鼓励了我们，错误的经验教训了我们"。② 毛泽东在探索中既留下了成功的经验，也留下了失误的教训，这两方面都为当今中国特色社会主义建设提供了宝贵经验和重要启示。

第一，毫不动摇地坚持马克思主义指导，坚持不懈地推进马克思主义中国化。

在全国人大第一次代表大会上，毛泽东明确指出，指导我们思想的理论基础是马克思列宁主义。从那时起，马克思主义就一直写在宪法当中，成为指导中国人民建设社会主义的光辉旗帜。正是坚持马克思主义的普遍原理同中国具体实际的有机结合，我们党开始独立自主地探索社会主义建设道路，取得了重大成就并不断纠正探索中的失误，在新的历史时期成功开辟了中国特色社会主义道路。进一步推进中国特色社会主义发展，必须毫不动摇地坚持马克思主义的指导地位，夯实党和国家发展的理论基础，任何企图搞指导思想多元化的主张都是错误的。同时，必须科学地而不是教条主义地对待马克思主义，着力用马克思主义的基本原理来解决发展中的矛盾和问题，提出新的思想、观点和论断，与时俱进地发展马克思主义，不断形成马克思主义中国化的理论创新成果，以不断创新的中国化的马克思主义指导不断前行的实践。

---

① 《毛泽东文集》第 8 卷，第 276 页。
② 同上书，第 338 页。

第二，始终不渝地坚持中国共产党的领导，不断提高执政党建设的科学化水平。

在探索中国社会主义建设道路的过程中，毛泽东反复强调，领导我们事业的核心力量是中国共产党。党的领导核心地位，不是自封的，而是历史的选择、人民的选择。党领导人民建立了人民民主专政的国家政权，真正实现人民当家作主，建立了社会主义制度，实现了中国历史上最深刻的社会变革，并经过艰辛探索开创了中国特色社会主义的伟大事业。中国共产党是当代中国一切发展进步的坚强领导核心，进一步推进中国特色社会主义发展，必须始终不渝地坚持和巩固党的领导，充分发挥党总揽全局、协调各方的领导核心作用，任何企图搞多党制，动摇党的领导地位的主张都是错误的。同时，必须不断提高党的建设的科学化水平，保持党的先进性和纯洁性，增强党的创造力、凝聚力、战斗力，改进党的领导方式和执政方式，提高党科学执政、民主执政、依法执政水平，建设学习型、服务型、创新型的马克思主义执政党，确保党始终成为中国特色社会主义事业的坚强领导核心。

第三，坚定不移地走社会主义道路，牢固树立中国特色社会主义共同理想。

只有社会主义才能救中国，这是中国人民从近代以来救国救民的艰辛探索和革命建设改革的实践中得出的不可动摇的历史结论，中国离开社会主义必然退回到半封建半殖民地的落后挨打的状态。改革开放以来，我们党成功开辟了中国特色社会主义道路，社会主义在中国获得了巨大成功，取得了举世瞩目的辉煌成就。中国特色社会主义是当代中国发展进步的根本方向，只有中国特色社会主义才能发展中国，越来越成为全体中国人民的集体共识，企图走封闭僵化的老路，或者改旗易帜的邪路，都是极端错误的。正如习近平总书记所说："中国特色社会主义在本质上是科学社会主义而不是其他什么主义"，"是科学社会主义理论逻辑和中国社会发展历史逻辑的辩证统一，是根植于中国大地、反映中国人民意愿、适应中国和时代发展进步要求的科学社会主义"。任何企图放弃科学社会主义的基本原则，用其他的各种"主义"、"理论"来解释甚至取代中国特色社会主义的主张都是必须坚决反对的。

第四，加强和巩固人民民主专政，为中国特色社会主义发展提供最可靠的保障。

人民民主专政的国家政权，是中国人民发展中国特色社会主义的根本保障。人民民主专政从根本上说就是对人民实行民主、对敌人实行专政，没有人民民主专政，我们就不可能保卫从而也不可能建设社会主义。发展中国特色社会主义民主政治，必须坚持党的领导、人民当家作主、依法治国有机统一，以保证人民当家作主为根本，以增强党和国家活力、调动人民积极性为目标，扩大社会主义民主，加快建设社会主义法治国家，发展社会主义政治文明。但是，发展社会主义民主并不是要弱化甚至消除对敌视和破坏社会主义的势力的专政。我们正处于改革开放的关键时期，一些敌视和反对社会主义的势力乘势骚动，西方敌对势力也加紧对我进行西化、分化，制造民族分裂，危害社会稳定，形成了特殊形式的阶级斗争。对于这些企图反对和颠覆社会主义的势力，必须实行人民民主专政，否则中国特色社会主义事业就会受到冲击。

第五，紧紧抓住经济建设这个中心不放松，把发展社会主义社会生产力作为根本任务。

当年，毛泽东及时领导党和国家把工作重心转移到以经济建设为中心的社会主义建设上来，大力发展社会生产力。后来一度偏离了以经济建设为中心的正确轨道，走了一些弯路。改革开放以来，我们党明确提出，贫穷不是社会主义，发展才是硬道理，必须坚持以经济建设为中心、坚持改革开放、坚持四项基本原则的基本路线，使我国的经济社会发展不断实现新的飞跃。进一步推进中国特色社会主义发展，必须把解放和发展社会生产力作为根本任务，坚持以经济建设为中心为兴国之要，推动经济持续健康发展，筑牢国家繁荣富强、人民幸福安康、社会和谐稳定的物质基础。任何企图动摇以经济建设为中心、更换中心或搞"多中心论"的主张都是错误的，必须坚决反对。

第六，一刻也不能忘记和放松党的意识形态和宣传思想工作，不断巩固和强化全党全国人民发展中国特色社会主义的共同思想基础。

历史经验表明，经济工作搞不好，要出大问题；意识形态工作抓不好，也要出大问题。经济建设是中心工作，必须紧紧抓住不松劲，意识形态工作同样也不能有丝毫松懈。在以经济建设为中心工作的同时，必须大力抓好党的意识形态和宣传思想工作，抓好全党全国人民的思想道德建设，抓好社会主义核心价值观建设，筑牢全党全国人民团结奋斗、发展中国特色社会主义的思想理论基础。

第七，必须从社会主义初级阶段的基本国情出发制定路线方针政策，以最大的政治勇气推进改革开放。

科学认识和把握基本国情，是正确制定路线方针政策的根本依据和出发点。什么时候能够正确地科学地把握基本国情，什么时候社会主义建设事业就能够顺利发展，相反则会遭遇到曲折甚至严重挫折。毛泽东在民主革命时期就指出："认清中国社会的性质，就是说，认清中国的国情，乃是认清一切革命问题的基本的根据。"[①] 革命如此，建设和改革更是如此。改革开放以来，我们党科学把握基本国情，明确提出我国仍处于并将长期处于社会主义初级阶段，从这个最大的实际出发制定政策，推进各个方面的改革发展。立足于社会主义初级阶段的基本国情，我们必须把改革开放作为坚持和发展中国特色社会主义的必由之路，把改革创新精神贯彻到治国理政的各个环节，以更大的政治勇气和智慧，发展和完善以公有制为主体、多种所有制经济共同发展的基本经济制度，把社会主义制度同市场经济结合起来，发展和完善社会主义市场经济体制；与此同时，不断推进政治、文化、社会等各方面改革创新，实现社会主义制度的自我完善和发展。

第八，把尊重历史规律同尊重群众首创精神结合起来，形成发展中国特色社会主义的历史合力。

社会主义建设是一项十分艰巨复杂的宏大历史工程，必须尊重客观规律，按照经济建设的规律办事。社会主义又是一项群众性的事业，必须充分尊重人民群众的创造性。毛泽东能够及时提出把工作重心转移到经济建设上来，把发展社会主义生产力作为工作中心，提出价值法则是一所大学校，必须学习经济规律。他能够适时地把广大群众建设社会主义的热情转化为行动，掀起社会主义建设的高潮。调动一切积极因素、团结一切可以团结的力量，把我国建设成为伟大的社会主义强国，为中华民族的发展振兴和人类的和平发展做出更大贡献，是毛泽东在探索中国社会主义建设中特别强调的基本方针。毛泽东同样告诉我们，不尊重历史发展的客观规律就会片面夸大人的主观能动性而陷入主观主义，不尊重群众的创造性就会错失发展机遇，这两种做法都会使社会主义建设遭遇严重挫折。发展中国特色社会主义，必须尊重历史发展的客观规律，科学制定发展战略和方针

---

① 《毛泽东选集》第2卷，人民出版社1991年版，第633页。

政策，同时必须尊重人民群众的首创精神，牢牢坚持人民主体地位，实现客观与主观的良性互动，形成推进中国特色社会主义发展进步的历史合力。

第九，勇于纠正工作失误并及时总结经验教训，推动中国特色社会主义健康发展。

由于缺乏历史经验和各种因素的影响，毛泽东在社会主义建设道路探索中出现过一些严重曲折。作为一个真正的马克思主义者，毛泽东勇于面对错误、挫折，并努力纠正工作失误。他多次进行纠偏努力，大力提倡调查研究，充分发扬党内民主和人民民主，吸收各方面智慧，带头进行自我批评，勇于改正工作失误，较好地实现了国民经济的恢复调整，极大地减轻了失误带来的损失，使社会主义建设总体上走在健康发展的道路上。当然，由于对国内主要矛盾的判断出现了重大偏差，20世纪60年代中期以后又遭遇了更严重的挫折，虽然毛泽东多次试图纠正，但没有从根本上改变。改革开放后，我们党充分汲取了这个经验教训，使中国特色社会主义事业日益兴旺发达，中国特色社会主义道路越走越宽。如今，改革开放事业又到了一个关键时期，当代中国共产党人既不能幻想失误不会出现，也不能在失误面前惊慌失措或刻意回避，而是要敢于知错认错纠错，及时总结经验教训，以发展着的马克思主义指导新的实践，不断增强指导发展的科学性，把中国特色社会主义事业进一步推向前进。

第十，深入探索社会主义建设的科学方法，完善中国特色社会主义的总布局。

分析把握和正确处理社会主义建设中的重大关系，是毛泽东留给后人最可宝贵的重要经验之一。改革开放以来，我们党坚持和发展了这个宝贵经验，正确认识和妥善处理中国特色社会主义事业中的重大关系，统筹改革发展稳定、内政外交国防、治党治国治军各方面工作，统筹城乡发展、区域发展、经济社会发展、人与自然和谐发展、国内发展和对外开放，统筹各方面利益关系，形成了良好的发展局面。在进一步推进中国特色社会主义事业的进程中，我们应该更加自觉地探索改革发展的科学方法，坚持全面协调可持续的科学发展，全面落实并不断完善经济建设、政治建设、文化建设、社会建设、生态文明建设五位一体的总布局，促进社会主义现代化建设各方面相协调，促进生产关系与生产力、上层建筑与经济基础相协调，不断开拓生产发展、生活富裕、生态良好的文明发展道路。

当前，中国已经站在实现社会主义现代化和中华民族伟大复兴的新的历史起点上，党的十八大全面系统地提出了发展中国特色社会主义的八项基本要求，即必须坚持人民主体地位、必须坚持解放和发展社会生产力、必须坚持推进改革开放、必须坚持维护社会公平正义、必须坚持走共同富裕道路、必须坚持促进社会和谐、必须坚持和平发展、必须坚持党的领导。这些基本要求揭示了中国特色社会主义建设中最本质的东西，体现了共产党执政规律、社会主义建设规律、人类社会发展规律，显示了中国共产党对中国特色社会主义规律的深度把握，对我国全面建成小康社会的各项工作，具有重大而长远的指导意义。我们一定要毫不动摇地牢牢把握坚持和发展中国特色社会主义的基本要求，努力把中国特色社会主义事业推向前进，为实现社会主义现代化和中华民族伟大复兴的中国梦而努力奋斗，创造中国人民和中华民族更加幸福美好的未来。

没有毛泽东对中国特色社会主义的奠基工作和先行探索，就没有中国特色社会主义的今天；同样，没有中国特色社会主义的今天，毛泽东开创的社会主义建设事业就不会持续发展。

《中国社会科学》2013 年第 12 期

哲　　学

论儒教的形成

任继愈[*]

摘要 本文论述了儒家逐渐演化为儒教的过程：从汉代董仲舒开始至宋明理学的建立，经历了千余年的时间，而形成"不具宗教之名而有宗教之实的儒教"。作者在论证了儒教的形成之后，指出：不可把春秋时期作为教育家、思想家的孔子和尔后被儒教奉为教主的孔子混为一谈。说孔子必须打倒是不对的。说儒教应该废除则是应该的；因为它给中国人民带来的是灾难、是桎梏、是毒瘤，它是封建宗法专制主义的精神支柱，是使中国人民长期愚昧落后、思想僵化的总根源，也是阻碍我国现代化的极大的思想障碍。

中国哲学史是在中国这块土地上生长、发展的，中国社会历史的特点，决定了中国哲学史的面貌和性质，正像欧洲的社会历史决定欧洲哲学史的面貌和性质一样。

中国有文字记载的历史绝大部分是封建社会的历史，中国哲学史的发展主要是在中国封建社会历史时期进行的。研究中国哲学史，如果把中国封建社会的哲学史研究清楚了，找到它的基本规律，中国哲学史的主要任务也接近完成了。中国封建社会历史有哪些特点，大家的意见还不一致，剔除其分歧的部分，总还有些基本上被人们公认的部分。简略地说，中国的封建社会历史约有以下几个特点：

（1）中国封建社会维持的时间长久而稳定；

（2）封建宗法制度发展得比较完备；

---

* 任继愈，1916年生。曾任中国社会科学院研究生院教授、世界宗教研究所所长。著有《中国哲学史》、《汉唐佛教思想论集》等。

（3）中央集权下的多民族的大一统国家结构形成得早，分裂不能持久；

（4）农民起义次数多、规模大；

（5）在中国的封建制度下，资本主义没有得到很好的发展。

如果把中国封建社会发展的阶段再进一步划分，可以分为以下六个时期：（1）分散割据的封建诸侯统治时期（春秋战国到秦统一前）；（2）中央集权的封建专制制度建立时期（秦汉）；（3）门阀士族封建专制时期（魏晋南北朝）；（4）统一的封建国家重建，兴盛与地方割据时期（隋唐五代）；（5）封建国家中央集权制完备与社会停滞时期（宋元明）；（6）封建社会僵化没落时期（清）。以上六个时期，隋唐以前封建社会在发展、在前进，宋元明以后封建社会制度则开始停滞以至僵化。在上述经济、政治形势变动的同时，代表统治阶级利益的思想体系也相应地发生着变化。

封建社会的上述历史特点和历史过程，造就了以儒学为核心的封建意识形态，这种同封建宗法制度和君主专制的统一政权相适应的意识形态，对劳动人民起着极大的麻醉欺骗作用，因而它有效地稳定着封建社会秩序。为了使儒家更好地发挥巩固封建经济和政治制度的作用，历代封建统治者及其思想家们不断地对它加工改造，逐渐使它完备细密，并在一个很长时间内，进行了儒学的造神活动：把孔子偶像化，把儒家经典神圣化，又吸收佛教、道教的思想，将儒家搞成了神学。这种神学化了的儒家，把政治、哲学和伦理三者融为一体，形成了一个庞大的儒教体系，一直在意识形态领域占据着正统地位，对于巩固封建制度和延长其寿命，起了十分巨大的作用。

春秋时期孔子创立的儒家学说本来就是直接继承了殷周奴隶制时期的天命神学和祖宗崇拜的宗教思想发展而来的，这种学说的核心就是强调尊尊、亲亲，维护君父的绝对统治地位，巩固专制宗法的等级制度。所以这种学说稍加改造就可以适应封建统治者的需要，本身就具有再进一步发展成为宗教的可能。但是在先秦它还不是宗教，只是作为一种政治伦理学说与其他各家进行争鸣。由儒学发展为儒教是伴随着封建统一大帝国的建立和巩固逐渐进行的，曾经历了千余年的过程。孔子的学说共经历了两次大的改造。第一次改造在汉代，它是由汉武帝支持，由董仲舒推行的，这就是中国历史上所谓"罢黜百家，独尊儒术"的措施。汉代大一统的中央集权封建宗法专制国家需要一套在意识形态上和它紧密配合的宗教、哲学体系。孔子被推到了前台，董仲舒、《白虎通》借孔子之口，宣传适合汉代统治者要求的宗教思想。第二次改造在宋代，宋统治者集团利用机会从唐末五代分散割据的混乱局面中捞到了政权。他们鉴于前朝覆亡的教训，把政治、军事、财政、用人的权力全部集中到中央。宋朝对外宁可退让，对内则强化中央集权的封建宗法专制制度；思想文化领域里也要有与它相适应的意识形态相配合。汉唐与宋明都是中央集权的封建宗法专制制度的国家，但中央权力却是越来越集中，思想文化方面的统治方法也越来越周密。为了适应宋朝统治者的需要，产生了宋明理学，即儒教。儒家的第二次改造，虽说完成于宋代，追溯上去，可以上溯到唐代。韩愈推重《大学》，用儒教的道统对抗佛教的法统。李翱用《中庸》来对抗佛教的宗教神秘主义。到宋代朱熹则把《论语》、《孟子》、《大学》、《中庸》定为"四书"，用一生精力为它作注解。朱熹的《四书集注》被宋以后的历代封建统治者定为全国通用的教科书。"四书"从十三经中突出出来，受到特殊的重视。

下面，我们就从汉代起回溯这个历史过程。

封建大一统的局面形成之后，必然要求与它相适应的哲学作为指导思想。秦王朝不加掩饰地实行严刑峻法，结果很快覆亡了。贾谊《过秦论》就总结了这一教训。汉初的黄老之术，虽有一时的作用，但不是封建国家长治久安之策。统一的封建帝国需要这样一种思想体系：它能够用统一的神权来维护至上的君权，它能够用祖先崇拜来巩固宗法等级制度，它又能够用仁义道德的说教来掩饰统治者对劳动人民的压迫和剥削。为了寻求合适的思想体系，西汉王朝探索了六七十年之久，终于选中儒家，出现了儒家的代表人物董仲舒。董仲舒为了巩固政治的统一，主张思想统一，提出罢黜百家、独尊儒术。从董仲舒起，孔子被抬上了宗教教主的地位。春秋时期的孔子是一位政治家、思想家、教育家和儒家学术团体的领袖，但常常被嘲弄、被冷遇；汉代的孔子就成了儒教的庄严、神圣的教主，他被塑造成神，成了永恒真理的化身。汉代封建统治者希望人民去做的许多事，都假借孔子的名义来推广，封建宗法制度进一步得到巩固、加强。"三纲"说在荀子、韩非的著作中已开始提出，但那时只是一家之言，表达一种政治伦理思想。汉代董仲舒以后，通过政府把它推广到社会生活中去。东汉的地方察举制度曾规定了许多道德品目，如"孝廉"，既是一种道德品质，又是一种做官仕进的条件。儒家的封建伦理和社会政治的制度结合得更紧了。西汉和东汉统治者为了巩固中央集权，使王权与神权进一步合流，为王权神授制造理论根据。但在实际政治生活中，他们把神权限制在王权之下，而不允许平起平坐，更不用说神权凌驾王权之上了。

中国封建统治者，由于和农民起义打交道的经验多，日益感到利用宗教化的儒学来麻痹人民的反抗意志十分必要。因此，汉代开始采用儒家的经典来为他们的政治、法律措施作说明。汉武帝时，张汤决狱，要从《春秋》中找根据（其实是捕风捉影，与《春秋》没有关系）。东汉以皇帝名义召开的白虎观的会议，更是用政权来推行神权、用神权维护政权的典型例子。这时的儒家的面貌已经不同于先秦的儒家，孔子地位被抬高了。

汉代的儒家，先按照地上王国的模特儿塑造了天上王国，然后假借天上王国的神意来对地上王国的一切活动发指示。这就是汉代从董仲舒到白虎观会议的神学目的论的实质。天为阳、为君、为父、为夫；地为阴、为臣、为子、为妇。天地自然界的秩序被说成像地上汉王朝那样的社会秩序。自然界也被赋予封建伦理道德的属性。虽然没有西方上帝造人类那样的创世说，但也有类似的地方。儒家定于一尊，儒家的经典成为宗教、哲学、政治、法律，道德、社会生活、家庭生活以及风俗习惯的理论依据。哲学虽不像欧洲中世纪那样都成为神学的婢女，但成了六经的注脚，非圣等于犯法。所谓圣人就是尧、舜、禹、汤、文、武、周公、孔子等儒家所崇拜的偶像。

东汉末年的黄巾大起义，动摇了汉王朝的政治统治基础。王权与神权紧密配合的汉王朝崩溃，代之而起的是分散割据的地方封建势力。政治上出现了三国分立的局面。三国时，商业交换基本停止，不再铸造货币，出现了更典型的自然经济。以王权、神权相结合的儒家正统思想——神学目的论也受到了致命的冲击。这时出现了魏晋玄学，在民间和社会上层相继发展了佛教、道教。这时，我国北方、南方少数民族也纷纷武装起义来反抗汉族的政治压迫。他们的领袖人物中有的是被卖的奴隶，后来起义成功，建立了王朝。[①] 在思想领域，他们首先冲击的是儒家内中华而外夷狄的思想。少数民族统治者信奉佛教。汉族群众信奉佛教和道教。五斗米道、太平道在农民中间广泛流行。

由于中国广大地区已具有高度的封建经济、政治和文化，少数民族掌

---

① 如以刘聪、石勒等人（《晋书》卷102及卷104）为代表的北方少数民族的起义。

握政权后，很快由奴隶制社会被带进了封建社会。封建社会的统治和被统治的关系，也很快被他们接受。具有中国特点的封建宗法专制主义也还得重视，因为这一套统治人民的经验行之有效，而这一套封建伦理道德规范在儒家有深远传统。当然，起决定作用的是中国封建的经济结构和社会结构。中国封建社会的宗法制度是与中国封建社会相终始的，"三纲"、"五常"被儒家说成万古不变的规范。说"万世不变"，这是古人的局限性，因为古人不知道封建社会以外还有其它生产方式。仅就中国的社会情况而论，说它是封建社会"万世不变"的秩序也未尝不可。

在魏晋南北朝时期，佛教、道教广泛流行，儒家失去独尊的地位，但统治者并未抛弃它，它仍然是封建思想的正统。梁武帝崇奉佛教，但梁武帝的《敕答臣下神灭论》的主导思想仍是儒教而不是佛教。当时的统治者用佛、道作为儒教的补充，三者并用或交替使用。三教之间有斗争，有妥协，也互相吸收。既然封建宗法制度未变，维护封建宗法制度的伦理纲常就不会被抛弃，"三纲"、"五常"的秩序非维持不可。因此，佛教、道教也要适应封建宗法制度的要求，才能得到地主阶级的支持。佛教五戒十善，采用的善恶道德标准仍然不能超出三纲五常的规定范围，违反了就是十恶不赦。封建地主以造反为罪大恶极，佛教也认为无君无父是入地狱的罪行。难怪宋文帝发自肺腑地说，佛教虽主张出世，但有助于王化。[①] 魏晋玄学否定了神学目的论，但未触动儒家的封建宗法制度、三纲五常一根毫毛。当时名教与自然的争论，反映了玄学家们如何对待三纲、五常的根本态度。不论哪一派，都不敢说不要名教。玄学最大的代表人物之一如王弼，还是认为孔子比老子高明。[②] 农民不是先进的生产关系的体现者。农民的思想随着生产资料、政治权利的被剥夺，也被迫接受统治阶级的王权神授、天命决定论，也为封建宗法制度所束缚。[③]

虽然政治上南北处于分裂状态，中国历史这一时期在某些方面仍有所

---

① 宋文帝："若使率土之滨，皆敦此化，则朕坐致太平矣，夫复何事?"（见《广弘明集·宋文帝集朝宰论佛教》）

② （裴徽）问弼曰："夫无者，诚万物之所资也，然圣人莫肯致言，而老子申之无已者何?"王弼回答说："圣人体无，无又不可以训，故不说也。"（何劭《王弼传》引）

③ "统治阶级的思想在每一时代都是占统治地位的思想。这就是说，一个阶级是社会上占统治地位的物质力量，同时也是社会上占统治地位的精神力量。支配着物质生产资料的阶级，同时也支配着精神生产的资料，因此，那些没有精神生产资料的人的思想，一般地是受统治阶级支配的。"（《德意志意识形态》，《马克思恩格斯选集》第 1 卷，第 52 页。）

发展。北方和南方在各自的统治范围内有相对安定的政治局面，于是北方和南方各民族在经济、文化的交流中有了进一步的融合。许多落后的氏族部落和奴隶制初期的民族，由于同汉族不断交往，相互了解、通婚、学习，很快赶上来，进入封建社会，这就给以后隋唐建立的多民族繁荣昌盛的封建统一王朝准备了条件。

隋唐时期由于封建经济的进一步繁荣、发展，对世界经济文化交流有过贡献。南北朝时期分裂割据的影响逐步泯除。佛教结束了南北朝各宗派长期分裂的局面，形成了统一的各宗各派；道教也混合南北，形成了统一的唐代道教。佛教、道教各自发展自己的寺院经济并建立宗派传法世系。儒家的经学也兼采南北经学流派，形成具有唐代特点的经学。儒、释、道三家鼎立，都得到封建王朝的大力支持。[1] 三家学说有异，服务的对象却是一家。[2] 朝廷遇有大典，经常让三教中的代表人物在殿上公开宣讲。儒家讲儒家的经典，佛教、道教也各自讲各自的经典，时称儒、释、道三教。儒、释、道所讲论的内容，也逐渐由互相诋毁而变得互相补充。政府明令禁止道教攻击佛教和佛教攻击道教的文字宣传。唐初朝廷举行公开仪式中，有时规定佛教徒在先，有时规定道教徒在先，中唐以后规定齐行并进，不分先后。儒家对佛、道有所攻击，主要说他们不生产、不当兵、不纳税、不负担政府的义务、不符合中国传统的风俗习惯，等等。但儒家在哲学观点上，则大量吸收佛、道的东西。

久为人们熟悉的宋代理学的开创者周敦颐的代表著作是他的《太极图说》和《通书》。周敦颐的学术渊源，来自道士（陈抟—种放—穆修—周敦颐），他们的传授关系是有案可查的。维护周敦颐的朱熹一派，极力否认周氏与道教的关系，给以新的解释；也有一派如陆九渊弟兄，认为"无极"之说源出老子（道教），为了维护儒家的正统，他们提出这不是周氏的主张，不然就是他早年思想体系不成熟的作品。又据记载，周敦颐与僧寿涯也有学术上的交往。[3] 宋代的朱熹与道教的牵连更深，对道教的

---

① 唐大足元年（701年），武则天当政时，已明白宣示，三教有共同的任务，并令人撰写《三教珠英》（《唐会要》卷36）。

② 文宗诞日，召秘书监白居易、安国寺沙门义林、上清宫道士杨弘元入麟德殿内道场谈论三教。居易对语中有谓："儒门释教虽名数则有异同，约义立宗，彼此亦无差别，所谓同出而异名，殊途而同归者也。"（《白氏长庆集》卷67）

③ 僧寿涯赠诗有："有物先天地，无形本寂寥，能为万象主，不逐四时凋。"

经典《阴符经》、《参同契》曾大力钻研。儒道合流的代表人物，由北宋上溯，如唐朝司马承祯，由此再上推，到南朝的陶弘景、北朝的寇谦之，都是结合封建伦理学说来宣传道教的。宋以后的道教更是公开宣扬三教合一，如假托吕洞宾的名义的一些宋明道教著作，都在宣扬忠孝仁义等封建宗法世俗观点。

儒佛互相渗透的情形更普遍，如唐代的柳宗元、刘禹锡、梁肃、白居易，这是人所共知的。过去人们对柳宗元、刘禹锡以唯物主义而信佛，觉得不好理解，有的哲学史工作者出于爱护唯物主义哲学家的感情，对这个现象也进行过解释，对他们的信佛表示遗憾。宋代的唯物主义者王安石，同时又是佛教的信奉者，晚年还舍宅为寺。这些唯物主义者都受儒教的熏陶，并且认为儒佛并不矛盾，可以相通。[1] 以佛教徒和尚而公开主张儒教的，如宋代的孤山智圆，自号"中庸子"，他自称：

"中庸子，智圆、名也，无外、字也，既学西圣之教，故姓则随乎师也。尝砥砺言行以庶乎中庸；虑造次颠沛忽忘之，因以'中庸'自号，故人亦从而称之。或曰：'中庸之义，其出于儒家者流，子浮图子也，安剽窃而称之耶？'对曰：'夫儒释者，言异而理贯也，莫不化民，俾迁善远恶也。儒者饰身之教，故谓之外典也；释者修心之教，故谓之内典也。惟身与心则内外别矣，蚩蚩生民岂越于身心哉？非吾二教何以化之乎？嘻！儒乎，释乎，其共为表里乎！'"[2]

"故吾修身以儒，治心以释，拳拳服膺、罔敢懈慢，犹恐不至于道也，况弃之乎？呜呼！好儒以恶释，贵释以贱儒，岂能庶中庸乎？"[3]

自然现象不同于社会现象，它不具有人类社会的道德属性，但智圆用儒家的仁义观点，加给自然界生物以道德属性，[4] 与朱熹等以仁义礼智释

---

① 柳宗元："浮图诚有不可斥者，往往与《易》、《论语》合，诚乐之，其于性情奭然，不与孔子异道。"（《柳河东集》卷25）

② 《闲居编·中庸子传上》卷19。

③ 同上。

④ "钱唐县西北水行十八里，有村曰'义犬'者。昔人养犬甚驯，行迈于是，醉卧草间，野火四至，将焚焉。犬能亟至河岸，以身濡水，湿其草，主遂免祸。睡觉，犬力殚毙矣。感其义，因葬之。乡人命其地曰'狗葬'。后刺史以'义犬'之名易'狗葬'之名，予舟行过其地，遂为文以感之：'浩浩动物，唯人为贵。立人之道，曰仁与义。二者不行，与畜同类。畜能行是，与人曷异。懿矣斯犬，立功斯地。救主免焚，濡草以智。其身虽毙，其名不坠。"（《闲居编·感义犬》卷27）

元亨利贞的思想方式是一个路数。

至于佛教与道教的合流、交互影响，也是随着隋唐在政治上的大一统而形成的。道教经典很多取自佛经，这已是公认的事实。① 天台宗的创始人慧思，既是佛教徒，又信奉道教的长生求仙的方术，要作"长寿仙人"。② 史传有明文，并不避讳。

从唐代的儒、释、道三教鼎立发展为宋代的三教合一，这个长期的历史过程，也就是儒教在封建政权的支持下逐渐酝酿成熟的过程。

从汉武帝独尊儒术起，儒家已具有宗教雏形。但是，宗教的某些特征，尚有待于完善。经历了隋唐佛教和道教的不断交融、互相影响，又加上封建帝王的有意识地推动，三教合一的条件已经成熟，以儒家封建伦理为中心，吸取了佛教、道教一些宗教修行方法，宋明理学的建立，标志着中国儒教的完成。它信奉的是"天地君亲师"，把封建宗法制度与神秘的宗教世界观有机地结合起来。其中君亲是中国封建宗法制的核心。天是君权神授的神学依据，地是天的陪衬，师是代天地君亲立言的神职人员，拥有最高的解释权，正如佛教奉佛、法、僧为三宝，离开了僧，佛与法就无从传播。宋朝理学兴起的时候，恰恰是释道两教衰微的时候。风靡全国，远播海外的佛教，形式上衰微了，实际上并没有消亡，因为儒教成功地吸收了佛教。看起来中国没有像欧洲中世纪那样宗教独霸绝对权威，但中国中世纪独霸的支配力量是不具宗教之名而有宗教之实的儒教。

儒教这个宗教，看起来不同于其他宗教，如基督教、伊斯兰教、佛教等，甚至打出反对上述宗教的幌子。清代学者颜元早已指出程颐的思想"非佛之近理"，乃程颐之理"近佛"。③ 还指出：

"其（朱熹）辟佛老，皆所自犯不觉。如半日静坐，观喜怒哀乐未发气象是也，好议人非，而不自反如此。"④

进入高级阶段的宗教都有他们不同的"原罪"说。宣传人生下来就有罪，必须靠宗教的精神训练来拯救人们的灵魂。程颐说：

"大抵人有身，便有自私之理。宜其与道难一。"

儒教宣传禁欲主义：

---

① 陶弘景的《真诰》有数十处抄自《四十二章经》。

② 见慧思《南岳誓愿文》。

③ 见《存学编》。

④ 同上。

"甚矣，欲之害人也。人之为不善，欲诱之也。诱之而弗知，则至于天理灭而不知反。故目则欲色，耳则欲声，以至鼻则欲臭。口则欲味，体则欲安。此则有以使之也。然则何以窒其欲？曰：思而已矣。学莫贵于思，惟思为能窒欲。曾于之三省，窒欲之道也。"①

这种禁欲主义，一直成为宋以后儒教修养的中心思想。他们甚至连五欲排列的次序也按佛教的眼、耳、鼻、舌、身五欲排列。

宗教都要树立一个至高无上的神（名称各有不同）。儒教亦宣传敬天、畏天，称国君是天的儿子。君权与神权紧密结合起来。国君被赋予神性。儒教还有祭天、祀孔的仪式。

宣传"以贫为荣"、"以贫为乐"，也是儒教的一个重要内容。儒教著作中称赞有道之士"虽箪瓢屡空，宴如也"。穷了，就避免了声、色的物质诱惑。儒教认为生活水平越低，道德品质越高，他们把物质生活的改善看作罪恶的源泉，把生活欲望与道德修养摆在势不两立的地位。"不是天理，便是私欲"，"无人欲即是天理"。②

儒教把一切学问都归结为宗教修养之学。儒教不去改造客观世界，而是纯洁内心；不向外观察，而是向内反省；不去认识世界的规律，而是去正心诚意当圣贤。圣贤的规格就是儒教规格的人的神化，即典型的僧侣主义的"人"。他们说：

"颜所好者何学也，学以至圣人之道也。……喜怒哀乐爱恶欲，情既炽而益荡，其性凿矣。是故觉者约其情，始合于中，正其心，养其性，故曰，'性其情'。愚者则不知制之，纵其情以至于邪僻，梏其性而亡之，故曰：'情其性'。"③

"伊川见人静坐，便叹其善学。"④

宗教都主张有一个精神世界或称为天国，西方净土，宗教都有教主、教义、教规、经典，随着宗教的发展形成教派。在宗教内部还会产生横逸旁出的邪说，谓之"异端"。儒家则不讲出世，不主张有一个来世的天国。这是人们通常指出的儒家不同于宗教的根据。

但是我们应当指出，宗教所宣扬的彼岸世界，只是人世间的幻想和歪

---

① 《宋元学案·伊川学案》。
② 同上。
③ 见《颜子所好何学论》。
④ 见《宋元学案·伊川学案》。

曲的反映。有些宗教把彼岸世界说成仅只是一种主观精神状态。在中国的历史上，隋唐以后的佛教、道教，都有这种倾向。以影响最大的禅宗为例。中国出现过许多宗派，禅宗受中国封建文化影响最多，他们宣称"菩提只向心觅，何劳向外求玄？听说依此修行，西方只在眼前"。① 禅宗主张极乐世界不在彼岸而在此岸，不在现实生活之外，就在现实生活之中，所谓出家、解脱，并不意味着离开这个世界到另一个西天。在日常生活中，只要接受了宗教的世界观，当前的尘世就是西天，每一个接受佛教宗教观的众生即是佛，佛不在尘世之外，而在尘世之中。

宋明理学吸收了禅宗的这种观点。虽然它不讲出世，不主张有一个来世的天国，却把圣人的主观精神状态当作彼岸世界来追求，这和禅宗主张在尘世之中成佛是完全相同的。

程颢的《定性书》被宋明理学家公认为经典性的权威著作，这种"定性"与佛教禅宗的宗教修养方法一脉相承，所谓"动亦定，静亦定，无将迎，无内外"，② 即是禅宗的"运水搬柴，无非妙道"。把人性区别为"义理之性"与"气质之性"，"人欲"又是挟"气质"以具来的罪恶，实质上是宗教的"原罪"观念。程颐的《颜子所好何学论》是一篇典型的宗教修养方法论，是一篇宗教禁欲主义的宣言书。张载的《西铭》也是一篇歌颂"天地君亲师"的儒教宣言，他认为人生的一切遭遇天地早安排定了，享受富贵福泽是天地对你的关怀，遭受贫贱忧戚，是天地对你的考验。天地与君亲本是一家人。二程教人主敬，程颐终日"端坐如泥塑人"。"存天理，去人欲"更是一切唯心主义理学家全力以赴的修养目标。他们所谓"天理"，无非是封建宗法制度所允许的行为准则，内容不出"三纲"、"五常"这些儒教教条。儒教追求的精神境界更偏重于封建道德修养，巩固宗法制度。儒教的孝道除了伦理意义外，还有宗教性质。③ 儒教没有入教的仪式，没有精确的教徒数目，但在中国社会的各阶层都有大量信徒。儒教的信奉者绝不限于读书识字的文化人，不识字的渔人、樵夫、农民都逃不脱儒教的无形控制。专横的族权，高压的夫权，普遍存在的家长统治，简直象毒雾一样，弥漫于每一个家庭，每一个社会角

---

① 见《坛经》。
② 见《定性书》。
③ 见《孝经》。

落。它像天罗地网，使人无法摆脱。

宋明理学所普遍关心并反复辨明的几个中心问题有"定性"问题、"义理之性"与"气质之性"的问题、"孔颜乐处"问题、"主敬"与"主静"问题、"存天理去人欲"问题、"理一分殊"问题、"致良知"问题，等等。这些问题虽以哲学的面貌出现，却具有中世纪经院神学的实质和修养方法。看起来问题虽多，最后都要归结到"存天理，去人欲"这个中心题目上来。

宋明理学各家各派，不论是政治上进步的、保守的，唯心的、唯物的，都在围绕一个中心问题阐述自己的观点：如何正确处理（对待）"天理"与"人欲"的关系，它不是一个哲学问题而是一个神学问题，即如何拯救灵魂，消灭"罪恶"，进入"天国"（理想的精神境界）的问题。中国哲学史涉及社会伦理思想的特别多，而涉及自然的比较少，这也是由中世纪封建社会的特点决定的。欧洲中世纪的哲学是神学的奴婢，它的注意力也不在认识自然界而在拯救人类的灵魂。恩格斯指出，特别在近代才突出思维与存在、精神与物质的关系问题，[①] 古代不是这样，那时人是靠天吃饭，是自然的奴隶，也就没有能力摆脱神学的束缚。西方中世纪神学的中心观念是"原罪"，中国中世纪神学的中心观念是"存天理，去人欲"。这不是谁抄袭谁的，而是封建社会的共性决定了的。只要是中世纪封建社会，必讲天理人欲之辩。只是欧洲有欧洲的讲法，印度有印度的讲法，中国有中国的讲法。

在资本主义出世以前，人们都受神的统治，神学笼罩一切。因为中外中世纪的经济是封建经济、小生产的自然经济，靠天吃饭。物质生产要靠天，精神上就不能不靠天。人们不能摆脱宗教这个异己的力量。统治者则充分利用牧师这一职能来维持其统治。由于这个原因，封建社会里的唯物主义阵营在实力上无法与唯心主义阵营旗鼓相当，唯物主义者总不能摆脱宗教和唯心主义的巨大影响。欧洲中世纪宗教和教会具有垄断一切的势力，曾经发生过的唯名论与唯实论的争论，唯名论属于唯物主义阵营，但要披上宗教的外衣。后来十八世纪法国唯物主义者则是踢开上帝，抛开神学的外衣，大讲无神论。象斯宾诺莎实质是唯物主义者，还保留着"神"

---

① "全部哲学，特别是近代哲学的重大的基本问题，是思维和存在的关系问题。"（《马克思恩格斯选集》第 4 卷，第 219 页）

这个外壳。中国哲学史上提出唯物主义观点的思想家，如宋代的陈亮、明代的王廷相、清代的王夫之、颜元、戴震等人都在不同的领域对儒教的某一方面的问题有所抨击。① 与正统的儒教——程朱陆王的理学在哲学路线上相对立，但他们都抛不开孔子，摆脱不了六经，他们都自称得到孔子的正统真传，假借孔子、孟子的衣冠来扮演革新儒教的角色。他们对孔子这位教主则不敢怀疑。明代的李贽曾提出过"不以孔子之是非为是非"，这是他敢于突破藩篱的地方，他怀疑的限度只限于孔子的个别结论，而不是怀疑孔子这个教主，更不是要打倒孔子。他竭力抨击那些口诵圣人之言、败坏封建纲常的假道学假圣人之徒，他提倡忠孝仁义，维持封建宗法制，他是爱护这个制度的孤臣孽子。李贽对佛教五体投地，他是儒教异端，而不是反封建的英雄。

宋明理学体系的建立，也就是中国的儒学造神运动的完成，它中间经过了漫长的过程。儒教的教主是孔子，其教义和崇奉的对象为"天地君亲师"，其经典为儒家六经，教派及传法世系即儒家的道统论，有所谓十六字真传②。儒教虽然缺少一般宗教的外在特征，却具有宗教的一切本质属性。僧侣主义，禁欲主义、"原罪"观念、蒙昧主义、偶像崇拜，注重心内反省的宗教修养方法，敌视科学、轻视生产，这些中世纪经院哲学所具备的落后宗教内容，儒教应有尽有。

佛教禅宗曾把僧侣变成俗人，以求得与中国的封建宗法制度配合；儒教则把俗人变成僧侣，进一步把宗教社会化，使宗教生活、僧侣主义渗透到每一个家庭。有人认为中国不同于欧洲，没有专横独断的宗教；我们应当看到中国有自己的独特的宗教，它的宗教势力表面上比欧洲松散，而它的宗教势力影响的深度和广度、控制群众的牢固性更甚于欧洲中世纪的教会。欧洲中世纪设有异教裁判所，中国的儒教对待叛道者使用的教条教规也是十分严酷的。凡是触犯了封建宗法规范，被认定为大逆不道、逆伦灭理的，可以在祠堂里当众处置，直到死刑。更重要的一个手段是"以理杀人"。被儒教残害的群众，连一点呻吟的权利也被剥夺干净，丝毫同情、怜悯也得不到。千百年来，千千万万男男女女无声无息地被儒教的"天理"判了死刑。儒教"视人之饥寒号呼、男女哀怨，以至垂死冀生，

---

① 他们给"人欲"以合法的地位，主张唯物论，反对唯心论，这都不符合儒教的原则。
② "人心惟危，道心惟微，惟精惟一，允执厥中。"（《尚书·虞书》）

无非人欲",① 必尽除之而后快。真是"杀人如草不闻声",精神的镣铐比物质的镣铐不知道严酷多少倍。

董仲舒对孔子的改造,已经使孔子的面目不同于春秋时期的孔丘。汉代中国封建社会正在上升时期,统一的封建王朝继秦朝以后,富有生命力,配合当时的政治要求而形成的儒教虽有其保守的一方面,但它有积极因素。宋明以后,中国的封建社会已进入后期,出现的资本主义萌芽都不幸没有得到正常发展的机会。宋明封建王朝的统治者推动儒教的发展,朱熹对孔子的改造,与孔子本人的思想面貌相去更远。如果说汉代第一次对孔子的改造,其积极作用大于消极作用,那么宋代第二次对孔子的改造,其消极作用则是主要的。

儒教限制了新思想的萌芽,限制了中国的生产技术、科学发明。明代(16世纪)以后,中国科技成就在世界行列中开始从先进趋于落后。造成这种落后,主要原因在于封建的生产关系日趋腐朽,使社会经济停滞不前,中国的资本主义没有得到发展的机会,而儒教体系对人们探索精神的窒息,也使得科学的步伐迟滞。上层建筑对它的基础绝不是漠不关心的,它要积极维护其基础。中国封建社会特别顽固,儒教的作梗应当是原因之一。

自从五四运动开始提出"打倒孔家店"的口号,当时进步的革新派指出孔子是中国保守势力的精神支柱,必须"打倒孔家店",中国才能得救。当时人们还不懂得历史地看待历史事件和历史人物,不善于用发展变化的眼光看待事物,因而把春秋时期从事政治活动和教育文化事业的孔子和汉以后历经宋元明清封建统治者捧为教主的孔子混为一谈。孔子只能对他自己的行动承担他的历史功过,孔子无法对后世塑造的儒教教主的偶像负责。作为一个教育家、政治思想家、先秦儒家流派的创始人,我们应当给以全面的恰当的评价,历史事实不容抹掉,而且也是抹不掉的。孔子这个人在历史上的功过,现在学术界还没有一致的意见,这是一个学术争论的问题,不可能短期取得一致的意见。儒教的建立标志着儒家的消亡,这是两笔账,不能混在一起。说孔子必须打倒,这是不对的;如果说儒教应当废除,这是应该的,它已成为阻碍我国现代化的极大思想障碍。

---

① 戴震:《孟子字义疏证》。

有人认为中国历史上不曾出现过像欧洲中世纪那样的政教合一的黑暗统治时期，是得力于孔子的儒家学说。儒家起了抵制宗教的作用，儒家不迷信，所以抵制了神学的统治。

中国没有出现欧洲中世纪那样的基督教，这是中国社会的特点所决定的；说中国有了儒家从而避免了一场宗教神权统治的灾难，是不对的。因为儒教本身就是宗教，它给中国历史带来了具有中国封建宗法社会特点的宗教神权统治的灾难。

宗教、迷信、神权是人类历史上不可避免的现象，迄今还没有发现过有哪一个民族、国家有过对宗教的免疫能力。不过在不同国家和不同地区，宗教具有不同的表现形式罢了。中国儒教顽强地控制着中国，它与中国封建社会相始终，甚至封建社会终结，它的幽灵还在游荡。

还应当看到宗教有它的形式和内容。形式上可以有信奉的偶像不同、教义教规的不同，但寻求彼岸世界的宗教世界观是一切宗教的共同的特点。教权与王权的关系，西方与东方形式上有所差异，西方是教权高于王权，中国除从前西藏地区外，则是王权高于教权。但王权与教权的紧密配合，及其禁锢人们的思想的程度，东方与西方没有两样。

有人认为中华民族屹立于世界民族之林，经历了多少次风雨，儒家提倡的气节，起了重要作用。所以历史上出现了临危不惧、见义勇为的英雄人物。当民族面临危机严重的关头，我国出现过不少英雄，他们是民族的脊梁。应看到，临危不惧、以身殉其理想，历史上屡见不鲜，如墨子的门徒们为维护墨家的利益、理想，赴汤蹈火，死不旋踵；田横有五百壮士同日自杀以殉齐国；董狐秉笔直书，视死如归。他们都不是孔子或儒家的信徒。还有一些为宗教狂热的驱使到西方取经的佛教徒，也能不避死亡，策杖孤征。可见把曾子所说的"可以托六尺之孤，可以寄百里之命，临大节而不可夺"的坚强品德记在孔子或儒家名下，是不符合事实的。像曾子所标榜的这个要求，儒家创始人孔子就没有做到。孔子周游列国，遭到蒲人的围困，孔子对天发了假誓，作了假保证，才逃脱包围。一旦脱离险区，发的誓就不算数了，还自己解嘲说"要盟不信"[①]。孔子还看不起那些"言必信，行必果"[②] 的人们，他在气节这一点上偏偏表现得不好。一

---

① "要盟也，神不听。"（《孔子世家》）

② 《论语·子路》："言必信，行必果，硁硁然，小人哉。"

个民族，不论大小，都有它的长处。世界大门已经敞开，可不能再抱着"河东白豕"那种自我欣赏，自我锢蔽的态度。欧洲人的书里也曾讲由于有了基督教的好传统，使他们保持了宽容、忍让、慈爱为怀的高尚情操。事实果真如此吗？我们中华民族早就有过深刻体会——当年大炮、军舰、圣经、鸦片同时莅临，这就是他们所宣扬的高尚情操。所谓宽容、忍让的美德是有的，它出自劳动人民，而不是圣经的教训的结果。

有人认为儒家有爱国主义的好传统，儒家保存了中华民族的文化，形成一种团结的向心力。

爱国主义，不是抽象的名词，它有实际的内容。春秋战国时期诸侯国林立。许多学有专长的人，有政治抱负的人，到处游说，想依靠一个国家的国君支持他们的主张，推行他们的政治理想。孔子就是其中的一个。孔子离开了他的祖国鲁国，到处游说，他到过齐国、卫国、楚国等大国。哪一个国君用他，他就在哪个国家当官。后来孔子的弟子们、诸子百家的领袖们都是这样做的。当时没有人议论他们背离祖国，或不爱国。战国末期，李斯的《谏逐客书》不但没有想到要好好为祖国效力，而是举出种种理由，规劝外国君主重用有才学的外国人，而不必管他们来自哪个国家。当时各民族之间经济、文化、婚姻的联系频繁，视为当然，诸侯贵族曾与邻近的少数民族通婚，[1] 春秋战国时期，民族之间、国与国之间的关系是正常的，开放的，不是封闭的。

到了秦汉以后，中国创立了多民族的统一的宗法封建专制主义的大一统的国家。这时的国内各民族关系也是平等和睦的。只是来自北方游牧地区，尚处在奴隶制前期的匈奴部落对农业地区经常掠夺，把早已进入封建社会的内地居民掠为奴隶，这就遭到进入封建社会的全体人民的反抗。掠夺与反掠夺的斗争，加深了民族的界限。长期的战争和经济交流（战争也是一种代价很高的文化交流），使多民族的封建大一统国家在安定的政治局面下不断得到发展。隋唐皇室就不是纯汉族。唐代任用朝廷和地方官吏，对蕃汉各族一视同仁，这对于封建的发展繁荣起着促进作用。民族融合，和平相处，这是历史发展的主流。

但也应当看到，由于地理形势的远隔，我国与东南海外的往来关系远不如西北陆上的密切。我国历史上不断地一批一批地把西北民族从部落社

---

① 《史记·晋世家》：晋献公娶狄女，娶骊姬，晋文公娶季隗。

会、奴隶制社会带进了封建制社会，同时又不断接触一些新的部落民族。长期以来，形成了汉族的自大优越感，以"天朝"自居。宋以后，历代统治者致力于控制内部、防止造反、再加上儒教的长期灌输，从而形成一种极不健康的民族思想意识。对外来的东西，又怕又恨，产生一种儒教变态心理。①

有人认为有了以儒教为中心的文化共同体，团结了中华民族。华侨多半相信儒家思想，他们的爱国主义精神，多得力于儒家的传统。

这是用思想去说明社会历史，而不是用社会历史去说明思想，而且这个说明也是不正确的。华人海外谋生，很不容易，他们多半是冒着生命危险去的。明清以前出国谋生的华侨得不到政府的支持和保护，近代中国又处在半殖民地的地位，政府无力保护，在海外受尽了凌辱和种族歧视。华侨如不团结，不互相帮助，就难以生存，更不用说发展了。华侨渴望祖国繁荣、昌盛，他们的处境决定了他们热爱祖国的思想感情。

中国是一个封建宗法制度占统治地位的国家，华侨离乡背井，往往依靠封建宗法关系、同乡邻里关系、行会关系。以这些关系为纽带，加上语言、习惯、经济的联系，自然结成了自己的相互依存的共同体。他们可能把"天地君亲师"的神位一齐带出国，但团结他们的主要力量是现实的生活而不是什么儒教的遗泽。多少世纪以来，世界上失去祖国的犹太人，顽强地生存着，他们都不信儒教。流浪的吉卜赛人，也顽强地生活着，他们也不知道什么是儒教。

有人说，儒教集中体现了中华民族优秀的文化传统，它培育了许多"取义"、"成仁"、可歌可泣的民族英雄。不错，中华民族是有优秀的传统，在它的历史上也涌现出许许多多伟大的民族英雄，但不能把功劳记在儒家或儒教的账上。中华民族的优秀文化传统和自强精神是在同民族压迫和阶级压迫的斗争中，在同自然界的斗争中形成的，主要是指反抗精神、牺牲精神、科学精神和民主精神。这些优良传统首先体现在广大劳动人民

---

① "宋的文艺，现在似的国粹气味就熏人。然而辽金元陆续进来了，这消息很耐寻味。汉唐虽然也有边患，但魄力究竟雄大，人民具有不至于为异族奴隶的自信心，或者竟毫未想到，凡取用外来事物的时候，就如将彼俘来一样，自由驱使，绝不介怀。一到衰弊陵夷之际，神经可就衰弱过敏了，每遇外国东西，便觉得仿佛彼来俘我一样，推拒，惶恐，退缩，逃避，抖成一团，又必想一篇道理来掩饰，而国粹遂成为屠王屠奴的宝贝。"（《看镜有感》，载《鲁迅全集》第1卷，第300—301页）

身上，也体现在代表人民利益的一些先进的人物身上。历来反抗黑暗的专制统治、反抗暴政、反抗民族压迫，最终把封建制度推翻的并不是正统的儒家人物，而是农民的革命力量。创造了中国灿烂的古代文明，在农业，手工业和建筑、绘画、雕塑等方面创造出高度的技艺和举世闻名的伟大作品的作者甚至连名字也没有留下，他们是农民、手工工人和各种巧匠艺师，却不是儒教信徒。否定天命鬼神，高举无神论和唯物论旗帜的并不是儒教正统学者，而是敢于冲破儒教传统的先进人物。宋元及明清优秀的文学作品，其指导思想多半是发不平之鸣、离经叛道之作。近百年来，在民族危亡、社会昏暗的时刻，从伟大的太平天国运动、辛亥革命，直到五四运动，这些斗争唤醒了沉睡的中国，为在中国共产党领导下使中国重立于世界各国之林开辟了道路。这些伟大的运动，一个重要的斗争目标，就是反封建制度，反儒教思想。

宋明以后的儒教，提倡忠君孝亲、尊孔读经、复古守旧，都是文化遗产中的糟粕，是民族的精神赘疣。像岳飞这个民族英雄，由于儒教灌输给他的忠君思想，使他违背了民族利益，放弃已经到手的胜利，自己冤死，国家受难。文天祥在《正气歌》里说的"成仁""取义"的名句，虽出自儒教圣训，但推动他行动的根本动力，还是他面临的民族压迫的现实。我们同样应当指出，外来侵略者也提倡儒教，内部的投降派也提倡儒教。抗战时期日本帝国主义者也修过孔庙，大小维持会的头目，多为儒教信徒，而抗日根据地的军民群众并没有靠"成仁"、"取义"的口号来作为抗战的动力的。

中国文化确实有好传统，像奋发有为、刚毅顽强、吃苦耐劳、不畏强暴，这都是劳动人民的优秀品质。这些优秀品质并非来自儒教，甚至是反儒教的产物。如果我们的广大群众和海外侨胞都照儒教的规范行事，那就要脱离生产，轻视劳动，"畏天命，畏大人，畏圣人之言"，他们神龛里供奉着"天地君亲师"的神位，虔诚礼拜，终日静坐，"如泥塑人"，天天在"存天理，去人欲"，将是什么样的精神面貌，又怎能立足于世界呢？

总之，历史事实已经告诉人们，儒教带给我们的是灾难、是桎梏、是毒瘤，而不是什么优良传统。它是封建宗法专制主义的精神支柱，它是使中国人民长期愚昧落后、思想僵化的总根源。有了儒教的地位，就没有现代化的地位。为了中华民族的生存，就要让儒教早日消亡。我们只能沿着"五四"时代早已提出的科学与民主的道路，向更高的目标、社会主义前进，而不能退回到"五四"以前的老路上去。倒退是没有出路的。

　　作者附言：这篇文章，是根据我 1979 年访日时所作的《儒家与儒教》学术报告补充改写的。

《中国社会科学》1980 年第 1 期

中国哲学启蒙的坎坷道路

萧萐父[*]

摘要 本文通过史的回顾与论的分析，判定中国有过自己的哲学启蒙，但绝非起于宋代理学，而是从明清之际崛起的反理学思潮开始的。这一典型形态的哲学启蒙，由于历史洄流而走上坎坷道路。文章认为，德、俄、中三国步入近代，都经历着"新的突破旧的"而"死的又拖住活的"这样一种历史难产状态，具有不少共同点。而这种历史道路的坎坷，又具有二重性。文章分析了十七世纪开端的中国哲学启蒙道路之所以坎坷，鸦片战争以后近代哲学革命之所以难产，其原因之一是宋明理学的桎梏作用。文章强调"五四"以后中国兴起了马克思主义哲学运动，才开辟了近代哲学革命的新纪元。今天，在马列主义指导下建设社会主义精神文明，提高全民族科学文化水平，应当注意完成历史留下的补课任务，自觉地避免某些历史运动的洄流，把先驱者已经开辟的哲学革命的光辉事业推向前进。

中国是否曾有过自己的哲学启蒙或文艺复兴？如果有，它的历史起点在哪里？经历了什么样的特殊道路？这是"五四"以来人们多次议论过的题目。经过十年动乱之后，为了总结历史的经验，探寻中国自己建设社会主义精神文明的途径，预测中国哲学发展的未来，人们又在重新探讨这个问题，进行着各有会心的历史反思。

有的同志咀嚼中外学者曾有的一种说法而赋予新解，认为中国早就有古代的"儒家民主主义"和"儒家人道主义"，至于近代人文主义的哲学

---

* 萧萐父，一九二四年生，武汉大学哲学系教授，著有《中国哲学史方法论问题刍议》、《王夫之辩证法思想引论》等。

思潮则始于宋代理学。因为这场儒学的复兴，提出了"消除异化的人性复归"，理学家们讲的"天人合一"、"民胞物与"即肯定了人在宇宙中的地位和人所创造的精神文化、伦理道德的价值，这表现了民族觉醒和理性精神，是中国哲学史上媲美晚周的第二个黄金时代。这种观点，把封建理学视为反封建蒙昧的理性主义，实际是否认中国历史上曾有过真正的启蒙哲学。因而王夫之、谭嗣同也都属于理学体系，不过是宋明理学的改造和继续；乃至今天的社会主义精神文明似乎也只能嫁接在理学这一不朽的根株之上。

有的同志则从相反的另一极出发，认为中国漫长的封建社会乃是一个超稳定系统，经历着周期性的农民战争——改朝换代而其基本结构不变，包括理学在内的儒家正统思想的强控制，窒息了一切新思想的萌芽，只是近百多年西方资本主义文明的全面冲击，中国社会结构的超稳定系统才开始被打破。有同志通过分析世界近代史而论定东方社会注定不可能产生资本主义关系及其精神分泌物；也有些青年慨叹祖国历史的沉重负担而以黑格尔所说文艺复兴时期的"爆发性的人物"① 自居。在他们看来，今天为了驱除现实生活中的封建主义历史阴影，还得借助于西方近代启蒙者的思想火炬。这种见解，也同样无视中国有过自己的哲学启蒙或文艺复兴，当然也不会去研究中国哲学启蒙的特殊道路给我们留下了什么教训。

这种种历史反思，都是在历史地分析国情，引古筹今，自会导出不同的绪论。普列汉诺夫在其名著《俄国社会思想史》的序文中说，"历史家不应该哭，不应该笑，而应该求得深解"。② 为弄清这一问题，有必要对中国启蒙哲学的发展作一番史的回溯和论的探索。

一

思想启蒙、文艺复兴之类的词，可以泛用；但纳入马克思主义的历史科学，应有其特定的涵义。狭义地说，十四世纪以来地中海沿岸某些城市最早滋生的资本主义萌芽的顺利发展，以及由于十字军东征，关于古希腊

---

① ［德］黑格尔：《哲学史讲演录》第 3 卷，第 343 页。

② ［俄］普列汉诺夫：《俄国社会思想史》上，孙静工译，商务印书馆 1999 年版，第 3 页著者序。

罗马文献手稿和艺术珍品的大批发现，促成了意大利等地出现空前的文艺繁荣。好象是古代的复活，实际是近代的思想先驱借助于古代亡灵来赞美新的斗争，为冲决神学网罗而掀起人文主义思潮。"在惊讶的西方面前展示了一个新世界"，使得"中世纪的幽灵消逝了"。① 正是在这个意义上，文艺复兴又被广义地理解为反映资本主义萌芽发展的、反对中世纪蒙昧主义的思想启蒙运动。马克思主义创始人，把意大利看作"近代世界的曙光在那里升起"的"典型的国家"；② 把但丁（1265—1321）看作是"中世纪最后一位诗人，同时又是新时代的最初一位诗人"，是标志"封建中世纪的终结和现代资本主义纪元的开端"的"伟大人物"；③ 并肯定这是"一个需要巨人而且产生了巨人——在思维能力，热情和性格方面，在多才多艺和学识渊博方面的巨人的时代"。④ 的确，从 14 到 16 世纪，从意大利到法国、西班牙、荷兰、英国，涌现了一大批文化英雄、思想巨人。就哲学方面说，被黑格尔赞为"哲学烈士"的意大利的布鲁诺（1548—1600）和梵尼尼（1586—1619），虽以相同的命运被教会烧死了，但他们却使"理性和所谓天启之间的斗争燃烧起来了，在这个斗争中，天启与理性对立起来，理性独立了"。⑤ 同时，16 世纪德国的宗教改革及其所唤起的下层贵族的起义和伟大农民战争，也对中世纪神学统治实行了猛烈冲击，"教会的精神独裁被摧毁了，……在罗曼语诸民族那里，一种从阿拉伯人那里吸收过来并从新发现的希腊哲学那里得到营养的明快的自由思想，愈来愈根深蒂固，为 18 世纪的唯物主义作了准备"。⑥

这就是马克思主义剖视西欧历史，从整个文艺复兴时代的社会思潮中所发现的"重新觉醒的哲学"⑦ 的启蒙性质。

确定意义的启蒙哲学，应当区别于中世纪的异端思想（那可推源于十二三世纪经院哲学中的唯名论，乃至更早的作为"中世纪革命反对派"的神秘主义异端），也与西欧以后作为政治革命导言的资产阶级哲学革命

---

① 《自然辩证法·导言》，《马克思恩格斯选集》第 3 卷，第 445 页。

② 《资本论》第 3 卷，第 24 页。

③ 《共产党宣言》，载《马克思恩格斯选集》第 1 卷，第 249 页意大利文版序。

④ 《自然辩证法·导言》，《马克思恩格斯选集》第 3 卷，第 445 页。

⑤ ［德］黑格尔：《哲学史讲演录》第 3 卷，第 367、371 页。

⑥ 《自然辩证法·导言》，《马克思恩格斯选集》第 3 卷，第 445 页。

⑦ 《路德维希·费尔巴哈和德国古典哲学的终结》，载《马克思恩格斯选集》第 4 卷，第 250 页。

的理论发展有所不同，应仅就其与资本主义萌芽发展相适应、作为封建旧制度崩解的预兆和新思想兴起的先驱这一特定含义来确定它的使用范围。至于它的实质，可否从马克思的这一提示给予说明：历史"很少而且只有在特定条件下才能进行自我批判"，而这种自我批判的历史阶段，"当然不是指作为崩溃时期出现的那样的历史时期"①（如果处于那样的历史时期，革命会代替批判，或者说批判已不再是解剖刀而是消灭敌人的武器②）。这就是说，一个社会的自我批判总是在自身尚未达到崩溃但矛盾又已充分暴露的条件下进行的。14—16 世纪西欧的文艺复兴、启蒙运动正是在封建社会远未崩溃的条件下所进行的自我批判。人们给予这个时代以不同的名称，如"宗教改革"、"文艺复兴"、"五百年代"……等等，但这种自我批判乃是世界各主要民族走出中世纪的历史必由之路。我们说，中国有自己的文艺复兴或哲学启蒙，就是指中国封建社会在特定条件下展开过这种自我批判；这种自我批判，在 16 世纪中叶伴随着资本主义萌芽的生长而出现的哲学新动向（以泰州学派的分化为标志，与当时新的文艺思潮、科学思潮相呼应），已启其端，到 17 世纪在特定条件下掀起强大的反理学思潮这一特殊理论形态，典型地表现出来。至于这一典型形态的哲学启蒙的往后发展，却经历了极为坎坷的历史道路。

人们惯于中西哲学对比。事实上西方也有不同的发展类型。如果说，意大利、法国等地中海沿岸国家的文艺复兴直接取得了辉煌的思想成果，英国更以特殊的历史条件成为近代唯物主义的前锋和产业革命的策源地，那么，德国、俄国这些封建主义包袱较为沉重的国家的启蒙运动，则迈着沉重的步伐，走过崎岖的道路。奇特的是，它们的近代思想启蒙，都是由"贵族的国民运动"或"贵族的革命家"开始发动的③，又都依赖于农民反封建斗争所提供的巨大动力。

纵观历史，如果把资本主义萌芽产生以后的中国，与欧州这些国家对比考察，则不难发现，中国显然异于意大利及法、英等国，而与德国、俄国却有不少历史的相似点或共同点。例如：（1）在走向近代的过程中经济发展都缓慢而落后，宗法关系的历史沉淀使封建统治势力既腐朽而又强

① 《〈政治经济学批判〉导言》，载《马克思恩格斯选集》第 2 卷，第 108 页。
② 《黑格尔法哲学批判·导言》，载《马克思恩格斯选集》第 1 卷，第 3—4 页。
③ 参见恩格斯给拉萨尔的信（一八五九年五月十八日）、《德国农民战争》四；列宁：《俄国工人报刊的历史》、《纪念赫尔岑》。

大，由于封建制母体内资本主义因素发展不足使近代社会长期处于难产之中；（2）反封建农民战争都曾大规模兴起，农民成为反封建革命的主力但又无法取得反封建革命的胜利，却直接间接地为启蒙思潮的崛起提供了历史的动力；（3）新兴市民以至资产阶级晚生而又早熟，都由于软弱而各具不同程度的妥协性和两面性，无力完成反封建的历史任务，结果，竟然要由无产阶级联合农民来挑这副担子；（4）由于近代社会长期处于难产状态，改革运动几起几落，阶级关系和社会矛盾都呈现出特别复杂的情况，一方面新的在突破旧的，另一方面死的又拖住活的，形成历史运动的多次回流。这些，似乎是德、俄、中这类国家在资本主义萌芽产生以后，无产阶级领导的革命兴起之前社会状况的一般特征，总体来看，正如马克思在描述德国状况时所指出的那样："不仅苦于资本主义生产的发展，而且苦于资本主义生产的不发展。除了现代的灾难而外，压迫着我们的还有许多遗留下来的灾难，这些灾难的产生，是由于古老的陈旧的生产方式以及伴随着它们的过时的社会关系和政治关系还在苟延残喘。不仅活人使我们受苦，而且死人也使我们受苦。"① 然而，就在这种新旧杂陈、错综复杂的历史环境中，反映资本主义萌芽发展的、反对封建蒙昧主义的启蒙思潮毕竟冲破了重重阻力而产生、发展了。尽管这些国家的哲学启蒙运动都遭到了挫折而未能很好完成历史的任务，却唤醒了一代代后继者。德、俄、中三国在这一时期都诞生了一批批思想巨人，对人类精神文化做出巨大贡献。在德国，从路德、闵采尔到歌德、席勒、贝多芬，从莱布尼茨、康德到黑格尔、费尔巴哈，直到培育出马克思、恩格斯。在俄国，从拉辛、布加乔夫到拉吉舍夫、十二月党人，从普希金、赫尔岑到别林斯基、车尔尼雪夫斯基，直到培育出普列汉诺夫、列宁。在中国，许多事情和沙皇俄国相同或相似，封建压迫的严酷，经济文化的落后，以及先进人物为了国家的复兴，不惜艰苦奋斗，寻找革命真理，这都是相同的。② 但中国作为东方大国，某些方面更为落后。列宁把俄国解放运动中摸索真理的先进人物分为三代③，而中国在历史难产的痛苦中觉醒的先进人物，为摸索真理而走过的道路更加艰难曲折，似乎可分为五代。单就哲学启蒙说，明

---

① 《资本论》第1卷，第10—11页第一版序。

② 参见毛泽东《论人民民主专政》。

③ 参见列宁《俄国工人报刊的历史》。

清之际的黄宗羲、顾炎武、方以智、王夫之到颜元、戴震、焦循等同具人
文主义思想的早期启蒙者属一代，阮元、龚自珍、魏源、林则徐等开始放
眼世界的地主改革家为一代，严复、谭嗣同、康有为等努力接受西学以图
自强的资声阶级维新派为一代，以孙中山、章太炎为代表的资产阶级革命
民主派和后期梁启超及王国维、蔡元培等试图会通中西自立体系的资产阶
级学者为一代；三百年来，一代代思想家呼唤风雷，一阵阵古今中外思潮
的汇合激荡，终于在伟大的"五四"运动中，崛起了李大钊、陈独秀、
毛泽东、蔡和森等由革命民主主义转到马克思主义的思想家。中国哲学革
命才被推进到一个新阶段。

<h1 style="text-align:center">二</h1>

通过以上简略的对比分析，似乎可以看出，德、俄、中三国走向近
代，对沉重的封建包袱进行自我批判的道路，确有相同或相似之处。同
时，也可以看到，民族的苦难，历史道路的曲折坎坷，也具有二重性，既
留下耻辱的印记，又留下光辉的战斗业绩。恩格斯在1850年回顾德意志
民族的传统时，曾严肃指出："在历史上德意志民族也曾表现过坚韧不拔
的精神"，"在历史上德国农民和平民所怀抱的理想和计划，常常使他们
后代为之惊惧"；并具体分析指出："十六世纪的德国革命的特殊神学理
论性质，对于不属于此世的事物有压倒一切的兴趣。从不光彩的现实中来
的抽象，构成后来从莱布尼茨到黑格尔的德国人的理论优势的基础。"[①]
列宁在一九一四年回顾俄罗斯民族的传统时，曾指出："我们看到沙皇刽
子手、贵族和资本家蹂躏、压迫和侮辱我们美丽的祖国而感到无限痛
心"，但应当满怀民族自豪感，因为在大俄罗斯人民中间"产生了拉吉舍
夫、十二月党人、七十年代平民知识分子革命家"，产生了工人阶级政党
并"证明了它能给人类做出为自由和社会主义而斗争的伟大榜样"。[②] 至
于列宁对赫尔岑、车尔尼雪夫斯基、托尔斯泰的历史评价和对他们世界观
矛盾的辩证分析，更达到了很高的科学水平。从经典作家这些示范性的论
述中，理应得到启示，应当以什么样的历史感和科学方法来总结自己民族

---

① 《德国农民战争》，人民出版社1962年单行本，第17、175页。
② 《论大俄罗斯人的民族自豪感》，载《列宁选集》第2卷，第610页。

的历史传统，怎样分析自己民族的哲学启蒙到哲学革命所走过的特殊道路并由此得出什么样的历史教训。

17、18 世纪中国的哲学启蒙，似应看作中国近代哲学的历史准备的一个特殊阶段，它是明末清初特殊历史条件下的产物。

明末清初，封建社会末期经济、政治危机的总爆发，资本主义萌芽的新滋长，自然科学研究热潮的蓬勃兴起，反映市民要求的文学艺术的空前繁荣，表明中国封建社会及其统治思想已经走到上述马克思所说的尚未达到"崩溃时期"，但已"能够进行自我批判"的历史阶段。尽管衰朽的宗法封建关系及其强固的上层建筑多方阻挠和摧残着一切新事物的生长，尽管在农民大起义失败的血泊中以清代明的王朝更迭曾使旧制度得以延续，形成清初一段历史回流，但这并不能改变历史已经形成的封建制趋向"天崩地解"（黄宗羲语）的新趋势，从而孕育着近代哲学思想"破块启蒙"（王夫之语）的新动向。姑举数例：

（1）这一时期合乎规律出现的早期启蒙思潮，曲折反映当时市民反封建特权的要求，直接受到农民大革命的风雷激荡的影响，表现出某些越出封建藩篱的早期民主主义意识。他们提出"必循天下之公"，"不以天下私一人"（王夫之）：要求以"天下之法"代替封建专制的"一家之法"；声称"为天下之大害者，君而已矣"！（黄宗羲）甚至怒斥"自秦以来，凡为帝王者皆贼也"！（唐甄）在起义农民"贫富均田"口号的震动下，他们提出种种平均地权的设想，或主张土地公有，平均"授田"（黄宗羲）；或主张"有其力者治其地"，"故平天下者均天下而已"（王夫之）；或主张"亟夺富民田"（颜元），"有田者必自耕"（李塨）。这些改革主张，与当时农民革命的理想有质的区别，却与资本主义萌芽的发展要求有着隐约的联系。至于他们反对"崇本抑末"，主张"工商皆本"；抨击科举制度，主张设立学校，以及要求发展科学技术和民间文艺等，更具有鲜明的启蒙性质。

（2）早期启蒙学者以特有的敏感，注意并尊重新兴的"质测之学"，吸取科学发展的新成果与"核物究理"的新方法。以丰富自己的哲学。他们主张"质测即藏通几"（方以智），尊重"专家之学"，认为"即物以穷理，惟质测为得之"（王夫之）。首批来华的西方传教士混合宗教宣传所译介的一些古希腊和近代的科学论著，受到启蒙学者的衷心欢迎；而当时启蒙学者强调以科学态度对待外来文化，"欲求超胜，必先会通"

（徐光启），"深入西法之堂奥而规其缺漏"（梅文鼎），并正确地评价了当时传教士们传入的西方科学知识有可取之处，而神学世界观则不足道，"泰西质测颇精，通几未举"（方以智）。明清之际的自然科学研究热潮和中西科学文化的早期交流，使这一时期启蒙哲学的理论创造从内容到方法都具有新的特色。如方以智在《物理小识》中关于物质和运动不可分的理论论证，王夫之在《张子正蒙注》、《俟解》中关于物质不灭和能量守恒原理的具体论证等，都由于吸取科学成果而达到新的水平。

（3）早期启蒙学者反映新的时代要求，开辟了一代重实际、重实证、重实践的新学风。他们痛斥宋明理学"空谈心性"的虚夸学风，使知识界陷于唯心主义的网罗，"足不出户"、"浮谈无恨"，"置四海困穷不言，而终日讲'危微精一'之说"（顾炎武）；平日高谈阔论，大讲为"生民立极，天地立心，万世开太平"，一旦国家有事，则"蒙然张口，如坐云雾"（黄宗羲）。这种"蹈虚""空谈"的学风，被看作祸国殃民的根本。启蒙思想家们在研究哲学、历史、自然科学的过程中，无例外地注重"经世致用"，提倡"事关民生国命者，必穷本溯源，讨论其所以然"①，"尽废古今虚妙之说而反之实"②。他们提倡面向实际，注重实证的求实学风，广泛地进行社会调查，博物考察和历史研究。如顾炎武为了写《天下郡国利病书》，"足迹半天下"，"所至阨塞，即呼老兵逃卒，询其曲折，或与平日所闻不合，则即坊肆中发书而对勘之"。③ 方以智编写《通雅》、《物理小识》更是"采摭众言，或无征，或试之不验。此贵质测，征其确然者耳。……适以泰西为刻子，足以证明大禹、周公之法。而更精求其故，积变以考之"④。王夫之也是"自少喜从人问四方事，至于江山险要、士马食货、典制沿革，皆极意研究。读史，读注疏，于书、志、年表，考较异同，人之所忽，必详慎搜阅之，而更以闻见证之"⑤。启蒙者的治学方法，突破汉宋，别开新途，日益孕育着近代思维方法。

以上列举似足以表明，17 世纪中国崛起的早期启蒙思潮，就其一般的政治倾向和学术倾向看，已显然区别于封建传统思想，具有了对封建专

---

① 潘来：《日知录序》。
② 王敔：《薑斋公行述》。
③ 全祖望：《亭林先生神道碑》。
④ 方中通：《物理小识·编录缘起》。
⑤ 王敔：《薑斋公行述》。

制主义和封建蒙昧主义实行自我批判的性质。这种批判之所以可能并必然出现的社会基础，是当时农民、市民反封建大起义的震荡下地主阶级内部的政治分化。一部分在野开明地主知识分子被卷进了反对明末腐朽统治和清初民族压迫的政治斗争的旋涡，他们震惊于当时的民族危机和政治变局，把先进汉民族的自取败辱，引为沉痛教训，"哀其所败，原其所剧"①，利用他们的文化教养，对他们认为导致民族衰败、社会腐化、学风堕落的封建专制主义和封建蒙昧主义，进行了检讨和批判，并把批判的矛头无例外地指向了作为封建正宗思想、统治思想界达五百年的宋明道学唯心主义。尽管每个人的自觉程度不同，批判的侧重面有异，甚至各自的思想倾向还存在着矛盾，但社会前进运动的客观要求，正是透过这些矛盾的合力、透过特定关系下的思想三棱镜，十分曲折但又十分合理地反映出来。

十六世纪中叶以来的哲学运动的这种曲折反映，既有其生动的历史内容，更有其自身发展与思维规律相吻合的逻辑进程。

中世纪哲学意识发展到王阳明的心学，已走到极端。王阳明的心学唯心主义的彻底性孕育着自我否定的因素，使泰州学派必然分化，分化中必然出现"掀翻天地"、"非名教之所能羁络"②的异端思想家。其中"异端之尤"的李贽，以他的"童心说"和对"以孔子之是非为是非"的封建独断论的怀疑和否定，标志着对封建社会自我批判的开端。中经东林、复社的政治实践，"一堂师友，冷风热血，洗涤乾坤"③，唤起了方以智、黄宗羲等从不同侧面去突破传统思维方式，开拓"质测即藏通几"（自然哲学）、"通儒必兼读史"（历史哲学）等哲学认识的新领域和探求真理的新途径。同一时期，合规律地涌现了一大批从不同角度剖析宋明理学的思想家，诸如陈确、朱之瑜、傅山、李颙、孙奇逢等，各不相谋，而自相呼应。王夫之以一定的历史自觉，从哲学上总其成，"学成于聚，新故相资而新其故"④，不仅全面扬弃程、朱、陆、王，批判地总结了宋明道学，而且精研易理，熔铸老、庄，旁及佛、道二教，博取新兴质测之学，特别是按照"依人建极"的原则，高度重视人类史观的研究，使朴素唯物辩

---

① 王夫之：《黄书·后序》。
② 《明儒学案·泰州学案序》。
③ 《明儒学案·东林学案序》。
④ 王夫之：《周易外传》卷5。

证法的理论形态发展到顶峰；并落足到天人、理欲关系问题上的明确的人文主义思想，预示着新的哲学胎儿已躁动于母体而即将出世。"我者，大公之理所凝也。"① "自吾有生以至今日，其为鬼于天壤也多矣。已消者已鬼矣，且息者固神也，则吾今日未有'明日之吾'而能有'明日之吾'者，不远矣！" "守其故物而不能日新"的中世纪僵尸"虽其未消，亦槁而死"②。一个"明日之吾"、"大公之理所凝"的新的"自我"即将诞生！王夫之的哲学，逻辑地标志着中国封建社会哲学发展圆圈的终结。

尔后，颜元、戴震除了继续揭露宋明道学所强调的天理人欲对立的伦理异化是"以理杀人"外，颜元重"习行"、倡"实学"，戴震则重"心知"、察"分理"，分别显示了唯物主义经验论和唯物主义唯理论的哲学倾向，历史地预示着朴素形态的唯物辩证法必将被以形而上学方法为特征的新的哲学形态取代。但是，由于清初历史回流中新经济和新思想横遭窒息和摧折，这种新形态的哲学在戴震之后虽经焦循、阮元等的努力仍未能诞生。19 世纪初叶，中国以鸦片战争之后的民族苦难而转入近代，结果，明清之际早期启蒙哲学的思想成果几乎被掩埋了一百多年。而到 19 世纪末才在资产阶级的变法维新运动和排满革命运动中重新复活，起着一种思想酵母的特殊作用。

三

从历史的回顾可以看出，中国确乎有过自己的哲学启蒙或文艺复兴，但绝非始于宋代理学，恰好相反，它是在对整个宋明道学（包括理学和心学）的否定性批判中开始的。正因为打破了宋明道学的思想桎梏，才产生了人文主义的初步觉醒。应该说，在明清之际的社会大动荡、阶级斗争和民族斗争的大风雨中，我们民族也产生过自己的巨人。我们有自己的但丁，如汤显祖、曹雪芹，他们唱的不是"神曲"，而是"人曲"；也有自己的达·芬奇、米开朗琪罗，如郑燮、石涛、陈洪绶，他们画笔下的人和物都表现了倔强的异端性格；还有自己的布鲁诺式的"哲学烈士"，如何心隐、李贽，他们敢于背经叛道，死而不悔；我们更有自己的弗兰西斯

---

① 王夫之：《思问录·内篇》。

② 同上。

·培根，如徐光启、方以智、梅文鼎，他们学贯中西，开始了铸造自己"新工具"的事业。至于王夫之、黄宗羲这样博学深思、著作宏富的思想家，在世界文化史的这一阶段上可说是旷世无匹。但是，当清初历史转入回流中，他们虽然"锋镝牢囚取次过，依然不废我弦歌"①，但也只能"且劈古今薪，冷灶自烧煮"（方以智诗），"思芳春兮迢遥，谁与娱兮今朝"②，遥望着未来历史的春天而眼前却感到孤寂。他们的思想火花，没有能形成照亮黑夜的"火流"，而他们散播火种的著作反而成为清王朝禁毁的对象。他们曾想对传统宗教神学和各种"镇压人心"的邪说"伸斧钺于定论"（王夫之语），建立起"理性法庭"，但清初建立的文字狱法庭反而对理性和自由实行了严酷的审判。

这是为什么？这是因为中国近代社会新旧交替的长期难产所出现的第一次历史回流。在回流中，中国的哲学启蒙，首次遭到摧折，步入了坎坷的道路。18 世纪的历史回流，表现为社会经济新因素由大破坏到复苏、民族关系由落后民族的征服到被融合的过程中，封建专制主义回光返照地稳定了一段，伴之而来的是程朱理学的权威竟得以在"御纂""钦定"的形式下恢复。清统治者适应自身封建化要求的文化政策，起了强化封建传统惰力的作用。如侯外庐同志所概括："一方面大兴文字之狱，开四库馆求书，命有触忌讳者焚之，他方面又采取了一系列的愚弄政策，重儒学，崇儒士。……另一方面，雍正元年（一七二三）以后，中国学术与西洋科学，因受了清廷对外政策的影响，暂时断绝关系。因此，对外的闭关封锁，对内的钦定封锁，相为配合，促成了所谓乾嘉时代为研古而研古的汉学，支配着当时学术界的潮流。"③ 这就不仅掩埋了 17 世纪启蒙哲学的思想光芒，使之被人遗忘，濒于夭折；而且严重地延缓了整个中国历史的发展进程，使之迅速落后于世界形势，终于招致了从 19 世纪中叶起西方资本主义的破关入侵，进一步打断中国历史的发展进程。

鸦片战争以后的中国，以民族的苦难转入畸形的近代。面对空前的民族危机，中国人民在苦难中觉醒，集中表现为在反帝反封建的斗争中涌现出一批又一批向西方摸索救国救民真理的先进人物。他们冲决网罗，前仆

---

① 黄宗羲：《山居杂咏》。
② 王夫之：《㲼袯赋》。
③ 《中国早期启蒙思想史》，人民出版社 1956 年版，第 410 页。

后继，留下了可歌可泣的革命传统。晚生、早熟而又十分软弱的中国资产阶级，在掀起"新学"反对"旧学"的思想文化斗争中，也曾以一种朦胧的历史自觉，把明清之际的启蒙哲学看作自己的思想先驱，希图继续其未竟之业，但他们忙于引进"西学"而来不及对自己的历史遗产推陈出新；在大量吸收"西学"的过程中，也曾注意到培根、洛克、笛卡尔的哲学与科学昌明的关系，狄德罗、拉美特里的哲学与法国革命的关系，乃至康德、黑格尔哲学的进步意义等，希图吸取来"开民智"、"新民德"。但他们迫于应付政治事变而匆匆建立的哲学体系，却又芜杂而极不成熟。他们力图把当时西方自然科学的新成果和新概念直接纳入自己的哲学体系，用以否定传统的"宋学"和"汉学"，突破古代唯物主义的朴素性和直观性，但由于在理论思维的进程上跳越了一些环节，不免陷于简单的比附，结果他们所进行的哲学变革往往自陷迷途，乃至完全落空。中国资产阶级由于政治上软弱、文化上落后，既无力完成自己的社会革命的任务，也就更加无力完成自己的哲学革命的任务。中国的近代及其哲学运动，短短数十年，匆匆跨过西欧近代哲学发展几百年的历史行程；但就理性的觉醒、理性的自我批判、理性的成熟发展等，即这一历史阶段所需要完成的主要业绩而言，却并未跨过。

四

"难产"，作为一种历史现象，指社会运动和思想运动的新旧交替中出现新旧纠缠，新的突破旧的，死的又拖住活的这种矛盾状况。它在我国历史上多次出现，似乎带有规律性。

我国原始社会向奴隶制国家过渡，考古证明从父权制出现的轩辕黄帝时代到夏禹"家天下"，经历了近 20 个世纪，奴隶制向封建制过渡，按许多学者把春秋战国看作"一大变革之会"的封建化时期，也经历了数百年之久。长期"难产"的古代社会，实际上走着"维新"的道路，因而诸如宗法制度、原始宗教以尺氏旅伦理观念等作为历史沉淀物被大量保留下来。宗族奴隶制向宗法封建制转变，也走着一条演化的道路，因革损益，三统循环，于是一整套"敬天法祖"、"尊尊亲亲"的纲常伦理，作为宗教异化、政治异化、人性异化，凝成"天"、"礼"等传统观念，像梦魇一样纠缠着人们的头脑，成为历代正宗思想家进行哲学加工的主要对象。虽然天人关系、礼法关系等问题曾引起多次哲学论争，但"天""礼"等观念始终作为外部压迫力量的神圣象征，不容侵犯。以此为基石所建立的庞大的封建正宗统治思想，把一切"人本"思想、"法制"思想，"越名教而任自然"的思想，任何形式的反抗异化和要求人性复归的思想，都视为异端而给以排斥和打击。

这一封建正宗统治思想，在前期曾以"三纲可求于天"、"名教本之自然"、"富贵贫贱决定于三世因果"等具有宗教异化的神学理论形式表现出来；到后期，经过宋明道学家们的再次加工，更用伦理异化的哲学理论形式表现出来。宋明道学家把"根于人心"的宗法伦理意识客观化为"塞乎天地"的宇宙意识，把封建等级秩序本体化为"天理当然"，把主体认识活动伦理化为"存养省察"，于是大讲其"天人合一"、"民胞物与"、"理一分殊"，而矛盾定位则归结为"天理"与"人欲"的对立、"道心"与"人心"的对立，论证"三纲五常"是"天生铁定的道理，无所逃于天地之间"。这一套所谓伦理型的唯心主义，指引人们去以"天理"诛灭"人欲"，以"道心"钳制"人心"，自觉地屈从于"命"与"分"，为愈来愈腐朽而残忍的封建制度所吞噬、所侮辱、所残害，也自觉自愿，不怒不争。道学家们讲的所谓"复性"、"复理"，乃是达到这种奴性的自觉，决不是什么"人性的复归"，而恰好是导致人性的严重异化。这样一套被称为"本诸人情，通乎物理"[1]，"其虑民之意甚精，治民之具甚备，防民之术甚周，诱民之道甚笃"[2] 的伦理政治异化的理论体系，统治了几百年，渗入上层建筑的各个部分，是一种具有极大麻醉力的封建蒙昧主义。它服务于后期封建社会的专制统治，成为束缚民族智慧、阻滞历史前进的主要精神枷锁。我国哲学启蒙道路之所以坎坷，近代哲学变革之所以难产，除了社会经济、政治原因以外，宋明道学家们长期锻造的这副精神枷锁以及装饰在这副枷锁上的所谓"孔颜乐处"、"极高明而道中庸"、"仁者浑然与物同体"、"四时佳兴与人同"、"数点梅花天地心"之类的虚幻的花朵和彩带，起了巨大的作用。

应该看到，枷锁套着的正是反抗的囚徒。近代中国资产阶级的先进人物往往由反抗传统而接受"新学"，他们所推动的以"新学"反对"旧

---

[1] 程颢：《论十事劄子》。

[2] 欧阳修：《本论》。

学"为内容的哲学变革，与政治实践紧密联系而概括了社会变革中的认识的积极成果；由对比中西学术特点而广泛吸取了西方近代先进哲学，特别将19世纪自然科学的三大发明（在西方本是对资产阶级形而上学的大突破，并构成马克思主义哲学产生的科学基础）以及一些科学新概念（如"以太"、"星云"、"阿屯"、"质"、"力"等），大胆采入自己的哲学体系；并初步总结了中国古代哲学的优秀传统（如朴素唯物辩证法的气化论、矛盾观、知行学说等）。这就为马克思主义哲学可能在中国传播、生根，准备了一些必要的思想土壤。一些资产阶级学者还开始独立地研究中国哲学史，敏锐地注意到明清之际早期启蒙思想家的独特贡献；另一些学者认真翻译介绍西方哲学诸流派，特别是德国古典哲学，直到"五四"以后仍络绎不绝，这都对近代中国哲学革命的发展起了奠基和促进的作用。但同时更应看到，由于中国近代社会的畸形，革命形势变化急速，社会生产力长期停滞，整个科学文化大大落后，这一切决定了中国资产阶级没有也不可能创造出强大的理论武器；他们服膺的"新学"、"西学"，无力战胜封建主义及其与帝国主义的文化同盟。不仅如此，由于沉重的历史包袱，巨大的传统惰力，不少曾经勇敢地奋起冲决封建思想网罗的先进思想家最终又怯懦地自陷于封建网罗，演出了一幕幕思想悲剧。龚自珍、魏源由呼唤风雷而重礼佛经。谭嗣同自叹"有心杀贼，无力回天"。康有为由维新志士一变而为保皇党，再变而为帝制复辟派。章太炎的一生，颇为典型，风云一时、"所向披靡"的革命家，却局限于农民意识而反对建立共和政体、发展资本主义，最后，"粹然成为儒宗①；在哲学上，他早年写《菌说》《公言》等，保持清新的唯物论，经过"以分析名相始，以排遣名相终"，终于"端居深观而释《齐物》，乃与瑜伽、华严相会"②，由理性主义转向了反理性的神秘主义。直到"五四"以后，以"新唯识"、"新程朱"、"新陆王"这种种形式的哲学转向，还络绎不绝。中国近代思想史上，充满着矛盾的人物、矛盾的思想体系以及各种形式的由趋新到复旧的转向，这绝非个人品格、兴趣问题，而是反映了19世纪末中国的时代矛盾：资产阶级民主革命的历史课题，无论是政治的还是哲学的，都不可能由资产阶级去独立完成。

---

① 鲁迅：《关于太炎先生二三事》；侯外庐：《中国近世思想学说史》第16章。
② 章太炎：《菿汉微言》卷末。

　　中国的近代及其哲学革命的难产，辛亥革命以后的几年的思想混乱是其直接后果。一些资产阶级革命家如孙中山、朱执信等意识到了这一点。孙中山在一九一七年以后开始致力于哲学理论的研究，奋力写出了《孙文学说》，其最精华部分的"知难行易学说"，正是反映了对理论的迫切要求。小资产阶级革命派更敏感到了这一点，一九一五年《新青年》等创刊后的"新文化运动"的蓬勃开展，对当时复古尊孔的思想逆流进行了勇猛反击，提出要用"民主"和"科学"来"救治中国政治上、道德上、学术上、思想上一切的黑暗"①，表现了对封建主义旧思想旧文化的强烈反抗和不妥协精神。可是经过"五四"前后这一番"狂飙运动"式的努力，理论成果仍较贫乏，仍未能根本改变中国近代哲学革命的难产状态。

　　"五四"前后，马克思主义的思想光芒射进了风雨如磐的中国大地。在当时新旧文化思想的激烈冲突中诞生了马克思主义的文化新军。李大钊就是这支文化新军最早的旗手，是中国近代史的伟大转折时期出现的新启蒙运动中最有远见、最有深度的伟大思想家。李大钊最早从俄国十月革命的炮声中觉悟到只有马列主义的真理、十月革命的道路才能改造中国，振兴民族。他第一次用唯物史观来解剖中国历史和中国哲学史，认定"孔子为数千年前的残骸枯骨"，而"孔子的学说之所以能支配中国人心有二千余年"，不过因它是"中国大家族制度上的表层构造，经济上有他的基础"；而其结果是"陵夷至于今日，残骸枯骨，满目黢然，民族之精英，澌灭尽矣！"他号召青年要"本其理性，加以努力"，"冲决过去历史之网罗，破坏陈腐学说之囹圄"，"所当信誓旦旦以昭示于世者，不在龈龈辩证自首中国之不死，乃在汲汲孕育青春中国之再生"②。李大钊的这些启示，唤起了整整一代青年的理性觉醒。以后，通过一系列的论战，唯物史观以不可抗拒的科学锋芒，在思想阵地摧枯拉朽，开创了中国近代哲学革命的新局面。鲁迅在"五四"以来的新文化运动中，更以其特有的深思、韧性的战斗，做出了多方面的突出贡献。其重要思想贡献之一，就在于以深沉的历史感，对 17 世纪以来中国哲学启蒙的坎坷道路以及多次出现历

---

　　① 陈独秀：《本志罪案之答辩书》，《新青年》第 6 卷第 1 号。
　　② 以上见李大钊《孔子与宪法》、《由经济上解释中国近代思想变动之原因》、《青春》等文。

史回流的原因，有着锐敏的观察和深刻的解剖。他清醒地看到我们民族在精神上背负着多么沉重的"因袭重担"，有多么可怕的"祖传老病"。他指出，在我们民族的历史上，"有两种特别的现象：一种是新的来了好久之后而旧的又回复过来，即是反复；一种是新的来了好久之后而旧的仍不废去，而是羼杂"。他痛切地揭露"吃人的礼教"、"僵尸的乐观"，以及各式各样的"尊孔"、"崇儒"、"儒者之泽深且远"的"老调子"；主张继续展开"思想革命"，并极其深刻地提出"改革国民性"的问题，认为这是长期封建传统意识的毒害所造成的社会心理的病态和畸形，应当"毫不可惜它的溃灭"。他写《狂人日记》、《阿Q正传》等，目的在于"揭出病苦，引起疗救的注意"。① 鲁迅从革命民主主义者到马克思主义者，毕生为实现国民性的改造、埋葬封建主义僵尸、唤起民族精神的觉醒，做了巨大的思想启蒙工作。毛泽东同志明确地肯定："鲁迅的方向，就是中华民族新文化的方向"；并深刻地总结了"五四"以后新民主主义文化革命取得的胜利，"在哲学方面，在经济学方面，在政治学方面，在军事学方面，在历史学方面，在文学方面，在艺术方面，……都有了极大的发展。20年来，这个文化新军的锋芒所向，从思想到形式（文字等），无不引起了极大的革命。"② 这一总结，包括了哲学方面。20世纪30—40年代，继唯物史观的传播之后所兴起的唯物辩证法运动，在思想战线上产生了巨大的影响，特别是涌现出毛泽东、刘少奇、李达、艾思奇、郭沫若等许多独立研究的哲学论著，标志着马克思主义哲学运动在中国的胜利和发展，开辟了中国历史上哲学革命的新纪元，这是此前的中国哲学启蒙经过300多年坎坷曲折的道路所达到的历史总结。

五

经过这一番历史的反思，自然产生一些"情瞳眬而弥鲜"的感想。

感想之一。以科学态度进行中西哲学的对比，认真地分析历史形成的国情，应当珍视自己民族遗产中固有的真正的优秀思想传统，立足于怎样

---

① 以上见鲁迅《坟·笔下漫笔》、《坟·我们现在怎样做父亲》、《中国小说历史的变迁》、《儒术》、《青年必读书》、《我怎样做起小说来》、《两地书·八》等。

② 毛泽东：《新民主主义论》。

继续推进先驱者们已经开辟的中国哲学革命的航程。由于中国哲学启蒙经历了坎坷曲折的道路，哲学劳动成果的保存和传播，哲学发展链条的前后衔接，哲学思潮在运动中的分化和合流，都表现了自己的特点及其历史衍变中的客观逻辑。17世纪的启蒙哲学，穿过了18世纪的回流而在19世纪后期的维新运动乃至20世纪初叶的新文化运动中闪耀出火光；18世纪乾嘉朴学中被扭曲了的科学方法，穿过19世纪的政治风浪而在20世纪初酝酿史学革命时发生了重要作用；至于"道器"、"体用"、"常变"、"一两"、"虚实"、"知行"等经过17世纪启蒙学者咀嚼、赋予新意的范畴，通过曲折的发展，保持着生命力，至今活在人们的思维运动中。这就历史地告诉我们，似乎应当把明中叶以后到"五四"以前的中国哲学的矛盾运动，当作一个历史过程、一串思想发展的圆圈来加以研究，通观全过程，揭示其历史和逻辑一致的规律性。这对于我们弄清马克思主义哲学在我国生根、发展的思想土壤和历史形成的逻辑起点，都会有一定的意义。

感想之二。近几年哲学史界一些同志对儒家思想，特别是宋明道学的研究兴趣颇浓、评价颇高，对其性质、地位、作用等讨论颇多，新意不少。这种研究和讨论，有利于学术繁荣。从不同角度、不同范围所做的分析、评价，可以大不相同。但历史是统一的链条，历史上各种思潮、人物都必须纳入统一的发展链条才能确定其客观地位。历史科学是有党性的，马克思主义的党性当然是奠立在恢复历史全貌的客观性的基础之上的。历史研究是有褒贬的，褒贬的正确与否，只能以历史运动所固有的前进性（以新代旧、由低到高）为准绳。据此，把宋明道学唯心主义思潮纳入后期封建社会的发展进程来考察，特别是联系明末清初的社会经济变动及其所引起的思想冲突来考察，则不能不肯定道学唯心主义是阻滞历史进步的精神力量，因而，对宋明道学的分析评价，究竟是跳越中国哲学启蒙运动的整个历史阶段而去重复某些学者"接着讲"的方法，还是按照哲学运动的历史轨迹来推进16、17世纪以来已经"破块启蒙"的批判？这就值得思考。这是说，马克思主义历史研究的褒贬同历史本身的自我批判的方向应当是一致的；我们的批判还必须不断突破历史上已有的批判的局限性。当我们继续踏着李大钊、鲁迅的足印，在毛泽东曾经正确总结出的道路上前进的时候，还需要突破"五四"以来清算历史遗产中出现过的形式主义、虚无主义、简单化、公式化等等"左"的局限性。真正的清算，只能是科学的分析解剖，从粪堆中啄出珍珠，还历史以本来面目。但由于中国的近代及其哲学革命的难产，以致两千多年来积淀的封建传统意识，特别是宋明道学留下的思想包袱，至今还在起作用，还在被欣赏，还在被美化为可以"成为社会主义精神文明的一个来源"。这就更加表明，在哲学史研究中必须把继承优秀思想传统，继续推进哲学革命和清算封建主义流毒这三方面的任务，按照历史本身的联系有机地结合起来。

感想之三。中国近代哲学运动的特点，在现实中的投影是双重的。一方面，中国资产阶级哲学世界观在中外古今思潮的汇流中匆促形成、跳跃发展和急剧衰落，这为马克思主义哲学在中国的迅速胜利提供了某些顺利条件；另一方面，中国资产阶级的文化落后，理论建树颇少，在哲学上远未完成其应完成的历史任务，这又为马克思主义哲学在中国的发展带来了某些局限和困难，许多事实表明，历史给我们留下了一些应当完成而尚待完成的课题。在马克思列宁主义指导下提高全民族科学文化水平，建设以共产主义思想为核心的社会主义精神文明，勇攀现代唯物主义和现代科学技术的高峰，是当前的迫切任务。为此，在哲学领域，既要开拓新天地、研究新问题，又要注意到历史留下的补课任务。列宁在十月革命后曾经反复强调："只有确切地了解人类全部发展过程所创造的文化，只有对这种文化加以改造，才能建设无产阶级的文化。""只有用人类创造的一切财富的知识来丰富自己的头脑，才能成为共产主义者。""如果一个共产主义者不用一番极认真、极艰苦而浩繁的功夫，不理解他必须用批判的态度来对待的事物，便想根据自己学到的共产主义的现成结论来炫耀一番，这样的共产主义者是很可怜的。"[1] 列宁向当时俄国青年提出的正是这样的学习和补课的任务。具体化到哲学战线，列宁还鲜明地提出过必须大量翻译和广泛传播18世纪战斗无神论的文献，组织系统地研究黑格尔辩证法并形成"黑格尔辩证法唯物主义之友协会"等等任务。[2] 按列宁的思路来思考，根据人类认识史的客观逻辑，马克思主义哲学需要扎根在一定的思想土壤中才能得到健康的发育成长；为了马克思主义哲学的繁荣发展，应当依据各民族固有的文化传统特点自觉地培育这样的思想土壤。在中国，古代哲学发展充分，近代哲学革命难产，这一特点制约着历史可能提供的思想土壤具有什么主要成分。就整个民族的理论思维的发展进程说，在当

---

① 《共青团的任务》，载《列宁选集》第4卷，第348页。
② 《论战斗唯物主义的意义》，载《列宁选集》第4卷，第609页。

前社会主义精神文明的建设过程中，自觉地培育更丰厚的理论思维的土壤，使马克思主义哲学这一发展着的科学真理体系得以在我国更好地生根、开花、结果，这是当前值得注意的一个课题。我们相信，在马克思列宁主义、毛泽东思想的指引下，我们一定能够遵循哲学进化的客观逻辑，自觉地避免某些历史运动的回流，把先驱者们已经开辟的哲学革命的光辉事业推向前进。

《中国社会科学》1983 年第 1 期

论中国古代哲学的范畴体系

张岱年[*]

摘要 中国古代哲学是独立发展的，有自己独特的概念、范畴和范畴体系。本文对中国哲学的综合范畴体系应该包括哪些范畴、范畴之间有什么样的关系作了探讨，认为儒家、道家、玄学、理学的长期流传和广泛引用的范畴是中国哲学的主要范畴，在探索中国哲学的范畴总体系时应该考察两个方面的顺序，一是范畴从普遍到特殊的逻辑顺序，一是历史上思想家提出范畴的先后顺序。文章对哲学范畴的循旧与立新也做了探讨。

近来研究中国哲学史的同志们提出中国古代哲学范畴体系的问题，这确实是关于哲学史的一个重要问题。我们常说中国哲学有自己的一套概念范畴，既云一套概念范畴，就是有一个概念范畴的体系了。范畴体系是一个非常复杂的问题。哲学史上各个范畴都有其发生、发展、演变的过程，即令是同一时期的哲学范畴，不同学派的见解也不相同。中国古代哲学的范畴体系包括哪些范畴呢？范畴之间的相互关系又如何呢？这些问题都是需要进行深入考察的。本文试图对此作一些初步的探讨。

一 中国古代哲学著作中所谓"名"与"字"

"概念"、"范畴"都是翻译名词。范畴二字虽然出自《尚书·洪范》所谓"洪范九畴"，但是古代并不将范畴二字连为一词。在中国古代哲学著作中，与今所谓概念、范畴相当的，是"名"和"字"。孔子提出"正

---

[*] 张岱年，1909 年生，北京大学哲学系教授，中国社会科学院哲学研究所兼任研究员，中国哲学史学会会长。

名"，他说："名不正则言不顺。"①《管子·心术上》论形名云："物固有形，形固有名，名当谓之圣人"。庄子说："名者实之宾也。"② 公孙龙说："夫名，实谓也。"③《墨子·小取》云："以名举实。"各家所谓名都是指事物的称谓。

《墨经》将名分为三种，《经上》云："名，达、类、私。"《经说上》解释说："名：物，达也；有实必待之名也。命之马，类也；若实也者，必以是名也。命之臧，私也；是名也止于是实也。"达名是普遍性的名称。类名是一类事物的名称。达名与类名都是我们所谓概念。达名是普遍概念，类名是一类事物的概念。私名是个别人的名字，不是概念。

荀子提出所谓共名与别名，他说："故万物虽众，有时而欲遍举之，故谓之物，物也者大共名也。……有时而欲偏举之，故谓之鸟兽，鸟兽也者大别名也。"④ 这所谓大共名即墨家所谓达名，所谓大别名即墨家所谓类名。

中国古无概念一词，"达名"、"类名"即是概念。概念是从思维来讲的，名是从语言来讲的。思维与语言可以说是内容与形式的关系，思维都是用语言来表达的，没有脱离语言的思维。名与概念是统一的。

达名、有实必待之名，可以说即今所谓范畴。范畴一词出自古希腊，亚里士多德对范畴作了系统的论述，提出"体"、"量"、"性质"、"关系"、"处"、"时"、"容态"、"状况"、"施"、"受"等十个范畴。到了近代，康德从先验论的观点讲范畴，黑格尔从客观唯心主义的观点讲范畴。我们现在讲范畴，认为范畴是反映客观事物的统一性和普遍联系的思维形式，也就是具有一定普遍性的基本概念。中国古代哲学中缺乏象亚里士多德《范畴篇》那样的系统的范畴理论。《庄子·秋水》云："夫物量无穷，时无止，分无常，终始无故。"所谓"量"、"时"也就是亚里士多德所谓"量"、"时"，但是在中国哲学中关于"量"、"时"的讨论不多，《孟子》、《易传》所谓"时"又不仅指一般所谓时间。

①《论语·子路》。
②《庄子·逍遥游》。
③《公孙龙子·名实论》。
④《荀子·正名》。

韩愈在《原道》中提出"虚位"与"定名"的区别，他说："仁与义为定名，道与德为虚位。"定名是有确定内涵的名称，虚位即是空格子，不同学派可以填入不同的内容。儒家、道家都讲"道"，但所谓"道"的意义不同。至于仁义则有固定的含义，儒家宣扬仁义，道家不同意儒家所讲的仁义，但不能借用仁义二字而赋予它另外的意义，只是对仁义加以批评指责而已。韩愈所谓定名、虚位，都属于今日所谓范畴。如果加以分析，定名可谓实质的范畴，虚位可谓形式的范畴。

宋元明清时代，哲学的概念范畴一般称为"字"。有些学者致力于解释所谓"字义"。朱熹的弟子陈淳著《字义详讲》（后人称为《北溪字义》），就是讲解程朱理学的概念范畴的著作。清儒戴震批判程朱，提出自己的哲学体系，撰写《孟子字义疏证》，采取了解释孟子哲学的概念范畴的形式。这里所谓"字"不是指普通的文字，而是指哲学的名词。所谓"字义"都是指对于哲学概念范畴的解释。"字义"二字太泛，不如西方所谓范畴意思明确。中国古代虽无范畴之称，但中国古代哲学确实有一套自己的范畴。

二　范畴体系的层次与演变

在思想发展史上，哲学范畴的出现，有其历史的先后次序，这是哲学范畴的历史顺序。

各个范畴之间又有包容、涵蕴、区别、对立以及相反相成的关系，这可谓范畴之间的逻辑关系。依据范畴的逻辑关系而形成的序列，可称为哲学范畴的逻辑顺序。

众多范畴彼此相关，于是构成一定的体系。体系又有不同的层次。有一家的范畴体系，有一个学派的范畴体系，有一个时代的范畴体系，有长期通贯的综合范畴体系。

历史上每一个建立哲学体系的思想家，总要提出许多基本命题，其中包括一些（或许多）概念、范畴。这些概念、范畴构成一个体系，就是一家的范畴体系。

每一个重要的哲学家大都有一些继承者，于是形成一个学派。一个学派所采用或提出的哲学范畴形成一个体系，就是一个学派的范畴体系。

每一重要的历史时期，可能同时涌现出几个不同的学派，这些学派各有其范畴体系，它们彼此既有联系又有区别，总合起来，构成一个时代的哲学范畴体系。

在较长的历史时期中，有一些哲学范畴前后相承、流传不绝，它们构成了长期通贯的综合范畴体系。

在每一家、每一派、每一时期或长期通贯的范畴体系之中，各个范畴必有其逻辑的程序，这是哲学范畴的逻辑层次。

亚里士多德的十个范畴，以"体"为始。朱熹、吕祖谦合编的《近思录》，第一卷讲"道体"。王廷相著《慎言》，亦以"道体"为第一篇。陈淳的《北溪字义》卷上列"命"、"性"、"心"等，卷下列"道"、"理"、"德"、"太极"等。戴震的《孟子字义疏证》以"理"居首，"天道"、"性"次之，"道"、"仁义礼智"等又次之。黑格尔的《逻辑学》包括范畴最多，以"有"、"无"起始，以"理念"终结。

从古代到近代，哲学范畴的逻辑层次尚无确定的次序。但每一家、每一学派、每一时期的哲学范畴都可能按两种顺序排列，一是从普遍到特殊，一是从简单到深奥。亚里士多德论范畴以"体"为首，朱熹、吕祖谦的《近思录》以"道体"为始，这都是以普遍为开始。黑格尔的《逻辑学》从"有"起始，则是以最简单的范畴为起点。

中国古代哲学范畴的综合体系应包括哪些范畴呢？这是需要深入研究的问题。

名词、概念、范畴三者既有同一性，又有差别性。表示普遍存在或表示事物类型的名词可称为概念，如物、马等。而表示一个人或某一物的名词不能叫作概念，如一人的姓名称号或某一历史事件的名称等都不是概念。在概念之中，有些可以称为范畴，有些不是范畴。简单说来，表示存在的统一性、普遍联系和普遍准则的可以称为范畴，而一些常识的概念，如山、水、日、月、牛、马等，不能叫作范畴。

概念与范畴的区别还不仅如此。历史上，许多哲学家提出了许多独创的概念，有些后来被许多人普遍采用了，有些则没有引起反响。凡一家独用的概念或名词，不能算作有普遍意义的范畴。例如墨子所讲"三表"，在墨家思想中是很重要的，但没有被别的学派接受，墨家绝灭之后，"三表"成为一个历史名词了。公孙龙所谓"指"是他一家的一个独创性的概念，也没有成为一个普遍承认的范畴。还有些概念，在一定的历史时期颇为流行，但后来销声匿迹了，例如"玄冥"、"独化"，在两晋南北朝时期颇为流行，唐宋以后则无人采用，因而也不能算作有普遍意义的范畴。又有个别的思想家，喜欢自造生词，如扬雄在《太玄》中仿照《周易》"元亨利贞"而独创的所谓"罔、直、蒙、酋"，只能算作个人的用语，不能列为范畴。

但是，也有一些思想家提出了一些独创的概念，虽然没有普遍流行，却正确地反映了客观实际的某一方面，具有较高的理论价值，所以仍可称为哲学范畴。例如张载所谓"能"、① 方以智所谓"反因"，② 似乎都可以列入古代哲学的范畴。

在历史上，不同的思想家虽然采用同一范畴，但赋以不同的含义，这种现象是常有的。韩愈说："道与德为虚位。"凡是虚位的范畴，不同学派都赋以不同的含义。如道，老庄所谓道，指先于天地万物而又是天地万物存在根据的抽象的绝对；《易传》所谓道，指天地万物变化的普遍规律；张载、戴震则又以道指自然变化的过程。又如气，伯阳父首先提出"天地之气"的概念，孟子虽承认气与志是相对的，但他又提出所谓"浩然之气"，其所谓气又是指一种精神状态了。又如理，张载断言"理不在人皆在物"，③ 朱熹则宣称"若在理上看，则虽未有物，而已有物之理"，④ 王守仁更以为理在心中，"心外无物，心外无理"。⑤ 这些思想家所讲理与物的关系不同，其所谓理的意义也就不同了。这些在不同的哲学体系中具有不同含义的哲学范畴，在哲学史上还可以算作同一个范畴。

哲学范畴的提出与沿用还有些复杂的情况。有些范畴是某一思想家首先提出并加以阐明的，如老子的道。有些范畴虽非某一思想家首先提出，但他首先作出了较详细的说明，如孔子所谓仁。许多范畴都有长期的流传演变的过程，究竟是何人首先提出的，由于史料缺乏，已难考定。如气、理、性等都是如此，硬挂在某人名下，是不恰当的。近年有些哲学史论著说"理"是韩非首先提出的，"体用"、"本末"是王弼首先提出的，其实都不符合历史事实。许多范畴都起源于先秦时代，宋明理学的许多范畴

---

① 《正蒙·乾称》："屈申动静终始之能。"
② 《东西均·反因》。
③ 《张子语录》上。
④ 《文集·答刘叔文》。
⑤ 《与王纯甫》。

都可在先秦典籍中找到其根源，但是宋明思想家作出了新的解释，使之成为更明确的、具有更深意蕴的哲学范畴，他们的理论贡献也是应该充分肯定的。

先秦时代，儒、墨、道、名诸家各有一套范畴。秦汉以后，墨、名中绝，儒、道交融。汉魏以后的主要哲学范畴大多来自先秦的儒家和道家。魏晋之时，玄学有一套范畴，基本上是依据先秦儒、道两家的范畴加以提炼而成的。佛教输入，有另外一套范畴，其根源在印度佛教，与中国传统固有的概念范畴大不相同。中国佛学在发展演变的过程中也提出或引用了一些不是翻译名词的概念范畴，如"体用"、"事理"等，这些范畴的采用不能说没有受到中国固有思想的影响。宋明理学家曾经"出入释老"，虽尝"人"，却终于"出"，最后归本于先秦的孔孟儒学。佛学的大多数概念范畴如"色"、"空"、"法"、"识"之类，始终没有被儒者采用。明清之际的卓越思想家王夫之虽然引用了佛教的"能所"范畴，但做了新的规定。儒、佛精神始终未能融合。所以，魏晋以后的哲学范畴，固然可以说是"儒道交融"，而唐宋以至明清的哲学范畴却只能说是"儒佛互映"。

以下试依历史顺序列举先秦以至明清的哲学和有关典籍中的主要哲学范畴。

（1）西周至春秋时代的概念范畴：

天命、德、五行（《尚书·周书》）。

气、阴阳、和同（《国语·周语》）。

天道人道、仁、礼、不朽（《春秋左氏传》）。

（2）孔子哲学范畴：

道、天道、德、仁、礼、忠、恕、孝、悌、智、勇、美、善、中庸、两端、性、习、学、思、一贯（《论语》）。

（3）孟子哲学范畴：

仁义礼智、孝佛忠信、志、气、心、物、理、义、觉、诚、良知良能、浩然之气、良贵（《孟子》）。

（4）《周易大传》中的哲学范畴：

太极、阴阳、健顺、生、易、变化、动静、道器、形上形下、神、几、日新。

（5）荀子哲学范畴（与孔子相同的不列）：

事理、法则、积、类、群、诚、神、征知（《荀子》）。

（6）《礼记》中的主要范畴：

中和、德性、诚明、慎独（《中庸》）。

明德、至善、本末、格物致知（《大学》）。

大同、小康（《礼运》）。

天理、人欲（《乐记》）。

以上是儒家的概念范畴。

（7）老子哲学范畴：

道、一、朴、器、有、无、常、玄、虚静、反复、自然、无为、势。

（8）庄子哲学范畴（与老子相同的不列）：

天、人（《大宗师》："知天之所为，知人之所为者，至矣"），气（《大宗师》："游乎天地之一气"）、理（《养生主》："依乎天理"，《天运》："顺之以天理"，《秋水》："是所以语大义之方，论万物之理也"）、宇宙（《齐物论》："旁日月，挟宇宙"，《庚桑楚》："有实而无乎处者，宇也；有长而无本剽者，宙也"），神（《齐物论》："劳神明为一"，《知北游》："精神生于道"），真（《齐物论》："道恶乎而有真伪"）。

（《庄子》书中还有许多名词，如"以明"、"道枢"、"物化"、"悬解"、"心斋"、"坐忘"等，没有构成普遍承认的范畴。）

以上是道家的范畴。

（9）《管子》与法家的哲学范畴：

礼义廉耻、常、则、道、气、心术、虚、精、所以知、所知、法、术、势。（《管子》书中的思想表现了道家与法家的融合。）

（10）墨家、名家的概念范畴：

天志、兼爱、命、力、类、故、三表、宇、久、同异、无穷、大一、小一、指、物、名、实。

按先秦哲学典籍中，在范畴发展史上对后世影响最大的是《论语》、《老子》、《易传》，其次是《中庸》、《孟子》。墨家、名家所创立的概念范畴，援用者不多。荀子虽属儒家，绍述者亦少。《论语》、《老子》、《易传》所提出的范畴成为中国传统哲学的主要范畴。

（11）汉儒所常用的补充范畴：

元气（《鹖冠子》、《春秋繁露》，最早见于何书已不可考）、太虚（《黄帝内经》《庄子外篇》已有太虚一词）、三纲、五常（《春秋繁露》、《白虎通义》）、质（《易纬·乾凿度》明确了气、形、质三者的区别）。

（12）魏晋玄学的范畴：

有无、本末、体用、自然、理、性、命、言意。

（13）隋唐佛学的范畴：

佛教哲学，"名相"繁多。前辈熊十力先生著有《佛家名相通释》，解释隋唐佛家法相唯识的概念范畴，论述颇详。兹仅选列佛学中最基本的名词概念：

法界、真如、色、性、相、缘起、因缘、五蕴、八识、止观、涅槃。佛书还有一些常用的名词如实际、世界、意识等，后来被引入一般常识，成为常识中的概念。

隋唐儒学没有提出新的范畴，唯崔憬《周易探玄》对于体用作出了明确的解释，有重要意义。

宋元明清时代哲学的概念范畴大多前有所承，其中同于前人的亦择要列入，以见哲学范畴前后存亡消长的史迹。

（14）周敦颐哲学范畴：

无极、太极、阴阳、五行、中正、人极、诚、神、几、刚善、柔善。

（15）张载哲学范畴：

太和、太虚、气、性、神、道、理、两、一、有、象、心、能、诚、明。

（16）程朱学派（程颢、程颐、朱熹）的范畴：

陈淳《字义详讲》所列范畴是：

命、性、心、情、才、志、意、仁义礼智信、忠信、忠恕、一贯、诚、敬、恭（卷上）；道、理、德、太极、皇极、中和、中庸、礼乐、经权、义利、鬼神（卷下）。

《性理大全》所列范畴是：

理气（太极、天地、阴阳、五行）、鬼神（生死）、性理（性命、心、道、理、德、仁义礼智信、诚、忠信、忠恕、恭敬）

按《字义详讲》和《性理大全》所列概念范畴的次序都缺乏明显的逻辑性，但程朱学派的哲学范畴大略具备于此。

（17）陆王学派（陆九渊、王守仁）的范畴：

心、理、本心、良知、知行、义利、理欲。

（18）方以智哲学的概念范畴：

通几、质测、气形光声、理、神、反因、交轮几、随泯统。

方以智的思想颇具特色，他所提出的许多新概念虽未必构成新的范畴，但表现了一定的深度。

（19）王夫之的哲学范畴：

气、理、道、太虚、太和、实有、诚、神、器、动静、能所、知行、格物致知、义利、理欲、理势。

（20）戴震的哲学范畴：

《孟子字义疏证》所列范畴是：

理、天道、性、才、道、仁义礼智、诚、权。

戴氏书中还包括气化、生生、心知、自然、必然诸范畴。

以上按时代顺序列举了上古以至近古各学派的主要哲学概念范畴，所列举的未必尽当，更难免遗漏，但是中国传统哲学中的基本概念范畴大略具备于此了。至于哪些可称为范畴，哪些仅可称为概念，亦不易一一明确规定，凡有重要理论意义的都尽量列入了。

三 中国古代哲学范畴的总体系

如上所述，中国古代哲学的概念范畴有其历史演变的过程。在历史上有比较广泛影响的范畴是：（1）先秦儒家范畴，（2）先秦道家范畴，（3）魏晋玄学范畴，（4）宋明理学范畴。此外还有佛学的范畴，但佛学范畴多数是翻译名词，始终没有取得主导地位，所以不能和儒、道两家相比。宋明理学的范畴可以说是集中国古代概念范畴之大成，反理学的思想家也未能提出另外的新范畴。但是，我们现在来研讨中国古代哲学的范畴，应寻源察流，不能以理学的范畴为限。

中国古代哲学，从周秦到宋元明清，是否可以说有一个通贯、综合的范畴总体系呢？肯定是有的。这个范畴总体系应该包括儒家、道家、玄学、理学的长期流传和广泛引用的范畴。

这个范畴总体系的内部应有一定的逻辑层次。现在的问题是：如何确定这个逻辑层次？

黑格尔的《逻辑学》包含西方哲学范畴的总体系。黑格尔提出历史的与逻辑的二者一致的原则，他认为范畴在历史上出现的次序与范畴在逻辑体系中的顺序是一致的。他是按照肯定、否定、否定之否定的次序安排的。事实上，他所讲的历史顺序不尽符合历史事实，他所安排的逻辑顺序也往往出于主观臆断，并无严格的逻辑理由。黑格尔自以为达到了终极真理，实则不符合客观实际。但是黑格尔所提出的历史和逻辑二者统一的原则却含有深邃的智慧。思想史上确实有肯定、否定、否定之否定的情况，概念之间也有肯定、否定、否定之否定的关系。但据此而排列出一个历史与逻辑一致的顺序，就难免牵强附会了，因为实际情况是比正反合的公式更复杂的。

简单说来，范畴的逻辑层次可能有两种，一是从普遍到特殊，用中国传统名词来说，即由"共"至"别"、由"全"至"偏"。二是从浅近到高深，用中国传统名词来说，即由浅入深、由"简"至"赜"。

亚里士多德论范畴，以"体"为始，即由全至偏。黑格尔的《逻辑学》则是由简至赜。

朱熹编《近思录》，以"道体"为首卷。朱熹虽然没排列出范畴体系，但他的理论体系实际上是采用了从全至偏的程序。陈淳《字义详讲》和明代的《性理大全》所列名目次序都不免杂乱无章，表现出朱门后学理论水平的肤浅。

管见以为，现在探索中国古代哲学范畴的总体系，要考察两个方面的次序，一是范畴从普遍到特殊的逻辑顺序，一是历史上思想家提出范畴的先后顺序。哲学思想的历史发展，在一定意义上，有其逻辑的必然性，但是哲学范畴在历史上出现的先后次序并没有构成一个严格的逻辑顺序。如果勉强地把历史次序安排成一个逻辑顺序，势必削足适履。情况是复杂的，还应尊重客观事实。

哲学范畴，在历史上，有时是一个一个提出来的，如老子的"道"；有时是一对一对提出来的，如"阴阳"、"有无"。范畴皆可凑成一对，但亦可单独引用。兹分别列为二表，这二表的内容基本一致，但是由于观察的角度不同，因而也有所出入。

[1] 中国古代哲学范畴总表之一（单一范畴总表）：
〔最高范畴〕
天、道、气（元气）、太极，太一、虚（太虚）、玄、无极、太和、理。（以上10个）
〔虚位范畴〕
德、善、美、本（本原、本根）、体（本体、实体）、用、实、元、

是（是非）、真（真伪）。（以上10个）

〔定名范畴〕

命（天命）、五行（水火木金土）、阴阳、物、和、同、两端、无、有、自然、朴、器、象、反、常、变（变化）、动、静、生、易、神（形神之神）、神（神化之神）、几、类、精（精气）、诚、宇宙、法则、事、势、形、质（形质之质）、质（性质之质）、机、能（屈申动静终始之能）、所以（所以然）、实有；

仁、义、性、中庸、不朽、权（经权之权）、公、贵（良贵）、良知（良心）、天理、人欲、大同；

心、思、知、行（躬行、实践）、名、一贯、能（所以知）、所（所知）、效验。

（以上58个）

以上共列78个概念范畴。

[2] 中国古代哲学范畴总表之二（对偶范畴总表）：

〔天道范畴〕

天人（天道、人道）、本末、有无、道器、理气、体用（质用）、太极无极、阴阳、形神（形质、精神）、命力、常变、动静、反复、两一、神化、形上形下、宇宙、事理、虚实、心物、同异、象数。（以上22对）

〔人道范畴〕

道德、仁义、性习、美善、中庸与狂狷、中和、义利、理欲、志功、经权、诚明、公私、诚伪、自然与有为、自然与名教、贵贱（价值高下）理势。（以上17对）

〔知言范畴〕

学思、名实、知行、是非、智愚、真伪、言意、能所、格物致知。（以上9对）

以上共列48对概念范畴。

〔说明〕

"表一"分列了最高范畴、虚位范畴与定名范畴。每一类的次序参照了可考的历史顺序。最高范畴指思想家建立其哲学体系时所设定的表示世界本原或最高实体的范畴。孔孟以天为最大最高的实体，尚未脱离原始的天命论，老庄以道为天地的本原，开始创立本体论学说（近人或谓中国本体论学说始于王弼，实属大误，我另有辨析，兹不赘）。气的概念最早见于西周末年伯阳父的言论中，而明确地以气为最高范畴则较晚。魏晋时期，何晏王弼"以无为本"，实则仍以道为最高范畴，是以道为无。宋明时代，张载认为世界的统一性在于气，程朱以理为最高实体。陆九渊、王守仁认为"心即理"，仍以理为最高范畴，但强调理即在心中。准此，无与心不列入最高范畴之中。

虚位范畴指各家通用而可以加上不同规定的范畴。定名范畴指具有确定内涵的范畴。

"表二"分列了天道范畴、人道范畴与知言范畴。中国古代哲学的主要内容是"天人之学"，主要讨论的是天道、人道以及知天知人的问题，所以哲学范畴可分为三类。如此分类有其一定的必要性。范畴成对，也有些复杂情况，有些范畴不仅与某一范畴成为对立，而且更与别的范畴成为对立。如"同"，既与"和"为对，又与"异"为对。又如诚，既与"伪"为对，又与"明"为对。魏晋时代，名教与自然的关系成为一突出的问题，而在老庄哲学中，自然原与有为或人为相对。以后，戴震又以自然与必然并举。此类情况也是屡见不鲜的。

上列二表，名目过繁。如删繁就简，去粗取精，可以选出最重要、最具有中国特色的十六对范畴，如下表：

1. 天人，2. 有无，3. 体用，4. 道器，
5. 阴阳，6. 动静，7. 常变，8. 理气，
9. 形神，10. 心物，11. 力命，12. 仁义，
13. 性习，14. 诚明，15. 能所，16. 知行。

中国古代哲学范畴体系，既有确定性，又有不确定性。中国古代思想家确实提出了一系列的概念范畴，这些概念范畴彼此有一定的联系，因而构成一定的体系。哪些概念范畴是主要的，哪些概念范畴不是主要的，其间有如何的统率、从属的关系，难免人人异说，所见不同。概念范畴是随思想的发展而演变的，从来没有一成不变的模式，而且也不应该有一成不变的模式。我们虽然可以列出一个范畴总表，不过是一个暂时的总结而已。

四　哲学范畴的循旧与立新

中国的学术思想到了近代有空前的变化，从西方通过日本引进了许多新的名词概念，其中有许多可谓新的哲学范畴。

时代前进了，哲学范畴也随之有新的变化。

荀子说："若有王者起，必将有循于旧名，有作于新名。"（《荀子·正名》）荀子以为只有"王者"才能"制名"，这是封建专制主义的观点，也不合乎历史的实际。哲学思想体系中的"名"都是"学者"在总结自然知识和社会知识的过程中制定的，从来与"王者"无关。但是荀子所谓"有循于旧名，有作于新名"的原则却是正确的。对于传统哲学中的范畴，要考察分析，有些是应该继承的，有些是应该改变的。此外，还应制定一些新的概念范畴。

有些传统范畴是必须继承沿用的，最显著的例子是：宇宙、自然、动静、变化、法则、同异、类、物、善、美、德（道德）、公、是非、真伪、知行、学思、心、精神，等等。

有些范畴需要加以新的解释和评价。试举数例：

（1）天人

古代哲学中所谓天是有歧义的，或以指主宰之天，或以指自然之天，或以指义理之天。在近古哲学的发展过程中，自然之天逐渐成为天的主要含义。中国哲学可以称为"天人之学"，以天人关系为主要问题。戴震著《原善》，自称"天人之道，经之大训萃焉"。以"天人"为主要问题，这是传统哲学的基本特点。天人问题亦即自然与人的关系问题，如此理解，天人仍可以作为哲学的基本范畴。

（2）有无

老子提出有与无的范畴，老子所谓"无"有两层含义：一为相对的无，如"有之以为利，无之以为用"；一为绝对的无，如"天下万物生于有，有生于无"。王弼讲"以无为本"，也指绝对的无。绝对的无是思维的虚构，不反映客观实际。相对的无，还是一个必需的逻辑范畴。

（3）体用

中国古代哲学中所谓体用，含义纷繁。各派唯心主义者所谓体都是思维的虚构，不可沿用。唯唐代易学家崔憬对于体用的解释仍属可取。崔氏说："凡天地万物皆有形质，就形质之中有体有用。体者即形质也，用者即形质上之妙用也。假令天地圆盖方轸为体，以万物资始资生为用。动物以形躯为体，以灵识为用；植物以枝干为体，以生性为用。"（李鼎祚《周易集解》引）体指物体，用指作用、机能。这种见解虽然是唯心主义者所不愿接受的，却反映了客观实际的情况。

（4）气

中国古代哲学所谓气，不易理解。所谓气，有三层含义。一是常识概念的气，指一切气体状态的存在，如水气、云气、呼吸之气等。二是哲学范畴的气，指不依赖人的意识而又构成一切感觉对象的客观存在，相当于西方所谓物质。三是广泛意义的气，泛指任何现象，包括精神现象。重要的是作为哲学范畴的气。中国哲学所谓气与西方所谓物质是相当的，而又有差别。西方是以固体物为模式而提出物质概念的，物质的存在形态是原子、粒子。中国古代是以气体物为模式而提出气的概念的，可以理解为波粒的统一。中国所谓气的概念没有西方传统哲学所谓物质的机械性，却又表现为一种含混性，应该正确理解。要之，中国哲学所谓气确实是一个重要的哲学范畴，具有一定的深刻含义。当然，作为常识概念的气也是必须保留沿用的。

（5）理

中国哲学所谓理也有多层含义。理字的本义是"治玉"（《说文解字》），引申而指玉石的条纹，再引申而指物体所具有的形式以及物体运动的规律，规律亦称为法则。规律一词是依据《孟子》所谓"规矩"、"六律"而制定的，法则一词最早见于《庄子》、《荀子》。我认为，作为规律或法则的理，仍然是一个可用的范畴。朱熹区别了"所以然之理"与"所当然之理"。我们今天常讲"合理"或"不合理"，所谓合理有时指合乎自然规律，有时指合乎当然之理。当然之理又称为准则，准则一词也是宋明哲学中常用的概念。理字仍不可废。至于程朱学派讲"理在物先"、"理在事先"，以理指先于天地万物的最高本原，这是一个思维的虚构，久已没有存在的价值了。

（6）道器

《周易·系辞》："形而上者谓之道，形而下者谓之器。"道指抽象的法则，器指具体的事物。道器正是表示事物与法则、现象与规律、特殊与一般的古代方式，仍有其一定的理论价值。王夫之提出"天下唯器"，确定了事物与法则的关系，有重要的理论意义。

（7）心物

孟子开始以心物对举，他说："耳目之官不思而蔽于物，物交物则引之而已矣；心之官则思，思则得之，不思则不得也。"[1] 孟子主张"尽心"，但亦承认外物的存在。佛教宣扬"一切唯心"，否认客观世界的实在。张载反对佛家"以山河大地为见病之说"，指出："人本无心，因物为心。"[2] 王守仁则断言"心外无物"。心物问题是物质与精神问题的古代形式。

（8）形神

荀子说"形具而神生"[3]，明确地以形神对举。到汉代，司马谈、桓谭、王充都讲形神关系。南北朝时期，佛教宣扬"神不灭论"。范缜著《神灭论》加以反驳，形神问题成为当时最突出的问题。神亦称为精神，精神一词屡见于《庄子·外篇》。形即形体，现在一般称为身体。精神则沿用至今。

（9）神化

《易传》提出"阴阳不侧之谓神"，"神也者妙万物而为言也"，以神指细微复杂难以预测的变化。这确实是一个深刻精湛的理论观点，但是这个神字容易和形神之神相混。制名的一个重要原则是一名不能指二实。形神之神必须沿用，神化之神就难以保留了。

（10）诚

《中庸》、《孟子》都以诚为天道，又以诚为修养的最高境界，容易引起观念的混淆。王夫之以诚为最高范畴，他说："说到一个诚字，是极顶字，更无一字可以代释，更无一语可以反形，尽天下之善而皆有之谓也。……尽天地只是个诚，尽圣贤学问只是个思诚。"[4] 诚是天地之所以为天地，又是万善具备的最高道德境界。王夫之所谓诚，主要有两层含义，一指客观实在性，如说："夫诚者实有者也，前有所始，后有所终也。实有者天下之公有也，有目所共见，有耳所共闻也。"[5] 二指客观规

---

① 《孟子·告子上》。
② 《张子语录》下。
③ 《荀子·天论》。
④ 《读四书大全说》卷9。
⑤ 《尚书引义》卷3。

律性，如他解释《正蒙》"天所以长久不已之道乃所谓诚"云："气化有序而亘古不息，惟其实有此理也。"① 又说："诚者天之实理。"② 而诚又包含万善具备之义。这样的"诚"的观念，虽然含义深奥，实则表现了概念的混淆。诚字本是守信之意，说话符合事实、言论与行动一致，叫作诚。引申而指生活行为无不符合道德准则的最高精神境界，这是易于理解的。如果用诚字表示"天道"或"实有"，就容易引起思想棍淆了。中国古代哲学的天人合一观点，如果表示"自然与精神的统一"，是具有深刻意义的；如果赋予自然界以道德的意义，就陷于错误了。我认为，"诚"的概念现在只能作为一个道德规范而存在，不必以诚为表示实有的范畴。

近代学术著作中，现代汉语中，充满了许多新的名词概念，其中有些是和旧有概念密切联系的，有些是旧概念的改造，也有些是古代汉语所缺少而新补充的。兹择要列举如下。

新旧概念范畴对比表（旧有概念加括号）：

存在（有），思维（思），历程、过程（行），物质（气），精神（心、精神），规律（理、法则），必然（必然），关系（关系、相与），发展（进），本质（本性、本质），属性（性），机能（用、能），绝对（独、无待），相对（相待），对立（两、对待），统一（一、合一），矛盾（矛盾），无限（无穷），系统、体系（理统），普遍（周遍），特殊（分殊），主体（内、主），客体（外、宾），形式（文），内容（质），认识（知），意识（灵明、意识），实践（行、实践），经验（见闻），理性（德性、义理之性），权利（分），义务（责），自由（自适），平等（平），价值（贵、良贵），因素、元素，结构。

从上表可以看出，有些概念是旧有的，如精神、矛盾、必然等；有些新旧虽异名而类似，如理性（德性）、对立（对待）、统一（合一）等；有些旧概念显然已不适用，为新的所代替，表现了时代的进步，如历程（行）、主体（内）、客体（外）、形式（文）、内容（质）、权利（分）、

① 《正蒙注·诚明篇》。
② 《正蒙注·乾称篇》。

义务（责），等等。而因素、结构的概念，在古代著作中找不到对应的名词，这是由于中国古代学术不重视分析，以致如此。关系一词，见于宋明著作；意识一词出自佛学，现在都已非常流行了。

中国近代哲学缺乏博大精深的体系，但是就所用概念范畴来说，却已大大超迈前哲了。

"有循于旧名，有作于新名"，这项工作仍然是我们新中国的哲学工作者的光荣任务。

《中国社会科学》1985 年第 2 期

分析经验主义的两个戒条

王　浩著　康宏逵译*

摘要　作者撇开奎因同卡尔纳普的细微区别而驳斥他们共同信守的分析经验主义的"两个戒条"：（a）经验主义，即否认概念性知识有任何自律性；（b）逻辑是哲学的中心，但"分析的"只能指按约定为真。作者指出，这两个戒条使分析经验主义无法对数学作恰当的说明，从而构成他们无法摆脱的大难题。卡尔纳普指靠混淆"分析的"和"重言的"来摆脱这一困难，实难自圆其说。因为，如果数学可还原为逻辑而逻辑是分析的，则逻辑应包括集合论，"分析的"应指以某种最终不可定义的概念为真。于是，数学未必如他所说"毫无内容"。奎因回避问题，勾销分析与综合命题的原则区别，把一切归结为有用性"程度之差"，而对于数学中的概念性知识，他除了用一些空话来搪塞以外，不能做出合理的说明。作者的结论是，不放弃经验主义，不承认有基于概念性直觉的知识，休想说明数学是什么。

　　时不我待，自从奎因初次颁布破天荒的檄文，要捣毁逻辑（和数学）的分析性与（物理知识中）意义的还原论这"两个教条"以来，已经三分之一个世纪有余了。[1] 我对这篇宏论一向不满意，也曾经尝试再三，想

---

　　* 王浩，1921 年生于中国。1949 年获哈佛博士后，执教于牛津、哈佛等校。1982 年获"数学定理自动证明里程碑奖"。现为洛克菲勒大学教授、美国艺术和科学院院士、大不列颠科学院国外院士。著有《数理逻辑概论》、《从数学到哲学》、《越出分析经验主义》等书。康宏逵，1935 年生，数理逻辑工作者。

　　[1] W. V. 奎因：《经验主义的两个教条》，《哲学评论》，第 60 卷（1951），第 20—43 页；重印多次，格式不一。我用的文本见于《BP》，即 P. Benacerraf（贝纳塞拉夫）和 H. Putnam（帕特南）所编：《数理哲学选读》，1964；第二版，1983（这篇文章只收入了 1964 年版）。参阅页数一律指第一版。按奎因的表述，第一教条是一种认为分析命题与综合命题"有原则之分的信念"；他不把注意力花在逻辑和数学上，反而花在同义词上，他说，那才是"主要困难所在"。据我看，这是把重点从首要的争端转移到次要的争端，也是把首先巩固我们有较稳固的直觉的地带这个明智的研究路线弄颠倒了。因此，我重新给第一教条做的表述，我相信，更接近问题的核心。（参照第 237 页附注①中卡尔纳普对维也纳小组关注中心的表述，它似乎是支持我的解释的。）

一语道破自己不满意的理由，却总不能成功。障碍所在，现在恍然大悟，是我和他在好几个层次上都出现分歧，其中有一些，比方说各自如何看待哲学的宗旨，讲得条分缕析是要费力气的。我才写完一本旁及分析经验主义源流的书，书里从多种角度剖析了奎因的目光与我的视野的对立。① 然而，像这类有点面面俱到的说明也有缺点，就是读者务必要权衡各个方面是不是都言之成理，直到一一做出判断为止。这就非有心驰神往的韧性不可，让那些对流行哲学中攻其一点的局部论证习以为常的人做到这一步，似乎是苛求。

尽管如此，我自信还是能够把起中心作用的一面挑选出来，而对这一面有相当明确的表述，也许有助于一开始就使焦点对准比较大的争端。这个表述，据我看，不但抓住了卡尔纳普与奎因的差异，更值得重视的是抓住了他们所共有的基本的隐蔽预设。它本身还很难说是最终的表述，但可望激发读者去找它的佐证和蕴意。它还会缩小分歧区，便于更专心追寻分歧的根源。

卡尔纳普与奎因的哲学实践的一个共性是偏爱局部的（大多是形式的）精确，同时又都心甘情愿地忍受乃至极力炫耀全局的不定。所不同的是卡尔纳普试图（不成功）描出大一点的局部。他们这样做的原因无疑与特化在科学中的领先和相对成功有联系。我偏偏遗老味十足，还相信哲学的切身大事依旧是要做到在某种程度上裁定全局。在他们的做法背后，则是一种共同的心愿，巴不得屈从于物理的和其他较为具体或可触摸的对象和经验（诸如语言表达式和观察命题之类）。

我认为，根本的东西不是促使他们分手的分析性和还原论这两个教条，倒是促使他们合流的另一点，即否认概念性知识有任何自律性。对于经验主义和逻辑，虽然他们所见大有不同，但所共同的先入之见够多的了，把他们二位都称作"分析经验主义者"（或曰"逻辑经验主义者"），我想，还是名副其实的。因为他们都自认是经验主义者，又都让自己的哲学围着逻辑和"逻辑分析"这个中心转。姑且牺牲点准确性，步奎因生花妙语之后鹦鹉学舌，建议将"分析经验主义的两个戒条"的标签，贴

---

① 暂名《越出分析经验主义：走向对人类知识的公正评价》（麻省理工学院出版社已接受）。我想追加某种缩影，使这本头绪过多的书有个更鲜明的焦点，这一尝试的副产品就是本文。在这个过程中，我禁不住也提到了一部正在草撰的书里要更全面论述的一些观点。

在他们对分析（或逻辑）和经验主义的观点的交合部上。鉴于他们的立场究竟有种种显著差异，很遗憾，只拿两个简洁的命题就讲得恰到好处，确有一点儿难。暂用的表述可以是：

（a）经验主义就是全部哲学，不会有什么（根本的）东西真正能叫概念性经验或概念性直觉。

（b）逻辑对哲学极为重要，而分析性（甚至必然性）只能指按约定为真。

把（a）和（b）划开，稍显任意，因为，主要之点还是他们的否认概念性知识有任何独立性的经验主义。

众所周知，奎因的哲学一多半是有感于卡尔纳普的立场而发的。鉴于他们分享（a）和（b），我认为这是内讧。后期维特根斯坦的著作（本文不考虑）和哥德尔的哲学，尽管（原先）不是有感于卡尔纳普而发，但两者都包含一些重要成分，可以视为对逻辑实证主义的严肃批评。其实，我自信，我在本文中的立场与哥德尔十分接近，得益于我同他的讨论的地方也很多。然而，他认为经验主义对数学的说明"荒谬绝伦"。所以，他更关切的是去正面建立表现他的强客观主义立场的强论断，不是来捍卫本文的较弱的否定性的论点：数学仍然是经验主义所不能说明的。

我认为，分析经验主义者（取我定的那种含义）未曾摆脱也无法摆脱的困难，还是上一个世纪约·斯·穆勒面对的那个困难：

（DE）经验主义怎么给数学的确实、清晰、范围和可用作恰当的说明呢？①

据我看，分析哲学里占中心地位的许许多多争端大可看成横生枝节，都是竭力要摆脱这个困难才引出来的。特别要指出的是，逻辑和逻辑主义所以登台，就是为了更轻易地完成这一任务。这套变形术何以有拨云见天之功，其妙莫名。其实，我倒相信，根本不必请逻辑出场，只要不是"两个戒条"横行一时，就会看出：

（A）（穆勒或）卡尔纳普或奎因那种含义上的经验主义不能给数学

---

① 使经验主义两面作难的这个基本问题，卡尔纳普是很记挂在心的。例如，卡尔纳普就数学的"重言"性蒙混其词一通（见第240页附注①和②），然后接着说："这种见解所以重要，从我们的观点看来，就在于第一次有了可能把经验主义的基本主张与对于逻辑和数学的性质的满意说明结合在一起。"（《卡尔纳普》，第47页；即《鲁道夫·卡尔纳普的哲学》，P. A. 希尔普编，1963）

做恰当的说明。这正是本文的话题，也正是本文的论点。

为了劝说经验主义者服从这个结论，先来确证他们反驳它的计谋不当，这虽然不够，但总是有帮助的。最直接了当的反驳（A）方案是卡尔纳普提出来的，不妨分解成以下几步：

（C1）逻辑主义：数学可还原为逻辑。

（C2）分析性：逻辑真理是分析的。

（C3）约定论：分析命题按约定为真，所以毫无内容。

接受这三个命题会摆脱（DE），因为这意味着因袭罗素曾经提出的一个命题，即"数学知识无不与一码等于三呎这个'伟大的真理'性质相同"。① 因此，数学也就没有什么"神秘"了。

可是，这些论断又引起了有关逻辑、分析性和约定论的性质的那些人所共知的问题。逻辑有众多相持不下的说法，从当前的目的着眼，可以按它们给逻辑定的范围来分类，其中只有两类需要考虑：

（1a）逻辑仅仅笼一阶逻辑（初等逻辑）。

（1b）逻辑包括集合论（至少也是集合论中足以推演"普通数学"的一部分）。既然（1a）与（C1）冲突，采纳它就会使逻辑与（DE）毫不相干。（它只和数学的"如果—那么"式的解释相干，然而，那是把数学当作未解释的或按假设为真的，明明不当，因而这里无须考虑。）无可怀疑，（C1）要迫使卡尔纳普承诺（1b）。所以，我只限于（1b）一说，顺便提一提，这也是我现在赞赏的立场。（DE）的无法摆脱却不必依赖这个选择，假使不拿——当然可以不拿——逻辑作数学与经验主义的中介，这个选择就变成不相干的了。

"分析的"一词有各式各样的含义，哥德尔从中挑选了两种值得重视的含义：②

（2a）重言的。这个词已经用成多义的了。如果它想有一个充分确定和广泛的含义，它必定要以某种方式涉及定义及公理和演绎。应用于集合论或数论等等时，它具有"纯形式的涵义，即出现的词都能够定义（或者用显式，或者用从所在句子中消去它们的规则），达到公理和定理变成同一律的特例而不可证命题变成该规律的否定的地步。按这种涵义［就

---

① 见 B. 罗素：《西方哲学史》，第860页。
② 《BP》，第230页。

是说，如果让"分析的"指这种涵义上"重言的"]，连整数理论也能证明是非分析的，假定要求消去规则允许一个人在每一情况下都在有穷多步之内实际上做到消去的话。"（删掉"有穷"这层限制，给数学做说明时会窃题，证明选择公理或无穷公理等是重言命题时会循环。要注意，按这种特定涵义，连一阶逻辑也不是重言的。）

（2b）分析的。一个"命题被称为分析的，其成立的'理由在于其中出现的概念的意义'，那么，这种意义也许可以是不可定义的（就是说，不可还原为任何更根本的东西）。"按这种含义，数学、集合论和逻辑的公理和定理全都是分析的，但不一定因此就"毫无内容"。这也是我现在赞赏的"分析的"一词的含义。① 不过，（DE）的无法摆脱不必依赖这个选择，因为，前文交代过了，我们尽可叫数学（不管说不说它是分析的）和经验主义直接对阵。

卡尔纳普论证里的关键问题是（C3），至少对选定（1b）和（2b）的人来说是如此，这两说，对不欣赏约定论（取其一般含义）和唯名论（取其传统含义）的人，是言之成理的。② 方才提醒过了，（C1）要迫使卡尔纳普承诺（1b）。现在，（C2）与（C1）结合之后看来又要迫使卡尔纳普承诺某种类似（2b）的东西。可是，（1b）和（2b）一旦被接受，（C3）可能有的解释，或者说，按约定为真是指重言的还是指分析的还是指别的这个问题，就会由此受到限制。如果它指按（2a）的含义是重言的，那么，可以证明数学（和逻辑）不会全部按约定为真。如果它指按（2b）的含义是分析的，那么，"按约定为真"不一定毫无内容；其实，一旦象前文那样区分了（2a）与（2b），不费力气也看得出（C3）与（2b）有冲突之嫌。在这件事上，幸好卡尔纳普以他坦率的风格留下了如何使出含混其词这关键一招的证词，他和其他实证主义者，处在自己立场的成败系于（DE）的时代，使出这一着也可谓情不自禁。

含混其词部分起因于维特根斯坦把逻辑列入了重言的，后者又是由于《逻辑哲学论》里有穷与无穷的界线不知怎么被错误地一笔勾销（也由于一个理想化的要求：初始或原子命题彼此独立）的缘故，正如他在 1932

---

① 这话并不意味着哲学所关切的仅仅是寻找分析命题。其实，我相信有真正属于哲学的非分析命题（比方说，在第 236 页附注①所提到的书中我称之为"必要理由原则"的那个命题）。

② 特别要说说，不取彭加勒用于几何学的"约定论"的特殊含义，不取奎因精心炮制的"唯名论"的含义。

年自责的那样。① 除此以外，卡尔纳普承认，维也纳小组向《逻辑哲学论》的重言式观点归顺是既有所变又有所猜测的。② "但是，在小组成员们看来，初等逻辑与包括数学在内的高等逻辑之间并没有根本区别。于是，我们就形成一种见解：一切有效的数学陈述在一切可能的情况都成立，因而没有关涉事实的内容，在这种特定的含义上，它们都是分析的。"实在不解，比方说汉恩，也就是哥德尔的尊敬的数学老师，居然会附和（确实附和了）这种不足信的蒙混其词。

卡尔纳普继续照《语言的逻辑语法》里的老样子，重提他的集合论（还不如说是一种较窄的类型论）公理是分析命题的证明。③ 其实，从种种可以到手的证据（包括这一例）看得很清楚，卡尔纳普著作里的约定论原不过是对逻辑和数学的语法观点，换言之，认为数学论断能够解释成语法约定及其结果的观点。（附带说一说，规定真假条件的"语义规则"，由于把句子作为语法对象处置，也是语法的。）

说起这个问题，我们算碰见了在"重言的"与"分析的"两可之间含混其词的一种更精巧的形式。如果语法是遵循希尔伯特学派的传统，按标准的（也是本来的）含义去理解，它必须是有穷论的，于是，根据哥德尔的不完全性结果，无可奈何，得不出能摆掉（DE）和驳倒（A）的足够多的数学。另一方面，如果语法放大到包括非有穷论成分，那么我们又回到了怎么给数学做经验主义的说明这个老问题，因为，要达到非有穷论的撰念和推理，至今可以到手的唯一手段还是诉诸数学的直觉，事实上，卡尔纳普似乎不只是为语法提供了若干助力，还果真把语法本身当作助力转送给更可笑的废话，与他所谓数学已然还原为语法的大言适成对照。例如，证明选择公理是分析命题的时候，卡尔纳普在元语言中起用了它："这里起用了语法语言中的一条定理，正相当于对象语言中应当证明

---

① 见 G. E. 摩尔的报道，《心》，第 64 卷（1955），第 1—4 页。

② 《卡尔纳普》，第 47 页。在它前面总结了维特根斯坦的重言式思想，并且承认有所变更："无论如何，他没有把算术、代数等等的定理算作重言命题。"

③ R. 卡尔纳普：《语言的逻辑语法》，1937 年。这个说明见于第 121—124 页和第 141 页，以卡尔纳普的文风而言，稍显简略。特别要说说，第 141 页上无穷公理的处理是闪烁其词的，有各种各样的人提出质疑，包括我和 H. 波奈特。在《卡尔纳普》第 47—48 页上，卡尔纳普旧话重提："我找出了无穷公理的若干种可能的解释，都能使该公理变成分析命题。例如说，假使不取事物而取位置充当个体，就得到这个结果。"我相信，这是卡尔纳普混淆（C3）与（2b）的另一例，也是他企图只从物理经验获得数学的那种奢望的另一例。

它的分析性的那条定理。"① 因此，这个推理一丝不挂地循环。我们不得不先就把逻辑当成真的，然后才能追加语法约定去推演出逻辑定理是分析命题（即按这些约定为真）的结论。

不仅如此，各约定还应当一致，否则，每个命题就都能由它们得到证明了。所以，根据哥德尔第二定理，任何一套能得出很多逻辑或数学的约定必定预设了大量的数学知识。卡尔纳普稍后转到语义学也不免陷入同样的循环；与"人工"语言相联的任意性的增加无助于数学的奠基，因为，是数学在决定什么是能推演它的正确的"人工"语言，而不是相反。

经过这一番推考，可以论定，采纳（C1）和（C2）的人必须拒绝（C3），代之以（2b），至少也要代之以它的某种不致剥夺掉一切分析命题的"内容"的（较弱的）变体。为了使我的推理路线简单一点，我宁愿不用卡尔纳普的立场迫使他自己直接承诺的那些稍弱的论断，而考虑下面三个有所改变的更明确的命题，我相信，这些命题是真的，是符合哥德尔的立场的：

（G1）逻辑包括集合论，所以，也包括数学。

（G2）逻辑和数学的真命题是分析的。

（G3）"分析的"应当按（2b）的含义去理解，因而分析命题并不一定毫无内容：其实，数学（和逻辑）有"实在的"内容。

（G1）比（C1）强一点。不过，从这里的目的着眼，取（C1）、（C2）和（2b）（的某种较弱的变体）做这三个命题也同样可行。为省文计，后文要用三个 G 命题充当三类论断的代表。

这些命题合在一起给出命题（A）的一个迂回的证明，人们也可以选（A）的某种直接的证明，办法不外是指出数学的内容总比经验主义（不论是卡尔纳普变种还是奎因变种）所能说明的要多。他们两者都不能接受的是（G3），因为他们都深知（G3）和他们的（不同牌号的）经验主义是不相容的。就卡尔纳普而言，既然他接受（G1）和（G2），他似乎也非承诺（G3）不可；就他那种类型的经验主义而言，这个事实足以证明（A）了。至于奎因，事情要复杂些，因为，他尽管正确地坚决地否认（C3）能跟（C1）和（C2）凑合，但他对于（C1）和（C2）是十分矛盾的。所以，落实到（G3）上，他就不像卡尔纳普那样非直接承诺不可。

---

① 《逻辑语法》，第121页。

例如，奎因对（G1）的观点在变。他最近的观点似乎是拒绝（G1），而接受（1a），即认为逻辑不外是一阶逻辑。① 从当前的目的着眼，这倒不是什么大问题，因为我们可以不说"逻辑"而改说"集合论"。但奎因对集合论的观点似乎也在变。多年以来，他常常声称集合论仿佛只是或多或少任意的约定；近来，他好像承认集合论的各种标准系统有更合直觉的内容了。② 我们照旧可以把逻辑撇在一边，直接去思考好的古老数学。但即使想这么做，人家还是不许我们有个清清楚楚的争论题目，因为我们撞上了奎因喜欢勾销基本区分的又一例，在这里，就是数学与自然科学之间的区分。③ 然而，在我们中的大多数人眼里，数学与专门科学的界限似乎还是够分明的。

勾销界限有一个更出名的例证，与（G2）和（G3）直接相关，是奎因对区分分析与综合命题（鉴于他更爱可触摸物，不如说"陈述"为好）的态度："要说真有这样一个区分应当作，那是经验主义者的一个非经验的教条，一个形而上学的信条。"④ 这要比卡尔纳普的立场一致些，总还替非经验主义者留了余地，准其仿照（2b）以某种方式作这样的区分。究其实，他还是对这种区分进行了反驳，靠的是暗中接受（C3），否认（2b）是"分析的"这个概念的一种有意义的限定。他进而下了结论，然而，不说（C2）假，只说它意义不明。

奎因牌的经验主义有时被称为整体论的实用主义。无疑，在某种意义上，这和中等教育程度的常识相吻合，因为，人类知识是松散地联成整体的，而我们却往往是靠局部的"实用"考虑在科学和日常生活中前进的。然而，一旦我们试图决定它对哲学切身之事有何蕴意，例如说，怎样理解人有概念性知识这个不容否认的事实、怎样划出科学中根本的东西等，这

---

① 例如，在《卡尔纳普》第388页上，奎因说："逻辑的下一部分是集合论。"可是，在他的《逻辑哲学》（1970）里，他又长篇大论，说逻辑仅仅是一阶逻辑（例如第64—70页；又参照他的《指称之根》，1974）。

② 奎因力主集合论的任意性，对此有所知的人太多，无须引证。例如，"即使只是由于集合论的缘故，约定论在数理哲学中也理应得到认真的注意"（见《卡尔纳普》第392页；又参照第348页和第396页，可对同一观点了解更多）。也许有所知的人较少的是近期他内心的明显变化。例如，在《从逻辑的观点出发》一书1980年版的前言里，他亲口赞同普遍的意见：熟知的集合论系统比他本人偏离正轨的系统更近似地符合我们的直觉。

③ 例如，见《逻辑哲学》第99—100页。在他的《哲学中的数学》（1983）里，查尔斯·帕森斯通过广征博评对奎因的这种立场提出质疑，既见于引言又见于论文7。

④ 《BP》，第358页。

时候，就发现奎因的经验主义言之无物了。特别令人费解的是，奎因竟是由潜心研究逻辑的和数学的哲学这条路走到这样的立场的。其实，据我看，恰恰在这些领域里，奎因的整体论之不中用最为分明。既然如此，我同样可以集中考虑这些领域，尤其因为这里我要做的是确证命题（A）言之成理，它所断定的正是经验主义对数学的说明不当。

奎因改变他的集合论见解，我觉得这是在沿着正确方向行进，但仍然处在进退两难和举棋不定的状态之中。在别处我已经详细考察了这个问题①；这里我只着眼于我们的直觉比较强而分歧比较小的领域中的一些例子。最重要的例子就是也曾被奎因当成反驳逻辑中约定论的头号武器的取式原则。② 恰恰在这条原则上，我们碰见了一个无可争辩的基于逻辑（或数学）直觉的概念性知识的实例，关于它，奎因的整体论做不出堪称满意的说明，只能不着边际、大而化之来上一句：求助于它在累积起来的全部人类经验中尚待规定的地位。毫不奇怪，在奎因这种眼光之下，一切大的区分都变成"程度"之差了。（分析经验主义者当然象躲开瘟疫似的回避直觉概念，有许多别的哲学家也被诉诸直觉搅得惶惶不安。在本文末尾，我还要回过头来谈谈这个问题。）

整数理论里有一些引人注目的发现得自概念性分析，其关键在于我们对整数的数学直觉。早期的一例是戴德金发现所谓的皮阿诺公理，正如他在 1890 年的信中所解释的那样，他依靠的是对算术真理概念作某种自如的反思。③ 戴德金的分析表明，这些公理分别而论都是必要的而合在一起便是充分的，像这样几乎尽善尽美的成果，用经验的（更不必说经验主义的）研究方法休想达到。在哥德尔写给我的两封信里，他指出了非有穷论的算术真理概念对他发现不完全性定理有决定成败的重要性；④ 其实不止于此，就是要对这些定理及其证明有健全的（直觉的）

---

① 《从数学到哲学》（《MP》），1974，第 VI 章；这一章也在《BP》的二版中重印，成为该书结尾的一篇。我的论文《大集合》继续对这些问题做了考察（载于 R. E. 布茨和 J. 欣迪卡编《逻辑，数学基础与可计算性理论》，1977，第 309—334 页）。

② 《BP》，第 342—344 页。这个论证可以追溯到路易士·卡洛尔《乌龟对阿基里斯说了什么》，《心》，第 4 卷（1895），第 278—280 页。

③ 见我的论文《算术的公理化》，《符号逻辑杂志》，第 22 卷（1957），第 145—157 页；该文在我的《数理逻辑概论》（1962）中重印，1970 年该书又以《逻辑，计算机与集合》为书名（1970）再版。

④ 《MP》，第 8—11 页。

理解，这个非有穷论概念也是重要的。（哥德尔还指出，他发现可构成集的关键一步是设想已经给定了序数组成的高度非构造的总体，就我们的知识而言，的确也是高度不确定的总体。）换个角度说（从数学说到哲学），不完全性定理表明了，没有（能懂的）有穷规则能够穷尽有关整数的一切真理。这个结论有利于（G3），不大有利于（C3），至少把"分析的"换成了"数学的"之后是如此。对于非有穷论的算术真理概念会有这种"神秘的"而稳定的直觉，奎因的整体论怎么做出可以服人的说明呢？

卡尔纳普和奎因都十分注重逻辑和数学，可是，据我看，他们两位都是未能郑重其事奉逻辑和数学为概念性知识的显明代表。这并不奇怪，因为，经验主义这个戒条在他们二位心目中是压倒一切的，每当它跟逻辑中心性这另一个戒条起了冲突时，他们总是被迫修修补补，削后者之足以适前者之履。结果，在他们二位身上，我们看到一种对逻辑（和数学）的矛盾态度：逻辑原是他们哲学的两大支柱之一，可是偏不准有一丝一毫的自律性，生怕冲击了经验（限于一个类型）对事实和内容的垄断，归根结底，还是要仅仅立足于感觉经验，它尽管飘忽不定，为免受污染，也绝不能和任何概念性直觉接触。经验主义者商定的"事实"和"内容"这些词的用法，其实是一种很惹眼的预期理由：根据定义，数学的（或概念性的）事实和内容就是不会有的。这种先入为主的用语习惯有增强先入之见而把数学与经验主义刺目的冲突掩盖起来的坏作用。本短论中初具轮廓的一番推考，细致琢磨之后，我相信，会得出命题（A）的一个非常言之成理的证明。

对于（C3）与（C2）和（C1）之间的矛盾，奎因的反应酿成了我愿名之曰"逻辑否定主义"的恶果。① 反之，用（G3）替代（C3）的那另

---

① 否定主义不但指奎因的否定论点之多（相对性、模糊性、不可思议性等），也指他评分析哲学状况的种种惊人成功之说的效果，我以为是否定的效果。尽管他对卡尔纳普学说有敏锐的大体正确的洞察，但由于拒不放弃经验主义，我想，奎因还是身不由己走上了一种无定型的伪装的立场，在我看来，这是分析经验主义的归谬，又由于这种主义占优势，整个分析的研究方法似乎一概不受信任了，因为，它说过要把我们在不同领域里重要的较大的直觉加以澄清，它的诺言却被这种主义弄得暗淡无光了。

有些人出于这样那样的理由，宁愿采取根本不同的（非分析的）研究方法，对他们来说，奎因的工作或许能看成在哲学中通向解放的一个肯定步骤（见第247页注①）。然而，既然奎因委身于分析哲学旗号之下，既然对卡尔纳普还有更好的"分析的"反应，我相信，认为奎因的影响是否定影响也许还是公正的。

一种反应，据我看，才是比较公正地评价人类知识。至少在精密科学及其哲学反思方面，它也对理性的力量保持了一种比较肯定的（取其乐观主义涵义）态度。只要放弃（分析）经验主义的第一戒条，人们就有权把不大具体的数学事实和直觉看成会使哲学得以丰富的值得欢迎的材料来源，而不看成非要曲为之辩不可的恼人的神秘物。在我看来，求分析哲学的彻底解放（返老还童?），这才是正道。

我相信，在不怀成见的哲学家看来，本文的一番推考确实证明了卡尔纳普和奎因对数学都拿不出稍微恰当点的说明，或者说，不管数学是什么，反正不是他们的理论所说的那种东西。难得多的问题是正面说数学是什么。这个问题，我还没有一个接近于完备的答案，而且，在本文中就连概述我的极不完备的观点也做不到。但是，关于取式和整数两例中谈到的诉诸逻辑或数学直觉，却有再说几句的必要，因为，我料到，很多哲学家早已无动于衷，不想听人提起这类直觉了。

哥德尔不止一次对我说：多妙呀，（难道）实证主义者（和经验主义者）是靠切掉自己脑子的一部分（指排斥概念性知识）来搞哲学？1955年前后，他花了好几年写一篇题为《数学是语法吗?》的文章，六易其稿。这篇文章是反驳他的老师汉恩、石里克和卡尔纳普所鼓吹的数学观的。他终于没有发表这篇文章，并多次告诉我，这是因为他对数学是什么这个正面问题没有恰当的答案。

为了证明命题（A），当然不必给数学作面面俱到的说明；只要摆出它的某一基本的方面而经验主义无法说明，也就够了。有关取式和整数的例子是我们知识中很坚固的部分，而哲学是有义务公正评价我们的知识的。因此，即使避而不用"直觉"这个危险的词，这些例子也足以显示卡尔纳普和奎因的哲学基本上不当。

假使先把伴随直觉概念而来的某些隐约的联想搬开，也许会有助于清扫基地。谈直觉并不意味着它不会犯错误，也不是说它不能靠训练或者靠推进人类知识的集体努力而得到改进。因此，诉诸直觉不一定要排斥，其实倒往往在某种限度内要依赖从舆论和实用后果得来的证据。这一切，按公认的用语习惯是清楚的，哥德尔在他的著述和谈话里也直言无讳。我当然同意他的观点。在哲学家中间似乎流传甚广的这些隐约的联想一旦改过来，厌恶有选择地谨慎地诉诸直觉的心理就应当消失，至少也该减少。当诉诸直觉已是既成事实，那么，合乎情理的反应并不是当即以不清晰为由推之门外，而是反躬自问：人家是不是同样有这种直觉，强到何等地步，可分离到何等地步。归根结底绝对确实的知识根本就没有，小心依赖直觉是日常生活和科学中所绝对必需的。唯独从事哲学研究的人要抛弃自觉地直接诉诸（公众的和个人的）直觉，这是没有道理的，也确实令人费解。

还剩下一个难点，即一种由经验主义横行造成的偏见，那就是：概念性直觉即使被接受了，也必须在某种含义上还原为感觉经验（和感觉直觉）。为了证明（A），我不必驳倒这种可能性，因为，我自信已经表明了，无论卡尔纳普还是奎因都不曾做到这样的还原。宁可说，为了向正面说明数学是什么的目标前进，才必须正视一个认识论问题，即数学对象（首先是集合）的可通达性，或者更广些，概念的可通达性。这里我只能扼要谈谈这个问题，把进一步展开的说明留待来日。①

包括埃尔米特、早期的罗素、哥德尔和奎因在内的很多人，曾经建议在数学和物理之间做类比。这种类比，对哥德尔和奎因，意思不一样。对奎因来说，这只是他的整体论的一部分，看上去是说哲学对任何东西都不可近看，免得不明智地侵入科学的领土。哥德尔的比较却有更多的内容。在一段名言里，他把物理对象与集合（数学对象）相比，从而认为"甚至涉及物理对象的那些观念也包含在质上不同于感觉或单纯感觉复合的成分"。② 他还说，集合与物理对象二者都有"由多生一"的功能：集合的本质显然如此，就物理对象来说则表现了康德式的"一

---

① 我正在写一本书，暂名《哥德尔与理性主义的乐观主义》。在该名中，对于我以为是哥德尔的哲学观点的东西，我将区分出哪些地方我同意，哪些地方我不同意。同意之处，预计要做广泛的讲解，也要在此基础上做进一步的发挥（哥德尔大概一多半尚未着手，他是打定了主意专攻"起点"的）；不同意之处，要阐明我自己的观点。前几段正文提出的那几点，在其中一定会有更长的讨论。我对他的重要思想解释不当或领会不到的地方无疑会很多，为了增设一道防线，该书将包括一份我和他谈话的记录，由我作的颇不完备的笔记整理而成，尽我所能做到详尽。无论如何，这样的记录公之于众本身就有价值。当然，他的汗牛充栋的遗稿总有一天会翻译出来，使学人更易于识其真面。

② 《BP》，第271—272页；这几页写于1963。在别处，在他论罗素的文章（1944）里，哥德尔提到假定集合与假定物理物体（或对象）相类似；见《BP》，第220页。奎因在1948年讲"本体论"的文章里谈起"数学神话与物理神话之间的类似"（见《BP》，第195页），在1950年的"两个教条"里又一次谈起集合是神话，在认识论上"与物理对象和神处于同等地位，既不更好也不更糟，除非我顾及〔它们的有用性的〕程度之差"（见《BP》，第363—364页）。我一直觉得，奎因在这里存心误用"神话"和"程度之差"这些词来制造混乱。哥德尔的与奎因的类比字面上的相似，据我看，仅仅是外在的。

个对象由它的各个侧面"生成的思想。在交谈中，哥德尔说集合是"准物理"对象。

从本文的目的着眼，我不必为哥德尔提出的这两种"综合"是主观的还是客观的问题耽误时间了。（与康德相反，他相信而且唯愿它是客观的，但含义比康德的由心决定的"客观性"要强。）在这里与本题相干之点，是康德和哥德尔都被物理对象的一个基本方面深深打动了，这个方面不过是把更确定的意义赋予某种更普及人心的信念，即物理对象不大"能还原为"感觉；换言之，还需要"直觉"的协助。可见，经验主义是连物理对象也说明不了的（康德哲学的一个要点）。其实，人们在儿童心理学研究中已经知道，"形状识别器"和"对象识别器"只是在儿童发育期间逐渐在脑子里实现的：这似乎是形状和物理对象的知觉与天然的感觉可以划开的经验证据。

对于小的简单物理集合（比方说我右手五指的集合）的知觉与对于简单物理对象的知觉十分类似（在某些方面显然还不及它复杂），这无疑是言之成理的。凭借这种知觉，数学中就开始了一个推广过程，向更抽象更复杂的集合行进。这和物理中从桌椅进至病毒、银河、电子、质子等之类的过程既相仿而又不同。当然，从简单物理集合到全体"纯粹的"（即根本排除了非集合的）有穷集合（整数的言之成理的替身）所组成的集合 F，再到 F 的全体子集总合而成的集合等等，这样一个进程引起了数理哲学应当考察的各种令人神魂颠倒的问题；不言而喻，这里是无须深究的了。

我在本文中说的决不致和哥德尔的观点矛盾，这是显而易见的。其实，我还颇有自信，除去哥德尔在谈话中明言暗喻的之外，实质上我无所增添。另一方面，哥德尔表现他的强立场的强论断，我却并未引以为据。至于我在哪些地方不同意或未能理解他的观点，我不希望在这里讨论。更确切些说，我的希望和信念是：本文的弱论断更易于接受，也很可能已经足以唤起某种根本的反省（至少是本着"分析的"传统来反省①，特别是

① 有一种想把分析经验主义等同于分析哲学的倾向，即使后面这个称号确实准许而且真正诱发了某种更广的解释，也在所不惜。这种历史促成的倾向是不幸的，因为，它助长人们从符合分析精神的非经验主义工作上强行夺走一个自然的名字，同时又制造了概念混淆和措辞不便的一个根源。例如，约翰·饶斯在政治哲学方面著名的工作（环绕着他的《正义论》，1971），还有霍华德·斯泰因在物理哲学方面远非众所皆知的工作（在他的散见各刊的论文中）和 （转下页）

在以科学为中心的部分），这会使哲学发生某种方向性变化而脱离那条在我看来是充塞着任意滥用非常美妙的分析力的小路。

《中国社会科学》1985 年第 4 期

（接上页）我本人在数理哲学方面的工作（以《MP》的一大部分为代表），我是会列入分析哲学的，但决不会列入分析经验主义。现在我同意哥德尔说的，他所有极少发表的哲学论著和他许多的哲学手稿也属于分析哲学。（有几次，我在否定的意义上谈起分析哲学，指的是分析经验主义，哥德尔为了强调分析在哲学中的作用而坚决反对。假使我那时做了区分，问题也许早已澄清，可以皆大欢喜了。）其实，这些例子尽可看成针对分析经验主义的几种沉默的（说到我本人，却不是那样沉默的）反应，来源于同一信念：分析经验主义是错误的发展趋势。

我应当强调一下，分析经验主义与分析哲学的区分，和（C3）与（G3）〔或（26）〕的对立显示出来的不同"分析"观，是密切结合在一起的。换句话说，据我看，没有什么堂而皇之的理由，把概念性的或逻辑的分析局限于一个狭隘的类型，根本上都成了"语言"分析，尤其不可取其更为特殊的约定论含义，认为分析只能产生（C3）那种含义上的"分析"命题。因此，我所做的区分是和不同的逻辑观、不同的对待概念性知识的态度有密切联系的。"分析经验主义"，照我的词义辨析（我自信是贴切的正确的），也包括着一种和它的第一戒条，即经验主义戒条紧密相联的狭窄的分析观，而该戒条则是基于一种狭窄的经验观。越出（C3）界限之外更广一些的语言分析观是有的。不过，我相信，作为我们对逻辑或概念性分析的直觉见解的一个确解或替身，它们仍然不恰当，除非塞好多意思进去，硬要叫有（G3）那种特征的分析也包括在内。然而，这是个更纠缠不清的争论题目，超出本短论原定的范围了。

理查德·罗蒂描绘了一幅"今日美国哲学"惨景。他用一个令人难忘的比喻来总结近况："一位美国哲学家最高的愿望就是实现安迪·华洛尔的诺言：我们全都会成为超级明星，每人约莫当十五分钟。"（《实用主义的后果》，1982，第216页。）不用说，饶斯已经是，而且还将继续是超级明星，为期远不止于十五分钟。斯泰因和我呢，从来不曾有幸当上超级明星，恐怕也永远当不上；不过，在一些心心相通的小圈子里面，我们的工作引起的兴趣，不用说，也远不止于十五分钟而已。

的确，罗蒂直接了当承认饶斯的工作是个例外，然而，是"在道德和社会哲学里"，并不"在哲学的所谓'中心'区"，但"它的重要性和经久性从种种方面看都是理应得到承认的"。接着罗蒂就碰上了措辞的不便，我刚才用区分分析经验主义与分析哲学去设法摆脱的那种不便。罗蒂说："如果分析哲学想替自己搞出一份容貌说明书，让赖欣巴哈的说明书〔见于《科学哲学的兴起》，1951〕能保住元气又能赶上时髦的话，那么，从这个事实，是得不到半点安慰的"；"这不是'分析的'哲学研究的一曲凯歌"。据我看，还是"分析经验主义"这个复合词来得方便，既便于捕获那么一种先入之见，又便于捕获哲学研究的一种独特的路数，当罗蒂一面把赖欣巴哈扯进来给分析哲学打了及格，一面又把"分析的"添上引号来点破另有所指的时候，他心里想的正是这种路数。

在他的《哲学与自然界之镜》（1979）里，罗蒂用上了奎因（和赛拉斯）的工作，我相信，用法却不合这些哲学家的意图。据他看，这竟然是在取消人为束缚从而恢复哲学失去的自由方面的一个决定性进展。我跟罗蒂分道扬镳的地方，是当他（在我看来）把分析哲学等同于分析经验主义的时候，对前者和后者一视同仁，也下手"推倒重来"。有人相信分析哲学是搞哲学唯一适当的途径，我可决不在其中，尽管事出有万，不论我如何刻意以求扩大眼界，到现在为止，分析哲学仍是我能稍有自信地从事哲学思考的唯一途径。我想找一条得自不同研究方法的真知灼见合为一体的途径，这个野心勃勃的愿望或许有点非现实主义吧。但是，至少在某个较为适中、较不思辨的层次上，我相信，罗蒂和我不至于有分歧：是的，某个人可能更适于追随那种独特的研究方法，自觉得心应手、称心如意，但无论取什么方向，我们都同意，华洛尔提醒的那种状态总是哲学（或任何别的学科）必须避免的泥淖。可见，撇开更内在的标准不谈，帮助哲学离开华洛尔状态的工作终究要比纵容哲学陷入更深的工作有价值些。哪怕只是有这块小得可怜的共同基地，我相信，看了本文所概述的针对分析经验主义而又别具一格的反应，罗蒂还是会多少有点共鸣的。

通论道学

冯友兰*

摘要 本文从宋明道学（或称理学）与孔孟、玄学、禅宗的联系的角度，阐明道学在中国哲学史上的地位；并以比较哲学的观点，指出道学的特点是以日常生活中道德行为的积累来解决殊相与共相、主观与客观这两大基本矛盾的，这是道学对人类理智的发展和幸福的提高做出的贡献。本文还就道学的目的和方法、道学的发展阶段、道学的名称等问题，表明了作者的见解。

一 什么是道学

禅宗常讲："担水砍柴，无非妙道。"在旧作《新原道》中，我说："如果担水砍柴，就是妙道，何以修道的人仍须出家？何以'事父事君'不是妙道？这又须下一转语。"宋明道学的使命，就是下这一转语。下转语，并不是简单地否定原来的语，而是比原来的语更进一步。禅宗常说："百尺竿头，更上一步。"一个人爬竿子，竿子的长有一百尺，爬到了百尺，就是到头了，还怎么往上爬呢？这就需要转语。有两句诗："山穷水尽疑无路，柳暗花明又一村。"已经山穷水尽没有路了，怎么前进呢？可是转一个弯，就是"柳暗花明又一村"，别有天地，别有一番景象，道学对禅宗所下的转语，就有这种作用。

《中庸》在道学的"四书"中是最有哲学意义的。朱熹在《中庸章句》的标题下引程子的话："不偏之谓中，不易之谓庸。中者天下之正道，庸者天下之定理。"又说："此篇乃孔门传授心法，子思恐其久而差也，故笔之于书，以授孟子。其书始言一理，中散为万事，末复合为一

---

* 冯友兰，1895 年生，北京大学哲学系教授。

理，放之则弥六合，卷之则退藏于密，其味无穷，皆实学也。善读者玩索而有得焉，则终身用之，有不能尽者矣。”

在这简短的一段话中，程子用了几个禅宗的概念。“心法”就是一个禅宗概念。照禅宗所说的，释迦牟尼有一个“教外别传”，这个别传是他“以心传心”，经过许多代的祖师传下来的，所以成为“心法”。道学也以为孔门有一个“教外别传”，经过子思、孟轲代代传授下来。虽由子思开始用文字把它记录下来，但还是“心法”。“退藏于密”四个字本见于《周易·系辞》，不过禅宗也有“密”的概念，禅宗常说：“如来有密意，迦叶不覆藏。”如来的“密意”就是他的“心法”。程子虽然引用《系辞》的话，他对“密”的了解也可能受禅宗的影响。在程子看来，孔门的“心法”，也就是所谓“密”。程子又说：“其味无穷，皆实学也。”实学这两个字，是道学对禅宗所下的转语，是针对佛学的讲虚说空而言。程子最后说：“善读者玩索而有得焉，则终身用之，有不能尽者矣。”他只讲终身，不讲来生，更不讲超脱轮回，这都是道学所下转语的意义。从禅宗到道学，真是“山穷水尽疑无路，柳暗花明又一村”了。

韩愈提出了一个“道统”，指出：儒、释、道三家各有其道，“各道其所道”，虽通名曰道，但其内容不同；儒家的道的内容是“仁义”。

韩愈所提出的儒家的道统是个“旧瓶”，但在当时也有很大的影响。苏轼说韩愈“匹夫而为百世师，一言而为天下法”，“文起八代之衰，道拯天下之溺。”① 他所说的“道”，就是韩愈所说的“道统”。这个旧瓶之所以为旧，是因为韩愈所了解的仁义仍只是一种道德。他说：“博爱之谓仁，行而宜之之谓义。”照这样的了解，仁义只是两种道德，只有社会的意义。程颢说：“仁者浑然与物同体，义礼知信皆仁也。”② 他的这句话是接着孟轲讲的。孟轲说：“万物皆备于我矣，反身而诚，乐莫大焉。”③“万物皆备于我矣”，就是“浑然与物同体”。照这样的了解，仁就不只是社会中的一种道德了，它就具有超道德、超社会的意义了。这样的“仁者”，就以天地万物为一体了，对于他，宇宙、社会或个人的分别都没有了。张载的《西铭》也有这个意思。照《西铭》所讲的道理，社会中的

---

① 《韩文公碑》。
② 《二程遗书》卷2上。
③ 《孟子·尽心上》。

一切道德行为都有超社会、超道德的意义。彻上彻下，彻内彻外，都打成一片了。照道学的意思，说"打成一片"，就多了一个"打"字，因为宇宙、社会和个人本来就是一片。

玄学主张"越名教而任自然"，照道学说，这就不是彻上彻下，因为名教就是自然。禅宗说："直向那边会了，却来这里行履。"照这句话所说的，还有"那边"和"这里"的分别，这就不是彻内彻外。道学的道理是彻上彻下，彻内彻外，这就是转语，这就是"百尺竿头，更上一步"，这就是道学装进"旧瓶"的"新酒"。没有"新酒"，那个"旧瓶"虽然也有一定的影响，但还是"山穷水尽疑无路"；装进了"新酒"，那就是"柳暗花明又一村"了。在中国哲学的发展中，道学打开了一个新的局面。

程颐所作程颢《墓表》说："周公没，圣人之道不行；孟轲死，圣人之学不传。道不行，百世无善治；学不传，千载无真儒。……先生生千四百年之后，得不传之学于遗经，志将以斯道觉斯民。"[①] 程颐在这里所讲的也是韩愈所讲的"道统"，他同韩愈一样，都认为从孟轲以后，这个道统就失传了。韩愈没有说他自己接过了这个道统，而程颐肯定地说程颢接过了这个道统。这不是韩愈的过分自谦，也不是程颐的过分自负，这是事实，道学家们都承认这个事实。

概括起来说，道学从人生的各个方面阐述了人生中的各种问题。这些问题归总为两个问题：一个是什么是人，一个是怎样做人。道学是讲人的学问，可以简称为"人学"。道学家们没有提出这个称号，但有一部书，称为《人谱》，是明朝的道学家刘宗周所作。《人谱》是对人学而言。讲原理的是人学，讲具体事例的是《人谱》。

二　从比较哲学的观点看道学的特点

道学，西方称之为新儒学。新儒学是关于"人"的学问。它所讨论的大概都是关于"人"的问题，例如，人在宇宙间的地位和任务，人和自然的关系，人与人之间的关系、人性和人的幸福，等等。它的目的是要在人生的各种对立面中得到统一，简单地说就是达到对立面的统一。

---

① 《河南程氏文集》卷11。

一般地说，世界上有两套基本的对立面，即两种基本的矛盾。它们之所以是基本的，是因为它们存在于宇宙的任何个体之中，包括人在内，不管是多么小或多么大。

第一个个体，都必须是某一种的个体，它必定有些什么性质。不可能有一个没有任何性质的个体。个体是一个殊相，它的性质就是寓于其中的共相。所以，在每一个体中都有殊相和共相的矛盾，这是第一种矛盾。

每一个体既然是一个个体，就必定认为它自己是主体，别的东西都是客体。这是又一种矛盾，即主体和客体的矛盾。

这两种矛盾是同一事实的后果。这就是，每一个体是一个个体，对于每一物都是如此。人的特点是他自觉到有这个事实。所以说"人为万物之灵"，灵就灵在这里。就这一方面说，人的突出的代表是哲学家；关于人的学问就是哲学家的哲学。

在哲学中，对于上面所说的那个事实，有三个对待的路子：本体论的路子，认识论的路子和伦理学的路子。

在西方，柏拉图是本体论路子的代表。他从数学的提示得到启发，提出了理念论。几何学为具体的圆的东西下了一个圆的定义，可是那些具体的圆的东西，没有一个完全合乎这个定义，都不是完全的圆。圆的定义并不仅只是几何学家的一句话，亦不仅只是数学家思想中的一个观念。定义所说的，是客观的圆的标准，这个标准，是批评的标准，也是行动的标准。有了这个标准，人们才可以说某一个具体的圆的东西不是完全地圆，人们才可以采取行动纠正那些不完全的地方。柏拉图认为那个标准就是理念，是圆的原本；具体的圆的东西只是摹本，摹本永远不能和原本完全一样。

柏拉图把共相和殊相的矛盾说得很清楚。他的说法，只是证明了这个矛盾比一般人所知道的、所了解的更尖锐。

他的说法的后果，是相当严重的。在人的生活中，人的感性欲望是源于人的身体，那是人的殊相的一个主要部分。由于轻视、鄙视殊相，柏拉图认为那些感性的欲望，在本质上就是下贱的、恶劣的；而理性在本质上就是高贵的、高尚的。高贵的、高尚的应该统治和压迫下贱的、恶劣的。这就好像在奴隶社会中，奴隶主应该统治和压迫奴隶。这是自然的规律。

康德从主观和客观的矛盾开始，照他所说的，主体必须通过它自己的形式和范畴，才能认识客体。主体所认识的只是加上了它自己的形式和范畴的东西，那就不是事物本身，只是现相，不是本相。即使人自己的精神世界，他所能认识的也是现相，因为他所认识的也要通过他的主观形式和范畴。康德把主观和客观的矛盾讲清楚了，可是照他的讲法，这个矛盾比一般人所了解的更尖锐。

照康德的说法，在主体和客体之间、现相和本相之间也有一道似乎是闪光的光亮。凭这个光亮人也可窥见本相的一斑。这个光亮就是人的道德行为。照康德的说法，人的道德行为之所以是道德的，是因为它代表一种具有普遍性的法律。这种法律是人为他自己制定的，它有超过主观界限的效力。所以在道德行为中，人可以体会到上帝存在、灵魂不灭和意志自由，这些都是属于本相的。照逻辑的推论，应该说，在道德行为的积累中，人可能对于本相有完全的认识或经验。可是康德没有做这样的推论。他还是认为本相是个彼岸世界，人生是此岸世界，彼岸世界是此岸世界所可望而不可即的。

道学家从伦理的路子开始。道学家也不是完全不要本体论的路子，没有本体论的分析，共相和殊相的矛盾是不能搞清楚的。事实上朱熹就是中国哲学史中的一个最大的本体论者。不过他们并不停滞在本体论的路子上，并不停留在对于共相与殊相的分析上。他们所要做的是要得到一个这些对立面的统一，并且找着一个得到这个统一的方法，这个方法就是道德行为的积累。就这个意义说，康德和道学家走的是一条路。但康德还没有说出道学家已经说出的话。

照道学家所说的，共相与殊相之间，一般与特殊之间，殊相并不是共相的摹本，而是共相的实现。实现也许是不完全的，但是如果没有殊相，共相就简直不存在。在这一点上，道学的各派并不一致。朱熹自己的思想也不一致。不过我认为这应该是道学的正确的结论。

照道学家的说法，人性是善的。他们所谓人性，指的是人之所以异于禽兽者，并不等于人的本能。人性是一个逻辑的概念，不是一个生物学的概念。人性包括人的本能，但并不就是人的本能。照这个意义说，只能说人性是善的，不能有别的说法。

就是人的感性欲望，也不能说本质上就是恶的（象柏拉图所说的那样）。这些欲望来源于人的身体，身体是人的存在的物质基础。道学家们认为，这些欲望的本身并不是恶的，其实恶者是随着这个欲望而来的自私。对于行为作判断的标准是，看一个人的行为是为己还是为他。如果是为己，就是不道德的，或非道德的；如果是为他，就是道德的。道学所说的"公私之分"、"义利之辨"，就是指此而言。道德的行为，意味着自私的克服；道德行为的积累，意味着克服的增加。积累到一定的程度，量变成为质变，自私完全被克服了，在质变中共相和殊相的统一就实现了。朱熹所说的"一旦豁然贯通焉"和禅宗所说的"顿悟"，大概就是这里所说的质变。感性欲望并不是完全被废除，所废除的是跟着它们而来的自私。随着殊相与共相的统一，主观与客观的统一也跟着来了，这种统一道学家称之为"同天人"、"合内外"。

道学家们认为仁是四德之首，并且包括其余三德。有仁德的人，称为仁人、为仁者。在仁者的精神的境界中，天地万物同为一体，全人类都是兄弟。

在中国文字中，"人"和"仁"这两个字的声音是一样的。在儒家的经典中，有的地方说"人者仁也"，有的地方说"仁者人也"。这两个字可以互为定义。"人"的学问也可以说是"仁"的学问。谭嗣同称他的著作为《仁学》，这是很有道理的。

照道学说，得到了这种对立面的统一的人亦得到一种最高的幸福。这种幸福道学称为"至乐"。这种乐和身体感官的快乐，有本质的不同。它是一种精神的享受。人一生都在殊相的有限范围之内生活，一旦从这个范围解放出来，他就会感到解放和自由（这可能就是康德所说的"自由"）。这种解放、自由，不是政治上的，而是从"有限"中解放出来而体验到"无限"（这可能就是康德所说的"上帝存在"），从时间中解放出来而体验到永恒（这可能就是康德所说的"不死"）。这是真正的幸福，也就是道学所说的"至乐"。

柏拉图有个比喻，说是一个人一生被监禁在一个洞穴之中，有一天他逃出了洞穴，才开始看见太阳的光辉和世界的宽阔，于是体验到一种前所未有的快乐。柏拉图用这个比喻来说明一个人初次认识理念世界的精神状态。道学家所说的最高的幸福大概也是这一类的。

这种最高幸福可以称为理智的幸福，因为它是人的理智活动的结果。它和由感官满足所得到的快乐有本质的不同。

要想得到这种理智的幸福，人并不需要做特别的事，他不需要成为和尚或尼姑，不需要离开社会和家庭，也不需要信仰和祈祷，他只需在日常的生活中积累道德行为，时常消除自私，这就够了。这样，"此岸"就成为"彼岸","彼岸"就在"此岸"之中。

朱熹说:"盖有以见夫人欲尽处,天理流行,随处充满,无少欠阙。故其动静之际,从容如此。而其言志,则又不过即其所居之位,乐其日用之常,初无舍己为人之意。而其胸次悠然,直与天地万物,上下同流,各得其所之妙,隐然自见于言外。"① 这就是彻上彻下、彻内彻外的人生所给人的最大幸福,这种幸福就是道学家们叫人所寻的"孔颜乐处"。

这就是道学对于人类理智发展和幸福提高做出的贡献。

一个道德的行为也是一个殊相,它不可避免地和一个人在当时所处的环境有联系,那个环境包括当时的社会制度和社会规范。道学家们生在封建社会,他们所说的道德行为,不可避免地和封建的社会制度、社会规范纠缠在一起。在道德行为中,这也是共相和殊相对立的问题。大公无私是道德行为的共相,它所纠缠的某种社会制度和规范是殊相。共相存在于殊相之中,所以这种纠缠是免不掉的。在这种纠缠之中,道学所主张的道德在过去为封建统治阶级所利用,而现在则受到了反封建的革命的批判,这都是历史辩证发展的结果。但道学家们能指出道德行为的共相,说明了公私之分、义利之辨就是它的内容,这是道学的贡献。在新的历史条件下,公私之分、义利之辨仍然是判断人的行为的最高标准,不管用什么名词把它说出来。

三　道学的目的和方法

道学的目的是"穷理尽性",其方法是"格物致知"。在"穷理尽性"这一方面,道学和玄学就连接起来了。道学所讲的理和性,也是就一般和特殊的关系讲的。一类事物的规定性就是这类事物的理,理在这类具体事物中的表现就是它们的性。比如,方一类事物的规定性,就是方之理,方之理在具体的方的事物中的表现,就是它们的性。

方这一类的具体事物在一定程度上都是方的,但是有些很方,有些不很方,但不可能太不方。如果太不方,它就不是方这一类事物了。人也是一类事物,也有他的规定性,孟轲把这种规定性称为"人之所以异于禽兽者",这就是人之理。孟轲没有从正面说出人的规定性是什么,但是他

---

① 《论语集注》卷6《先进》第十一。

从反面说明，一个人如果不合乎这个规定性，那他就是禽兽了，不是人了。在中国俗语中，说一个人"是禽兽"、"不是人"，是最严厉的辱骂之辞，这可能就是从孟轲的那句话逻辑地推出来的。有的人可能很合乎人的规定性，有的人可能不很合乎人的规定性，还有的人可能很不合乎人的规定性。那些很不合乎人的规定性的人就不是人了。

方的东西，大多数都是没有意识的东西，它们是很合或很不合方的理，它们自己并不知道。人是万物之灵。他的生活合不合人的理，他自己是知道的。如果不很合，或很不合，他就有要求很合或完全合的志愿；如果达到了完全合的境界，那就是"穷理尽性"了。照上面所说的，穷理和尽性是一回事，因为性就是理。道学的各派都承认这个目的。不过照陆、王一派的说法，应该说"穷理尽心"，因为他们不说"性既理"，而说"心既理"。

怎样可以达到这一目的呢？其方法就是"格物致知"。程朱和陆王两派都这样说，但是他们对于这四个字的解释大不相同。

在朱熹和陆九渊的鹅湖之会中，朱、陆两方对于对方的方法互相指责。陆方以朱方的方法为"支离"，朱方以陆方的方法为"空疏"，两方各不相下。几年之后，陆九渊在白鹿书院发表了"义利之辨"的讲话，两方的人都大受感动，不再争执，这一讲话可以看作朱、陆关于修养方法辩论的一个总结。

这个讲话，为什么会有这么大的力量呢？从表面上看，"义利之辨"是从孔孟就讲起的一个老题目，所以有很大的权威。这固然是一个理由，但其理由远不止此。从哲学方面看，孔孟所讲的义利还只是一对道德范畴，只有社会的意义。从彻上彻下、彻内彻外的意义说，这是很不够的。上面说过，每一个个体都受个体范围的限制。每个具体的人都是一个个体，他所受的最大限制就是他的身体。人必须有个身体，否则他的精神就无所寄托，不能存在。既然有了身体，身体就有需要；为了满足他的身体需要，他就有了欲望。这种欲望，简称为"欲"。维持身体存在的欲，是正当的欲。正当的欲并不是和理直接相违反的。不正当的欲才是直接和理相违反的，这就是私欲，或称为人欲。社会上一切不道德、不正当的事，归根到底都是出于私欲，出于人的不正当地重视身体，所以道学叫人不要"在躯壳上起念"。从躯壳上起念就是为私，就是为利；不从躯壳上起念，就是为公，就是为义。义利之辨就是公私之分。

这个分别，就是突破个体的限制的一个缺口。一个人受个体的限制，就好象一个人被困在一个围城之中，他如果找到一个缺口，将其逐渐扩大，就可能从缺口中冲出来。这就好象是柏拉图所说的从洞穴中冲出来那样。义利本来是道德的范畴，只有社会的意义，但对于真正冲出个体的限制的人来说，它就不仅是道德的范畴，不仅是有社会的意义，而是彻上彻下、彻内彻外了。义利之辨就是"去人欲，存天理"。由此所得的精神境界就是"人欲尽处，天理流行"。义利之辨就是达到这种境界的入手处。从此处入手，程、朱一派的"格物致知"就不为"支离"，陆、王一派的"格物致知"也不为"空疏"。所以在白鹿书院的讲话中，陆九渊指出了这个关键，朱、陆两方都服了。

再简单一点说，道学的目的是"穷理尽性（或曰尽心）"。它的方法是"格物致知"。它的入手处是"义利之辨"。

四 道学的发展阶段

照传统的说法，周敦颐、邵雍是道学的创始人；其实并不尽然，他们还没有接触到道学的主题。认为周敦颐《太极图说》中的"太极"的意义是"无形而有理"，其实这是朱熹的解释。后来的道学家们赞成或反对《太极图说》，其实都是赞成或反对朱熹。邵雍自命为懂得《周易》，也被称为"易学大家"，其实他并不真懂得《周易》。这些都待于以后再讲，现在不多说了。道学的主题是讲"理"，这是接着玄学讲的。

程颢说："吾学虽有所授受，天理二字，却是自家体贴出来。"[1] 可见讲天理是从程门开始的，"穷理尽性"也是从程门开始的。程氏弟兄是道学的创造人。他们弟兄二人创立了道学，也分别创立了道学的两派：理学和心学。张载以"气"为体，可以称为"气学"。朱熹以理、气并称，可以说是集大成者。这是道学的前期，也可以称为宋道学。用黑格尔的三段法说，二程是肯定，张载是否定，朱熹是否定之否定。

从三段法的发展说，前一段落的否定之否定，就是后一段落的肯定。朱熹是前期道学的否定之否定，到了道学后期就成为肯定了。在后期中，朱熹是肯定，陆、王是否定，王夫之是否定之否定，他是后期道学的集大

---

[1] 《河南程氏外书》卷12。

成者，也就是全部道学的集大成者。后期道学可以称为明道学。

照传统的说法，顾炎武、王夫之、黄宗羲是明末清初的三大儒。这三个人固然都是大人物，但其作用不同。顾基本上不是哲学家，他的贡献不在于哲学。王、黄都是大哲学家，但王是旧时代的总结，黄是新时代的前驱。

这个论断许多人可能认为是"非常可怪之论"，他们认为道学是唯心主义，王夫之是唯物主义者，是反道学的，两者不可能有什么联系。但是，道学不等于唯心主义，有如玄学不等于唯心主义。唯物主义和唯心主义的斗争，也是在道学的内部进行的。许多人说王夫之反程、朱，其实他只反陆、王，并不反程、朱。他的哲学是程、朱的继续发展，但还是唯物主义。因为在他以前，程、朱一派的内部也起了变化，已经把程、朱的"理在事上"改变为"理在事中"了。

五 道学的名称

近来，研究中国哲学史的有些同志认为，道学这个名词是"不科学的"，应该称为理学。他们认为，道学这个名词出于《宋史·道学传》，元朝修《宋史》的写作班子是脱脱领导的，他是一个武人，妄自制造了道学这个名词，不足为训。事实是，《宋史》是元朝的一部官书，并不是一部个人著作。历代的官书，都有一个编写班子，班子的头头儿照例是一个朝廷大臣。这只是一个挂名的差使，书的编写并不需要他亲自指导，更不用说亲自拿笔写了。他是武人或不是武人，跟那部书并没有关系。更重要的是，道学这个名称，是宋朝本来就有的，修《宋史》的人不过是采用当时流行的名称而作了《道学传》，并不是他们自己妄自制造名目。现在且举出几条证据。

一、程颐说："先兄明道之葬，颐状其行，以求志铭，且备异日史氏采录。既而门人朋友为文，以叙其事迹、述其道学者甚众。"[①]

二、程颐说："呜呼！自予兄弟倡明道学，世方惊疑，能使学者视效而信从，子与刘质夫为有力矣。"[②]

---

① 《程氏文集》卷11《明道先生门人朋友叙述序》。
② 《程氏文集》卷11《祭李端伯文》。

三、程颐说："不幸七八年之间，同志共学之人相继而逝。今君复往，使予踽踽于世，忧道学之寡助。则予之哭君，岂特交朋之情而已！"①

四、朱熹说："杨氏曰：夫子大管仲之功，而小其器。盖非王佐之才，虽然合诸侯，正天下，其器不足称也。道学不明，而王霸之略，混为一途。"②

五、朱熹说："夫以二先生倡明道学于孔孟既没千载不传之后，可谓盛矣。"③

六、陈亮说："亮虽不肖，然口说得，手去得，本非闭眉合眼、蒙瞳精神以自附于道学者也。"④

七、《庆元党禁》说："先是熙宁间，程颢（程）颐传孔孟千载不传之学。南渡初，其门人杨时传之罗从彦，从彦传之李侗。朱熹师侗而得其传，致知力行，其学大振，学者仰之如泰山北斗。而流俗丑正，多不便之者。盖自淳熙之末，绍熙之初也，有因为道学以媒蘖者，然犹未敢加以丑名攻诋。至是士大夫嗜利无耻、或素为清议所摈者，乃教以凡相与为异者皆道学人也，阴疏姓名授之，俾以次斥逐。或又为言：名'道学'则何罪，当名曰'伪学'。"⑤

八、《庆元党禁》说："庆元四年戊午（1198）夏四月，右谏议大夫姚愈上言：'近世行险侥幸之徒，倡为道学之名，权臣力主其说，结为死党。愿下明诏，布告天下。"⑥

第一、二、三条可以证明，程氏弟兄已经自称他们的学问为道学。第一条"其道学"的那个"其"字，指程颢。所以程颢死后，程颐等私谥程颢为"明道先生"。这个"明道"之"道"即"道学"之"道"。第四条所说的杨氏，即杨时，是二程的大弟子，是把道学首先传到南方的人。这一条可以证明，程氏的门人称他们所学的是道学。朱熹在《论语集注》引杨时这一段话，可见他也是赞同道学这个名称的。第一、二、三、四条证明，在北宋时期，道学这个名称就有了，而且还是开创道学的几个人自

---

① 《程氏文集》卷11《祭朱公掞文》。
② 《论语集注》卷2《八佾》"仲之器"章注。
③ 《朱子文集》卷75《程氏遗书后序》。
④ 《甲辰秋与朱元晦秘书（熹）书》，《陈亮集》，中华书局1974年版，第280页。
⑤ 商务印书馆《丛书集成》本，第14页。
⑥ 同上书，第17页。

已用这个名称的。第五条进一步证明，朱熹称这派学问为道学。第六条证明，当时反对这派学问的人也称之为道学。朱熹和陈亮都是南宋人，从这两条可见在南宋时期这个名称继续流行。第七、八条出于《庆元党禁》，这是一本于南宋淳祐五年（1245）写成的书，可以证明当时不仅在学术界而且在政界，不仅私人而且官方，都使用道学这个名称。

有同志说，在北宋时期，在上边所引的那些史料中，所谓道学，应该是道和学，并不是一个学派的名称。也许是这样。上面所举的那些证据中，第一条中的"道学"可能是道和学，"其道学"可能是指程颢的道和程颢的学。但其余条中的道学，这样理解似乎勉强。例如第二条说："自予兄弟倡明道学"，似乎不好说是"我们兄弟倡明我们的道和我们的学"。这一点还可以进一步地讨论，不过无论如何，道学这个名称，至晚在南宋就已流行，这是没有问题的。

再从哲学史的发展看，道学这个名称有其历史渊源。韩愈作《原道》，提出了儒家的一个道统，照他的说法，儒家的道发源于尧舜，经过孔子传于孟子，孟子死后这个道就失传了。韩愈很客气，没有说他自己就是这个道统的继承人。二程则毫不客气地说，他们就是这个道统的继承人。程颐说："周公没，圣人之道不行；孟轲死，圣人之学不传。……先生生千四百年之后，得不传之学于遗经，志将以斯道觉斯民。"这就是继承韩愈的说法，而自封为孟轲的继承人。道学这个道，就是韩愈《原道》的那个道。从这点看，道学这个名称可以说明一些哲学史发展的迹象。至于说到科学或不科学，一部写出来的历史书，只要跟历史的真相相符合，那就是科学的，除此以外，无所谓科学不科学。至于《宋史·道学传》中所收的人物有不少去取失当之处，那是由于编写这个传的人的门户之见，与这个名称没有直接的关系。

近来研究中国哲学史的同志们，有用理学这个名称代替道学这个名称的趋势。这两个名称从清朝以来是可以互用的。理学这个名称出现比较晚，大概出现在南宋。我们作历史研究工作的人，要用一个名称，最好是用出现最早的、当时的人习惯用的名称。照这个标准说，还是用道学这个名称比较合适。这也就是"名从主人"。而且用理学这个名称还使人误以为就是与心学相对的那种理学，引起混乱，不容易分别道学中的程朱和陆王两派的同异。只有用道学才能概括理学和心学。

道学本来是一个学派的名称，一个时代思潮的名称，并不等于唯心主义。近来有一种趋势，认为道学就是唯心主义的同义语。魏晋玄学，本来也是一个学派或一种思潮的名称。也有一种趋势，认为玄学就是唯心主义的同义语。我觉得这都是不适当的。道学家和玄学家中大部分都是唯心主义者，但不能认为道学和玄学就是唯心主义的同义语。这种看法引起一些不必要的辩论，可谓节外生枝。

自从清朝以来，道学和理学这两个名称是互相通用的，现在还可以互相通用。研究哲学史的人可以各从其便，不必强求统一。但如果说道学这个名称是元人的编造，是不科学、不能用的，这就是一个值得讨论的问题了。

《中国社会科学》1986 年第 3 期

对有关辩证法几个问题的新理解

贺　麟[*]

摘要　作者针对人们对体现在实际工作中的辩证方法，对作为哲学方法论的辩证法以及黑格尔的辩证法和哲学的误解，力图以马克思主义哲学为指导，概略地阐述有关辩证法的几个问题；在给予黑格尔哲学以一定历史地位的同时，高扬了作为世界哲学的马克思主义哲学。

一　辩证法是帮助人做思想工作的方法

主观主义、形而上学往往使事与愿违。譬如有些做思想工作的人，常常自命为唯物主义者，而把别人视为唯心主义者。根据这种想法，他们把自己的所做所为都看成正确的，把别人的所做所为都看成错误的，动不动就对别人实行"大批判"，对别人抓辫子、扣帽子、打棍子。他们以为这是在贯彻辩证法的"批判精神"，帮助别人"改造"思想。其实这正说明他们自己已陷入形而上学，而且不能说服任何人。如果运用辩证法来做思想工作，首先就应当承认，任何人的思想都不是铁板一块，而是有其内在的矛盾。因此就必须通过周密的调查研究，真正了解对方的思想状况。如果对方确实存在缺点、错误，就应当提高他的认识，帮助他分析出自己思想的内在矛盾，让他自己反省，觉悟，进行自我批评，认识到自己的症结所在，这样他才能心悦诚服。如果不能使对方把错误的、矛盾的意见转化为自我批评，那就表明你不善于运用辩证法去做思想工作，也不能把对方团结到自己一方来。

---

* 贺麟，1902 年生，中国社会科学院哲学研究所研究员。著有《现代西方哲学讲演集》、《黑格尔哲学讲演集》等书。

二 辩证法与"导淮入海"

我曾说过，事物的曲折发展过程，犹如"导淮入海"。海就是大海、全体。当洪水导入大海之后也并不就风平浪静，还有惊涛骇浪。因为辩证发展的过程，愈发展，内容就愈丰富，愈提高。就意识形态说，由低级的个人意识发展到社会意识，如时代精神、民族精神、客观精神直至最高的绝对精神。又如从存在、本质、概念一直发展到最高、最后、最具体的概念即绝对概念，也即概念辩证发展的逻辑体系。这就叫做"概念辩证法"。有的人以为概念辩证法的性质是唯心主义的，这个说法是一种误解。马克思说得好，逻辑范畴是通用的公共货币，因此我认为在这一点上无所谓唯物、唯心的区别。因为唯物论或唯心论应以辩证发展的最后结论为准。又有的人认为黑格尔所说的最高、最后的范畴就是最抽象、空无内容的范畴，这是由于不理解黑格尔的"具体共相"说，以致陷于错误。

至于说到最高范畴的出路，简言之就是"外化"。什么叫外化？外化是指内充实自会表现于外或实现于外。绝对精神表现为艺术、宗教和哲学，绝对理念体现在大自然中也是它的外化。黑格尔在《小逻辑》第244节里指出："直接性的理念，作为它的反映，自由地外化为自然。"① 最后又说："这种存在着的理念就是自然。"② 列宁在他的《黑格尔"逻辑学"一书摘要》中特别指出："逻辑观念向自然界的转化。唯物主义近在咫尺。"③ 黑格尔把逻辑理念向自然界转化，只当成辩证法推演的后果，并且把自然哲学看成"应用逻辑学"中的一个部门。而列宁却把这种转化看成转向接近唯物主义。——列宁这种看法是正确的，因为黑格尔也曾说过："正是当理念把自身建立为纯概念及其实在的绝对统一，……理念便作为这个形式的总体——自然。"④ 由此足见，理念之所以是自然或能转化为自然，因为它经过辩证发展的过程，是对立统一的整体。

---

① ［德］黑格尔：《小逻辑》，商务印书馆1980年版，第428页。
② 同上。
③ 《列宁全集》第38卷，第252页。
④ ［德］黑格尔：《逻辑学》下卷，商务印书馆1976年版，第552页。

三 辩证法与历史、哲学和人

恩格斯曾说过："黑格尔的思维方式不同于所有其他哲学家的地方，就是他的思维方式有巨大的历史感作基础。……他的思想发展却总是与世界历史的发展紧紧地平行着。"①

恩格斯又指出："现今发展阶段上的德国的辩证方法比旧时庸俗唠叨的形而上学的方法优越，至少象铁路比中世纪的交通工具优越一样。"②这里说明世界历史潮流的辩证发展是有巨大的历史感作为其思维方式的基础的。历史的曲折、变迁、发展是内容，逻辑就是规定或说明历史内容的形式或规律。历史内容的矛盾发展是有节奏、有秩序、可以用辩证方法去加以考察与整理的。

辩证法是哲学自己本身的方法，它不借用别的科学的方法，如形式逻辑的"三段论法"，许多理性派哲学家的几何学方法。因为"方法就是关于自己内容的内部自己运动的形式的意识"，又因为"把一个现象领域向前推进的，是这个领域的内容本身，是它（这个内容）在自身中所具有的辩证法（也就是它自身运动的辩证法）"。③

马克思说："理论只要说服人，就能掌握群众；而理论只要彻底，就能说服人。所谓彻底，就是抓住事物的根本。但人的根本就是人本身。"④我们可把马克思的话和恩格斯的一句话联系起来理解："思想被掌握以后就会自然而然地实现。"⑤ 换句话说，正确的思想或理论被掌握以后，就会得到实现并变为物质力量。

四 辩证法与辩证词

关于辩证词的理解，黑格尔自豪于德国人语言中有许多辩证的名词和

---

① 《马克思恩格斯全集》第 13 卷，第 531 页。
② 同上书，第 534 页。
③ 《列宁全集》第 38 卷，第 95 页。列宁直接引用黑尔的原话，末句在括弧中的一句话是列宁的解释。
④ 《马克思恩格斯全集》第 1 卷，第 460 页。
⑤ 同上书，第 653 页。

辩证的命题或成语，好象德国人生来就是辩证法家，而别的国家的语言，特别就他所了解的一点中国的语言，却缺乏辩证的词和辩证的命题。但是我所了解的德文中，诚然有 aufbe-ben 一词既有"提高"、"举起"及"取消"等含有相反意义的词，中文里一般正确地译为"扬弃"。此外恕我德语谫陋，我就不举出几个辩证词了。

反之，在中国语言里，我却可以信手举出好多个辩证词。首先，《论语》泰伯章有"武王曰，予有乱臣十人"，注谓"乱，治也"，并列举周公旦、太公望等十人之名。第二，《杜诗详注》仇鳌本第十七卷有"第五弟丰独在江左，近三四载，寂无消息，觅使寄此二首"，其中第二首有两句："闻汝依山寺，杭州定越州。"沈德潜注谓"定者不定也"，足见定字既有确定、固定之义，也有不定之义，是一个辩证词。就我所知，定字的这种用法还很多。第三，韩愈所作《秋怀诗》十一首，其第八首有四句如下："空堂黄昏暮，我坐默不言，童子自外至，吹灯当我前。"其中"吹灯"二字就上下文意思来看，显然是说，自己于黄昏日暮默坐无言之时，童子从外面进来，在自己的面前点燃了灯盏。足见"吹灯"实即"点灯"。但一般情况下，"吹灯"又有吹灭灯或熄灯之意。所以吹灯既有点灯、开灯之意，又有灭灯、熄灯的相反之意，故"吹"字是一个辩证词。第四，韩愈于《八月十五夜赠张功曹》一诗，回忆他自己与张功曹被贬在湖南一带气候恶劣情况下，有诗句云："下床畏蛇食畏药。"意谓在床下地上走动，害怕为蛇所咬，吃食物，害怕吃到有毒的东西（即"药"），足见药可以用来医治疾病也可以导致中毒。这就说明药这个字就是一个辩证词。

五　辩证法与辩证命题

谈到辩证的命题，黑格尔一般叫做 Paradox，可译为"似非而是的论点"；也有人译为"奇谈怪论"，虽勉强可通，但没有表达出此字的辩证意味；而许多人把荒谬、错误、稀奇古怪的意见都叫作"奇谈怪论"，这就忘记了这个词与辩证法有联系了。1959 年版《牛津简明词典》对 para-dox 一词说明如下："一个似乎荒谬的，却真正是有根据的命题或陈述。"与我上面所译的"似非而是的论点"，基本上相同。

黑格尔认为在自然世界里，由于事物有了内在矛盾，同时就会被迫超出其自身。在精神世界中，一般经验都可表明，如果事物或行动到了极端，总要转化到它的反面。在流行的谚语里即可表明，例如"至公正即至不公正"，又如"太骄则折"、"太锐则缺"，等等。在感情、生理、心理各方面，凡是到了极端总要转化到它的反面的辩证法例子，如极端的痛苦与极端的快乐，可以互相过渡。心情充满快乐，会喜得流出泪来。最深刻的忧愁常借一种苦笑以显示出来。① 李自也曾写下了"发孤笑于群忧"的诗句。

这类似非而是的命题，中国《老子》书中特多。例如："道常无为而无不为"，"祸兮福所倚，福兮祸所伏"。又如："大道废，有仁义；智慧出，有大伪；六亲不和，有孝慈；国家昏乱，有忠臣。"诸如这类的话，人们会以为违反常识，以为家庭中由于不孝不慈的人太多，才会六亲不和，六亲不和怎么反而会有孝慈呢？又如由于违法乱纪的人多，国家才昏乱，国家昏乱怎么会有忠臣呢？如果读者知道上面所提到过的关于黑格尔所谈关于 paradox 一词的辩证法意义，就更可理解老子那些话的哲学意义了。

又如耶稣教的哲学家曾用"死以求生"来表述耶稣死在十字架上而又复活的故事。如果我们不把它看成迷信或寓言，可以用"杀身存仁"、"舍生取义"来表述儒家的态度，这就平实多了。又如道家"无为而无不为"这种有辩证意味的命题，我们可以用诸葛亮的话："非淡泊无以明志"、"非宁静无以致远"来表述"无为而无不为"这一命题，那就接近儒家思想，有教育意义，而且较为平实。

六　从马克思来理解黑格尔的辩证法和哲学

现在我想进一步以马克思的哲学思想来理解黑格尔的辩证法和哲学。当德国学术界把黑格尔当成死狗的时候，马克思公开承认他是黑格尔的学生。并且说：黑格尔是第一个全面地有意识地发挥出辩证法的一般运动形式的学者。他不是揣测的，而是有意识的，是以与辩证法的原理或体系有关的逻辑范畴提出来的。马克思在大学时代就以哲学为专业，他的博士论文（1842 年）的题目是《德谟克利特的自然哲学与伊壁鸠鲁的自然哲学

---

① 参看《小逻辑》第 81 节附释一。

的差别》。这篇论文在用辩证法观点来研究古代自然哲学上是有很大贡献的。他根据大量材料进一步论证了伊壁鸠鲁的原子论不是像许多哲学史家误认为那样只是抄袭得来，而是发展了德谟克利特的原子论，并包含注重道德实践，自由意志和无神论的新因素。这就有力地批驳了现代外国一些哲学家所说的"只有恩格斯才有自然辩证法，而马克思是没有的"错误论点。

马克思正式谈到哲学的本质时，首先指出"任何真正的哲学都是自己时代精神的精华"①。换言之，哲学自身的表现已证明：哲学"是文明的活的灵魂，哲学已成为世界的哲学，而世界也成为哲学的世界"②。当时马克思已经看到哲学不是一个狭隘的宗派，而是有世界意义的科学。他说，哲学这种精神力量"已浸进沙龙、神甫的家、报纸的编辑部和国王的接待室，浸进同时代人的灵魂，也就是浸进使他们激动的爱与憎的感情里"③。换句话说，"哲学是在它的敌人的叫喊声中进入世界的；然而就是哲学的敌人的内心也受到了哲学的感染"④。

诚如马克思所说：哲学家"是自己的时代、自己的人民的产物，人民最精致、最珍贵和看不见的精髓都集中在哲学思想里。那种曾用工人的双手建筑起铁路的精神，现在在哲学家的头脑中树立哲学体系"⑤。这些生动有力的语言更足以表明马克思主义哲学是最完好的、最形象的，最真实的，不仅有系统性，而且比起黑格尔哲学更具有阶级性、实践性和生命力与内容丰富的世界哲学及哲学世界。

马克思曾提到"斯宾诺莎……费希特、黑格尔等都已经用人的眼光来观察国家了，他们是从理性和经验中而不是从神学中引申出国家的自然规律"。⑥ 马克思的意思是相信人的理性和经验，而不信赖神学的教条。

根据上面几个例证就可以理解马克思所引证的斯宾诺莎关于真理标准的名言：Verum index sui et falsi（真理是它自己和虚伪的试金石）。⑦ 马克思引证这句话的目的是要批评普鲁士当时的书报检查令，指责并讽刺这检

① 《马克思恩格斯全集》第 1 卷，第 121 页。
② 同上。
③ 同上。
④ 同上。
⑤ 同上书，第 120 页。
⑥ 同上书，第 128 页。
⑦ ［荷兰］斯宾诺莎：《伦理学》第 2 部分，命题 43，商务印书馆 1981 年版，附释第 76 页。

查令内容虚伪，脱离了真理。马克思指责说："与其说是害怕虚伪的标志，不如说是害怕真理的标志。"① ——这话可以说是通过实践丰富和改进了黑格尔《精神现象学》序言中"害怕错误就是害怕真理"的名句。此外，马克思还说出真理"不属于我一个人，而为大家所有；真理占有我，而不是我占有真理"；② "精神的实质就是真理本身"③ 等种种原则，都是在与不合理的法令进行斗争的实践中丰富了斯宾诺莎的命题。上面所引证马克思举出的三个例子都是从事实、实践去论证"真理是它自己和虚伪的试金石"，是这个根本原则的发挥、补充和客观论证。又如马克思说："民主制是君主制的真理，君主制却不是民主制的真理。君主制必然是本身不彻底的民主制。……从君主制本身不能了解君主制，但是从民主制本身可以了解民主制。"④ 从今天看来，这话包含有"从资本主义制度本身不能了解资本主义制度，但从社会主义制度本身即可以了解社会主义制度"的认识论原则。这里清楚地看到马克思对斯宾诺莎真理标准的灵活运用。

此外，马克思早在 1842 年《评普鲁士最近的书报检查令》一文中说："根据这一检查令，书报检查应该排斥像康德，费希特和斯宾诺莎这样一些道德领域内的思想巨人，因为他们不信仰宗教"⑤。马克思在《黑格尔法哲学批判》中，曾经指出康德哲学是"法国革命的德国版"。又在严厉批评黑格尔法哲学之后，特别指出"黑格尔的深刻之处也正是在于他处处都从各种规定的对立出发，并把这种对立加以强调"⑥。这些提法，无异于承认德国从康德到黑格尔的古典哲学是马克思自己思想的来源，这是具有历史性的重要提法。

最后，来看一下马克思对黑格尔异化说的肯定和批判。"只要精神现象学坚持人的异化，纵使人只表现为精神的形态——则在它里面便潜伏着批判一切的成分，并且常常就会准备着并发挥出远超过黑格尔观点的方式。"⑦ 这说明异化这概念包含批判成分，加以改造、吸收、剥掉其神秘

---

① 《马克思恩格斯全集》第1卷，第6页。
② 同上书，第7页。
③ 同上。
④ 同上书，第280页。
⑤ 同上书，第15页。
⑥ 同上书，第312页。
⑦ 《黑格尔辩证法和哲学一般的批判》，第18页。

化的外壳，可以"发挥出远超过黑格尔观点的方式"。虽然黑格尔"把劳动认作本质，认作人的自行证实的本质"①，但他所说的"劳动"只是思维的过程，是自我意识自身异化又克服异化的抽象的精神活动，与辩证唯物主义所了解的革命实践不可同日而语。"一个存在，如果在它自身之外没有对象，就不是一个客观的存在。"② 马克思彻底批判了黑格尔唯心主义的自我意识异化说，建立起以自然、客观存在为第一性的存在、对象相互建立、相互异化说。

我体会到马克思主义是具有理想的、有远大目光的。我又认识到马克思主义虽然反对宗教迷信，但是他有信仰，为信仰而牺牲，不辞艰辛，终生为远景前途而努力奋斗，他的稿费还不够他抽烟卷之用，他的女儿死了都没有钱安葬，但是他关心世界的工人运动，撰写《资本论》直到他生命最后时刻。

最后我体会到马克思、恩格斯、列宁是真正的唯物主义者，他们的思想是建筑在历史科学、社会科学、经济科学特别是哲学科学上的。马克思所说的物质，并不是木料、石头这些具体的个别的东西，而是指大自然、全宇宙、社会经济的环境，世界的政治趋势和潮流，特别是指世界工人运动和人民的觉醒。譬如，列宁对中国义和拳的斗争表示称赞，发表《亚洲的觉醒》和《落后的欧洲和先进的亚洲》等有远大眼光的文章，足以使超级大国惭愧，使亚洲人民感动。马克思认为鸦片战争、英国出兵是可耻的事情，对中国反抗表示赞成。马克思说："唯物主义在它的第一个创始人培根那里，还在朴素的形式下包含着全面发展的萌芽。物质带着诗意的感性光辉对人的全身心发出微笑"③ ——这样意义的物质，我们应认真切实去体会。

七　黑格尔与经典作家论东方

我们看到马克思、列宁于中国受西欧帝国主义侵略、丧权辱国时独能表现出远见卓识、伸张正义的呼声，今日读来犹令人感动。马克思撰文揭

---

① 《黑格尔辩证法和哲学一般的批判》，第 15 页。
② 同上书，第 20 页。
③ 《马克思恩格斯全集》第 2 卷，第 163 页。

露《英人在华的残暴行为》，指出"非法的鸦片贸易年年靠摧残人命和败坏道德来充实英国国库的事情"，英国报纸对于"每天所干的破坏条约的可恶行为是多么沉默"①。恩格斯也肯定预言："过不了多少年，我们就会看到世界上最古老的帝国作垂死的挣扎，同时我们也会看到整个亚洲新纪元的曙光。"② 列宁在1900年《火星报》上发表的《中国的战争》一文说：俄国对中国战争的胜利，"不如说是战胜了中国的起义者，更不如说是战胜了手无寸铁的中国人"，"欧洲资本家的贪婪的魔掌现在已经伸向中国人了。俄国政府恐怕是最先伸出魔掌的。……如果直言不讳，就应当说，欧洲各国政府（最先恐怕是俄国政府）已经开始瓜分中国了"。③ 这些话表明列宁的情感完全站在中国和俄国人民一边，而痛恨俄国的掠夺人民的资本家和政府。最后，我们不应忘记列宁的科学预见："落后的欧洲和先进的亚洲。"这个预见在当今许多地区不同程度下已经实现了。

但是，与上述经典作家对东方世界的评价不同，黑格尔对东方世界，特别对中国的看法，恰好相反。黑格尔说："东方各国只知道一个人是自由的；希腊和罗马世界只知道一部分人是自由的；至于我们（指日耳曼人——笔者注）知道一切人们（人类之为人类）绝对是自由的。"④ ——这种说法简直为我们所不能理解。他又说："孔子只是一个实际的世间智者，在他那里思辨的哲学是一点也没有的——只有一些善良的、老练的、道德的教训，从里面我们不能获得什么特殊的东西。西塞罗留下给我们的'政治义务论'便是一本道德教训的书，比孔子所有的书内容丰富，而且更好。"⑤ 他的这种看法落后于伏尔泰、康德对中国文化的看法，更落后于莱布尼茨。至于他说到中国人的民族性，竟认为"凡属精神的一切都离中国人很远"⑥。这不仅没看到中国文化的前途，而且是对中国文化的诬蔑。与马克思、恩格斯、列宁的有关论述比较起来，我们才理解到黑格尔的《历史哲学》对中国前途的看法实在差得太远了，诚如列宁所说："一般说来，历史哲学所提供的东西非常之少——这是可以理解的，因为

① 《马克思恩格斯全集》第2卷，第14页。
② 同上书，第21—22页。
③ 《列宁选集》第1卷，第213—217页。
④ 《历史哲学》，生活·读书·新知三联书店1956年版，第57页。
⑤ 《哲学史讲演录》第1卷，商务印书馆1981年版，第119—120页。
⑥ 《历史哲学》，生活·读书·新知三联书店1956年版，第181页。

正是在这里，正是在这个领域中，在这门科学中，马克思和恩格斯向前迈了最大的一步。而黑格尔在这里则已经老朽不堪，成了古董。"①

当然，黑格尔的历史哲学如果与马克思主义的历史唯物论相比，是很落后的。而且黑格尔的历史哲学是唯心史观，与唯物史观根本对立。我这里是从政治上去比较马克思、恩格斯、列宁对东方具有古老文化的民族如印度、波斯，特别是中国人民的态度。马克思主义几位经典作家，真正具有伟大广阔的胸怀，对于东方人民被侵略、被剥削和被压迫的境地，满腔热忱地寄予深切的同情，对资产阶级、帝国主义侵略者，则公开予以义愤的斥责。他们的根本出发点，是忠于工人阶级，忠于各族人民。丛哲学思想来说，马克思早年即已高瞻远瞩，认为"哲学已成为世界的哲学，而世界也成为哲学的世界"②。黑格尔虽然在哲学上大谈其世界精神，实际上局限于资产阶级的爱国主义或民族主义思想。当 19 世纪英、法、德、美、俄各列强都在亚洲、非洲和拉丁美洲争夺殖民地的时候，黑格尔所宣扬的爱国主义、民族主义，实际上为欧美帝国主义作理论的先导，这和马克思、恩格斯、列宁的政治立场、观点完全相反。

《中国社会科学》1988 年第 2 期

---

① 《列宁全集》第 38 卷，第 351 页。
② 《马克思恩格斯全集》第 1 卷，第 121 页。

主体呼唤的历史根据和时代内涵

高清海*

摘要 本文认为，集群主体、个人主体和类主体是人作为主体的三种历史形态。文章考察了主体形态的历史生成和人性根据，认为一部意识史可以说是人类呼唤自身主体性的历史。文章结合主体形态的现代转化和人类所面临的种种问题，阐述了当今弘扬主体性的时代内涵。作者还从中国的历史和现实出发，提出并着重论述了培植个人主体是当前我国社会发展的迫切需要，破除集群主体的传统形式及其影响是发展类主体的基本前提。

一 主体形态的历史生成

人是由于自身的劳动把自己创造为人的，这是马克思对人的基本看法。肯定这一点也就意味着，人之成为人和人之成为主体，二者是紧密关联着的。"主体"的初始含义原本就是指，人是人自己创造性活动的主宰者。

人与主体并非相同的概念。它们是就不同方面而言的，前者主要从存在方面、后者主要从活动方面，分别反映着人的不同性质，因而在使用中并不能随意地代换。虽然如此，就人的存在性质和人的活动性质而言，却又并非完全不同的两回事；如马克思所说，"他们是什么样的，这同他们的生产是一致的"①，因而人作为人的存在状态同人在活动中的主体状态，即人是怎样的人和人是怎样的主体，又不能不是彼此适应、基本一致的。

关于人的生成和发展，马克思曾经从总体上把它区分为三个阶段，归结为三种历史形态。在他看来，（1）自然发生的"人的依赖关系"是人

---

* 高清海，1930 年生，吉林大学社会发展研究所教授、博士生导师。
① 《马克思恩格斯选集》第 1 卷，第 25 页。

的最初存在状态；（2）"以物的依赖性为基础的人的独立性"构成人类发展的第二大形态；（3）"建立在个人全面发展和他们共同的社会生产能力成为他们的社会财富这一基础上的自由个性，是第三个阶段"，也就是可以预见到的最高发展阶段①。

马克思揭示出的这一人的历史成长画面，在我看来，同时也就是人的主体形态的历史成长过程。

历史必须以"有生命的个人的存在"为起点，马克思把这看作"任何人类历史的第一个前提"②。然而又很明显地，作为历史前提的这种个人其实不过是一些生命个体，它们同动物并无多少差别，尚属纯粹的自然存在，严格地说还不算作人的个人，更不能成为现实活动的主体。如果说与动物有何不同，那只在于他们能够以某种特殊方式结集成共同体，借助彼此的合作关系以提高对付自然力量的生命活动能力。

人的初始依赖状态表明，最初形成的人必然是一种大写的"人"，它不可能直接体现在个体生命中，而只能主要体现于一定数量个体的合成质和累积质，即人群共同体的形态里。至于个人，在这一阶段还不具有独立性，而是完全依附于群体的，他们的生命活动也不由个人主宰，而要接受集群主体的支配。这样的个人，应该说已经是人，并具有了人的性质，但这种人的性质却并非来自他们的个体，也不为他们个人所有，而是从依附的群体获得的。照马克思的说法，他们只不过是"一定的狭隘人群的附属物"③ 而已。

最初结成的社会共同体，无论凭借的是血缘纽带还是地缘纽带，均属自然的种群。人们对这种共同体的依赖也就是对自然的依赖，人类尚未脱出自然关系的支配。自然纽带一方面把人凝聚为群体，同时也就把人限制于狭小的地域和族群范围，严重地束缚着人们之间的交往联系和个体生命潜能的发挥。所以，进一步发展必然要突破自然关系的限制而代之以社会性纽带，以便把人们置于广泛的交往联系之中，让社会创造的总体实践能力成为每一生命个体都能运用的财富，由此提高个人的自主活动能力。这样的条件，是在社会分工、机器生产、商品交换、市场经济、自由贸易等

---

① 《马克思恩格斯全集》第 46 卷（上），第 102—104 页。
② 《马克思恩格斯选集》第 1 卷，第 24 页。
③ 《马克思恩格斯全集》第 46 卷（上），第 18 页。

的发展以及它们所推动的民族和地域历史转变为世界历史的过程中创造出来的。

市场经济是个人自主活动的经济形式。它通过商品和货币这种物的交换方式，一方面摧毁了原来的自然共同体和人身依附的等级从属关系，同时也就把每一单个的人都融进了世界历史性的活动之中。人们面向市场，在这里就是面向整个社会。人们要参与市场的竞争，就必须吸纳和运用社会创造的最高生产能力。正是这种条件下的培育和锻炼，才使个人获得自立和自主的能力，逐渐成长为自己主宰自己的独立主体。

当一切个人共同获得了人的性质，或如马克思所说"狭隘地域性的个人为世界历史性的、真正普遍的个人所代替"① 之后，人们才会有真正平等的关系，个人才能得到全面的发展，社会关系才可能置于人的自觉支配之下，一句话，人才能够成为真正自由的人。这种达到了高度融合和统一的人也就是"类"。

这就是人类生成发展的大致过程。依照这种理解，如果向我们提出什么是人和人究竟存在于哪里的问题，不局限于人类学的抽象意义而从存在形态上怎样去回答呢？我以为必须这样来回答："人"是具有无限丰富内容（既包含人与人的关系，也包含人与自然的关系）并处于不断变化中的一种历史的和具体的存在，起初它主要体现在族群体中，而后普遍于生命个体身上，最后统一为全称的类。同样地，我认为对主体也应该这样去认识：起初人只能以群体方式发挥主体性，最先形成的是集群主体，随着个人走向独立才会形成个人主体，作为最高统一性的类主体只能形成在这一切之后。

二　主体形态的人性根据

世间唯有人是这种状况——具有不同的存在形态和活动形态，其他动物都不是如此。这可以说是表现了人的一种特殊本性。

这种特殊本性就是人的实践性，或者说是由于实践而形成和决定的人的本性。

从这一本性来看，人首先是一种生命存在，生命属于个体性本质，人

---

① 《马克思恩格斯选集》第 1 卷，第 40 页。

也总是表现为一个个单个人的存在。这个方面表明，人与人的生命是同一的，人不能存在于生命之外，如果失去生命，人也就不复存在。

然而生命乃是自然进化的产物，属于个人天赋的性能，而人之为人却是自己实践的结果，属于后天创生的性质。这个方面则表明，人与人的生命又是不同一的，个体有了生命，并不等于就是有了人的本质。

这看来很矛盾。以实践为本性的人原本就是一种矛盾的存在。这个矛盾表明了，人是双重本质的统一体，人既有一个生命本质，又有一个超生命本质。只有这两重本质的结合才能构成完整的人。与之相适应，人由此也就同时具有了双重的存在形态，既表现为个体的存在形态，又能够是超个体的存在形态。

动物不是如此。虽然动物也是既有它的生命又有它的种，它的生命属于何种动物也须由种来规定，但动物的种与其生命是天然地统一在一起的，种就包含在生命中，个体获得生命的同时就获得了种，所以小猫生来便是猫。人便不同了。人的个体从父母获得生命，只能看作有了人的"一半"本质，他必须经历二次生成，从社会取得另外的"一半"本质才能算作现实的人。个体的这种成长过程，其实不过是人类成长道路的一个缩影而已。

人的创造潜能蕴含在人的生命本质里，人的创造活动也只能通过生命活动去实现。生命对于人是宝贵的，但生命的价值却体现于非生命本质中。生命只有与非生命本质结合才能成为人的生命，生命活动只有成为人的活动才能发挥人的生命创造作用。所以人的本质虽是两重性的，最后却必然要走向结合，人类历史也可以说就是二者不断走向统一的发展过程。

人的本质既为矛盾，它们能够结合就意味着也能够分离。在发展的过程中二者分离是不可避免的，也是必要的。这是人优越于动物之所在。正是这种对立的统一而非直接结合的关系，构成了人的本质总是处在自我发展状态，而且这种发展又必然采取否定之否定形式的内在动力的根源。人的个体只有在经历以超个体非生命群体为主体的发展阶段之后，才能普遍地获得人性进而确立自身为主体；而作为个体统一本质的类主体也只能在个人普遍自立的基础上才能最终地形成。到了这时，双重本质达到完全融合的人也就彻底脱离了它所从出的动物家族。

这就是人的实践本性。这一本性决定了人不但必然具有不同的存在形态，而且只能一步一步去建立人的关系、获得人的性质。人类每从一种存在形态走向另一种形态，也就是把自己提升了一格，更远离动物世界一步，向人的世界更接近了一步。实践本性决定了人必然是处于历史发展中的具体存在。

三　主体的呼唤是人的自我解放呼声

人的主体性活动属于意识到自身需要的目的性活动。人在这种活动中不但意识到自身的需要和目的，而且意识到自身的地位和作用。主体意识就是属于人的自我意识。

由于主体性活动并非适应自然本性而恰恰是逆反自然本性的活动，人向人的关系和人的世界每前进一步都会遇到来自各个方面，不只是自然方面，也包括人自己的方面的阻挠和挑战。因此可以说人的主体性乃是通过人的抗争和奋斗得来的，而不是自然成就的。在这一过程中，人需要不断去强化自己的主体意识，以便坚定自己的主体信念和争取自我解放的奋斗决心。这种自我主体意识的表达和争取自我解放的呼声，就表现为对"主体"的弘扬。

我们翻开历史的记录就会看到，人总是在不断地呼喊、唤发和弘扬自身的主体性。一部意识史，甚至也可以看作人类呼唤自身主体性的历史。

我们平常比较熟悉、谈论较多的是"文艺复兴"时期人文主义思潮所发出的主体呼声。这次人的复兴运动的确可以看作历史上主体呼声的一个最强音。它以"人道主义"口号否定了"神道主义"的统治，对于推动人们从宗教神学的重压下解放出来起了巨大的作用。但这也不过是一次较为强烈的呼声，其实历史上这类呼声从未间断过。不同的只是，人的主体形态处在历史变化之中，适应不同形态及其不同转型，这类呼声的具体内涵和表达形式各有不同而已。

深入分析便会发现，就是这次人文思潮所要否定的那个神道主义，在当初也曾是人之主体本性的一种表达形式。神是超越于人和万物之上的存在，具有主宰一切的权威和无所不能的创造力。神的原型实际上就是大写的"人"，神对个人的超越性也就是集群主体对个体生命本质之超越性的反映。

人们结成的族群共同体属于超个体非生命存在，初期它与个体生命融为一体，矛盾并不显著。随着它日益走向具有独立性的人格化实体，人的生命本质与非生命本质便陷入分裂，这就是人的本质的"异化"状态。自然共同体的"人格化"，同时就意味着"人"被变成一种特权资格，仅为那些充任实体人格代表的国王、贵族、官吏们所垄断。这时，共同体作为人的化身而具有的那种超个体性和非生命性，从生命个体来看就变成仿佛来自天外的一种具有神圣力量的超人性。人们必须依赖它而生存，只能从它里面获得人性，它对人们也就成了高高在上的神。这就是那时人们所以会普遍地而且是以十分真诚的心态去信仰、崇拜上帝的直接社会根源。

不只神学，哲学也同样如此。人们的这种存在方式，凝炼和反映为思维方式，就必然相信世界是某种更隐秘力量的作品，进而就要向人身以外的彼岸存在去寻求人的"本真"，并把主体想象为超越性的外在权威等。这就是古代哲学的基本思考方式。区别只在于哲学中称作"本体"的那个最高存在，在宗教中变成了"上帝"而已。

这些说明，那时人们创造出本体或上帝来，也是想借此把人从万物中区分出来，进而提升自己为人，即为了表达和弘扬人的主体性。现在它们却成了攻击的目标，人们要确立自身的主体性反而必须从它里面解放出来。这不是因为别的，这里反映的就是"人"的变化，主体形态转型的要求。以往所强化的主体，是超个体非生命形态的那种主体，现在个人要建立的则是个人本位形态的主体，这种主体恰是对那种主体的否定，因此必须破除前者才有可能实现后者。在这里打倒上帝的权威，也就是意味着摆脱自然共同体的束缚，突破少数特权者对"人"的垄断，使每一个个人都获得同等做人的权利。这是一次"人"的解放运动，所以采取了"普遍人权"的形式。

四　今日弘扬主体的时代内涵

弘扬主体的呼声连绵于整个近代，并伴随我们步入现代社会。当然，世界的发展是不平衡的，今天仍有广大地区和国家处于落后状态，甚至个人主体尚未完全形成。但从今日时代的本质趋向说，在前述主体呼声推动下世界确实变了样子，超生命主体的权威时代已逐渐让位于各是自己权威的个人主体时代。

古代人的观念强调："我不属于我自己，我是属于城邦的。"

中世纪的观念是："我们不属于自己，是属于上帝的，要为上帝而生、为上帝而死。"

到了现代，人们的观念强调的则是："我属于自己，不属于任何人，也不属于天使和上帝。"

这是多么大的变化！这个变化应当看作历史的重大进步。它表明人已成长壮大，蕴含于个体生命的人的创造潜力被开掘出来了，因而使得时空间距缩短，生活节奏变速，社会活力增强，历史步履加快，迅速进入高度发展的现代社会文明时代。

然而在另一方面，新时代也带来了新的过去未曾有过的矛盾和问题。这些问题如，利益的多元化，使人们处于紧张的竞争关系，造成许多新的矛盾冲突；价值观的相对主义化，使社会失去了具有权威性的统一信仰和信念；物质的高消费主义，把人变成金钱的奴隶，使精神陷入极度的空虚；极端的反理性主义，使动物式生命本能得以复活，造成难以遏止的物欲横流；如此等等。这一切集中地体现为当代人类所面临的诸多重大社会问题：环境污染，生态失衡，人口爆炸，能源危机，核弹威胁，南北差距，粮食匮乏，等等。

这就不能不引起关心人类命运的人们反转来思考：我们还需要弘扬主体吗？弘扬主体是否走过了头？西方学者就此提出过许多学说和主张。就其主要倾向说，他们共同认为必须破除"人类中心论"的传统观念，要求重新审视人类对待自然、自己的态度，主张采取新的原则处理人与外部世界的关系，等等。在哲学理论方面，这一趋向则鲜明地体现在主体观念从"主体性凯旋"到"主体性黄昏"这两种相反提法的嬗变之中①。

这些考虑都有相当的道理，值得我们重视和深思。在我看来，这就意味着人类已从盲目张扬自身的主体性，进入高一层次反省主体的阶段；而人们对个人本位的批判性反思则预示了，类主体取代个人本位的新时代已是指日可待、即将来临。

按照马克思的观点，人以实践为本性就表明人是类存在物。只是由于实践的不够发展，人不得不把自己封闭于狭小群体圈子，而后又局限于分裂的个体之中。在经历了前述阶段发展之后，类的问题便自然地提到人们面前。

当代提出的那些重大社会问题，大部分都是属于只有从人的类出发才

---

① 参见［美］多尔迈《主体性的黄昏》，上海人民出版社1992年版。

能获得解决的问题。这就表明，当人通过物的依赖获得独立性之后，进一步就应把社会关系置于人的自觉支配之下，摆脱物对人的奴役状态。类主体就是人的自觉的存在状态，是一切个人都自觉为人的存在状态，是在个人全面发展基础上人和人达到了自觉融合的存在形态。只有在这种状态下，才能从根本上解决人和人、人和自然的协调关系问题。

人与自然的关系出了问题，关键在于人与人的关系，这应由作为主体的人来负责。人们把自然当作掠夺对象，是因为人自身分裂成了多极利益主体，它所表现的实质上是人和人之间的相互掠夺。只有建立起类主体意识之后，自然成了如马克思所说人的共同的"无机的身体"，人们才能像爱护肌肤一样爱护自然资源。类主体意识就是一种责任意识，充分发展了的理性意识。

所以在我看来，解决当前问题的关键并不在于克服人类中心论的观念，更不能从弱化主体意识让人回到自然生活状态中去求得解决；而是通过升华人的主体意识，使人类尽快从个人本位提高到类主体形态去获得解决。

要做到这一点，必须实现观念的大转变，但又不能仅靠提高意识，还必须通过现实的活动和斗争以提高人的实际主体地位。从这一意义说，实现这一点的路程还是很漫长的。

五　培植个人主体是当前我国
社会发展的迫切需要

"主体"问题在近些年不约而同地成为我国哲学和人文学科最为关注和热衷的课题，这绝不是偶然的。它反映了我国改革开放形势发展的内在需要。改革，从最深层的意义说就是要解放人。解放人就是解放生产力。需要解放什么人，弘扬何种主体，从什么里面解放？这就涉及主体形态问题。前一阶段哲学关于主体的研究大多注重概念性、原理性探讨，关于这类问题讨论得很少。这当然有它现实的社会原因。但这个问题是回避不了、也不应当回避的，因为正是在这里体现着主体研究的真实意义。

我国属于后发展国家。我们与西方发达国家不同，在我们的大地上几乎集中了过去、现在和未来的多重矛盾和问题。要确定我们亟须解决和能够解决的问题，这只能从我们的现状出发，既不能从抽象原理出发，也不能模仿西方国家。

就人类所处的时代来说，集群主体的意识已基本上属于历史的过去，以个人为主体本位的发展也已暴露出大量的矛盾，人们关注的是如何进一步发展类主体的问题。但是，回到我们的现状，情况则有所不同了，我们必须如实地承认我们的落后，这种落后不只表现于经济和政治方面，更主要地表现在人的发展的落后状态。

我们的情况是，数千年的封建主义统治，造成我国从未形成具有真正独立人格的个人主体。靠天吃饭的自然经济使人屈从于自然的支配；家国同构、宗法一体的封建政治文化传统又把人牢牢地系在了血缘纽带之中。儒家的人伦道统几乎扼杀了人的一切个性。天地君臣父子夫妻无一不被纳入礼教规范。"非礼勿视，非礼勿听，非礼勿动。"没有人能够是他自己的个人，既没有属于个人的天地，也没有属于个人的生活，甚至不允许有属于自我的隐私，当一个人离群独处之时还有一个"慎独"在规约他。由此我们说，中国从未有过"个人"，有的只是皇帝、贵戚、达官、布衣、君子和小人，这话并不算过分。达官贵人能够我行我素、颐指气使，颇令人欣羡，其实这也并不是他们的个人人格，而不过是一种身份、角色而已。个人作为主体的特性被禁锢，得不到自由的发展，这应该看作我国社会长期停滞、发展缓慢的主要原因。

面对这样的人的状态，我们的迫切任务理所当然地应该是首先去解放个人，培植具有充分活力的个人主体。这应当是毫无疑问的。

考虑到个人本位已经暴露出的重重矛盾，能不能越过这一阶段，径直去发展类主体呢？这样的考虑应该说很合乎主观逻辑，却不符合历史发展的客观逻辑。因为人的类本性是以无限丰富的个性为内容的普遍人性，它必须以个人的独立性为前提，只能是独立个人发展的结果。另一方面，那种超个体的自然共同体也只有在个人走向独立的基础上才能彻底瓦解。如果越过个人主体的发展阶段，从天然的族群联系直接过渡到类联系，可以想见，那样建立起来的类主体很可能就成为族群主体的变相复活。

我们曾经实行过的"一大二公"制度和中央集权、计划指令性的经济、政治体制并没有使个人得到真正解放；非但如此，还培植和养成了人们照章办事、照本宣科、一切听从指挥、一切仰赖上头，甚至不发口令就不会迈步的依赖习性。过去的体制缺乏活力不也正是来源于此吗？我们现在已经转到了建设有中国特色的社会主义市场经济体制，找到了解决中国问题的实际道路。这是一个伟大转折，它无疑会对中国的历史发展发生深远的重大影响。但我们决不能忘记那段付出过沉重代价的历史教训，应该珍惜它，把它变成我们的"成功之母"。

培植独立的个人主体是我们的当务之急，这是越不过的历史阶段。个人的独立是个人的自立而非他立，不是靠恩赐，也非思想政治教育所能解决，更不是用强力能够奏效的。"权威"的效力是有限而不是无限的，它对人的自立问题就很难发生效力。人的解放不只是政治解放，也是经济解放、社会解放。当前实行的市场经济有多方面的作用，而最根本的就是解放个人的作用。我们不能只从经济方面认识市场经济而忽视它的人的内涵。现在需要的是大胆放手，创造条件让个人独立去闯，在实际活动中锻炼成长。我们不能总是想着用计划经济习惯了的命令办法去推行、实现一切。经过市场经济的培育和锻炼，个人一定会形成具有自立、自主、自律能力的独立主体，这点应当坚信不疑。

从族群本位转向个人本位，是价值观念体系的重大变革。伴随着个人从多年的人性压抑中解放出来，人的情欲会喷薄而出，一时形成泛滥之势，这是难以避免的。我们不能运用以往那段虚幻生活中形成的道德观念尺度，去衡量市场经济的道德问题，以致动摇我们前进的步伐。这里出现的问题需要教育引导，也需要适当控制，更需要的是从积极方面去提高，从推动市场经济发展进一步升华人性中求取解决，而不能一味靠强力去压制。至于那些本属腐化腐败的现象，当然要另作别论。

个人发展了，才会有发展类主体的条件。我们应当发挥社会主义制度的优越性，在发展个人主体的同时去发展类主体。但这必须以根本破除那种压抑个性的集群主体的传统形式及其影响为基本前提。从这一意义说，今后我们在政治和社会乃至理论方面的改革任务还是极其繁重的。

人是一切问题中的根本。国人现代人格的形成是我们一切事业成功的根本保证。忽略这一点，可能会因失去根本而致使一切走样、变形甚至落空，这当然决不是我们所希望的。

《中国社会科学》1994 年第 4 期

走向交往实践的唯物主义

任 平[*]

摘要 本文认为，交往实践的唯物主义将成为 21 世纪哲学的中心视界。其根据主要是：一、交往实践观成为当代哲学主导范式，是全球化趋势的内在逻辑；二、随着世界哲学主导性思维方式由"主体—客体"模式向"主体—客体—主体"三极关系结构的转换，唯有交往实践观才能科学解答主体际难题；三、交往实践观融会中国传统哲学、当代西方哲学和马克思主义哲学，将成为马克思主义哲学在当代的理论范式。

世纪之交，展望 21 世纪的哲学走向，学界无可回避地面临这样一个重大问题：什么将成为中国与世界多元哲学交汇的中心视界或主要趋向？笔者认为，尽管答案的选择可能是多元的，但是，交往实践观必将是其中极其重要的、甚或是主要的答案，"交往实践的唯物主义"将可能成为 21 世纪的哲学主导范式。究其根据，有以下几个方面。

一 交往实践观：全球实践的共同指向

马克思说过：真正的哲学总是自己时代精神的精华。交往实践观之所以可能成为 21 世纪哲学的主导趋势，首先是高度全球化的结果。一个半世纪以前，当资本主义用工业文明、商品交换和武力使世界普遍联系，使原本分裂的历史转变为"世界历史"之时，马克思恩格斯就已经敏锐地观察到这一转变，在其新世界观奠基作《德意志意识形态》中，就从世界普遍交往的角度系统论述了"物质交往"即交往实践和由此产生的

---

* 任平，1956 年生，苏州大学教授、博士生导师。

"精神交往"在人类历史上的巨大作用。在马克思看来，"Verkehr（交往）"是一个总体性范畴，它指认一个系统，包括物质交往、精神交往和语言交往三个层次，而"物质交往"即交往实践是多极主体间物质交换的过程。它构成精神与语言交往的基础。交往是使世界普遍联系，科技及生产力在世界范围内得以传播、保存和发展的基本条件，也是历史向"世界历史"转变、实现全球化的动力。交往到处都打破封闭的民族和国家的壁垒，使世界联结为一个整体，造就世界市场、世界民族和先进的工业文明。交往实践所形成的交往关系及其交往方式，是交往实践中自主活动的一部分，并与之一起构成全部世界历史形态新旧更迭的本质内容，这也是实现共产主义的基本条件和基本动力。而后，在《资本论》中，马克思将交往实践观运用于对世界一体化的基础——资本存在形态的分析中，认为资本生产与总体运行的实践结构也是"主—客"与"主—主"双重关系的统一：一方面，各个生产者在分裂的状态下生产商品，以主体自然力作用于物质客体，实现着"主—客"双向物质变换；另一方面，是通过普遍的商品交换来形成世界市场、构成多极主体间交往关系体系的过程。马克思晚年在《人类学笔记》和《历史学笔记》中，从世界普遍交往的高度来观察东西方社会发展进程，认为东方落后国家可以借助于世界性普遍交往所获得的资金、生产力、文化和经验，超越资本主义的"卡夫丁峡谷"，从前资本主义社会经过社会革命而直接进入社会主义。因此，在马克思的视野中，交往实践成为世界历史和全球化的核心、基础和动力，全球化是交往实践的宏观拓展的结果。时至今日，随着全球高科技的发展，国际间的交往活动正以日新月异的方式加速着世界一体化的进程，各种对话、科技经贸合作，文化交流，已成为当代人类存在和发展的普遍方式，这是一个全球化信息时代，也是交往实践的时代。人们在空间日益广阔、关系日益缜密的交往中越来越察觉到：在全球化信息时代，人类发展不可能孤立于个体或局部的闭关操作，而必须开放，与国际联网合作。人类存在与发展方式上的这一重大改变，使人们在哲学上重新关注交往问题，将之突显到主题的地位，多极主体间的交往实践必然成为全球的主导思绪。

其次，交往实践观之所以能够科学把握当代全球发展的总趋势，成为时代精神的高度体现，是由于交往实践的本性使然。所谓交往实践，是指多极主体间通过改造或变革相互联系的客体的中介而结成网络关系的物质活动。而交往实践观，即运用交往实践来反思和把握人类社会的观念，认为当代社会的本质是全球化的交往社会，这一社会由多层次的交往活动即物质交往、精神交往和话语交往等构成，人们的交往实践即物质交往无疑是交往社会的基础。在交往实践观看来，以往学界在理解马克思的"实践的唯物主义"时对实践结构作了有局限的解释，将之归结为"主体—客体"两极模式，忽略了主体间的交往活动、交往关系和运行机制，因此它不可避免地带有单一主体性、单一实践关系（只见"主体—客体"关系，没有"主体—主体"关系）、偏狭实践运行机制和片面的实践动力等缺陷。反之，交往实践观则认为，实践结构是由"主体—客体"与"主体—主体"双重关系的统一构成的整体，即"主体—客体—主体"结构。交往实践作为全球化的核心、基础和动力，其特征表现在：

多极主体性。全球性不是自然无声的"类"聚合，而是多极主体间交往实践关系的整合形态。多极主体性指在全球性交往实践中共同操作者和交往者，他们是一些具有社会差异和特质、彼此处于世界交往关系中的个体和群体，彼此既相互差异，又在交往实践中通过改造共同的物质客体的中介而彼此关联。

社会交往性。任何社会实践都是"主体—客体"和"主体—主体"双重关系的统一，因而都是交往实践。从内在结构来看，任何个体、群体和民族的实践都与他者的实践相衔接，以客体为中介，"主体—客体"关系成为全球性"主体—客体—主体"结构的一个环节，而它自身同时就在世界范围内实现着主体际关系。

双向建构和双重整合。全球化包括"世界一体化"和"多极化"两个相反相成的向度。它们都是交往实践双向建构和双重整合的结果。所谓双向建构，即指交往实践一方面在多极主体基础上建构全球性交往共同体，另一方面，以交往实践的返身性而达到主体的自我重构，构建具有独特个性的多极主体形态。所谓双重整合，即一方面在交往整合中产生主体系列——参与全球交往的多极主体，另一方面对应整合而生成交往关系系列——国际经济和政治的新秩序、新规则、新格局。

系统上升性。交往实践是整个交往社会的客观基础。它具有广延性、层次性和历史性。交往实践的空间范围不断扩大，交往关系日益缜密：从各个"孤立的点"走向民族共同体、走向世界、走向全球化网络。交往实践的层次、水平和方式在不断递升，信息高速公路和知识经济，将交往实践提升到信息化、电脑化和知识化的新水平，展现出新的境界、新的层次和新的存在形态。从历史来看，每一个时代都存在着占据主导地位的交往实践，并随着时代的嬗变而转换。在当代，每一次世界普遍交往体系的变革，都导致全球化格局的改变。

三重结构。实体结构（"主—客—主"结构，从自然交往转换为生产交往、生活交往、政治交往等）、意义结构（交往实践对于各极主体的意义不仅迥异，而且相互关联和缠绕）、辩证结构（历时态交往实践存在着肯定—规范向度与批判—否定向度），构成全球性交往实践的系统。由此可见，交往实践观超越了传统实践观的狭隘眼界，为全球化的趋势提供了科学解释范式。交往实践是全球化的核心、基础和动力机制，全球化是交往实践的必然结果。

交往实践观成为时代精神的展现，还在于它是对全球问题的科学解答。新科技革命和知识经济、环境与生态危机、人口暴涨、资源危机、全球发展等全球性问题正深刻地影响和改变着人类的生存方式。自罗马俱乐部的研究报告《增长的极限》、《人类处于转折点》提出"人类困境"和全球问题的视野以来，全世界都在热切地关注：这些问题的主导趋势是什么？应当以何种方式来科学理解和把握这一趋势的本质？笔者认为，交往实践观，最有希望成为这一理论范式。为了阐明这一点，我们不妨在全球问题群中挑出两个具有代表性的问题来稍作分析，以便使我们看得清楚些。

问题之一：作为知识经济的主要依托——信息高速公路及微电子技术革命的主导趋势和意义问题。电脑特别是个人电脑的出现和普及，曾经被哲学界正确地概括为"人类头脑的解放"和"实践—生存方式的革命性变革"。然而，对这一革命的内涵和意义的哲学理解，长期以来被限定在"主体—客体"两极结构之中，认为是人类主体以扩大的智能方式来有效地改造和把握自然客体，即速度更快，选择度更大，能力更强，范围更广，等等。像以往人类用"手的延长"即蒸汽机、精密机床来征服自然界一样，今天，人们用电脑来替代部分人脑，不过是使之成为主体征服自然客体的新工具而已。狭义实践观的"主体—客体"两极框架在这里便成为电脑应用开发研究的界限，成为人们理解微电子技术革命的界限。其实，微电子技术革命对于实践方式的变革意义远不止这些，甚至主要不在于这些，而是在于：它使整个交往实践方式实现了变革，将交往实践提升到电脑化的水平，即创造出一个电脑化交往社会的生存空间，从而极大地改变了人类主体际交往实践的方式、时效、价值、内容和意义。全球互联网有46000多个计算机网络、几亿用户终端，而且每年还在以成倍的速度递增。人们只要通过当地的任何一个入口就可以进入全球交互网。而借助于网络，人们就可以自由地进行信息交流、商贸洽谈、科技合作等全球性交往活动，这就是电脑化、信息化的交往实践方式。在网络化交往中，每一个参与者绝不是单纯的主体或客体，而是具有主体际关系的交往者。任何主体在实施"主体—客体"实践关系时，就同时将自己拴系在全球性交往网络之中。这一网络是人类生存与发展的一个空间，是一种重要的交往实践方式。可见，微电子技术革命处于"交往实践的转向"之中。

问题二：生态问题。生态危机与环境污染已成为困扰全球的一个难题，人类正在探索如何调整自己的发展理念、规范自己的行为以保护生态环境。然而，在如何保护环境而提供怎样的哲学观念范型问题上，出现了两种对立的观点。其一是"人类中心论"，认为人类总是实践的主体，总是以自身利益为价值尺度来规范、控制、调节与自然客体的关系。其二是生态伦理学，主张地球及其生物都有自己的主体性、权利和价值，人类应当以平等态度对待它们，而不能以一己之私利而无端侵害之。应当说，这两种对立的反思各执一端、都有失偏颇。"人类中心论"正确地坚持了只有人类才能成为主体这一立场，阐明了人类实践的出发点和归宿离不开人的利益这一基本原理，但是其实践结构却是"主体—客体"两极框架，具有很大的片面性，它容易导致"人类沙文主义"，同时难以说明"自我"、自然、"他者"三者间的关系。反之，生态伦理学则力图打破单一主体的"人类中心论"，主张多极主体论，却将另一极主体的资格赋予了自然客体，这显然是一种误释。在交往实践观的视野中，人具有两重性的存在，两重性的关系。所谓两重性的存在，即人既来源于自然，成为自然的存在；又超越自然，成为社会存在。因此，人将保持两重性关系：一是人与自然的关系。"人靠自然界生活。这就是说，自然界是人为了不致死亡而必须与之不断交往的、人的身体。"① 二是人与他人的关系。"实物是为人的存在，是人的实物存在，同时也就是人为他人的定在，是他对他人

---

① 《马克思恩格斯全集》第42卷，人民出版社1979年版，第95页。

的人的关系，是人对人的社会关系。"① 在交往社会中，自然界绝不是单纯的物，也绝不是实践关系的终结点和栖息地，而是一种中介，是与另一极主体关系的起点，因而是主体际交往关系的纽带和凝结，它实现着多极主体间交往实践关系的功能。交往实践的基本框架是"主体—客体—主体"结构，即多极主体的交往实践。每一极主体面对的自然客体，不仅与"我"相关，而且也与"他"即另一极主体相关，"我"不能仅为一己之私而破坏生态，损害"他人"的生态利益。"他人"与"我"具有同等生存的权利，因此，"我"与自然的关系实际上不过是交往实践结构中的一个片段环节而已。不同资质和利益的人构成多极主体；多极主体以自然客体为中介结成交往实践的结构；只有合理的交往实践结构才能有效地进行生态建设——这才是对生态问题的科学解答。

发展是当代世界的主题之一。世界范围的发展观和发展哲学经历了多次嬗变，从发展客体论到发展主体论，从"中心—边缘"相关论和世界体系论，到全球多极化交往论，最后到可持续发展观，展现了一个宏伟的历程。其实质，就是从客体论走向主体论，从"主体—客体"结构的实践论，最后向全球化交往实践结构转换，交往实践观成为这一进程的回归点。

发展客体论作为发展观的历史起点，具有两大基本特征：其一，将发展的本质或关键归结为人之外的物——经济的增长与财富的积累，发展的目标就是如何追求或保证 GNP 的有效增长。其二，将广义的发展经济学或经济增长理论作为发展理论的主导形态。这一以经济为中心的发展观在一定阶段上具有重要的意义。从理论角度来说，它是发展需要结构的变化规律使然。按照马克思的历史观，人们需要结构的起点必定是对衣食住行等生存需要的追求，而这一切只能通过人类物质生活资料的生产和再生产来满足。经济发展是其他一切发展的前提与基础。从发展的现实来看，二战后，一批原殖民地、半殖民地国家虽然在政治上纷纷独立，但是在经济文化上仍然贫穷落后，一种求生存、求脱贫致富的强烈愿望演变为淹没一切的发展实践。脱贫致富是这一阶段的主要目标，GNP 成为衡量一切发展成败得失的关键，甚至是唯一标准。当然，以经济增长为核心的发展客体论在指导第三世界国家发展实践时虽然具

① 《马克思恩格斯全集》第 2 卷，人民出版社 1957 年版，第 52 页。

有上述的合理性并有其积极作用和成效，但远未达到预期的佳绩。拉美与东亚的许多国家都在 20 世纪 60—80 年代因经济较快增长而一度繁荣，但在后期却纷纷跌入低谷，困于金融危机、种族危机或社会危机之中而难以解脱。发展实践证明：社会发展是一个综合进化的过程，单纯的经济增长是难以奏效的。无论是 W. A. 刘易斯的"克服二元经济结构而走向工业化或资本主义产业化理论"，还是 J. H. 伯克首创的"双重结构论"，或是帕普纳克等人的"原因理论"、"改造理论"，罗斯托的"经济成长阶段论"及其"克服发达障碍理论"，等等，都存在一个假设前提：发展的本质是经济过程。这一观念具有重大缺陷，它以物为中心，在发展实践中指向客体一极，这不仅忽视了人作为发展主体的地位，忽视了经济发展与政治制度、意识形态、文化价值的内在关联，而且，这一发展观以其"指标体系"和"示范效应"来宣传"西方中心论"，将现代化等同于西方化，以西方经济学为蓝本来构建发展经济学框架——正像人们所反复批评的那样，这些正是它在实践中屡遭失败的根本原因。实践的挫折导致理论的裂变：走向发展主体论。

发展主体论是以人的现代化为发展本质和根本标准的发展观，也是对发展客体论的超越和否定。其理论的切入点是从经济发展理论转向社会心理学考察。原美国社会学主席英格尔斯在其所著的《从传统人到现代人》一书中，借批判发展客体论系统论证了发展主体论。其内容主要包括：其一，批判发展客体论，提出以人的现代化为中心的发展主体论。以往的发展理论对增加 GNP 的关心超过了对所有其他方面的关心，这是有失偏颇的。落后与不发达不仅是一堆能勾勒出社会经济图画的统计指数，也是一种心理状态。如果一个国家的人民缺乏一种能赋予这些制度以真实生命力的广泛的现代化心理基础，如果执行和运用这些现代化制度的人，自身还没有从心理、思想、态度和行为方式上向现代化转变，失败或畸形发展的悲剧是不可避免的。再完善的现代制度和管理方式，再先进的技术工艺也会在一群传统人的手中变成废纸一堆。因此，人的现代化与物的现代化相比，更具有重要意义。由此而来，现代化理论实现了从以物（客体）为中心到以人（主体）为中心的转变。其二，人的现代化是一个发展过程，即从所谓传统社会造就的传统人格向现代人格转变。英格尔斯通过"跨文化"的社会心理学的人格量表测定六个发展中国家的人格并得出结论：传统人格保守、封闭，没有时间观念，与现代化格格不入。要实现现代化，必须实现人格的转变。当然，发展主体论也存在较为明显的缺陷：一是对人的现代化界定脱离了本土化的环境，相对忽视了环境对人的制约作用。二是对"传统人"与"现代人"的划分带有潜在的"西方中心论"，其"跨文化比较"标准往往取之于西方。其方法是先行认定西方人的素质是现代化的，而后再指认非西方人的相反素质是传统的。比如，西方人倾向于个人主义，非西方人则倾向于家族主义，等等。这种"西方—非西方"与"现代化—传统"的划分方法，仍然是西方中心论陈腐偏见的产物，它实际上否定了非西方人民的发展主体地位及其发展的内生性。

从"核心—边缘"相关论即依附论到世界体系论，其发展观的共同特点是从全球性发展结构的角度来界定发展的可能性，是在全球空间层面上展现的"主体—客体"相关论。依附论将世界分为"核心—边缘"两部分，认为欠发达国家贫困的根源在于对发达国家的依附。弗兰克继承普雷维什的"核心—边缘"论以及刘易斯等人的相关概念，以"宗主—卫星"结构来分析世界相互关联体系，认定"低度发展国家和已发达国家之间过去和目前持续不断的经济和其他各方面的关系，才是导致目前低度发展国家停滞不前的最主要因素"。他反对现代化学派关于传统国家的现代化只能依靠国际资本主义中心传播的观点，认为低度发展国家只有摆脱其对发达国家的过分依赖，其经济才有起飞的可能。桑托斯分析了世界经济的不公平性，认为世界经济体系中的某部分发展是通过牺牲其他部分的发展而获得的。贸易将加剧这一不平等关系。沃勒斯坦的世界体系论将世界看成一个统一的关联整体，它由中心、边缘和半边缘国家组成，体系的实质就是不平等。他认为：中心的改变和体系的变革是两个完全不同的概念。随着时间的推移，边缘国家可能变成中心国家，中心可能发生位移，但这决不是体系的改变。与现代化理论相比，依附论和世界体系论从经济社会结构出发来分析不发达国家落后的原因，是对抽象、片面的以人为中心的现代化理论的扬弃，它包含了对欠发达国家人民的发展主体意识。但是，这一发展观依然充满矛盾：它既不满于不平等体系，憧憬多极化格局；又认为"核心—边缘"体系难以改变。因此，"主—客"相关论最后不得不回到传统的单一主体论原点。

以文化作为差异的基点，来确认世界发展主体的多元化、多极性，这是法国发展哲学家佩鲁在《新发展观》中阐释的基本理论纲领。他强调"发展的内生性、整体性和综合性"，反对外生性和依附性观念。他特别强调将人作为发展中心，将发展视为包括经济增长、权力、政府、文化价值互相关联的整体性过程，是各国在世界交往中各为主体、独立内生的过程。从此以后，多极主体交往论便成为发展观的主导观念。然而，在世界总体的发展中，各种文化、文明的相互关系如何？这一关系又在当代全球的发展中居于何种地位？最初的解答是消极的：亨廷顿在《文明的冲突》等文中提出了一个以全球文明冲突为主线的发展范式。他一方面确认各文明特别是非西方文明不再是历史的客体而是发展的主体，承认发展主体的多极化，另一方面又将这一主体际交往关系视为消极的和对抗的。他描绘的是一幅血淋淋的文明冲突图景，并以此为基准力图建立美国的新冷战模式。其实，全球发展在走向多极化的同时必然使发展主体多极化与平等化。各国无论大小强弱，都应有同样的发展主体地位和发展权。各发展主体的发展目标、道路、模式也日趋多元化，并且在主体际间还保持一种必要的张力，即交往关系，它是建构全球发展总格局的作用机制。

转向可持续发展观是全球性多极主体交往观的新成果，也是人类跨世纪的新发展观。从 L. 布朗的《建设一个持续发展的社会》到 1992 年联合国在巴西里约热内卢召开的"全球环境与发展大会"所通过的两个纲领性文件《里约宣言》和《21 世纪议程》，可持续发展观被逐步明确界定为三个命题、两重关系。三个命题是：其一，人类的发展不能削弱自然界多样性生存的能力；其二，这一部分人的发展不能削弱另一部分人的发展；其三，当代人的发展不能削弱后代人发展的可能性。两重关系是：实践中的人与自然的关系，以及这一部分人与另一部分人的关系。从本质上看，三个命题、两重关系表现的正是一个交往实践的完型。正如上述一再强调的，交往实践观的基本结构是"主体—客体—主体"。可持续发展观所指认的主体际（这一部分人与另一部分人、当代人与后代人）的关系，必然以"主—客"关系为中介，其客体即自然界是中介化的客体和客体化的中介。在实践价值关联的意义上，自然界不是自身的终结，生态系统绝不存在自足的内在价值，只有主体，特别是多极主体，才是价值之源。生态环境只有在多极主体的关联中，对之开放，才构成从事实层面向价值层面完型的转变。

二 交往实践观：当代哲学主题的科学解答

一切科学是从问题开始的。在当代哲学领域，"主体际（intersubjectivify）何以可能？"这一问题是哲学和历史共同指向的产物。对主体际问题研究的思维模式转换，既是全球化现象，也是哲学主题两度世纪性转折的一部分。关于前者已作论述，现对后者作些具体说明。

从 19 世纪末到 20 世纪末，哲学经历了两大世纪性转向。第一次，从 19 世纪末到 20 世纪初叶，世界哲学的主导性思维方式经历了从本体论、认识论阶段向实践论哲学阶段的转向。无论是马克思主义还是非马克思主义，也无论是英美哲学还是大陆哲学，都发生了"实践论转向"运动，并在这一运动中演化为这种或那种形态的实践论哲学。将实践观作为建构哲学体系的起始点、一以贯之的基础和总体性指导性原则，成为 20 世纪哲学的主题。马克思在创立自己新世界观的早期就自称"实践的唯物主义者"，将"主体的感性活动"即实践作为哲学建构的基础和本质特征，以与只诉诸"感性直观"的旧唯物主义以及诉诸"精神劳作"的唯心主义哲学相区别。以皮尔士、詹姆斯为代表的美国实用主义哲学公开将"实践"及其"实效"作为哲学的主导原则，并以此作为反叛传统本体论的标准。继此之后，布里奇曼的操作主义、莫里斯的符号学、奎因的逻辑实用主义等等，都先后秉承其先驱，将实践及其效用作为新哲学的规范。在欧洲，实证主义继承康德传统，一直以"拒斥形而上学"为旗帜，用经验的可实证性作为建立新哲学的阿基米德点。从实证主义、证伪主义（批判理性主义），到历史主义和新实在论，科学哲学始终沿着这一思绪前进。无论是逻辑实证主义所强调的实证性（强理论）或概率支持（弱理论），还是波普的证伪和判决性实验，都在强调实践的基础性作用。他们的哲学，本质上是科学实践论哲学，而不是自然哲学或自然本体论。就历史主义或新历史主义而言，库恩的"范式"革命、拉卡托斯的"科学纲领方法论"替换、普特南的"理论总体验证"最终都建立在实践及其经验的"超量证认"之上。这充分表明了科学哲学的实践论本性及其反本体论立场。

与此相应，分析哲学主流之一的语言哲学，本质上是语言实践论。这一本性如果说在弗雷格、罗素及前期维特根斯坦那里还不太鲜明，还残存某些本体论的"踪迹"（如指称理论，"语言就是世界的图象"）的话，那么经过后期维特根斯坦所开创的"语言游戏论"或"语言即生活方式"观，与摩尔的日常语言学派一起，从语言的逻辑句法分析走向语用分析，在言语行为和实际交往中考察语言的意义，因而就完成了向语言实践论的转变。塞尔、奥斯丁和克里普克均从不同的方面发展并强化了这一主题。

结构主义与符号学也转向实践哲学。如果说结构主义的早期代表如索绪尔、列维·斯特劳斯还主要致力于发掘语言自身及其隐于野蛮人亲属体系的称谓、神话和心灵中固定不变的结构本体的话，那么到了皮亚杰、戈尔德曼等后期结构主义那里，结构就逐步摆脱了先天预成论的纠缠，走向实践活动决定论。结构不再是先天预存并一成不变的了，而是由实践活动沿"主—客"双向分化的结果。因此，实践、活动成为相关结构的基础，结构不再是先天本体。

人本主义的贤哲们更是如此。胡塞尔摒弃自然思维，要求将纯粹意识作为哲学的阿基米德点，然后通过意向性—意向性行为—意向性对象三位一体来构成主体化、价值化的实践哲学。循此思路，存在主义的人本不再是像近代人本哲学所指认的那样是一种抽象的理性、先天的人性或意识，而就是主体的、特别是个体化了的实践。海德格尔的"Dasein"（此在、亲在）是一个"在此具有生命活动的个人"，他通过"烦"、"畏"、"死"来展现个体存在方式，成为存在者；通过"Zuhandenheit（当下上手状态）"或"Vorhandenheit（现成在手状态）"来打开周围世界之门，将世界作为一个由日常生活来界定的"境遇"。萨特认为，"存在先于本质"，人先登台亮相，而后在行动中造就自己的本质。因此，人的本质既不由预成的某物决定，更不由自然对象决定，而是取决于主体自身，由个体自由的活动、实践决定。人怎样活动、实践，人的本质就怎样。这是一种实践的人本主义。法兰克福学派的马尔库塞认为，人的实践是人本的直接证明，因而也就是人化与异化的总根源。

从以上粗略勾勒的轮廓就可以看出，现代哲学在总体上完成了向主体论和实践论哲学的转换。然而，随之而来的，却是一个当代哲学的新难题：主体际困境。主体际问题吸引了当代许多著名哲学家关注的目光，并成为他们思考的主要问题。于是，当代哲学随之发生20世纪以来的第二次转向，即"主体际转向"。

对于西方哲学家来说，实践哲学之主体是单一主体，无论是胡塞尔的纯粹意识，还是海德格尔的"此在"，主体首先是自我，人首先是以个体方式存在的。以主体为基点，即以自我为基点；主体论的哲学逻辑，往往直接变成自我论的逻辑。于是，主体论就与哲学的本性和诠释发生冲突；自我论的个体话语何以可能直接就是共在主体或一般主体的话语？——由此，晚年的胡塞尔苦苦思索的问题是：现象学的还原，如何能超越自我而达致他者？如何在哲学逻辑上证明现象学原则能超越自我论而在主体际是同样有效的？胡塞尔曾经设想有一种"移情作用"，即自我通过移情而知道有着事实存在的他者，"他"应当与"我"一样是具有纯粹意识的主体，可以作同样心理还原和思考。但是，这种"心理学主体"思路很快被否定。晚年，他再一次效仿康德，运用先验性思绪来企图摆脱主体际问题的纠缠，认为现象学自我是一个绝对先验的自我，其中包含了一切主体的先验本性，因而主体际自然就是先验自我在经验空间的展开。但是，先验的自我是否能摆脱主体际问题的纠缠呢？显然不能。"先验"概念不过是将需要证明的假设先作为结论默默地包含在前提之中了。"先验"之超越自我而达主体际的属性恰恰是需要证明的。胡塞尔自己也非常清楚这一点，他说："只有当先验自我的现象学揭示达到了这样的程度，在它当中包含的共在主体的经验也达致向先验经验的还原时，这一切才获得其充分的意义；因此也就是当表明，作为先验经验所与物的'先验主体'对于在某一时刻进行自我思考者不只意味着：自我作为先验自我本身具体地在我自己的先验意识生存中，而且也意味着：在我的先验生存中作为先验的自我显示的共在主体，后者存于共同显示的先验的'我们的共同体'（Wir-Gemeinschaft）中。先验主体共同体因此是这样一种东西，在其中实在世界是作为客观的，作为对'人人'都存在的东西被构成的。"[①]在此，"先验主体共同体"概念的出现显然是为了弥合现象学与主体际问题之间的裂隙，因为它比"先验的自我"更接近主体际问题的解决。但是，先验主体共同体何以可能组建或成立？这一追问，足以戳穿胡塞尔用"共同体"概念包装起来的虚假解决的实质。在胡塞尔晚年最后的著作——《欧洲科学的危机》中，主体际问题仍然是其萦思的中心。

海德格尔在继承胡塞尔现象学方法论的同时，也面临主体际问题。不过，海德格尔比胡塞尔能够更从容地面对。在《存在与时间》一书中，

---

① ［德］胡塞尔：《纯粹现象学通论》，商务印书馆1992年版，第460页。

他从 Dasein 即个体主体存在出发，通过"现成在手"方法将客体世界开化出来，为我地显示周围感性世界；通过"上手"来指向一个他者，将某某在场性显示出来。因此，此在就转化为"共同此在"——共在。共在是存在的共同体，其主体际关系是通过活动而相互关联的。海德格尔在主体际问题解答上超越胡塞尔而更接近真理。同样的困惑也贯穿维特根斯坦的哲学生涯中。在其早期著作《逻辑哲学论》中，维特根斯坦以语言的批判为前提来建立语言哲学，其基本框架是"单一语言主体"—"语言"—"对象世界"。"意义（对主体而言）—语言（本文世界）—指称（对对象世界）"构成三位一体的公式。维特根斯坦毫不隐讳自己哲学的单一主体性框架及其唯我论特征。在他看来，我及我的语言表明了进入我的视野的世界的界限。但是，"我的视野"何以可能变为普遍的、共在主体的视野？彻底的唯我论当然可以坚决拒斥这一难题，将"我的视野"、"我的语言"、"我的世界"大旗独树，独往独行，并不顾及解读者的在场与否。但可惜的是，所有的唯我论者又都希望"他的我"就是"普遍之我"，希望解读者这一"我"能读懂"他的我"。于是，问题又回来了：我的世界何以可能超越我的界限而达到他者？主体际何以可能？

后期维特根斯坦同样为主体际问题而苦恼。在《哲学研究》中，他反复研究的一个中心问题是：我的经验何以可能变成他人的经验？他自觉唯我论有失偏颇，却在语言哲学范围内找不到通向主体际、从而摆脱唯我论的桥。他认为语言的意义不再仅仅取决于语言的逻辑，而更重要的是语言的用法，在日常生活中确定语言的意义。然而这一意义又是如何将自我的意义变成公共的意义？通感性如何能建立？他百思不得其解。对主体际问题的"发现与困惑"，成为《哲学研究》这一经典之作中交替出现的主题。

在逻辑实证主义者卡尔那普的视野中，作为能够在主体际交流的物理主义语言是远高于个人语言的。他甚而反对个人语言、私人科学，主张物理主义语言和公共科学。到历史主义科学哲学家那里，主体际问题依然是研究的中心视界。库恩的范式革命，讨论的是不同主体所持的新旧范式的交替，虽然他分析了同一范式下的群体共同体的思维特征，但是他坚决反对范式之间的通约性。拉卡托斯的科学纲领方法论，将主体际的理论竞争作为研究的主线，用超量的实践论证作为主体际科学纲领方法论比较的尺度。弗耶阿本德"反对方法"，主张"什么都行"，既强调了主体际文化范式的多元化，又认同了超越性选择的自由。虽然这些讨论都在知识论的层面上进行，主体际隐没在知识、纲领和方法的背后，但在实质上是主体际的。哲学家们都在按照主体际框架建构各自的理论假设。

后现代哲学诸公更是以主体际为主线而展开其基本理论的。只要看一看罗蒂的《后哲学文化》、利奥塔的《后现代状况》，以及哈贝马斯的《交往行动的概念》就可以了然。他们一方面坚持主体际存在的差异性和多元性，另一方面强调交往、对话和理解是弥合主体际差异鸿沟的基本方式。关于后现代哲学的这一主体际转向的更详细内容待稍后再议；这里要着重指出的是：主体际问题在后现代哲学中成为更突出的主题，而主体际框架则成为哲学研究的主范式。

自近代以来，主体性哲学中的核心范畴——主体的本性即自主性、自我意识性和自为性，是在与客体的相关中规定的。主体与客体的相关律表明：与主体面对的，只能是客体。在主体目光审视下，一切对象——不管是他人或物都将变成客体。萨特在《存在与虚无》中一再谈论"他人的目光"之可怕，因为一旦目光加身，自我便成为他人的客体。既然如此，一个主体何以可能面对另一个主体呢？主体际关系，在逻辑上何以可能建立呢？破除单一主体性的魔咒是一个异常艰难的过程，它经历了复主体性、类主体性、互主体性和交往等不同阶段。

所谓复主体，有两个含义，其一，指主体形态的多样性，它包括个体、群体和社会等，指望用主体形态的多样性来解释主体际存在的合理性。个体间的微观交往与国家间的宏观交往在内容、性质和形式上都不相同，这是肯定的。但用此意义上的主体形态的多样性仍然说明不了主体际关系存在的合法性，相反，主体形态的多样性恰恰要在主体际关系被解释之后才能得以说明。其二，指同一主体在交往中面向不同的客体，这一框架犹如社会学所指称的"角色丛结"，每个人都处于多重社会交往关系的枢纽点上。这样一来，多样化角色汇集于一身的现象便是复主体。然而，复主体在力图突破单一主体性规定时并没有真正介入"主体际关系"，因而仍不可能解决交往与"主体—客体"之间的矛盾。

近年来，国内外许多学者探讨"类主体"概念，认为这是深化研究主体问题的切入点。"类主体"概念强调主体的集约性、群体性和人类性，可以用来破除单一主体模式、解决交往的主体基础问题。作为主体际的结果形态，"类主体"当然包括主体际关系在内。但是，问题不在于有没有类主体，而在于对这一类本质究竟作如何的理解和规定：是如费尔巴哈等人所设想的"许多单个人本质的抽象直观"即类的聚合，还是内含各种交往关系于自身的整合形态？显然，前者不能克服单一主体性，而只有后者才是类主体的恰当含义。但这样一来，类主体的构成，何以可能由主体际整合而成呢？——问题仍然回到原点。"互主体性"也是针对单一主体模式而提出的哲学新设想。在如何规定处于相互交往的多极项的问题上，"互主体观"仍囿于这样的设定：交往的多极项轮流或相互将自我设为主体，而将对方设为客体，即两极化的交互主体框架。其结果，交往者都是主体，同时又是交往客体。显然，互主体观并没有真正摆脱"主—客"框架，而只是双重"主—客"框架的易位和重叠。主体仍未面对另一极主体。

自从提出互主体观以来，交往作为解决主体际问题的一种重要媒介的设想被提了出来。但是，由于两种原因，交往范畴未能成为科学的范式。原因之一是用传统的"主—客"框架去规范和解释交往问题，进而去解释主体际问题。在笔者提出交往实践观以来，学术界曾给予高度关注，同时也对这一问题展开了激烈的争论。一些学者仍持"主—客"交往观，这一观点认为任何交往都包含着两者：主体和客体。主体是交往的主动者，客体是交往的对象。交往过程就是主体作用于对象他者的活动过程。然而，"主—客"结构的哲学观念本质上是与交往的本性相对立的。首先，交往问题之所以出现，正是由全球一体化和后工业文明所带来的"对另一极主体"问题派生出来的，其导向应是多极主体。而"主—客"模式仍然坚持单一主体论，这在实践上势必导致"单一中心论"或"自我中心论"，而与交往的本性相抵牾。其次，交往，从语义学分析来看，即是"有来有往"，平等交互作用的过程，其前提是交往各方的主体地位的相互确认，并在上述基础上遵守"平等互利"的原则。而"主—客"交往观从一开始即破坏这一前提，将一方奉为主体，他方被贬为顺从、受支配的客体。从全球发展的早期阶段来看，西方殖民主义者在对外扩张时所信奉的"交往观"正是"主—客"式的。将西方基督教文明奉为唯一的文明，将西方现代化奉为唯一的现代化模式，将被征服的对象统称为"野蛮人"，这种西方中心论式的全球"交往观"曾盛行数百年，至今仍有余孽。原因之二是对交往的唯心论理解。尽管当代西方哲学家都或多或少地发生了"主体际转向",但是几乎所有的哲学家包括哈贝马斯在内,都将主体际和交往行动理解为一种"主观际"精神交往活动,而未能从交往实践、物质交往的角度对主体加以现实的、客观的规定。显然,将主体际交往理解为一种精神的交往、意义的理解、本文的诠释、认知的交流,这是一种主体际交往层面的唯心主义。它们的谬误不在于肯定和弘扬精神交往中意义理解与诠释的重要性,而在于忘却和否定了真实的基础——现实、客观的交往实践;不在于肯定"主体际"框架对于"主—客"模式的扬弃,而在于对这一转向作了唯心的、片面的理解,导出了一种新的唯心论的交往哲学。

总之,主体际问题是当代哲学的哥德巴赫猜想,是困扰当代几乎所有著名哲学家的一个难题,因而是跨世纪哲学发展的主题。对主体际问题静思默想、作抽象的直观是无法解决的,而只有在交往实践观中,转化为交往实践问题,才能获得科学解答。

交往实践观之所以是对主体际问题的科学解答,是因为它科学地实现了问题的转换,综合了当代哲学有关主体际和交往理论的积极成果,提出了解答的新思路。按照拉卡托斯的观点,一种新理论之比旧理论"科学",应满足三方面的边界条件:其一,能够包容和解释旧理论中一切未受反驳的成分;其二,能够解释旧理论未能释然的反常事实;其三,能在本领域内有更大的预见力。交往实践观完全满足上述条件。

首先,交往实践问题内含了以往主体际研究的所有积极成果,其中包括多极主体性、主体际关系、主体际意义理解和本文解释等。这些都是交往实践观所固有的本性。在这一方面,交往实践观与"主体际"交往观一致,都是对"主—客"哲学框架的变革。这一变革是划时代的,是从现代实践哲学走向未来哲学的大转折点。

其次,交往实践观科学地解释了以往理论的困境和难题。主体际问题在唯心主义和直观的唯物主义范围内是无法解决的,只有在交往实践的境遇中才能作科学解答。交往实践是多极主体间为改造和创造共同的中介客体而结成交往关系的物质活动。交往实践观实际上是"交往实践的唯物主义",它将"主体际"交往视为一个包含物质交往、精神交往和语言交往在内的交往体系,而交往实践是这一交往体系的基础。意义理解和语言解释,不过是交往实践的派生过程和衍生形态,是精神交往层面的存在,是对交往实践的反映、派生和表象。因此,这一交往实践的唯物主义世界观是对以往交往行动的唯心主义解释的超越和否定。它将交往和主体际理论提升到实践的唯物主义层次。更重要的是，主体之所以能够面对另一极主体，主体际之所以可能，是因为存在着中介客体。这一客体，是中介化的客体和客体化的中介。它向多极主体开放，与多极主体同时构成"主—客"关系，因此成为"主体—客体—主体"三极关系结构。其中，任何一方主体都有中介客体作为对应范畴，符合"主—客"相关律的定义规则；同时，异质的主体通过中介客体而相关和交往，相互建立为主体的关系。

再次，交往实践观对于跨世纪全球发展的趋势具有新的预测力。当代全球发展的总格局是既多极化又高度一体化，主体际已经日益成为全球性问题。现实的存在不断要求理论作出解答，然而它恰似当年康德在《纯粹理性批判》中所面临的：我们已经承认主体际在现实中的存在性，问题在于如何批判地考察和论证它存在的可能性和合理性前提，提出和推断理论建立的条件。今天比以往任何时候都需要一种新的科学解释理论来准确地把握当代全球的趋势并预测未来，交往实践正堪当此任。因为，只有它一方面指明了全球发展的多极性之源正在于交往实践的多极主体性，另一方面又指明了国际政治经济文化新格局的形成源于交往的宏观整合。全球交往结构是由交往实践的实体结构、意义结构、辩证结构逐层递进模式构成的。

总之，交往实践观能够较为科学地解答主体际难题，对全球发展更具预测力，从而可能成为跨世纪全球哲学的中心视野。

三 交往实践观：超越后现代哲学的积极尝试

继 20 世纪上半叶单一主体观哲学思绪之后，主体际思维已成为贯穿当代西方后现代哲学的主范式。后现代哲学的共同价值取向是抛弃理性而走向非理性，反对认识论（"主—客"模式）而推崇主体际对话和商谈，反对客体底板而强调无基础主义束缚的自由和多元化思维，强调无规范的沟通与交往。在《广义认识论原理》一书中，笔者曾经在批判传统"主体—客体"两极认识论的同时批判了后现代主义"非认识论化"倾向，坚持将交往实践、精神交往即主体际关系引入认识论，使传统"主—客"认识论和语言哲学转变成为具有"主—客—主"结构的广义认识论。将主体际关系和人文精神导入认识论，科学改造认识论框架而反对"消解认识论"，这是笔者已经完成的工作。然而，要说明交往实践在社会存在和精神领域的本位性，就必须作进一步的理论探索，对从精神世界的"边缘"侵入并渐居主潮地位的后现代哲学的主范式——主体际思维展开全面而彻底的批判性对话，在商谈中作扬弃和超越后现代哲学的积极尝试。

应当指出，后现代哲学的主体际思维，比起工业文明时期的"主—客"框架来说是一种划时代的革新和进步。首先，它用多极化主体来取代单一主体性，这是一个核心特征。从被后现代哲学视为先驱者之一的费耶阿本德所主张的"什么都行"开始，到罗蒂的多元主体的交往对话、哈贝马斯的主体际交往理论、福科的多元视野的知识考古学，无一例外，都是强调多极化主体。其次，它反对"元叙事"和"宏大叙事"，消解中心性，反对客体底板和基础主义，强调多元化主体间的无主题变奏。如罗蒂所言，不要追求有"自然之镜"的哲学，而是进入一种无公度标准的商谈状态。哈贝马斯则将主体际的意义理解和合理性视为哲学的主题。这一导致现代相对主义的哲学框架是对"主—客"结构的"自我镜像"式的形而上学绝对化观念的否定。其三，反对传统哲学的等级化思维，反对大写的 P（指科学之上的哲学）、大写的科学和逻辑、大写的"人"，强调平面化思维，主张"什么都行"。其四，反对意义所指对于能指的先天的占有，主张能指的无主性膨胀。总之，后现代哲学用无客体底板的主体际框架来反对传统的"主—客"框架，形成了一种新的交往哲学。

与后现代哲学作批判性对话，就是要"批判地克服传统的哲学形式，但是要拯救通过这一形式所获得的历史内容"（恩格斯语）。批判后现代哲学，不能采取回归工业文明时期占主导地位的"主—客"模式、用低于历史水平的视野和方式来进行，而只能用高于工业文明时期的、具有现时代精神精华特质的哲学视界来完成。只有交往实践观才堪当此任。首先，交往实践观吸取了主体际思维的一切历史成就，如超越单一主体性的多极主体性和主体际相关律，及其对话和商谈的合理性，等等。这一切，都是当代生活世界的特质，也是当代哲学所共有的视界。其次，交往实践观之超越后现代哲学的，在于其基本哲学逻辑是"主—客"、"主—主"两重框架辩证的统一体，既包含了传统的"主—客"关系，对科学理性精神作了有效的辩护，又超越了单一主体性缺陷，将主体际关系引入了哲学框架；既包含了后现代哲学的主体际关系，又对其否定客体底板的相对主义作了积极的扬弃。交往实践观的"主—客—主"结构是对上述两种哲学框架的辩证扬弃。应当着重从实践观的本性、结构、特征来全面阐述这一超越，进而说明交往实践的唯物主义是与当代西方哲学展开积极对话并卓有成效的哲学观念。限于篇幅，本文以下仅就交往实践观对于现代和后现代哲学关系中的一个重要问题——理性观作一些说明，以展示交往实践观的新特质。

交往实践观的新理性较之于"主体—客体"框架的旧理性而言是一次更为深刻的变革。首先，理性主体从单一性走向多极性。在近代哲学中，大写的、抽象的"人"始终是理性的当然代表，作为主体，"我思"、"自我意识"与"主体之思"或"人"之思是意义等值的。反之，交往理性则是建立在多极主体基础之上的理性，理性的合法性取决于主体际的交往互动和协调。其次，这一新理性决不是脱离交往共同体的语境而永恒的，相反，它是依据交往实践共同体的公共整合的结果。每一个理性都相对于交往共同体而言，理性随着交往共同体的变化而转换。交往共同体的边界即理性的边界，交往的结构创造理性意义的结构，理性的合法性基于交往结构的主导力量或统治力量，理性对现实的批判从来就是交往结构变革的工具，因而绝不可能是超历史、超越共同体发展需要的。因此，交往理性是历史理性和交往实践语境的理性，具有依赖于交往情境的相对性，即"场依存性"。它与近代哲学的绝对理性和大一统元叙事理性相区别。同时，作为交往理性，它在交往实践共同体相对确定的前提下具有绝对性和合法性，成为构建交往共同体的规范，指导和评判交往共同体各成员行动的意义标准。因而它的理性规范具有确定性、可解释性及其合法辩护性，与后现代哲学非理性的相对主义直接对立。最后，交往实践理性观与哈贝马斯设定的先于交往行动的"先验的交往合理性"存在原则差异。它并不无条件地是一切交往的先验基础，而是由活生生的交往实践的具体情景创造的一种真正的生活世界的新理性精神。交往理性的辩护向度与批判向度并不取决于先验的合理性，而归因于交往实践辩证法本身。因为交往实践由具有差异性的多极主体构成——他们的统一和疏离、矛盾和互动既造就交往规范，又解构规范；既为存在辩护，又具有否定向度。这就是交往实践的辩证法。

交往实践观可称为"方法论的交往共同体观"。因为，在方法论的视野上，它的理论基点既不是近现代哲学所持的"方法论的抽象人本主义"，也不是"分析的马克思主义者"柯亨等人所主张的"方法论的个人主义"，而是在交往实践情境中的交往共同体。所谓"方法论的抽象人本主义"是指启蒙理性将大写的"人"、一般的"人性"、"人道"或"人本"直接作为理论建构的基点，从而导出全部的社会历史观。它着眼于"直观"总体性的"人"或"类"本质，但是缺乏坚实的、现实的微观基础，即是说，没有将总体性的"人"或"类"看作由一个个处于社会生活关系中的"有生命的个人"组成的，没有分析既构成个体存在又构成总体性存在的机制——交往实践，因此，其方法论是空洞的和抽象的，只能导致对社会生活作空洞抽象、苍白无力的直观解释。反之，"方法论的个人主义"强调理论应当在"个人水平上"建构，即以个体存在为基础，强调其理论的"微观基础"和"可操作性"。但是这一理论忽视"方法论的集体观或人类观"，将理论分析局限于个体对象，同样是错误的。正确的方法论，应当是集二者之所长而弃二者之所短。"方法论的交往共同体观"，其理论前提是现实的个体存在及其相互之间的交往实践，因此具有清晰的微观基础和可操作性；而理论的着眼点是交往共同体，这一共同体的规模和范围依据于交往实践现实发生的范围和联结态，因此交往共同体是历史的、现实的"存在"，从小群体到整个人类社会，都是在场的共同体。根据交往共同体的条件限定，"方法论的交往共同体"观可以被广泛地运用于社会存在的各个方面：从经济到政治，从精神到语言，从历史到现实，等等。

四　交往实践观：当代中国哲学的新视界

交往实践观绝不仅仅是西方哲学演变的产物，更是当代中国哲学的新视野。学术界普遍认为，当代中国哲学包含着三大脉系：马克思主义哲学，当代西方哲学，以及中国传统哲学及其复兴形态——如新儒学等，它们在精神界正展开广泛的对话与交流。在对话与交流中，必将产生一系列的视界融合，进而成为当代中国哲学新的生长点。那么，步入21世纪，中国哲学界能够以何种观念来融会中国哲学、西方哲学和马克思主义哲学，创造一种既具有时代水平又具有中国特色的马克思主义哲学形态呢？笔者认为，交往实践观应当是一种可供选择的理论范式。

　　首先，交往实践观之所以能够成为 21 世纪哲学的中心视界，主要原因在于它是对当代全球发展总趋势的科学把握，是时代主题与时代精神的高度体现。在全球化社会和信息时代，人类在哲学上关注交往实践问题，将之推上主题的宝座。同时，后工业文明的崛起，亦使交往实践与主体际问题上升为当代主题。如果说，古代的农耕文明主要是人对自然客体的依赖，人被自然客体支配、统治，那么，工业文明则是人将自己视为唯一的主体和中心，统治、改造、驾驭、拷问自然客体，形成"主体—客体"实践结构。与这一时期相对应，哲学从本体论向认识论、最终向具有单一主体性的实践哲学转变是必然的。然而，在后工业文明时期，人类绝对中心主义观念受到严重挑战，西方中心论的现代化模式在全球遭致失败，世界政治格局向多极化方向发展，霸权、强权和殖民主义已遭人唾弃，任何主体都在多元文明交往中切切实实地遇到另一个主体，从而迫使人们在全球交往中必须确立"多极主体"的观念。这表明：在当代世界，交往与主体际成为全球的中心视野。

　　其次，在中国，交往实践观也成为建设有中国特色社会主义的哲学精神。在哲学的视野中，从计划经济向市场经济转型，就是从单一主体性实践结构向多极主体的交往实践结构的转变。计划经济只承认一个主体，即作为计划制定人的中央政府的主体性，其余皆是客体。反之，市场经济是以多极平等的利益主体为基本前提的。市场化过程，就是在多极主体间交往实践的过程。同样，对外开放本质上就是打破封闭、介入世界性交往实践的过程。交往实践观，理所当然地成为我们现代化建设的哲学精神。

　　再次，交往实践观是融会中国哲学、西方哲学、马克思主义哲学并创造一种能够面向未来和具有中国特色的马克思主义哲学范式。关于马克思主义哲学和当代西方哲学所寓意的交往实践观，上有所叙，不再重复。关于中国哲学所内含的交往实践观，学术界也开始重视，但还缺乏足够的挖掘和深入的研究。在我看来，主体际是中国哲学致思的基本向度，交往实践观是贯穿几乎所有中国哲学学派的中心范式。儒学的核心范畴——仁，从字形学上说，源自"从人从二"，即多极主体或主体际之义，讲的是主体际人伦关系。墨子的"兼相爱、交相利"，是建立于各小农和个体工商户基础上平等互利的交往实践观。儒、道和阴阳家都重视的"阴阳"概念，有古代原始生殖交往活动的辩证法之深层意蕴。

至于法家、兵家等等，也均有深刻的交往实践思想。当然，由于奠基于农耕文明和封建社会，这些交往实践观从骨子里带有血缘伦理和自然交往的本性特征，并隐没在其主导的客体论框架之中。若非经过现代化的洗礼，传统交往实践观的人文化向度就难以与当代社会接轨并成为新哲学之创造源泉。重要的问题在于要对传统的交往实践观作"创生性的转化"，将其与马克思主义哲学和当代西方哲学的交往实践观相结合，创造一种具有时代水平和中国特色的马克思主义哲学形态，这是学术界应当努力奋斗的目标。

《中国社会科学》1999 年第 1 期

论市场经济的道德维度

万俊人*

摘要 市场经济的道德性问题已然成为国内外诸多人文社会科学学科的交叉话题。受时下国内经济学界和伦理学界有关研讨的激励，本文尝试从经济伦理的视角，理解这一问题的基本意义，通过重新阐释所谓"亚当·斯密问题"的知识社会学背景和理论完整性，揭示市场经济的道德维度，亦即它自身的内在价值尺度（或合道德性）与外在价值评价（或道德规范）。

关键词 市场经济 "斯密问题" 道德维度

一 问题及其意义

所谓"市场经济的道德维度"，是指市场经济本身的道德性及其理解。它至少涉及两个方面：其基本方面是，作为现代人类经济生活和行为的基本模式，市场经济是否有其内在的道德意义和价值尺度？这一问题的前提预设是，作为人类经济行为的创造性成果而非自发性产物，市场经济的建立与运行必定有其内在的合道德性价值依据，或者说，它必定能得到某种道德证明的支持。问题在于，这种合道德性或道德证明的论据何在？另一个直接相关的方面是，如果我们确认市场经济的合道德性，那么一个合乎逻辑的推论是，除了有其一般经济学考量和经济行为规范（经济制度或体制）之外，市场经济也必定有其特殊的道德考量和道德规范。问题在于，如何确立和理解这种特殊的道德考量标准和道德规范？前一方面关乎人类现代经济生活和经济行为本身的价值理解；后一方面则延伸到了有关人类经济生活与道德生活的关系理解，以及基于

---

* 万俊人，1958 年生，清华大学人文学院哲学系教授。

这两大生活领域的经济学与伦理学之间的关系理解。在作者看来，前一个方面往往为伦理学者所忽略，而后一个方面又常常成为经济学者和伦理学者之间的主要分歧点。

一般意义上的经济与道德关系问题自古有之，只是如今尤甚。中国先秦时期儒、墨两家的义利之争，西方古典伦理学中亚里士多德和康德关于德与福关系的探究，都以不同的方式表达了这一主题和观念。然而，在19世纪德国历史学派经济学家们提出所谓"亚当·斯密问题"之前，这一问题并未演化成截然两分性（dichotomy）的知识合法性问题。事实上，直到19世纪中叶，这一问题一直被置于道德哲学的整体知识框架内加以思考，它没有被分割成分属于经济学和伦理学的两个独立无关的知识主题，因而也没有产生我们今天所提出的经济伦理问题，亦即人类经济生活的合道德性或道德合理性问题。

因此我们可以确认，经济伦理问题是一个"现代性"问题。随着市场经济体制在我国的建立和发展，这一问题终于凸显，以至成为近年来国内学界（尤其是经济学界和伦理学界）的一个热点。如果说伦理学界对这一问题的反应基本上还只是停留在一般道德批评或时论的层面，那么经济学界的有关讨论则已然触及这一问题的根本方面。诸如，"道德力量"在市场经济生活中是否发挥作用？道德是否构成市场经济的"成本要素"？经济学是否或应否"讲道德"①？又当如何"讲道德"？乃至中国经济学家自身的道德责任问题，等等②。从理论上看，经济学界的前沿探讨实际揭示了这样几个根本性的问题：（1）市场经济本身的道德合理性之

---

① 依我个人的理解，"讲道德"这一短语在当今中国学术界的语境中，具有两种不尽相同的意味：其一是马克斯·韦伯的"学术职责"意义上的，其二是知识论意义上的，相对于经济学而言，前者是某种外在性的社会负担，而后者却是一种内在的知识合法性承诺。

② 较能典型反映上述状况的理论事实，是近期发生在经济学界的关于经济学该不该"讲道德"（我视之为经济学是否需要有必要的道德考量的问题）、如何"讲道德"（我视之为经济学考量经济生活中道德要素之作用的学理方式问题）的争论。参见盛洪《道德、功利及其它》，《读书》1998年第7期；樊钢《"不道德的"经济学》，《读书》1998年第6期；姚新勇《"不道德的"经济学的误区》，《读书》1998年第11期；厉以宁《经济学的伦理学问题》，生活·读书·新知三联书店1995年版；《超越市场与超越政府——论道德力量在经济中的作用》，经济科学出版社1999年版；汪丁丁《经济发展与制度变迁》，上海人民出版社1996年版，《在经济学与哲学之间》，生活·读书·新知三联书店1998年版，《回家的路——经济学家的思想轨迹》，中国社会科学出版社1998年版；茅于轼《中国人的道德前景》，暨南大学出版社1997年版；何清涟《现代化的陷阱——当代中国的经济社会问题》，今日中国出版社1998年版。

价值理解；（2）经济学作为一门社会科学的知识合法性和道德正当性证明的关系理解；（3）作为一个延伸性的知识问题，经济学与伦理学的现代知识界限和相互对话（乃至相互支撑）的知识社会学理解。

我想特别申明的是，无论经济学界对上述问题的见解如何，他们的探讨本身已经显示出对中国社会课题的理论自觉，不仅揭示和深化了经济伦理这一时代课题的中国意义，而且表达了他们对经济学乃至整个人文社会科学之现代知识结构特性的学理思考。作为一名伦理学学者，我乐于把他们的探讨看作一种学科间对话的邀请，并愿意努力作出积极的响应，以求我们能够在经济学与伦理学之间共同建立某种建设性的理论交往，推进经济伦理论域中"中国知识"体系的创生。

二 重释"亚当·斯密问题"

作为"现代性"问题的经济伦理源自所谓"亚当·斯密问题"，它仿佛是现代经济伦理研究必须由之开始的一道原始方程式，不解开它，就难以厘清经济与道德这两个同样具有人类生活之根本意义的社会价值函数之间的蕴涵关系。

所谓"亚当·斯密问题"，是指近代西方古典政治经济学奠基人、18世纪英国最著名的道德哲学家和经济学家亚当·斯密的两部代表作《道德情操论》（1759）与《国富论》（1776）之间主题观点的相互冲突问题。它最早由19世纪德国历史学派的经济学家发现和提出。他们认为，在《道德情操论》中，斯密基于人性本善的假设，把源于人的同情的利他主义情操视为人类道德行为的普遍基础和动机；而在《国富论》中，他却把人性本恶作为政治经济学的前提假设，把个人利己主义的利益追求当作人类经济行为的基本动机。于是，一种人性本善的道德利他主义社会（普遍）道义论与一种人性本恶的经济利己主义个人（特殊）目的论，便矛盾而奇妙地共生于作为思想家的斯密理论之中。考虑到斯密时代的知识状况的特殊构成性特征——即在18世纪的英格兰知识体系中，所谓道德哲学既包括法学和伦理学这类规范性人文社会科学，也包括政治经济学和"政府学"一类的实证应用性社会科学，其主题观点和学科立场的内在矛盾既无法消解，也无法理解。由此人们也就相信，这既是作为思想家思想的"斯密问题"，也是横亘于斯密伦理学与政治经济学之间无法公度的理论问题。同时，它还暗示着现代人类经济生活与道德生活之间的内在紧张，以及一般意义上的经济学与伦理学之间的深刻悖论。

这种确信被视为斯密研究的传统"信条"①，它是否真的无庸置疑？在当代中国语境中重提这一问题，自当别有深意。事实上，只要我们大致了解斯密时代的知识状况，并仔细解读斯密的这两部作品，所谓"斯密问题"本身并不构成真正意义上的问题，毋宁说，它的真正意义在于，如何认识市场经济的道德维度问题，其所关涉的经济伦理（道德作为经济的价值要素和评价标准）与伦理经济（经济生活作为人类道德的利益基础）的科学理解及其在当代中国社会生活中的具体解释问题，我将之简称为经济伦理与伦理经济之现代概念的知识合法性和现实合理性问题。

斯密的时代，伦理学与经济学并不具有相互分离或独立的知识特性，它们均属道德哲学的范畴。这意味着经济学不仅有社会实证科学的知识特性，也有人文价值的规范特性。当 1752 年斯密就任格拉斯哥大学的道德哲学讲座教授时，便从道德哲学这一总科目中，先后开出神学、伦理学、法学、政府学和政治经济学等课程。这一知识概念与其时代的知识信仰和文化理智气候是相宜的②。在西方古典知识系统的图式中，政治经济学还隶属于人文科学，而后者的共享宗旨是：为人类寻求合乎人性的幸福生活，探明正确的道路或方式。因此，无论是探究人类心灵之善的伦理学，还是探究有效实现人类物质之善的经济学，抑或探究人类社会制度之善（好社会或好政府）的法学和政府学，都万变不离其宗。其所变者在探究方式的差异，而其所宗者则始终是人性之善或人类幸福。实际上，斯密接受和传播知识的文化模式，也正是当时整个欧洲大陆占支配地位的知识图式。比如，当时绝大部分哲学家都把重心放在知识论和道德哲学这两个基点上，因而关于人类理性认知能力（休谟式的"理解"、康德式的"理性批判"等）和理性实践能力（康德的"实践理性"、休谟的"人性论"

---

① 参见［英］亚当·斯密《道德情操论》，蒋自强等译，商务印书馆1997年版，"译者序言"第1页。

② 参见［美］A. 麦金太尔《谁之正义？何种合理性？》，万俊人等译，当代中国出版社1995年版。麦氏在此书中考证了斯密的前任、著名情感主义伦理学家哈奇逊时期苏格兰大学教育体制中的知识系统及其构成特征，可资佐证。

等）便很自然地成了哲学家们探究争论的焦点。在英国，这一特点主要是通过苏格兰常识学派的认知主义和剑桥新柏拉图派的道德情感主义体现的。斯密浸淫于这一知识氛围，在格拉斯哥大学，他受到哈奇逊道德情感论的言传身教；在牛津，他结识休谟并与之成为终身挚友，后者的《人性论》对他影响尤深①。1751 年，当他以教师身份重返格拉斯哥时，仅仅讲授了几个月的逻辑学，便被正式聘任为权威性的道德哲学讲座教授。不难理解，这种普遍的时代知识状况与特殊的个人知识背景，很大程度上预制了斯密的思想言路。作为其职责承诺，他必须遵循道德哲学的知识规范。其时，道德哲学几乎具有百科全书的性质，其中的政治学主要讲政府原理和政治制度，以及政治管理与商业、政府财政、金融、警察和军事财政（包括战时货币体制），这实际上相当于后来的政治经济学②。从教授经济学到逻辑学再到道德哲学的学术经历，似乎暗示了斯密从单一技术学科到完备性人文社会科学的思想演进和理论整合。

在《道德情操论》中，斯密谈论的似乎只是人类诸种道德情操的生成问题，但实际上他所关注的远不只是道德的知识，更重要的是人类道德知识的本源和实践基础。在此，他的出发点是人性善论。该书第一章便写道："无论人们会认为某人怎样自私，这个人的天赋中总是明显地存在着这样一些本性，这些本性使他关心别人的命运，把别人的幸福看成是自己的事情，虽然他除了看到别人幸福而感到高兴外，一无所得。这种本性就是怜悯或同情，就是当我们看到或逼真地想象到他人的不幸遭遇时所产生的感情。我们常为他人的悲哀而伤感……这种情感同人性中的所有其他原始感情一样，决不只是品行高尚的人才具备……最大的恶棍、极其严重地违犯社会法律的人，也不会全然丧失同情心。"③

在《国富论》中，斯密似乎采取了相反的出发点：人性本恶。然而在他看来，人性本善与人性本恶都是人性的原始事实，最善者也会自保自利，最恶者也不乏同情。正是这种人的天性生成了人类自身两个伟大的行动目标："维持个体的生存和种族繁衍"④。前者要求个人努力追求自我发

---

① 参见周辅成主编《西方著名伦理学家评传》，上海人民出版社 1987 年版，第 328—329 页。

② 同上书，第 328 页注释①。

③ 《道德情操论》，第 5 页。

④ 同上书，第 107 页。

展，后者要求每一个体必须兼顾他人福利，保持其行为的"合宜性"。这两个相互关联的动机，促成了人类个体目标与整体目标的内在关联，仿佛有一只"看不见的手"将个体的自利行为导向人类社会的共同善①。用经济学术语说，个体充分而合理的自由竞争和创造，必然带来社会整体福利的增长，这就是市场经济的自然秩序。人们不应忘记，被视为斯密政治经济学的重要概念之一的"看不见的手"，最早却出自其道德哲学代表作《道德情操论》。这一概念推理逻辑使我们想到同期法国思想家孟德威尔的《蜜蜂寓言》。后者曾证明个人与社会如同蜜蜂与蜂巢的关系，只要每一只蜜蜂勤劳采撷酿蜜，最终的结果必定是整个蜂巢蜜流充盈。这就是孟德威尔"私恶即公利"的著名命题。与之相似，斯密用"看不见的手"对国民财富及其起源作了同样的推理；在市场经济条件下，只有实行完全自由的经济竞争，才是增加国民财富并使之最大化的根本途径。马克思证实：斯密的逻辑推理来源于孟德威尔，因为《国富论》中有一段话"几乎逐字逐句抄自贝·德·孟德威尔的《蜜蜂的寓言，或个人劣行即公共利益》的注释"②。

从人性本善利他和人性本恶利己两个完全对立的前提假设出发，却奇妙地推出了相同的结论，成就了两个相互平行而非相互背离的推理逻辑。这种殊途同归是如何造成的？在斯密看来，这一结果仍然只能诉诸人性的事实才能获得解释。两个出发点的不同，仅仅表明导致同一结果的两种动机的差别，同情利他的道德动机更为积极，而自私利己的经济动机则较为消极。但它们的基本价值目标却是相同的。在道德生活世界，促使人保持其行为之"合宜性"的根本原因是人类普遍存有的同情心，它使人通过想象、参与、分享和模仿（设身处地）等方式，形成诸如仁慈（"习惯性的同情"）和正义（同情基础上的责任感和仿效"第三者"或"公正旁观者"所养成的公道心）等基本道德情操，进而通过善行善功来实现美德完善。个人德行圆满的根本标志是"善功"（merits），即既善且功的结果。行为之善在于其合宜适当，行为之功则在于能够产生实际功效（物质的或精神荣誉性的）。故有"善功＝合宜＋功利"的自明公式。这一公

---

①　参见《道德情操论》，第230页。

②　参见《马克思恩格斯全集》第23卷，人民出版社1972年版，第393页注释⑤。马克思所指的那段话是《国富论》上卷第一篇第一节"论分工"的最后一段，参见郭大力、王亚南中译本，商务印书馆1997年版，第11—12页。

式可以看作对"斯密问题"之原始方程式的解。由此可见，事情并不像德国历史学派的经济学家们所指控的那样，是斯密自己有意制造了"经济人"与"道德人"之间的人格分裂和经济学与伦理学之间的价值紧张。相反，在斯密那里，这种分裂或紧张与其说是经济学与伦理学对人性和人类行为之不同方面的知识考量的结果，还不如说这原本只是一种人性二元论事实的本真反映。而且这种二元论事实并非不可沟通的两种价值依据，而是一种复杂的人性论前提。由此，斯密的道德推理实际不是在制造问题，而是揭示了一个深刻的现代性问题：在商品经济①条件下，是否能够或是否应当将人类经济行为与其道德行为完全分离开来？人格能否截然分裂？

斯密本人的回答似乎是否定的。"经济人"也罢，"道德人"也罢，都只是人性之一面，而且人类道德行为也不是全然非经济的绝对无私，道德的善功并不一般地要求人们非功灭私，而首先是达到行为的合宜与功效。同样，人类的经济行为虽然根源于人的私利动机，但它与人的道德行为一样，也具有"交换"或交易的社会化特征。不同只在于，经济行为的社会交换是直接现实性利益的交换（通过商品或货币），而道德行为的交换则是间接的精神价值的交换（通过社会的评价体系以及由此给行为主体所带来的"愉悦"或"痛苦"感受）。总之，人类的道德行为与经济行为都不可能脱离人类自身的两个伟大目标：保存自我与发展种族。

斯密的解释并非毋庸置疑，即使就其理论框架本身论也难以获得充分正当性的证明。首先，一种情感利他主义的社会道义论观点如何与一种经济利己主义的功利目的论观点达于协调？"道德人"与"经济人"能否仅仅凭借某种利益尺度（"功"）而相互贯通并和谐一体？这仍然有待论证。最起码，利己与利他在价值目的论维度内是直接对峙的，没有任何绝对必然的条件可以担保在所有特殊境况中，每一个人的每一种利己行为都能带来公益的效果。其次，人性善恶二元论和人类两个伟大目标的前提假设，比之于单纯的性善或性恶论似乎有更大的回旋余地，

---

① 在斯密思想中，"商品经济"比"市场经济"的概念内涵似更为宽泛。如他所说，一旦社会劳动分工形成，"一切人都要依赖交换而生活，或者说，在一定程度上，一切人都成为商人，而社会本身，严格地说，也成为商业社会"（《国富论》，第20页）。

但毕竟只能作为一种形上的理论前提条件或预设，不能同时作为证明其理论结论的论据。这一质疑同样适合于现代自由主义经济学。在这种经济学中，人性自私自利的动机假设（即每一个人都天性趋利避害，由此形成自然而然的利益竞争），与市场经济的无限制效率目标（即市场经济的自由竞争必然产生最大化利益）是相互照应的。问题是，无数事实表明，市场经济秩序并非完全自然的。最后，两个伟大目标的设定，使人很容易联想到近代以来的社会契约哲学（如霍布斯和洛克所讲的），和后来斯宾塞关于人类的"天性利己主义"（婴儿吸奶）与"血亲利他主义"（母亲哺育）的社会进化论伦理解释。① 而类似的论证不仅在理论上容易受到强有力的攻击（如社会道义论伦理的攻击），而且内含一种过于直露的功利主义目的论冲动。

　　然而，这恰恰证明由"斯密问题"所引发的问题是有意义的。它表明，人类的经济行为与其道德行为在终极目的的意义上难以截然分开，如同完整的人格难以被截然分裂为所谓"经济人"、"道德人"、"政治动物"……一样。由是观之，所谓经济学该不该"讲道德"的问题很可能是一个假问题。布坎南含蓄地说，伦理学家和经济学家之间的"明确分工"站不住脚。② 我想直截了当地说，经济学"不讲道德"等于否定了人类经济生活本身的道德性，而所谓经济学"讲道德"的说法也是一种多余的甚至是暧昧的表态：它要么是无意义的同语反复，因为人类原本就不存在不讲道德的经济学；要么是一种过于强烈的"现代性"科学主义知识论心态，仿佛经济学已然成为一门如同数学一样的纯粹知识，"讲道德"似乎成了经济学（家）表现其人文关怀姿态的一种额外的知识负担或志愿承担。经济学的确可以迈向更高知识标准的科学形态（如数量化、实证化），但它同伦理学等人文社会科学一样，永远不可能完全卸脱其价值负担。用康德的话说，经济学也是一种"实践理性"。德国经济伦理学家科斯洛夫斯基在其《伦理经济学原理》一书的前言中摘引了古典经济学大师凯恩斯的一句令人深思的话："……我们将自由地回到宗教信仰和传统美德的那些最确切的原则上来——贪婪是一种罪恶，高利盘剥是一种

---

①　参见万俊人《现代西方伦理学史》上卷，北京大学出版社 1990 年版，第 126—127 页。

②　[美] 艾伦·布坎南：《伦理学、效率与市场》，廖申白、谢大京译，中国社会科学出版社 1991 年版，第 3 页。

不端行为……我们将再次把目的看得高于手段，宁愿取善而不为实用。"①
这是经济学家的忠告。

三　市场经济的道德之维

如前所述，"斯密问题"的实质是市场经济的道德维度问题。我们开篇即已指出，这一问题至少包括两个相互关联的方面：首先是市场经济本身的合道德性，即市场经济的内在价值尺度或道德考量。很难想象，人类会选择一种"不道德的"经济生活方式。作为一种先进的经济模式，市场经济必定有其更为充分的"道德理由"作为其内在支持，否则其"先进性"就是可疑的。其次是对市场经济生活的价值评价和道德规范，也就是市场经济所必需的道德秩序或规范。缺少这一方面的支持，市场经济的支持系统也将是不完备的。顺便说一句，现代经济学家们大都十分关注市场经济的"技术支持系统"，但对其所需要的文化资源和价值支持体系却缺乏相应的关注和探讨。

迄今为止，国内伦理学和经济学界有关经济伦理的讨论，都或多或少存在某种偏颇，没有对市场经济本身的道德性给予足够的重视。由此导致的后果是，伦理学界对市场经济的道德批判，常常偏重于经济与道德的异质性。作为一种社会价值批判方式，道德批判无疑是必要的，至少它有助于个人和社会建立一种健全的经济伦理观念。但这种批判原则上还只是外在的，在多数情况下，它只是对市场经济的一种社会道义论约束，而非其本身的道德反省。它常常从一开始就预定了一种价值分类和价值秩序，即认为人的经济行为仅仅具有纯工具性的价值和意义，它必须服从某种更高的道德目的和原则。这样，在道德与经济之间便设定了一种先验的道德优先性秩序，不仅人为地割裂和化约了两者间内在互动的复杂关系，也架空了道德本身，使之不可避免地成为某种道德乌托邦。与之相似，经济学对经济伦理的讨论往往由于夸大经济与道德的异质性而不经意地割断了经济学与伦理学之间的联系，以至把道德看成某种纯个人的事务或主观的精神信念，进而把伦理学理解为心性之学、德行之学。这种理解是不完整的。

---

① ［德］彼得·科斯洛夫斯基：《伦理经济学原理》，孙瑜译，中国社会科学出版社1997年版，前言。

即令斯密时代（古典时代）的知识体系图式已然失效，经济与道德或经济学与伦理学之间的异质性也只能是相对的①。过于强调两者间的差别与隔离，只会导致经济学的技术化甚至机械化，因之丧失许多必要而丰富的人文价值资源。

伦理学家对经济问题的外在性道德批判和经济学家对道德问题的外在性经济学讨论，还导致了一种或可称为"话语权力"争夺的知识状况。表面看，伦理学和经济学都在强调经济与道德的异质分离，实质上却是为各自的理论优先性辩护。眼下，人们对经济学的话语霸权和知识扩张提出了不少批评。依我所见，即使真的存在这种话语霸权或知识扩张（我个人更倾向于用"知识的社会优先性"来取代"话语霸权"或"知识扩张"的说法），这种批评也必须顾及"经济中心"的中国社会现状，应当更多地着眼于消除目前各门人文社会科学知识之间的隔膜，而不是刻意谋求某种特殊的知识话语权力。事实上，正是这种相互隔膜的知识状况引发了某些学科对自身知识之特殊优先性的过度强调。无论对于经济学，还是对于伦理学，这种状况所导致的后果都是一样的，即都不能真正深入探讨市场经济的内在道德性问题，因而难以确切地揭示其本身的道德价值维度。

从根本处说，市场经济本身的正当性和合法性是不难证明的，只是由于某种历史的社会意识形态的原因，以及长期以来对经济学本身狭隘的知识论了解，才使得这一问题较少受到人们关切，以至在我国学界还不得不作为一个问题提出。

首先，作为人类社会迄今为止最为先进合理的经济模式，市场经济已经被实践证明是最有效率的。当马克思在《共产党宣言》中谈到，一百多年的工业革命创造了比此前人类社会全部文明之总和还多得多的物质财富，他实际也肯定了市场经济这一崭新的经济模式创造巨大效率的优越性。市场经济模式的这种高效率"生产性"主要体现在两个方面：一方面，市场经济本身为经济行为主体的自由平等要求及其自由竞争提供了优

---

① 科斯洛夫斯基指出："事实上经济不是'脱离道德的'，经济不仅仅受经济规律的支配，而且也是由人来决定的，在人的志愿和选择里总有一个由期望、标准、观点以及道德想象所组成的合唱在起作用。……把经济看成是社会的一个独立系统，这只是现代的事情……"他又说："伦理学传统——康德例外——总是主张道德和被正确理解的利益的一致，经济学理论的新的成果只会证明这种一致。"见其著《资本主义的伦理学》，王彤译，中国社会科学出版社1996年版，第3、42页。另见同书第42—44页对有关阿罗等经济学家类似观点的引述。

越的经济活动机制，最大限度地开辟和调动了现代社会经济活动的创造性资源和社会潜力。自由而平等地参与要求，解除了人们之间因政治权力、生活传统、种族性别、信仰差异等社会政治、文化因素所负有的先定束缚，保证了每一个人或群体获得劳动并追求其利益目标的机会（作为起点性机会均等的第一意义）；而自由竞争则使社会的各生产（劳动）主体享有了充分发展其才能、追求尽可能高的利润和效益的机会。换句话说，主体权利的落实保证了每一个经济行为主体的充分主权，他们既作为行为主体，又作为利益主体。这一经济机制使得整个社会有可能建立起一种能够充分而有效地激活社会成员创造性生产行为的市场效率机制。另一方面，市场经济模式之所以高效合理，还在于它从宏观上通过市场化的经济机制（价格机制、利润平均化机制、供需机制等），能够实现较为有效合理的资源配置。也就是说，它不仅通过自由平等竞争的劳动市场机制（劳动分工、工资等）使社会生产的人力资源得到充分有效的利用，而且通过诸如市场供应与需求、市场价格体系与平均利润率等有效机制使社会生产要素或资源得到较佳配置和利用。当然，市场经济的高效率与现代科技高速发展也是直接相关的。科技的发达不仅大大改善了生产工具的生产效能，也提高了生产者的各种素质。但市场经济本身的机制及其作用，也无疑是现代社会科技发展和高效率生产的体制之源。从这一点来看，市场经济的确有其制度上的道德合理性。

其次，从一种理想的意义上说，市场经济也是一种较为公平合理的经济模式。市场经济的根本目标是效率最大化。为有效达成这一目标，它必须有效地调动和配置全社会的物质资源和人力资源。但仅仅做到这一点还远远不够，因为资源的配置和利用是否充分有效和合理，不单是一个资源（资本）"量"的扩张问题，更重要的是一个资源（资本）使用效率的问题，对于人力资源来说，这一点尤其重要。要保证资源的合理有效利用，就必须建立一套公平合理的市场机制。因此，市场经济模式一方面要求经济的自由竞争、各尽其能；另一方面，它又要求这种自由竞争必须是公平合理的。没有公平，竞争既不能合理持久，也不可能是具有高效生产性的竞争。市场首先通过普遍均衡或平均化的市场价格体系与利润分配机制来确保市场面前人人平等、事事平等。任何非经济的政治力量（权力或权威）、社会文化力量（传统习惯或个人心理偏好）原则上都不能直接限制或改变这种市场竞争的公平秩序。也就是说，在市场经济条件下，生产者的生产效益（利润）、劳动者的劳动收益（工资报酬）、商品的市场价格等，都是首先由市场来决定、分配或调节的。而市场行为本身的非人格化特性和普遍客观化力量，使得市场分配或市场调节具有其原始的正义性。当然，这种原始性的市场正义还只是一种具有市场平均化、理想化特征的经济正义，它更多地具有理想化起点公正和市场过程公正的性质，并不表示其结果的绝对公正。因此，我们还不能把市场分配的经济正义看作社会分配正义的全部内容，更不能把它等同于伦理正义。正因为如此，厉以宁教授形象地把市场分配或调节称之为"第一次分配"（或调节）。在其后，为了确保社会分配结果的尽可能公正合理，还需要有"第二次（政府）分配"（或调节）和"第三次（道德）分配"（或调节）①。但尽管如此，作为市场经济行为的原始分配，市场分配或市场调节本身仍具有不可否认的原始公正性质。这是因为，市场的原初分配或调节是按各生产者向市场提供有效生产要素的多少来进行的，不会受任何非生产因素的影响，可以说，它遵循的是一种以市场效率为客观标准的分配原则，此其一。其二，市场的分配或市场调节虽然只涵盖交易性领域，但市场经济的效果原则是等价交换，市场价格体系的形成是通过市场交换活动确立起来的，不包含任何人为的非经济因素，即使它最终还是会受到这些因素的影响，如政府调控或国家干预、道德调节等，但这种影响只可能发生在市场过程以后，而不是在此之前，或在此之中。因而它本身具有普遍的公平交易的特性，具有交易公正的客观标准。其三，市场经济的基本规则具有其普遍性，它既对所有参与者平等开放，也对他们一视同仁，决不因为其他非经济因素或人为意志而改变其规则系统。这当然不是说，市场经济的所有规则永远一成不变，而是说，市场经济规则的变化只服从市场经济本身的内在需要，不随任何个人或集团的意愿或需要而发生改变。最后，市场面前人人平等，它既"无情"，也"无私"。在某种意义上，市场的确像一个游戏场所，它不管参与游戏的游戏者的社会身份、文化角色、自然属性（种族、性别等），而只注意游戏者的能力、技巧和智慧。因此，它不带任何主观倾向或特殊立场，具有一种天然平等的特征。

第三，市场经济还以其特有的市场化扩张力量，极大地增进了人类社

---

① 详见厉以宁《超越市场与超越政府——论道德力量在经济中的作用》，经济科学出版社1999 年版。

会相互交往和沟通的机会、深度和广度。实践表明，正是凭借市场经济的普遍化力量，人类的交往程度和范围才得以空前地拓展，形成了较为充分的人际、群际和国际经济交换活动，出现了日益广泛而深入的跨集团、跨地区、跨国界的经济贸易。这不仅加速了物质资源和经济资本的广泛流动，促进了生产，提高了经济效益，而且也使人类分享经济成果（商品）、丰富其物质生活的能力大大提高，因之最终为人类追求和实现自身的幸福生活目标创造了前所未有的社会物质生活条件。这一点也是市场经济的道德性之重要方面。

然而，上述能够证实市场经济之道德正当合理性的三个主要方面，即价值效率、市场分配正义、较充分的行为交往和利益共享，虽然具有内在本然的道德性质——即它们本身具有人类善的积极价值，但是，第一，这是在某种理想化的意义上来说，并不能必然成为完全的现实；在某种特殊情景条件下，还可能走向其反面。比如说，无节制的放任主义的市场经济，不仅不会创造生产的高效率，反而有可能造成效益的浪费，20 世纪前期的世界性经济危机（1929—1933）时期，由于生产过剩而出现的以奶填海的现象即是显证。所以说，在市场经济的效率标准中，生产高效与生产过剩仅一步之遥。第二，市场经济的"市场分配公正"只是原初的、有局限的。作为"第一次分配"，市场调节的作用只限于交易性领域，并不能扩及非交易性领域。而且，市场公正本身虽然具有其客观普通性，但并不彻底。比如说，它并不能完全确保有资格进入市场的所有"经济人"或"游戏者"具有真正意义上的起点公平，因而其自由的公平竞争也可能从一开始起就是不公平的。拥有大量土地和地租收入的庄园主与一无所有的无产者毕竟不可能享有真正平等的参与资格，他们在市场游戏中的角逐一开始就不是真正公平的。第三，市场经济本身不能完全脱离人类生活的其他方面而孤立存在和发展，更不可能完全自发进行，它需要有必要的社会政治、文化和道德的条件。"文革"时期的中国不能实行市场经济，20 世纪末期的中国也不可能重复17、18 世纪英国资本主义和殖民扩张式经济发展道路。由于其特殊的政治经济结构、文化传统和其所面临的国际经济形势，今天的中国只可能选择"社会主义的市场经济"。这些条件限制本身即说明了市场经济本身的现实合理性限度。

还应该清醒地看到，市场经济本身如同一把双刃剑，具有其经济和道德上的两面性：在经济上，它既是激活效率的自由之源，可以创造空前丰富的物质财富，也可能造成资源和财富的巨大浪费；既具有原始的市场公正的"天然"性格，也可能因这种天性而导致日益扩大的弱肉强食和贫富差距。其所以如此，首先是因为市场经济所要求的自由竞争实际上难以确立真正公平的竞争起点，人的天赋才能的高低，集团和"民族国家"的贫富强弱现状，乃至地缘条件和自然资源的天然差异，等等，都会不同程度地限制个人、集团和"民族国家"参与市场竞争的原初能力和潜能，因而从一开始就或多或少地预定了竞争起点与结果的不公平。其次，由于社会政治经济结构和文化心理条件的制约，竞争过程的公平（即罗尔斯的所谓"程序公正"）也难以得到绝对保障，因之单纯靠市场调节机制所实现的社会分配，不能直接达到较充分程度的公平合理，在某种情况下甚至可能导致较严重的社会不公。易言之，经济竞争结果的合理合法，并不必然意味着社会和道德上的正当公平。再次，市场经济的目标模式虽然具有其经济合理性，却同时也内含着一定的社会风险和道德风险。如果缺乏必要的社会规范和道德约束，单纯的经济利益驱动和效益最大化追求，也会导致整个社会的实利主义风气和个人利己主义冲动，因之所谓"经济人"的说法就不仅是一种经济学考量的"出发点"，而且可能演化成某种人类社会的普遍事实，从而使人类社会生活单极化，人自身也异化为真正的"单面人"。

最后我们还必须注意到一个具有人类根本意义的现实问题：市场经济本身只关注资源配置的最佳有效方式，却缺少对资源贮存和来源的合理考量，因而在缺乏必要规范和约束的情况下，它自身不但难以确保社会经济的均衡发展（如当代某些新自由主义经济学家所想象的那样），而且更难以确保人类自然资源和生态环境的合理利用与保护。激进的自由主义经济模式，包括古典和现代的新老自由主义经济模式，并没有充分考虑自然资源和生态环境的合理利用与保护问题。盲目开采、掠夺性的能源摄取、无节制的资源浪费和不负责任的环境污染，不仅造成了当今人类日趋严重的"地球伦理问题"（臭氧层问题、能源危机、人口过剩与区域贫困化问题等），而且实质上也造成了与经济学所预期的"富国裕民"、为人类谋幸福的初衷背道而驰的后果。很显然，被污染的水和地球的普遍升温给人类生活带来的苦恼与危害，决不是靠充足的牛奶和奇妙的空调设备能补偿的，更何况它还危及人类代际公正的长远价值目标。

市场经济的这些缺陷和风险，表明市场经济本身需要必要的社会规导和限制，包括必要的道德规范。这就是我说的市场经济的外在道德规范性证明。这一证明至少包括五个基本方面：

（1）道德价值原本就是人类经济生活中一个不可或缺的必要考量。人既不可能是纯粹的"经济人"，也不可能是纯粹的"道德人"，即使是最典型的"守财奴"或最伟大的道德圣人也不会如此。当亚当·斯密谈到"经济人"和"道德人"时，他只是说，人性有善有恶（"利他"或"利己"）的原始事实，有可能导致人格的分裂，但真正具有健全理性的人是不会如此的，尤其是当我们把人类追求物质之善的经济行为与追求精神之善的道德行为都置于人性之善或人生完善的整体目标中来加以审视时，情况更是如此。

（2）合理健康的道德信念和规范构成了市场经济健康发展的必要条件。一些经济学家认为，市场经济有一个不言而喻的前提假设，那就是：求利是每一个人的基本天性，也是其投身于经济活动的根本动机。因此，经济学不必担心每一个经济行为主体参与竞争的动力，只需关注如何让每一个求利者能够自由参与并尽可能展开公平竞争的市场机制。通俗地说，它不必担心每一个游戏者参与游戏的游戏动机和动力，而只需关心如何建立一套公正的游戏规则。这也是现代新制度经济学和博弈论所特别强调的。但这种假设并不完整。在一些情形下，即使市场的游戏规则健全公正，所提供的游戏场所亦充分合适，且每一个参与游戏的人都具备积极的游戏动机和有效目标，也仍然不能确保游戏的公正有效。原因在于，每一个游戏者都是具有复杂心理情感和意愿的个人，他或她可以相信市场所提供的一切条件，但他或她能否对其他游戏者的公正心态和行为抱有同样的确信呢？当代经济学家们常常用来作为例证的"囚徒困境"① 表明了对这一问题的否定性回答。可见，市场经济的前提设定不只是经济的，还必须是道德的。比如说，必要的公共伦理信念和道德规范，就是市场经济普遍可能和持久进行的前提条件之一。诚实守信之于交易行为，勤劳节俭之于资本积累（这被认为是马克斯·韦伯的重大发现之一），团队精神之于企业的组织和发展（这被认为是日本现代化的成功经验之一），社会道义和人道精神之于经济管理，等等，可以说明这一点。

---

① 关于"囚徒困境"，一种较有解释力的分析可参见［德］科斯洛夫斯基的《伦理经济学原理》第65—68页。

（3）道德资源已被证明是一种可以转化的特殊社会资本。美国著名学者福山在其近著《信任——社会美德与繁荣的创造》一书中，通过对欧美、日本和其他东南亚国家的社会信任度差异的实证审察和分析，揭示了诸如诚信一类的"社会美德"在这些国家或地区的现代化经济生活中所产生的不同作用和效果①。一些经济学家未必承认道德资源可以转化为经济资本，可他们却不能不承认，虽然人们还不能精确地证实道德能够给市场经济增加什么，至少已经可以证明道德能够给市场经济活动减少什么，比如说，普遍的社会伦理信任可以降低市场的"交易成本"或"额外交易成本"。道德的这种"减少"效应，实际也就是一种经济的"增长"效益。

（4）道德作为人类行为和关系的一种持久有效的调节方式和规范系统，不仅可以作为确保社会正义分配的"第三种调节"方式，促进和完善社会的公平分配，而且也是社会正义（包括分配正义）的基本价值标准之一，因而也是保障和促进经济学自我确立的"富国裕民"之崇高目标的社会普遍化落实的重要条件。现代市场经济被公认为是制度化、秩序化和全球化的经济，其制度、秩序和全球化的内涵不是纯经济性的，至少还包含政治和法律、社会伦理和文化心理，甚至个人内在道德约束（如正义感、责任感）等规范内容。这其中，社会伦理规范作为一种无形的秩序和约束仍起着不可替代的作用。

（5）对市场经济和经济学的道德审察或伦理批判总是必要的。这是评价和反省社会经济事实的基本方式之一，其目的不是限制经济本身，而是限制经济活动中潜在的缺陷和可能的风险，规范人们的经济行为和活动，使其成本或费用尽可能经济合理，从而最终实现真正合理高效的经济目标。而它的深远意义则在于，始终保持人类政治、经济和文化之生活世界的完整和统一，确保人类社会理想与人格理想的完整和统一。这样，我们对市场经济之道德维度的探究本身也就是对人类幸福生活之道德基础与价值意义的追问。

《中国社会科学》2000 年第 2 期

---

① 参见［美］弗兰西斯·福山《信任——社会美德与繁荣的创造》，李宛蓉译，远方出版社 1998 年版。译者把"social virtue"译为"社会道德"欠贴切，现改译为"社会美德"。

"回到马克思"的原初理论语境

张一兵[*]

摘要 我的《回到马克思——经济学语境中的哲学话语》（以下简称"回到马克思"）一书在1999年出版时，有些批评和误读是事先想到的，可后来出现的某种言说倒真是出乎意料。意料之中的东西，首先无非想到过理论前辈们可能愤怒地声讨我的轻狂："回到马克思？人家都没有弄懂？！"其次，会是那些布尔乔亚自由主义者们的嘲笑声："现在还在折腾马克思？"意料之外的是，一些中青年马克思主义学者却从"回到马克思"中嗅出了历史的"霉腐"味道，然后，"马克思是我们的同时代人"被升腾为一种口号，以马克思主义的现代性旨趣来拒斥据说是面向过去的"原教旨"情结。对于这一类反应，原来我倒真没有思想准备。不过，现在我愿意接受这一挑战性的解读，再次回到"回到马克思"这一话题上，以对话的姿态重现这一理论工程的原初讨论域。我曾对这个学术目标做了如下的概括："在文本学的基础上，通过对马克思经济学研究语境中隐性哲学话语转换的描述，实现一个90年代中国马克思主义研究中应该提出的口号：'回到马克思'"。[①] 这一段话，如果加上"历史现象学"就涵盖了本文所要讨论的几个问题。

一 我们在什么意义上言说"回到马克思"？

在某些学者那里，"回到马克思"的理论意向被狭义地修饰成一种"原教旨"意味，误导读者形成一种错误的理解，似乎"回到马克思"不

---

* 张一兵，1956年生，南京大学哲学系教授。
① 参见拙著《回到马克思——经济学语境中的哲学话语》，江苏人民出版社1999年版，序言第8页。

是要重建我们从未达及的全新（文本阐释）的历史视域，以使我们真正有可能重新建构马克思思想的开放性和当代生成，而是唆使人们脱离现时代，无视当代资本主义的最新发展和中国改革开放的实际，回到过去的书本，停留在对文本进行一般的考古学诠释上，把马克思哲学演变成一种"理论实体主义"的文牍运作。这真算是一种很聪明的策略。原由很简单，这是一种话语权的维护。如果传统解释框架中马克思的语境不是现成性的终结之物，它自然是可重新生成的（无论是《马克思恩格斯全集》历史考证第二版（以下简称 MEGA2）的新文本，还是传统文本在当代理论视域中的全新解释效果），这就必然会使那种特定历史条件下铸成的体系哲学丧失权力话语的居上地位。所以，拒绝历史语境的开新是维护一种旧有的持存性，即马克思是现成的（解释学意义上的终结性），因此现在的事情只要宣布"马克思是我们的同时代人"就行了。事情果如此吗？

对"回到马克思"的拒绝潜藏了一种理论无根性的恐慌。由于过去我国的马列经典文献的翻译基本依赖苏东马列编译局的前期工作，中国读者并没有经过自己对第一手文献所进行的认真深入的解读，形成我们自己独立的、符合原创性的见解，并在此基础上与马克思达到的历史语境相交融。这种情况的出现，排除政治意识形态的原因，更主要的是源于方法论前提上的错误预设，即马克思是可以现成地"居有"的，似乎只要翻译一套全集，打开一部文本，马克思的思想便毫无遮蔽地在一个平面上全盘展开，剩下的只是根据我们现实的需要，任意地对其中的片段进行同质性（从第一卷的第一页，到最后一卷的最后一页）的抽取，拿它"联系实际"，拿它来与当代对话，拿它作为"发展"的前提。马克思学说的历史性生成在这里荡然无存。人们甚至根本意识不到苏东传统教科书解释框架对马克思文本先在的结构性编码作用。其实，所谓"回到马克思"不过是对此进行祛魅的一种策略罢了。

在解释学的常识中，任何"回到"都只能是一种历史视域的整合。同样，"回到马克思"中的这种"返本"也不是出于"顽强的崇古意识"，"退回到马克思的原典上去"，而是要摆脱对教条体制合法性的预设，消除现成性的强制，通过解读文本，实现中国人过去所说的"返本开新"。"回到马克思"本身就已经是带着我们今天最新的方法和语境在一个开放的视域中面对马克思了。

事实上，马克思哲学必须走向当代从来就是一个不争的事实，关键在于这一意向生成现实何以可能。是回避马克思哲学在教条主义解读模式下形成的历史视域之必然消解，麻木地以其为前提口号化地制造一种马克思当代化的宏大叙事，还是勇于重释旧经典，正视新文本，在一种新的历史视域中真正解决当代生活世界的新问题？这可能是我们争论这一问题的实质所在。"马克思是我们同时代的人"，作为一种理论口号，这是萨特在20世纪50年代、德里达在20世纪90年代相同口号的某种摹写。但需要追问的是，实现马克思之思的当代性言说，究竟是在一种"在手"状态的外在层面上使马克思的思想与"当代人的生活旨趣"做简单的对话，还是准确地捕捉到马克思思想逻辑最重要的问题契合点，以造成一种新的"接着说"的学术创新关系？这也是我在这一问题上的一个关键的异质性思考点。

我坚持认为，假如没有一个对马克思哲学文本（特别是 MEGA2）的第一手精心解读，没有对马克思思想发展脉络的科学的全面把握，就不可能真正实现马克思哲学的当代性言说，即使强制性地生造出马克思与某种当代思潮的"对话"，这些"对话"实际上无不是在现成性教条体制统摄下的一种外在链接。

二 什么是文本学的解读模式？

我明确提出了在马克思哲学研究中关注解读模式的重要性。在我们今天的学术讨论中，这仍然是一个没有被认真对待的方法论问题。学者们明明据以不同的研究方式，却以不同的理论尺度争论同一个问题。比如对"人学"、"实践唯物主义"等专题问题，还有青年马克思的《1844 年经济学哲学手稿》、晚年马克思的"人类学笔记"等重要文本的重新阐释。人们在争论问题前谁都不去首先确定自己的理论前提，即是在什么意义上、何种解读模型中涉入一定的理论讨论域的。这不能不说是一个必须加以认真注意的学术规范问题。

依我的观点，"以不同的话语、不同的阅读方式面对相同的文本，其解读结果可能会是根本异质的。还原到我们这里的研究语境，即以不同的解读方式面对马克思的文本，会产生出截然不同的理论图景"。[①] 也因此，

---

① 参见拙著《回到马克思——经济学语境中的哲学话语》，江苏人民出版社 1999 年版，序言第 2 页。

我明确区分了在理解马克思哲学发展史上客观存在着的"五大解读模式",即西方马克思学的模式、西方马克思主义人本学的模式、阿尔都塞的模式、苏东学者的模式和我国学者孙伯鍨教授的模式。孙教授早在20世纪70年代就以对马克思主义哲学经典原著精心深入的解读而著称。除去他的马克思恩格斯思想的两次转变论和《1844年经济学哲学手稿》中的两种理论逻辑相互消长的观点,对我影响极大的就是他这种独特的文本研究法,也正是这种解读模式,我称之为文本学的研究模式。对此,我再做一些说明。

这里所谓的文本学的对象域就是过去传统意义上的"马克思主义经典原著研究"。专门标识文本学这样一个新概念,为的是要明确造成一种理论逻辑上的分界。虽然文本学也是研究经典著作,但其基本的认知模型和方法与传统的原著研究已经相去甚远。从狭义的文本学角度来看(广义的文本可以泛指一切可解读的对象),所谓"文本",并非仅指特定论著中文字的总和,同时,文本的建构也背负了一个极其复杂的历史语境。任何文本的生成,都必然与作者历史的文化背景和写作背景密切相关,并且,由于作者本身的认知系统在创作文本的过程中是随着思的动态语境而改变的,这就必然决定了一个作者的文本本身不是一个静止同一的对象。文本自它诞生之日起,作者就已经"消隐"了(福科在同一意义上说"作者死了"),我们所能遭遇和对话的永远是历史性的文本而非作者本人(这一点对已故的文本作者表现尤为突出,马克思也在此列)。因此,文本所蕴含的思想不是在其字里行间的显性逻辑中呈线性地自行展开,它需要阅读主体通过自身的解读来历史性地获得。于是,读者的"支援背景"便在很大程度上影响了解读过程。伽达默尔所说的文本诠释中不同视域历史性融合和作为解释结果的"历史阐释效果",都说明了这个意思。而与伽达默尔的解释学最根本的不同,是我注明的文本学没有任何本体论的僭妄。

马克思主义经典原著传统研究中的主导话语和言说方式始终是非反思性的。以哲学文本为例,原著研究即用所谓教科书式的"哲学原理"非历史地反注马克思的文本和手稿,马克思原来文本写作中的历史性生成和针对不同对象的理论专题,被非历史地分割成"哲学基本问题"、"辩证法"、"认识论"和"历史观"。这里发生的问题是,马克思哲学文本被非历史地"原理化"了,实际上变成了一种荒谬的"按图索骥"。更有甚者，不同时期文本的异质性也一再被忽略，成了完全同质性的、可以任意援引的"语录堆砌体"。正是这样一种方法论上的误区，导致了我们关于马克思哲学文本的研究长期低水平徘徊，理论创新缺乏活力。我认为，要改变这一状况，只有借助于历史性的"文本学解读"，使过去在传统解读构架内的熟知文本重新"陌生化"，以建构一种全新的历史性理解视域。由于文本的形成过程不是一个静止的或线性的思维直叙，也不是一个毫无异质性的自我"独白"，而是作者在与他同时代的人的思想交锋和碰撞中陆续形成的（大量的文本群就尤其如此），这就决定了文本的解读必须建立在发生学基础上，从历史性中去评估其在理论建构中的真正价值。如果转换到对马克思哲学文本的历史性解读上，就是坚决将体系哲学的前见（"原理"）悬设起来，将原来的文本阐释结果加上括号，以历史本身的时间与空间的结构，让马克思文本的原初语境呈现出来，从而获得一种全新的理解结果。这实际上是一个马斯洛所说的"再圣化"的过程，它要求读者将已有的成见置于阅读行为之外，非直接性地面对文本，也即胡塞尔的"放弃现成的给定性"，回到事物本身。而这正是"回到马克思"的原初语境。

三 马克思经济学语境中的哲学话语

在对文本学的解读模式进行了方法论上的理论梳理之后，我们要进入一个更加具体而微观的话题中，即"回到马克思"所确立的新型解读视角，这就是从马克思经济学研究的深层语境中去重新探索他的哲学话语。

首先，从马克思一生的学术研究全程看，自他 1842 年下半年开始第一次涉足经济学研究起，经济学内容就始终在他中后期的学术研究中占到了 70% 以上的比例，到晚年这一比例甚至高达 90%。1846 年以后，对于作为马克思主义创始人的马克思来说，纯粹的哲学和科学社会主义研究，在独立的意义上根本从来没有存在过。马克思在对资产阶级政治经济学经典作家的文本解读中认识到，经济学所面对的种种状况正是当时的社会现实。用恩格斯的话说，在那时，经济就是唯一的现实。所以，从客观历史现实出发，首先要完成的便是对经济学的深入理解，也只有弄清这一主导性研究本身的真实历程，才能从根本上明白过去那种"纯而又纯"的哲学和科学社会主义发展线索的真实基础。

其次，从经济学语境中去探寻哲学思想内在脉络的意义，还在于打破传统解释构架中那种条块分割式的僵化理论边界。我认为，在我们传统的马克思主义理论研究中，过分硬化了马克思主义理论子系统之间的边界。这也就是说，在马克思理论研究的真实进程中，他的哲学、经济学和社会历史现实批判（科学社会主义）是一个完整的始终没有分离的整体，各种理论研究相互之间是渗透和包容的关系。所以，我们对马克思的经济学研究不理解马克思的哲学观点不行，哲学分析完全离开马克思的经济学研究也同样不行，这两种研究脱离了马克思批判资本主义的现实目的更不行。研究马克思的哲学是一定要认真读懂马克思的经济学著作的，否则，将不可避免地流于形而上学的轻浮。这也正是"回到马克思"的原发性研究意图和全新视角所在。下面我将就马克思哲学思想发展中的三个理论制高点的发现来谈谈经济学研究的重要性。

青年马克思哲学思想的第一次转变，即从唯心主义转向一般唯物主义、从民主主义转向社会主义（共产主义）。这一转变始发于《克罗茨纳赫笔记》，经过《黑格尔法哲学批判》和《论犹太人问题》，在《巴黎笔记》后期和《1844年经济学哲学手稿》中达至最高点。这是马克思在历史研究和与社会主义工人运动的实践接触的现实基础上进行经济学研究的结果。从当时欧洲思想史整体状况的视角来看，马克思的这一思想转变并非一种简单的理论剖新，而是在诸多背景因素（包括费尔巴哈的一般唯物主义、黑格尔的辩证法和青年恩格斯、赫斯和蒲鲁东基于经济学的哲学批判和社会主义观点）制约下发生的逻辑认同。更重要的是客观存在于古典经济学中的社会唯物主义思路与方法，这一点恰恰是此时还处于人本主义异化史观构架中的青年马克思拒绝和否定的方面。如果不能通过马克思经济学研究的理论参照系来确证，则对《1844年经济学哲学手稿》的解读仍将是停留在"纯粹"哲学话语层面的名词释义罢了。那样，劳动异化史观被指认为唯物史观，人学被误识为马克思主义哲学，就不足为怪了。

马克思思想的第二次转变也即他的第一个伟大发现——广义历史唯物主义的创立才是真正意义上的马克思主义的哲学革命。它发生在马克思第二次经济学研究即形成《布鲁塞尔笔记》和《曼彻斯特笔记》的进程中，自《关于费尔巴哈的提纲》始，经过《德意志意识形态》，到马克思致巴·瓦·安年柯夫的信。这一转变最重要的理论基础是马克思对政治经济学科学批判基点的形成。我以为，除去社会主义实践和其他哲学观念的作用，马克思正是通过对古典经济学中斯密、李嘉图社会历史观的社会唯物主义的认同以及对资产阶级意识形态的批判性超越，才创立了历史唯物主义与历史辩证法。在这个意义上我们也可以说，马克思越是深入研究政治经济学，也就越是接近历史唯物主义。历史唯物主义是马克思与以往的一切形而上学进行了"彻底决裂"之后，在经济学话语之上建立的新的哲学话语。这是一种全新的现实的历史话语。

马克思哲学思想的第三次重大转变仍然基于他的第三次经济学研究。这个过程从《哲学的贫困》开始，经过《1850—1853 年伦敦笔记》，在《1857—1858 年经济学手稿》中基本完成。在我看来，这第三次转变并非异质性的思想革命，而是他哲学研究的进一步深入，即建立在狭义历史唯物主义和历史认识论之上的历史现象学的创立。其直接基础就是马克思在经济学中具有革命性突破的伟大发现——剩余价值理论的形成。1847 年以后，马克思开始对以"资产阶级社会"为生产力发展最高点的人类社会历史进行科学的批判考察。面对资本主义大工业所实现的生产方式，他在完成政治经济学科学理论建构的同时，实现了以人类社会历史发展的生产力最高水平为尺度的对人类社会及其个体的现实存在的哲学确证与批判。因此，在这一研究过程中，哲学探讨不但没有被放弃，反而获得了真正的实现。因为正是在马克思对前资本主义社会特别是资本主义社会的经济历史研究中，人类社会发展的历史本质才第一次得到了科学地说明，每一社会历史发展的特殊运行规律也才第一次被揭示出来，人与自然的关系、人与人的社会关系，第一次在真实的社会历史情境中被具体地指认。这也就是马克思创立的狭义历史唯物主义哲学理论的主要内容。在"资产阶级"社会化大生产过程中，分工和交换所形成的生活条件必然导致人的社会劳动关系（类）的客观外在化（价值），以及资本主义市场条件下进一步的物役性颠倒关系（资本），因此也就历史地构筑了有史以来在社会生活方面最复杂的社会层面和内在结构，这必然形成独特的历史认识论的全新哲学基础。而批判性地去除资产阶级意识形态拜物教，透过各种颠倒和物化的经济关系假象，最终科学地说明资本主义生产方式的本质，就是马克思新的科学批判理论——历史现象学的主体内容了。

四 "历史现象学"的基本含义

那么，我用来指谓马克思的科学批判理论的"历史现象学"，其真实内涵究竟是什么？与学界对上述研究方法的缄默态度不同的是，"历史现象学"这一概念提出以后，立刻遭到了一些学者的质疑，其中也包括我的老师孙伯鍨教授的批评。他们的疑问是：用"现象学"来指认马克思哲学的理论成果，其合法性何在？应该说，这是一个很有意义的提问。我以为，问题的关键是对"现象学"的历史界划。

自《逻辑研究》发表以来，现象学作为 20 世纪西方哲学的"显学"广为人知。只要一看见这三个字，人们很容易将它与胡塞尔、海德格尔等大师联系在一起。然而，必须声明的是，我使用这一概念的意义场，并不是来自胡塞尔的现代现象学，而是源于类似康德以后直至黑格尔所指称的古典意义上的现象学，它是在传统本体论和传统认识论之中生发出来的。与胡塞尔主张的"意识现象学"不同，这种现象学并非要求人们以自我的内省或体验以及一种意识的精致微观结构去面向"事实"，达到一种先验本质的"澄明"境界。相反，它是从休谟的经验怀疑论开始，奠基于康德断裂开来的二元世界中的"现象界"，再经费希特、谢林的主体性努力，最终在黑格尔的绝对观念中达成现象与本质的统一。黑格尔所创立的"精神现象学"，就是本体论和认识论相统一的批判立场，它要求人们关注从具体地感知物相到构成感性确定性的"知觉"，直至自我意识构架的分层现象结构，以及在现象背后作为最终本质和规律的绝对理念的揭示。这种古典意义上的"现象学"，是黑格尔在批判康德认识论的基础上发展起来的，通过研究事物（本质）在时间内的历史地呈现（显相）出来的认知科学。以黑格尔自己的话说，精神现象学的主要任务是，"运用辩证的方法和发展的观点来研究分析人的意识、精神发展的历史过程，由最低阶段以至于最高阶段分析其矛盾发展的过程"①。因此，黑格尔本人在《精神现象学》的序言和导论中都曾说过："精神现象学所描述的就是一般科学或知识的形成过程。"这是我借用这一概念的缘起性语境。当然，马克思从来没有用"历史现

---

① ［德］黑格尔：《精神现象学》上卷，商务印书馆 1981 年版，第 16 页。

象学"来指认自己的理论，这只是我在黑格尔古典现象学批判语境中的一种借喻。即马克思在经济学研究中确认，面对资本主义经济生活过程，必须经由对多重物化颠倒的商品——市场中介关系的历史性剥离，才有可能达到对事物本质非直接性的批判认知。这种历史性的批判现象学，在很大程度上与列宁所说的"透过现象看本质"是一致的。

费尔巴哈在批判黑格尔的唯心主义和神正论的过程中，创立了批判人的类本质异化的人学现象学，这是对黑格尔哲学的逻辑颠倒。而青年马克思在 1845 年最初的经济学批判中，在赫斯的经济异化批判理论基础上提出了劳动异化理论。在马克思看来，赫斯由于缺乏真正的哲学基础，尤其是对费尔巴哈和黑格尔的深刻了解，他的论述是不够鞭辟入里的。更主要的是，赫斯的交换（金钱）异化论已经被马克思从劳动生产（对象化）异化出发的更深一层的完整经济异化理论取代了。虽然相对于古典经济学现实的客观思路，马克思的这种人本主义逻辑——理想化的悬设的劳动类本质还是隐性唯心史观的，他不得不为了革命的结论而伦理地批判现实，但这也正是他自我指认的一种新的批判思路的出现，不同于费尔巴哈的人学现象学，它是一种在全新的逻辑建构中穿透资产阶级经济现象批判的人本主义社会现象学。

而在 1845—1847 年的哲学革命中，马克思在抛弃人本主义异化批判逻辑时，实际上已经在实证科学的意味上否定了现象学认知（往往与异化逻辑相同）的合法性。可是，在《1850—1853 年伦敦笔记》对经济学资料的详尽占有过程中，他再一次在科学的视域中意识到现实资本主义经济关系的颠倒和物化的复杂性，所以，在超越古典经济学的意识形态边界的同时，马克思重新创立了在狭义历史唯物主义和社会认识论基础上的历史现象学。马克思这时关心的问题不再是一般广义历史唯物主义的原则，而以狭义历史唯物主义的观点去透视这种颠倒的假象，即如何去掉一层层现象和假象，达到那个真实存在的本质和规律。这是由于，资本主义经济现实的自然性（自在性）中客观发生的多重颠倒和客观异化，这才需要非直观和非现成的批判性现象学。这里，它不是黑格尔精神现象学所面对的主观现象，也不是费尔巴哈和青年马克思自己原来那种否定现实经济现象的人本主义社会现象学，因为马克思这时的历史现象学的前提是社会关系的客观颠倒，这种颠倒的消除不可能在观念中实现，必须由物质变革来完成。科学的社会历史的现象学说明资本主义经济现象中的这种颠倒是如何历史形成的，它要揭露资本主义生产方式中客观颠倒的社会关系，以最终揭露资本主义经济剥削的秘密。具体地说，马克思必须面对复杂的物、物相、外在关系、颠倒了的关系、物化关系，非主导性的关系（如过去了的封建关系），在科学的历史抽象中找到原有的关系（简单关系），再一步步再现今天真实的复杂关系和颠倒了的社会结构。这不是直观或抽象的反映，而是一种重构式的反映。这里既要一步步破除社会关系中由于颠倒所产生的迷碍，获得史前的简单的社会关系，又要从这种抽象的关系一步步复归于颠倒的各种复杂的经济现象。这就使马克思进一步发现，直接面对资本主义经济现象中的资本、货币、价值、商品等，个人和一般人的常识眼睛是看不清它们的本质的，因为这是一种颠倒的歪曲的社会现象。资产阶级政治经济学（包括它的社会唯物主义）同样是以这种假象作为肯定性前提的。马克思这时关心的问题就是去掉意识形态，发现经济现实（物相）的本真性（生产关系）。这是马克思历史现象学的根本基点。也在这个意义上，我才提出，马克思的历史现象学正是他政治经济学革命的内在逻辑前提。这是过去我们传统的研究没有认真注意的方面。所以，历史现象学是马克思《1857—1858年经济学手稿》的最重要的哲学成果，也是马克思哲学思想发展的最重要的理论制高点。

我以为，马克思哲学研究中一切当代性的学术创新是有前提的，这就是不可跨越的我们自己"回到马克思"的基础性研究。在此，我想援引我的老师孙伯鍨教授的一段话作为本文的结语："任何发展都好象是历史的延伸，但又不是简单的历史延伸。在发展的道路上不仅充满了曲折和迂回，而且仿佛还有向出发点的回归。但这种回归不是要放弃已经卓有成效地获得的一切而是要寻找新起点，以便向更高的目标推进。马克思在谈到无产阶级社会主义革命不得不在苦难和挫折中曲折发展时说道：'像十九世纪的革命这样的无产阶级革命，则经常自己批判自己，往往在前进中停下脚步，返回到仿佛已经完成的事情上去，以便重新开始把这些事情再作一遍；它们十分无情地嘲笑自己的初次企图的不彻底性、弱点和不适当的地方；它们把敌人打倒在地上，好像只是为了要让敌人从土地里吸取新的力量并且更加强壮地在它们前面挺立起来一样；它们在自己无限宏伟的目标面前，再三往后退却，一直到形成无路可退的情况时为止，……①马克思主义哲学的发展经历着和上述情境相同的道路。'回到马克思'，'回到马克思的最初文本'，这几乎是当今所有致力于研究和探讨马克思主义哲学的人们的共同意向。如果像上述马克思所生动描写的那样，不惜把事情重做一遍，以便坚决地、更彻底地把马克思的思想和事业推向前进，这自然是十分正确而明智的。回到马克思，回到原初作品，是为了凭借一个多世纪以来革命史和学说史的丰富经验（成功的和失败的，正面的和反面的），借鉴马克思以后全世界历史发展的多方面丰富而生动的事实，进一步探索马克思主义哲学革命变革的真正本质。通过这种探索进而去挖掘马克思主义哲学的新的理论层面和精神内涵，以便使马克思的学说不仅成功地运用于破坏一个旧的世界秩序，而且能成功地运用于建设一个新的世界秩序；不仅能成功地运用于革命和战争的旧时代，而且能成功地运用于和平和发展的新时代，这是时代的呼唤，历史赋予马克思主义哲学的新使命。马克思主义哲学能不能面对时代的挑战，肩负起历史的重担，这是当今中国的马克思主义哲学家们集中思考的大问题"②。

《中国社会科学》2001 年第 3 期

---

① 《马克思恩格斯全集》第 8 卷，人民出版社 1961 年版，第 125 页。

② 参见孙伯鍨为拙作《马克思历史辩证法的主体向度》一书所作的序，河南人民出版社 1995 年版。

克隆人：不可逾越的伦理禁区

甘绍平 *

摘要 本文围绕关于克隆人的伦理问题这一主题，首先从技术层面阐述了克隆人实验所面临的无可逾越的伦理难关；然后依照人们之所以要求克隆人的四项理据来具体分析克隆行为是如何损害被克隆者的公民权益的，如他的唯一性、独特性大大降低，其自我欲求、需要、生存价值将受到限制，其作为道德主体所应拥有的自主性、自决权及与他人一样的平等地位将遭到无情的否定，从而得出禁止克隆人已经成为我们社会的一项新的道德命令的结论；最后从克隆人问题的论争中，引发出对现代化运动的核心价值诉求、公民社会的根本伦理原则以及伦理学在这个史无前例的科技时代的重要功能和神圣使命等问题的一些理论探索。

关键词 克隆人 自主原则 责任伦理 公民社会

在今天的伦理学领域没有任何一个问题像克隆人问题那样引发了如此强烈的社会震撼、如此巨大的观念分歧、如此激烈的学术论战。在我看来，这场争论本来是不应该有如此的规模和程度的。因为令笔者百思不得其解的是：在大家都知道，克隆人的方案单从技术的层面来看就面临着一个无可逾越的伦理难关的情况下，在国际社会已达成禁止克隆人的共识、中国政府也已做出坚定的承诺的背景下，为什么仍然有人坚持主张进行克隆人实验？这些人声称科学研究没有禁区，人类追求科学的精神本身是任何力量也阻挡不了的，科学探索的求真本性及其所迸发的巨大能量不仅会冲破"过时"的伦理规范的束缚，而且还能促进伦理学本身的"更新"。笔者认为，这里问题的关键就在于，支持克隆人实验者明显地只是从科学

---

* 甘绍平，1959 年生，哲学博士，中国社会科学院哲学研究所副研究员。

研究的立场以及我们现实活着的人的利益出发，而丝毫没有设身处地地为未来被克隆者的权益与需求着想。说得严重些，在他们身上对科学的崇拜、对利益的迷恋或许已经完全窒息了对人权理念的敏感性。本文首先从技术层面来阐述克隆人实验所要面临的无可逾越的伦理难关；然后依照人们之所以要求克隆人的四项理据来具体分析克隆行为是如何损害被克隆者的公民权益的，从而得出禁止克隆人已经成为我们社会的一项新的道德命令的结论；最后将从克隆人问题的论争中，引发出对现代化运动的核心价值诉求、公民社会的根本伦理原则以及伦理学在这个史无前例的科技时代的重要功能和神圣使命等问题的一些理论探索。

一　技术层面的伦理难关

笔者发现，伦理学界一些支持克隆人实验的文章，常常弄不清基本的技术层面的问题，而将"生殖性克隆"（即克隆人研究）和"治疗性克隆"（即从克隆胚胎中提取干细胞，然后使之培养成人们所需要的各种人体器官）混为一谈，用支持治疗性克隆的理据来论证生殖性克隆。其实，在我国治疗性克隆问题并没有引发多少伦理论争，可以说支持治疗性克隆研究已经成为一种普遍的社会共识。治疗性克隆争论的核心问题是人类胚胎与亟须治疗的病人利益的冲突问题。在笔者看来，人类对早期人类胚胎无疑拥有尊重与保护的义务，因此以经济或其他医疗之外的科研为目的的胚胎研究是不道德的，是绝对要禁止的。但这种保护在某种特定的情况下也允许有例外，那就是它必须服从于一个更高的道德目的，这个目的就是解除人类遭受病魔摧残的痛苦，挽救无数病人宝贵的生命。也就是说，在病人亟须医治这一特殊的情况下，胚胎的生命应让位于病患者的生命。我们之所以在胚胎与病人的权益发生冲突时，赞同选择牺牲前者而保障后者，其理由与堕胎的理由是相类似的。在对不同的人类生命形态的抉择上，很难能有什么纯粹理性的理由，起决定作用的是人类的感受性——这包括感知者主体的感受性与被感知者自身的感受性，前者往往取决于后者，正像在孕妇难产，医生只能保住一条性命之时，任何人都不会认为保胎儿舍孕妇的决定是正常的那样。

在我国，伦理论争的焦点不是治疗性克隆问题，而是生殖性克隆，即克隆人问题。有关克隆人的伦理问题的论争，无论呈现出多么巨大的观念

克隆人：不可逾越的伦理禁区

差异与意见分歧，在一点上人们似乎是不难达成共识的，即克隆人的伦理问题是一个典型的、但又极具特色与难度的应用伦理学课题。就其典型性而言，克隆人问题涉及鲜明的伦理冲突，因而亟待应用伦理学提供一个平台，让当事人在理性、平和、宽松的气氛中针对利益矛盾和冲突进行商谈，从而试图在某个平衡点上达成使矛盾与冲突得以化解的共识。就其特殊性而言，又表现为如下两个层面，其一，克隆人问题所涉及的伦理冲突并非现实的公民之间的利益冲突，而是——就像生态伦理与可持续发展问题那样——涉及当今的公民与未来的公民之间的利益冲突。而作为未来公民的当事人又不可能参与关涉或决定自身命运的理性的商谈，换言之，所有的当事人不可能同时出现在交谈的平台上。这就决定了商谈只能存在于现实中活着的、自称是克隆人利益的代表们之间。而在没有（也不可能）得到克隆人的授权或同意的情况下，克隆人研究的支持者与反对者均可以自称是克隆人利益的代表。其二，在克隆人问题的论争中不可能出现类似于支持者与反对者各退一步，从而达成问题的解决的平衡点；相反地，在这个问题上只有一种选择：克隆人实验要么做，要么不做。且支持者认为做是对的，而反对者则认为做是大错特错的，且其后果是灾难性的，是无可挽回的，因为单从技术层面上看，人们根本就无法解决克隆人的安全性问题。人类虽已破译了一些遗传物质，但就细胞生物学层面的基因的相互作用而言，仍然还是一个未知的领域。细胞生物学的真正革命，并不在于对人类、动物和植物的基因的破译，而是在于揭示这些基因的相互作用。我们无法预知，如果对某一种在功能上与其他基因紧密相连的基因进行干预性改变，生物体内的这种自然的相互牵制的系统会发生何种连锁反应。而根据目前所掌握的知识，要想将人类基因组的全部（3 万—4 万）基因重新准确地排列并使之正常发挥作用，这根本就不可能做到。恰恰是这一点构成了人们反对克隆人的一个重要理据。因为谁也无法排除这样一种风险：克隆技术很有可能导致大量的流产与残障婴儿。而要解决安全性问题，除了依靠一次又一次的科学实验之外，没有其他办法。由于每个人都是一位拥有着神圣不可侵犯权利的主体，任何人都不愿将自己也无权将别人——以牺牲生命和幸福为代价——作为科学研究的试验品，作为科学研究统计结果中的一个简单的数目，就此而言，克隆人的方案单从技术的层面来看，就面临着一个无可逾越的伦理难关。然而，在克隆人实验会导致大量畸形和残障婴儿的出现这样一个现实的伦理难题面前，我们的某些支持克隆人研究的科学家未曾表现出丝毫的以维护人权为核心的价值理念及起码的道德良知，他们的回答竟然还是那句极其冷漠和不负责任的话："技术的不成熟只有靠研究发展去解决！"

二　公民社会的人道灾难

由于克隆人实验在技术上无法解决安全性问题，所以有关克隆人的论争本来是应该就此打住的。但 2002 年底有人声称第一位克隆人即将诞生，而且"十分健康"。于是关于克隆人的聒噪又重新出现。所以就又产生了在技术安全方面的障碍已被排除的条件下（如上所述，这是不可能的）是否还是可以进行克隆人活动的争论。而根据目前能够搜集到的资料，人们之所以有克隆人的想法，除了科学家的好奇心的驱使之外，至少有四个比较流行的理由，按强烈程度排列依次是：第一，为了满足不孕夫妇生儿育女的需求。第二，为了怀念故人。第三，为了让单身男女留下后代。第四，为了塑造"新人"。从前三条理由来看，满足现实中活着的人的需求是克隆人体的优先考量，而被克隆者的利益显然不被重视。只有第四条理由，才隐约暗含着对被克隆者需求的某种"顾及"。因此，笔者认为反对克隆人的一个强大理据，便是我们应进行"换位思考"，应当从克隆人的利益而不是我们活着的人的利益出发，不应牺牲克隆人的权益来满足我们的需求。因为尽管我们不是克隆人，并不了解克隆人自己的想法，但我们拥有理论思维、逻辑推理的能力，可以根据"人同此心，心同此理"的法则，依托我们现有的状态和感受来推测克隆人的状态与感受，可以根据我们现在活着的人们对权益的需求来推测克隆人的权益需求。正如我们虽不是未来人，但我们能够通过自己对自然资源的需求来推测未来人类同样的需求，而制定出可持续发展的战略一样。同理，我们是社会公民，享有公民应有的一切权利，于是我们也自然会主张未来人作为公民，也应享有我们现在享受着的公民权利。而当我们意识到克隆人有可能出现，他们理应享有的公民权利将受到严重的损害而可能成为二等公民，从而引发人道灾难的时候，我们自然会深感不安、不忍与不平。那么克隆人的权益究竟是怎样受到侵害的呢？这要从人们之所以要克隆人体的四项理据谈起（至于反对克隆人的其他尽人皆知的理由，如克隆人的身份难以认定，他们与基因提供者之间的关系无法纳入现有的法律及伦理体系等，本文不再赘述）。

第一，为了使不孕夫妇留下后代，所以要克隆人。罹患不育症的夫妇，若因没有精子或卵子而丧失了自然生殖能力，那么生殖性克隆或许便是这些夫妇留下后代的唯一选择。就此，笔者反对的理据是，生殖性克隆尽管满足了父母留下后代的愿望，但对于被克隆的后代而言，他的独特性却受到了严重的损害，因为他的基因并非像普通人那样是父母基因重组而形成的一个崭新的基因组，而是"父"（或"母"）基因的大致承袭。支持克隆人者会反驳说，克隆人（如男孩）虽继承了基因供体（"父亲"）的遗传特征，但"克隆"绝不等于完全的"复制"，因为在克隆人的遗传性状的形成过程中，"母亲"卵细胞质中的线粒体和质体所具有的基因也会发生作用，所以克隆人的遗传密码表达方式和特征与"父亲"的并不相同。更何况人不仅是自然的人，也是社会的人，克隆人的个性、智力的发展往往还取决于社会环境的影响。然而上述这些论据并没能为克隆人的独特性受到损害的指控提供强有力的反驳。因为克隆人从遗传特性上虽然不可能与原来的供体完全相同，但毕竟也是非常相同；克隆人不会与他的供体完全相像，但毕竟也是非常相像。与以自然生殖方式生育的普通人相比，克隆人在遗传特性上的"自由度"、"开放度"受到了根本性的限制。普通人在体征与性格上可能承袭父亲，也可能承袭母亲，也可能超越父母而拥有更优秀的表现；而克隆人则在很大程度上先定地受制于其基因供体。他的独特性、唯一性虽不能说是被完全否定了，但也肯定是大大降低了。他虽可以在今后的社会生活中，在环境、时代等因素的作用下，通过自己的努力而展示出自己独特的才华、成就与贡献，但却永远也摆脱不了在遗传特性上先定的制约，而这种制约是人为的，是为了满足其基因供体留有后代的欲望而造成的。这也就意味着，为了满足不孕夫妇生育儿女的需求，必须以牺牲儿女在自然属性和遗传特性上完全的开放性、独特性、唯一性为代价，必须以其独特性、唯一性的大打折扣为代价。令人深思的是，在父母留有后代的欲望与儿女本应拥有的体现在新质的基因组上的完整的独特性、唯一性的权益之间的权衡中，天平就自然应当倒向父母那一边吗？或许有人会以孪生兄弟和姐妹尽管携带有完全相同的遗传信息（基因），但并不因此而感到自己的独特性、唯一性受到损害，并不因此而具有贬值感为由，来论证克隆人的合理性。然而这一理据是没有说服力的。自然生殖的孪生兄弟和姐妹虽然拥有完全相同的基因，但这基因组是经父母基因结合、重组程序重新塑造而成的，是新质的。它的唯一性、独特性、不可重复性并不因由两个人分享而受到损害，两个人完全可以在这种新质的起点上，各自独立地展示自己独特的生命征程。但克隆人的情形则不同，克隆人的基因组在极大程度上重复了基因供体的基因，因而在质量的新颖性上大打了折扣。它不是世界上的唯一，而大体上是对其供体的"复制"。基因虽不能决定克隆人一生的独特性，但被克隆的基因从起点上便先定地限制了克隆人独特性的塑造。而所有这一切都是人为造成的，人们不禁要问，为什么克隆人就必须遭受这种限制与制约？他同样也是公民，为什么就可以丧失表现在遗传特性上完全的、不折不扣的开放性、独特性、唯一性的权利？

第二，为了怀念故人。故人不可起死回生，但若对他进行克隆，克隆人拥有的与故人近似相同的外形，可以唤起人们对故人的回忆与思念，满足对故人深切的怀念之情。

在基于这样一种目的克隆人体的行为中，克隆人的工具性地位体现得最为明显。许多人会辩解说，在以自然生殖方式生育后代的活动中，父母也难免完全摆脱功利性的动机。这一点无可否认。有人生育后代是为了防老，有人是为了继承家产家业，有人（如残障夫妇）希望生个孩子作为帮手、依靠，甚至还有夫妇为了挽救患白血病的第一个孩子，而特意生育第二个孩子以提取所需的同基因细胞。这些功利性动机对于被生育的儿童而言都构成了一种外在决定，都在不同程度上将儿童置于一种工具性的地位。但这些带有功利性动机的生育行为——由于是以自然生殖方式——并没有妨碍被生育者是一个拥有自己独特外形及完全新质基因的"新人"；没有妨碍他成人后意识到自己并不是父母的私有财产或工具，而是享有自我决定权利的平等公民；没有妨碍他完全有能力决定是否按照父母的意愿去行事，况且在相当大的程度上父母的意愿与他自己的心愿恰好是完全相符的（如当得知能够给哥哥提供珍贵的细胞组织，从而挽救哥哥的性命时，弟弟对父母的这种在某种意义上使自己置于工具性地位的外在决定完全是可以认可的，因为与挽救生命相比，这种牺牲应当讲是次级性的，是可以承受的，也应当承受）。

然而克隆人的情形却要严峻得多，因为它涉及太强烈的外在决定与期许、太根本性的外在塑造。首先，克隆人的外形（体形、体质）就已经先定了，他不允许也不可能拥有自己的外貌，而必须是显示着其先行者的外形。克隆行为的决定者对克隆人作为一个独立的新人并不感兴趣，感兴趣的是先行者体现在他身上的复制，甚至复活与再生。人们每时每刻都在将克隆人与其先行者进行对比，期望摹本与其原件越像越好，而克隆人则永远也不可能摆脱其先行者的阴影。人们不仅希望克隆人再现先行者的外形，而且——如美国妇女雅西梅所说——盼望他拥有其灵魂。人们虽不可能让先行者起死回生，却希望通过克隆人达到起死回生之效果。而克隆人则肩负着使其先行者复活的使命，他来自其先行者，且也是因为先行者而来，这样他的毕生任务、生存价值、全部命运也就由外人先在地决定了，而这种预先决定与他的自我意志、自身的利益、他的独特性及自我实现的需求毫无关系。他若有成就，人们会讲这要归功于他拥有其基因供体的基因；他若没有佳绩，人们就会责怪他为什么不如其先行者。他无法想象，他这一生除了作为先行者的副本、作为人们怀念先行者的工具之外，还有多少是属于他自己的。人们在克隆一位死去的公民，以期达到使他复活的效果之时，也在埋葬另一位公民自己的欲求、需要、权利与生存价值。

第三，为了让单身男女能够拥有后代。主张者（如美国法哲学家德沃金、意大利医生安蒂诺里）认为，每个人都拥有生殖的权利与自由；生育后代甚至被看成自己人生意义与价值的一个最重要的部分，因而生殖权是"天赋人权"之一。而享有生殖权者不仅限于已婚男女，也涵盖"单身贵族"。克隆自己是这些单身男女实践其生殖权益的途径之一。从另一角度来看，每个人的 DNA 是他的私有财产，每个公民均有权决定何时、以何种方式来复制它。应当说，这样一种强调个体拥有生殖权、拥有通过某种方式"延续"自己生命的想法并不新鲜稀奇。在克隆技术进入人们的视线之前，六旬老妪利用试管技术怀育小宝宝，男死刑犯临刑前要求留下精液，通过人工授精方式让妻子怀孕，以实现其传宗接代之愿望的报道早已见诸报端。因此，借助克隆技术实现单身贵族生殖权的问题就不是一个独特的克隆人伦理问题，而是一个也与试管技术、人工授精技术相关联的单身男女之生殖权益与被生育的后代的权益之间的伦理冲突问题，简言之，是单身男女生育后代的合法性这样一个宽泛的伦理难题。毫无疑问，人类拥有生殖的欲望与权利，但问题在于当这种权益严重关涉到另一位个体（被生育的后代）的基本权益与需求，并且有可能对后者造成根本性的消极影响的时候，这种权益的合法性便就不再是不容置疑的了

（按照我国《婚姻法》的规定，为了防止后代罹患遗传疾病，有着直系血亲和三代以内旁系血亲关系的男女连结婚都不允许，更遑论什么生育权）。于是人们就必须在不同的权益之间比较来确定权重。无数科学研究成果及统计数字均表明，家庭作为人类社会的基本构件、人类关系的基本单元，并不是某个或某些人随随便便发明创造而产生的，而是人类历史在漫长的自我探索与选择的进程中结出的文明成果。历史上曾有过取代家庭的实验，但新的模式给人们带来的都是灾难性的后果，因而从未真正赢得成功。而双亲家庭又是最有益于儿童身心发育、形成健全的人格和成熟的自主性及完美的爱的情感体验，从而避免罹患认知与情绪上的心理障碍的环境。相反，在丧失父母一方的家庭中的儿童，由于无法体验完整的父母之爱，其人格发展也难以达到健全的水平，心理失常、行为不轨的概率要远远高于双亲家庭中的同龄人。现实社会中由于父母离异造成的对子女的伤害已经是一种很大的不幸，但这些子女至少还拥有他们的父母，至少还曾经拥有过完整的双亲家庭。而通过克隆技术使单身男女生殖后代的行为，则使作为后代的当事人应当享有的、其基因供体（即单身贵族）曾经享有过的拥有父母双亲的权利被先天地剥夺了，他从存在之时起便被先天地打入无父或无母的单亲家庭之列，这对于克隆人来讲，能说是公平的吗？这种不公平性，这种显而易见的对克隆人的身心伤害足以构成对单身贵族的生育权予以否定的强有力的理由。试想，假如单身贵族硬是要选择克隆人技术进行生殖，从而使克隆人强制性地在一个单亲家庭中生活，那么根据公平原则，克隆人长大之后也有权针对基因供体的选择再作一次选择，即逃离这个家庭，寻找一个更"全新的"生存空间。于是，单身贵族拥有一个自己的后代的愿望终将成为泡影。

第四，为了改良未来人类的自然禀性，从而塑造"新人"。值得注意的是，通过克隆技术来改变人的禀性（die Natur，在这里是指"身心方面的自然性状、原初状态"，也译为"本性"）的想法，主要不是来自目前那几位声称已经在进行克隆人实验的所谓克隆狂人（恰恰相反，他们所主张的克隆人的理由往往都在本文所列出的前三项中，且他们中的 P. M 扎沃斯教授已经承诺生殖性克隆并不会修改或设计遗传密码），而是来自哲学、伦理学、政治学界（如美国的德沃金、德国著名哲学家 P. 斯罗特戴克）。因此有关是否允许进行以优化人种、塑造新人为目的的克隆人实验的论争，是最具有哲学意味、最具有伦理学意义的论争。

克隆人：不可逾越的伦理禁区

有关人类禀性与生俱来，拥有一种独特的不容侵犯的道德地位的想法，在欧洲思想史上有着深刻的根源。当然，这里首先需要提及的是基督教观念的影响。按照这种观念人类本身及其禀性均来源于上帝的创造，因而不容挑剔、不可修正。只是由于基督教信仰仅仅为一部分民众所分享，因此宗教因素还不能构成为人的禀性拥有独特的道德地位进行论证的最强理据。最强的理据与古希腊时代就业已出现的有关自然与人类的总图景相关。这一图景是由柏拉图勾画的。柏拉图在其晚期对话《蒂迈欧篇》中指出，整个世界是一个唯一的、统一的活生生的存在物，为一种理性的灵魂所支配。从这一图景中可以看出，在这个无限的、有序的、封闭的世界中，事物与事物绝非互不相关地杂陈并列，而是凭借自己的功能相互紧密地联系在一起，形成一个等级体系。每个事物都因与整体的关联而拥有自身先定的目标、固有的地位和独特的价值，人类当然也不例外。在柏拉图的哲学中，本体论与人类学、伦理学是密切相关的，人类只有遵循宇宙整体目标的安排，其行为才算得上道德上的正确。这样，按照柏拉图的宇宙图景，拥有其固有的道德地位的人类禀性自然是不容人们自己随意更改的。

然而启蒙运动之后，人类拥有了另外一幅宇宙图景。它告诉我们整个大自然并不是一个有序的、有目的的实体，而只不过是一个由无数事实与过程构成的无限的、没有内在意义的集合体。与这样一种本体论相适应，近代伦理学也呈现出一种崭新的面貌。早在15世纪，意大利思想家皮科（Giovanni Picodella Mirandola）就写下了对后世具有深刻影响的名篇《论人的尊严》，他认为从伦理学意义上讲，人类并不是自然的一部分，即人不是先定的，而是自由的。只要从本质上讲人在世界上并不具有某种先定的地位，那么他就能够也必须自我决定。近代的这种自由理念包含两个层面：一是从个体来看，每个人都有权自由规划其生命征程，确定其生活方式。这种自由所体现的是一种必须尊重与保护的最高价值。二是从类属或整体角度来看，人类自身是其道德的创造者。既然人是生活在一个无既定规划可遵循、无特定角色可扮演的世界里，那么他就必须自己为其行为规定道德法则。因而自主理念被康德确定为整个伦理学的基石。

从上述人类价值理念的发展历程中我们可以清楚地看到，本体论观念是如何决定和制约伦理学的性质的。正是由于把自然界看成一个由纯粹客观事件构成的、没有特定意义与价值的集合体，人们才有可能拥有个体性、自主性、人类尊严等现代特征的理念。而自由、自主性的观点又会导致人们对人的自然禀性的神圣不可侵犯性产生质疑：因为既然人是自由的，没有什么被赋予的先定使命，那也就意味着他并没有什么既定的、不容冒犯的自然禀性，这种禀性也并不拥有什么独特的道德地位。正如拜耶慈（Kurt Bayertz）所说："一个强的自由与个体的概念与一种强的'人的自然禀性'的观念是不相容的。"[1]

于是，从 19 世纪（具体而言从密尔）始，不仅要改造自然，也要改良人类自身的观念逐渐深入人心。人类自身的自然禀性已经丧失了神圣性的色彩，人们将追求幸福、减少痛苦、提高生活质量的价值置于维护人类禀性的完整性原则之上。这种人们对自身自然状态的改良分为两个层面，一个是肉体上的，一个是精神上的。以前由于技术条件的限制，人们的注意力往往集中在精神上的自我完善，例如通过教育和学习、自我控制、独身禁欲等方式克服自利的本性，追求一种崇高的境界，完成灵魂的重新塑造。以后随着科学技术突飞猛进的发展，又有了通过药物来改变人的心理特征的尝试，与此同时，人们又拥有了通过外科手术复补身体缺陷、完善器官功能，使身体更为健康、更为优美的能力。

上述改变人类禀性的行为，只要不是出于外在强制，只要是出自当事人的自主意志，只要合乎当事人追求幸福生活的意愿，只要不对他人造成伤害与妨碍，那么在道德上便是无可指责的。任何人都有权要求进行对其健康有益的手术，有权做美容，有权信仰某种宗教，有权追求一种他自己所认可的生活方式与目标，只要这些均是其自决权的体现。而自由是人类生存的最高价值。

然而今天，就改变人类禀性而言，我们已经拥有了一种新的行为可能性，这就是克隆人技术。德沃金不无乐观地说，基因技术使人类远离偶然的、有时是有害的基因随机组合，实现了有目标的操纵、可控的选择。这种发展，在历史上第一次使对后代素质的责任完全有意识地掌握在父母以及父母所托付的专家手里，从而使人类图景发生根本性的改观[2]。也就是说，要越过千万年的进化，创造集优美、智慧、人性于一身的完美的人

---

① Kurt Bayertz, "Der moralische Status der menschlichen Natur", *Information Philosophie*, No. 4, 2002, S. 19f.

② Vgl. Christoph Keller, "Ihr Kinderlein kommt", *Die Zeit*, Nr. 50/2002.

种、新质的人类。

这里问题的关键在于，以前所出现的改变人类禀性的行为（不论是精神上的自我修炼、品性塑造，还是身体上的修补缺陷、美体美容）往往都是当事人的自觉自愿的举动，是自己要求改变自己。它们与尊重人的自决权的道德原则不相冲突。而克隆人或通过基因改良来塑造人的行为则是今天活着的人按照自己的意愿来塑造他人禀性的举动。克隆人体行为当然符合我们的自主性，但未必合乎被克隆者的自主性。我们希望并要求制造"新质的"人类，但新人未必愿做新人。而实际上被克隆者又没有任何反抗的余地，他的自主权被操纵在我们手里，或者说他的自主权已经不可逆转地被我们剥夺了。这里自然就会出现一个极其严重的伦理问题，即被克隆者的自决权的问题。

如前所述，人类禀性并无独特的道德地位。我们每个人，只要是基于自主意志，都可以对自己的身体性状或精神特质加以改变、进行塑造，在这里并不存在什么伦理问题。然而在克隆人问题上，情况则完全是另外一个样子。在这里，我们的自主权并非天然地高于被克隆者的自然禀性所应有的地位，而这一地位对于外人来讲是神圣不可侵犯的。被克隆者同任何其他以自然生殖方式诞生的人一样，本应享有自然赋予他的禀性，这一天然秉性具有不容冒犯的尊严，因为它构成了这个人拥有一种与他人一样平等的道德主体之地位以及对这一地位的自觉意识的前提条件。一位克隆人，由于他的基因状态是别人设定的，他的肤色、外形、智力特征都是外人决定的结果，那么在他长大成人之后，便会发现自己是他人的作品，而不是自己生命的完整的作者，这样他就很难形成因出生状态相同而与他人完全平等的道德直觉，更难把自己理解为伦理上自由的、自我决定其生命历程的主体。相反地，作为他人意志的作品所造成的侮辱感将深深地印刻在他的心灵里，伴随其终生。正是在这个意义上，豪克（Kai Haucke）指出，"我们体验到我们身体的天然质朴性这一点，似乎既是伦理上的自由之前提，也是我们相互之间得以平等相待的前提。就此意义而言，我们的存在的身体状态是一种义务论的道德之前提，因此现存的身体上的不可支配性间接地蕴含着一种规范性的道德地位"①。总之，克隆人的伦理问题

① Kai Haucke, "Das Unverfuegbare und die Unantastbarkeit der Wuerde. Habermas, die Bioethik und Plessners philosophische Anthropologie", *Philosophische Rundschau*, Bd. 49 (2002), S. 172.

的实质并不在于人类的自然禀性有无独特的道德地位，而在于我们有什么权利对别人的自然禀性进行改良，"道德问题在这里并非在于这种未来人的'禀性'受到改变，而在于这种改变与未来人的自主性很难相容"①。

鼓吹生物政治学的人或许会讲，人们的禀性总是不完善的，有其缺陷，我们通过基因技术将善良的品质嵌定在后代身上，从而塑造完美的、道德上优秀的崭新人类，这种想法难道是一种罪过？笔者认为，在这里有两个伦理问题是回避不了的。第一，从个体层面来看，将某种价值观念通过基因技术植入后代的想法严重违背了作为伦理学基石的自主理念。因为这一行为本身就已经粗暴地剥夺了我们的后代自主判断善与恶、是与非、好与坏的先验权利。即便是我们确信无疑地认定的好的品质，如仁慈、善良、勤奋、勇敢、明智，等等，也不能强加在后代的身上，恰恰相反，应当在尊重他们的自由意志的前提下，让他们自己来进行选择。正如库尔曼（Andreas Kuhlmann）所言：西方政治文化的信条"并非简单地指：每个人应当能够按其自己的生活方式达到幸福并且尽可能不受干扰地过自己的日子，而是指每个人应当遵循在他看来使生活有价值、有意义的伦理标准……价值标准只有在如下情形才是有意义的，即当事人自己决定依照该标准来安排其生活"②。而通过基因技术塑造道德上"优秀的"人的行为，不论其初衷如何"善良"，本身就违背了伦理学中最重要的自决权的原则，且这种侵害所造成的后果又是不可逆转与修正的。第二，从社会层面来看，制造新人的行为本身就意味着一种新的不平等，也意味着将认可社会出现一种新的不平衡的相互关系类型③：即拥有塑造、设计、决定权的上一代与被塑造、被设计、被决定的下一代之间的严格分野。于是，人类历史上除了传统的性别、阶级、种族、宗教上的差别之外，又出现了一种新的由生物特征界定出来的两大阵营，这两大阵营的人们由于所处地位的巨大势差，自然就不可能形成相互认可的主体间的关系，不可能进行相互尊重的交往，不可能形成体现双方意志的共识。由克隆技术造成的人类间

---

① Kurt Bayertz, "Der moralische Status der menschlichen Natur", *Information Philosophie*, No. 4, 2002, S. 19f.

② Andreas Kuhlmann, *Politik des Lebens-Politik des Sterbens. Biomedizin in der liberalen Demokratie*. Berlin 2001, S. 16.

③ Vgl. J. Habermas, *Die Zukunft der menschlichen Natur. Auf dem Wegzu einer liberalen Eugenik?* Frankfurt am Main 2001, S. 77, 85, 90, 94, 107—114.

新的道德上的不平等，对人类尊严构成了严重的挑战，因为人类尊严总是与一种主体间的对称性关系相联系的。

三　克隆人与科技时代、公民社会的伦理图景

根据上述四个层面的分析，我们可以得出结论：克隆人或通过基因技术塑造新人的行为本身对于被克隆者来讲，意味着一种根本性的外在决定，意味着一种粗暴的强制。如果我们认可被克隆者同我们一样也是一个正常的、普通的公民的话，那么我们就可以确信这位当事人作为一位公民所应享有的基本权益已经在这种克隆或转基因过程中，受到严重侵害。他的唯一性、独特性大大降低，其自我欲求、需要、生存价值受到了限制，其作为道德主体所应拥有的自主性、自决权及与他人一样的平等地位遭到了无情的否定。而自由、自主之理念恰恰是我们现代公民社会价值观的基石。由于我们每个人的生物存在的基因基础对于自己的生命历程及作为道德主体所拥有的独特地位和自我理解具有极其重要的意义，因此禁止克隆人已经成为我们这个生命科学发达的时代的一项新的道德命令，而克隆人体行为无疑意味着是在冲击一个永远也不容侵犯的伦理禁区。

需要指出的是，对克隆人伦理问题的探究，不仅构成了生命伦理学领域中的一个主要内容，而且关涉当前国际社会在现代化运动的核心价值诉求、在公民社会的根本伦理原则等问题上的重大理论分歧与论争，也使我们对伦理学在这个史无前例的科技时代中所体现出的重要功能与神圣使命赢得了一种更加深刻的理解。

首先，克隆人问题在今天带来的最大伦理挑战，就在于如何看待启蒙运动和现代化的成果，如何看待作为启蒙运动与现代化时代之核心价值的尊重人的自由、自主性、自决权的伦理原则。

许多人之所以醉心于所谓"生物政治"，试图通过基因技术实现人种培育，以便推出拥有优化了的基因的新人类，源于他们对人性的极度失望。他们认为现代化方案的实施、启蒙运动的进行，目的在于解放了的、自我决定的、掌握了未来的人。然而这样的新人应当是什么样的，启蒙运动并没有预先确定。结果是，启蒙运动、现代化的确使人获得了解放，但在这一进程中人性的弱点，人性中恶的、残酷的、兽性的一面也得到了充分的展示，并且正通过战争的野蛮、强权的野蛮、媒体宣泄中的野蛮而成

为一股难以逆转的趋势。在他们看来，现代化运动与文明进程已经被证明不过是一场人类的空前放任的狂潮，不过是一种狂野的欲望的肆虐。对人性的极度不信任，使他们感到任何教育、训导、"驯服"的方法都无济于事，只有基因工程的根治或许才是唯一的出路，所以他们提出用培育替代教育，用生物学替代政治。

这里问题的关键在于，人性的弱点与不完善，是应靠人类自身建构的有着自我批判、自我修复功能的社会机制来克服，还是应靠少数优秀的社会精英的重新设计。如果是后者，我们自然就要问一问：为什么他们有权进行这种设计？为什么他们就代表着判别正确与错误的标准？如何证明他们是道德真理法定的持有者，是道德真理惟一的见证人？

其实，人类历史上不乏一部分人为他人设计品性、塑造"完美的"精神状态的例子，但由于这种设计与塑造都是以违背人性、牺牲他人自决权为代价，因此无一例外，都以他人承受灾难性的后果而告终。历史教训是深刻的：当对道德内涵的解释权掌握在某个人或某些人手里的时候，当某种个人的道德理念通过强制推行而成为一种"改造宇宙"的方案的时候，"道德"就会发挥出一种约束人、控制人、泯灭人性，因此也就是反道德的功能。

由此可见，克服人性的弱点与不健全，只能依靠人类自身社会机制的调节作用，而绝不能以全然否定人性、剥夺公民的自主选择权、敲响人道主义的丧钟、推翻所有现存的伦理学为代价。如果启蒙运动与现代化的成果被否定了，作为现代伦理学的基础与出发点的自主原则被抛弃了，那么人们只能走进专制统治的死胡同，不公正、不平等与野蛮无理也不再是丑闻了。

总之，尊重人的自由、自主性、自决权这项基本原则作为人类宝贵的精神财富，并没有过时，没有在崭新的科技时代出现什么发展变化，科技时代本身也没有资格与能力使这项原则发生更新。对这一原则所体现的价值理念的弘扬，就像与这一理念有着密切联系的现代化运动一样，仍然是一项未竟的事业。洛克在《政府论》中早就讲过，父母对孩子的支配只是暂时性的，并不能延伸到他们的生活与财产。这种支配仅仅是在其未成年期对其弱小与不成熟性的一种帮助①。而在今天这样一个公民权利意识

---

① J. Locke, *Zwei Abhandlungenueberdie Regierung*, Frankfurt am Main 1977, S. 231–240.

空前高涨的公民社会里，我们更应当尊重每个人生命征程的开放性，认可每个人生理、心理和道德及法律地位上的完整性，保障让每个人拥有自主选择的最大空间，而不是让一些人通过克隆技术遭受基因供体的基因决定与限制。如果我们能够在社会形成共识，以人的不容侵害的自决权、平等权来抗击所谓的没有禁区的科研自由、生育自由的话，那么我们不仅可以避免可能罹遭克隆的未来人类的痛苦与不幸，而且是在避免神圣的自由价值的毁灭以及公民社会的崩溃带来的更大灾难。

其次，克隆人问题在今天带来的伦理挑战，使人们得以从一个全新的科技时代的视角来探究伦理学的重要功能与神圣使命，从而对目前在国际伦理学界得到热烈讨论的所谓"责任伦理"获得一种深刻的感悟与体认。

支持克隆人者声称在一个科技发展日新月异的时代，伦理、道德应该为科学的前进"保驾护航"，而不是与科技进步的需求发生冲突、给科学技术设置障碍；恰恰是科学技术的进步必将冲破"过时"的伦理规范的束缚，带动人类道德的更新。这样一种论调乍听上去似乎合情合理，然而细究起来人们便可发现它经不起任何严谨的推敲。因为这种论调的持有者并没有精确地界定他们所讲的与科技进步发生冲突的道德的内涵究竟是什么，没有精确地界定限制或束缚科技发展的所谓陈旧的伦理规范的内涵究竟是什么，更没有明确地阐明究竟什么是道德的进步，它要朝哪个方向进步。从历史上看，人类的道德观念、社会价值理念的整体中有些内容确实是在经历着变化（如人们对人类自然禀性的道德地位的看法），有些内容则作为人类思想史上宝贵的精神财富一直流传并保持了下来，如在各种文化传统中均拥有自己的表达形式的"黄金规则"，我们实在看不出来像"己所不欲，勿施于人"这样的金律将来会发生什么变化，会朝着哪个方向变化。同样的道理，在人类社会正经历着从专制、封闭、不宽容转向民主、开放、宽容，从将因种族、性别、宗教、阶级及财富占有量上的差异造成的不平等长期视为天经地义转向追求人类普遍的平等和公正之历史进程的今天，在对民主、自由、人权的向往已逐渐成为人类普遍的精神诉求的今天，人的权益的理念、不得对人伤害的绝对命令已经构成了我们社会观念体系中的一种核心价值、一块道德基石，它已成为我们判定一切人类行为，无论是经济行为、政治行为，还是科学探索、技术进步之对与错、是与非、是否合乎道德的根本尺度。也就是说，道德规范的本质已经被清晰地界定在保护人类的权益不受侵犯、保护人类不受伤害这一认知上了。

正如责任伦理学大师忧那思（Hans Jonas）所言：当代道德行为的根本任务并不在于"实践一种最高的善（这或许根本就是一件狂傲无边的事情），而在于阻止一种最大的恶"①，保护和拯救面临威胁的受害人。就伦理道德的这一根本内涵与功能而言，我们看不出来它何时会过时，何时会变得陈旧，何时会发生什么变化，会朝何种方向发展。如果坚持"所谓道德的核心与底线就在于保护人类不受伤害"这一根本原则会造成妨碍或阻止科学家"科学探索"的脚步的结果，那么需要改变的就不是伦理道德本身，而是科学家的研究计划。因为科学家没有权利逾越伦理道德为一切人类行为（包括科学家的探索）设定的底线，以"人类生命、人类权益不容伤害与侵犯"为根本原则的伦理道德肯定不会为科学家的好奇心与利益的满足提供支撑，而是要设立禁区。美国女法学家安德鲁斯（Lori Andrews）指出，那种认为法律与伦理总是跟随着技术的进步并对一切都愿接受的观点是错误的，"我们一直都在限制着科学研究与技术……只要想一想纳粹时期残忍的人体实验之后所制定的许多规则就清楚了，这些规则的目的在于，确保在人身上的实验要依照伦理视点来进行"②。

总而言之，伦理道德的功能绝不在于为科技发展保驾护航，而在于为科学家的行为设立规范，对受这一行为影响的人们提供保护。伦理道德与科学研究的关联就在于，科学作为理论可以是价值中立的，但作为实践上的行为却逃脱不了道德上的评价，就像人类其他行为一样，只要行为的目的、手段、结果与人类利益相关涉，就必须受控于人类的价值考量，必须受到科技伦理的制约。一个有责任意识的科学家在判别一个研究项目之时，不仅要着眼于其理论目标，而且要考虑到为了达到此目标所使用的手段的合法性，进而前瞻性地顾及使用这一手段可能产生的后果。这也正是目前成为学术热点的"责任伦理"的基本理念。

所谓责任伦理，按照忧那思的理解，就是为了回应科技文明的新挑战而为整个科技时代阐发的宏观伦理。这种伦理要求人类通过对自己力量的"自愿的驾驭，而阻止人类成为祸害"③；要求"我们对自己进行自愿的责

① Hans Jonas, *Das Prinzip Verantwortung? Versuch einer Ethik fuer die technologische Zivilisation*, Frankfurt am Main 1984, S. 78f.

② Vgl. Christoph Keller, "Ihr Kinderlein kommt", *Die Zeit*, Nr. 50/2002.

③ Hans Jonas, *Das Prinzip Verantwortung? Versuch einer Ethik fuer die technologische Zivilisation*, S. 7.

任限制，不允许我们已经变得如此巨大的力量最终摧毁我们自己（或者我们的后代）"①；它要求人类的政治、经济及科学探索行为要以正确的道德（即对长远的、未来的责任性）为导向。可见，责任伦理虽从内涵上看并无多少新鲜稀奇之处，然而它的根本特点就在于"前瞻性"：责任伦理体现着一种事先责任，或者说是一种预防性、前瞻性、关护性的责任，其目的在于为当今科技时代纷繁复杂的社会系统中充满着巨大危险的人类行为提供指导。因为在当今的科技时代，许多干预自然进程的行为（如克隆人活动）之后果都是既危险又无可挽回的，仅靠"追究责任"则一切都为时过晚。由于与传统的追溯性责任、过失责任类型完全不同，有人因此把这种以前瞻性、关护性责任模式为特征的责任伦理称为 20 世纪后半叶以来科技时代的新伦理。这一伦理观念，恰如其分地体现了当代社会的人类在技术时代所应拥有的一种价值诉求、精神气质与人文关怀。如果说，自主原则构成了反对克隆人之理据内在的伦理底蕴的话，那么前瞻性的责任意识与人文关怀则从外在的层面为禁止克隆人提供了伦理上的支撑与保障。

《中国社会科学》2003 年第 4 期

---

① Hans Jonas, "Wissenschaft und Forschungsfreiheit: Ist erlaubt, was machbar ist?" in: Hans Lenk（hrsg.）, *Wissenschaft und Ethik*. Stuttgart, 1991, S. 214.

哲学史的现代建构及其解释模式[*]

赵敦华[**]

摘要 根据现代解释学的规则，任何哲学史都是一定理论的现代建构。以此反思中国哲学史的现代建构过程，中国哲学史的"合法性"问题的实质是对过去的哲学史建构模式的不满。但这种不满不应成为中西哲学史之间比较和对话的障碍，更不应成为否认中国哲学史作为一门独立学科的理由。哲学史建构模式的现代性和多样性表明，中西哲学史的差别是解释模式和表达方式的差别，通过对不同解释模式之间对应性和趋同性的阐发，可以发现中西哲学史在整体上的相似性和一致性。中国哲学史的建构模式应更加开放，重视以问题为中心的分析论证、以理论的普遍性为追求目标等主张。

关键词 中国哲学 解释学 理论建构 比较哲学

一 关于中国哲学"合法性"问题引出的问题

早在中国哲学尚未成为独立学科之前，王国维便认定，"尽管中国古代没有哲学之名，但是有哲学之实，也就是说哲学并非只是一种外来的观念，只是我们没有像外国人那样进行总结而已。"[①] 20 世纪 20 年代，冯友兰和胡适等人借鉴西学，创立了中国哲学这一独立学科，奠定了中国哲学的世界地位。一些西方汉学家由于自身哲学素养不够，看不到中国古籍中

---

[*] 本文系作者提交中国人民大学哲学系、中国人民大学孔子研究院、中国社会科学杂志社和中国人民大学学报联合主办的"重写哲学史与中国哲学学科范式创新"学术研讨会（中国人民大学，2004 年 3 月）的会议论文。

[**] 赵敦华，1949 年生，哲学博士，北京大学哲学系教授。

[①] 干春松：《王国维与现代中国哲学学科的建构》，《"重写哲学史与中国哲学学科范式创新"学术研讨会论文集》，中国人民大学编印，2004 年 3 月，第 33 页。

的哲学思想，不时提出"中国古代有无哲学"的质疑。但整体而言，中国哲学、西方哲学和印度哲学现在已成为国际哲学界公认的三大哲学传统。中国哲学的"合法性"问题并不成其为问题。现在，中国学者，特别是研究中国哲学的学者，却对自己从事的学科的"合法性"发生了怀疑。产生这一现象的原因何在呢？

原因之一：在"西学"与"中学"的"百年冲突"的张力中产生的封闭心态。比如，有一类观点，认为现在流行的中国哲学史是按照西方哲学史的范式写出的，是"西方中心论"的产物；认为中国哲学与西方哲学有着根本的不同，中国哲学的特殊性或"特质"是历史的真实，传统的核心，未来的希望，现代人只能发掘之，弘扬之，但却不能改变之；认为只有忠于中国古代经典的"原意"，摆脱西方哲学的范畴、问题和方法，才能"恢复"中国哲学的"历史本来面目"，等等。

另一方面，从黑格尔开始，西方流行着一类意见，认为中国古代没有"真正意义"上的哲学，其最新版本是德里达在 2000 年访华时说的一句话："中国没有哲学，只有思想。"① 对于一直在解构西方哲学传统的德里达而言，这句话的意义是在褒奖没有落入"哲学"窠臼的中国思想。德里达把"哲学"等同于"西方哲学"，认为中国的传统思想与西方哲学传统是对立的。德里达并不了解中国传统思想，对他的泛泛之谈，本不必认真对待。但现在一些人却准备向西方学者对中国思想传统的没有根据的意见（包括黑格尔的"鄙视"和德里达的"褒奖"）让步，要用"思想史"、"经学史"或"道术"来代替中国哲学史。表面上看，这些主张是在维护中国思想的"独立传统"，使其免遭"哲学"（这是"西方哲学"的同义词）的"污染"；但实际上，这是对中国哲学的世界意义没有信心的表现，要主动地退出哲学这一人类精神的最高境界，退缩到"自己讲"、"讲自己"的自我封闭领地。

原因之二：以"哲学"和"哲学史"的固定模式作为衡量中国哲学是否"合法"的标准。比如，有人认为哲学是纯思辨、非功利的智慧，而中国古学只是关心人生的"道术"和"技艺"，因此不是哲学；有人认为哲学是概念化的逻辑论证体系，而中国古代的形式逻辑不发达，思想的表达没有精确的概念和严密的论证，因此没有哲学；有人认为本体论以系词"是"（希腊文的 to on）为研究对象，古汉语的系词不发达，也没有

---

① 《是哲学，还是思想？——德里达与王元化的对话》，《中国图书商报》2000 年 12 月 13 日。

以"是"为思想的对象，因此中国没有本体论。再比如，有人认为，西方哲学史使用物质/精神、存在/本质、共相/殊相等等二元对立的范畴，如果中国哲学史也使用这些范畴，或用这些范畴解释中国哲学的术语，那就是用西方哲学史曲解中国哲学史；还有人认为，西方哲学史必分本体论、认识论和伦理学等分支，如果把中国哲学史也分成这些分支，那就是在"西化"中国传统思想。

实际上，不管在西方，还是在中国，都没有一个关于哲学和哲学史的标准定义或固定模式。对于"什么是哲学"的问题，一百个哲学家就有一百个不同的答案。有人戏曰，要想难倒一个哲学家，只需问他一个问题："什么是哲学？"西方哲学史上每一个哲学体系或学说都体现了一定的哲学观。中国古代虽然没有"哲学"的名义，但很多方面的思想学说，特别是宇宙论、本体论、认识论、人性论、人生观、历史观和社会政治观，都体现了堪与西方媲美的形形色色的哲学观。

同样，西方哲学史也没有固定的写法，各种版本的哲学史可以说是千人千面。以中国人比较熟悉的梯利的、罗素的和文德尔班的这三部著名的哲学史为例，第一部按照时间顺序，按照本体论、认识论和伦理学等分支，概述哲学家的观点；第二部注重在文化和政治的背景中阐述哲学思想的发展（如同我们现在有些人提倡的"思想史"）；第三部以问题为中心书写哲学史。其他各种形式的西方哲学史，如范畴史、问题史、批评史、发展史、观念史，等等，都有不同的解释模式和风格。不同写法的西方哲学史各有优点和弱点，但在整体上却无高下优劣之分，更不存在哪一种写法"合法"、哪一种"不合法"的问题。

西方哲学界的事实证明，只有用一种模式、一个标准去判断哲学理论和哲学史时，才会出现"合法性"的危机。比如，按照理性主义的哲学观，中世纪与基督教信仰结合的哲学不是真正的哲学。20世纪初，法国著名哲学史家伯里哀（他于20年代出版的5卷本《哲学史》至今仍是最好的法文哲学史著作）在"有基督教哲学吗"一文中，对"基督教哲学"的合法性提出了质疑。① 而新经院哲学的哲学史家吉尔松则竭力论证基督教哲学的合理性和合法性。他指出："只有从天启与理性之间的内在关系出发，才能赋

---

① E. Brehier, "Ya-t-il une philosophie christienne?", in*Revuede Metaphsiqueetde Morale*, 38, 1931, pp. 131 – 162.

予'基督教哲学'一词以积极的意义"。① 现在，人们以宽容、开放的心态认可了"基督教哲学"的资格。"美国基督教哲学家协会"（American Society of Christian Philosophers），从属于"美国哲学协会"，现有成员1000多人，成为当代美国哲学的一个重要组成部分。再比如，早期的分析哲学以逻辑分析的意义理论为标准，认为传统的西方哲学命题都是伪命题，因为它们回答的问题是没有意义的"伪问题"。这是对西方哲学传统的整体排拒，也是对西方哲学合法性的彻底否定。最近，德里达把西方哲学的传统界定为"逻各斯中心主义"，用解构"逻辑"与"修辞"的二元对立关系的手法，把哲学消解为"写作"，这不啻否定了哲学思维的合法性。但是，所有这些质疑或否认西方哲学传统的合法性的做法，有的已经失败，有的收效甚微。道理很简单，历史上的西方哲学理论是多样的，对它们的概括和解释也是多样的，企图把它们归约为一种传统，首先就犯了以偏概全的错误；然后再用某一种理论去否认这一传统的合法性，难免偏袒、偏激。

中国哲学史上的思想也是多样的，可以有众多的写法。如果用单一模式来归约多样化的思想，然后再用单一的标准来衡量这个单一模式，势必会产生"合法性"的问题。当初胡适、冯友兰等人创建中国哲学史体系时，他们都清楚地意识到对西方哲学的依赖以及由此产生的局限。他们以及后来的中国哲学家都企图通过"会通中西"来克服这一局限。所谓"会通中西"的种种努力，实际上是用各种不同的模式和标准，对中国古代的哲学思想加以重新解释，对史料进行重新发掘和整理。郑家栋列举了王国维以下对中国哲学史建设有贡献者共计32人，认为"其中最重要且为人们所关注者，当属胡适、冯友兰、牟宗三"。② 胡适和冯友兰偏重于使用西方哲学的模式，牟宗三则偏重于运用中国传统的心性之学的路数，因此有"西化"与"本土化"的分歧。但两者的区别只是相对的，即使鼓吹"全盘西化"的胡适，也非常注重"国学"的考据；即使以中国文化"主位性"为旗号的牟宗三，也要与康德的"道德形而上学"挂钩；至于冯友兰，如郑家栋所说："被视为'正统派'的冯友兰骨子里实际上是非常'西化'的。"③

---

① E. Gilson, *Thespirit of Medievial Philosophy*. London, 1936, p. 35.

② 郑家栋:《为中国哲学把脉》,《"重写哲学史与中国哲学学科范式创新"学术研讨会论文集》, 第239页。

③ 同上书, 第240页。

中国哲学史这门学科的成长历史表明，中国哲学与西方哲学之间的相互影响是必然的。中国现代学术的基本理论、方法和规范是从西方传入的，并一直受到来自西方的影响；即使那些要通过学术研究的途径来排斥"西方中心论"的人，也自觉或不自觉地借助来自西方的理论和方法。比如，现在用来"论证"中国"中心论"或"特殊论"的最时髦的话语，不过是来自西方的后现代主义和"后殖民文化理论"。在中国现代学术建立初期，西方对中国的单向影响是不可避免的，也是无可指责的。对于中国哲学来说，危险并不在于受到西方影响，而在于把来自西方的解释模式单一化、固定化，只允许用唯一的模式解释历史材料，而那些与这一模式明显不相符合的证据则被忽视、曲解或消解。面临这样的危险，我们现在有必要对在中国哲学史中长期起作用的解释模式做批判性的思考和建设性的建构，这是我们当前讨论中国哲学合法性问题的积极意义所在。

二 哲学史和现代建构

克罗齐说："一切历史都是现代史"；[①] 科林伍德说："一切历史都是思想史。"[②] 我们可以接着说："一切思想史都是现代史。"这并不意味着每一个人都可以随心所欲地解释过去人的思想。"解释"是一种合规则的行为。现代解释学制定的规则是，解释既受过去的文本和解释的限制，又向未来的解释开放。任何解释都是一定时代的解释者与原作者和过去的解释者之间的对话，并设想到未来解释者的参与。解释学意义上的"理解"或"解释"即我们在这里所说的"建构"。建构是以现在的观点理解过去，并向未来开放。因此，建构出来的思想史必定是现代史。

哲学史是思想史的思想，也是现代建构的解释效应。从上述"一切哲学史都是现代建构"的命题出发，我们可以对中国哲学史的性质得出一些结论。

首先，应该肯定，20 世纪 20 年代，冯友兰和胡适等人借鉴西学，创立了中国哲学史这一独立学科，这是中国现代学术的重要开端。他们以及后来者写的中国哲学史，都不是"西方中心论"的产物。过去按照唯物

---

① 参阅克罗齐《历史学的理论和实际》，商务印书馆 1982 年版，第 3 页。
② 柯林伍德：《历史的观念》，中国社会科学出版社 1986 年版，第 243 页。

主义和唯心主义、辩证法和形而上学"两个对子"来写中国哲学史的简单化做法，更不能归咎于"西方中心论"。这种哲学史的写作模式来自前苏联日丹诺夫关于哲学史是唯物主义与唯心主义"两军对阵"的定义。在哲学史领域推行苏联教条主义的后果不仅束缚了中国哲学史的研究，而且也阻碍了西方哲学史在中国的发展。痛定思痛，我们应吸取的教训是：不能把建构哲学史的解释模式单一化，固定化；不是我们可以离开中国现代学术的大环境建设中国哲学史；也不是中国哲学史不需要任何与西方有关的解释模式。

其次，应该肯定用现代哲学术语解释历史材料，这是重建哲学史的基本要求。解释中国哲学史的现代哲学术语不是"西方的话语霸权"。如果硬要如此说，那么，"西方的话语霸权"首先是针对西方哲学史的；因为西方哲学史从一开始就是用现在的话语来解释过去的学术传统。亚里士多德的《形而上学》第一卷可以说是最早的西方哲学史，他用自己的"四因说"总结和评述前苏格拉底的哲学，但"质料"、"动力"、"形式"等都不是前苏格拉底哲学家们使用的概念。1655 年，Geirge Horn of Leyden 用拉丁文写了《哲学史研究：哲学的起源、继承和派别》一书和 Thomas Stanley 同年用英文写的《哲学史》一书，被认为是最早的现代意义上的哲学史著作。从此之后的西方哲学史无不是用"存在"（existence）、"本质"（essence）、"自我"（self）、"意识"（consciousness）、"心灵"（mind）、"物质"（matter）等近现代哲学的术语，解释古代和中世纪哲学。而这些术语或者根本不见于古代著作，或者在古代著作中有完全不同的含义。比如，希腊文的 hyle 和拉丁文的 matter 的意义是"质料"，而不是近现代哲学家所说的"物质"，但这并不妨碍现在的哲学史家们在古代哲学中区分出唯物主义的派别，不独马克思主义者如此，非马克思主义者也是如此。

如果说使用现代哲学的术语来解释历史材料是什么"话语霸权"的话，那么，这里的"霸权"应被理解为伽达默尔所说"权威的偏见"。伽达默尔说，权威不等于盲从，盲从不是权威的本质，权威不是被动地给予的，而只能是主动地获得的；权威与服从无关，倒与知识有关；权威的知识不可避免地包含着偏见，但却不是不可避免的错误。伽达默尔甚至说："我们的偏见构成了我们的存在"。[1]

---

[1] Gadamer. *TruthandMethod*. Continuum，New York，1975，p. 9.

最后，应该肯定现代哲学术语来自西方。不独哲学术语如此，现代汉语中绝大多数的自然科学和社会科学的术语，都是经过日文翻译的西方概念。现在有一种主张，认为不要使用西方的哲学概念和范畴，才能写出"原汁原味"的中国哲学史。如果真要以这种意义的"原汁原味"为标准，恐怕连"哲学"这个词也不能用了，何谈"中国哲学史"呢？如果要用现代汉语来写作，就不可避免地要使用来源于西方的那些现代哲学术语。这些现代哲学术语并没有阻碍近现代的西方哲学家建构以前的哲学史，为什么就必定会"歪曲"中国哲学史的"原意"呢？再说，哪里有离开了现代人的思维和语言的文本"原意"呢？自胡适之后，没有用现代汉语写中国哲学的大概只有熊十力一人。他的《新唯识论》不但关键术语是"心"、"境"、"意"、"识"、"体"、"用"等佛教用语，而且对它们的解释也是古文。即使如此，对熊十力思想的解释必定要借助现代哲学术语，否则他的思想难以被人们所理解，也不会产生现在这样大的影响。

在我看来，问题的关键并不在于是否使用来源于西方的概念，而在于如何使用这些概念。概念只是构成思想的元素，概念本身并没有真假之分，只有概念组成的命题才是思想的基本单元，才有真值。使用源于西方的概念表达中国思想不是"西化"，正如使用源于中国的概念表达西方思想也不是"化西"一样。中西术语的互借只是不同语言的"双向格义"而已，而不是哲学史的建构。哲学史的建构是解释和再解释，而概念本身不是解释，只有在概念的定义和命题判断、推理等更高的语言单元，才能进入解释的层面，才能进行哲学理论的建构。

我强调哲学史是现代人的理论建构，离不开来源于西方的现代哲学术语，这并不是要抹杀中国哲学史与西方哲学史的差别，也不是要完全按照用建构西方哲学史的解释模式来建构中国哲学史。以下要强调的观点是，中西哲学史的差别是解释模式的差别；通过对不同的解释模式之间对应性和趋同性的阐发，可以发现中西哲学史在整体上的相似性和一致性。

三 一元和多元

中西哲学史的明显差异首先表现在形而上学领域。与西方的形而上学相比，中国传统哲学的形而上学并没有一个中心的概念。中国哲学的形上学范畴是多元的，"道"、"天"、"心"、"性"、"理"、"气"等，可以并立。但形而上学不满足于多元并立，而是要确定一个最高的原则、原因或"本体"。中国形而上学与西方的形而上学传统在这一点上是相同的。所不同的是，以中国哲学众多基本范畴中的任何一个为核心，都可以把另外的范畴串起来；比如，可以把中国的形而上学解释为"道学"、"天人"之论，也可以解释为"心性之学"，还可以解释为"理学"和"气论"，等等。这些解释都有根据，因为中国哲学基本范畴的多元性决定了中国形而上学的多元形态。但西方的形而上学形态却是万变不离其宗，这个"宗"就是 Being。

有人认为，中西形而上学的差异反映了中国人和西方人的思维方式根本不同，两者有不同的"本质"。如果我们承认现代人的理论建构对于哲学史的重要性，那么，中西形而上学之间表面上的差异可被理解为多元论与一元论这两种不同的解释模式的差异。但这不意味着西方形而上学只适用于一元论的解释，中国形而上学只适用于多元论的解释。相反的解释总是可能的。

西方形而上学的中心概念 Being 虽然是单一的，但 Being 的意义却是多样的，亚里士多德把 Being（on）的"中心意义"归之为"实体"，但他在厘清"实体"意义时，仍然不得不用不同词和词组来表达，它们分别相当于后来所说的"是者"、"存在"和"本质"。以后的哲学史中极大量的讨论的问题实际上还是：Being 的各种意义有什么样的内在联系？是把"有"和"是者"的意义维系于"存在"，还是把"存在"和"是者"的意义都维系于"有"，或者是把"存在"和"有"的意义都维系于"是者"？这三种主张都各有各的道理。从哲学史上看，存在主义者持第一种主张，本质主义者持第二种主张，而以希腊文的原初意义为依据的人持第三种主张。哲学史上的某一派别关于 Being 的意义的解释都企图把其他解释统一起来，但统一的结果总是产生进一步的分化，没有一种解释能够把其他解释真正统一起来。在这种情况下，用多元论的解释模式能够揭示被单一概念所掩盖的多样性的理论形态。

同样，中国形而上学的基本范畴虽然是多样的，但并非没有单一的线索。孔子的语录似乎没有什么内在联系，但孔子自称"吾道一以贯之"，这为系统地解释孔子的学说提供了依据。在形而上学领域，英国汉学家葛拉汉（A. C. Graham）认为，中国古代哲学虽然没有与 Being 相对应的范畴，但古汉语中不乏印欧语系中系词的连接功能。虽然"古汉语在主词和形容词的谓词之间不用系词，并且没有一个系词的共同符号"，但却可以用各种单词和词组替代系词的连接作用。他又说："古汉语的句法接近于符号逻辑，它有一个存在量词'有'，这避免把'存在'误读为谓词，并和系词（包括表示等同、关系的特殊系词）区别开来。"① 葛拉汉的阐释可以导致两个结论：第一，是否使用"是"作为系词，与是否具有逻辑思维并无必然联系；第二，中国哲学的对象与系词"是"无关，并不能说明中国哲学中没有形而上学的成分，也不能因此而断定中西形而上学性质不同、研究对象不同，两者没有可比性。

四　论证和体悟

中西哲学史在表达方式上也有明显差异。冯友兰把中国哲学的表达方式称为"名言隽语、比喻例证"，但他又说："有些哲学著作，像孟子的和荀子的，还是有系统的推理和论证。"他并用诺斯罗普（Filmer Northrop）关于直觉和假设的区分说明中西哲学史的不同概念类型，用"审美连续体"（aesthetic continuum）的概念解释中国哲学"直接领悟"的思维方式。②

在我看来，中西哲学史所表现出的直觉与推理、审美与逻辑、领悟与论证的两种不同的思维和表达方式的差异，是两种解释模式的差异。西方哲学史以问题为中心，围绕问题展开论证和辩论，论证需要推理，辩论需要逻辑。中国哲学史以基本命题为中心，如"内圣外王"、"天人合一"、"知行合一"、"有生于无"等命题，被认为是中国哲学的根本。这些命题文约义丰，需要结合人生经验加以体验，才能领悟其精神，并在自己内心中产生崇高感和美感。

以问题为中心和以基本命题为中心这两种解释模式是可以互补的。在西方这一边，现代哲学的激进派说，西方哲学史中的问题是一些伪问题；后现代主义者解构了逻辑与修辞、论证与隐喻之间的区别。这些批判未免偏激，但也揭露了以问题为中心的解释模式的缺陷。

---

① A. C. Graham, *Disputers of the Tao*. La Salle：Open Court, 1989, p. 412.

② 冯友兰：《中国哲学简史》，北京大学出版社 1996 年版，第 11、22 页。

在中国这一边，我们对以基本命题为中心的解释模式似乎没有多少深刻的批判性反思。相反，西方人对西方哲学史的概念分析和逻辑论证传统的自我批判，倒被我们用来加强中国哲学史中隐喻和体悟式解释模式的合理性、合法性，其结果只能是把中国哲学史的基本命题写成不加分析和论证的独断语式，把中国哲学变成需要个人"体证"的模糊话语。实际上，在我们现在读到的几位港台新儒家大师的一些著作中，这种风格被表现得淋漓尽致。这可以成为他们的个人风格，但不能成为我们今天建构中国哲学史时应该摹仿的模式。

应该承认，中国哲学史中不乏以问题为中心的解释模式，比如，以"物质与精神的关系"的"哲学基本问题"为中心，曾经是哲学史的唯一解释模式，其后果是大家知道的。冯友兰的《中国哲学史新编》蕴涵着"共相与殊相关系"这一中心命题，但未能成为中国哲学史的唯一线索。以问题为中心的解释模式在中国哲学史中的不成功尝试，促使一些人相信，只能采取以基本命题或以范畴为中心的解释模式，对中国哲学的命题和范畴的理解，也被发展到类似于禅宗的"顿悟"式的体证。矫枉过正的做法在哲学中是不可取的。过去运用以问题为中心的解释模式的失误在于把哲学史的问题归约为一个"基本问题"或"中心问题"。我在《西方哲学简史》的前言中说，作为西方哲学史中的哲学问题是众多的，"这些问题的提出、转变和持续，围绕这些而展开的争论和所达到的结论，就是我们这本哲学史的线索。"① 我相信这一道理也适用于中国哲学史。

中国古代哲学家提出的问题也是人类心灵思考的永恒问题，他们给出了各种不同的答案，但又一个接着一个被推翻、被修改、被重写。虽然没有一种直到现在还被普遍认可的哲学真理，但是，哲学家们为解决哲学问题而提出的论辩证明至今仍给人以启发，并成为人类精神的宝贵财富。从哲学史的观点看，问题的提出比答案更有意义，解决问题的过程比达到的结论更有价值。虽然中国哲学史与西方哲学史中的问题不尽相同，但我相信，以经过精心选择的众多问题为中心，通过理论上的建构，中国哲学家的思想在概念的清晰性、分析的细致性和论证的严谨性等方面，绝不输于西方哲学家。

---

① 赵敦华：《西方哲学简史》，北京大学出版社 2001 年版，第 2—3 页。

五　普遍性和特殊性

从中西哲学史著作的标题上，即可看出两者的重要差别：西方哲学史的著作大多自称为"哲学史"，而不特意标明"西方哲学史"，因为在作者的心目中，西方哲学是普遍性的理论，西方哲学即哲学一般。而中国哲学史家有着比较强烈的特殊性意识，绝无把"中国哲学"当作"哲学"的"奢望"。在我看来，西方哲学的"野心"未免太大，中国哲学的"胆子"未免太小，两者是可以互补的。

我们批评把西方哲学等同于哲学的做法，但也不要把哲学史建构的普遍性理论的正当目标的"婴儿"当成"洗澡水"泼掉。西方哲学史中的理论、观点和方法当然是在一定的特殊条件下产生的，很多成分也确实是只适合一定时代和地域文化的特殊说法。但同样不可否认的是，有些成分则有表现共同人性和人类认识的普遍适用性。比如，希腊哲学的逻辑方法，近代哲学的世界观和认识方法论，关于自我意识的分析，黑格尔的辩证法，等等，无不包含着人类意识和认识的普遍性。如果没有西方哲学史中的这些普遍适用的理论作为科学的基础，直到现在可能还没有全人类都认可的数学和自然科学，将来也不会有普遍伦理和世界哲学的可能性。

我们在看到中国哲学史的特殊性的同时，应当充分评价其普世意义。中国哲学史的理论建构不能把特殊性作为追求目标，而甘愿放弃中国哲学理论的普遍适用性。现在有一种流行观念，认为中国文化传统是特殊的，语言和思维方式是特殊的，哲学也是特殊的。不理解中国文化精义的外国人说这样的话不足为奇，可诧异的是，我们的一些学者却以此为荣，以特殊性为世界性的标志。据说，中国人的特殊性历史漫长，从几十万年前的"北京人"，甚至上百万年的"蓝田人"、"元谋人"起，就有了特殊的中国人种和文化。"中国特殊性"的现代性是"中国特色"。"有中国特色的社会主义"是一条政治路线，不能把它庸俗化。"中国化的马克思主义"是中国共产党人在中国革命和社会主义建设实践中的独特创造，如果学术界动辄以"有中国特色的××理论"相标榜，那就是东施效颦了。中国学者都以"中国特色的理论"为研究方向和追求目标，那就等于放弃了理论的普遍标准和普世应用的范围。

　　不要以为"越是民族的，也就越是世界的"这句话是普遍真理。对于这句话可以有两种理解：一是认为一个民族独一无二的特质具有世界性的意义，二是认为一个民族能够贡献出世界性的普遍理论。前一种情况在文学艺术等非理论研究的领域有一定的市场，可以满足西方民族对其他民族风俗人情的猎奇心理。后一种情况更符合科学和哲学等理论性学科的发展要求。这种理解的一个范例是犹太思想。犹太人有着极强的民族认同感和文化传统，在近二千年失去祖国的历史中，他们流落在异国他乡而没有失去自己的宗教和文化传统。但民族传统并没有成为创立普遍理论的障碍。身为犹太人的思想家从不以"犹太人特色"为理论目标，而是世世代代追求放之四海而皆准的普遍真理，这样，人类才有了马克思主义，有了爱因斯坦的相对论，有了弗洛伊德的精神分析学说。相对于这一弱小民族，我们中华民族自古以"世界中央"自居，如果因为近现代的落后，连要在普世理论的精神世界中占据一席之地的信心都没有，外国人还会把中国哲学史当作具有普遍价值的理论加以认真对待吗？那不正是迎合了"中国古代没有真正意义上的哲学"的无知偏见吗？

　　由于中国人的哲学研究成果未能走向世界，中外哲学和思想的交流实际是单向的。自改革开放以来，西方哲学不断传入中国，中国哲学界和思想界多次出现"西方哲学热"，甚至西方汉学研究也在成为显学。西方哲学的输入对活跃中国的哲学研究有着积极作用，但从长远来看，西方哲学的单向输入对中国当代哲学的发展是不利的。随着中国经济的快速发展，中国不但要成为经济大国、政治大国，而且也要成为文化大国。中外文化和哲学双向交流是时代发展的需要，是中国和平崛起的需要。当然，能否实现文化强国的目标，还有待于我们的努力。首先需要改变心态，会通中国传统哲学、西方哲学和马克思主义哲学，变传统的中国哲学（Chinese Philosophy）为"中国的哲学"（China's Philosophy）。我相信，只要继承和发扬"五四"以来"会通中西哲学"的学术传统，积极参与国际间的哲学对话，把中国的哲学推向世界，中国的哲学家就一定能够建构出具有普遍适用性的哲学理论。

《中国社会科学》2004 年第 4 期

中国哲学的"原创性叙事"如何可能[*]

王中江[**]

摘要 随着人们对中国哲学常规性叙事不满足感的增强，要求改写中国哲学的愿望也变得更加强烈，并开始尝试超越之道。文章从不同的角度和侧面，反思和检讨了中国哲学常规性叙事存在的问题，提出了走向中国哲学"原创性叙事"的途径和方式，认为建立多元的哲学观和哲学史观、通过历史时空的移动及广泛的对话参与寻求中国哲学的普遍性和差异性、在视域和范式的引导下获得观察中国哲学的深度视点、在领悟整体意义与深化部分研究之间形成中国哲学的良性诠释循环、追求对中国哲学的充分描述、复杂关联的说明及意义关怀等，对于造就中国哲学的原创性叙事来说，都是非常基本的。

关键词 中国哲学　原创性叙事　范式

对塑造中国哲学新形象的渴望和期待，促使人们提出了诸如"重写"、"改写"、"重建"、"重构"、"范式创新"、"创造性转化"等具有强烈激发意义的建设性说法。这里我所使用的"原创性叙事"，也是以一种大胆的方式来预设中国哲学突破的"未来"前景。我想有人可能已经着手谋划中国哲学原创性叙事的某种实质性方式和情景了，但这种具体的实践和能够带来转变的叙事方式，最终只能通过经受住历史考验的结果来体现。因此，下面的讨论，主要不是中国哲学原创性叙事的实质性内容，而是通向和造就原创性叙事的基底性的思想方式和观念，是

---

　* 本文系作者提交中国人民大学哲学系、中国人民大学孔子研究院、中国社会科学杂志社和中国人民大学学报联合主办的"重写哲学史与中国哲学学科范式创新"学术研讨会（中国人民大学，2004 年 3 月）的会议论文。
　** 王中江，1957 年生，哲学博士，清华大学人文学院教授。

如何进行中国哲学重建的一些设想和预期。

一　多元"哲学观"的引导与"中国哲学"的转化

作为前提，这里需要再次强调指出的是，以"哲学"这一名词来自西方从而认为"中国哲学"缺乏正当性这一看法本身，在理论和实际上的有效性，都不是不证自明的。① 除了辞典式的哲学定义外，我们并不拥有统一的哲学概念及真理。在反省和检讨中国哲学的过程中，我们要避免一味对"哲学"和"中国哲学"概念进行本质主义的界定和讨论，因为如果这样我们将会陷入"打破砂锅问到底"的无限后退。我们最好把哲学放在不断变化着的历史时空和境况中来理解，这不仅符合哲学观念演变的实情，也符合哲学真理多样性的特征。因此，当我们反省新时期20多年来甚至是百年以来的中国哲学的时候，我们也需要从一个变化的立场来观察。"中国哲学"是一个历史性的概念，如果我们仍然坚持有一个本来的历史的话（就像冯友兰所区分的那样），那么只有在这种意义上中国哲学是确定不移的，除此之外，我们对中国哲学的理解和解释从来就不是固定不变的。这决不是公然鼓励任意解释和塑造中国哲学，也决不是公然承认在各种不同的理解和解释之中没有高低、好坏的竞争。实际上，经受住时间和历史考验而被选择下来的中国哲学解释方式，就表明它们具有非同寻常的典范意义。

从"中国哲学"术语的正当性出发，要改变令人不满的中国哲学现状，首先就需要建立起新的多元的"哲学观"和"哲学史观"。如果我们把黑格尔的《哲学史讲演录》、文德尔班的《哲学史教程》、罗素的《西方哲学史》和梯利的《西方哲学史》等看成是西方哲学的原创性叙事，那么我们要问的是他们何以能够达到这种原创性叙事。人们当然可以从许多方面去说明这一点，但贯穿其中的一个根本之点则是，这些书写西方哲学史的人们，都对"哲学"和"哲学史"持有一种深刻的"观点"，也

---

① 出于对"中国哲学"观念的不满，提出替代性的术语（如"中国道术"）是可以理解的。原则上我们也没有理由拒绝这样做。其实，列举的话，可以替代的术语，还可以是"中国子学"、"中国道学"、"中国道理学"、"中国义理学"等等。问题的关键是，替代的新术语，如果也像目前的"中国哲学"术语那样缺乏创造性的解释，就容易流于形式化，其意义甚至还没有"中国哲学"丰富。

就是说，他们都拥有一种通过自觉意识而形成的"哲学观"和"哲学史观"。这表明，有所突破的哲学史，都需要一种深度意识之下的哲学观和哲学史观来引导。同样，建立新的中国哲学的原创性叙事，不管是经过反思之后接受一种哲学观和哲学史观，还是提出一种有自己独见的"哲学观"和"哲学史观"，都需要在哲学和哲学史上抱有一种"观"，以作为他驾驭和处理"中国哲学史"和历史上中国哲学家哲学思想的根本见解。他在这种根本见解之下书写出的中国哲学史，自然就会以一种独特的面貌呈现出来了。

20世纪50年代以前，引导中国哲学写作的哲学观和哲学史观，是在西方哲学影响之下形成的"多元"哲学观和哲学史观。基于多元哲学观和哲学史观的中国哲学言说，不仅使中国哲学呈现出了丰富多彩的面貌，而且也建立起了一些中国哲学的原创性叙事，如胡适的《中国哲学史大纲》（还有他的《中国名学史》）、冯友兰的《中国哲学史》（当然还有《中国哲学简史》）、张岱年的《中国哲学大纲》等。50年代以后，我们的哲学观和哲学史观，是被统一在政治意识形态框架之内的"一元的"哲学观和哲学史观，哲学史的书写虽然也由哲学观和哲学史观来引导，但其强行统一则造成了中国哲学形象的千篇一律化和公式化。改革开放以后，中国哲学开始从政治意识形态的哲学观和哲学史观中解放出来，但我们却没有造就出具有生命力和影响力的"哲学观"和"哲学史观"，这与我们惊叹当代中国缺乏有影响力的"哲学家"和"哲学史家"，不过是一个问题的两个方面。对于"哲学"、"哲学史"和"中国哲学"，我们常常处在一种无意识的"无观"状态中，虽然我们都在从事这项工作。如果中国哲学要走向多元的原创性叙事，改变目前的"无观的中国哲学"或"无观的中国哲学史"状态，那么我们就要走向深度性的多元"哲学观"和"哲学史观"。

作为对西方哲学内容划分方法的运用，在中国哲学的内容划分中，至今在相当程度上我们仍沿袭着形而上学（还有宇宙观、本体论等）、认识论、逻辑学、辩证法、伦理学（或人生哲学）等方法，这也需要加以检讨和调整。即便中国哲学中存在着认识论和逻辑意识，它们在中国哲学中的意义和所处的位置，也与西方哲学有着很大的差别。它们在中国哲学中没有得到充分的发展，就是由它们在中国哲学中所处的从属性位置决定的。区别于作为信仰而存在的宗教，如果我们把哲学主要看成是建立和提供根本"信念"的理论的话，那么中国哲学作为渊源流长的信念体系，也许可以用新的方法来划分。如划分为三方面，一是提供宇宙和世界实际上是什么和如何的回答，可称作世界根源信念；二是提供理想的人生和社会应该是什么和如何的回答，可称作人间理想和价值信念；三是提供人类和社会和谐秩序如何建立以及与宇宙如何保持统一的回答，可称作规范和实践信念。由这三方面所构成的中国哲学信念体系，简单说一是对于真实世界的信念，二是对于理想生活的信念，三是对于规范和行动的信念。显然，在中国，这三者是紧密相联的，不仅理想和价值信念与世界根源信念（或者说实然世界信念与应然世界信念）紧密相联，而且规范和实践信念也与世界根源信念密切相联，因为在中国哲学中，合理的规范和行动方式，也常常被认为是内在于天道秩序的。以这种划分方式去重新组合和编织中国哲学图案，也许可以克服西方哲学框架带来的削足适履之弊。

二　在普遍性与差异性之间

19世纪末以来，中国哲学一直在为自己的"正当性"而进行理智上的苦斗，这整体上又被认为是中国传统学术和学问向现代转变的一部分。由于"现代"的尺度来自西方世界，因此当中国哲学被提出并作为"现代性事业"而展开时，它所依据的参照物和标准，就是西方哲学（或者是更广义的西方文化）。这就产生了将中国哲学正当化的一种类型或者说是主要类型，即在中国哲学称谓及中国哲学本身中寻求相同或接近于西方哲学的"共同性"和"普遍性"；与此相对，中国哲学不同于西方哲学的地方，则被认为是中国哲学需要弥补的缺陷。比如常说的中国的知识论和逻辑学不发达，中国哲学思维模糊、观念含混等。按照这种"求同"的思维方式，中国哲学的正当性、普遍性和共通性，是通过西方哲学的普遍性和共通性来认定的。这可以说是一种立足于"西方哲学的普遍性"思考问题的立场，胡适和冯友兰等人的中国哲学正当化工作，所采取的基本上就是这样一种方式。① 然而，站在一种超越西方现代性甚至是反西方现代性立场上的人，则通过中国哲学不同于西方哲学或者是通过只为中国哲

---

① 冯友兰在《论人生哲学之比较》中所做的工作，重点就是寻找中西哲学的共同世界。

学所具有的东西来强调中国哲学的正当性和优异性。这可以说是一种立足于"中国哲学的特殊性"思考问题的立场。从这种立场出发，越是能够从中国哲学中发现它不同于西方哲学的东西，中国哲学就越具有自己的独特性，从而也就越具有自己的自立性和自足性价值。譬如，熊十力、梁漱溟、牟宗三等基本上就是这样做的。总而言之，19 世纪以来中国哲学的正当化建构，主流的思维都是在西方哲学的参照之下展开的，但采取的"实质性"方式则恰恰相反：一种是从转化和革新中国哲学的需要出发，重点通过中国哲学与西方哲学的"同质性"来理解和说明中国哲学，以此使中国哲学获得"普遍的意义"，起主导作用的是"可公度性"思维；与此相反，另一种则是通过与西方哲学的"异质性"来强调中国哲学的独特性，以显示中国哲学的自身意义、性质和内在价值，起决定作用的是"差异性思维"。

严格而言，把中国哲学正当化的这两种类型或者两种立场，至今仍或明显或不明显、或有意识或无意识地表现着。现在，人们一般不再把"西方哲学"作为"标准哲学"或"普遍"的哲学来看待了，但仍然相信它作为思考和研究中国哲学的最重要的参照是不应该拒绝的。把西方哲学从标准哲学转换为哲学多元对话的一种参照，并立足于中国哲学自身获得中国哲学的普遍性，自然就使普遍性超越了"单一西方"的意义；此外，中国哲学不同于西方哲学的一些特性，自然也就不能再简单地视之为天然的缺陷了。

同理，在中国哲学的思考中，我们必须克服只看到普遍性或者只看到差异性的"单向度"思维方式。中国哲学决不只是"普遍性"的注脚，也决不只是一系列偶然特殊事件的相加。哲学家及其所处的时代，他们的思考和行动，他们的生活都是一次性的，正像天下没有完全相同的"事体"一样，我们也没有完全相同的哲学家。每一个哲学家的生平和文本都是唯一的，正是这种"唯一性"，构成了哲学事件和文本的众多性，也构成了哲学的多样性和差异性。对这些众多事件和文本本身的叙述，就构成了哲学史事务的一个非常重要的部分，也构成了哲学史丰富多彩的条件。谁要是对特殊的事件和个别的行为没有感受性和敏感性，谁对历史就是麻木的。同时，哲学家的生平活动和文本，都是带着"意义"的，都是在追求一种真实的世界、追求一种人类的理性生活和信念。谁要是对此没有统觉和领悟，哲学史对他来说就不过是一笔流水账,他最多也不过就是一个高级记账员而已。健全的理智要求我们在可公度性、普遍性与不可公度性、特殊性之间采取一种"双向性"的立场。我们要在中国哲学的差异性世界中发现出普遍性的意义,在中国哲学的普遍意义世界中又看到紧贴着移动的历史时空的多样性和差异性。这样,差异自然就是"普遍中的差异",而普遍自然也是"差异中的普遍"。

现在有一种令人不安的倾向,即为了对抗西方的强势和话语霸权,抵抗西方的普遍性,一些人开始否认人类的普遍性和普适性的东西,认为所谓人类的普遍性价值,不过是强权主义推行其强权政治和价值观的借口和装饰。这种从特殊需要出发而导致的从一般意义上抛弃普遍性,只强调差异性和特殊性的立场,相应地也就抛弃了中国哲学和文化的普遍意义,也等于把中国哲学和文化从全球化和全球文明的对话中孤立出来,不使之参与到整个人类普遍信念和价值的建构过程中,这反而又会助长西方普遍性的话语霸权。因此,中国哲学中的普遍性与差异性,当然不应该限于中国哲学自身内部,它还必须扩展到整个世界哲学的范围中,通过与其他地域的哲学进行广泛的对话和竞争来确认和展示自身。

三 "视域"、"范式"与"深度诠释"

受科学主义的影响,人文领域也追求科学的榜样,试图得到类似于科学领域中那种超越时空的普遍真理。在历史领域,追求历史本来面目的历史意识被奉为圭臬。中国哲学作为一门设在哲学系的带有历史性的专业,长期以来在方法论上也奉行科学和实证主义原则,相信中国哲学研究的目标就是通过严格的科学和实证方法以获得中国哲学的本真世界。这种科学和实证原则除了强调"文献"根据之外,没有提供更多的有意义的东西,但它却预设了很多东西,如为了获得古代哲学思想的原意和本义,必须放弃解释者的"先见"和兴趣,必须站在古人的立场上对他们进行同情的理解。也就是说,面对哲学家及其思想,脱离开自己的意识、仿佛像哲学家本人那样思考、设身处地地加以"同情"、消除自己的"先见",被认为是切中哲学家文本原意的前提条件。

对中国哲学的原创性叙事来说,这样的方法有效吗?从一定意义上说,想象性的同情,设身处地的体验,确实有助于我们对哲学家和他的文本保持虚心。而且，"同情"和"体验"作为人的一种存在方式，它们也能够改变我们对人、对世界的态度并从而改变我们自己。但是，"同情"和"体验"本身不可能通过"脱离开自己的意识"或者"放弃自我的语境和心境"来实现，心灵也不可能像一张白纸那样来印记作者的原意和语境。实际上，解释者已有的感受、经验、语境和意识，恰恰是想象"同情"和设身"体验"的条件和前提。一个麻木不仁的人，可以说就是一个感受贫乏和意识空洞的人。只有对"自身"形体上的痛痒有深切感受的人，他才能在自己的"心灵"上理解到肉体的痛苦是何物，他才能在看到他人受到肉体上的伤害时，自然而然地表现出"同情心"和"仁"。同样，解释者要能够对哲学家及其文本产生"同情"的理解和设身处地的体验，他自身的意识、精神和生活经验恰恰是必要的条件。正像哲学解释学强调的那样，"先见"、"视域"和"范式"，不仅不是深度理解和解释的障碍，相反恰恰是理解和解释得以可能的条件。据此而言，中国哲学的重建，迫切需要的是不断获得新的视域和范式。

20世纪前期，中国哲学的理解和解释，也正是在各种不同的视域和范式的关照下进行的。没有各种"视域"和"范式"，中国哲学就不可能向我们呈现出丰富多彩的意义。如胡适的中国哲学形象，带有很强的实验主义和进化论的格调；冯友兰的中国哲学叙事，则与新柏拉图主义和新实在论具有密切的关系；牟宗三的中国哲学思考受到了康德哲学的很大影响。胡适、冯友兰和牟宗三的视点有不准确和比附的地方是可能的，但他们根据一种视域和范式对中国哲学进行的深度观察，决不是一时的冲动和随心所欲，而是一种持续性的凝视和精神活动，这就使得他们的中国哲学建构具有开拓性的意义。问题只是，理解和解释中国哲学的"视域"和"范式"，必须与中国哲学的文本进行双向的、复杂的意义运动，即必须经过从视域和范式到文本、再从文本到视域和范式的反复交谈和对话，以在二者之间水到渠成地涌现出意义共鸣和恰到好处的契合。总之，只要我们理解和诠释中国哲学，我们就需要"先见"和"视域"，"先见"的不断扩展，新视域的不断产生，恰恰是实现中国哲学新的理解和诠释的基本条件。

最近20多年来，从单一的唯物、唯心和反传统等范式中摆脱出来的中国哲学，呈现出了理解和解释范式的多样化，观察的视点和视域也发生了不少变化。例子之一是有关"儒教"的。现在越来越多的人开始倾向于把儒教、儒学与宗教联系起来加以思考，这是非常有趣的。梁漱溟、熊十力基于他们对宗教的范式和视域，都把儒教和儒家与哲学联系起来而使之与宗教划界。同样，胡适、冯友兰和张岱年等的宗教观，对他们的中国哲学研究也产生了极大的影响。如当他们将中国哲学整体上看成是对宇宙和人生"理性"追求的一种体系时，他们也都把中国哲学与宗教严格划清界限，或是对中国哲学的佛教化持否定态度（胡适），或是把它看成是中国哲学的非主流思想加以忽略（冯友兰和张岱年）。在此，他们对宗教的理解和价值观起到了关键作用。他们都相信哲学高于与科学对立的宗教，把儒学、儒家与宗教区分开恰恰是为了提升和维护儒家思想的特点和价值。但是，现在当大家重新认识了宗教及其意义的时候，逻辑就被颠倒了过来。把儒教、儒家与宗教联系起来，或者通过宗教的视角来观察儒教、儒家，却又成为提高儒家地位和重建儒家价值的一种方式。又如，在"诠释学"的视域之下，"中国经典诠释学"的视点近几年受到了人们的关注；再如，随着生态主义的兴起，人们也开始从生态观和生态伦理的视域去挖掘中国哲学中的生态意识。其他诸如从民主、自由、人权、人文精神、终极关怀、超越（"内在超越与外在超越"）、经济伦理、管理以及从和谐、天人合一、万物一体等视域和范式观察中国哲学的视点，都在扩展着中国哲学的理解和解释方式。但老实说，在这些范式和视域的运用中，还缺乏深度和广度的视点，还没有产生出具有普遍影响力和震撼性的原创性叙事。

另外，需要指出的是，在从反传统的中国哲学叙事转向肯定传统的叙事之后，对中国传统哲学也产生了新的隔膜和疏离。一个典型表现是，在为中国传统哲学正名、检讨反传统倾向的过程中，我们或多或少地又陷入到了保守主义和传统主义之中。"中国传统哲学"就在我们"回到中国传统"的过程中产生了单调化和贫乏化。如果我们"单向度"地把中国传统哲学视为可恶或者完美，我们都会失去对中国传统哲学的认知和转化能力，中国传统哲学对我们也就丧失掉了复杂的内涵。如把"和谐"、"天人合一"、"万物一体"等中国哲学观念公式化和口号化。当我们把这些作为中国哲学的核心范式和信念的时候，我们高度简单化的不仅是这些符号，而且也是中国哲学本身。当中国哲学被空洞的"和谐"、"天人合一"笼罩的时候，中国哲学不是由此而变得充实和丰富，而是显得苍白和贫乏。这种花架子式的摆设和廉价的推销，反而加重了中国哲学的意义危机。我们当然不是反对这些范式和符号，而只是想强调，当我们把这些符号作为中国哲学重要范式和价值的时候，我们必须进行理论化和体系化的建构，使之成为一个复杂的、丰富的具有立体感的信念。我们现在常常强调"问题意识"，但真正的问题意识，就是要能够提出具有开拓意义的"新的问题"，并深入地解决问题。

四　整体与部分的良性诠释循环

用双向的诠释循环来思考中国哲学的原创性叙事，我们应该追求的是把对中国哲学的整体理解与部分理解统一起来。如果把中国哲学或中国哲学史看成是一个整体，那么构成它的时代、人物、概念、理论、学说等等就是它的各个部分。我们当然不是从统计学的意义上完全量化地来看待整体意义与部分意义的对称性，但整体的意义必须"充分地"建立在对部分意义进行综合的基础上；而部分的意义也要从整体的意义上获得理解。中国哲学研究存在的一个明显缺陷是整体与部分之间程度不同的分裂。如我们自以为是的整体意义，实际上是非常"空洞的"整体意义；我们言说的部分意义，又是在"孤零零的部分"中得到的，我们总是就事论事，我们把自己限制在狭小的范围内，遗忘整体的世界。我们越来越精细化，但我们却越来越不知道一个整体性的中国哲学，或者只是知道一个空洞的中国哲学。借用韦伯所说的"专家们没有灵魂，纵欲者没有心肝"，我们现在的中国哲学失去了伟大的灵魂和伟大的灵性。我们要在中国哲学研究中获得"突破"，我们必须发现中国哲学的伟大灵魂和灵性。虽然我们可以从许多具体的方面批评胡适、冯友兰、张岱年、唐君毅、牟宗三等人的中国哲学研究工作，但他们在中国哲学研究中都建立起了整体性的叙事。他们能够这样做，一是他们在"方法论"上具有高度的自觉性并拥有一套"系统的方法"；二是他们本身就有一套一以贯之的理论和信念，这就是他们整体上诠释中国哲学的"一贯之道"。现在，在一些具体问题的研究上，我们取得了许多积累并越过了他们，但是在对中国哲学的"整体理解"上，比起他们来我们实际上显得无力甚至是无能。

从一定意义上说，这是现代学术的一个结果。现代学术的高度分工和高度细化，形成了"专家型"的学者，别说是"通才"，就是成为一个大学者都异常困难。"专家型"学者的最大特点，是在某一专业领域进行深入细致的研究，以使知识获得积累。但他的优点同时也是他的缺点，这就是他在整体上越来越失去判断力了。他对一些树木比较熟悉，但却不知道一片森林的完整形象了。中国哲学的整体意义危机，当然不是仅指我们只思考非常有限的局部问题而遗忘了其整体意义和形象，而且也指我们又常常轻率地谈论中国哲学的整体意义，其结果就是到处充斥着大而无当的空洞之物。从世界汉学的视野看，日本的中国哲学研究以精细著称，美国的中国哲学研究以范式的新颖性和视野的开阔见长。相比之下，我们的中国哲学研究，从某种意义可以说兼有二者之长，但从另一种意义上也可以说微观研究不十分细，宏观的思考又过于疏阔。借用朱子与陆象山互相批评的"尊德性"与"道问学"之语，在中国哲学的研究中，我们不能把"先立乎其大"的"尊德性"与"格物致知"的"道问学"二者有效地结合起来。如果仍以树木和森林的关系来比喻，一方面我们必须深入其中，仔细观察作为部分的树木的特点；另一方面我们又必须出乎局部树木之外，屹立整个树林之上，俯视整个森林。我们首先需要进行大量的细致化的研究，建立"微观性"的"原创性叙事"。这方面的工作越细越好，越深入越具体越好。但在许多个案和微观问题上，我们还在用旧印象来判断那些东西，而这些判断确实存在着问题。顺便举几例，在老子的政治思想上、在荀子哲学与法家的关系上、在法家哲学的理解上，我们常常仍用旧的意识和印象去判断，而没有真正进入到他们的哲学意境中。再如，一般把严复看成是中国近代科学主义和实证主义的先驱，但却忽视了严复思想世界的另一面，即他还肯定一个超验的世界，肯定宗教的意义，甚至反对否认鬼神存在的独断论。这说明在中国哲学的个案和部分研究中，我们必须充分深化和细化，以建立起可靠的基础。在此基础上，我们来建立"宏大"的中国哲学"原创性叙事"。如果谁最后能够站在至高点上，俯察一切，洞察真理，发现伟大的信念，那么建立中国哲学的宏大叙事，并非可望不可即。

五　三个向度："描述"、"说明"和"信念关怀"

中国哲学是广义的中国历史的一部分，研究中国历史的动机和目的也可以说就是研究中国哲学的动机和目的。如果相信我们的先哲想的与做的一样有趣，那么我们就要设法了解我们先哲想什么和如何想，这可以说是中国哲学的描述工作。中国先哲所想所思主要保存在文献记载和他们的著作中，要了解他们的思想，首先当然是要阅读他们的著作和以往的文献，并从语言文字层面入手进入到概念和义理层面，一步步弄清先哲所说所论的意义。但做到这一点并不容易。中国哲学概念有许多是单音节词，哲学家对它们的使用往往又不做具体的界定，不仅同一概念在不同的哲学家那里含义是不相同的，有时就是在同一哲学家那里含义也不是单一的。像道、德、性、命、天、气等这些概念，理解起来就非常困难。对于不注重体系的中国哲学来说，要在其往往是注疏性的言说中把握住哲学家的义理及其结构也相当困难。中国哲学的"描述"工作实际上是一种展示，目的是把我们先哲所具有的"怎样的"思想及其来龙去脉、结构、中心和影响充分地揭示出来，但这都要建立在对中国哲学文本充分理解的基础之上。从这种意义上说，我们必须依据中国哲学的可靠文献，并虚心地跟随着我们先哲的想法走，避免不以文献为基础的先入为主和主观想象。但"描述"决不等于"复述"，更不等于"复制"，而是对中国哲学文本消化和理解之后的一种阐发和重构。在这方面，我们做得仍然很不够。一些解释或者是似是而非，或者是模棱两可，一旦深究起来，问题就暴露出来了。因此，对中国哲学各种问题的充分、深入和有效的描述，仍然是我们面临的重要问题。

与"描述"具有相对关系的另一项工作是"说明"。这里所说的"说明"，是指寻找影响、促成中国哲学出现和造就了它的那种东西。如果说"描述"是尽量如实地展现中国哲学从部分到整体是"什么样"的，那么，"说明"则是寻找中国哲学从部分到整体为什么是这样的缘故。照劳丹（Larry Laudan）的看法，西方思想史研究一直偏于"注释"（用我们的术语，就是偏于"描述"）而忽视"说明"。这种情形在我们的中国哲学研究中可能更为突出，大量的"一般性"描述著作不断出现，而说明工作却非常不够。如我们都肯定先秦子学在中国哲学中是最具原创性的，但为什么在先秦会有各家各学同时兴起，为什么此时会造就出中国哲学的源头活水，实际上我们一直缺乏系统的说明。

把哲学思想的出现与促成它出现的关系概括为"结果"与"原因"，容易陷入机械的因果决定论之中。在中国哲学的形成和变迁中，当然没有或很难找到类似于自然现象的严格因果关系。我们也不求在这种意义上去对中国哲学进行各种"说明"。自从知识社会学产生之后，通过哲学史自身内部的逻辑说明思想的形成和通过哲学史的外部社会环境说明思想形成，构成了哲学史说明的两种主要方式。与海外中国哲学研究的"社会史化"倾向相联，国内强调中国哲学思想与社会关联的意识也在增长。中国哲学的内部说明，是从某一哲学思想在时空上的纵向、横向关系，来寻找影响哲学思想产生的条件和因素。中国哲学中的各种"问题"及其解决问题的方式，可能会有某种逐步趋向"合理性"的线索，但像黑格尔所说的"绝对理念"那样的逻辑展开过程，恐怕是不存在的。某一哲学思想的形成完全可以是"纵横关系"中某种思想偶然刺激的结果，而且比较起来也不一定更进步、更合理。过去我们喜欢用"螺旋式"上升观念来说明中国哲学的演变方向，但实际上中国哲学中并没有合乎这种逻辑的发展和进步关系。不同时期、不同时代的中国哲学确实在发生着变化和推移，然而如果用不断"递进"的逻辑来概括肯定是行不通的。

中国哲学的外部说明，是寻找影响或决定思想形成的社会环境和背景。照知识社会学的观点，知识和思想是由社会决定的，因此要说明一种思想，就要寻找决定它的社会条件和社会状况。如曼海姆认为，社会的进程影响思想的进程，社会进程在本质上渗透到了观察问题的视角。我们当然不接受思想和观念纯粹由社会或其他任何东西决定的"决定论"观念，因为思想世界的形成和演进是非常复杂的历史现象，必须从多种关系中去理解，"决定论"单挑一种因素去解释思想的出现是简单和粗暴的。社会条件作为促使思想发生的一个外部条件，它或者确实是诱发了某种思想的出现，或者只是作为一种因素参与到了某种思想产生的过程中。对于与社会和政治生活密切相关的中国哲学来说，我们更需要把它放在整个中国文明和文化的大背景之中去理解。中国哲学的社会说明对研究者所要求的历史知识显然很高，这就要求中国哲学的研究者不能限于哲学史文本的范围，还要进入到社会史的领域中。在中国哲学史与中国社会史之间展开一种艰苦的结合，是改善中国哲学研究状况的一个重要途径。

在中国哲学研究中，除了以上的向度外，我们还想提出一个"信念关怀"的问题。这个问题比一般所说的历史和思想的"评价"范围要小，它不包括我们对中国哲学思想进行是非、对错的评判和审定①，它所指的是中国的哲学信念与我们的时代之间存在着的关联。这种关联当然不是让中国先哲简单地向我们宣布什么或要求什么，而是我们通过对中国先哲信念的重温而获得启示和感召。在价值和信念上，我们的先哲具有优先的发明权和行动机会。在人类坚韧不拔地追求完善和完美的历程中，几大文明圈的伟大价值和信念始终都在引导和点燃着我们的心灵。在作为中国文明中心的中国哲学的精神旅行中，我们不仅要得到中国哲学的知识和解释，我们也要从中获得对我们的时代具有启示性的意义、价值和信念。如果中国哲学丰富了我们的精神世界和精神生活，引导了我们的人生，那也许正契合中国先哲建立意义和信念的意愿。

《中国社会科学》2004 年第 4 期

---

① 有人可能完全拒绝这样做，"他用一种开明的历史远见静观历史上的思想著作，由于尊敬别人而克制自己，不去责怪哲学界杰出之士对于'后起之秀'的才智茫然无知。"（文德尔班：《哲学史教程》上卷，罗达仁译，商务印书馆1987年版，第29页。）但这种无法完全免去的工作如何有效地进行，比我们曾经想象和曾经做的要困难得多。我们经历过用我们自豪和自负的才智赏罚古代哲学家的时代。这不是孤立的例子，据说："在一段时期，在德国有一种风气，从'当前的成就'出发，嘲弄、侮辱、鄙视希腊和德国的伟大人物；对这种幼稚的骄矜，我们无论怎样反对都不会过分。这主要是一种无知的骄傲，此种无知丝毫没有觉察到：它最后只靠咒骂和鄙视人的思想过活，但幸亏这种胡作非为的时代已经过去了。"（文德尔班：《哲学史教程》上卷，第29页。）

康德之"启蒙"观念及其批判哲学

叶秀山*

摘要 本文探讨了康德的启蒙观念及其与批判哲学的关系，分析了理性"成熟"之含义，认为，一方面，理性须得"不依靠他者"运用自己的理智来认知世界，另一方面，须区分各种层面的"权限"，强调在"公众"层面理性的不受限制性；这样，"成熟"、"启蒙"的理性就具有"现实性"，而不是"抽象"的形式。"界限"观念的提出，同样使以"理性"为准则的哲学不再是抽象形式，而是具有丰富内容的"认知"体系，从这个角度，可以加深理解康德"批判哲学"所做的"划定界限—领域"工作之哲学意义。

关键词 康德 启蒙 理性 成熟 界限

1784 年，康德在他的《纯粹理性批判》（1781 年版，第 1 版）出版三年之后，在当时的《柏林月刊》杂志第 4 卷第 12 期发表了应征文章《答复这个问题："什么是启蒙（运动）"?》，而在同卷第 9 期，该杂志已经发表了一位犹太哲学家默西·门德尔松的同类文章《关于"什么叫"启蒙（运动)?》，按后来康德在发表自己文章时加的小注说，他如果当时已读到这篇文章，就会扣发他自己的文章，"现在本文就只在于检验一下偶然性究竟在多大程度上能带来两个人的思想一致"。[①]

200 年后，我们再来阅读两位先哲为回答同一题目的文章，固然也会像福科（MichelFoucault）那样注意到在当时德国社会背景下，犹太哲学

---

* 叶秀山，1935 年生，中国社会科学院哲学研究所研究员。

① 康德：《历史理性批判文集》，何兆武译，商务印书馆 1996 年版，第 31 页注。

思想如何融入德国哲学思想的大趋势之中①，但也会感到这两位哲学家在对于"启蒙"成熟性问题的取向上有所不同。

相比之下，门德尔松的文章在行文上似乎比康德的更加清楚明白，这也许是当时月刊编者更加倾向于门德尔松的答卷的原因。

门德尔松的文章一开始就将"启蒙—Aufklaerung"、"文化—Kultur"、"教养—Bildung"作了区分，认为"启蒙"重在"理论"，"文化"重在"实践"，而"教养"是二者的综合。门德尔松这种"理论"与"实践"的区分，也许真的表明了犹太思想接受从古代希腊哲学到当时德国哲学进一步深化的这个大的哲学背景，康德哲学正是建立在这种"理论"与"实践"相分立又结合的哲学思路上的，而自此以后，费希特、谢林直至黑格尔，莫不在这样一种思路的框架之中。也许，正是在这样一个基本点上，康德觉得门德尔松与自己的哲学有相同之处；不过我们将会看到，在文章的结尾处，门德尔松提出了一个康德"启蒙"文章中未曾涉及的一个方面，并明确指出，这种观念乃来自于犹太作家的教导，即任何高尚事物愈趋完善，腐败后就愈加丑陋，残花丑于朽木，同样为"尸体"，"兽尸"不若"人尸"可恶。这个问题，的确如门德尔松自己说的，需要另作讨论了。

而我们觉得，康德关于"启蒙"的观念，不是孤立地对一个问题的见解，而是和他的整个哲学的观念密不可分的。一篇很短的论文，紧密地和他的整个"批判哲学"思想联系在一起，就会因太精练、太概括而不容易读懂，这也许就连当时那《柏林月刊》的编者也不能例外。

一　何谓"启蒙"，何谓"成熟"

因为是问题回答，所以康德论文第一句就是："启蒙（运动）就是人们脱离自己所加之于自己的不成熟状态。"那么何谓"不成熟状态"？紧接着第二句话就是："不成熟状态就是不经别人的引导，就对运用自己的理智无能为力。"②

---

① *Foucault Reader*, Paul Rabinow edited, Pantheon Books, New York, 1984, p. 32. 福科这篇同名文章，注意到了康德"启蒙"论文和他整个哲学之间的联系，并从历史本体论视角理解康德哲学中的"界限"观念，是很有启发性的。

② 康德：《历史理性批判文集》，第 22 页。括号为引者所加。

"启蒙"作为一种思想潮流或运动，它的旗帜上写着"理性"。这是欧洲经过文艺复兴、宗教改革之后进入的一个崭新的历史时期。

文艺复兴为人的感性欲求争取合法地位。这同时意味着，中世纪教会也曾以"理性"的名义行使着自己的权威，托马斯·阿奎那的哲学说明了这一点。18世纪启蒙运动的"理性主义"，借助路德宗教改革反对外在教条权威的思路，展示了"理性"的新的面貌。"理性"与外在权威的决裂，形成自身的内在权威，亦即"理性"与"自由"同一。

"自由"乃是"自己"。一切出于"自己"，又回归于"自己"。

"启蒙"精神，乃是"理性"精神，"自己"精神，"自由"精神，乃是"摆脱""外在"支配，"自己"当家作主的"自主"精神。所谓"外在"，乃是"他者"，包括了"人—他人"和"事—客观世界"对"自己"的支配；"摆脱"一切羁绊，也是"自由"的基本意义。所以康德谈论"启蒙"，强调的是运用自己的理解力—理性之一种职能，来认知世界，而不是仅仅依靠"他者—他人"的指导。"启蒙"精神是"摆脱—不需要""他者"指导的独立自主精神。

这样，康德就把自己的"启蒙"观念和传统的"启蒙"口号——"敢于认知—sapere aude"联系起来。"敢于认知"就是敢于自己运用自己的"理智"去独立地"认识"事物，而不依赖也不需要那些外在的"监护者—指导者—Vormuender"。康德很生动地揭示那些依靠他者指导过日子的懒汉，既然已有现成的食谱，何必再费自己脑子。所以康德认为，懒惰（Faulheit）和怯懦（Feigheit），乃是"启蒙"、"成熟"之大敌。

"启蒙"之所以需要"勇气—audere"，是因为要使自己的理智—理性"成熟"起来，并非一帆风顺，而是有一定的"危险"的。人们是冒着"风险"使自己"成长—成熟"的。一切都在"指导者—监护者"引导之下循规蹈矩，常常是最为安全的，自己独立行事，则要付出代价，要面对客观事实和指导者—监护者的双重"惩罚"。于是常常是只有少数人才有这种勇气去让自己"成熟"起来，而多数人宁愿永远在监护者的"襁褓"之中，享受"恩赐"的安康。

"人"虽生而"自由"，但一旦我们的祖先已经把这种"自由""托付"出去，我们就得付出相当的代价把这种原属于我们自己的财宝赎回来。赎回这份财宝，不仅需要物质的力量——社会发展的一定程度，而且需要精神的力量。人们要有克服"懒惰—怯懦"的勇气。

既然是一种"赎回"，则乃是"监护者"和"被监护者"双方的事情，"监护者"中有那开明的、有见识的，认识到时代的进步，感觉到这种步伐，从而向人民逐步地"发还"原属他们的自有权益。于是也有那哲学家，向欧洲的君主呼吁"讨回"这种"自由"的，康德以后费希特就曾做过这项工作①。君主们之所以允许还"自由"于民，不仅仅是因为他们的开明和见识，而是社会发展到一定阶段，还自由于民乃是促进社会发展的重要手段。没有全体人民的创造性的工作，社会就得不到进一步的前进，也就创造不了更大的物质财富，而这种财富，当然也是君主们所最为喜爱的——这个观念，也是康德这篇短文所表达了的。

于是，康德在阐述他的"启蒙"观念时，强调的正是这种"自由"的条件。康德说："这一启蒙运动除了自由而外并不需要任何别的东西，而且还确乎是一切可以称之为自由的东西之中最无害的东西，那就是一切事情上都有公开运用自己理性的自由。"② 康德许诺，只要允许这种自由，公众的启蒙和成熟，不仅是可能的，而且几乎是"不可避免的（unausbleiblich）"。③

"自由"是康德哲学里最为核心的概念，当然，"自由"这个观念并不始于康德，康德的工作是对于"自由"这个概念做了深入的哲学分析，使其明晰化而进入哲学的基础层面。

"自由"是"理性"的本质属性，是"理性"的存在方式。

"理性"曾经被理解为与"必然"同一。"理性"是"规则"、"逻辑"、"法律"和"权威"。中世纪为使神学带有更大的"必然性"，为神学问题的理性论证煞费了苦心；而文艺复兴为了冲破神学的权威转而求助于"感性"。然而自从笛卡儿揭示感觉经验之"可疑性"以后，"理性"的问题又从哲学的基础层面凸现出来；然则，此时的"理性"，为与感性的可疑性划清界限，强调一种"摆脱"、"解脱"的意义——从"感性经验"的束缚下"挣脱"出来，获得"自由"。"理性"与"自由"有了天然的联系。在这种思想下，"必然"、"偶然"、"可能"等哲学范畴，有了新的理解方式。"自由"不是"放任"和"逍遥"，不是"回归自然"，

---

① 费希特：《向欧洲各国君主索回他们迄今压制的思想自由》，载梁志学主编《费希特著作选》第 1 卷，商务印书馆 1990 年版。

② 康德：《历史理性批判文集》，商务印书馆 1990 年版，第 24 页。

③ 同上书，第 23 页。

而是"理性"的"创造性"职能。

在论"启蒙"的文章中，康德进一步区分了"自由"、"理性"的两种运用，一种是"公开的"，一种则是"私人的"。康德说："必须永远有公开运用自己理性（der oeffentliche Gebrauchseiner Vernunft）的自由，并且唯有它才能带来人类的启蒙。私下运用（der Privatgebrauch）自己的理性往往会被限制得很狭隘，虽则不致因此而特别妨碍启蒙的进步。"① 在这里，康德说明了所谓"公开的"和"私（人下）的"具体的含义："我所理解的对理性的公开运用，则是指任何人作为学者（als Gelehrter）在全部听众（ganzen Publikum der Leserwelt）面前所能作的那种运用。一个人在其所受任的公职岗位（anvertrauten buergerlichen Posten）或者职务（Amte）上所能运用的自己的理性，我就称之为私下的运用。"②

在这里，康德在运用"公开的"和"私下（人）"这两个词上有自己的用法，因为通常"私人—私下"带有"个人—隐私"的意义，恰恰是与"（社会）公职"相对立的。而康德的这种用法我们只能在哲学的理论上找到根据。康德把经验的社会职务，一概归为"Privat"，它和最为广泛的"普遍性—公众性"也是对立的，这种哲学上的"普遍性—公众性"是"无限"的，是人人得以参与和享受的，而一切社会的"公职—职务"，无论其职权范围有多大，也都是"有限"的。

康德正是在"有限"、"无限"这样一个哲学的层面来理解和运用"私人—私下"和"公开—公众"这两个词的。

"理性"按其本质来说，固然是"无限"的，但是在现实世界，在经验世界，却是"有限"的，划清这两者的"界限"，并探讨这两者的关系，正是"启蒙"的表现，"成熟"的表现："理性—自由"在"本质—本体界"，是"无限"的，而在"现象界"，则是"有限"的。

在关于"启蒙"的论文中，康德强调划清这种界限，以呼吁给予—允许—鼓励"理性"在公开运用范围内的不受任何限制的自由，而指出这种公开发表思想观点的自由，并不会妨碍在实际生活中、在各种公务中的恪尽职守，行使自己的职权。这里已经蕴含了后来费希特呼吁的"思想自由"。

---

① 康德：《历史理性批判文集》，商务印书馆1990年版，第24页。
② 同上书，第24—25页。

这是康德关于"启蒙"论文中所涉及的"界限"观念。我们这里要进一步讨论的是：这种思想，与康德整个哲学思路的内在联系，了解了这种联系，对于我们进一步把握康德哲学的精神当有所帮助。这种关系，在上面提到的福科的论文中已经提出，但需要从哲学层面进一步阐述。我们会看到，康德哲学的"纯粹性"，原本不是仅强调"抽象的形式"，而实在是很实际的，是从一个"纯粹"的哲学层面，时时都在关切着现实的问题，因而一提到"纯粹"，就好像一定会脱离实际这样一种担心，是一种历史的误解。

二 何谓"批判哲学"

康德把自己的哲学叫作"批判哲学"，所谓"批判—Kritik"当然不是我们过去常说的"大批判"的意思，"批判"乃是"批审—厘定"的意思，而所谓"批审—厘定"正是指"划清界限"而言。"界限"观念是德国古典哲学从康德到黑格尔的一个核心的概念；而"界限"的确立，乃是"理性"、"启蒙"、"成熟"的标志。因而，就哲学的意义而言，在康德看来，过去的传统哲学——形而上学，其弊病就在于"界限"不清，从而是不够"成熟"的。于是，"批判哲学"就不是眉毛胡子一把抓，而是有"界限"的、"成熟"了的理性哲学。

就康德的哲学观念来说，"哲学"的领域，犹如一个"王国"。这个王国由"理性"来统治，因而是有秩序的，而不是"无政府"状态①；然则"理性"也不是一位"独裁"的"君主"，"理性"并不是不加区别地集众多权力于一身之"集权"的专制者和独裁者，而是有区别地在不同的"领地—领域"行使相应的"权力"，种种不同的"权力"，是"有限制"的，因而"理性"在行使自己的权力时，也有个"僭越"问题，划清"理性"在哲学的不同领域之不同的"权限"，不使其自身"越位—僭越"或者"降格—不到位"，乃是康德"批判哲学"的首要任务。于是，在康德眼里，哲学的王国，也如同现实的王国那样，最为理想的政

---

① 康德：《纯粹理性批判》，商务印书馆1960年版，第1版序言。

治,乃是"共和制"①。我们知道,康德"批判哲学"含有三大"批判",第一部《纯粹理性批判》是这个哲学的奠基之作,具有划时代的影响。哲学史家认为,此书开启了近代哲学认识论的方向。

《纯粹理性批判》涉及哲学的"知识"领域,在康德看来,这首先是"理性"的一个"领域—terretorium",在这个领域里,理性概念拥有"立法权"的部分,是为"领地—Gebiet, ditio",而"知识"在这个部分,即在理性拥有"立法权"的"领地"上,才谈得到"必然性"、"普遍有效性"的"科学体系",而其他部分,则只是经验概念的"居住地—domicilium",虽然它们要"符合"理性的规律,但是并没有对客体的"立法权",因而经验概念带有偶然性,而不是科学的必然概念②。康德在《纯粹理性批判》一书中所致力的,正是论证"理性"如何在"知识"的"领地"拥有"立法权",而"离开"这个"领地"再要行使这种权力,则为"理性"之"僭越",理性就失去了"合法性"。由于有这种思路模式,我们才可以顺利地理解康德在批判哲学的著作中,大量运用当时的法学概念这一现象。

在这个意义上,康德首先把已经为休谟充分揭示了的"经验概念""领域"和他的"科学知识""领地"区分开来。在学术上,康德并不全盘否定休谟所做的工作,而是指出他的理论的适用范围,即肯定"经验概念"的合规则性的确是经验的概括的结果,而并不具有"先天的—apriori"的"必然性";然而康德所要指出的,乃是"知识"虽然来源于"经验",但并不"止于"经验。"理性"本身并不"依赖于""经验"。

"理性"不依赖于"经验"这一命题,也是可以普遍接受的,休谟也承认逻辑和数学并非"习惯"产物,而是"先天的—apriori",问题是此种"先天的形式"如何与"后天的内容"结合起来,而且这种"结合"中,仍然保持了"理性"的"先天"性,则是需要加以阐明的,因为休谟的工作,相当强有力地指明了这种"结合"的不可能性。于是,"先天综合判断"何以可能,就成为康德《纯粹理性批判》需要阐述的首要问题。

---

① 参见康德《永久和平论》,《历史理性批判文集》,商务印书馆 1990 年版,第 106—109 页。

② 康德这层意思,贯穿于三个"批判"之中,可以参看《判断力批判》的"导论"部分。

用我们这里关注的角度来说，"先天综合判断何以可能"的问题，也就是"理性"何以不仅拥有一个"领域"，而且还拥有一个"领地"——在这个"领地"上，理性通过"自然概念"对于感觉经验材料拥有合法的"立法权"，理性这种职能，康德叫作"知性（Verstand）"——于是，"知性"为"自然"立法。

我们看到，在《纯粹理性批判》中，康德竭尽全力揭示"理性"如何通过"时空"先天直观形式和"范畴"的概念形式对于感觉经验材料加以"建构—constitute"，以成为"理论"的"必然知识"。这就是说，"科学知识"由概念体系组成，这些概念有"经验"的，也有"先验—transzendental"的，因而"知识"也有"经验"和"先验"之分，"先验知识"是那具有普遍必然性的知识，没有这一条，"科学知识"的大厦（王国）将倾颓坍塌，康德认为自己的工作，为挽大厦之将倾，救科学于危亡，使"科学知识"的王国得以"合法"存在。

康德在这项拯救性工作中，完成其"哥白尼式的革命"。

"知识"何以可能的关键在于"主体"与"客体"—"概念"与"对象"何以能够有"一致性"。康德认为，以往哲学知识论的失误在于"主体"围绕着"客体"转，"主体"力求"符合""客体"，以取得关于"客体"的正确知识——真理。这样的知识论路线，在康德看来，不可能真正得到"主体—客体"、"概念—对象"的"一致性"。如今把这个关系颠倒过来，使"客体"围绕着"主体"转，亦即"对象"围绕着"概念"转，这样，在"知性概念"的"立法"职能（Vermoegen，faculty）下，二者才能真正一致起来。这样我们也就可以理解《纯粹理性批判》里康德的一句名言：经验可能的条件也就是经验对象可能的条件。这就是说，在"理性"为"自然"立法的"条件"下，"经验"与"经验对象"原本源于同一的条件。"知性"的"立法"职能，不仅使经验知识成为可能，而且使经验对象成为可能：通过感官提供的杂乱的感觉材料——sensedata 成为可能的经验对象。

这就意味着，"知性"的立法，为"经验科学知识"提供了合法的"（可知）知识对象"。同时更进一步，既然"知性"的立法作用，根源于理性自己，而非根据外部提供的感觉材料，则只有那些"通（得）过"理性立法的材料，才能合法地成为"理性知识王国"的"合法""臣民"，那些通不过这些法律的，则被拒绝（拒签）于这个王国国门之外，不得合法地进入该王国的领地—领土。

在这种法律条件下，如有那"不法分子""偷渡"入境，一经查出，当被驱逐出境，这一检查的职能，当属"批判哲学"；而如有那"越位"的"立法者"，将那些本不是"经验对象"的"分子—观念""接纳"入境，则是为"理性"之"僭越"，而对此种"僭越"的审查和揭示，亦属"批判哲学"的职权之内。

"理性"在"知识王国"的领地—领土内所能接纳的"臣民"，只是那些能够进入"时空直观"、可以为诸种"范畴"所"建构"的"经验对象"，诸如那些"神"、"不朽"、"无限—经验之大全"等等"超越（经验）"之概念，皆非"知识王国"之合法臣民，这些概念虽是理性的，但在"知识"的领土内并无"立法权"，因而不能"建立"起"经验对象"，则"无权"成为"知识"；于是，在"知识论"领域内——即在知识王国的领土（领地）内，康德宣布它们只是一些"理性"的"观念—理念"，而"不可知"。

我们看到，理性在知识领域，作为"自然的概念"，其"立法权"是受到"限制"的，厘定理性自然概念的职权范围，是"批判哲学"的工作。"批判哲学"为理性自然概念的合法权力辩护，也对理性在自然概念上的非法僭越加以"限制"。

"理性"对自己的"职权"范围有了更加清楚明了的"界限"，"理性"对自身有了更明晰的认识——"理性""成熟"了，这正是康德"启蒙"的意思。

在"知识"的领域里，"理性—知性"为"自然"立法，把"自然""建构"成"（可知）知识"的"对象"，这样，"知识"的"领域"就成为理性自己的"领地—领土"，在这块领土上的"臣民—自然概念"，就拥有合法的权利，"构成"一个和谐的王国，因为"统治者—理性"及其"臣民—（经由时空直观进入范畴之）概念"原是"一体"；而那些未"进入""时空"的"感觉材料—混沌"和"理性观念—神、不朽"等，或可"居住—滞留"在"知识王国"，但并非"自然概念"，不是该王国的合法臣民，不拥有合法之权利，"理性—统治者"对它们也没有"立法"的权力，虽然它们也会"符合"理性的"规则"，也可以进行合适的"推理"，在形式上"符合""逻辑"，但是这些"符合"，或者只是经验的"习惯"，因而是"偶然"的（休谟），或者是"超越""时空"，因而是空洞的无内容的"理念"（神学），对于它们，"理性—统治者"只是起到一种"调节—规整—regulativ"作用，而不能将它们"建构—constitute"成一个知识的"对象"。我们看到，康德对于"调节"和"建构"所做的相当难懂的区别，在这个视角下，也许会变得更清楚起来。

"理性"在"自然"的领地，无"自由"可言，它是"必然"的领域，尽管在这个领域，"理性"同样是从自身出发行使"立法"的权力，而并非从外在的感性材料出发制定"知识王国"的"法律—法则"的；这样，在"知识王国"，理性的"自由"是"受到限制"的，是"有限"的，就如同"自由"在"私下—私人"范围内受到限制一样。"自然（物理）知识"和"社会职务"都受到"经验"的限制。

"知识""止于""经验"，超出这个范围，理性要"妄想"行使"立法权"，乃是理性的"越位—僭越—僭妄"，而"理性"之"僭越"乃是"理性""不成熟"的表现。传统形而上学妄图将"神—灵魂不朽—意志自由"诸观念也当做"自然概念"一样，纳入理性的"知识王国"，正是这种"不成熟"的一大例证。揭示此种做法的"不成熟性"，乃是康德批判哲学的奠基性的工作。

于是，遂有康德那句名言：限制知识，为信仰留有余地。

三　理性为"自由"立法

"自由"在"自然—知识"领域，没有合法地位，它当然可以"居住"在这个领域，因而理性并不完全排斥去"思想—思维""自由概念"。但是，"自由概念"在"知识领域"却无权像"自然概念"那样起到"立法"作用，因为在"自然—知识"领域，"自由"无法进入时空直观，因而在经验世界，它是"无对象"的，理性无法为它"建构—建立"一个经验的直观对象，因而它的概念，虽然可以被"思想"，但却不可形成一个知识—科学的概念理论体系，而只是一个"观念—理念"，因而对于"思辨理性—理论理性"，"自由"为"不可知"；然而到了"实践"领域，亦即到了"道德王国"，则理性正是通过"自由概念"来为这个王国立法，它拥有合法的"立法权"。

"理性"这样一种"立法"的权力的区分—权限，对于康德的批判哲学来说，是至关重要的。

在道德领域只允许"自由概念"有"立法权",乃是划清"德性"和"幸福"界限的重要途径,是康德道德哲学的基石:"德性"与"道德律"有关,而"幸福"则与"自然律"有关。"道德"涉及"实践"和"意志"领域。"实践"是按照"概念"实现"因果",但有按照"自然概念"实现因果的,也有按照"自由概念"实现因果的,二者有"原则"的区别:前者遵照"自然"的原则,而后者则遵照"自由"的原则,只有按照"自由概念"实现的"因果",才是"道德实践"的,而按照"自然概念"的"实践"事实上仍然属于"理论"的范围,因为它们遵循的仍是理论知识的原则,按照理性"自然概念"的立法原则行事,而与按照理性以"自由概念"为"道德实践"立法,有原则的不同。

康德对于"自由"观念之深入分析—批判,在欧洲哲学史上的贡献是十分巨大的,某种意义上,可以说是具有划时代的意义。或许我们可以说,康德通过"自由"的"批判"——即对于"实践理性"的"批判",把欧洲哲学——形而上学,推向"成熟",推向"启蒙"。

什么叫"自由"?"自由"是"不受限制","自由"即"无限"。

"无限"的观念,在欧洲哲学史上并不陌生,但却是相当含混的,也是相当抽象的。

具体科学以"有限"为研究"对象","哲学"以"无限"为研究"对象",这好像是一种天然合理的划分,然而,这种把"有限"—"无限"分割开来的截然区分,使传统形而上学走入了死胡同。按康德的"批判",这种传统形而上学,是理性的僭越行为:"哲学"一方面把自己限制于"理论知识"的层面,另一方面,又要把自己的触角伸向在经验知识领域不可能有任何实际内容的"无限"观念。这种"无限"观念,实际上是理论—推理上的一个"跳跃",因而只是"想象"的产物。

"无限"观念必以"自由"为其内容,"无限"即"自由",而"自由"是"实践"的,不是"理论"的。"实践"的"自由"—"自由"的"实践"乃是"道德"之所以成为"道德"的基础。没有"自由",就没有"道德"。

"实践"涉及的领域为"意志","意志"为"欲求";有"自然"的"欲求",也有"自由"的"欲求"。"自然"的"欲求"受"自然律"支配,"自由"的"欲求"受"道德律"支配,前者为"幸福",后者为"至善"。康德严格划分了这两者的区别,这种区分是"原则性"的,"幸福"遵守"自然律"，"德性"遵守"自由律"。

表面上看，康德把"意志自由—自由意志"的"不受限制—无限"看成"理性"为道德实践的形式的"立法"，毫不涉及经验内容，这一点的确反映他未能完全摆脱传统"无限"观念的阴影，因此也常常受到批评；只是我们还应该看到在他的形式主义道德学和自由论中，仍然包含有趋向于"现实"的精神，他的自由论—道德哲学并不"止于""形式"，因而他的"无限"概念，也并不是抽象的、无内容的，而是"趋向于"现实的，这里已经孕育着黑格尔后来的"无限—真理"作为一个"过程"的意思在内。

没有内容的"无限"，乃是一个空洞的概念，"至大无外—至小无内"只是语词概念的延伸，这种意思，正是康德在《纯粹理性批判》里批评过的"理性"脱离内容要想"扩展"其"知识内容"而实际上不可能有这种内容的"观念"，是"理性"的"僭妄"；只是到了《实践理性批判》，"无限"与"自由"相结合，而此时"自由"乃是"意志"之特性，属于"实践—行动"的领域，也就是说，在实践领域，"理性"本身就有能动—行动的力量，亦即"理性"有能力按照一个"概念"来行动，而不是非理性的机械活动。这种按照"概念"的活动，又可以分成两类：一种是按照"自然概念"的，一种则是按照"自由概念"的。"道德"行为既然是按照"自由概念"的行为，则在这个意义上，"自由"也就意味着"行为—行动"，而不仅仅是空洞的、软弱的单纯"观念"形态。

"道德"既然是一种行为，而"行为"总是"现实"的，要在经验中显示出来，可以直观的，在康德意义上，它是"现象"的，因而也是"符合""因果律"的；然而，道德行为又是按照"自由概念"的行为，而所谓"自由"，是"不受限制—无限"的，于是此种行为虽然"符合""因果律"，而又是"不受""因果律""支配"的，"自由"的"行为"，乃是"因果系列"的"断裂"，是古代的"起始者—始基"，是亚里士多德的"第一因"。

"自由"不受任何感觉经验的支配，从自身的概念出发，"产生""行为"，在这个意义上，"自由"的"行动"，就已经是一种"创造"。

何谓"创造"？"创造"是从"无"到"有"，在欧洲哲学思想中是一个由犹太—基督带来的新的观念。"神"为"创世主"，"神"从"无"到"有"地"创造"了这个世界，而这个世界，乃是由物质材料组成的，这些物质材料有其"必然性",因而,在这个意义上,"神"也"创造"了这种"必然性"。于是就哲学的观点来看,"神"超越于"自由—必然"的观念之上;而"人"不是"神",他只能以理论知识的形态"把握"自然—物质材料的"必然性",保留着自己的有限的自主权—立法权,不得僭越,也只能在形式的意义上拥有"自由—道德"的自主—立法权。自由—道德既然完全不依靠任何的感觉经验的材料,而又不可能"无中生有"地"创造"这个物质世界,于是它就只能"创造"一个"意义—价值—德性"的世界。"德性"不创造"物质财富",却创造"精神财富";"德性"不创造"幸福",却创造一个"配享幸福"的世界。"自由—道德—德性"乃是一种"精神性"的"创造",这是"人"作为"有限理智者"所能行使的具有现实性的"权力"。"理性""有权"在"自由—道德"的领地"立法",但这个"立法权"只限于"形式",而不像在"自然"领域,有相应的"内容"。这就是康德道德哲学常常被批评为"形式主义"的原因。

然而,尽管康德理应接受这个批评,但是他还是可以有自己的辩解,事实上,他也曾做过辩解的。我们看到,他在 1793 年的一篇题为《论通常的说法:这在理论上可能是正确的,但在实践上是行不通的》文章中,在回答一位教授的批评时说:"按我的理论,则既不是人类道德本身也不仅仅是幸福本身,而是世界上最可能的至善——它就在于两者的结合与一致,——才是创造主的唯一的目的。"①

这个"至善"观念,在康德的《实践理性批判》中有比较详细的论述。康德哲学意义上的"至善"并非一般所谓的"最高"的"善",而是"德性"与"幸福"相结合的"配享幸福"的最佳境界,在这个世界中,"德性—幸福"有一种可以相互"推论"的必然关系,因而"道德"的"自由"和"现实"的"自然(必然)",是为一体,不可分割。这样的境界,在尘世间——"人"的世界只是偶然迸发出来的思想闪光,而在另一个世界,在"神"的世界——在"天国",则是实实在在的"现实",它"必定—必然"为"现实"。在这个意义上,康德的"至善"为"完满—完成—Perfection",是一种"宗教"的境界。

然而这个"宗教"的境界,在康德的哲学中,倒也不是"想象—幻

---

① 康德:《历史理性批判文集》,商务印书馆 1990 年版,第 169 页。

想"的产物，而是由"人"的理性的"自由"保证了的一个理路。"自由—道德"必然导向这个境界，这个境界的出现，是理性的必然"悬设—Postulation"。

无论康德哲学的理路如何，它不"止于""形式"，这一点是很清楚的。它的"至善—完善—完成"观念，说明了康德道德论在意图上的"现实性"；不仅如此，我们还看到，康德为强调他的"至善"的这一特点，甚至拿来与中国老子"至善"观念的"虚无性"作对比，康德在1794年《万物的终结》一文中在批评"神秘派"时曾说："由此便产生了至善就在于无这一老君体系的怪诞，亦即就在于感觉到自己通过与神性相融合并通过自己人格的消灭而泯没在神性的深渊之中这样一种意识。为了获得对这种状态的预感，中国的哲学家们就在暗室里闭起眼睛竭力去思想和感受他们的这种虚无。"①

康德对于老子的批评，固然可以商榷，但是他是为了强调他的"至善"观念原本是一个"现实"的概念，因而是清楚明了的，不是一个"浑沌"，是一个"理性"的概念，而不是"想象—幻想"的产物。

何谓"现实"的概念？"现实"概念必定是"有内容的"，因而是"具体"的，不是抽象的、形式的。因而，"至善"是"具体"的，不是"抽象"的，不是"天人合一"，不是把"个人—个性—个体""融化"于"天地"之中；而正是通过"个性"，通过"自己"，通过"自由"，按照理性的道德律，通过"无尽"的"修善"，"进入"一个"至善"的"现实世界"。在道德的世界，理性的进程与知识的世界正好相反，它遵循的是一条"自上而下"的途径，由"抽象—形式"走向"具体—内容"②。

就我们的论题，康德这个思想意味着："无限"必要在"有限"中才是"现实"的，"有限"中的"无限"，才是"现实"的"无限"，或者说是"真实"的"无限"；换句话说，也就是只有在"必然—自然"中的"自由"才是"现实"的、"真实"的"自由"，而"实现"这样一种"真实—现实"的"自由"，不是"理论"的过程，而是"实践"的过程，因而是一个"时间"性的问题。"过程"需要"时间"，"过程"就

① 康德：《万物的终结》，《历史理性批判文集》，商务印书馆1990年版，第90页。
② 参见康德《实践理性批判》序，关文运译，商务印书馆1960年版，第14页。

是"时间"。在康德,是那无尽的时间绵延的修善的可能性,保证了"无限—自由"终将具有"现实"性,普遍的道德律,才能与"个体"的"修善"结合起来,而不至于理解为"个性—自由"的"消灭"。

没有"个体"的"自由",犹如没有翅膀的天使,它混同于万物之中,实行"天人合一",乃是一种"泛神论"、"自然神论"。在此视角下,"自由"等同于"自然",遂使人有一种幻觉,以为只有"回归自然"才是最大的"自由"。①

"自由"的"创造",是一个"从无到有"的过程,"无"和"有"在"过程"中得到统一。"从无到有"的过程是一个从"无限"到"有限"的过程,"无限"只有达到了"有限",才是具体的,现实的,才是"完成"的,"完善"的。"从无到有—从无限到有限"是一个"现实"的、"实现"的过程。从"自由"到"至善"也是一个"现实—实现"的过程。"至善"为"完成"、"完满"、"完善","完善"中的"无限",是"有限"中的"无限",只有这种"无限",才是现实的、实现了的、完成—完善了的"无限",才是真正的"无限",而再不是抽象的、形式的"无限—自由"。我们在这里可以看到,黑格尔关于"好的无限"和"坏的无限"的原则区别,在康德这里已经有了思想的雏形。

然而,康德认为,这种"好的无限—至善",这种"现实的—实现了的无限",只是"神城—天国"的事情,在"人间—人的世界"是不可能达到这种"至善"的。康德认为,既然《实践理性批判》已经找到了"至善—神城—天国"的理路根据,人们就有理由实行"不断修善",把"至善—神城—天国"作为"目标","相信"它的"存在"。因为这个"天国"既然不是空洞的抽象概念,不是幻想迷信的产物,而是有内容的"具体现实",因而它也是的的确确的"存在"。对于这个"存在",作为有限理智的存在者——人既然不可能在经验世界找到它,从而不能形成"科学知识",于是,它只是"信仰"的"对象",不是"知识"的"对象"。凡能成为"对象"的都是具体的,现实的,因而是"受限制"的;只是"至善"这种现实性却体现了"时间—实践"的"无限绵延",在

---

① 于是,我们看到,"灵魂不朽"的问题,才有了一个既非一般迷信又不同于希腊苏格拉底的思路,被康德将其与"意志自由"、"神的存在"并列为实践理性的三大"悬设",需要另文评说。

"不断地"修善过程中，人们有理由"相信"这个"无限"的"现实性"，于是，这种"信仰"，就有了"理性"的根据和保障，而不是一般的迷信。

于是我们看到，"理性"为"自由"立法，按照"自由概念"的实践理性，本身虽是"无限—不受限制"的，但是"自由"要成为"现实—具体—实现了"的，则仍需与"有限"相结合。单纯的"无限—自由"仅仅是人类的一种想象，这种想象，有时会是很美丽的，但却也是种种"独断"的根源。康德"批判哲学"所"批判"的目标，主要针对着一切形式的"独断主义"亦即"教条主义"，为"有限—限制"找到哲学上的根据，乃是康德"批判哲学"的巨大贡献，而这种贡献在德国古典哲学从康德到黑格尔的发展中尤其清楚地展现出来。

"限制"的哲学意义的发现，意味着"哲学"也由"凌驾"一切之上的抽象形而上学的"宝座"上跌了下来，面对着"有限"，面对着"现实"。哲学的现实性，意味着哲学的"启蒙"，哲学的"成熟"；"哲学"摆脱"他者—神学"的统治，而"成熟"地运用自己的"理性"。成熟的理性不是独断的理性，而是有分析、有区别地运用自己。"理性"之所以成为"理性"，不在于它是"独断—独裁"的。"独断—独裁"乃是"理性"的"误用"和"僭妄"。"独断—独裁"的"理性"陷于"孤家寡人"的"形式—抽象"，终究会是"空洞的"。

《中国社会科学》2004 年第 5 期

论中国化马克思主义宗教观

方立天[*]

摘要 马克思主义宗教观是制定当代中国宗教政策的理论根据，是从事宗教工作的指导思想。中国共产党在领导中国革命、建设和改革的实践过程中，把马克思主义关于宗教的基本原理同中国宗教的具体实际相结合，在宗教本质观、宗教价值观、宗教历史观等问题上提出了一系列重要观点，并阐明了"积极引导宗教与社会主义相适应"的理论，形成了中国化马克思主义宗教观。这一理论是对马克思主义宗教观的丰富和发展，是马克思主义宗教观发展的最新成果、最新阶段，也是宗教学理论的宝贵精神财富，对于指导中国宗教工作具有重大的理论意义和实践意义。

关键词 中国化 马克思主义 宗教观

一 中国化马克思主义宗教观的界说和形成

一般而言，宗教观的内容主要包含三个方面：一是宗教本质观，即关于宗教的内在联系及其性质的观点；二是宗教价值观，即关于宗教的社会功能、作用和意义的观点；三是宗教历史观，即关于宗教的起源、演化及其规律的观点。19 世纪中叶，马克思、恩格斯运用历史唯物主义的原理和方法，阐述了宗教的本质、根源、作用和演化规律，形成了马克思主义宗教观。后来列宁又进一步论述了宗教的社会根源和社会作用，以及无产阶级政党对待宗教的态度，普列汉诺夫等人也对宗教有所

---

[*] 方立天，1933 年生，中国人民大学佛教与宗教学理论研究所教授。

论述，丰富了马克思主义宗教观。中国共产党的三代领导集体和以胡锦涛同志为总书记的党中央在领导中国革命、建设和改革的实践过程中，对宗教提出了一系列重要观点，代表了马克思主义宗教观发展的最新成果、最新阶段。鉴于这些观点是结合中国国情和宗教教情提出的与时俱进的创新观点，是马克思主义宗教观中国化的产物，我们姑且称之为"中国化马克思主义宗教观"。

中国化马克思主义宗教观的概念与内涵的形成，是有其客观根据的。

（1）宗教既有共性，也有个性。如基督教讲上帝创造世界、主宰世界，讲灵魂不灭，而早期佛教则是反对梵天（上帝）创造世界、主宰世界的，也有否定灵魂不灭论的倾向。又如，西方宗教一般强调人与神的对立、悬隔，而佛教则认为人与佛平等，人人都有佛性，都可成佛，道教也主张人可通过修炼成为神仙。由于东西方宗教义理特质的差别，难免导致人们对宗教的判断、论断的不同。这就要求人们在确立对宗教的根本观点时，要全面综合东西方宗教的特质，以揭示出宗教的普遍的本质、价值与演变规律。

（2）宗教在不同地区、不同国家的情况，是有很大差别的。不同国家宗教与政治的关系不同、宗教在社会生活中的地位不同，信教者与不信教者，以及信仰不同宗教者之间的关系不同，人们对宗教的功能、作用的看法也就会有所不同。

（3）宗教是不断演化的。宗教在不同历史时期，会由于社会制度和社会关系的变化而随之发生相应的变化，也会由于自身在发展过程中出现问题、矛盾而发生变化。随着社会制度的巨大历史变革，人们的宗教观念也要发生变革。宗教的演化，宗教观念的变革，要求马克思主义宗教观也要与时俱进。

中国化马克思主义宗教观经历了一个初步形成、曲折发展、不断充实和益臻完善的过程，大体上可以划分为三个阶段。

中国化马克思主义宗教观初步形成于新民主主义革命阶段。大革命时期，毛泽东在《湖南农民运动考察报告》中，提出了反神权的斗争要服从反封建的思想；抗日战争时期，毛泽东在《新民主主义论》中，提出了共产党人和宗教信徒建立反帝反封建的统一战线的重要主张。中国共产党还从建立抗日民族统一战线的实际出发，制定了国统区、沦陷区和各抗日根据地等不同地区的宗教政策。以毛泽东为首的中国共产党人开创了把马克思主义宗教观与中国宗教的具体实际相结合的道路。

新中国成立至50年代后期是中国化马克思主义宗教观的全面形成时期，50年代后期至"文化大革命"结束是中国化马克思主义被扭曲、冲击的时期。新中国成立后，中国共产党作为执政党肩负着建设社会主义社会的历史使命，其中也包括如何处理全国宗教问题的艰巨任务。毛泽东、周恩来等人都亲自领导宗教工作，分别就佛教、基督教以及一般宗教问题发表了重要讲话，反复重申尊重和保护宗教信仰自由是中国共产党对宗教的基本政策，提出在宗教领域要正确处理两类不同性质矛盾的重要原则，同时还结合中国宗教的实际，就宗教的本质、作用、产生和存在根源、历史演变以及中国宗教的特点等问题，阐发了深刻而独到的见解。此外，1954年中共中央在《关于过去几年内党在少数民族中进行工作的主要经验总结》中提出的"宗教五性论"，即中国宗教的长期性、民族性、群众性、复杂性和国际性的论说，是中国宗教工作实践经验的总结，也构成了中国化马克思主义宗教观的重要内容。令人遗憾的是，1957年后，反右派斗争的扩大化，波及了宗教界。在1966—1976年的"文化大革命"中，宗教更被视为"四旧"而被破除，宗教问题的正确理论和宗教工作的正确路线遭到了肆意践踏。

改革开放以来的20多年，是中国化马克思主义宗教观由拨乱反正、正本清源到空前丰富、更趋完善的时期。针对"文化大革命"对党的宗教政策的破坏，以邓小平为核心的中国共产党第二代领导集体专门研究了宗教问题，并于1982年3月形成了《关于我国社会主义时期宗教问题的基本观点和基本政策》（通称"中央19号文件"）。该文件全面系统地总结了新中国成立以来宗教问题上的正反两个方面的历史经验和教训，阐明了宗教的性质、内涵、根源；中国宗教的现状、趋势；宗教问题与民族问题的关联；坚持独立自主原则与抵制境外敌对势力利用宗教进行渗透；处理宗教问题要反对和防止的倾向，以及处理一切宗教问题与贯彻执行宗教政策的根本出发点和落脚点等一系列的基本观点。这是一个纲领性的文献，是集中体现党的中国化马克思主义宗教观成熟的标志性文献。

中国共产党第三代领导集体也非常重视宗教工作。江泽民强调"宗教问题是个大问题"①，"民族、宗教无小事"②。1991 年 2 月，中共中央、国务院颁发了《关于进一步做好宗教工作若干问题的通知》（通称"中央6 号文件"），全面地阐明了改革开放形势下做好宗教工作的政策。中共中央、国务院还相继召开一系列全国性的宗教工作会议，根据国内外的复杂形势和中国宗教的现状、特点，着重探索如何处理宗教与社会主义的关系，如何引导宗教与社会主义社会相适应的问题，并在总结新中国宗教工作成功经验的基础上，全面地阐述了"积极引导宗教与社会主义社会相适应"的命题，为中国宗教适应社会主义社会的协调发展开辟了广阔的道路。

以胡锦涛同志为总书记的党中央同样高度重视宗教工作，对宗教问题做出了一系列的批示，尤其是 2004 年 9 月下旬发表的《中共中央关于加强党的执政能力建设的决定》和 11 月 30 日国务院颁布的《宗教事务条例》，极大地提高了政府依法管理宗教事务的能力，推进了宗教工作的新进展。

从以上对中国化马克思主义宗教观形成的简要叙述中，我们初步可以看到其基本内涵约有四个方面：在马克思主义宗教本质观、宗教价值观和宗教历史观三方面都提出了一些新观点、新思想，至于"积极引导宗教与社会主义社会相适应"论断即宗教适应观，更是在当代宗教与社会主义社会关系理论上的崭新创造。以下分别就这四个方面的内容做一简要的论述。

（一）中国化马克思主义宗教本质观

马克思主义宗教本质观的典型表述是恩格斯的一段话："一切宗教都不过是支配着人们日常生活的外部力量在人们头脑中的幻想的反映，在这种反映中，人间的力量采取了超人间的力量的形式。"③ 这是说，宗教是人们头脑中对超人间力量（神灵）的幻想的反映，宗教的本质是对神灵

---

① 《一定要做好宗教工作》，载《新时期宗教工作文献选编》，宗教文化出版社 1995 年版，第 199 页。

② 《高度重视民族工作和宗教工作》，载《新时期宗教工作文献选编》，宗教文化出版社1995 年版，第 250 页。

③ 《反杜林论》，载《马克思恩格斯选集》第 3 卷，人民出版社 1995 年版，第 666—667页。

的幻想、笃信和崇拜。

毛泽东继承马克思主义宗教本质观，一再强调宗教是属于"人民内部的思想问题"、"精神世界的问题"①、"思想性质的问题"②。周恩来也说："我们只把宗教信仰肯定为人民的思想信仰问题。"③ 也就是说，宗教就其本质而言，是一种人民群众的思想信仰。更值得我们重视的是，毛泽东关于宗教是文化的观点。1947 年 10 月，毛泽东在转战陕北途中，来到葭县（今佳县）南河底村，该村村边山上有一名胜古迹白云观，毛泽东想上山一游。身边工作人员李银桥对此大惑不解，说那不过是些封建迷信，没什么好看的。毛泽东纠正说："片面，片面! 那是文化，懂吗? 那是名胜古迹，是历史文化遗产。"④ 1953 年 2 月 7 日，毛泽东在全国政协一届四次会议上说："我们这个民族，从来就是接受外国的优良文化的。我们的唐三藏法师，万里长征，比后代困难得多，去西方印度取经。"⑤毛泽东把道教、佛教都视为文化，甚至是优良文化。毛泽东关于宗教是文化的观点，是中国化马克思主义宗教本质观的集中体现。

中共中央《关于我国社会主义时期宗教问题的基本观点和基本政策》开宗明义指出："宗教是人类社会发展到一定阶段的历史现象，有它发生、发展和消亡的过程。宗教信仰，宗教感情，以及同这种信仰和感情相适应的宗教仪式和宗教组织，都是社会的历史的产物。"⑥ 这一关于宗教的定义式的表述包含了丰富的内容：强调宗教是一种社会历史现象，而不仅仅是意识形态现象；强调宗教有其演化的客观规律，是不以人们的主观意志为转移的；强调宗教现象是由多种要素构成的，而信仰是其中的第一要素，也可说是核心要素。

马克思和列宁都说宗教是人民的鸦片，我们认为这里所说的鸦片，是指具有一种镇定、麻醉、止痛作用的药物，而与毒品有别。1950 年，当有同志提出列宁在 1909 年讲过宗教是鸦片时，周恩来解释说，"这是革命

---

① 《关于正确处理人民内部矛盾的问题》，载《毛泽东文集》第 7 卷，人民出版社 1999 年版，第 232 页。

② 同上书，第 209 页。

③ 《关于我国民族政策的几个问题》，载《周恩来统一战线文选》，人民出版社 1984 年版，第 383 页。

④ 王兴国：《毛泽东与佛教》，中国书籍出版社 2002 年版，第 312—314 页。

⑤ 陈晋：《毛泽东的文化性格》，中央民族大学出版社 2004 年版，第 134 页。

⑥ 《新时期宗教工作文献选编》，第 54 页。

时期的口号。现在我们有了政权，可以不必强调宗教就是鸦片了"①。事实上，中国共产党关于宗教问题的文件里从来没有提过"鸦片说"，更不是以宗教"鸦片说"作为制定党的宗教方针政策的全部理论根据。

中共中央《关于我国社会主义时期宗教问题的基本观点和基本政策》还强调，要区分正常的宗教活动与不属于宗教范围的迷信活动，指出迷信活动是危害国家利益和人民生命财产的。② 强调宗教不同于迷信，这就有利于保障宗教信仰自由政策的实行。

如前所述，宗教五性论是中国共产党宗教观的重要内容。群众性，是指中国宗教有一亿左右信徒。长期性，指中国宗教将长期存在。民族性，是说中国少数民族大多信仰宗教，且有不少的少数民族整个民族信仰一种宗教。由于佛教、基督教、伊斯兰教是世界性的宗教，在国际上有众多的信徒，从而使中国宗教问题具有国际性。宗教不是孤立存在的，由于国内外形势的复杂因素，又使之具有复杂性。五性后来又被简约为三性，即宗教的群众性、长期性和复杂性。五性或三性，在表述上有的是指宗教，有的是指宗教性质，也有的是指宗教的社会特性，有的则是指宗教工作，还有的是指宗教问题。笔者认为，上述五性或三性，并非指宗教的本性、本质而言，而是从宗教工作出发，对中国宗教社会现象所做的分析，似可以称作中国宗教社会现象的五性论或三性论。我们认为，既把握宗教的普遍本质，又把握中国宗教社会现象的特点，是做好中国宗教工作的前提。五性论或三性论是中国宗教工作的根本指导思想。

毛泽东等中国共产党领导人，都肯定宗教是一种思想信仰，是精神世界的问题，是文化，同时也都鲜明地指出宗教是一种有神论，是唯心主义。由此，似乎可以说，视宗教本质为有神论的信仰文化，是中国化马克思主义宗教本质观的核心观点。

（二）中国化马克思主义宗教价值观

这里讲的宗教价值并非指"神圣价值"，而是指宗教的功能、作用意义上的价值。宗教的功能、作用，可以从不同角度考察，如侧重于社会角度，有政治、经济、教育、道德、文化等功能、作用；若侧重于个人角

---

① 《周恩来年谱》（上卷），中央文献出版社 1997 年版，第 50 页。
② 《新时期宗教工作文献选编》，第 68—69 页。

度，则有信仰、认识、调适、慰藉等功能、作用。

马克思主义者对宗教的功能、作用，一般都持两重性的观点，认为宗教既有积极的一面，也有消极的一面。马克思、恩格斯和列宁根据当时的历史背景，认为宗教在历史上主要是发挥了统治阶级的意识形态的作用，强调应当消除基督教与社会压迫剥削制度的联系。

中国马克思主义者同样正视宗教的消极性，并竭力减弱宗教的消极作用，同时也重视联合、团结宗教界，发挥宗教作用的积极一面，以期推进革命、建设和改革事业的不断向前发展。

中国共产党创造性地提出了宗教信仰与政治立场有别的原则。毛泽东、周恩来、邓小平和江泽民都认为，不能简单地把无神论与有神论的差异等同于政治上的对立，强调要把人民群众的思想信仰与政治立场分开；认为人民群众思想信仰的差异，并不影响彼此在经济上根本利益的一致，不影响在爱国、维护祖国统一、拥护社会主义等涉及政治立场和政治方向的原则问题上的一致。毛泽东在 1940 年初发表的《新民主主义论》中，一方面强调共产党员决不能赞同唯心论或宗教教义，一方面又主张"共产党员可以和某些唯心论者甚至宗教徒建立在政治行动上的反帝反封建的统一战线"。① 周恩来在 1950 年 5 月《关于基督教问题的四次谈话》中说，基督教是 16 世纪实行宗教改革而建立的一个新教会，它在当时的社会上确曾起了积极作用。但是近百年来基督教传入中国是同帝国主义对中国的侵略联系着的，因此中国人民对基督教的印象很坏，曾有过大规模的非基督教运动。"但是应该指出，自五四运动以来，基督教里面有进步分子，在中国革命的过程中，他们是同情中国革命的。"② 中国共产党人对宗教信仰与政治立场关系的这种界说，为宗教界在中国革命、建设和改革事业中，充分发挥正面作用提供了理论根据和思想基础，具有重大的理论意义和实践意义。

中国共产党领导人肯定宗教文化的功能，重视发挥宗教文化的积极作用，是中国化马克思主义宗教价值观的重要内涵之一。上述毛泽东对佛教文化、道教文化的肯定即是一个突出的例子。周恩来也肯定宗教文化中好的一面，他说："在文化上，帝国主义有许多侵略机构，如学校、医院及

---

① 《毛泽东选集》第 2 卷，人民出版社 1991 年版，第 707 页。
② 《周恩来统一战线文选》，第 181 页。

教堂等，这些文化机构有坏的一面，但还有好的一面，例如协和医院，我们的人生了病还去那里就医。"① 邓小平也十分重视宗教文化价值。他在亲自撰写的《一件具有深远意义的盛事》（1980 年 4 月 19 日）中说："在日本政府支持下，日本文化界和佛教界人士，把国宝鉴真像郑重地送来中国供故乡人民瞻仰。这是一件具有深远意义的盛事。它必将鼓舞人们发扬鉴真及其日本弟子荣睿、普照的献身精神，为中日两国人民世代友好事业作不懈努力。"② 这就高度评价了宗教文化对增强国与国之间人民的友谊，维护国家周边地区和平的积极作用。多年来，中国佛教的佛牙、佛指骨舍利等圣物也曾分别被护送到缅甸、泰国和斯里兰卡等国家，或港、台地区供奉，同样对增进中国与这些国家的传统友谊，内地与港台地区的同胞情谊，产生了巨大的良好的社会效应。

尤为值得注意的是，中国共产党领导人本着实事求是的科学态度，对宗教教义中某些合理因素给予的积极肯定，为全面、准确评价宗教的功能、作用提供了新的理论视野。毛泽东一生在学术上对佛教颇有兴趣，对佛教教义和一些佛典有他自己的独到见解。他在和达赖喇嘛的谈话中说："佛教的创始人释迦牟尼是代表当时在印度受压迫的人讲话的。他主张普度众生，为了免除众生的痛苦，他不当王子，创立了佛教。因此，你们信佛教的人和我们共产党人合作，在为众生（即人民群众）解除受压迫的痛苦这一点上是有共同之处的。"③ 毛泽东明确地肯定了佛教教义的解脱主义思想和中国共产党消灭压迫制度、解除人民痛苦的宗旨有其共同的地方。毛泽东在 1959 年 10 月 22 日同班禅大师谈话时说，佛经是有区别的："有上层的佛经，也有劳动人民的佛经，如唐朝时六祖（慧能）的佛经《法宝坛经》就是劳动人民的。"④ 指出有的佛经表达了劳动人民的愿望、思想。周恩来也明确肯定宗教教义的某些积极作用，他说："宗教在教义上有某些积极作用，对民族关系也可以起推动作用。"⑤ 江泽民更是直接地表达了"利用宗教教义、宗教教规和

---

① 《关于和平谈判问题的报告》，载《周恩来选集》（上卷），人民出版社 1980 年版，第 324 页。

② 《新时期宗教工作文献选编》，第 22 页。

③ 《同达赖喇嘛的谈话》，载《毛泽东西藏工作文选》，中央文献出版社、中国藏学出版社 2001 年版，第 114 页。

④ 陈晋：《毛泽东读书札记诠释》，《瞭望》1993 年第 8 期。

⑤ 《不信教的和信教的要互相尊重》，《周恩来统一战线文选》，第 308 页。

宗教道德中的某些积极因素为社会主义服务"① 的思想。由于在社会主义社会，经过宗教制度的民主改革，在中国共产党领导下宗教不再是反动统治阶级用来压迫人民的工具，而且宗教教义的某些方面与中国共产党的思想有一定的共同之处，宗教教规和宗教道德中的去恶从善等内容又有利于社会主义精神文明的建设，因此，发掘宗教中的积极因素为建设社会主义社会服务，是顺应时代潮流，适应社会需要，符合人民利益和有利历史发展的。

肯定宗教教义的某些积极因素，并不等于模糊和取消无神论与有神论、唯物主义与唯心主义的差异。但是"在现阶段，信教群众与不信教群众在思想信仰上的这种差异，是比较次要的差异"②，历史表明，片面强调这种差异而忽视和抹杀信教群众和不信教群众在政治上、经济上根本利益的一致，只能加深信教群众和不信教群众之间的隔阂、对立，甚至刺激和加剧宗教狂热，给社会主义事业带来严重的后果。中共中央对信教群众与不信教群众在思想信仰上的差异的恰当定位，为发挥信教群众的积极作用提供了思想认识的保障。

可以说，尽力挖掘和发扬宗教某些内在的积极因素为中国革命、建设和改革事业服务，进而推进社会主义社会向前发展，是中国马克思主义宗教价值观的精髓。

（三）中国化马克思主义宗教历史观

马克思、恩格斯和列宁都高度重视对宗教消极方面的批判，但同时也不主张人为地消灭宗教，认为宗教所赖以存在的物质基础将是长期存在的。他们强调消灭生产资料的私人所有制是宗教消亡的前提，后来又从人与人、人与社会、人与自然的关系的视角，强调只有谋事和成事都在人的时候，在宗教中反映出来的外部的超人间的异己力量才会消失，宗教也才会随之消亡。中国共产党人依据马克思主义的历史唯物主义原理，结合中国宗教的具体实际，阐发了宗教存在的长期性、宗教产生与存在的根源以及宗教的消亡等问题。

---

① 《高度重视民族工作和宗教工作》，《新时期宗教工作文献选编》，第255页。
② 《关于我国社会主义时期宗教问题的基本观点和基本政策》，《新时期宗教工作文献选编》，第59页。

强调宗教存在的长期性，是中国化马克思主义宗教历史观的基本内容。毛泽东在《同藏族人士的谈话》（1956 年 2 月 12 日）中说："人们的宗教感情是不能伤害的，稍微伤害一点也不好。除非他自己不信教，别人强迫他不信教是很危险的。这件事不可随便对待。就是到了共产主义也还会有信仰宗教的。"① 周恩来也反复阐述宗教长期存在的道理。20 世纪 50 年代初，有人以为宗教徒分到土地就不再信教了，他针对当时这种幼稚的看法说："问题并不那么简单。别说分了地的农民，就是进入了社会主义社会，也还有信教的。"② "信仰宗教的人，不仅现在社会主义的国家里有，就是将来进入共产主义社会，是不是就完全没有了？现在还不能说得那么死。"③ 又说："宗教界的朋友们不必担心宗教能不能存在。按照唯物论的观点，当社会还没有发展到使宗教赖以存在的条件完全消失的时候，宗教是会存在的。"④ 江泽民也从宗教存在和发展的客观规律的理论高度论述宗教的长期性："我们共产党人是唯物主义者，不信仰宗教，但尊重宗教存在和发展的客观规律。宗教作为一种社会现象，具有漫长的历史，在社会主义社会也要长期存在。宗教走向最终消亡也必然是一个漫长的历史过程，可能比阶级和国家的消亡还要久远。"⑤ 宗教存在长期性的观点，对于扭转宗教工作上"左"的倾向，指导宗教工作正常、健康的开展，具有重要的现实意义。

关于宗教产生和存在的根源，一般通常是从自然、社会、历史和认识等方面进行全面分析，而周恩来则孤明独发，敏锐地抓住和揭示了宗教信仰形成的根本原因，他说："只要人们还有一些不能从思想上解释和解决的问题，就难以避免会有宗教信仰现象。有的信仰具有宗教形式，有的信仰没有宗教形式。"⑥ 这是从社会学、心理学和认识论的角度对宗教信仰根源的深刻揭示，具有重要的宗教学理论意义，非常值得我们深入思考和高度重视。

江泽民对中国宗教存在的根源的分析和论述是这样的："由于社会主

---

① 《毛泽东文集》第 7 卷，第 4 页。
② 《在中共中央统战部举行的茶话会上的讲话》，《周恩来统一战线文选》，第 201 页。
③ 《关于我国民族政策的几个问题》，《周恩来统一战线文选》，第 383 页。
④ 同上书，第 384 页。
⑤ 《在全国统战工作会议上的讲话》，载《江泽民论有中国特色社会主义（专题摘编）》，中央文献出版社 2002 年版，第 371 页。
⑥ 《周恩来统一战线文选》，第 384 页。

义制度的建立、改革开放的深入和社会主义市场经济的发展，我国宗教存在的阶级根源已经基本消失，宗教存在的自然根源、社会根源和认识根源也发生了很大变化。……但是，由于我国生产力发展水平还不高，科学技术还不发达，人们的思想道德素质和科学文化素质也还不高，加上国际环境的影响，我国宗教存在的根源仍将长期存在。"① 江泽民以中国宗教根源的长期存在进而强调中国宗教存在的长期性观点。

与宗教存在的长期性观点相一致，中国共产党领导人也关注宗教的自然消亡问题，强调不应人为地消灭宗教。毛泽东说："宗教的消灭，只有在人类消灭了阶级并大大发展了控制自然和社会的能力的时候，才有可能。"② 这里讲的"消灭"，实是自身消灭，逐渐消亡，意思是说宗教消亡是未来的事，是它自身灭亡，并非是什么人把它消灭。毛泽东反对人为地取消或破坏宗教，他说："只要人民还相信宗教，宗教就不应当也不可能人为地去加以取消或破坏。"③ 还说："企图用行政命令的方法，用强制的方法解决思想问题，是非问题，不但没有效力，而且是有害的。我们不能用行政命令去消灭宗教，不能强制人们不信教。"④ 周恩来也明确地说："谁要企图人为地把宗教消灭，那是不可能的。……如果我们不想要的东西就认为它不会存在，那是不符合客观实际的。"⑤ "消灭民族，消灭宗教，就是消灭人民了，就成了消灭自己了。"⑥ 中国共产党反对人为地消灭宗教的立场和观点是何等鲜明、坚定。

既然宗教的消亡是一个漫长的历史过程，那么，解决宗教问题的途径是什么呢？中共中央在《关于我国社会主义时期宗教问题的基本观点和基本政策》中明确指出："解决宗教问题的唯一正确的根本途径，只能在保障宗教信仰自由的前提下，通过社会主义的经济、文化和科学技术事业的逐步发展，通过社会主义物质文明和精神文明的逐步发展，逐步地消除

---

① 《在全国宗教工作会议上的讲话》，载《江泽民论有中国特色社会主义（专题摘编）》，第 372 页。

② 《对习仲勋在中共新疆省第二届代表会议上的报告的批语》，《建国以来毛泽东文稿》第 3 册，中央文献出版社 1989 年版，第 539—540 页。

③ 《给达赖喇嘛的信》（1953 年 3 月 8 日），《毛泽东西藏工作文选》，第 93—94 页。

④ 《关于正确处理人民内部矛盾的问题》，《毛泽东文集》第 7 卷，第 209 页。

⑤ 《周恩来统一战线文选》，第 185 页。

⑥ 《同班禅等的谈话》，《党的文献》1994 年第 2 期。

宗教得以存在的社会根源和认识根源。"① 无疑这对于避免人为地消灭宗教的做法是有积极指导意义的。

（四）中国化马克思主义宗教适应观

"宗教适应观"是"积极引导宗教与社会主义社会相适应"论断的简称，严格来说是"引导宗教适应观"，为行文方便，简称"宗教适应观"。马克思、恩格斯重视考察宗教现象，进而揭示了宗教与私有制的联系。列宁由于过早逝世，无从考察苏俄社会主义社会建设时期的宗教问题。在无产阶级建立政权以后，执政党在社会主义社会历史阶段，如何看待宗教的作用，处理宗教的问题，防止宗教的消极作用，调动宗教界的积极性，就成为中国共产党必须面对、探讨、解决的历史性任务。

毛泽东、周恩来等人善于从革命大局来观察宗教问题，他们把人们的思想信仰与政治立场分开，提出团结宗教信仰者，组成爱国统一战线的主张。统一战线的成功实践，不仅是中国共产党第一代领导集体在宗教问题上的重大创新，而且为逐步形成宗教与社会主义社会相适应理论提供了成功的历史借鉴。正是循着思想信仰与政治立场分开的理路，毛泽东在中华人民共和国成立数年后就说："一部分唯心主义者，他们可以赞成社会主义的政治制度和经济制度，但是不赞成马克思主义的世界观。宗教界的爱国人士也是这样。"② 这里讲的赞成社会主义制度，实是宗教与社会主义社会相适应的政治基础。毛泽东又说："过去为了结束帝国主义、封建主义和官僚资本主义的统治，为了人民民主革命的胜利，我们就实行了调动一切积极因素的方针。现在为了进行社会主义革命，建设社会主义国家，同样也实行这个方针。"③ 调动一切积极因素是中国共产党的一个重要思想，它不仅为统一战线理论提供思想基础，也为宗教与社会主义社会相适应理论提供了思想支撑。

对宗教与社会主义关系的问题，周恩来说："不管是无神论者，还是有神论者，不管是唯物论者，还是唯心论者，大家一样地能够拥护社会主

---

① 《新时期宗教工作文献选编》，第72—73页。
② 《在中国共产党全国宣传工作会议上的讲话》，载《毛泽东选集》第5卷，人民出版社1977年版，第405页。
③ 《论十大关系》，载《毛泽东文集》第7卷，第23页。

义制度。"① 他还向宗教界提出"怎样服务于中国人民",怎样"使宗教活动有益于新民主主义社会"② 的问题,这可以说是中国共产党人关于引导宗教与社会主义社会相适应观点的雏形。周恩来还进一步阐述了国家与宗教的关系,说:"我们要造成这样一种习惯:不信教的尊重信教的,信教的尊重不信教的,和睦相处,团结一致。"③ 为了互相尊重彼此的不同信仰,"我们不搞反宗教运动。我们所遵守的约束是不到教堂里去作马列主义的宣传,而宗教界的朋友们也应该遵守约束,不到街上去传教。这可以说是政府同宗教界之间的一个协议,一种默契"④。1980 年 8 月 26 日,邓小平在与十世班禅谈话时说:"对于宗教,不能用行政命令的办法;但宗教方面也不能搞狂热,否则同社会主义,同人民的利益相违背。"⑤ 邓小平的这一论断深刻地揭示出社会主义与宗教两者之间关系的关键问题。这就是,一方面,社会主义国家如果用政治力量压制宗教,不仅对宗教造成危害,而且也必将给社会主义事业带来危害;另一方面,宗教如果超越国家的法律和政策,搞狂热,不仅对社会主义有害,同广大人民的利益相违背,而且对宗教自身的合法生存和良性发展也是极为不利的。为了避免以上情况的发生,最佳的选择,就是从政府和宗教两方面努力保持宗教与社会主义社会相适应。

中国共产党第三代领导集体进一步提出了"积极引导宗教同社会主义社会相适应"的理论。1990 年,《中共中央关于加强统一战线工作的通知》指出:"要引导爱国宗教团体和人士把爱教和爱国结合起来,把宗教活动纳入宪法和法律的范围,同社会主义制度相适应。"⑥ 这可以说是最早提出的引导宗教与社会主义相适应的说法。随后,1991 年《关于进一步做好宗教工作若干问题的通知》指出:"动员全党、各级政府和社会各方面进一步重视、关心和做好宗教工作,使宗教同社会主义社会相适应。"⑦ 1991 年 1 月 30 日,江泽民在《保持党的宗教政策的稳定性和连续性》中说:"正确对待和处理宗教问题,是建设有中国特色的社会主义的

---

① 《关于我国民族政策的几个问题》,载《周恩来统一战线文选》,第 383—384 页。

② 《关于基督教问题的四次谈话》,载《周恩来统一战线文选》,第 182 页。

③ 《不信教的和信教的要互相尊重》,载《周恩来统一战线文选》,第 310 页。

④ 《关于基督教问题的四次谈话》,载《周恩来统一战线文选》,第 181—182 页。

⑤ 《邓小平年谱》(1975—1997)上,中央文献出版社 2004 年版,第 669 页。

⑥ 《新时期宗教工作文献选编》,第 178 页。

⑦ 同上书,第 220 页。

一个重要内容。"① 1993 年 11 月 7 日，江泽民在《高度重视民族工作和宗教工作》中说："在宗教问题上我也想强调三句话：一是全面、正确地贯彻执行党的宗教政策，二是依法加强对宗教事务的管理，三是积极引导宗教与社会主义社会相适应。"② 这关于宗教问题的著名的"三句话"，是党关于宗教问题的基本方针，其中明确、规范地提出"积极引导宗教与社会主义社会相适应"的方针。2001 年 12 月 10 日，江泽民《在全国宗教工作会议上的讲话》中论述 21 世纪初宗教工作的基本任务时，在上述"三句话"后，加了一句"坚持独立自主自办的原则"。③ 2002 年 11 月 8 日，江泽民在中共十六大的报告中又重申"全面贯彻党的宗教信仰自由政策，依法管理宗教事务，积极引导宗教与社会主义社会相适应，坚持独立自主自办的原则"。④ 这即是关于宗教问题的著名的"四句话"。江泽民还说："贯彻党的宗教信仰自由政策也好，依法加强对宗教事务的管理也好，目的都是要引导宗教与社会主义社会相适应。"⑤ "三句话"中前二句话是方法，第三句是目的，也可以说，"四句话"中前二句和后一句是方法，第三句是目的。"三句话"或"四句话"都是一个整体，而"积极引导宗教与社会主义社会相适应"是其核心命题。

江泽民全面地阐明了"积极引导宗教与社会主义社会相适应"的理论。他反复强调了"适应"的含义："这种适应，并不要求宗教信徒放弃有神论的思想和宗教信仰，而是要求他们在政治上热爱祖国，拥护社会主义制度，拥护共产党的领导；同时，改革不适应社会主义的宗教制度和宗教教条，利用宗教教义、宗教教规和宗教道德中的某些积极因素为社会主义服务。"⑥ 又说："我们倡导的我国宗教应与社会主义社会相适应，包括两方面的含义：一是宗教界人士和信教群众要遵守国家的法律、法规和方针政策；二是宗教活动要服从和服务于国家的最高利益和民族的整体利益，宗教界人士要努力挖掘和发扬宗教中的积极因素，为祖国统一、民族

---

① 《新时期宗教工作文献选编》，第 210 页。
② 同上书，第 253 页。
③ 《江泽民论有中国特色社会主义（专题摘编）》，第 372 页。
④ 《全面建设小康社会，开创中国特色社会主义事业新局面——在中国共产党第十六次全国代表大会上的报告》，人民出版社 2002 年版，第 33 页。
⑤ 《高度重视民族工作和宗教工作》，《新时期宗教工作文献选编》，第 254 页。
⑥ 同上书，第 254—255 页。

团结和社会发展多做贡献。"① 这两段话的要义有：一是"适应"的定位，是指政治上的适应，非思想信仰上的适应，也就是有差别的适应，不是无差别的适应。这种求政治上之同，存思想信仰上之异的适应，也就是"政治上团结合作，思想信仰上互相尊重"② 原则的体现。二是"适应"的含义，有两个方面，也是党和政府对宗教界的两个要求。三是"适应"的主动或被动，内在或外在的问题。这里所谓的适应是要求宗教界主动适应，内在地适应，也就是要发扬中国宗教的优良传统，努力挖掘和发扬宗教中的积极因素，为社会主义社会服务。此外，江泽民还继承 1982 年"中央 19 号文件"的观点，说："在社会主义条件下，信教和不信教以及信仰不同宗教的群众，他们在这种信仰上的差异是比较次要的差异，他们在政治上、经济上的根本利益是相同的。"③ 由此也可以做出推论：中国宗教与社会主义社会相适应方面是主要的，不相适应方面是次要的。

关于宗教适应社会主义社会的必要性，江泽民说："综观我国和世界的宗教历史，可以发现一个共同的规律，就是宗教都要适应其所处的社会和时代才能存在和延续，十六世纪基督教发生的马丁·路德宗教改革就是一个例子。我国是社会主义国家，我国宗教是在社会主义条件下存在和活动的，必须与社会主义社会相适应，这既是社会主义社会对我国宗教的客观要求，也是我国宗教自身存在的客观要求。"④ 这是从历史唯物主义原理的高度对宗教适应社会主义社会的应然性和客观必然性的阐明。

关于宗教适应社会主义社会的可能性，江泽民说："一方面，从我们党和政府来说，要坚定不移地贯彻执行尊重和保护公民宗教信仰自由的权利、保护正常的宗教活动、保护宗教界的合法权益这样一些长期不变的基本政策；另一方面，从宗教界来说，要坚定不移地拥护中国共产党的领导，拥护社会主义，坚持独立自主自办教会的原则，坚持在宪法、法律、法规和政策规定的范围内开展宗教活动。"⑤ 这两个方面，既是中国共产党与宗教界的爱国统一战线的政治基础，也是宗教与社会主义社会相适应

---

① 《在全国统战工作会议上的讲话》，《江泽民论有中国特色社会主义（专题摘编）》，第 371 页。

② 《保持党的宗教政策的稳定性和连续性》，载《新时期宗教工作文献选编》，第 210 页。

③ 《在全国宗教工作会议上的讲话》，载《江泽民论有中国特色社会主义（专题摘编）》，第 374 页。

④ 同上书，第 375 页。

⑤ 《保持党的宗教政策的稳定性和连续性》，载《新时期宗教工作文献选编》，第 210 页。

的政治基础。

为了使宗教与社会主义社会相适应，中国共产党和政府又是如何对宗教加以积极引导的呢？对此江泽民也有详尽的论述。他说："要求他们（按：指宗教界）热爱祖国，拥护社会主义制度，拥护共产党的领导，遵守国家的法律、法规和方针政策；要求他们从事的宗教活动要服从和服务于国家的最高利益和民族的整体利益；支持他们努力对宗教教义作出符合社会进步要求的阐释；支持他们与各族人民一道反对一切利用宗教进行危害社会主义祖国和人民利益的非法活动，为民族团结、社会发展和祖国统一多作贡献。要鼓励和支持宗教界继续发扬爱国爱教、团结进步、服务社会的优良传统，在积极与社会主义社会相适应方面不断迈出新的步伐。"[1]这里所讲的对宗教界的"两个要求"和"三个支持"，体现了积极引导的思路、内涵和目的，同时也为中国宗教指明了前进的方向。

中国共产党的第三代领导集体还提出了宗教界应当遵守的行为准则。1995年11月10日，在班禅额尔德尼转世灵童寻访领导小组第三次会议上，李瑞环提出了宗教界必须遵循的"四个维护，四不允许"的基本行为准则，即"都应当维护法律尊严，维护人民利益，维护民族团结，维护祖国统一；都绝不允许违反国家法律，损害人民利益，制造民族分裂，破坏祖国统一。"[2] 这是党和政府对宗教界的政治要求，其目的是确保党与宗教界的爱国统一战线和宗教与社会主义社会相适应的政治基础，不致损坏、动摇。

要做好宗教与社会主义社会相适应的引导工作，从根本上说，是将宗教纳入法制的轨道。这有两个方面的规范，一方面是政府宗教工作部门必须按照宪法、法律做好宗教工作，一方面是宗教界必须在宪法、法律许可范围内活动。江泽民反复强调的全面贯彻执行党的宗教政策、依法管理宗教事务和坚持独立自主自办的原则，就是将宗教纳入法制轨道的基本内容和基本方法，也是依法引导宗教与社会主义社会相适应的基本原则和基本途径，对于宗教与社会主义社会相适应具有决定性的意义。

---

[1] 《在全国宗教工作会议上的讲话》，载《江泽民论有中国特色社会主义（专题摘编）》，第376页。

[2] 见《人民日报》1995年11月13日。

宗教与社会主义社会相适应的理论，其实质就是，社会主义社会时期党和政府如何规范宗教与法制、宗教与社会的关系问题。中国共产党第三代领导集体正是从社会主义初级阶段这一基本国情出发，总结新中国成立以来宗教工作的成功经验，做出积极引导宗教与社会主义社会相适应的科学论断，为党和政府找到了正确处理宗教问题的最佳途径，为中国宗教指明了正确方向。"积极引导宗教与社会主义社会相适应"的宗教适应观，是中国化马克思主义宗教观的最集中体现，也是中国共产党对马克思主义宗教观的最重大贡献。

中国共产党第十六次代表大会以来，以胡锦涛同志为总书记的党中央也一直高度重视宗教工作。《中共中央关于加强党的执政能力建设的决定》就宗教工作问题提出："全面做好党的宗教工作，贯彻党的宗教信仰自由政策，依法管理宗教事务，坚持独立自主的原则，积极引导宗教与社会主义社会相适应。"重申中国共产党的宗教工作的基本方针。该《决定》还把提高构建社会主义和谐社会的能力作为加强党的执政能力建设的一个重要方面，突出强调要"适应我国社会的深刻变化，把和谐社会建设摆在重要位置"。这是中国共产党对中国特色社会主义事业认识的进一步深化和发展，表明中国特色社会主义事业的总体布局，由经济、政治、文化的三位一体，扩展为经济、政治、文化、社会的四位一体。宗教是重要的社会现象，宗教徒是社会中的特殊群体，如何提升党和政府与宗教界的和谐关系，如何维护宗教徒与非宗教徒的和谐相处，如何保持不同宗教徒之间的和谐共存，是建设和谐社会的极其重要方面。《决定》还就如何建设和谐社会提出了"增强全社会的创造活力"、"妥善协调各方面的利益关系，正确处理人民内部矛盾"、"加强社会建设和管理，推进社会管理体制创新"、"健全工作机制，维护社会稳定"和"坚持党的群众路线，加强和改进新形势下的群众工作"的方针，这就对宗教部门依法管理宗教事务的能力提出了更高的要求，为宗教工作进一步提出了新任务、新要求，指明了新方向、新方法，开辟了新视野、新境界，同时也是对"积极引导宗教与社会主义社会相适应"思想的重大发展。近来国务院还颁布了的《宗教事务条例》，这是中国的一部宗教方面的综合性行政法规。它的颁布，对规范宗教事务管理，保障公民的宗教信仰自由权利，维护宗教和睦与社会和谐，都具有重要意义。

二 中国化马克思主义宗教观的重大意义

中国化马克思主义宗教观的内涵是深刻而丰富的，就其创新性观点而言，可初步归结为以下十个要点：（1）宗教是一种社会历史现象的观点，改变了那种仅把宗教定位为一种意识形态的观点；中国宗教社会现象具有"五性"或"三性"的观点；（2）宗教是人民内部思想信仰的观点，宗教是文化的观点；（3）宗教产生和存在的最深层根源，在于人们有不能解释和不能解决的思想问题的观点；（4）宗教长期性的观点，宗教消亡在阶级和国家之后的观点；（5）把思想信仰与政治立场分开的观点；（6）信教群众与不信教群众在信仰上的差异是比较次要的差异的观点，思想信仰上互相尊重的观点；（7）在正视宗教中存在消极因素的同时，重视挖掘、运用和发挥宗教中的积极因素的观点；（8）信教与不信教以及信仰不同宗教的群众，在政治上和经济上的根本利益是一致的观点，信教群众同样是社会主义建设的积极力量的观点；（9）强调执行宗教信仰自由政策，处理宗教问题的根本出发点和落脚点，是使全体信教的和不信教的群众联合起来，集中建设现代化的社会主义强国这个共同目标的观点；（10）积极引导宗教爱国爱教，与社会主义社会相适应的观点。

中国化马克思主义宗教观，突出地体现了中国共产党领导人善于从国际国内的大局出发观察、认识宗教，调动和发挥宗教界的积极性，以推进社会主义建设事业发展的广阔视野，也生动地体现了中国共产党解放思想、实事求是、与时俱进的理论创新精神。这是把马克思主义宗教观的基本原理与中国宗教问题的具体实际、中国宗教工作的丰富经验以及与中国社会主义社会本质要求三者结合，在革命、建设和改革的长期实践中加以认真总结的理论产物，是宗教学理论的宝贵精神财富。

中国化马克思主义宗教观具有重大的理论意义和实践意义：

第一，中国化马克思主义宗教观极大地丰富和发展了马克思主义宗教本质观、价值观和历史观，从而有助于破除对马克思主义宗教观的教条主义理解，有助于澄清附加在马克思主义宗教观名下的某些模糊观点。诸如片面地把宗教归结为政治性意识形态的观点，把宗教"鸦片论"等同于"毒品论"的观点，认为宗教将在短期内消亡、消灭的观点，等等。中国化马克思主义宗教观在客观上也为宗教学说的理性思考树立了典范，为学术创新和繁荣创造了氛围和条件。

第二，中国化马克思主义宗教观不仅有助于提高宗教人士对中国共产党在宗教问题上的基本观点和基本政策的认识，消除种种疑虑，甚或对立和紧张，也有助于提高他们对自身宗教信仰的认识，使其发扬适应社会需要和进步的积极因素，自觉限制与消除不适应社会需要和进步的消极因素，进而推动宗教自身的良性的、健康的发展。

第三，中国化马克思主义宗教观为制定合乎国情、教情的宗教政策和合乎宗教特性的、规范的宗教行政管理工作法规提供了正确的理论基础和思想指导。新中国成立后的历史表明，凡是执行符合中国化马克思主义宗教观的宗教政策，宗教工作的开展就顺畅、稳健，宗教生活就正常、适度，宗教与社会的关系就协调、适应；反之，如"文化大革命"期间，视宗教为落后、反动的代名词，为异己力量，欲一举消灭之，其结果是，不仅使宗教界遭受劫难，而且也必然遭到反弹，从而破坏社会的和谐融洽与全面发展。

第四，中国化马克思主义宗教观对于建构和谐社会有着特殊的实践意义。中国化马克思主义宗教观，尤其是其中的适应观，涉及了宗教与国家政权的新型政教关系、宗教与社会生产力发展即宗教与社会经济的关系、宗教与社会文化的关系、有神论者与无神论者即宗教信徒与非宗教信徒的关系、不同的有神论者即不同宗教信徒之间的关系等广泛领域。在一个拥有悠久文化传统、崭新社会制度和13亿人口的大国，如何使这种种关系协调融洽，实在是一项空前的富有挑战性的伟大实践。我们认为只要遵循积极引导宗教与社会主义社会相适应的方针，社会各界也都做出自觉的努力，就一定会大大增强全社会方方面面的凝聚力，就一定能够推动社会主义和谐社会的建构、发展和进步。

中国化马克思主义宗教观是马克思主义宗教观发展史上的一座丰碑，一座里程碑。可以预期，中国共产党人将继续根据时代的发展、宗教的演化和宗教工作的新鲜经验，不断探索、不断总结宗教理论，进而为马克思主义宗教观的不断丰富、不断发展做出新贡献。

附记：笔者在写作本文的过程中，得到了何虎生、宣方和刘威等同志的诸多帮助，在修改本文的过程中，又得到了中央有关部门一些领导同志的关怀和指导，谨此表示衷心感谢。

语义学研究的方法论意义*

郭贵春**

摘要 语义学分析方法作为一种横断的科学方法，其方法论意义在过去几十年的历史演进中逐渐凸现出来。规范语义学对形式化体系处理的整体性原则，具有尤为重要的意义整合作用；而自然主义语义学的方法论意义，则在于它自觉地从心理意向上实现了语形、语义和语用的结合。为了克服规范语义学和自然主义语义学在由语境到指称和真值的确定这一根本问题上所存在的内在矛盾，强调主体性研究的后现代语义分析，正试图将"理解的主体"和"被理解的主体"都嵌入语义分析过程中，以便把语义分析的形式规范性与心理自然性有效统一起来，从而在更高层面上推动语义学分析方法论的新进展。

关键词 语义学分析方法 规范语义学 自然语言语义学
后现代语义学

伴随着世纪之交人们对语义学理论研究的反思和重建，语义学的分析方法已经作为一种横断的科学方法论，内在地融入到了几乎所有学科发展的可能趋势之中，其方法论地位毋庸置疑。因此，从普遍的科学研究方法论的视角，去审视语义学研究在过去几十年中的历史演进，把握规范语义学和自然语言语义学这两个方面的形式、结构、本质与特征，洞察语义学的后现代走向及其意义，就成为语义分析方法论研究的重要内容。

---

* 本文受国家教育部哲学社会科学研究重大课题攻关项目"当代科学哲学的发展趋势研究"（项目编号：04JZD0004）资助。
** 郭贵春，1952 年生，山西大学科学技术哲学研究中心教授。

一　语义学的演进及其根本任务

从根本上讲，语义学从语法理论的边缘地位进入语言学研究核心，并逐步奠定进一步发展的坚实基础，始于20世纪70年代。

20世纪70年代初，在生成语法框架内进行研究的语言学家们，将语义学看作是一个缺乏规范框架的，或者说是一个缺乏明确意义纲领的欠发展的领域。这一点乔姆斯基在1971年就有过明确的表达："毋庸置疑，在语义学的领域中，存在着需要充分探讨的事实及原则的难题，因为不存在人们能够合理参照的具体的或明确定义的'语义表征理论'。"① 他看到了语义学的问题所在，开始致力于这一领域的研究并做出了富有启迪意义的成果。之后，蒙塔古（Montague）提出了一个发展自然语言规范语义理论的模型。在这一理论模型中，对自然语言语句模型的理论解释，是通过与生成其结构表征的句法操作严格一致的规则来构造的。他的这一工作为尔后20余年的规范语义学的研究奠定了基础。与此同时，杰肯道夫（Jackendoff）在生成语法范围内提出了表征词汇语义关联的研究。这一研究主要是提供了词汇意义与语形之间关联的可进一步探究的基础。到20世纪90年代左右，由于语义学研究的规范发展，语义学在经验领域和理论解释力这两个方面都得到了进一步的拓展。尤其是在传统的语义难题的求解中，出现了真正的进步。比如，经典的蒙塔古语法采取的是静态的、与句子关联的意义观，而新的对解释过程的动态研究却提出了要通过论述将信息的增量流动模型化的见解。同样，通过把模型理论拓展到表征论述情景的内在结构，基于情态的理论也要求对各个超语言学语境的给定游戏规则给予严格说明。而且，为了生成完备的句子解释，也需要对句子意义的独立语境的组成部分进行说明。至20世纪末21世纪初，在语境的基底上来谈论语义学分析已成为一种不可忽视的趋势，换言之，它已将各种分散的语义分析模型建构在语境分析的基础之上。可以说，没有语境便没有真正意义上动态的、规范的、结构性的语义分析理论。

语义学的历史发展表明，语义的整体性就是意义的整体性，由于它是

---

① Shalom Lappin（ed.），*The Handbook of Contemporary Semantic Theory*，Oxford：Blaekwell Publishers，1996，p.1.

由相关语境的整体性所决定的，语义分析方法有其特殊的整合性功能。因此，语义评价也是一种整体性的评价。理论的意义不是简单的整体和部分之间的关联功能，而是一个相关表征整体的系统功能和系统目标的集合。在这个整体性的基础上，"语义学的任务就是阐释特定的原则，并通过这些原则使语句表征世界。倘若世界与表征是一致的，那么作为表征世界的特定方式而缺乏潜在的必须被满足的严肃条件，就完全是不可能的了"。①无论在这些条件上不同的语义学家们有多少不同的看法，在语义学必须遵循特定的原则这一点上却是有共识的。其中，坚持语境分析的原则是最有前途的一个方向。"一个句子的意义就是从言说的语境到这些语境中由句子所表达的命题的函项（Function）。"失去语境就失去了意义存在的基础。

语义学的历史发展告诉人们，语义学是一门横断的具有方法论性质的学科。不仅语义分析方法已渗透到了几乎所有的学科之中，语义学本身的存在也是建立在哲学、逻辑学和语言学基础之上的。以此来看20世纪30年代中期弗雷格、卡尔纳普和塔斯基的工作，可以说正是他们的工作为蒙塔古的模型理论语义学的发展奠定了最有效的前提。毋庸讳言，语义学在它的整体性、逻辑性及意向性各个方面都存在着持久的争论，协调这几个方面的关联，是建立语义学的科学性的根本问题。由于这种在语境的基底上，将语形、语义和语用结合起来去处理上述问题的做法非常重要，因此，将其作为方法论来建构将是适当的。

在这种方法论建构中，规范语义学的研究具有非常典型的意义。规范语义学试图从三个方面回应各种批评：首先，规范语义学认为对意向性表征理论的批评是不适当的；其次，有必要发展更适当的逻辑和模型结构；最后，应当对"心理实在"问题进行哲学、语言学和心理语言学的探索。各种批评是方法论意义上的，因此规范语义学的回应也应当是方法论意义上的。于是，规范语义学最大限度地将语义学的整体性概括为三类：（1）经验的。这种整体性表达了关于语形建构的根本主张，所以规范语义学理论在某种意义上说，是对能否将这一主张可持续化的问题的讨论。（2）方法论的。这种整体性被看作是一种对语法理论的最基本的制约，因为只有包括了清晰语形的语法才能做出构造完美的语法说明。所以，规

---

① Mark Richard（ed.），*Meaning*，Oxford：Blackwell Publishers，2003，p.235.

范语义学在一定程度上讲就是对这种方法论原则的成效的探索。（3）心理的。这种整体性的原则并不在于它自身被给定了特殊的地位，而是对更基本的方法论原则给出了心理意向上的说明，当然这种整体性原则必须存在某种语形和语义之间的系统关联。规范语义学的这种发展，被人们称之为"后蒙塔古语义学"时代。可以说，基于向科学和社会学的广泛开放，在整体性、逻辑性和意向性上进行更加深入的研究，是"后蒙塔古语义学"的必然要求。

在这种方法论建构中，自然语言语义学从另一个方面体现了语义学研究的方法论意义。由于自然语言完全不同于命题演算或谓词演算那样的形式语言，建构自然语言的意义理论，必须包容自然语言的两个最基本的特征：第一，使用语言是为了表达讲话者的交流意向；第二，这种语言的语句可以包含开放的"标志表征"（indexical expression），而这些表征的值只能在语境中予以决定。所以，在自然语言语义学中，意义理论不仅包含语义分析，而且包含语用分析，由此才能决定句子如何被用于建构陈述，才能为讲话者的意向和语境给出相关的条件。这就是说，在一定意义上，语用的具体凸现过程是意向和语境得以实现的物质基础。同时，这种语用的物质条件性决定了语境的本体论意义上的实在性，即决定了在语境实在的基础上去实现语形、语义和语用的统一。可见，"语境至少是实体、时间、空间和对象的集合"。① 语句表征的意向性及其意义正是在这个集合中被交流、被完成、被确定的。这样一来，语言陈述在形式上的丰富性和价值趋向上的内在性，均在语境中获得了统一。所以在语义学的框架内，"理解是语境的事情"。② 在一个特定的语境中，一个陈述或表征所具有的确定意义，事实上是语境所给定的一种本质特性或者价值趋向；在语境中对相关特性或价值趋向的选择，是由与语境一致的特性条件决定的。语境决定特性或价值趋向，而特性或价值趋向决定意义。意义表现为特性或价值趋向的"值"或"函项"。归根到底，这些特性或价值趋向是语境的"值"或"函项"。所以，在理解的过程中，意义的重建从根本上讲是语境的重建问题，仅仅有语形重建的表面上的一致，并不能保证意义的一致性。只有语境的重建，才能有意义重建的可能性。在这里，语形、语义和

---

① Shalom Lappin（ed.），*The Handbook of Contemporary Semantic Theory*，p. 117.

② Ibid.，p. 135.

语用在重建中的结构上的一致性，是语境同一性的表现形态。总之，语句的重建规则如何被系统化，它们如何与规范陈述的语义计算（semantic computation）相互作用，包括演算本身可能对一致性概念的任何影响，构成了自然语言语义学必须解答的核心内容。

当我们谈到语义学的历史发展时，不能不提到从 19 世纪末到 20 世纪 80 年代，在逻辑语义学中流行的"意义等价于真值条件"的静态语义观。这种语义观将语言表征与世界之间关联的意义看作是静态的关系，这种意义可能会随着时间的流逝而变化，但它自身却不会导致变化或引发变化。这一观点持续了近一个世纪，不过，逻辑语义学的开创者们如弗雷格和维特根斯坦等，对于那些他们无法处理的问题，还是坚持一种开放的视界。尽管逻辑的解决途径奠定在经典数理逻辑和集合论之上，但该方法对意义的诸多分析还不如传统"意义等价于真值条件"的表征更为适当。逻辑语义学的真正变化有待于其他概念的出现，即有待于计算机科学和人工智能等认知科学的发展及影响。这就是为什么传统逻辑语义学的挑战持续了近一个世纪的原因。但在逻辑语义学中，对静态语义观的真正挑战，产生于逻辑语义学中对"顽强难题"（recalcitrant problem）的解决，因为对这一难题的解决要求超越静态的意义观。80 年代初由凯普（Kamp）和海姆（Heim）发展了的"话语表征理论"实现了这一超越，动态语义学由此有了自身发展的广阔空间。

这种动态语义学方法论的历史建构构成了动态的解释思想形式化的特定方式。因为，在动态的解释过程中，解释者对表征结构做了本质的应用，将解释的动态性确定在了解释过程的真正核心即意义的核心概念之中。之所以如此，就在于解释与表征形式的变化是相关的。于是，"意义就是潜在的信息变化"成了动态语义观的核心，而静态语义观则强调"意义就是真值条件的内容"。可见，静态语义学的基本概念是"信息的内容"，而动态语义学的基本概念是"信息的变化"。总之，在动态语义学中，句子的意义是与它潜在地改变信息状态相关的。

语义学在其演变和发展历史中表现形态多样，这些表现形态从不同的立场、视角、层面，以各自的方式试图求解语义学及其哲学解释的难题。但是无论哪一种语义学倾向，从心理意向的要求上来分析，它们都必须从方法论上回答这样几个最基本的问题：第一，意义与指称或真理之间的联系是什么？第二，表征的意义与认识或掌握其意义之间的关系是什么？第三，什么使有意义的表征成为有意义的？第四，意义与心理之间的联系是什么？第五，自主的意义与继承的意义之间的联系是什么？第六，为什么意义与表征系统是相关的？依据对这些问题的不同回答，可将它们区分为还原论的和非还原论的两种类型。然而，无论是哪一种类型，都不能回避由语境到指称和真值的确定这一根本问题。因为，在确定的语境基底上把意义与指称和真值的关联阐释清楚，是所有语义学研究趋向的基本问题。对这一基本问题的回答，构成了不同趋向之间的相互论争、相互渗透和相互借鉴的丰富多姿的历史局面；也构成了人们评价一个语义学方法论体系的衡量尺度或标准，推动了整个语义学的发展和进步。了解这一基本问题及对这一问题的不同答案，将有助于我们把握语义学发展的历史走向，认识其方法论研究的重大意义。

二　语义学的规范性及其计算化处理

语义学的规范性与语义学形式体系的逻辑性密切相关。塔斯基关于真理和逻辑问题的研究或许是对现代语义学最重要的贡献之一。真理的递归定义、逻辑语形学的语义、语义模型的概念、逻辑真理和逻辑结论的意义等等，都是当代语义学研究的核心论题。模型理论语义学（抽象逻辑）、可能世界语义学、戴维森及其他学者的意义理论、蒙塔古的语义学，甚至作为生成语形学之分支的逻辑形式，都与塔斯基的原则有关联。但塔斯基的理论是一种逻辑语义学，在他那里，逻辑的和超逻辑的术语有本质的区别。在塔斯基的语义学中，逻辑术语的规则、范围和本质以及逻辑和非逻辑语义学之间的关联并未得到适当澄清。现代语义学的许多分支虽然植根于语言与世界之间关联的逻辑理论，却都超越了塔斯基语义学的范围。只不过规范语义学到底在多大程度上能超越逻辑的基础，仍然是一个值得探讨的问题。这就是说，规范语义学既与逻辑理论有关，又必然超越逻辑理论的形式约束，二者之间的合理张力才是当代语义学发展的可能性条件。

事实上，上述问题涉及的是在当代语义学的研究中，如何处理语义和语形之间关系的问题。而在范畴语法中讨论语义和语形之间的关系是十分有意义的工作。在这里，有两种观点值得我们注意：

第一，任一语言学表征都被直接地指派了一种模型理论的解释，以作为其部分意义的显现。因而，可以把语形系统看作特定语言学表征的构造完备的、可再现的描述，并且是一个以小的低层面的表征构建了大的高层面表征的体系，因此语义学给任一表征都指派了一个模型理论的解释。在这一点上，所有语义学理论都采用了某种关于语义学的构成论的观点，但问题的关键在于，这种构成论的语义学到底解释了表征的哪一个层面的问题。众多的观点认为，表层结构都不是被直接解释的，相反它是被导出的或被描述的，而且其意义也是被指派给了相关的层面。范畴语法研究的有意义的假设就在于，一旦语形直接建构了表层的表征，建构语义学为任一表征指派了相关的理论模型解释之后，就不需要中间的任一层面了。

第二，从任何意义上讲，语义学所使用的特定建构论都是语形学建构的镜子；因而给定了语形的建构就可以"读出"（read off）相关的语义学，但反之则不然。因为，语形系统在某种程度上比语义系统更丰富，比如语序在语形中具有重要的作用，但并不存在语义学的对应物。

在规范地解决语义和语形的关系问题上，当代计算语义学的出现和发展提供了更为广阔的应用空间。从语言学的角度讲，计算语言学假定了一种语法特征，即意义和形式之间的关联，以便使问题集中在"处理"（processing）上，比如需要计算给定形式意义的算法等等。在这里，计算者很自然地会把语法当成关于"意义—形式"关联的约束性集合，从而将约束决定当作是某种处理策略。正因为如此，怎样从语义学的角度阐释这种约束，并且进行语义的处理及澄清语义理论所隐含的意义，就成为了当代计算语义学（Computing Semantics）的重要内容。而要阐明这些内容，计算语义学必须解决这样几个问题：（1）解释这种假设的背景，特别是关于语言学与计算语言学之间的功能区分，以及基于约束的语言学理论；（2）阐释基于约束的理论如何重解"语形—语义"的相互作用；（3）说明"约束决定"（constraint resolution）如何为计算处理提供处理的自主性；（4）需要提出相关计算语义学的模型理论。事实上，这一工作与人工智能研究有着极重要的联系。但在语义学研究的层面上，它更注重于语形和语义的相互作用和对语义信息的处理。

语言学和计算语言学的理论区别在于：语言学负责语言的描述，而计算语言学则负责算法和被计算对象的建构。所以，计算语言学是在语言学的基础上来赋予计算关联的特征，它们都既有经验的也有理论的层面。因而，它们之间的区别是正交的。计算语义学则不同，它既要描述算法和构造，也要进行理论的分析。计算语义学是要从本质上表明，特定的算法结构为何能被用于阐释语义学的问题，以及说明在给定的语形和语义相互作用的形式体系中，为何能从结构上对它进行计算。以这种方案来确定语义学，显然，在特定的语用语境中，不可能把语形和语义绝对区分开来。"而且在特定的形式体系中，语形和语义值所共享的结构，建构了相关语形学和语义学的相互作用。"① 把语义处理看作是特定的计算操作，其优势在于它不仅包含了语义模糊的特征化，而且提供了可从形式上描述语义清晰性的框架与阐释意义的机会。正是在这种意义上，计算语义学是某种模态语义学的特定表征。换句话说，在一种有意义的表征语言中，语形与语义的相互作用表现为特定语形结构和相关形式公式之间的一种可等价计算的关联。尽管该方式并不能唯一地决定一种语义学，但它却使语义学在相关的计算模型中得以具体化，从而为探索特定的对象意义和它的值域提供了有效的现实途径。

从计算语义学的角度去解决语义和语形关联的规范性问题，就必然要涉及计算语境与模拟表征的关系问题。因为，没有计算语境就没有模拟表征赖以存在的环境，而没有模拟表征就没有计算语境意义得以显现的途径。在这个问题上，弗雷格早就说过，"只有在一种语境中，一个词才具有它的意义"。维特根斯坦也进一步讲道，"理解一个句子就是理解一种语境"。正是这种相互关联的方式，决定了在一种语言中特定的表征所意味的东西。② 这是建立在语境基础上的可分析的语义整体论观点。这种经典的思想在当代语义学中被重新放大和具体化，并体现在认知计算理论对表征的说明中。由于这种说明与意向表征论的关联，同时也为了从它们的特征上加以区别，所以语义解释引入了"模拟表征"（simulation-based representation）的概念。"模拟表征"是人工表征的一种结果，由于它与数学建模语境的相似性，所以在这种计算语境下给出若干"模拟表征"的特征就非常有意义了。这些特征包括：

第一，当我们处理一个特定现象的数学模型时，适当表征的标准恰恰是适当建模的标准。其典型表现是，它使用一组统计方法来决定一个数学模型是如何很好地模拟了自然法则。在此，作为资料的自然法则可以得到

① Shalom Lappin （ed.）, *The Handbook of Contemporary Semantic Theory*. Oxford：Blackwell Publishers，1997，p. 446.

② Stephen P. Stich and Ted A. Warfield （ed.）, *Mental Representation*. Oxford：Blackwell Publishers，1994，p. 144.

观察并记录下来。资料和模型不一致，则表明了该模型不能适当地模拟表征相关的对象世界或者相关的特性等等。

第二，在这个计算语境中，人们试图表征的东西与成功表征了的东西之间有着明确的区别。没有人会认为，一个线性方程表征了自由落体中时间与距离的关系，仅仅是因为存在着人的意向的缘故。

第三，"模拟表征"所体现的也是一种鲜明的特定程度问题，其实质就在于一个模型所表征的适当性如何，以及它是否比竞争模型更好。

第四，"模拟表征"对于特定的目标来说是相对的，即一个特定的线性模型在系统 S 中可能比在系统 S' 中是一个更好的模型；但是，如果要问该模型到底表征的是哪一个系统则是不恰当的，这是一种不适当的理解。

第五，"模拟表征"的失败常常并非是可定域的（localizable）。当一个模型表征不适当时，可能会把责任归咎为某一参量经验值上的错误；但是，对某种可责备性（culpability）的更清晰或更全面的判断也往往不可能。

第六，在这种计算语境中，表征系统也经常存在某种实用化的因素。比如，一个复杂社会系统的线性模型对某些目标来说可是一个适当的表征，但对非线性的模型来说可能更可取，因为这在数学上可能更易于处理。

总之，在一个计算语境中，上述"模拟特征"均被应用于具体的表征之中。这生动地说明，在语义的计算化处理过程中，语义的生成、建构、说明和解释是一个相当复杂的、既是整体又是可分的系统。这种整体性和可分析性相一致的一个重要前提，就是"模拟特征"与相关计算语境所接受的信息状态是一致的。在这里，信息态的性质在某种程度上决定了"模拟特征"的特性。信息态的一般概念本质上是可能性的集合概念，这个集合由各种开放的可选择性所构成。而构成信息态的各种可能性依赖于信息对象的特性。计算语境可获得的信息一般包括两类：一类是事实信息（factual information）。它是作为可能世界的集合而表征的信息，在模拟表征上，这些世界与一阶模型相一致。而这些模型由对象集合、话语域以及解释函项所组成。另一类是话语信息（discourse information）。它间接地提供了关于世界的信息，保持了被处理对象的联结途径。在模拟表征的逻辑语言中，它是对引入新的处理对象、新主题的存在量词的使用。在这里，扩张话语信息就是增加变元和主题，并调整它们之间的关联。这两类信息通过从话语域到主题对象的可能陈述获得关联，或者间接地通过与主题相一致的变元来获得。所以，它们统一于对可能世界信息的模拟表征之中。

从计算语义学的角度去解决语义和语形之关联的规范性问题，对科学哲学尤其是物理学哲学中语义分析方法的应用具有非常重要的启迪。因为从科学语言的角度来讲，"一个理论的语形和语义特征之间的相互关联所产生的意义，是任何哲学的优越性的主张所必需的"。① 这些相互关联所指称的恰恰是由普遍的完备论证所描述的对象。换句话说，正是在语形和语义的相互关联中，展示了物理描述的本质及其论证的合理性。这也从另一个侧面表明，哲学的分析若不与语形和语义的分析结合起来，将无法进行科学理论的说明。这种结合的意义在于，它一方面要通过认同逻辑上鲜明的值域特征，另一方面要通过认同特定的物理状态，或者说在某种意义上可测量物理量值的特征，来从语义上给出适当的分析，从而确定相关的物理意义。所以，一个完备的语形与语义结构的关联存在，是揭示物理意义存在的前提。这也就是为什么范·弗拉森自己明确地指出，他受到了E. W. 贝斯（Beth）对语义分析方法研究的影响，并认为贝斯"对量子逻辑的分析提供了对物理学理论进行语义分析的范式"的根本原因之一。

三 语义学的自然性及其结构特征

语义学的自然性直接地体现在它作为对自然语言的意义研究之中。而且，这种自然性恰恰通过具体的独立的语用环境及其意义的自主建构来得以实现。但是，自然语言解释的这种语境独立性，本质上是一种现象，它可以根据由意义的真理论说明所定义的构成性原则的特定形式，来给定相关的状态。由于自然语言解释的线索不能独立地由句子的语词和它们结合的方式（如逻辑系统）所确定，而是在整体系统上依赖产生于其中的环境，所以独立语境解释的现象具有极其普遍的特征。正因为如此，理论情态的语境重建就成为自然语言研究的语义和语用相互作用、共同发展的一

---

① Lawrence Sklar（ed.），*The Nature of Scientific Theory*，New York：Garland Publishers Inc.，2000，p. 120.

致性的前提和基础，也正是在这个不断重建的过程中，实现了意义理论解释的同一性。而且，由于解释的前提性的说明本身就是一种直接反映这一线索的形态特征的结构，所以语义、语用及语形的建构全部结合在了一起。这三者的整合，构成了自然语言独立语境解释现象的自然本性，并由此使得意义解释成为了有理由的说明。这也就是说，在自然语言的语义研究中，基于形式系统的分析与基于认知心理学的分析这两种研究纲领，在语境的解释中内在地融合在一起。这两种纲领的区别，最根本的就在于它们的说明方式上。因为，作为对言说解释说明的语用假设至少是根据言说所表达的命题形式来定义的；作为元说明解释的语义假设则诉诸完全不同于由语形构造所直接描述的东西。这些不同特征的方式，正是在自然语言解释的独立语境的说明中，自然地获得了它们的统一。

对语义学的自然性及其结构特征的意义分析，最基本的假设就在于，自然语言的语形结构必须与它所表征的概念相关联，并且这种表征通过翻译或一致性规则的集合来进行；在这里，概念包括人类认识的所有丰富性及其内在的相互关联。这个要求提出了两个问题：其一，这种关联是否是直接的；其二，是否存在一种独立的可证明为统一的层面，它可被称为语形和概念之间严格意义上的语义学关联。前一种结构过于简单化了。以一种结构将语义层面作为独立的存在结构，有利于对问题的认识和把握。其特征在于：（1）通过概念结构，语义与句子之间密切相关；（2）通过语义结构，概念结构与世界知识相关。这既表征了句子的语义关联，又表征了关于世界知识的关联，同时还包含了隐喻分析的语义关联在内；（3）通过结构性的关联，意义表征的各个方面获得显现；（4）还具有心理意向层面的表征，因为命题态度的心理意向性必然会在语义结构中得以显现，也必然内含于概念结构之中。由此可以看出，语义学研究的自然性与其结构性本质地联系在一起，是不可人为分割的统一体。因此，我们应该特别重视以下几个方面的研究：

1. 命题态度与语义特性的关联

命题态度和心理表征都依赖于对它们的语义特性和意向性特征的说明。因为，只有通过心理表征的语义特征，才能说明命题态度的语义特性，而且，这种语义特性同样具有实在论性的特征。因而，说明语言学实体（如语词、句子等）的实在论性的语义特征，是语义学研究的一个必然的本体论性的要点。福德（J. Folder）就曾指出过，一个在因果性上有效的心理状态在语义上也必然是可评价的。也就是说，是否具有语义特性是评价一个命题态度是否具有实在论性的标志之一。他有这样一句名言："命题态度的因果作用反映了作为其对象命题的语义作用。"①之所以如此，是因为在命题之间的语义关联和心理状态之间的因果关联具有内在的一致性和同晶性。所以，在可操作的理想框架内，人们可以从命题对象的语义关联中导出存在于心理状态中的因果结论，对语义特征的分析和把握，正是对命题态度及其意义的分析和把握的前提和基础。

2. 语用分析与语义分析的关联

自然语言的语用学的特征就在于，它研究在社会语境中语言学的表征使用。但存在着两条极其不同的探索方式，而它们的任何表征又都依赖于语境。其一，一个句子的命题内容随着语境的转换而变化；其二，即使一个句子的命题内容已确定，它的使用仍然存在其他的重要因素，而这些因素还将随着语境而变化。"语义语用学"（Semantic Pragmatics）研究的是前者，即通过具体的语用语境来确定命题的内容和意义；而后者是"语用语用学"（Pragmatic Pragmatics）的研究范围。语义语用学的研究既表现了语义学作为方法论的扩张，又体现了语义学分析与语用学分析的内在一致性。语义语用学的关键之处在于，在特定的语境中我们使用什么样的规则，去填充与指称要素相一致的命题内容的缺失部分。自然语言中任一这样的要素都会由相关的适当规则所支配。语义语用学的一项重要工作，就是通过语用分析与语义分析的关联，去提炼这些规则，以使它们适合相关的对象。D. 开普兰（Kaplan）就将这些规则看作是函项（function）。内涵是从语词到外延的"函项"，而一个语义语用的规则是从语境到内涵的"函项"。在句子的层面上，内涵就是从语词到真值的"函项"。在某种意义上说，语义语用的关联分析规则，就是从语境到内容的"函项"，开普兰将其称之为"特性"。一旦把握了这些特性，我们就有可能预测到一个可能世界中所获得的内容。② 语义语用学的分析方法是要通过对这些特性的语义把握，来强化语义分析与语用分析方法的一致性，展示语义分析方法在语用研究中的功能和作用，从而在深度和广度上去扩张语义学的

---

① Stephen P. Stich and Ted A. Warfield（eds.），*Mental Representation*. Oxford：Blackwell Publishers，1994，p. 19.

② William G. Lycan，*Philosophy of Language*. London：Routledge，2000，p. 170.

自然性及其结构性的特征。

3. 隐喻重描与语义结构的关联

在特定的语境下，相关理论解释的隐喻重描（metaphoricredescription）对理论解释的功能具有强化的重要意义。隐喻重描本质上是一种特定理论的语义重建。所以，隐喻一方面被用于指示语言学实体，具有语义的内在性；另一方面超越了观察语言和理论语言的二分法，而给出了新的解释方向。在这里，隐喻分析是语义分析的重要的方法论的组成部分。它告诉人们，意义的变化归因于与其相关的语句态度的变化以及指称和使用环境的变化，所以理解一个表征的意义，就是理解它的内在的语义结构。可以这么说，隐喻在不同的语义结构中传递信息和建构思想，所以隐喻重描或"后隐喻"（post-metaphor）意义的建构，正是语义结构变化的必然结果。因此，隐喻的使用规则存在于可理解的隐喻中，这些规则也是语义规则的特例在给定语境下的表现；并且语词或符号的意义不具有独立的特征，它随着隐喻使用的变化而变化，语词隐喻因此而构成了意义的载体。特别需要强调的是，隐喻不是非理性的，它恰恰是理性的特殊表现形式。"理性就存在于我们的语言不断适应我们不断扩张的世界当中，而隐喻恰是完成这一使命的最重要的途径之一"。[①] 从这个意义讲，隐喻重描与语义结构的关联正是一种科学理性展示出来的方法论上的关联。正是隐喻重描和语义结构之间的这种合理张力，提供了对隐喻的各种形式和使用的解释。由此，当代科学哲学家们超越了亚里士多德的那种以一个词代另外一个词的狭隘的隐喻使用观念，表明"运用隐喻去创造意义是完全可能的"。所以，隐喻的本质在于它作为一种方法论的"创造意义"的功能，或者改变语义结构之功能的发挥和突现。隐喻重描和语义结构的重建，既体现了新旧意义之间的断裂，同时又展示了它们之间的关联。正是在这种断裂和关联的不断生成中，科学理论的新语境在不断变化，语义结构在不断建构，从而意义在不断地创造。总之，隐喻作为自然语言的普遍特征，是所有科学方法的核心要义之一。离开了隐喻的意义和离开了意义的隐喻，都是不存在的。

4. 内涵语境与语义整体性的关联

内涵语境的语义学特征是把握语义整体性的一个极其重要的问题。

---

① Jennifer McErlean（ed.），*Philosophies of Science*，Wadsworth，2000，p. 354.

内涵语境是相对于外延语境所言的，二者的区别在于：（1）内涵语境的关联不是单纯演算的；（2）内涵语境展示了一种对"空洞的容忍"（tolerance of emptiness）；（3）内涵语境限制了相关外延表征的自由替换；（4）内涵语境制约了量词的任意使用，并且明显限制了外在量词的内在延伸。这也就是说，内涵语境更本质地体现了语义的整体性及语境对意义的决定作用，因为语句的意义由内涵语境整体地给定。另外，从某种层面上讲，内涵语境的语义结构分析与可能世界语义分析关联在一起。可能世界语义学的框架为表征命题和内涵提供了一种有效的方式。也就是说，我们可以通过一个可能世界的集合来表征一个命题，而且在这个世界的集合中，命题成真。因此命题可以作为从可能世界到真值的函项来表征。更广泛地看，还可以将各种内涵作为从可能世界到各种外延的函项来表征。比如，我们可以把一个谓词的内涵作为从可能世界到一组对象客体的函项来表征。同样地，也可以将单个术语的内涵作为从可能世界到个体的函项来表征。① 这样，内涵语境就架起了从可能世界到所有相关外延对象之间的语义桥梁，并从根本上保证了整个语义解释的一致性和整体性。在内涵语境的基底上整合各种不同的语义结构的要素，确定相关可选择意义的趋向性并保证语义整体性的合理性，其重要性由此可见一斑。

四 语义学的后现代趋向及其意义

众所周知，后现代主义的狂飙在席卷整个人类精神世界所有领域的同时，也遭到了来自各个方面的激烈批评和反对。需要指出的是，"后现代性"（postmodernality）作为一种探索问题的方法论视角，却与"后现代主义"（postmodernism）的极端立场和观点大相径庭。某些语义学家们从"后现代性"的方法论视角去研究当代语义学的特征，并试图由此推进语义学的发展，从而形成了"后现代语义学"（postmodern semantics）的特定走向，这是值得我们倍加关注的一个方面。

语义学（semantics）一词源于法文 sémantique，它由法国语言学家米

---

① Kenneth Taylon, *Truth and Meaning*, Oxford：Blackwell Publishing，1998，p. 201.

切尔·布莱尔（Michel Bréal）于 19 世纪末首创。① 事实上从这个概念一诞生，语义学就是要对人们如何通过语言把握世界给出令人满意的说明，而这一点对于后现代语义学家们来讲，也毫不例外。从后现代语义学的角度看，规范语义学（或形式语义学）是抽掉了"主体"（Body）的不同句法形式的系统整合，它至少是缺乏语义学建构的某种"灵魂"和基础。所以，把"主体"嵌入语义学的内在结构之中，使语义学成为一种有鲜明"主体"的语义学，是后现代语义学的一个重要走向。更具体地说，是把"理解的主体"和"被理解的主体"都嵌入到语义分析的过程之中，而不是仅仅强调语义分析的形式规范性和自然的理想化。他们尤其反对将规范的或形式的符号及系统偶像化，强调主体在语境中的重要的结构性地位；同时认为，在特定语境中内聚的意义是解释的结果，语境的复杂性只是增加了语义的相对可通约性，而不是相反。也就是说，主体的嵌入更强化了意义的可通约性，进一步防止了不同语境下语义的断裂。②

从这个视角看，首先，后现代语义学中的"主体"不能根据简单的存在性将其看作是"肉体的"（corporeal）。相反，倘若我们希望语言符号与世界之间的关联是有意义的，那么"主体"就必须被重铸为某种有意义的必然性。这种必然性就在于，"主体"是作为不可或缺的语义的"世界"和背景而存在的，而且是一种具有能动性的结构性的存在。只有在这个基础上，才有可能在规范语义学与自然语言语义学之间做一个区分，尤其对后者来讲，没有"主体"便没有意义。其次，除了各种各样生动的特征之外，"主体"是作为认识论的手段或者途径而进入语义学结构的，因为它具有在可推论的界限内构成"世界"的重要意义。之所以这样认识问题，是因为后现代语义学既想消除主观论的心理主义，又想避免决定论的生理主义在语义学研究中的渗入。总之，在后现代语义学那里，"意义是对实体的可理解性的展示"。在这个基点上，意义表现了属于理解的被揭示对象的形式存在框架。一句话，走向"主体"，走向理解，走向形式与存在的统一，是后现代语义学的根本趋势。对此，我们将其称之为后现代语义学的"主体转向"（Body turn）。

---

① Roy Harris, *The Semantics of Science.* London：Continuum International Publishing Group，2005，p. viii.

② Horst Routhrof, *Semantics and the Body*, University of Torouto Press, 1997, p. 4.

　　这种朝向强调主体性的后现代语义分析，突出地认为"在语言和词典中没有意义"。语义学是社会意义的理想化，是从符号交流的行为中抽象出来的。这种理想化之所以可能，是因为我们理解的层面和文化的层面，把所有的意义及其约束都限制为被约定的动力学关联。在这里，后现代语义分析注意了两个方面的区别与融合。一方面，不把规范语义学与语言学或非语言学的社会意义的语义学严格区分开来，而是既要保留一个可推演的程序集合，同时又不为所有语义学提供某种创构的元基础。另一方面，强化社会意义的理想化的结果，通过这种途径，从而产生新的形式化的体系。这两个方面不但不可偏废，而且是互补的。后现代语义学试图从以下几个方面来区分自然语言语义学与规范语义学之间的主要差异，以体现后现代趋向的基本特色：

　　第一，规范语义学是"同形符号化"的（homosemiotic），而非形式化的或自然语言语义学则是"相异符号化"的（heterosemiotic）。同形符号化与相异符号化之间的区别集中于意义的获得和指称的保护上。对前者来说，意义可与严格的理性意义等价，并通过可定义的形式规则来约束，并且在意义的交换中不存在语义的增损。然而，在语言学系统和非语言学的符号（可将意义具体化）之间的相异符号化关联中，则完全不同。在这里，我们必须面对各种解释之间的近似性，并根据语言学表征的趋向性使各种非语言学的解释相一致。

　　第二，在非形式语言学中，指称是"交互符号化"的（intersemiotic）关系。在规范系统中，指称是通过在定义上使一阶系统和二阶系统相关联来得以保证的；但在自然符号系统中，意义则总是存在指称。在某种程度上，后现代语义分析认为，自然符号指称在符号化的意义上完全可以被理解为是不同符号系统之间的关联，从而导致对复杂的符号系统的确认。这样一来，既可坚持指称的确定性，又可避免传统实在论的指称意义的僵化性。

　　第三，规范语义学中所称为意义的东西，完全不同于非规范系统中的意义。在规范意义中，由于定义是充分的，变元和常项因而得到了严格定义，并不要求它们存在直接的或具体的指称背景。相反，在自然语言表征中的非形式意义，则由共同体的实践所赋予，允许语义的相关变换。比如，"民主"这一指示对象，只有当我们能够为其说明非语言学的、指称的背景时，它才可能得到理解。

第四，充分的符号表达（semiosis）针对的是自然符号语义学，而真值条件规则是针对规范语义学。在论争中，规范语义学依赖于真值条件的判断，而自然语言语义学则不能通过二值逻辑的途径来保证意义的变化。在这里，交流通过符号的充分表达来实现。充分的符号表达是一系列心理表征的原则基础，并据此给出理由去支持综合判断。所以，符号表达的充分性并不是逻辑意义上的，而是公共社会经验基础上具体语用意义上的。

第五，感觉是对"只读符号"（read-only sign）系统及其内容的关护，为了将语言表征或动作姿势之类的交流符号系统与"世界"关联起来，需要根据符号来重新定义"世界"，因为交流符号与直读符号构成了某种社会符号学。从这个视角看，我们能够更好地解释在自然语言中，语言表征的趋向系统是如何由非语言的符号所能动地体现的。在这种方式中，我们必然要把语词和非语词的表达习惯性地联系起来，从而使其一方面具有更深层次的普遍性的约束，另一方面服从共同体的交流约定的规则。

第六，自然符号语义学既非奠定于激进的相对主义，也不能建构于狭隘的形而上学实在论的基础之上。然而，任何一种语义学事实上都预设了某种形而上学的前景，比如弗雷格传统就提出了建立在实在论的形而上学假设基础上的语义学系统。后现代语义学也不例外，但它所指望的是可推演的实在论（inferential realism）或者实在论的文本论，以此来强调语义的约束性和交互符号化的解释，并通过强调所有知识的文本性质而坚持实在论立场的要求。

综上所述，在后现代语义学的框架中，意义是有条件的。这个后现代性的条件就在于意义是社会文化结构的功能，而不是规范意义的结果。但这种后现代性绝不是要对意义进行解构，相反，它是要建构解释意义的方法论视角，并在新的层面上反映意义的语形学的必然要求。换句话说，语形的规范化推演要服从于意义的社会文化建构，而语义学的意义分析要渗入到语形的规范要求中去。这是一个问题的两个方面，它的处理超越了弗雷格和索绪尔的各自传统，将其推向了历史文化语境基础上的语义学建构的新平台。在这个平台上，后现代语义学试图达到形式化的符号表征与非形式化的符号表达之间的融合，即在自然语言中实现从不同种类符号的交互符号化关联，到语词和非语词符号的形式化的语义交换。正是通过非语词的符号行为，而使语言辩证的意义获得实现。这样，意义便成了"交互符号化"的和"相异符号化"的交流事件，成为了不同符号系统中的关联。在后现代语义学看来，这种语义分析的方法不仅适用于感觉层面的初始阅读，而且适合于复杂事态的所有交流。即使是最抽象的符号指示，也会显示它所涉及的初始社会状态的表征轨迹。所以，符号的功能远比目前人们所认识到的现状具有更大的可变性及其意义。总而言之，后现代语义学的条件是社会的、历史的、具体的，它也将随着这些条件的变化而变化。这既是后现代语义学值得我们认真关注并加以研究的地方，同时也是它不可避免的特定局限性之所在。

《中国社会科学》2007 年第 3 期

中国的哲学现状、问题和任务

谢地坤*

摘要 改革开放30年，中国的哲学事业取得长足发展，同时也存在不少问题。在当前市场经济大潮的冲击下，如何以哲学的方式提出并回答理论的和现实的问题，担负起自身的使命，是中国哲学面临的巨大挑战。

本文将对哲学学科的三大二级学科，即马克思主义哲学、中国哲学和外国哲学的发展状况、面临的问题予以分析，并据此有针对性地提出中国哲学界所面临的历史重任。

一 马克思主义哲学研究

在现代中国，哲学界最重大的事件是马克思主义哲学的传入。马克思主义哲学产生于西方文明的土壤中，但它又不同于西方哲学。马克思主义哲学不仅反对西方哲学形而上学的抽象性，主张哲学的现实性和具体性，并且把自己的使命规定为用革命的实践改造世界。马克思主义哲学的这种实践性是它成为中国哲学社会科学主导学科的重要原因。

1978年以前，中国的马克思主义哲学深受苏联教科书模式的影响，该模式简单且独断地把哲学限制在《联共（布）党史简明教程》第四章规定的四条原理上，制约了马克思主义哲学在中国的发展。1978年，关于实践是检验真理的唯一标准的大讨论作为解放思想的前导，引发了马克思主义哲学界对本学科的深刻反思，并导致这个学科的巨大变化。

30年来，马克思主义哲学得到了极大的丰富和发展。马克思主义哲学研究出现了多维视角，研究者从经典文本、思想史、本体论、认识论、价

---

* 谢地坤，中国社会科学院哲学研究所研究员。

值论、历史观、解释学等多重角度进行研究，不同研究相互补充、相互促进，共同推进了马克思主义哲学的发展。如果说20世纪80年代马克思主义哲学的热点问题主要是关于世界观、本体论、认识论、历史观和价值论的讨论，问题的焦点集中在对哲学学科自身的反思上；那么，90年代关注的问题则分为两个方面：一是深化了80年代的讨论，进而把这些问题上升为对哲学的理论性质、研究对象、研究形态、思维方式、派别冲突的追问和思考；二是对现实生活中的一些问题的深层次思考，如发展与代价、公平与效率、真理与价值、传统与现代、科学精神与人文关怀等，这些问题涉及当代中国人在深刻的社会转型中生存方式、思维方式和观念的变革。①

进入21世纪以来，中国的马克思主义哲学面临三大任务：

一是马克思主义哲学的中国化研究。马克思主义在其中国化的过程中，形成了毛泽东思想、邓小平理论、"三个代表"和"科学发展观"及"和谐社会建设"等重要思想，它们是中国化形态的马克思主义。深入阐明这些思想的哲学基础及其在不同的历史阶段对马克思主义哲学的丰富和发展，立足于当下中国特色社会主义道路的实践，不断为中国探索新的发展道路提供理论支撑，是中国的马克思主义哲学面临的首要任务。马克思主义哲学的中国化将是代表中国未来发展方向的哲学形态，它影响中国人的世界观、人生观和价值观，改变中国的社会面貌。

二是马克思恩格斯全集历史考证版研究。此项研究以《马克思恩格斯全集》德文第2版为依托，通过对马克思和恩格斯在不同时期、不同手稿的比较和分析，并通过对马克思恩格斯在创作过程中哲学思想的发展和转变过程的追踪研究，深入阐述马克思主义哲学的立场、观点和方法特征，为中国化的马克思主义哲学提供重要的理论资源。

三是中央马克思主义理论研究和建设工程组织编写"马克思主义哲学教材"。该教材不仅要准确表述马克思主义哲学理论的基本观点，充分体现国内马克思主义哲学研究的学术成果，而且还要着眼于把握时代问题，充分反映马克思主义中国化的成果，从而比较完整地体现马克思主义的世界观、认识论、方法论和价值观。

上述三项任务在本质上是结合在一起的，首先我们必须坚持马克思主

① 有关马克思主义哲学理论在中国的传播和近几十年的发展和演变，参阅杨谦《中国哲学的现代追寻——马克思主义哲学中国化的过程与机制》，中国社会科学出版社2007年版。

义的基本原理，必须在掌握马克思主义哲学理论的基本观点和方法的基础上去发展马克思主义；同时，我们的着眼点是为中国特色社会主义建设服务，要用从中国特色社会主义的实践中提炼出的新思想、新观点为未来的发展提供理论支撑；而"马克思主义哲学教材"则要体现上述两方面的内容。我们的目标是建设有"中国特色、中国风格、中国气派的马克思主义哲学"，实现这一目标的途径是通过对马克思主义哲学的基本原理富有创造性的灵活运用，在回答当今中国的现实问题的过程中，使之在内容与形式两个方面都以有中国特色的方式得到丰富和发展。

然而，要想真正实现这个目标，还有很多问题亟待解决。

首先是如何看待马克思主义哲学的问题。马克思主义哲学的实践性特点是显而易见的，但是，如果把它仅仅看作是一种实践需要，完全服务于现实，那么，其理论的超越性又如何体现？它又如何避免具体问题的纠缠，以具有"中国特色"的提问方式和表达方式分析研究重大的实践问题，并从中提炼出具有普遍意义的哲学概念和思想？而这个问题不解决，我们就难以解决由此带来的次一级问题：一是事实与问题的脱离，只见眼前具体事实而不见具有普遍性的理论问题，缺乏从具体事实中提炼出哲学问题的能力；二是学术脱离社会现实，把马克思主义哲学只是当作一种纯粹书斋式的学问，从而使马克思主义哲学丧失了其应有的活力。由此引申出的关于"哲学中的问题和问题中的哲学"的讨论，其实质是如何实现马克思主义哲学的理论创新的大问题。"对这一问题的认识与理解表征着当代中国社会发展的历史进程、心灵历程与思想解放进程。"[1] 因此，认识和解决这个重大问题，是当代中国哲学面临的一个极大挑战。

其次应提倡不同学术观点正常的批评与争鸣。比如，把马克思主义哲学解释为辩证唯物主义、历史唯物主义或者是实践唯物主义，本是不同学术观点的争论，它从一个方面扩大了我们认识和理解马克思主义的多维视域，深化了我们对马克思主义哲学的认识。应当提倡不同学术观点的探讨与争鸣。再比如，马克思和恩格斯的哲学思想的差异问题，理应是可以讨论的，因为我们由此可以深入了解马克思恩格斯思想的发展历程，进一步深化马克思主义哲学史的研究。但是，如果把"差异"说成是"对立"，并以此禁止这方

---

[1] 孙正聿：《提出和探索马克思主义哲学研究中的重大理论问题——评 2006 年〈中国社会科学〉若干哲学论文》，《中国社会科学》2007 年第 2 期。

面的讨论，其结果只会妨碍我们对马克思主义哲学史的研究。

最后是应重视当代国外马克思主义研究。殊不知，当今西方社会遇到的很多问题都是全球性的，我们明天也可能遇到相同或相类似的问题。比如，当今的西方马克思主义者因为对生态环境的不满而提出的"生态马克思主义"；因为吸收现代西方哲学成果而产生的"分析的马克思主义"；因为对原来的西方马克思主义不满而提出的"后马克思主义"；① 因为不满意以美国为首的垄断资本对全球经济的控制而提出的"另一种全球化和另一种马克思主义"，② 等等。对我们不仅有理论借鉴的意义，而且还有很强的现实意义，应当予以重视。

上述问题由来已久，之所以尚未解决，最主要的原因还在于我们的哲学观。如果我们片面强调哲学的现实性而否认其超越性，就可能会把哲学仅当作一种工具；相反，片面突出哲学的超越性而抹杀其现实性，就会使哲学变为一种无的放矢的空谈。不解决这些问题，不在哲学的现实性与超越性之间的张力保持一个适当的度，我们就很难真正建立有中国特色的马克思主义哲学。

二　中国哲学研究

"哲学"概念是舶来品，中国过去虽然有哲学思想，但却没有完整系统的哲学学科。只是到了近代，因为中国传统的文明体系遭遇到前所未有的挑战而陷入一种"失语状态"，我们才不得不在传统文明与现代世界之间进行痛苦的抉择，不得不接受西方哲学，不得不用西方的概念系统来表达我们的思想。

我们在接受作为异质文化的西方哲学时，不是表现得矛盾彷徨、犹豫不决，就是走向非此即彼、或西或中的两极。这个特点在西学东渐之初就已经表现得很明显，从 19 世纪末的"夏夷之辨"、"中体西用"，到"五四时期"的民族虚无主义、全盘西化等，莫不是这个特点的显现。对此，

---

① 相关报道和研究，参见复旦大学国外马克思主义与国外思潮国家创新基地、复旦大学当代国外马克思主义研究中心、复旦大学哲学学院编《国外马克思主义研究报告 2007》，人民出版社 2007 年版。

② 参见 Jacques Bidet et Gérard Duménil, *Altermarxisme：Un Autre Marxisme pour un Autre Monde*, Paris：Puf. , 2007。

我们的前辈们是有深刻认识的。王国维在 20 世纪初就提出"学无中西"的观念，他说："学术之所争，只有是非真伪之别耳。于是非真伪外，而以国家、人种、宗教之见杂之，则以学术为唯一手段，而非以为目的也。"① 李大钊则明确地说，东西文化各有所长，缺一不可，世界文明的今后发展将是两者互相融通，合为一体。冯友兰、熊十力、金岳霖、贺麟等一代大师，都是克服了这种非此即彼的两极模式，尝试用所把握的西方理性思维去探索、研究中国哲学问题，力图开创一条新哲学、新文化的理路，从而使得中国哲学呈现出前所未有的希望。

改革开放以来，在批判和超越了把哲学史理解为唯物主义与唯心主义"两军对战"式的独断论之后，中国哲学研究便呈现出一幅波澜壮阔的景观。我们不仅在哲学史观、哲学通史方面获得长足进步，而且在断代史研究、学派和人物研究等方面都获得了丰硕成就。

在儒学方面，先秦哲学、两汉哲学、宋明理学和近现代新儒家哲学等，都出现了专门研究的论著，这些研究集中在中国哲学发展的某一个方面，深化了对中国哲学发展过程的认识。国家重大攻关课题《〈儒藏〉编纂与研究》，第一期完成整理儒家典籍 500 部。此外，20 世纪 90 年代以来出土的简帛文献，对于了解先秦哲学的演变，发现中国早期哲学思想发展的某些环节极为有助，同时也引发人们对于宋儒围绕先秦中国思想的某些阐释提出质疑。

道学研究最重要成果是《中华道藏》的整理编纂工作的完成和《中华道教大辞典》的编纂出版。此外，内丹学是道教文化的内核，也是道教中的绝学。中国有关学者对此进行了长达 26 年的调查研究，获取了大量散落在民间的珍稀资料，现在笼罩内丹学的神秘面纱正被揭开，内丹学也由过去的江湖文化变为学术文化。

在佛教研究领域，引起研究者更多关注的是不同研究范式之间的争论。其中，渐成气候的宗派史研究主张的研究理念和方法，严格来说是脱离哲学史和思想史研究范式而把佛教史作为宗教史来研究的尝试，更关注佛教教理与实践和组织的关系；而哲学界则仍然坚持以中国哲学史范式的佛教史研究，坚持将佛教观念提升到哲学观念的高度来加以检讨，力图使其具有普遍的理论意义。这方面的争论将持续下去。

---

① 《王国维学术经典集》（上），江西人民出版社 1997 年版，第 99 页。

目前，中国哲学界最有争议的两个问题：一是如何理解中国哲学与外来哲学亦即中西哲学的关系问题；二是哲学史研究与哲学理论建构如何相统一的问题。

关于前一个问题，中国哲学界的基本共识是：首先把中国哲学史理解为人类认识发展史的一个部分，"哲学史是发展的、具体的。文化与哲学传统本来就是流动、变化的。"① 同时承认，中国哲学史与其他国家和民族的认识发展史既有区别也有联系。在人类认识的漫长过程中，人们对人自身、外在世界及人与外在世界的关系，必定会有不同的，甚至完全对立的立场和观点，但只要他们以其创造性的思想把握了部分真理，那他们就构成了人类认识发展史的一个环节。其次中国的哲学思想是在与其他民族和国家的哲学思想的交往和联系中而不断发展起来的。因此，中国哲学思想既有中华文化的特殊性，也有人类文化共有的普遍性。

如佛家思想之所以传入中国，就在于它弥补了中国哲学缺乏超越性思想的不足。对魏晋以后的哲学家来说，佛教已成为其重新认识自己的文化传统，尤其是先秦经典的参照系，它在导致中国哲学思想发生变化甚至是很大变化的同时，本身也经历了中国化的过程。

又如前些年围绕"中国哲学之合法性"问题的争论，关涉的主要问题是如何处理"哲学"作为某种自西方引进的诠释方式和学科建制，与中国本土固有的思想文化和典籍文献脉络之间的关系。其实，这个问题的提出并不是这几年才有的事情，当我们的传统文明在现代必须经过一番自我辩护的论证，方能立足于现代的时候，所谓"中国哲学合法性"问题不仅引发中西之争，而且凸现了哲学的普遍性与特殊性之争。王国维先生的"学无中西"的主张，金岳霖先生认为"中国哲学"名称不贴切，故而提出要以"在中国的哲学"替换之，都是对这个问题的一种深刻认识。而对冯友兰先生而言，"中国哲学"之所以是哲学，是因为中国思想史上具有哲学之一般的实质内容，加以"中国的"是指一个普遍抽象概念之下的具体特殊而已。这些前辈的看法和阐述并非穷尽了这方面的真理，但其启示是值得我们思考的。

在当下"国学热"的亢奋之中，重温哲学研究中的一些基本问题，

---

① 郭齐勇：《中国哲学研究方法论三题》，载景海峰主编《拾薪集——"中国哲学"建构的当代反思与未来前瞻》，北京大学出版社 2007 年版，第 6 页。

可以开阔我们的眼界。这里需要强调的是，在遇到学术选择与主观感情和价值冲突时，不能以主观价值去代替学术本身，更不能以感情偏执去代替科学的态度，而要以科学的态度去对待学术问题，要在前进中发现问题，才能使我们的哲学事业更好地发展下去。

关于后一个问题，我们认为，不论是西方哲学史，还是中国哲学史，都包含着各种哲学思想，以及代表这些思想的不同流派、体系和人物。就当下而言，这些流派、体系和哲学家已成为历史，然而，它们在其产生的年代无疑是哲学原创，反映了那个时代的哲学思考，是那个时代的理论精华。我们现在研究哲学史，不只是要对哲学史进行梳理和辨析，更重要的是去认识和把握哲学史中所包含的哲学思想，并且在此基础上去继承、发展和创新，进而提出自己的新思想、新学说。历史上的各个时代的哲学家，都是在学习、研究先前的哲学思想以后，再继承发展、推陈出新，才使哲学史演绎得如此生动精彩。因此，哲学史研究不只是一个以史论史的考证和释义工作，它还必须由此上升到史论结合、综合创新的阶段。再进一步说，哲学史研究是我们进行哲学理论创新和建构的基础，而哲学理论的建构则是哲学史研究的方向和目的，两者不可分离。

显然，今天的中国哲学研究决不能满足单纯的史料考证和梳理，更重要的任务是要在此基础上进行哲学理论的创新和建构。这里的难点不仅有前述的中国哲学与西方哲学如何相互交融的问题，还有传统文明与现实社会如何相结合的问题。故步自封、妄自尊大，完全埋头于故纸堆里，失去的不只是中国哲学的现代意义，更可怕的是断送中国哲学的延续性和生命力。所以，以海纳百川的胸怀吸收世界各民族的先进文化，以厚古"不薄今"的态度面对现实世界，用创造性的研究推动中国哲学的不断前进，是历史赋予我们这一代中国哲学家的使命。

三 西方哲学研究

中国的外国哲学研究主要集中在西方哲学领域。现在虽然在少数研究机构和高校也有东方哲学研究，但其规模、研究水平和影响都不大，而且这个学科本身的定位和所涉及的范围也有待进一步讨论和规定。

与中国哲学研究一样，自从中国哲学界在20世纪70年代末破除了哲学史是唯物主义与唯心主义的"两军对战"的模式后，西方哲学研究者不再拒绝非马克思主义哲学的流派、人物和著作，更不会把马克思以后出现的各种西方哲学思潮统统当作腐朽反动的东西加以全盘否定，而是以严肃认真的态度去重新思考研究我们曾经否定批判过的西方哲学史上的各种流派和人物，以宽容开放的学术气度对待各种各样的新思想、新流派，我们的哲学视域大大拓展，研究范围更加扩大。我们不再单纯地介绍和评析外国哲学，而是博采众长，既吸收西方哲学中的概念判断、逻辑分析、本质还原等方法，也继承中国文化中原有的形象思维、义理结合等传统，力图开创中国人研究西方哲学的新理路、新方法，创造出中国特有的西方哲学研究新形态。

解放思想，改革开放使中国的西方哲学研究迅速得到了恢复和拓展，不仅接续了此前一百年来的西方哲学研究成果的积累，而且以前所未有的广度和深度对西方哲学展开了全方位研究。大量的西方哲学著作移译为中文，其中有《亚里士多德全集》、《柏拉图全集》、《费希特选集》、《维特根斯坦全集》、《尼采文集》、《康德全集》等。另有一些重要哲学家著作的全集或选集正在翻译中，或者已经列入翻译出版计划，如《黑格尔全集》、《伽达默尔全集》、《西塞罗全集》等。这些西方哲学著作的翻译出版对中国的西方哲学研究者批判地借鉴西方学者的研究成果，准确认识和把握西方哲学的本质及其内在发展脉络，具有重要的不可或缺的基础意义。

在翻译工作大规模开展的同时，研究者对西方哲学的各个历史时期的主要流派、人物及其代表性著作都有一定程度的涉猎，尤其是对德国古典哲学、希腊哲学、近代经验论和唯理论哲学，以及现象学和存在主义、分析哲学和语言哲学、西方马克思主义哲学等，进行了比较深入的研究，出现了一大批具有较高学术价值的专著。在此基础上，研究者们开始撰写能够通观全部西方哲学发展历程，且能涵盖西方哲学各个流派和人物、把握西方哲学的发展规律和内在逻辑的西方哲学通史。历经多年的艰辛探索钻研，目前已有以中国社会科学院哲学研究所研究人员为主要作者的 8 卷本的《西方哲学史》，[①] 和以复旦大学哲学系研究人员为主要作者的 10 卷本的《西方哲学史》[②] 相继面世。作为中国学者为思想界贡献的严肃的学术

---

① 叶秀山、王树人主编：《西方哲学史》（8 卷本），凤凰出版社、江苏人民出版社 2005 年版。

② 刘放桐、俞吾金主编：《西方哲学史》（10 卷本），人民出版社 2005 年版（尚在陆续出版中）。

成果，它们将在当代中国学术史上留下浓墨重彩的一笔。

总的来说，中国学者近30年来对西方哲学的研究呈现出以下特点：

首先，中国学者的西方哲学研究工作担当着沟通马克思主义哲学与西方哲学的任务。在以马克思主义为指导对西方哲学进行研究的同时，拓展马克思主义哲学视野，既把马克思主义哲学放在整个西方古典哲学背景中来理解，也放在与现代西方哲学特别是西方马克思主义哲学的对话中进行考察，使马克思主义哲学与西方哲学保持沟通与交锋。

其次，从研究的广度看，不再像以前那样多集中于德国古典哲学，而是关涉西方哲学的各个方面，近代的经验论和唯理论哲学、古希腊哲学、中世纪的宗教哲学得到了系统研究，而现代西方哲学，不管是欧洲大陆哲学，还是英美分析哲学，以及当下的后现代主义、政治哲学、应用伦理学、文化哲学等，更是得到了前所未有的关注和追踪研究，几乎与现代西方哲学的变化、发展保持同步。

最后，从研究的效应看，中国学者对西方哲学的研究，特别是对启蒙哲学、德国古典哲学、现象学、分析哲学和后现代哲学的研究，深刻影响了对中国哲学的阐释与理解。今天，我们可以说，中国学者对西方哲学的研究，实际上为中国学者研究中国传统哲学打开了一个背景性视野，从而为中西哲学的融通与中国哲学的新生提供了广阔的理论资源。

但是，我们在充分肯定成果的同时，也必须对西方哲学研究现状保持清醒头脑。目前这个领域最突出的问题是学术研究与社会现实相脱离，主要表现在以下几个方面：

一是缺少以中国学者自己的眼光去审视西方哲学的理论自觉，盲目跟随西方时髦，不顾中国社会现实，以西方的学术标准去衡量中国的学术，亦步亦趋地跟在外国学者后面"照着讲"，鲜有自己的创造和建树，在丧失了自身独立性的同时，也使西学在中国丧失活力。

二是不把西学研究看作是一项创造性的劳动，而是当作简单的介绍和评述，不少学者在自身还没有完全理解的情况下，就用那种谁也看不懂的汉语去翻译和解说西方哲学，不仅一般读者看不懂，就是专业学者也感到费解。这种情况被戏称为"汉话胡说"或"胡话汉说"。

三是学风浮躁，一些学者乐于标新立异，刻意炒作一些学派和人物，煞费苦心地去构造概念新词，将个人的一得之见予以泛化，以偏概全。比如，"transzendental"这个概念现在有各种新译法，如"超验的"、"超拔的"、"超绝的"、"超越的"、"超越论的"，表面看来都有道理。但是，诠释者却忽视这个概念的基本意义，即它是专指"先于经验现象的存在"，与之相联系的还有"transzendent"、"a priori"、"a posteriori"等概念。① 前辈学者贺麟等先生把它们分别译为"先验的"、"超验的"、"先天的"和"后天的"，既注意到其哲学意义，也考虑了这些概念在同一个哲学家那里的细微区别，而且，在汉语表达上都用偏正结构，可以说译文得当精致。而现在一些所谓"创新"颇有画蛇添足之嫌，甚至误人子弟。

四是缺少正常的学术批评氛围，不少学者明知问题的存在，有些甚至是明显错误，但碍于面子或其他原因，很少有人愿意或敢于公开提出批评意见。当然，出现这种情况与当下的学术管理和评价体系有关。学风不正，学术质量下滑，已是不争的事实。

解决西方哲学研究中的这些问题，重要的是研究者应当具备学术研究的文化自觉，确实把西学看作一项艰苦的劳动和"创造性的理论转变"，② 主动地把西学研究与中国的文化、国情、现实结合起来，把中国视野和世界眼光有机地统一起来，要从"照着讲"进入"接着讲"，继而进入"自己讲"的自主创新的境界，从中寻求解决世界性问题和世界化了的中国问题的普遍原则，最终为中国积极参与国际秩序的构建提供思想理论资源。

四　历史的重任

30 年前中国哲学界关于真理标准的大讨论，在给中国带来深刻的思想变革和社会变革的同时，哲学本身也经历了这场变革的洗礼。今天，我们从反思中国哲学现状和问题中得到的一个重要启示是，30 年前的大讨论是与当时的中国社会现实紧密联系在一起，并且以"实践"为讨论的切入点的；今天，哲学要再现昔日的辉煌，依然必须以"实践"为切入点。

哲学是"一个民族之魂"，"创建当代中国哲学理论，乃是中国人反思自己的生命历程、理解自己的生存境遇、寻找自己未来发展道路的内在

---

① 参见 Joseph J. Kockelmans, "On the Meaning of the Transcendental Dimension of Philosophy," in Herausgegeben von Gisela Mueller und Thomas M. Seebohm, eds., *Perspektiven Transzendentaler Reflexion*, Bonn: Bouvier Verlag, 1989, S. 27 –50。

② 赵敦华:《关于"西学"的几个理论问题》,《哲学研究》2007 年第 2 期。

要求和迫切需要"。① 很显然，当代中国哲学的生命力和发展机遇仍然在于正确认识并解答中国社会发展的重大现实问题，在对现实的审视与批判中提出未来发展的合理构想，为当今中国人提供正确的理性思维、价值理想和人生境界，发挥其指导、规范和推动社会前进的实践功能。而要达到这一目的，哲学必须进行理论创新，不断拓展自己的理论内容和理论形态，真正成为"时代精神的精华"。

在确立了上述前提下，哲学应当实现这样几个转变：

第一，将"体系意识"改变为"问题意识"，实现哲学范式的转变。虽然 30 年来我们已经突破了苏联哲学教科书的模式，但其影响还存在，我们的哲学思维仍然有意无意地停留在哲学体系的范式上，总是把哲学问题归结为"本体论"、"认识论"、"辩证法"这几个方面。解决这个问题的关键，不只是在于我们是否要面向生活世界，而且还在于我们在何种程度上不依赖于我们的主观意识去客观地认识和把握现实社会的活生生的问题。"哲学的进步不在于任何古老问题的消失，也不在于那些有冲突的派别中一方或另一方的优势增长，而是在于提出各种问题的方式的变化，以及对解决问题的特点不断增长的一致性程度。"② 所以，要使我们的哲学理论真正适应时代发展的内在要求，就必须以"问题意识"为中心，自觉地对当代中国人的生存状态做出我们自己的深刻反思，在思维方式、认识方式和表达方式上进行改革，勇于解答当代的重大思想问题，引导时代精神的发展方向，实现哲学的当代价值。

第二，从"本土视域"转变为"世界视域"，扩展我们的哲学视野。哲学是特殊性与普遍性相统一的学问。中国的哲学无疑应当着力解答中国问题，但这只是中国哲学的特殊性和民族性的体现；它还必须面向世界，要为探索世界性的普遍真理做出中国人的贡献。当今时代的一个基本特征就是全球化，一个国家或民族的问题往往是与整个世界联系在一起的，它要求我们"改变只注重从一个国家、民族的视野来观察和谈论问题的方法，转向用全球化的观点来思考和研究社会发展问题，用全球性思维来补

---

① 高清海：《中华民族的未来发展需要有自己的哲学理论》，《吉林大学社会科学学报》2004 年第 2 期。

② 艾耶尔：《二十世纪哲学》，李步楼、俞宣梦、苑利均等译，上海译文出版社 1987 年版，第 19 页。

充和完善民族性思维。"① 因此，处理好中国哲学传统、马克思主义哲学与其他文化传统及哲学的关系，以海纳百川、有容乃大的精神境界，主动迎接各种思想文化的挑战，不断更新自身的研究方式，以适应世界历史的变化，从而在世界哲学的发展图景中占有一席之地。

第三，从中西马哲学的分立转变为三个学科的"视域融合"，逐步确立"大哲学"的观念。哲学原本就是包容自然科学和社会科学的基础性学科，直到近现代才脱离于自然科学，但仍然保留其博大精深的本质特征。当代中国的哲学因受人为的学科划分而形成马克思主义哲学、中国哲学、西方哲学三足鼎立的学科壁垒，导致了研究者眼界狭隘、思想僵化，甚至在某些共同问题上也缺少共同话语的状况。进入 21 世纪后，哲学界自觉地召开数次全学科会议，开展了各个不同学科之间的对话，对当代中国的哲学发展起到一定作用。现在的问题是如何避免不同学术背景的研究者各自表述自己学科的立场和观点，以共同关心的哲学话题来带动思想的沟通和学科的交流，确实做到综合创新，使当代中国哲学真正做到"穷通古今之变，会通天下普遍之学，达乎天下普遍之理"。

实现这三个转变，是中国哲学界的学科自觉和理论勇气，也是中国哲学界共同的历史重任。环顾世界，西方哲学在经历几百年的辉煌后，虽然还在"没落"中迎接挑战，但近 20 年却没有让人看到"落日余晖"的希望。反观中国哲学，虽几经挫折，仍然能够自我修复，不断更新自生，兼容并蓄，显示出顽强的生命力。我们深信，"中国哲学随同中国文明一起，已经给了世界的哲学以'曙光'"。② 只要我们努力认识中国社会发展中遇到的重大现实问题，用我们的创造性理论推动中国特色社会主义的发展；只要我们努力改善我们的表达方式，用真正的汉话说哲学道理，让它与中国人的思维方式相契合；只要我们努力使哲学为广大人民群众所接受，对中国人的精神世界和社会生活发挥广泛而深刻的影响，就能以中国人的智慧，在世界哲学史上写出中国哲学的新篇章。

《中国社会科学》2008 年第 5 期

---

① 丰子义：《全球化与唯物史观研究范式》，《北京大学学报》2005 年第 4 期。
② 叶秀山：《欧洲哲学发展趋势与中国哲学的机遇》，《浙江学刊》2007 年第 6 期。

论逻辑的文化相对性

——从民族志和历史学的观点看

鞠实儿[*]

摘要 广义论证概念扩大了逻辑家族成员，使之包括现代文化之外其他文化的逻辑。对阿赞得人（Azande）的田野考察报告，以及中国古代逻辑和佛教逻辑的研究成果，从描述的角度为"逻辑相对于文化"这一命题提供事实根据；采用演绎论证作为元方法说明现代文化中的逻辑和其他文化的逻辑在现代文化中的译本具有文化相对性；借助民族志和历史学研究成果说明其他文化的逻辑本身也具有的文化相对性；通过语言博弈和生活形式概念说明作为元方法的演绎论证同样具有文化相对性。上述研究方法和结论可拓展到人文学科、社会科学等其他学科领域。

关键词 广义论证 非形式逻辑 逻辑学的合理性 文化相对性

一 引论

根据苏格拉底（Socrates）倡导的解释词义和澄清概念的方法，[①] 我们应该以充要条件表达的定义来回答诸如"博弈是什么"和"逻辑是什么"这样的问题。维特根斯坦（Wittgenstein）拒绝上述处理语言与概念的方法，进而指出："我可以对概念'数'做出严格的限定，也就是把'数'这个词用作一个严格限定的概念，但是，我也可以这样来使用这个词，使这个概念的外延并不被一个边界所封闭。而这正是我们使用'博

---

* 鞠实儿，中山大学认知与逻辑研究所教授。

① Plato，*Theaetetus*，translated with Notes by John McDowell，Oxford：Clarendon Press，1973.

弈'一词的方式。"① 在这里，所谓的边界是通过定义概念的充要条件确定的。那些无法用这些条件限定其边界的概念就是所谓的"家族类似"。

在回答"逻辑是什么"这一问题时，我们面临两种类似的情况。第一种回答方式是主观的。研究者可以借助各自的理论假定，给出一组充要条件，从而划定边界、解决问题；第二种是客观的。按"意义就是用法"这一判断标准，② 研究者必须按照概念的实际用法来回答问题，这些用法中就包括按第一种方式确定的各种定义。肖尔兹（Scholz）、摩梯莫（Mortimer）和哈克（Haack）等学者从后一立场出发，认为逻辑是一个多义词，它表现为多种逻辑类型。③④⑤ 在肖尔兹的逻辑类型和维特根斯坦家族类似等理论的基础上，笔者认为，根据已有的逻辑类型，我们无法给出一个相应且相称的"逻辑"定义，使"逻辑"一词指且仅指这些逻辑类型；进而提出"逻辑"概念是一个家族类似，它在内涵与外延两方面都是开放的观点。⑥

根据上述结论，本文将进一步拓广逻辑概念，使之适合于描述不同文化群体的说理活动以及它们之间的互动关系，并在此基础上论证逻辑的文化相对性。

二　广义论证

（一）作为社会文化活动的广义论证

一般认为：文化是指一群人共享的价值、信仰和对世界的认识，它反映在该人群的行为中，该人群也以此解释经验和发起行为；文化是人的存在中的那些习得的、认知的和象征的方面。而社会是指拥有共同家园、分享共同文化的相互依赖的人群；通过社会这一概念，人们主要关心上述人

---

① Wittgenstein, *Philosophical Investigations*, 3rd ed., Oxford：Blackwell Publishers, 2001, pp. 68, 43.

② Ibid., p. 43.

③ 肖尔兹：《简明逻辑史》，张家龙、吴可译，商务印书馆 1977 年版，第 6—25 页。

④ J. A. Mortimer, "Logic", in *Great Books of the Western World*, Encyclopedia Britannica, Inc., 1990, pp. 798 – 810.

⑤ Susan Haack, *Deviant Logic*, *Fuzzy Logic*：*Beyond the Formalism*, Chicago and London：The University of Chicago Press, 1996, pp. 26 – 35.

⑥ 参见鞠实儿《逻辑学的问题与未来》，《中国社会科学》2006 年第 6 期。

群中的组织结构和权力关系等。[①] 因此，为了能够描述人群在文化方面的特征，我们称共享特定文化的人群为文化群体；称起源于西方的文化为现代文化，非现代文化为其他文化。相应地有现代文化群体和其他文化群体。[②]

根据上述约定，"说理"这种人类最普遍的社会交往活动便可表述为：从属于一个或多个文化群体的若干主体在某个语境下以某种方式通过语言进行交流，其目的是促使活动参与者采取某种立场。故而，说理活动分为现代文化群体说理、其他文化群体说理和跨文化群体说理。此处，"语境"主要指说理活动参与者在社会组织和权力机构中的地位，以及说理活动发生的具体社会环境。值得一提的是，说理是一种对话，但它不要求所有的对话者在场。例如，一个人可以根据假想的读者及其反应进行写作。说理的进行方式及其主要特征如下：

其一，说理活动的社会文化性。说理活动的参与者（简称参与者）隶属于某一文化群体；为了实现某一目标，他们在给定社会的某个语境中展开说理活动。

其二，说理活动的动机。参与者通过说理活动辩护或反驳某一立场或论点，提高或降低其他参与者对该立场或观点的接受程度。

其三，说理活动的语言。作为说理这类社会交往活动之媒介和背景，它不仅包括自然语言，还包括肢体语言、视觉图像语言以及具有象征意义的其他事物等。

其四，说理活动的规则。控制说理活动的规则是被参与者所属文化群体接受的社会生活准则的一部分；它确保说理活动有序进行，以及说理活动的结果为上述群体所接受；同时，只有满足这些规则的活动才被称为"说理"。

其五，说理活动的结构。根据上述规则，参与者分别根据自己的目标和背景进行表达或对另一方的表达做出回应；通过这种互动，双方的语言交流逐步展开，直至终止于某个立场；因此，说理具有一个博弈结构。

---

① 威廉·A. 哈维兰：《文化人类学》，瞿铁鹏等译，上海社会科学出版社 2006 年版，第 35、537 页。托马斯·许兰德·埃里克森：《小地方，大论题——社会文化人类学导论》，董薇译，商务印书馆 2008 年版，第 10 页。

② 此处，"现代文化"和"其他文化"只是两大文化分类的名称，并不含有褒贬之义。

逻辑学研究的目标，首先，是为说理提供可靠的工具。众所周知，中国古代逻辑、印度佛教逻辑和希腊逻辑，三者以各自不同的方式提供说理的工具。① 值得一提的是：在谈到逻辑的功能时，莱布尼兹明确地将它作为学者论辩的手段。② 其次，由于说理的主体隶属于某个文化群体，而说理本身是一项社会活动，涉及一系列难以用形式语言描述的性质，例如，主体动机、文化特征、社会组织和社会环境等。因此，为了能够严格地研究说理，有必要扩展逻辑学的范围，建立"广义论证"概念，借助它在上述直观描述的基础上重新刻画"说理"。所谓广义论证是指：在给定的文化中，主体依据语境采用规则进行的语言博弈，旨在从前提出发促使参与主体拒绝或接受某个结论。其中，主体隶属于文化群体和相应的社会，语言包括自然语言、肢体语言、图像语言和其他符号。

该定义强调论证主体的文化隶属关系和论证的语境依赖性，表达了说理的社会文化性；用传统论证概念所包含的"前提—结论"二分法刻画了说理的逻辑特征；用"在给定的文化中，主体依据语境采用规则进行的语言博弈"这一概念概括了说理的规则和结构；进一步而言，自从20世纪90年代后期以来，非形式逻辑学家已经探讨了大量用肢体语言和视觉形象构造的论证，并对非形式逻辑范围内论证的语言进行了扩充，③ 该定义体现了这一发展，反映了说理过程中语言形式的多样性和复杂性。因此，本文给出的广义论证概念刻画了说理活动的主要特征。20世纪中叶以来，维特根斯坦和欣提卡（Hintikka）采用博弈描述逻辑；④ 近年来，本特姆（Benthem）开始倡导用逻辑来描述社会生活领域的博弈；⑤ 所以，借助博弈概念来定义论证，合乎逻辑学家对逻辑概念的直观理解和逻辑一

① 崔清田：《墨家逻辑与亚里士多德逻辑的比较》，人民出版社2004年版，第160—166页。舍尔巴次基：《佛教逻辑》，宋力道等译，商务印书馆1997年版，第1—2、365—368页。亚里士多德：《工具论》，余纪元译，中国人民大学出版社2003年版。

② 肖尔兹：《简明逻辑史》，第54页。

③ 参见 Michael A Gilbert, *Coalescent Argumentation*, Mahwah：Lawrence Erlbaum Associates，1997.

④ Wittgenstein, *Remarks on the Foundations of Mathematics*, von Wright, et al. eds., translated by M. Anscombe, Oxford：Basil Blackwell, 1956, Ⅰ-19. Hintikka and Sandu, "Game-Theoretical Semantics," in *Handbook of Logic and Language*, van Benthem and A. T. Meulen, eds., Amsterdam：Elsevier Science Publishers, 1997, pp. 361 –410.

⑤ Van Benthem, Shier Ju and Frank Veltman, *A Meeting of the Minds*, Proceedings of the Workshop on Logic, Rationality and Interaction, Beijng, 2007, College Publications, London, 2007, pp. ix – x.

词的实际用法。

按照上述定义，广义论证是主体在某一文化背景下特定的社会环境中进行的活动。该活动按规则以博弈的方式展开，促使博弈者形成某种命题态度，以便实现某一目标。根据格莱斯（Grice）的意义理论，博弈者对语言博弈中某表达式意义的理解取决于他们所处的语境；[①] 而博弈者随之做出的博弈步骤恰恰依赖于他们对表达式的理解。因此，广义论证的具体形态依赖于语境。据此，广义论证具有如下特点：主体性、社会文化性、规则性、目的性、语境依赖性。

形式逻辑的主要代表是分别起源于亚里士多德（Aristotle）和弗雷格（Frege）、罗素（Russell）的形式逻辑的古典类型和现代类型。[②] 其中，论证被抽象地理解为由前提与结论组成的语句串，它的有效性取决于论证本身的形式结构。为此，我们称之为形式论证。不同于本文提出的广义论证，这类论证不考虑说理过程中不可或缺的社会文化因素。[③] 进一步，若将非形式逻辑经典著作中的论证概念（简称非形式论证）与广义论证作比较，[④] 不难确认：两者都肯定社会因素在博弈中的作用和地位。事实上，非形式逻辑学家一再指出：（非形式）论证是一个社会中实时发生的由规则控制的过程，而规则是随语境的变化而变化的。[⑤] 但是，两者在内容上有重要区别：后者不仅考虑到论证中的语境变量，而且还将文化作为变量引入逻辑学的研究领域；强调博弈参与者的文化隶属关系对论证活动的作用，从而允许我们在广义论证的框架内考察不同文化群体的说理方式，以及具有不同说理方式的人群之间的交流方式。相形之下，前者通常将文化背景作为固定的常量，并且仅关注现代文化中的说理活动。显然，广义论证既不同于形式论证，也不同于非形式论证。最后，由于参与者的社会文化隶属关系对论证的实施方式和论证结果的可接受性有直接的制约

---

① Grice, *Studies in the Way of Words*, Cambridge, Massachusetts: Harvard University Press, 1991.

② 参见鞠实儿《逻辑学的问题与未来》，《中国社会科学》2006年第6期。

③ 虽然在构造和评价论证的层面上，形式逻辑无须考虑社会文化因素。但是，这绝不意味着这些看上去"纯"形式的规则本身可以不受社会文化因素影响而形成和发展。事实上，离开了西方文化独特的价值取向和思维方式，形式逻辑和非形式逻辑同样是不可能的。

④ John Woods, Andrew Irvine and Douglas N. Walton, *Argument: Critical Thinking*, *Logic and the Fallacies*, 2nd ed., Toronto: Pearson/Prentice Hall, 2004, pp. 1 - 3, 6 - 10.

⑤ John Woods, Andrew Irvine and Douglas N. Walton, *Argument: Critical Thinking*, *Logic and the Fallacies*, 2nd ed., Toronto: Pearson/Prentice Hall, 2004, pp. 1 - 3, 6 - 10.

作用，事实上，如果博弈者使用的规则不被他们所属的文化群体认可，博弈的结果将不会被相应的群体所接受，所以也就没有规范性。因此，考虑论证的文化差异具有必要性，根据以上所述，广义论证概念的外延应当包括体现他文化说理方式的各种广义论证，而非形式论证则是现代文化在其中的代表。

（二）逻辑学研究范围的扩展

逻辑由构造论证的规则组成，逻辑学是关于逻辑的理论。在弗雷格、罗素及其后继者的努力下，当代形式逻辑学已经产生一套完整的关于形式论证的理论；近30年来，人们在亚里士多德的三段论理论、论辩术和修辞学的基础上逐步建立起逻辑学的一个新分支——非形式逻辑学，即现代文化中的广义论证理论。上述两者同属现代文化，并在其中成熟与发展。为此，我们统称形式逻辑和非形式逻辑及其理论为现代文化中的逻辑和逻辑学。不过，下文将表明：无论是非形式逻辑学还是形式逻辑学，它们都无法全面地描述和恰当地评价广义论证。因此，有必要建立一种关于广义论证的逻辑学。

首先，根据形式逻辑学，当我们构造和评价论证时，首要的步骤便是从一个动态的具有文化特性的社会活动中抽象出它的语言形式。由此，广义论证所具有的特点，如主体性、社会文化性、目的性、语境依赖性等，都将被系统地忽略。① 此外，广义论证还运用了一些不属于形式逻辑的规则，例如：非形式论证中有会话规则、修辞规则、论辩规则和接受一个命题的条件等；② 而形式逻辑学只研究表达式的（形式）语义，不涉及形成命题态度的语用因素。显然，广义论证独特的规则也被忽略了。毋庸置疑，用形式逻辑学研究广义论证的代价是，忽略了后者的几乎所有特点，从而将它还原为形式论证。因此，用形式逻辑学描述和评价广义论证的后果之一是取消广义论证。③

---

① John Woods, Andrew Irvine and Douglas N. Walton, *Argument*: *Critical Thinking*, *Logic and the Fallacies*, 2nd ed. , Toronto: Pearson/Prentice Hall, 2004, pp. 1 – 3, 6 – 10.

② Grice, *Studies in the Way of Words*. Daniel H. Cohen, "Evaluating Arguments and Making Meta-Arguments", *Informal Logic*, Vol. 21, No. 2, 2001, pp. 73 – 84. Susan Haack, *Philosophy of Logics*, Cambridge: Cambridge University Press, 1978, p. 11.

③ 无法用形式逻辑学描述和评价他文化广义论证的理由请见后文。

其次，形式论证的评价标准可用"有效性"概念来刻画：一个论证是有效的，当且仅当它的前提为真时结论不可能为假。我们称通过形式化方法从某广义论证中抽象出来的形式论证为该广义论证的形式描述。由此，借助有效性概念可将这种形式描述分为三类：有效、矛盾、既非有效也非矛盾。我们将要表明，由于形式化方法无视广义论证涉及的复杂的社会文化和语境因素，这使得它在上述三种情况下均有可能对广义论证做出不恰当的评价。

假定某一广义论证的形式描述是有效的。但是，相应的广义论证本身并不一定是合理的。例如，对于某一特定的人群而言，如果他们不接受该论证的前提，他们不会接受某个有效论证的结论，因为对于这一群体而言，接受论证前提是接受相应论证的结论的必要条件，这如同充足理由律那样，是广义论证中的一条非形式的规则。又例如，当我们向阿赞得人展示一个有效的论证时，尽管他们理解论证的意义，但却根据他们的文化背景拒绝接受该论证。我们将在下文证明这一点。

假定某一广义论证的形式描述包含矛盾。但是，相应的广义论证并不一定是不合理的。例如，普朗克（Planck）发现黑体辐射公式的推导过程对应的形式描述含有矛盾；不过，他所在的科研群体并不认为这一导致重要科学发现的论证完全不合理。[1] 因为该论证的目标是提出一个具有解释力和启发性的科学假说；而在当时的科学背景下，它实现了这一目标。另一个反例涉及用形式论证评价他文化中的广义论证所造成的困难。例如，我们采用形式论证方法分析阿赞得人关于巫师的论证，并指出其中的矛盾；不过，阿赞得人无法想象所指控的"矛盾"，并认为他们的论证是合理的。[2]

假定某一广义论证的形式描述既非有效也非矛盾。但是，这同样不意味着它一定是不合理的。由于广义论证是一个社会活动，对它的评价超越了简单的形式语义结构，而受制于复杂的语用因素。正是在此基础上，沃尔顿（Walton）指出：虽然对传统谬误的怀疑有时是完全有理的。[3] 但

---

① M. Smith, "Inconsistency and Scientific Reasoning," *Studies in History and Philosophy of Science*, Vol. 19, No. 4, 1988.

② 参见本文第三部分。

③ D. N. Walton, *The New Dialectic: Conversational Contexts of Argument*, Toronto: University of Toronto Press, 1998, pp. 261–269.

是，在许多情况下这类既非有效也非矛盾的论证不仅有用而且合理。例如，在客观的证据不足以解决问题时，诉诸偏好的论证，诉诸无知的论证（ad ignorantiam）和诉诸权威的论证具有重要的地位。

据此，我们可以得出如下结论：（1）广义论证不能按形式论证的方式被形式化，因而不能纳入形式逻辑学的研究领域。（2）更重要的是，蕴含在广义论证中的评价标准不能被还原为形式逻辑的评价标准，因此，有必要明确区分这两种评价标准。我们称前者为语用标准，并用"生效"（effectivity）概念来刻画，它与形式逻辑的"有效"（validity）概念相对应。在非形式逻辑中，生效涉及成功交际，具有说服力、与话语相关领域的知识相协调等要素。① 在他文化的逻辑中，它涉及不同的信仰、价值观和习俗等要素。显然，前一种评价标准不同于后一种。因此，广义论证的逻辑学有自己独特的研究领域，不能被形式逻辑学所替代。

最后，广义论证概念的外延包括各种基于不同文化的广义论证，它们受制于相应文化群体所具有的信念、宗教、习俗、制度和法规等。因此，不同的文化群体就可能享有不同的广义论证模式与规则系统，即不同的广义论证逻辑系统。如果采用现代文化中逻辑的另一分支——非形式逻辑去描述他文化的广义论证，我们所做的只是用前者将后者翻译成现代文化能够处理的译本，而后者将在翻译的过程中失去它的文化特征。如果采用非形式逻辑去评价他文化的广义论证，这样的评价只能在译本的基础上进行，而对原版的评价是不可能的。因此，作为广义论证的逻辑理论——广义论证逻辑学同样不能被非形式逻辑学所替代。

三　逻辑文化相对性的事实依据

根据以上所述，正如维特根斯坦所说：能够存在与我们不相容的语言游戏或生活形式，它使用的逻辑规则和推理程序与我们所认可的有实质的区别。② 但是，这只是一种理论上的推测。问题是：不同的文化群体事实上是否具有不同的逻辑？人类学家列维—布留尔（Levy-Bruhl）的研究工

① Frans H. van Eemeren, *Argumentation: An Overview of Theoretical Approaches and Research Themes*, 2006（prepublication）.

② 参见 Baghramian, *Relativism*, London and New York: Routledge, 2004, pp. 99 – 100。

作已经表明：我们（现代文化群体）所接受的逻辑规律并非具有普遍性，某些边远地区土著居民具有与我们不同的逻辑。[1] 以下，我们将以阿赞得人为例来说明这一点。

按照埃文斯—普里查德（Evans-Pritchard）的描述，阿赞得人是一个居住在尼罗—刚果分水岭的黑人民族，巫术在他们的部落日常习惯和行为中处于重要地位，[2] 关于巫术，他们具有如下信念：

1. 疾病和不幸是由巫术导致的；

2. 通过神谕或巫医验证某男人（不）是巫师和（不）具有巫术物质；

3. 巫术同性遗传，巫师同性相袭，巫术物质同性遗传；

4. 阿赞得氏族是按父系血缘关系联结起来的群体；[3]

埃文斯—普里查德认为，通过西方的逻辑，从上述 2—4 出发可得出：

5. 如果一个男人被验证为巫师，那么他所在的氏族所有的男人都是巫师。[4]

不过，他进一步指出：阿赞得人理解这一论证的意义，但不接受它的结论；并且认为：

5'. 如果一个男人被验证为巫师，只有他的父系男性近亲才是巫师。[5]

根据形式逻辑的规则，以步骤 2 为前提从步骤 5 和 5' 分别可得到两个命题："他所在的氏族所有的男人都是巫师"和"只有他的父系男性近

---

① Levy-Bruhl, *The Notebooks of Lucien Levy-Bruhl*, trans. P. Rivere, Oxford：Blackwell, 1975, p. 43.

② E. E. Evans-Pritchard, *Witchcraft, Oracles, Magic among the Azande*, Oxford：Clarendon Press, 1936, pp. 13 – 26.

③ Ibid., p. 24.

④ Ibid., p. 9.

⑤ Ibid., pp. 13 – 26.

亲才是巫师"。不过，它们是相互矛盾的。在这里清晰地存在着两条论证线索。第一，从阿赞得人的观点看，存在一个由上述步骤 2—4，5' 组成的语句串，我们称之为论证。第二，从我们所信奉的形式逻辑学的观点看，存在一个由步骤 2—5，5' 组成的论证；而第二个论证是对第一个论证的重建，它能够将第一个"论证"中的自相矛盾揭示出来。引人注意的是：根据第二个论证，阿赞得人拒绝步骤 5 和接受步骤 5' 的行为违反了形式逻辑的基本规则。同时，埃文斯—普里查德的调查表明：阿赞得人并未如同我们那样在其论证中理解到矛盾的存在。①

埃文斯—普里查德提供的数据还表明，根据我们的推理方式有如下结论：如果验尸发现某个男人免除巫术物质，那么他所有的同族男人同样免除巫术物质。但是，阿赞得人的行动表明，他们不认为情况如此。在阿赞得人的巫术文化中，所谓巫术物质是指某些人的体内物质，而巫术是它释放出的精神力量。② 据此，我们认为阿赞得人在不同的场合重复地实施类似的论证方式支持他们的立场。具体说明如下：

考虑到阿赞得人已有的信念 1—4，用形式逻辑得到上述结论的步骤是：假定此结论不成立。故有：一个男人可免除巫术物质，但至少有一个与他同族的男人具有巫术物质。但是，根据步骤 2—4，如果一个同族男人都具有巫术物质，那么所有的同族男人都具有巫术物质。这一推论与我们的假定矛盾，故原有结论成立：

6. 如果一个男人免除（不具有）巫术物质，那么所有与他同族的男人也免除巫术物质；

根据以上所述，当验尸发现某个男人免除巫术物质时，阿赞得人并不认为他所有同族男人同样免于巫术物质。故有：

6'. 一个男人免除巫术物质，但并非所有与他同族的男人均可免除巫术物质。

---

① E. E. Evans-Pritchard, *Witchcraft*, *Oracles*, *Magic among the Azande*, pp. 24 –25.

② Ibid. , p. 25.

根据形式逻辑的规则，以步骤 2 为前提从步骤 6 和 6' 出发分别可得到两个命题："所有与他同族的男人也免除（不具有）巫术物质"和"并非所有与他同族的男人均可免除巫术物质"。它们是相互矛盾的。类似地，这里也有两条推理线索。第一，由步骤 2—4，6' 组成的论证。第二，由步骤 2—6，6' 组成的论证；后一个论证能将前一个论证中的自相矛盾揭示出来。由此可以得到如下结论：如果我们的逻辑具有普遍性，那么阿赞得人必将遵循它，从而接受步骤 5 和 6，并拒绝步骤 5' 和 6'，以便避免矛盾。但是，阿赞得人实际上做的恰恰相反。因此，现代文化中的形式逻辑并不具有普遍性，阿赞得人拥有自己的逻辑。

进一步的问题是：究竟是什么因素制约着阿赞得人，使得他们会毫不怀疑地接受我们认为显然错误的论证？根据埃文斯—普里查德提供的证据，至少存在以下因素：

其一，社会因素。埃文斯—普里查德指出：阿赞得人不接受步骤 5 的理由在于，如果他们接受这个步骤，就会使整个有关巫术的观点陷于矛盾之中。① 正如布鲁尔（Bloor）观察到的那样，关于巫术的信念是阿赞得人社会制度的基石，巫术信念的危机将导致社会变动。② 因此，若要避免这类情况发生，就要坚持拒绝步骤 5 和接受步骤 5'。

其二，文化因素。埃文斯—普里查德还指出：阿赞得人信念系统是一个网。他们的信念相互依赖，如果一个阿赞得人放弃对巫术的信仰，他就会不得不同样放弃他对巫术和神谕的信念。在这个信念网中，每一条线索依赖其他每一条线索，他无法摆脱这个网，因为这是他所知的唯一的世界。这个网不是将他封闭于其中的外在的结构，而是思想的结构，他不能想象他的思想是错的。③ 因此，他们的论证构成阿赞得人信念网中的一条"必然"的路径。

其三，目的与语境因素。对于阿赞得人之所以无法理解到他们论证中的不一致性，埃文斯—普里查德的解释是：因为他们对不一致性这一主题没有理论兴趣；同时，他们在其中表达信念的情景并不迫使他们面向这一主题。如他所描述的那样，阿赞得人从来不就某人是否是巫师询问神谕。

---

① E. E. Evans-Pritchard, *Witchcraft, Oracles, Magic among the Azande*, p. 25.

② Bloor, *Knowledge and Social Imagery*, 2nd ed., Chicago and London: The University of Chicago Press, 1991, p. 139.

③ E. E. Evans-Pritchard, *Witchcraft, Oracles, Magic among the Azande*, pp. 194 – 195.

他们的目标是发现在某特殊环境中某人是否正在对另一人实施巫术，而不是某人是否生来就是巫师。阿赞得人对巫术有兴趣，仅仅因为它是在特定条件下与他自己的利益相关的力量，而不因为它是个体的永久性症状。①因此，当阿赞得人在生活中处于与巫术相关的语境时，他们的目标是确定具体条件下巫术的实时动态过程，而不是去确定谁是巫师；故而理所当然地无视形成上述矛盾的相关命题。

其四，规则制约因素。上文已经表明，在相同的语境下，阿赞得人有能力重复地做出结构相同的论证，在不同的论证方式和结论之间做出选择，坚持自己的立场，排斥相异的观点。由此可以确信：他们明确地意识到自己的论证规则及其结论的合理性。根据埃文斯—普里查德对阿赞得人社会运行方式的描述，作为社会生活的一部分，这种论证与社会制度、信念系统和思维习俗相互交织在一起，只要给定后者，前者不可能有其他方式。②

进一步，在理论上我们可以从复杂的社会生活中剥离出阿赞得人论证方式的语言形式。但是，以上分析表明：实际上这种语言形式仅仅是论证的一个标记，论证本身是社会行为，它受阿赞得人所处的社会文化环境中各种因素的制约；而论证的规则就是这种制约的集中体现，只有合乎规则的论证结果才是毫无疑问的和可接受的。维特根斯坦指出："只要人认为它不可能是其他样式，他得到一个逻辑结论。可以假定这意味着：只要如此这般根本不会带来任何问题，这个不会带来问题的就是逻辑推理。"③因此，根据这一观点和广义论证定义，阿赞得人的论证属于逻辑范畴，是相对于阿赞得人文化的广义论证。

正如我们已经知道的那样，阿赞得人的广义论证是他们特有的巫术信仰系统中的一条路径。作为社会活动，它既不按照我们习以为常的方式递归地生成，也不如同我们那样时刻注意避免矛盾。一旦面临矛盾，非形式逻辑至多允许我们从不一致信息推出具有启发性的论断；而阿赞得人则毫不体察我们能识别的矛盾，进而得出他们对之确信无疑的结论。因此，他们的逻辑既不是某种非经典逻辑，也不是某种非形式逻辑，而是一种相异

---

① E. E. Evans-Pritchard, *Witchcraft*, *Oracles*, *Magic among the Azande*, p. 25.

② Ibid. , p. 24.

③ Wittgenstein, *Remarks on the Foundations of Mathematics*, I – 155, 156.

于它们的广义论证逻辑。正是那些使阿赞得人的广义论证在其中毫无问题的社会文化背景，既塑造了阿赞得人逻辑的独特形式，也为它们的合理性提供了基础。

另外，对中国古代逻辑学的研究，也使我们得到如下结论，即相对于西方传统，中华文明背景下的逻辑具有不同的目标，主导推理类型和推理成分的分析，例如墨家逻辑。[①] 绝非巧合，人们发现起源于印度文明的佛教逻辑与隶属于现代文化的逻辑也有实质的区别。[②] 中国古代逻辑和佛教逻辑的共同特点在于：其一，它们分别体现了古代中国和佛教在不同的社会环境下的说理方式；其二，它们均无法在形式逻辑的框架内得到恰当的描述；其三，由于文化背景的不同，它们各自具有与非形式逻辑不同的论证规则和模式。因此，可以将它们纳入广义论证逻辑的范畴进行考察。或许隶属于不同文化的逻辑具有若干形式上相似的规则。正如讨论阿赞得人逻辑的过程已经显示的那样：这些规则与它们所属特殊文化系统和社会环境的各组成部分交织在一起，并受制于这些组成部分。这种特殊的制约关系使得这些规则在不同的文化系统和社会背景中具有并不完全相同的性质与功能。离开了相应的文化系统和社会背景，它们就不能得到恰当的理解。那些表面上的共同之处并不先验地预示着某种共同的合理性标准，正相反，只有根据在不同的文化中所起的实际作用才能评估它们的合理性。因此，逻辑是依赖于文化的，不同的文明具有不同的逻辑。

四 逻辑文化相对性的理论依据

通过以上分析，我们得到一个描述性经验命题：逻辑相对于文化，即不同的文化有不同的逻辑。进一步的问题是如何从理论上论证这一命题。这就是逻辑文化相对性的规范性问题。它的核心是：逻辑的合理性相对于文化吗？即不同的文化有不同的合理的逻辑吗？这就是逻辑相对于文化的合理性问题（简称逻辑的文化合理性问题）。正面解决前一组问题的充分条件是正面解决后一组问题。事实上，如果对后一组问题做正面的回答，

---

① 崔清田：《墨家逻辑与亚里士多德逻辑的比较》，第160—166页。
② 舍尔巴次基：《佛教逻辑》，第1—2、365—368页。

对前一组问题也必须做出正面的回答；否则，就会有某个文化不应该具有在该文化中合理的逻辑。因此，为完成上述任务，我们只要从理论上正面解决后一组问题即可。

任何一项研究都必须事先设定它的方法和研究背景。在此，我们将置身于现代文化之中，并采用属于现代文化的经典研究方法（简称经典方法）作为元方法。该方法由事实描述、概念分析、建立假设、逻辑证明等环节和要素组成。其中，用于证明的元方法可分为：形式（演绎）论证方法和非形式论证（含归纳论证）方法。[①] 从现代文化的观点看，虽然非形式论证可推出富有启发性结论，但它不具有可靠性。因此，我们将根据现代文化追求结论严格性时惯常的策略，采用演绎方法来解决逻辑的文化合理性问题。

根据元方法，研究的首要任务是澄清概念，明确命题或假设的意义。根据图尔敏（Toulmin）的提法，"一个论证是合理的"意指它能为我们的信念和行动提供理由。[②] 由此，"一个逻辑是合理的"意指：采用该逻辑的模式和规则构造的论证能为我们的信念和行动提供理由。故而有通常所谓的逻辑合理性问题，即某逻辑构造的论证能为我们的信念和行动提供理由吗？其中，所谓的逻辑有两类：其一，隶属于现代文化的逻辑，例如，形式逻辑、各种非经典逻辑，以及各种版本的非形式逻辑，等等；其二，隶属于其他文化的逻辑，例如，阿赞得人逻辑、中国古代逻辑、佛教逻辑，等等。由此，上述问题覆盖所有的逻辑。为了方便起见，我们称该问题的正面解答为通常的逻辑合理性命题：某逻辑构造的论证为我们的信念和行动提供理由。

本文的主要目的之一是用演绎方法证明或反驳这一命题。在证明过程中，演绎方法有两种情况：（1）单纯从公理出发的演绎论证；（2）从公理和附加前提出发的论证。如果这类证明能够表明：只有在某文化给出的假设条件下，某逻辑才具有合理性/不合理性。这就验证了逻辑的合理性依赖于或相对于文化，即逻辑的文化合理性命题。

首先考虑第一类逻辑。根据演绎方法，在情况（1）中得到的结论是

[①] 以下我们称作为元方法的演绎论证为演绎方法，并在下文讨论它的合理性问题。

[②] S. Toulmin, *Knowing and Acting*, New York: Macmillan Publishing Co., Inc., 1977, pp. vi – vii.

重言式。由于这样的命题在任何情况下都是真的，故而没有具体内容。但是，逻辑合理性命题既不是重言式也不是自相矛盾，它是有内容的综合性命题。事实上，被证命题的主语指称根据某逻辑的模式和规则构造的论证；它的谓语指称为我们的信念和行动提供理由的论证。前者涉及论证与逻辑模式、规则的关系，后者涉及论证与内、外世界的关系。因此，后者在逻辑语义上既不包含前者，两者之间也不相互排斥。所以，第一类逻辑合理性命题不可能在情况（1）中得到证明。由于一个综合命题的否定也是综合命题，根据同样的理由，该命题也不可能在情况（1）中得到反驳。另一方面，如果在情况（2）中上述命题得到证明，那么除非这些附加前提是真实的或合理的，否则证明的结果无法接受。这就要求我们采用某种方法去证明这些附加前提。由此引起不断要求证明附加前提的无穷倒退。同理，上述命题的否定同样无法在情况（2）中得到证明。所以，在情况（2）中既无法构造可接受的论证来证明第一类逻辑合理性命题，也无法反驳它。

现在考虑第二类逻辑合理性的证明。由于这类逻辑与现代文化预设了不同的概念框架。因此，证明程序的首要任务是将这类逻辑用现代文化使用的语言表达。否则无法用元方法来处理合理性问题。但是，一旦他文化的逻辑用现代文化的语言表达，这类逻辑便脱离了原有的文化背景，被嵌入现代文化的框架，并成为其中的表达式。简言之，这就是将它们解释或还原为现代文化中待评价的逻辑规则和模式。因此，当我们试图证明或反驳这种还原物或译本的合理性时，余下的整个程序就相同于讨论第一类逻辑合理性的情形。参照先前的结果，无论在情况（1）还是情况（2）中，我们至多可证明：第二类逻辑在现代文化中的译本的合理性问题是不可解决的。至于它本身的合理性问题，由于无法得到恰当的表达而不能进入我们的证明程序。因此，从演绎方法的角度看，这一类逻辑本身的合理性问题是无法讨论的。

在以上论述中，我们没有对合理性命题中所涉及的"某逻辑"做任何限制，也没有对命题证明中采用的演绎方法做任何规定，只是使用了一般的证明概念和有效性概念。故而结论是：在现代文化中，对于任一逻辑而言，都不存在演绎方法能从绝对可靠的条件出发，来证明其合理/不合理。这就是逻辑文化合理性问题整体（global）演绎不可解原理（简称原理1）。在上述命题证明过程中，我们没有假定除证明方法之外的任何东西。其结果是：既不能证明也不能反驳逻辑合理性命题。这说明，从现代文化的角度看，我们不能无条件地证明任何一种逻辑的合理性，也没有任何一种逻辑有权要求超越条件限制成为普遍真理。

不过，现代文化圈中的学者在数学和经验科学中的工作方式表明：当他们面对综合命题时，不会总是犹豫不决。根据元方法中的假设形成方法，通常的做法是：当一个假设得到所有已知证据的支持、并与所有已知理论协调时，若它的反例在某一领域中是不可想象的，则选取该假设作为上述领域中的公理；反之，作为默认假设。由此，它在某个范围内被接受为论证的出发点，进而截断合理性辩护中的无穷倒退或循环论证。例如，数学和其他经验科学中的公理或预设就是按这样的程序确定的。由于引入假设可以限制逻辑合理性命题的主语和谓语之间的逻辑语义关系，使得谓语所指的类包含主语所指，或者使它们互相排斥（参见上文）；因此，相对应地会出现两种情况：（1）在某些假设下，某逻辑被证明是合理的；（2）在某些假设下，它被证明是不合理的。考虑到这些证明依赖于假设，它们仅仅说明：在现代文化中，相对于某假设成立的范围，第一类逻辑是合理的/不合理的。

我们称上述结论为：第一类逻辑文化合理性问题局部（local）演绎可解原理（简称原理2）。事实上，由于第一类逻辑采用现代文化的概念框架刻画世界的某个方面或过程，相应合理性证明中引用的假设必须在同样的框架中表达。现代文化圈中的哲学家对各种逻辑系统进行了形形色色的合理性辩护，这正好验证了上述观点。[1] 所以，这些假设也属于现代文化。这说明，这类逻辑不具有超越性，它们仅相对于现代文化才具有合理性。

类似于原理1证明中出现的情况，当我们用演绎方法在假定的条件下解决第二类逻辑的合理性问题，同样只能处理该问题在现代文化中的译本。因此，整个讨论进入与原理2的证明相同的程序。再次参照先前的结果，我们至多可证明：在现代文化中，相对于某假设成立的范围，第二类逻辑在现代文化中的译本是合理的/不合理的。换言之，从演绎方法的角度看，这一类逻辑在其所属文化中合理性问题是无法解决的。上文阿赞得

---

① Susan Haack, *Deviant Logic*, *Fuzzy Logic*, Part Ⅰ, Ⅱ. Shier Ju, "The Unsolvability of Hume's Problem and the Local Justification of Induction," in *Epistemologia* XVI, 1993, pp. 77 – 96.

人案例中的第二条论证路线便是这类合理性证明方法失败的一个实例。于是，我们有所谓"第二类逻辑文化合理性问题局部演绎不可解原理"（简称原理3）：在现代文化中，不存在任何一组假设使第二类逻辑相对于它所隶属文化的合理性问题得到解决。

原理1和原理3说明，利用现代文化中的演绎方法，我们既无法证明第二类逻辑具有超越的合理性/不合理性，也无法证明它相对它所属文化的合理性/不合理性。但是，这是否就意味着在现代文化中第二类逻辑文化合理性问题是无法解决的？结论是否定的。前文对阿赞得人论证案例的描述与分析便是一明证。根据现代文化的事实描述方法，埃文斯—普里查德的数据显示：阿赞得人反复使用他们的论证方式，并认为它们是合理的。同时，我们的分析表明：正是阿赞得人的论证方式扎根于其中的阿赞得巫术文化，为这种论证方式的合理性提供了理由。因此，我们承认的第一个事实是，阿赞得人认为，根据他们的理由，其逻辑是合理的。这一看法的实质是：在某些条件下，某个第二类逻辑具有合理性。进一步的问题是，现代文化能够证明阿赞得人逻辑的合理性吗？根据上文所述，这一命题的形式要求我们按证明原理1和3的方法去解决问题。不过，在原理1和3及其证明的基础上，我们应该接受的第二个事实是：虽然现代文化承认阿赞得人事实上如此论证；但既不能证明阿赞得人的逻辑正确，也不能证明它错误；只能对其规范性持不置可否的立场。由此，我们必须承认的第三个事实是：只有从阿赞得人的角度看，他们不仅这样论证，而且也应该这样论证，这种逻辑的正当性是由阿赞得文化担保的！故而我们的结论是：只有相对于阿赞得文化，阿赞得人的逻辑才是合理的。

进一步，如果民族志的数据表明：某文化群体认为，基于某一理由他们已有的第二类逻辑是不合理的；那么用类似的方法我们可以得到类似的结论，相对于该文化，他们的逻辑是不合理的。最后，在以上讨论中，我们虽然以阿赞得文化为例说明问题，但没有涉及这种逻辑的任何具体细节。因此，只要民族志研究能够对某种第二类逻辑的合理性提供相应数据，我们便可按类似的方式得到如下结论：相对于它所在的文化，某种第二类逻辑是合理/不合理的。我们称该结论为"第二类逻辑的文化合理性原理"（简称原理4）。在这里，第二类逻辑的合理性不是被现代文化证明的，而是通过民族志方法所刻画的他文化生活方式和语言博弈显示出来的。①

　　根据以上所述，在现代文化背景下，首先，根据原理1，各种逻辑一律平等，均不具超越文化约束的全局合理性/不合理性。其次，根据原理2，第一类逻辑在现代文化给定的一些条件下合理，另一些条件下不合理；故而具有文化约束下的局部合理性/不合理性。最后，根据原理4，第二类逻辑分别依据它所属文化中的理由具有合理性/不合理性。因此，各种逻辑均相对于各自所属的文化而具有合理性/不合理性。简言之，我们的结论是：在现代文化背景下，逻辑的合理性相对于文化。这就是所谓逻辑合理性的文化相对性原理（简称原理5）。考虑到正面解决逻辑合理性的文化相对性问题是正面解决逻辑文化相对性的规范性问题的充分条件，从原理5可得：在规范意义上逻辑相对于文化。

　　值得一提的是，在以上论述中，我们在现代文化背景下直接或间接地借助了演绎方法。关键问题在于演绎方法本身是否合理？这一问题可以得到解决，但决不是通过演绎方法自身。事实上，当我们运用作为元方法的演绎论证在不同的领域和层次上进行研究时，它作为所有这些研究中使用的方法的共同点和抽象物而存在。但是，一旦我们试图对它进行严格的描述和研究时，它立刻变为一个具体的对象理论；而它本身则自动地隐藏在该对象理论的背后，继续保持元方法的地位。这就是说，虽然演绎方法可以在各项研究中显示出来，它自身却不能用言语直接地得到明确的表达。因此，作为元方法的演绎论证，其合理性问题不能合法地成为它自己的研究对象。进一步，根据现代文化，如果一个命题或理论能够被演绎地证明/反驳，它将被认为是合理/不合理的。但是，如果演绎方法本身被认为是不合理的，那么这些命题或理论就不会由于被演绎方法证明/反驳而被认为合理/不合理的，该方法本身也不可能成为现代文化内所有证明和反驳的基础；因此，尽管无法用演绎方法来证明这一点，演绎方法的合理性在现代文化内却是自明的。

　　最后，如果我们接受维特根斯坦的格言"不要想，但要看"，② 从他所建议的角度观察人类生活，就不难与他一起分享如下事实：逻辑推理作

---

　　①　更进一步，对于历史上存在过的第二类逻辑的合理性，我们将采用历史学所刻画的相关文化的数据进行说明。这一问题将在后续论文中详细讨论。

　　②　Wittgenstein, *Philosophical Investigations*, p. 66.

为语言博弈中的语句的转换，^① 它的规律（包括逻辑常项）由社会生活中语言的用法和约定决定。^② 逻辑规律如同人类社会中的其他规律那样支配我们。如果推出的结论不合乎逻辑规律，我们就会陷入与社会和其他实际后果的冲突之中。^③ 根据这些事实，我们排除合理性证明通常易于卷入的无穷倒退和循环论证，将演绎方法的合理性在现代文化的语言博弈或生活形式中明确地展现出来。这就是说，作为元方法的演绎论证的合理性是相对于现代文化的。

综上所述，我们在现代文化中证明：无论在元理论还是在对象理论层面上，无论从描述还是从规范的角度看，逻辑均相对于文化。

五 结论与展望

首先，本文根据家族类似理论中概念用法扩展的思想，从逻辑概念的基本用法和逻辑对社会文化因素的依赖性入手，推广非形式逻辑概念，提出了广义论证逻辑概念，进而扩展了逻辑家族成员，使之包括除现代文化的非形式逻辑之外他文化的广义论证逻辑，如，中国古代逻辑、佛教逻辑、阿赞得人的逻辑等。于是，广义论证逻辑学——关于广义论证逻辑的理论不仅要研究基于各种不同文明、社会文化环境的广义论证逻辑，而且要研究不同广义论证的逻辑之间的关系。这一任务绝非当前发展水平上的逻辑学所能担当。由此，逻辑学开始从形式科学出发，大踏步地迎向包括社会学、政治学、人类学在内的社会科学，以及包括历史学、民族志在内的人文学科；扩展原先的研究领域、研究手段和应用范围。

我国传统文化和现代文化各自具有其独特的分类系统。因此，当我们试图从后者的角度观察前者时，一个典型的难题是：中国具有某某学吗？其中"某某学"是现代文化中一个学科名称，例如，科学、哲学、逻辑学等等。根据本文采用的方法，处理该难题的程序是：从家族类似的观点看待上述学科概念；在概念典型特征的基础上引入新的因素，^④ 并对它的

---

① Wittgenstein, *Remarks on the Foundations of Mathematics*, I-9.

② Wittgenstein, *Wittgenstein's Lectures on the Foundations of Mathematics*, *Cambridge*, 1939, edited by Cora Diamond, Hassocks, Sussex：The Harvester Press, Ltd., 1976, Lecture XIX.

③ Wittgenstein, *Remarks on the Foundations of Mathematics*, I-116.

④ 这是一个相对保守的要求。从激进的观点看，它不是必要的。

内涵和外延进行扩展或修改。如果经由这一程序，某他文化传统思想分支被上述概念所涵盖，那么这一现代文化的概念便具有了"他文化元素"。在此意义上，现代文化和他文化的学科或思想的分类系统都被改变了！

其次，本文进一步推广了笔者解决休谟（Hume）问题的方案，① 在现代文化背景下采用演绎论证作为元方法证明：对于任何一种逻辑，我们均无法证明它具有超越条件限制的合理性；它的合理性仅相对于它所属的文化。因而，在现代文化背景下，不同文化的逻辑在合理性方面一律平等。然后，试图通过分析命题"逻辑具有合理性"成立/不成立的条件来证明命题"逻辑的合理性相对于文化"，最终证明命题"逻辑相对于文化"。这类条件有两种：其一，恰当地表达命题的条件；其二，证明命题的条件。由于第二类逻辑所属的文化不同于现代文化，满足表达条件的只有关于第一类逻辑和第二类逻辑的译本的合理性命题。进一步，语义分析表明，这些满足表达条件的合理性命题是综合性的，只有借助现代文化中的假定才能证明它们合理或不合理。由此，我们利用上述元方法得到原理1—3。而第二类逻辑的原本总是处于现代文化的表达范围之外，演绎方法无法过问它们的合理性问题。但是，现代文化中的民族志研究能够告诉我们如下事实：第二类逻辑的合理性相对于它们所属的文化。由此，在现代文化的背景下，我们说明逻辑是相对于文化的。

虽然我们讨论的是逻辑文化相对性问题，但是讨论问题的方式具有一般性。事实上，（1）我们只是确定解决逻辑合理性问题的假设条件及其文化隶属关系，而不涉及这些条件的具体内容。因此，上述讨论方式揭示了用演绎方式解决合理性辩护问题的一般模式。（2）我们定义了合理性和逻辑概念，但在论证中没有涉及它们的具体含义，只是要求利用它们构造的逻辑合理性命题不是自相矛盾和同义反复。因此，我们可以用其他概念对上述两概念在该命题中出现进行替换，只要由此得到的命题具有综合性，便可类似地讨论它们的文化相对性。（3）我们在现代文化背景下对逻辑的原本和译本做出区分。但是究竟采用何种方法研究它们的合理性，这取决于原本和译本在表达形式上的区别，而与它们的内容无关。因此，对于他文化在现代文化中的译本和现代文化中的命题，可采用现代文化中

---

① Shier Ju, "The Unsolvability of Hume's Problem and the Local Justification of Induction," in *Epistemologia* ⅩⅥ, 1993, pp. 77 – 96.

的元方法和原则处理。例如，用分析哲学或现象学的方法翻译和分析中国古典文献的某个片段，而对原本只能采用民族志或历史学方法。① 例如，用历史学的方法研究中国古代逻辑和哲学，用民族志的方法研究藏族人的广义论证。(4) 或许我们有理由对某个第二类逻辑在现代文化中的译本进行评价。但是对于原本，现代文化只能承认事实，然后保持沉默。如果有兴趣按照本文第一部分提出的程序去扩充科学、哲学、伦理学等概念，使之包括中国某传统学科分支，并且按照本文第三部分提出的方法去论证它们的合理性，那么上述关于逻辑成立的结论对于它们同样成立。

最后，从哲学史的角度看，对上述结论的最大威胁是将它们归入相对主义阵营。后者面临的最有力的反对意见来自柏拉图（Plato）的所谓相对主义的"自我否定反驳"，② 以及来自蒯因（Quine）的激进翻译和戴维森（Davison）的激进解释理论。③ 本文提出的（文化）相对性概念与强（文化）相对主义的最大区别是：它并没有将这种相对性绝对化，而是认为逻辑的文化相对性命题本身也是相对于孕育它的母体——现代文化。因此，上述命题不可能落入"自我否定反驳"的陷阱。进一步，不同文化的群体之间可以进行交流，这是事实。根据本文的论证，逻辑具有文化相对性，这也是事实。问题在于：为什么就不可能在尊重后一事实的基础上说明前一事实？我们将在后续研究中进一步讨论这些问题。

《中国社会科学》2010 年第 1 期

---

① 我们将在后续研究中详细讨论该问题。

② Plato, *Theaetetus*, pp. 44 – 59.

③ W. V. O. Quine, *Word and Object*, Cambridge：MIT Press, 1960. D. Davidson, *Inquiries into Truth and Interpretation*, Oxford：Oxford University Press, 1984.

哲学在中国思想中
重新开始的可能性

丁　耘[*]

摘　要　在现代中国思想中，"哲学"及植根于它的整个学科体系以一种几乎无远不届的力量影响着中国人对自己传统的体会与解释。如想避免对传统思想做出素朴与简单的最后解释，那么在理解传统之前，反思据以理解的整个框架与境阈，应当是比较审慎稳妥的做法。在不可避免地把"中国思想"问题化之前，也应尝试着将"哲学"问题化。这就要求我们在哲学思潮不断的历史流变中，找到那个通常据以判决中国思想的哲学观，并将之变成追问的对象。牟宗三直接依据亚里士多德的四因说重新解释中国古典思想的努力不可谓成功。所谓哲学之第一开端是在存在—本体问题的引导下建立先于生、同于生的体系。在中国思想遭遇海德格尔并藉之重新发现亚里士多德及整个西方古典思想之后，从中国思想由以兴起的整全原初经验重新审视、权衡哲学开端的机缘已经成熟。

关键词　中国思想　四因说　亚里士多德　牟宗三　海德格尔

是否存在严格意义上的"中国哲学"，这是大约 10 年前在中国学界引起热烈争辩的论题。这场讨论虽已沉寂多年，但由于缺乏一些前提性的反思，此问题并未得到彻底解决。在根本上，该问题既取决于对中国的传统思想的理解与谋划，也取决于如何看待"哲学"自身。在某种处境下，后一方面也许更为重要。这是因为，在现代中国思想中，"哲学"及植根

---

* 丁耘，哲学博士，复旦大学哲学学院教授。

于它的整个学科体系以一种几乎无远不届的力量影响着中国人对自己传统的体会与解释。如想避免对传统思想做出素朴与简单的最后解释，那么在理解传统之前，反思据以理解的整个框架与境阈，应当是比较审慎稳妥的做法。换言之，在不可避免地把"中国思想"问题化之前，也应尝试着将"哲学"问题化。

哲学不是一个现成地摆在那里的标准。哲学的自我反省几乎从未停顿。这个事实提醒我们，一方面，不存在一种凝固不变的哲学观，可作为硬性的标准来判决中国思想；另一方面，要在西方哲学的自我理解中抽取出那个隐然为哲学划出界限的一致性。

这就要求我们在哲学思潮不断的历史流变中，找到那个通常据以判决中国思想的哲学观，并将之变成追问的对象。而捕获这个哲学观的先行工作，在很大程度上，是尼采之后哲学史的主要贡献。哲学必须追溯到苏格拉底一系，这有其内在的必然性。黑格尔与海德格尔都说过，哲学就是希腊的。[1] 与该提法相通，海德格尔也追随尼采说过，哲学就是柏拉图主义。[2] 柏拉图笔下的苏格拉底曾给哲学下过一个谨慎的定义："爱凝视真理"，而真理则是"存在者"（on 或 einai）或"一"。[3] 亚里士多德则正式将研究存在之为存在以及探索第一本体（ousia，或译为实体）立为第一哲学之根本任务。如此说来，海德格尔的说法似乎可以成立：哲学探索存在；[4] 而希腊哲学从起始直到亚里士多德形而上学是为哲学之第一开端。[5] 顺着这个思路，海德格尔在 20 世纪 30 年代之后标志其思想转向的重要手稿中，将以自己接续尼采的工作概括为：从哲学的第一开端过渡或者跳跃到另一开端。[6] 然而，在公开发表的总结性作

---

① 参见海德格尔《什么是哲学?》，载孙周兴选编《海德格尔选集》上册，上海三联书店 1996 年版，第 591 页。

② 参见 Heidegger, *Zur Sache des Denkens*, Tübingen：Max Niemeyer Verlag, 1976，S. 61, 63。

③ 参见柏拉图《理想国》第 5 卷，475e4、476—480。《理想国》中译参酌《柏拉图全集》希腊文版（Burnet 版）及英文版译出，下文只列出《理想国》标准边码。参见 Inannes-Burnet, ed., Platonis Opera, Tomvs IV, Oxford：Oxford University Press, 1954；J. M. Cooper, ed., Plato: *Complete Works*, Indianapolis：Hackett Publishing Company, 1997, pp. 1102 - 1107。

④ 参见海德格尔《现象学之基本问题》，丁耘译，上海译文出版社 2008 年版，第 12 页。

⑤ 海德格尔：《形而上学导论》，熊伟译，商务印书馆 1996 年版，第 17 页。

⑥ 参见 Heidegger, *Beiträge zur Philosophie* (Vom Ereignis), GA 65, Frankfurt amMain：Vittorio Klostermann, 2003, S. 176 - 180。

品中，他又放弃哲学另一开端的说法，径直谈论哲学本身之终结与"思"之任务。①

就中国思想与哲学之间的关系而言，海德格尔的探索尤其值得重视，其间隐含着值得推敲的几层意思。

首先，如果尼采之后的整个西方哲学的探索确具意义，那么就不可无反思地运用属于第一开端的甚或已终结的"哲学"（柏拉图主义、亚里士多德式形而上学等）去强行解释甚至要求中国思想，相反要从这个传统的开端与终结的机理中回看中西思想的同异。其次，哲学的另一开端或终结，绝非与哲学的第一开端毫不相干。恰恰相反，正如海德格尔的全部工作所显示的，对哲学第一开端的透彻解释甚或激进解构才是通向另一开端的有效道路。最后，对中国思想的解释既然当以哲学之问题化为前提，则尤须关注在其开端与终结处的西方哲学。因为这是西方哲学自我问题化的极端时刻。这意味着必须厘清集古希腊哲学大成的亚里士多德哲学与海德格尔哲学。

所以，笔者试图以哲学第一开端的破立所呈现的"哲学本身的问题化"为契机，进入对中国古典思想的重新解释。亚里士多德哲学中最显白、影响最深远的是其四因说及其背后的存在—真理学说。因此，笔者择取亚里士多德哲学及其四因说为引导线索，首先以牟宗三为例，批判地考察以四因说为主干的哲学第一开端在解释中国思想时的效验与局限；其次以海德格尔为中心，批判地考察哲学第一开端在西方哲学终结时刻所遭遇的透彻解释及其致命的片面性；之后本文将通过重新阐发亚里士多德哲学的整体经验之前提，判定哲学第一开端的历史意涵，并参之以《周易》、《中庸》为典范的儒家义理学；最后期待解答这样一个问题：哲学能否在中国古典思想的重新解释中找到新的开端。正如海德格尔在其隐秘手稿的标题所显示的，描述并且再次找到开端，这就是"对哲学的奉献"（Beitraege zur Philosophie）。

海德格尔本人对哲学之第一开端作了拓扑学式的描述。其中，在希腊文所谓 physis 与德文所谓 Machenschaft 之间进行了对照，以表现出第一开端的内在张力与终结趋势，这是比较重要的一种手法。Machenschaft 包摄了希腊文 poiesis（制作、创制）与 techne（技艺）之中对存在的领悟与

---

① 参见 Heidegger, *Zur Sache des Denkens*, S. 61。

解释，笔者翻译为"造作"。physis 通译"自然"，但其本意为（植物的）生长。海德格尔不以德文 Natur，而以 Aufgehen（涌现）等译之。在第一开端中，"造作"支配了对存在的领悟与解释，physis 被"造作"褫夺了权力。而"对哲学的奉献"必定包含了如下工作——逼问"造作"的本质，破除对 physis 的造作性解释，彰显其原意，[①] 跃向哲学之另一开端。笔者以为，如先悬置一些微妙的差别——文末将回到这些差别上来——中文"生成"、"生生"等颇近于 physis 的原意。然则，对哲学开端的考量，以"生生"与"造作"为指引，大略可以提示出两个开端各自的源流及其间之摩荡往复。

一　以牟宗三为中心：依四因说的新的中国哲学及其局限

"哲学"并非中国思想本有的部类，"中国哲学"的成立是依"哲学"对中国思想的固有内容剪裁与解释的结果。这种解释首先依赖的是对西方哲学本身的理解。西方哲学的第一开端是以亚里士多德为终结的。在某种程度上，亚里士多德及其所代表的第一开端对哲学产生的深远影响一直未引起中国思想的哲学解释者们足够的重视。自麦金太尔之后，反省现代伦理前提的西方道德哲学自觉地从康德转到亚里士多德，以求回归古典思想的基本视野。[②] 笔者将分析一个堪同麦金太尔的自觉性相对比的例子——牟宗三的中国哲学史叙述。

牟宗三主要试图将康德的基本问题与概念运用到中国哲学的解释上："点出'性体'这一观念……故宋明儒所发展之儒家成德之教，一所以实现康德所规划之'道德的形上学'，一所以收摄融化黑格尔之精神哲学也。"[③] 这段引文表明，在牟宗三眼中，宋明理学是康德道德形上学的推进，而黑格尔较之康德离理学稍远；这也暗示了贯彻到底的康德式哲学可以涵摄黑格尔精神哲学——而这一切皆决定于牟宗三对"性体"的哲学阐释与历史引导。

---

① 特别参见 Heidegger, *Beiträge zur Philosophie*（*Vom Ereignis*），S. 126 – 128。
② 参见麦金太尔《追寻美德》，宋继杰译，译林出版社 2008 年版。
③ 牟宗三：《心体与性体》上册，上海古籍出版社 1999 年版，第 34 页。

性体及心体固非西方哲学的概念，而牟宗三处境已与乃师熊十力不同，故不得不借西方哲学名相以分疏之。按牟宗三的论述，心性不一不二，"客观地言之曰性，主观地言心……性体本是'即存有即活动者'，故能妙运用万物而起宇宙生化与道德创造之大用"。揭橥这於穆不已的性体实为《周易》、《中庸》之主旨。而《论语》、《孟子》则随诸发心点拨仁体，所重为心体。心体则是"即活动即存有"者。牟宗三一方面以存有、活动这对具有丰富历史内涵的西方哲学概念化去了乃师熊十力的体用概念，以通释所谓心性之体，另一方面又说西方哲学中虽谈存有、本体者甚夥，其实并无"即存有即活动"之性体概念，只康德之道德的形上学以道德进路切入本体界，大略近之。①

牟宗三的这一理路显示了雄伟的魄力与才具，同时也面临了一些困难。说西方哲学除康德外，皆昧于"即存有即活动"之理，显然于史不合。即从近于康德的德国观念论谱系观之，费希特的"本原行动"、黑格尔的"主体与实体"的统一、谢林的自然哲学系统，均较康德更近于"即存有即活动"之理。尤其黑格尔、谢林，已非从所谓"主观"的心体出发，而是从已被领会为"即存有即活动"的"性体"出发的。反倒是康德之道德形上学，大体只能说以心体通摄性体，绝无"性体"系统所必涵有之"本体—宇宙论"。

这就带来一个严重的麻烦。将康德哲学树为西学典范，以梳理宋明理学乃至先秦儒家义理学诸系统，最大的凿枘不合在于：从心体上通性体的康德哲学决计无法融摄《易》、《庸》，因而无法融摄明道一系的所谓"本体—宇宙—道德论"。盖康德之宇宙论属自然科学，全属于现象界。康德系统内唯一能突破此关的是目的论判断力学说，此则须以"假定"上帝存在为枢纽，与所谓关乎物自身的"智的直觉"无关。② 牟宗三谓性体可起"宇宙生化与道德创造之大用"，此言至为谛当。然征诸《易》、《庸》，儒家义理学的性体是并起宇宙与道德之大用的，进路虽可有别，但割裂即非儒家。康德之病非但在于没有性体论上的宇宙生化，而只有心体论上的道德创造，更在于割裂本体—宇宙—道德论之统一。牟宗三从康

---

① 参见牟宗三《心体与性体》上册，第33、34、36页。牟宗三以"存有"翻译being，以"本体"翻译substance。

② 参见康德《判断力批判》，邓晓芒译，人民出版社2002年版，第84—87节。康德在那里对自然神学与道德神学的分辨，不利于进入《易》、《庸》系统。

德入手通《易》、《庸》，正是所托非人，一生大误。① 在《心体与性体》中，牟宗三实际已点出了这个麻烦，② 但似未意识到这给他会通中西工作带来的致命困扰。然此究系典籍疏通上的障碍，最大的困难仍是义理架构上的，此即其用以儒家内部判教的"存有/活动"说。

在《心体与性体》中，牟宗三完全依据这对概念会通中西、论衡儒学。然于此对概念的渊源，他却有意无意地不交代清楚。存有与活动这对概念的提出与深思，绝非始自德国观念论，而是源于哲学第一开端的完成者——亚里士多德。《心体与性体》一系列著作的麻烦在于，在对亚里士多德这对概念运用到几近透支的同时，却对亚里士多德全部思想的讨论轻描淡写，如不是漫不经心的话。

不过，在《四因说讲演录》这部篇幅虽短小、气象却更宏伟的讲义中，牟宗三通盘调整了义理架构与解释进路。存有/活动概念让位给了四因，康德式进路被亚里士多德式进路所取代。亚里士多德四因说不仅比存有/活动更好地疏通了《易》、《庸》系统，甚至可以在人类所有的中西五教系统之间进行判教，非徒限于儒家之内而已。③ 这样，在《心体与性体》写作20余载之后，牟宗三晚年尝试了一个麦金太尔式的惊人转变，从康德转到了亚里士多德。

亚里士多德为牟宗三带来了圆熟、宏阔与超迈，如果说《心体与性体》还只是限于宋明理学之内，借助明道学脉上通《易》、《庸》的话，那么《四因说讲演录》则直接疏通《易》、《庸》，下摄宋明。

四因说、特别是其简化形态（质料因与形式因）在解释不同哲学基本倾向中可以说发挥了奠基性的作用。第一开端传统下的西方哲学——以及仿照西方哲学进行的中国思想解释——可以说完全处于四因说的笼罩之下。然而，虽然"形式因"可以同"动力因"与"目的因"贯通，后两者仍然具有单纯"形式因"无法笼罩的深意。牟宗三晚年的一个极大贡献非但在于回到了亚里士多德，更在于独具慧眼，于四因中拣选动力因与

① 劳思光尝力诋《易》、《庸》混淆事实与价值。虽非儒门可接受，然其理路倒正是新康德主义余韵。（参见劳思光《新编中国哲学史》第2册，台北：三民书局2004年版，第1章，陆之三，柒之四。）

② 例如他一方面明确区别《易》、《庸》与《论》、《孟》，谓前者是本体—宇宙—道德论的系统，另一方面又在西学对应之宇宙论系统中列了亚里士多德与怀特海。（参见牟宗三《心体与性体》上册，第31—35页。）

③ 参见牟宗三《四因说讲演录》，上海古籍出版社1998年版，第225页。

目的因作为疏解儒家义理学的概念架构。在此，这两重原因起到了原先"存有/活动"概念的支架性作用。

牟宗三是从"目的因"进入四因说的。在从康德的道德神学到儒家的"道德形上学"的推进中，作为"目的因"与"形上学"本身实际提出者的亚里士多德就起到了较之康德更为关键的作用。很明显，在康德、亚里士多德与儒家义理学之间的交涉枢纽就是"目的因"。他看到，中国古典思想虽无"目的因"及"动力因"的概念，却保有其意涵。整个《周易》的经传系统中最重要的乾坤两卦即分别含有这两层意思。乾卦代表始生、创生原则。乾卦的《象》辞说"大哉乾元，万物资始"即揭示了这个原则。而坤卦代表终成、保合原则。而《中庸》的"诚"则是贯通了乾坤、始终，作为"成为过程"（becoming process）贯穿了动力因与目的因。[①]

牟宗三据此认为，儒家形上学是目的论的系统，且是中国古典思想中唯一的目的论系统。[②] 唯儒家义理学是就宇宙万物总说目的因与动力因，而亚里士多德除此层次外，还有就各事物分别说的目的因，而这也同事物之分别的形式因或形构之理相契。[③] 牟宗三通过亚里士多德解决了康德哲学在疏通《易》、《庸》系统时的致命缺陷。《易》、《庸》与《论》、《孟》、《大学》取径有所不同，从天道下贯人道。正是目的因与动力因概念帮助达到了性体所涵的宇宙与道德之统一。

牟宗三在以《易》、《庸》解释"四因"时，将动力因配"乾"，释为"始生"，将目的因配"坤"，释为"终成"。此既确切又颇具深意。盖"动力因"是经院哲学传统翻译 arche 时的释义（译为 causa efficiens——效果因），此词字面意思就是"开始/本源"，而"目的因"（telos）字面确有"终结"之意。然而，讨论牟宗三对四因说的运用，仍有以下几点可议之处。

首先，亚里士多德虽以目的之实现一致地贯穿在宇宙与道德两个领域中，但他既不像德国观念论那样将道德所属的精神领域看得高于宇宙，也不像牟宗三所解的《易》、《庸》传统那样以天摄人，融贯天人。在亚里

---

① 参见牟宗三《四因说讲演录》，第16—18页。他甚至建议把"目的因"改译为"终成因"。

② 同上书，第16页。这是对照道家与佛家所下之断语。

③ 同上书，第39页。

士多德那里，伦理的事情低于宇宙和本体的事情。而伦理的成立，却又并不需要宇宙作为"天命之谓性"那样的保证，而只需要人类灵魂中较高贵部分的德性而已。这反而接近于"心体"，而不是与心体分离开的性体。这是牟宗三的解释与亚里士多德哲学最终意趣上的差别。

其次，亚里士多德在四因中最看重目的因。而牟宗三在处理儒家目的因与动力因关系时语多抵牾。他一方面评判儒家为中国思想中唯一的目的因系统，另一方面追随宋明以来特别是熊十力的解释道路，逐渐将坤元从属于甚至完全归并到乾元中去。据牟宗三的解释，《易》、《庸》系统是顺着康德、亚里士多德一路推进下来的目的论系统，非此不能承担性体开出宇宙—道德之意蕴。然而按照牟宗三进一步依靠的、以乾元为主的理学传统解释，则不得不将《易》、《庸》系统最后归入动力因系统。此系统其实是"即活动即存有"系统的变种，即将活动归于动力，将存有归于目的，且更为强调活动一面。

因而，牟宗三的所有会通性诠释工作包含了自我瓦解的趋势。他直接依据四因说重新解释中国古典思想的努力不可谓成功。除宋明理学以来对乾坤生成的安顿纠葛之外，牟宗三运用四因说的最大问题在于未能作彻底的前提性反思。他似乎未能完全领会亚里士多德四因说的整个前提与意图，特别是目的因为何在四因中最终占据主导，目的因在解决他关心的存有/活动问题（即心体/性体）中的枢纽作用。在亚里士多德那里，目的因是对存有问题的最终回答，而动力因是对自然问题的最终回答，二者最终不一不异。这里首先应检讨的是问题而非回答：西方哲学为何有"存有问题"，中国古典思想为何近乎提出了"自然问题"，却缺乏"存有问题"。

哲学第一开端运用于解释中国思想之前必须面对的真正问题不是"哲学问题"，而是"关于哲学的问题"。以牟宗三为代表的中国思想的现代解释者——也不妨称为新的中国哲学的建立者——于此类问题几乎是盲目的。在我们去亲身探索之前，考察西方哲学传统自身如何检讨成于亚里士多德之手的第一开端，是很有助益的。

二 以海德格尔为中心：破四因说的
新西方哲学及其局限

20 世纪西方哲学对自身传统的周密检讨与自觉突破，首先体现在将自己的使命领会为"解释西方哲学"的海德格尔那里。海德格尔一生运思围绕"存在问题",且将之视为西方哲学的第一问题,遂依此立下解释全部哲学传统的基准。然而对哲学史稍有了解即可知道,存在问题并未在哲学诞生之初即出现,几乎全部前苏格拉底哲学都在研究"自然"问题。苏格拉底主要通过对伦理事物本质的追问来研究"善",柏拉图亦顺之将"善"的理念视为"超越存在"的至高问题。① 唯独亚里士多德在《形而上学》中明确将研究"存在之为存在"(to on hei on)作为第一哲学的最高任务。② 因此,亚里士多德在海德格尔的思想道路上扮演了最重要的发动者角色。③

在"转向"前后,海德格尔对亚里士多德的解读风格之间既有连贯性,也有断裂性。在后期,海德格尔更加倚重前苏格拉底哲学的资源,亚里士多德思想逐渐成为被解构的对象。他的工作更倾向于解构亚里士多德及柏拉图传统加于前苏格拉底哲人的僵化理解。然而,正是这里出现了一个奇妙的悖论。一方面,他借以推进到前苏格拉底解释的那些基本概念指引——其中最重要的是真理与存在的多重含义——几乎完全是在前期的亚里士多德解读那里阐发的。另一方面,海德格尔解释前苏格拉底哲学的全部出发点——前苏格拉底哲学说的是"存在"问题,"自然"说的是"存在着性"(ousia)这个典型的亚里士多德概念。这就是说,几乎不把"存在"作为主题的前苏格拉底自然哲学,比亚里士多德更本源地回应着这个亚里士多德式的问题。

这个悖论的关键在于,从海德格尔被"存在"问题——或毋宁说"存在之(多重)意义问题"抓住的那刻起,就注定无法摆脱对亚里士多德的依赖。亚里士多德对存在问题的解决系统地依赖于他的四因说。在《形而上学》导论性的第1卷,他就把智慧界定为对"原因"的探索。在摆出"存在之为存在"主题的第4卷,他更将第一哲学的使命坐实为研

---

① 参见柏拉图《理想国》,509b6—10。

② 亚里士多德:《形而上学》,1003a21。除特别说明外,《形而上学》中译据其希德对照版译出,下文只列出《形而上学》标准边码。Aristoteles, *Aristoteles' Metaphysik*, Neubearbeitung der Übesetzung von H. Bonitz, Hamburg: Felix Meiner, 1989。

③ 参见 W. Brogan, "The Place of Aristotle in the Development of Heidegger's Phenomenology", in T. Kisiel and J. van Buren, eds., *Reading Heidegger from the Start: Essays in His Earliest Thought*, New York: State University of New York Press, 1994, p. 213。

究"存在之为存在"的"第一原因"。① 通过第7、8、9诸卷的准备，他最终在第12卷凭借拓展了的目的因学说解决了这个问题。与此对应，海德格尔的工作就是，一方面接过亚里士多德的存在问题以及对"存在"与"存在者"概念的全部疏解，同时拒绝亚里士多德以四因说解决存在问题。在亚里士多德那里，四因的主导最终就是目的因，因此毫不奇怪，海德格尔对亚里士多德解读中的实质性偏离是从削弱目的因开始的。

研究者注意到了海德格尔对目的因的拆毁。舒曼（R. Schürmann）认为，海德格尔通过对亚里士多德"技艺"（techne）学说的分析，将四因追溯到手工制作活动包涵的存在领悟，揭示了作为传统哲学源头的"手工业的形而上学"。他据此认为，海德格尔的工作是揭示并且拆毁西方哲学传统的"目的论统治"（Teleocracy），阐发了此在在其本真存在中含育的一种新的思想态度。② 此议不乏卓见，然而，舒曼认为海德格尔通过对亚里士多德的解构，揭示理论/实践都是系统地植根于"制作"（poiesis）。③ 这个观点是站不住脚的。正如沃尔皮（F. Volpi）在海德格尔对《尼各马科伦理学》的解读中发现的，支配海德格尔"此在分析论"基本框架的最重要解读指涉的是亚里士多德的"明智"（Phronesis），而非"制作"概念。相比于后者，前者更是亚里士多德目的因学说之渊薮。④ 但沃尔皮的分析也有其弱点。其一，他的视野中缺乏《存在与时间》之后海德格尔借助其亚里士多德解释试图展开的内容。其二，明智概念中包含的目的论不同于形而上学的目的论，不同于作为存在问题之正面解决的目的因学说。对于"明智"这个伦理学概念究竟如何被"存在论化"的，他完全没有深究。其三，他没有认真对待海德格尔解释时发生的偏离。实际上，没有这种偏离，指向《存在与时间》甚至晚期学说的那种去目的论的"存在论化"是根本不可能的。如把海德格尔前期对伦理学的解释和后期对理论哲学的解释连贯起来处理，就能清晰地看到海德格尔是如何依靠、转用、偏离乃至遮破亚里士多德四因说的。

---

① 参见亚里士多德《形而上学》，1003a30。

② 参见 R. Schürmann, *Heidegger on Being and Acting: From Principles to Anarchy*, Bloomington: Indiana University Press, 1990。着重参考该书的第2部分，特别是第13、14节。

③ R. Schürmann, *Heidegger on Being and Acting: From Principles to Anarchy*, p. 255.

④ 参见 F. Volpi, "Being and Time: A 'Translation' of the Nicomachean Ethics?" in T. Kisiel and J. van Buren, eds., *Reading Heidegger from the Start: Essays in His Earliest Thought*, pp. 200 - 205。

海德格尔很少泛论四因整体。引人注目的例外是《论根据的本质》一文。在那里，他讨论了四因提出的先验条件。此文将一切"因"或"根据"的本质追溯到了此在之自身超越上。只有此在为其自身之故向着世界超越，才有可能建立一切"根据"的"基本存在论"。而向着世界敞开与超越就是"自由"，自由属于此在这种存在方式本身。"作为超越的自由……是一般根据的本源。自由乃是向着根据的自由。"① 自由之建立根据的诸基本方式中包含了"论证"，或毋宁说包含了提出一切形态的"为什么"之可能。而在这种提问中已先行包含了对何所是、如何是以及存在一般之领悟。这就是说，没有此在之存在领悟，使得四因出现的那种追问是不可能出现的。正是此在之存在方式中包含着向某某追问。

这个"向着某某"问"为什么"的基本现象中包含了两个方面。一是此在出离自身向外绽出的这个基本结构，这就是此在之自身超越或口自由。另一个是在这个绽出中需要的是"原因"或者"根据"。两下相合就是向着根据的自由。按照《论根据的本质》中所推进的《存在与时间》中的思路，对于最终根据的"缘何而在"的追问势必会落实到此在自身，而此在自身这个如此亲近者也只有通过对茫然遐远者之追问。然而，此在自身的基本存在方式又是出离自身。海德格尔据此总结说，自由固然是诸根据之根据。但作为出离，自由又是此在之"深渊"（Abgrund，字面意即"取消根据"）。②

粗略看来，海德格尔是将四因作为派生的东西吸纳到此在之求根据的自身超越中去了。但将此文放到海德格尔对亚里士多德的解释整体中看，就会发现情况并非如此简单。正如沃尔皮等揭示的，此在之存在方式本来就基于对亚里士多德"明智"的存在论式转译。而明智自身在亚里士多德那里又应当通过目的因及动力因加以确切的认识。如此，海德格尔对四因整体的吸纳与消解其实是以对四因各自的具体转用为前提的。

我们可以在其他文本中看到海德格尔对四因的不同处理。对于形式和质料这对原因，正如舒曼等强调的，源于海德格尔对制作与技艺的现象学解释。在亚里士多德比较钟爱的那些例子里，一方面自然物与技艺产品的

---

① 参见海德格尔《路标》，孙周兴译，商务印书馆2000年版，第191页。
② 同上书，第202—204页。

区别并不妨碍他在自然与技艺之间的高度类比，① 另一方面具体存在物经常被比喻成技艺的制品。海德格尔据此在对"制作"（Herstellen）的现象学分析中，将形式、质料追溯到了制作的条件上。② 需要注意的是，在这个主要讨论技艺—"制作"的场合，海德格尔并未涉及动力因与目的因。

海德格尔对动力因与目的因的探讨，则不得不更为复杂，既包含伦理学中的解读，也有形而上学上的相应解析。这是因为，亚里士多德在伦理学中提出的实践、行动以及技艺，最终是在形而上学中以潜能/实现这对概念加以描述和认识的。这对概念本身，其实就是动力因/目的因的更深刻形态。在《形而上学》专论"潜能与实现"学说的第9卷，亚里士多德将动变范围内的潜能概念分为两类，一是受作用，另一就是动力因意义上的潜能。而"实现（energeia）就是目的"③ 实现作为潜能发为事功（ergon），其完成就是"隐德来希"（entelecheia），后者字面直译就是"达到目的"或"达到终点"。在亚里士多德那里，"实现"在"定义"、"时间"尤其是"本体"三个方面均先于"潜能"。换言之，目的先于动力。动力是对目的之"趋向"，是为目的而在的。动力虽是"开始"，目的才是真正的开端。顺着这一思路，《形而上学》第12卷用其"实现"学说解决了此书追寻第一本体的中心任务。

不唯宁是，亚里士多德同样以"潜能/实现"学说解决了描述实践这一与伦理学对应的问题。作为动变渊源的潜能亦存于灵魂的"有逻各斯的部分"④ 之内。与无逻各斯的潜能不同，该动力潜能可以造成对反的效果，两个对反只能发生一个，决定这点的不是动力潜能，而是"欲求或者选择"。⑤ 而"每种实践或者选择，都以某种善为目的"。⑥ "每种欲求

---

① 参见亚里士多德《物理学》第2卷，第8章。J. Barnes, ed., *The Complete Works of Aristotle*, the Revised Oxford Translation, Vol. 1, Princeton：Princeton University Press, 1995, pp. 339 - 341。

② 参见海德格尔《现象学之基本问题》，第138—145页。

③ 参见亚里士多德《形而上学》第9卷，1050a9。

④ 参见亚里士多德《形而上学》第9卷，第2、5章；《尼各马科伦理学》第1卷，第13章。J. Barnes, ed., *The Complete Works of Aristotle*, Vol. 2, pp. 1729 - 1867. 灵魂的"有逻各斯的部分"及其与其他部分的关系才是实践与德性之渊薮。

⑤ 亚里士多德：《形而上学》，1048a9—10。

⑥ 参见亚里士多德《尼各马科伦理学》第1卷，1094a3—4。

【也】少不了某种目的。"① 非常清楚，是目的或者某种善决定了有逻各斯的潜能之实现。考虑到善与目的在初次提出四因说的语境下曾被当做同义语使用，② 我们似乎可确定，在亚里士多德那里，目的因是实践之主导原因。

然而，海德格尔在解读亚里士多德以上学说时，做了关键的偏转，削弱乃至颠覆了亚里士多德赋予目的因的主导地位。

在对《尼各马科伦理学》的疏解中，海德格尔极为重视第 6 卷中对灵魂把握真之五种方式——即亚里士多德所谓五种"理智德性"的讨论。这五种方式非但包含了知识、努斯以及智慧，也包含了明智（实践智慧）与技艺。海德格尔据此发挥出了此在"存在于真（理）之中"③ 的观点，并且获得了区分不同意义之真理与存在方式的起点。据沃尔皮的看法，海德格尔特别注重技艺与明智的区别，这一区别对应着《存在与时间》中非本真与本真两重存在方式。④ 明智概念的存在论就是在《存在与时间》中起了突出作用的"此在"概念。

在亚里士多德那里，技艺的目的是产品，而技艺的始因（即动力因）则在技艺主体也就是人的灵魂之内。或者说，技艺活动本身不是技艺的目的，而技艺的目的因与动力因是有差别的。明智的目的则并非某个具体的产品，而是要"对一种好生活在总体上有益"，而"实践的始因（动力因）就是实践的目的"。⑤ 海德格尔正是抓住了明智的这类特点进一步发挥说，明智的对象就是此在自身。"目的与明智具有相同的存在特性。"实践的目的既非某个具体的活动，亦非活动的效果或事功。为了颠覆通常对明智目的之理解，他强调说：明智中所思索的是人生整体，"而非实践在那里达到终限（Ende）的东西……对行动之在来说构成性的不是结果，而只是如何（Wie）"。⑥ 针对亚里士多德当做实践目的提出来的"做得

---

① 亚里士多德：《论灵魂》第 3 卷，第 10 章，432b15。Aristoteles, *Über die Seele*, Mit Einleitung, Übersetzung（nach W. Theiler）und Kommentar herausgegeben von Horst Seidl, Hamburg: Felix Meiner, 1995。

② 参见亚里士多德《形而上学》第 1 卷，第 3 章，983a31。

③ 参见 Heidegger, *Platon: Sophistes*, GA 19, Frankfurt am Main: Vittorio Klostermann, 1992, S. 23。

④ F. Volpi, "Being and Time: A 'Translation' of the Icomachean Ethics?" p. 202.

⑤ 参见亚里士多德《尼各马科伦理学》，1140b15。

⑥ Heidegger, *Platon: Sophistes*, S. 48 – 51.

好"或"活得好"，海德格尔转释说，目的既然是"好"，那就是"如何"，而非某个"什么"、某个特定的世内存在者。

我们可以在此发现海德格尔对亚里士多德精微的偏离。他首先像后者所批评的那样，把"好"脱离了"好东西"或"好事情"，变成一种不附于任何世内存在者上的"如何"。这也是海德格尔区分存在者方式之差异乃至存在论差异的意涵之一。其次，生命是"如何在"，是一种不同于任何作为"何所是"的世内存在者的、我们一向所是的那种存在者。如此，在"善好"被转为"如何在"的同时，"善"与"此在"乃至"生存"就开始混同。明智的对象既然是生命自身，那么生命自身又是没有着落的绽出，那么善好作为"如何在"就无法落脚于任何目的，而只能成为一种特殊的存在方式。把"善"转为某种"存在"方式，这不是为了从存在出发去解决善的问题（就像亚里士多德对柏拉图所做的转化那样），而是为了让"存在问题"完全取代善的问题。这才是在"存在论"层面对目的因所做的根本性的消解。

如果说在对伦理学的解释中，海德格尔还顺着亚里士多德的文本，将实践的目的等同于实践的动力因的话，那么，在对《形而上学》第9卷的解释中，他就明确把目的因吸纳到动力因中去了。在那里，他将在伦理学解释那里获得的东西推进了一步，指出了这个目的作为"如何"其实是归属于动力（Kraft）的。而这个作为动变渊源（或翻译为始因、动力因）的潜能之本质中"仿佛包含了这样一个自在的要求：超克自身（sich zu übertreffen）"。①

动力作为开端、起始，当然是通过离开自己才成就为自己的。但如将海德格尔对于《形而上学》同《尼各马科伦理学》的解释合勘，我们不难发现，后者中作为明智对象的此在自身，实践的"主体"，就是《形而上学》第9卷中的具有逻各斯的潜能。此在对作为目的的善的关系，就是潜能与决定实现的、所选择的善的关系。从中可以得到一个重要的结论：以自身超越为存在机制的此在，源于动力因的存在论化。这个基本机制，在海德格尔学说内部，固应归诸时间性时间化之"绽出"结构。但在哲学史渊源上，与其像沃尔皮那样归诸"明智之存在论

---

① Heidegger, *Aristoteles*, *Metapysik*, Θ1 – 3, GA 33, Frankfurt am Main：Vittorio Kloster-mann, 1981, S. 99 – 101.

化",不如更透彻地交还给明智中所包含的实践动力因。或者说,存在论化了的明智正是作为动力因的有逻各斯的潜能。明智所与之相同的此在这个存在方式正是一切动因(开端)所蕴涵的自身超越机制。

在亚里士多德那里,动力因在一般情形下只是开端,而非终极。用海德格尔的术语表述,它仅仅是"绽出",而没有达成。用牟宗三发挥的周易术语讲,这个动因也仅仅是"生",而不是"成"。但我们必须立刻指出,亚里士多德绝不曾用动力因吞没目的因。凡是在他指出目的因与动力因合一的场合,都是目的因起着动力因的作用,而非前者被后者吸纳不彰。用他钟爱的自然事例说,果实既是生长的目的,也是作为生长过程开端的种子之所从出的真正的开端。这就是实现先于潜能。① 换言之,终点(目的因)先于开端(动力因),而成为开端的开端,绝对的动因。宇宙生化与实践行事之目的——始因同一。

但是,在海德格尔眼中,"作为果实,植物返回到它的种子里……任何一种生物随着其生长也已开始走向死亡,而且反过来讲,这种走向死亡也还是一种生长,因为只有生物才能走向死亡;其实,走向死亡可能是生命的最高行为"。② 相反,亚里士多德认为,达到目的(完成、完善)这个意义上的终结是善的,必须区别于作为转语的终结,即死亡。目的不是结束,不是死亡。目的必然包含善。③ 总而言之,在亚里士多德那里,不可能像海德格尔那样读出潜能、死亡与匮乏的优先性。

由此可引出一个辩证的结论:海德格尔对四因的破斥恰恰依赖于他对四因之一的动力因之转化。从对伦理学的具体解读中看,海德格尔是把对人生整体的考虑夸大为明智的唯一对象,而将对世内事务的谋划全都打发给技艺。换言之,正是因为海德格尔在对亚里士多德伦理学的解释中,牺牲了亚里士多德实践概念中包含"涉世性"在内的两重性,海德格尔才能在存在论上消除目的因,从而把动力因单独提炼为此在之自身超越的绽出机制。

这里出现了一个意味深长的局面,对于亚里士多德四因说,无论像牟宗三那样发挥,还是像海德格尔那样破斥,他们最终竟不谋而合地全都强

① 参见亚里士多德《形而上学》第12卷,1072b35—1073a。
② 海德格尔:《路标》,第347页。
③ 参见亚里士多德《形而上学》第5卷,第16章,1021b25—31。

调动力因、淡化目的因。差别仅仅在于，牟宗三是受《易》、《庸》的理学解释传统的诱导不自觉地走到了这一步，而海德格尔完全是别有深意的。

但这样一来，依赖亚里士多德来重释中国思想，与超克亚里士多德来重建西方哲学，却落到同一窠臼里。无论依赖还是超克，全都缺乏他们自认的彻底性。为此，不得不重新回到四因说的起源，看看被两位 20 世纪哲人有意无意忽视的目的因学说究竟何以得到亚里士多德本人那么高的重视。

三　生成、造作与哲学的第一开端——四因说的起源与密意

对亚里士多德而言，四因说不仅是他个人的贡献，更是哲学本身所要求的。因而所有的哲学流派都在四因说的内部打转。① 对于本文的基本任务——将哲学本身问题化——而言，没有比考察四因说的起源与深意更妥当的进路了。讯问哲学第一开端的前提，即是讯问四因说及其所蕴问题意识之所从出的原初经验整体。

原因（aitia）概念在柏拉图笔下的苏格拉底那里就已出现，这对于确认理念论的起源有决定性的帮助。② 但柏拉图并未整理出一个系统的原因学说。把原因确立为哲学研究的中心概念，这是亚里士多德的贡献。他曾在两处地方郑重地提出四因说，一是《形而上学》第 1 卷第 3 章，③ 二是《物理学》第 2 卷第 7 章。这两处的学说都是引导性的。没有它们，第一哲学与物理学的主干研究无从展开。从文脉看，前者关涉哲学一般，而后者关涉自然研究这个分支。

在《形而上学》之首卷首章，亚里士多德就把智慧与经验特别是技艺区别开来。与经验相比，技艺包含了对于原因的知识，因此更富于智

---

① 参见亚里士多德《形而上学》第 1 卷，第 3—6 章；《物理学》第 2 卷，第 2 章，194a30—35。

② 参见 R. Hackforth, *Plato's Phaedo*, Translated with an Introduction and Commentary, Cambridge: Cambridge University Press, 1955。

③ 在《形而上学》第 5 卷第 2 章，亚里士多德重新回到了四因说，其内容与《物理学》第 2 卷第 7 章基本相同，但在这里没有像后者那样发挥了对全书讨论的引导作用。

慧。但无外在实用目的的理论知识比制作—技艺知识包含了更彻底的对于本源与原因的认识。因此"明显地，智慧就是有关某些本源与原因的知识"。① 顺着这个结论，亚里士多德明确地将哲学的任务确定为探究原因。在首卷第三章，他系统地提出了"本体意即何所是"、"质料或基底（主词）"、"运动之始因"及其相反者意即运动之"终极与本善"这四类原因。而早在前一章，亚里士多德已经说明了，理论中的最高门类在于认识目的——即事物各自的"本善"与全自然的"至善"。②

我们可以看出，四因是在智慧与技艺的差别中被引入的。但这不是亚里士多德就此差别所做的唯一发明。在某些方面更为系统和丰富的讨论见于《尼各马科伦理学》第 6 卷。智慧与技艺的首要差别并不是对原因的认识的彻底性与纯粹性，而在于，智慧是理观性的，关注的是永恒的、必然的、普遍的、不变的主题。这些主题高于人类的实践与器物。而技艺则是制作性的。它和明智一样，关涉的是暂时的、或然的、有生灭的、具体的人类事物。③ 作为知识和努斯的统一，智慧所观照的崇高主题包括自然。如此，《形而上学》开篇引导出四因说的"智慧之超迈"，就被《伦理学》落实为例如自然物对制作物的超迈。而自然与技艺的差别正是《物理学》第 2 卷引导出四因说的基本进路。《尼各马科伦理学》第 6 卷在四因说的两个出处那里架起了桥梁。如我们所见，这桥梁的中心是在三处文本里共同出现的概念——"技艺"。正是通过同技艺及制作不断区别开来，智慧与智慧所研究的自然才显示了重大与崇高。换句话说，技艺对于四因说似乎具有某种亲缘关系。

不过，这些亚里士多德式的清晰在其根基处却带有某种不可测的含混。

首先是对技艺的限定。亚里士多德在对技艺单独进行讨论的时候，没有忽略，除了"制作"之外，技艺中还包含了"使用"。制作技艺需要认识产物之质料，而使用技艺则要认识制作产物之形式。④ 更有甚者，他暗

---

① 亚里士多德：《形而上学》，982a。而按照第 5 卷第 1 章的讨论，"本源"这个概念可以被吸纳到"原因"概念中去。于是，早期希腊哲学探讨的"本源"都是四因中的特定原因而已。

② 亚里士多德：《形而上学》，982b6—7。

③ 参见亚里士多德《尼各马科伦理学》第 6 卷，第 7 章。

④ 参见亚里士多德《物理学》第 2 卷，第 2 章。

示了使用技艺是主宰或统治着制作技艺的"主导性技艺"。① 此类内在区分明显和柏拉图在《理想国》第 10 卷作出的区分相通。② 由于柏拉图没有明确区别技艺与实践，他以使用技艺来解释的东西恰是亚里士多德倾向于用实践或明智来解释的。③

然而，当亚里士多德试图用技艺与自然或实践、智慧等进行对照时，他就默默地将之限制为制作技艺。正是这个限制支持着《物理学》的开端，乃至渗透到整个四因说的前提中去。

正如《形而上学》的开篇，亚里士多德必须把智慧与技艺区别开来以引导出四因说那样，《物理学》第 2 卷一开始，他也通过把自然与技艺区别开来，以证成对自然的四因式探究。自然与技艺的区别首先是"万有论"上的区别。存在着的一切事物，有的是"由于自然"而存在，有的则是作为技艺的制作产物而存在。正如亚里士多德不止一次指出的，希腊文"自然"（physis）的原意是生、生长，其后意义拓展为向着结果的生长也就是生成。作为所生成者，自然物与被造作出来的技艺产品的最大区别在于，前者的始因在自身，④ 而后者的根源在自身之外——"人由人产生，而床却不是由床产生"。⑤ 这就是说，自然物与制作物的主要区别在于动力因是否归属自身（是否由"自"而"然"）。

不过，动力因归属的提出，仅限于将自然物与制作物区别开来。动力因既非唯一的、亦非首要的发问方向。整个《物理学》第 2 卷的唯一任务在于揭示全部四因——特别是目的因——适用于自然研究。为此，在把自然物与技艺产物区别开来之后，亚里士多德立刻反其道行之，在自然与技艺之间恢复了一系列决定性的类比，以便在自然研究中可以按照形式、质料特别是目的去发问。

亚里士多德首先区别了自然与自然物。自然相当于自然物之原因。自然物"按照自然"运动。而自然与自然物的关系，类似于技艺与制作物

---

① 参见亚里士多德《尼各马科伦理学》第 1 卷，第 1 章。
② 参见柏拉图《理想国》第 10 卷，601c—602b。
③ 关于柏拉图技艺观的复杂性，参见《政治家》中罗列的各种技艺。他将"政治"这个在亚里士多德那属于"明智"的活动同样置于"技艺"之下考察。
④ 参见亚里士多德《物理学》，192b14。此处指种类意义上的自身。
⑤ 参见亚里士多德《物理学》，193b9。

的关系。① 自然物具有质料与动因是明显的，亚里士多德最需要论证的只是，自然物也有形式与目的。此时他不得不乞灵于自然与技艺的相似性。"如果技艺模仿自然，并且，在技艺中认识形式与质料是同一门知识的任务，那么……自然学也就该通晓形式与质料这两种意义上的自然。""如果按照技术的东西有目的，那么显然，按照自然的东西也就有目的。"②

总而言之，四因说能够用于自然研究的理由在于：自然与技艺类似（这个类似是由于技艺模仿自然）；制作技艺具足四因；自然物因而具足四因。自然在最高的意义上，等同于自然物之"目的"与"形式"。然而，在《形而上学》、《物理学》以及《尼各马科伦理学》的引导性教诲中可以发现，对包括自然研究在内的智慧全部说明都在于先同技艺划清界限。据此矛盾，似乎可轻而易举地像海德格尔那样解构亚里士多德，③ 或干脆像舒曼那样宣布，亚里士多德实际上暗自依据"手工业"的造作经验缔造了全部西方形而上学传统。

从海德格尔的批判可以看出，哲学第一开端的关键在于技艺与四因之关系。是否像亚里士多德的上述诸篇引论显示的那样，四因源于造作经验的先行领会，而又施之于自然之生成问题？是否四因说的秘密就在于把自然也比拟为某种制作产物？

从表面看起来，在解决第一本体问题中占据很大比重因而流传最远的两个原因（形式与质料）同制作技艺有密切的关系。但亚里士多德本人在四因中最重视的是目的因，而标志着其哲学特点、将他同例如柏拉图区别开来的则是形式因、目的因与动力因的合一。换言之，形式因最终被整合到目的因中去，因而整个形式/质料这组原因全都被潜能/实现这对被目的因主导的概念重新赋予了含义。这样，要彻底了解上述问题，就得将之推进为，主导着四因的目的因是否源于技艺经验抑或其他经验？无疑，在《物理学》第 2 卷中，亚里士多德借助与技艺的类比，确认了自然物同样具有目的。然而，技艺的目的究系何指呢？对此，《物理学》中蕴含着两种不同的回答。按照第 2 卷第 6 章的论述，技艺的目的就是制作活动在那里终结的东西，也就是制作产物。另一方面，在同卷第 2 章，亚里士多德

---

① 参见亚里士多德《物理学》，193a32—34。注意此时亚里士多德已开始偏离了上文的结论——自然是自然物同类的动因，而技艺则与制作物并不同类。

② 参见亚里士多德《物理学》，194a22—28、199b18—20。

③ 参见海德格尔《路标》，第 341 页。

在讨论技艺的语境中指出："我们所用的东西，全都是为了我们而存在的，因为在某种意义上，我们自己就是目的。"① 据此，技艺的目的乃至一切"目的"被精细地区分为两种：一种是制作活动所指向的（towards which），即产物；一种则是制作活动所为的（for which），即使用该产物的人。② 后者虽是使用技艺的直接目的，但同样也是制作技艺的最后目的。制作的产物不是别的，正是被使用的东西。制作是按照使用的需要去形塑质料的。亚里士多德随同柏拉图重新确认，使用技艺"主导着"制作技艺。亚里士多德的推进在于，确认了使用技艺认识形式，制作技艺认识质料。这样技艺之间的主导—从属关系就转化成了形式认识与质料认识之间的关系。考虑到柏拉图有意将"技艺"的范围扩充到足以包含实践的地步，与被亚里士多德限制为"制作"的狭义"技艺"概念相比，以人为目的之"使用技艺"更接近于"实践"概念。"使用技艺"对"制作技艺"的主导，意味着"实践"对"技艺"的主导。

实践对技艺的主导，对于彻底勘察四因说的前提，进而重估作为哲学第一开端的亚里士多德形而上学来说，是极为关键的。笔者不能同意被舒曼所激进化了的海德格尔式结论——四因说乃至整个形而上学均出自"造作经验"中包含的先行领会。我们的理由是，在《物理学》与《形而上学》关于宇宙的最终方案中，亚里士多德论证了自然的动力因与目的因是合一的。而在制作技艺那里，动力因与目的因则明显不是同一的。亚里士多德借助了与技艺的类比来引出自然之目的，但这一类比不足以引出自然的目的就是自然之动因。不唯宁是，他把实践与制作技艺明确区别开来的论断正是："实践的始因与目的是相同的。"③ 不存在自足的制作。实践主宰着制作。手工业制作总是嵌在实践的语境中的，谁如果试图像舒曼那样宣布有所谓"手工业的形而上学"，那么他一定已不自觉地随之引入了"实践的形而上学"。

那么，标志着亚里士多德哲学最基本特征的"动力因与目的因之合一"确实来自"实践经验"吗？事情当然不会如此简单。亚里士多德不是简单地诉诸"实践"，而是更重视"实践"本身的条件。对实践条件的

① 参见亚里士多德《物理学》，194a35—194b1。

② 此两重目的据牛津本翻译为"所指向"与"所为"，参见 J. Barnes, ed., *The Complete Works of Aristotle*, Vol. 1, p. 332。

③ 参见亚里士多德《尼各马科伦理学》，1140b15。

分析，与对自然运动和理论沉思的分析殊途同归地揭示了"动力因与目的因之合一"。换言之，既非单纯的技艺，亦非单纯的实践，而是实践、自然与理论所共有的原因状况才是亚里士多德目的论的真正精髓。这就是亚里士多德用其哲学史预先概括表述的东西——心（努斯）与善的关系。他强调说，心就是动力因，善就是目的因。善又不离其他形式而在，而非超然于其他理念—形式之上的终极。这样就把三重原因的思考，与他先前的重要哲人联系起来了。实践、自然与理论沉思的最终的原因分析，都是以心与善的关系为哲学—历史的引导的。

阿那克萨哥拉提出了"心"（努斯），但却仅将之理解为动力因。① 苏格拉底—柏拉图看到，单纯的努斯只能解释宇宙产生，却无法解释宇宙为何如这般存在，并且，无法解释宇宙的秩序及其善好。由此，他们把讨论推进到，努斯必须按照善来决定选择什么秩序安排宇宙。② 为弥补动力因的不足，柏拉图提出了目的因（善）和形式因（理念）以解决宇宙秩序的起源。但动因虽是为了善好、按照理念行事，三重原因却是有分别的。善与理及心可以分离，且超越于后两者之上。柏拉图的神只是一个动力因，善高于它。没有理念，神亦无法成事。③ 柏拉图的创世论，四因具足而彼此分离，完全符合"制作技艺"的特点。亚里士多德则不然。其宇宙—本体—神论的最后模式固然也是宇宙因神而动，但亚里士多德的神不是单独的动力因，而是目的、动力、形式三因合一。

三因合一的论证，在实质上就是宇宙—本体—神论不同论证道路的殊途同归。《物理学》与《形而上学》的旨归一致，无非一个从动因、另一个从目的因以及形式因揭示而已。亚里士多德在《物理学》中从动因出发，将自然描述为"自己治愈自己的医生"。而在《形而上学》中，他则从目的因出发宣布，"其实健康自己才是医生"。④

但是，这个宇宙—本体—神论的归宿，最后赅摄三因的第一本体是经

---

① 这种强调动力因中根本没有与目的之本质联系，因此有宇宙游戏者含义的解释，可特别参见尼采《希腊悲剧时代的哲学》，李超杰译，商务印书馆 2006 年版，第 104、108 页。海德格尔对动力因的此在式解释其实源于尼采。但尼采的这个解释本来就是亚里士多德的旧意，参见亚里士多德《形而上学》，1075b5—10。

② 参见柏拉图《菲多》，97b—99d。

③ 参见柏拉图《蒂迈欧》，28a—30d；J. M. Cooper, ed., *Plato：Complete Works*, pp. 1234 - 1236。

④ 参见亚里士多德《物理学》，199b30；《形而上学》，1075b10。

过亚里士多德拓展的"努斯"概念。阿那克萨哥拉那里的努斯只是单纯的动力因，以至于苏格拉底必须为它补上"善"这个目的因。亚里士多德既将动力因与目的因合一，则称之为善或心，都无不可。但心这个名词，在亚里士多德之前的哲学史上已经出现了其动词形态——"思想"或"心思"，① 已为亚里士多德准备好了讨论心的"存有与活动"的概念基础。因此，他主要用"心"及其动词化（"思"）支撑起《形而上学》里最崇高的那些段落。"心思（noesis，或译为'思'）本身是关于那至善，至高无上者关于那至高无上者……心触及所思、把握所思，心与所思相同。凡能受致所思与本体（ousia）的，才是心。当心秉有所思时，它才是实现活动，故与其说心容受神性，不如说心秉有神性。所以理观（theoria）是至乐至善……并且生命也是属于神的。生命是心之实现活动，而神就是一种实现活动，神的实现活动自在地是至善的与永恒的生命。因之，我们说神就是一个至善而永生的存在者，以致生命、连续不已之永恒均归属于神。这就是神。""因此如以心为至善，心就只能思神圣的自身，【则这种思】就是思思之思。"②

这两段代表着整个亚里士多德哲学的顶峰，关涉的是对全部西方哲学来说至关重要的问题。其一，心之自足性。其二，心与神的关系（因而蕴涵着哲学与神学以及宗教的关系）。以上两个问题互为表里。其三，神的存有之永恒性包摄了连续不已之永恒性。

在亚里士多德那里，三因合一的最彻底论证是从神（即善）之实现性与心之自足性出发的。前者是目的因下摄动力因。后者是动力因而上通目的因。前者类似于性体摄心体，后者近似于心体通性体。心之自足性的成立，端赖于作为心之活动的思想的特性。心贯穿天人。人灵魂中最高贵的部分是其本心。此心之高贵，端在于可参与宇宙之大心、神心、道心。《论灵魂》中对人心之思的考察结论，也适用于其所分享的、《形而上学》中关注的宇宙大心之神思。在《论灵魂》中，亚里士多德以心之所思（noema）与心（nous）为同一，或以心之所思与行思（noesis）为同一。亚里士多德认为，心与所思只在所思之当下一念才是同一的。无思无虑之

① 例如从巴门尼德起，古代希腊思想家开始运用 noein（思维）概念。参见 H. Diels, ed., *Die Fragmente der Vorsokratiker*, revised by W. Kranz, Berlin: Weidmann, 1961, S. 238.

② 亚里士多德：《形而上学》，1072b18—30、1074b33—35。

时，心似白板，与所思只能为潜在的同一。行思与所思在均是无质料之形式（eidos）的意义上合一。当前一念只是潜在的可分，在现实性上是不可分单统一者。①

在《形而上学》第12卷第9章中，这几个观点都以某种方式得到了再现。只是，该章的主题是作为宇宙之始因的大心。大心及其行思、所思为一，就是神及其思、所思合一。如此，宇宙之本就是思想自身的思想。神，不外于心或者思。因此哲学思维是最神圣最虔敬的。这就严格论证了上文所引之段落。什么是神？心及其思就是神。心何故自足？心之存有不外乎其活动亦即思，而心之能思与所思现实地合一。神、心、思三者，本无分别。唯因如此，宇宙方有其永恒运动，周行不殆。此观点虽是西方哲学史上被概括为本体—神论的大传统，但亦因此概括，易生误解，须加说明。

柏拉图在一般理式之上高悬"一"或"善"这两个分离的超越理式，将此喻为日光，无之则心对理式的思想并不可能。从根本上说，正因善之理与心分离，柏拉图的宇宙论才是制作模式。亚里士多德则认为，当前一念的思想，就是现实上的"一"。此单一体只在潜在意义上可分割为多。则所谓"一"，不离形式而在。除形式外无所谓孤立之"一"。② 而柏拉图在日喻中归诸分离的"善"的"显明照亮"功用，亚里士多德亦归诸努斯之当下实现的思想。③ 然则所谓"善"，亦不离心及形式而在。由此可见，亚里士多德将"一"与"善"融摄于心—思之中。以心思吸纳理式，不立分离的一与善，这才是自足学说的精义。唯此才能真正终结所谓"手工业的形而上学"。

由以上分疏可知：亚里士多德四因说的起源不单限于始因、终因有别的造作经验，而更多地体现在自然生成与实践智慧皆有的、始终二因合一的自足活动。而四因说之密意在于，无论体现为自然生成还是实践智慧，自足活动之精义要在于心之思虑，无论是神心还是人心之思。因此，亚里士多德的自足学说，衡之以中国思想特别是儒家义理学，可算某个形态的心性论。

---

① 参见亚里士多德《论灵魂》第3卷，第4、6章。

② 参见亚里士多德《论灵魂》，429b29—430a1。《形而上学》1003b24—35中以"存有"（"是"）融摄"一"的论证，1075a6—10中复合与单一问题。

③ 参见亚里士多德《论灵魂》，430a15—19。

四　哲学的另一开端：造作、生成与生生

我们至此终获得一个基准，用以权衡 20 世纪中西哲学各自的重建，并进而探究哲学另一开端之可能。

海德格尔以"造作"解哲学第一开端，盖有所见而未澈。亚里士多德对柏拉图的推进，以及海德格尔本人的亚里士多德解释表明，"造作"必隐含了"实践"。而实践中包含的动力因（生）与目的因（成）之对待及其解决才是哲学第一开端之主导问题。换言之，实践之理是"生成"的统一性，即与动力因合一的目的因之自足性。追究"造作"，当推至追究"生成"及其自足性。

揆诸海德格尔的所有思想努力，跳离哲学的第一开端，无非就是从亚里士多德之"存在"返回前苏格拉底之 physis。其中蕴含了至少这样一条道路：以一种去存在中心的心性论重释 physis 经验。然而，消除存在追问之至上地位后，心性论可否仍以某种形态开展与转化？在"生成"—"造作"传统之后的 physis 之经验，能否成为哲学的另一开端？这就是中国哲学重新开始的发动性问题。它涉及两个环节，问题之前一环节可确然答之。中国传统思想中的所有心性论内容，都不是围绕存在问题建立，但又包摄了存有之理。中国心性论之传统与西方哲学的会通交涉，是现代中国哲学建立的最重要契机。牟宗三的亚里士多德阐释，实已契入此机，极值得推进。其最大贡献在于将亚里士多德哲学引至儒家义理学视野内。重建哲学必始于重解亚里士多德哲学，中西概莫能外。儒家义理学完全可以自己的传统解开、重构亚里士多德哲学，并进而回到儒家义理学的传统，开辟哲学的新道路。此则与上述中国哲学重新开始问题的第二环节有关。

亚里士多德《形而上学》第 7 卷规定，第一哲学的任务是探究"何为存在亦即何为本体"。① 第 12 卷则总结到，本体可分为三类：可感觉而永恒动变者，可感觉而可坏灭者，不可感觉而永恒者。② 此本体分类交错了动静、可感不可感、永恒灭坏这三重标准。《物理学》将永

---

① 亚里士多德：《形而上学》，1028b4。
② 参见亚里士多德《形而上学》第 12 卷，第 1 章。

恒动变的原理确认为自身不动的致动者，《形而上学》则研究不可感而永恒者。而后者在《形而上学》结论性的一卷中被引入，实因借助"实现"原理解释永恒动变。① 因而使宇宙永恒运动的第一本体是宇宙之神——心。

这是亚里士多德理论哲学中最主要的进路，其意蕴有三点。首先，从《物理学》到《形而上学》的理论哲学的大构架中，动静标准起着首要作用。其次，运动者也是存在者，也是某类本体，不动而致动者则是第一本体，使运动自身存在之更优先的存在。换言之，动静标准，最终转为存在的优先性问题。最后，寂然不动而又使万物动者，唯心体而已。可据此将亚里士多德第一哲学概括为，以存在—本体问题所引导的、旨归为心性论的生成学说。

从这三层意蕴看，亚里士多德哲学的真正努力，即从永恒运动（其范例为永恒的圆周运动②）推演出作为第一本体的不动心体。而以《易》、《庸》为典据的儒家义理学，是从永恒的循环运动，立寂然不动之心体性体。其明显的差别在于没有提出源于系词的存在问题，虽然此问题所蕴之深意，则不可谓在中国思想中毫无端倪。

亚里士多德哲学是生成论进路的心性论。动力因即生，目的因即成。此进路有两个麻烦需要解决：

其一是一切生成论都会遇到的麻烦，"生"与"成"为二元（在中国思想中这叫"二本"）。亚里士多德之学是二元归为一本，亦即动力因归为目的因，生归为成。他的麻烦在于，二元合一不彻底，而合一在目的因，又有混同心意、将未发归于已发之弊。

西方哲学传统中解决二元对立的努力，主要依靠亚里士多德的基本洞见，以目的因吸纳动力因，无非论证两者合一的方式不同。唯尼采之后，多反其道行之，把动力因从目的因之下释放出来。用朱子论太极的话说，动力因只是个发生之理，目的因只是个成性之理。③ 第一传统下的西方哲学向来重视成性，而海德格尔等则重视发生——海德格尔哲学转向的代表作不就是大谈起"发生"（Ereignis）吗？在亚里士多德哲学的最微妙之

---

① 参见亚里士多德《形而上学》第12卷，第6章。
② 参见亚里士多德《物理学》第8卷，第8、9章；《形而上学》，1071b10—11。
③ 参见朱熹《朱子语类》第6册，中华书局1999年版，第2388页。

处，生成关系无非是心与所思之关系，是以第一个麻烦势必引向关于心的麻烦。

其二，亚里士多德把宇宙之始因当作自身不动的推动者。而此推动者即是心。那么，心动否？心之思是否心之动？如心不动如枯槁，则无所谓思，亦无所谓自然生化。如心以思为动，则所思当是所动，致动与所动不可为一，则心与所思何能合一？此问题于亚里士多德哲学必不可解，因他将动静看得过窄，只看作"可感界"有潜能—质料之事。在物理运动与技艺生成中，潜能与质料含义可通，而未思之心（某种意义上的未发之中）虽不含质料，却纯是潜能，如同白板。① 如在此意义上理解宇宙之心体，就会产生"永恒运动的原理是潜能"之谬。这就必须引入本心（choristheis【nous】）、习心（pathetikos nous）之分别。② 本心决非潜能，而是思之整全的纯粹实现；本心是一念全观：既非对部分与片段之思维，亦非念念迁移之思维过程，而是处于永恒当下之中的体物不遗的纯粹活动。

如是，宇宙之大心虽不能以物理运动言，但却是纯粹活动，不仅是"不被推动"那么简单。巴门尼德据"能被思的与能存在的是同一的"，将存在者比喻为自身之内运动的圆球。③ "在自身中运动"极好地阐述了心之思想的特性——既是运动，又不出其位，是思想自身的思想。顺此理路，亚里士多德的"心思"其实就是在自身中运动。除了这自身运动，它自身什么都不是。

由此可体会牟宗三所谓"即活动即存有"之心体与"即存有即活动"之性体合一之西学渊源——只是这个活动，在亚里士多德那里，就是思。思之外本无心，活动之外本无存有。在思那里所体现的自足生成，就是生之当下顿成。生与成的二元对峙的最终解决，是借助心与思之关系，了然自成者无非是生，即生即成。但这一点，是从亚里士多德论神心之思那里提炼出来的。他的宇宙论仍然是以目的作为不动者的先行存在，引发宇宙之永恒运动，最终仍落入存有先于活动、成先于生的进路。亚里士多德成立第一哲学的基本问题绝绕不开"存在"（是）或"本体"，即是所成先

---

① 参见亚里士多德《论灵魂》，430a1—2。

② 通译为"分离的【努斯】"与"被动的努斯"。（参见亚里士多德《论灵魂》，430a22—25）

③ 参见 H. Diels, ed., *Die Fragmente der Vorsokratiker*, S. 238f.

于能生之意。目的论的渊薮就在"存在"之中，海德格尔欲去目的而问存在，岂可得乎！

从根本上说，所谓哲学之第一开端，无非是在存在—本体问题的引导下建立先于生、同于生的体系。而由海德格尔所启之端，则径行颠倒，在存有问题的引导下描述先于成、不居于成之发生（Ereignis）。在中国思想遭遇海德格尔并借之重新发现亚里士多德及整个西方古典思想之后，从中国思想由以兴起的整全原初经验重新审视、权衡哲学开端的机缘已经成熟。《易》、《庸》所立之儒家义理学，固非由存在问题所引导，但确乎同样以永恒运动为经验上的基本问题线索，且将存有（是）之意摄入运动原理之下。① 如果说亚里士多德哲学的精义是存在性（本体）概念统治下的活动原理，那么儒家义理学的精义则是去存在概念的活动原理。这就是儒家阐释的生成—生生之道——易或诚。

儒家义理学之经验境阈自限于天地之内。而于天地之间，更重天道，正所谓"圣人本天"。② 天之为天，在于其不殆不息不已的"永恒"运动。《周易》"乾"卦之《象》曰"天行健"，孔颖达《周易正义》云，"天行健者，谓天体之行，昼夜不息，周而复始，无时亏退"。"复"卦之《象》云"反复其道，七日来复，天行也"。《中庸》则云诚者，天之道也。而至诚不息，是亦以不息描述天行，而以至诚阐释天道。这与《物理学》的出发点"永恒运动"本无二致。与此相同，亚里士多德认为运动之首为位移，而位移之永恒者为体现在天体运行中的圆周运动。圆周运动是永恒的。③

不过，永恒运动只是共通现象，其道、理为何，才是义理学之秘要。中国思想的贯通，是从将永恒运动确立为首要现象线索开始的。而中西思想的分野，则始于对现象之不同解释。亚里士多德为探求永恒运动之道，通过范畴学将运动分类，更凭借四因说提出了纯粹实现——即作为第一本体的心。如果这可算作从名理入手的"逻各斯道路"，那么儒家义理学则走着一条直接描述运动本身之呈现的"现象学道路"。在《周易》系统中，天地是乾坤的"形"、"象"、"用"，而乾坤就是范围天地的"元"、

---

① 参见丁耘《是与易》，载《儒家与启蒙》，生活·读书·新知三联书店2011年版，第278—281页。
② 《二程集》，中华书局2004年版，第274页。
③ 参见亚里士多德《物理学》第8卷，第8、9章；《形而上学》，1071b10—11。

"体"。这两个"元"不是任何存在者，而是某种"方式"（就是海德格尔偏爱的那个 Wie），即径就其"德"所获之名。① "乾，健也。坤，顺也。"（《周易·说卦传》）乾就是"健"，坤就是"顺"，一音之转。按照这种指示方式，② 无论主词还是显明意义上的"存在"无非也是某种"德"。③ 或可表现为"贞成"或"大有"，但无论如何不可算"元"，低于乾坤。

按照《周易》系统，永恒生成运动之理，正是作为天地之道的乾坤。乾卦六爻皆阳，却有保合太和之用，通天地之共德，蕴"一阴一阳之谓道"之精义。虽然如此，二元一本的紧张在经学解释传统中仍然存在。为避免将天道与一阴一阳之道混同，应当确立将阴阳、乾坤、天地之德的张力均体现于其中的"一本"概念中。在儒家义理学的历史上，符合这个条件的概念不止一种，且彼此有思想史上的联系。在《周易》系统中，它就是"易"；在《中庸》系统中，它就是"诚"。由"诚"之解释开出的宋明理学史中，它也可以是"仁"、"心"、"性"等。

无论《乾凿度》之"至诚"，或《春秋繁露》之"中和"，皆已提示了《周易》与《中庸》之间的隐秘联络。而将《易》、《庸》之间的线索明朗精密起来，且示来者轨辙的，当属理学之祖周敦颐。《通书》的阐释进路，即以《周易》的乾卦之德去解释《中庸》的"诚"。"诚"既完全解决了二元一本的麻烦，又把"易"系统的主要问题——动静以及天人——全部接收了过来。可以说，"诚"之系统是"易"之系统的阐释性转化。《易传》非常明白二元一道之内在张力与偏至。故《系辞》云："一阴一阳之谓道，继之者善也，成之者性也。仁者见之谓之仁，知者见之谓之知。故君子之道鲜矣。"（《周易·系辞上传》）仁知之偏，皆因从乾坤阴阳一元理会道体之全。仁者主始生，即重动力因。知者主终成，即重目的因。以此回看亚里士多德的目的因系统，是知者之学无疑。

二元一道既有偏颇，其解决之途有二，或张大乾元，以纳坤德，以一道系于乾元之下。此即李道平所谓"一阴一阳，皆统于乾元。"或进一步

---

① 五行同样是依据"德"确认的"运动方式"，而不仅是五种东西。如水曰润下，火曰炎上等。

② 参见阮刻十三经注疏本《尚书正义·洪范》，中华书局影印本，1980 年。

③ 从形指示德，就是《系辞传》所谓"形而上之谓道"，详见丁耘《是与易》，载《儒家与启蒙》，生活·读书·新知三联书店 2011 年版，第 285—294 页。

单提诚体，统摄乾坤。此即《中庸》之所以作。李道平疏"继善成性"章说："乾各正性命为'性'……人得乾善之统，资坤之化以成性，故曰'继之者善，成之者性'。即《中庸》'天命之谓性，率性之谓道'是也。"① 是《中庸》首句，即从张大之乾德来。乾德即天命。其变化正性，是以其"利贞"之德，通摄坤元。故"天命之谓性"，是一统乾坤、生成之语。《中庸》纲领落在一个"诚"字上，"诚"即张大之乾元。"诚者，天之道也。诚之者，人之道也。"（《中庸·第二十章》）没有什么词句比这更明朗地显示了天人之际，比《周易》更为直接地将天人关系凝结在一个字眼里。

诚与乾坤是一类概念。它也同健、顺一样，是一个从德目里借用的概念。从人德里借用的概念能指示天道吗？这引起了坚执价值/事实、人为/自然界限的哲学史家们的疑问，② 好像希腊哲学从未用善、心、思、言、统这些同样源于人类现象的概念解释自然本源一样。"诚"之殊胜绝不亚"思"、"言"之属。《说文》将"诚""信"互训。③ 则"诚"即是所言成就，是意或者话实现了自己。从西方哲学看，"诚"中当凝结了思维、语言、存在、真理这些头等的哲学意蕴。用中文义理学的名相考察，它纳入自身之内的最重要意蕴就是"生"和"成"。就字面而言，"诚"即指所生之言意实现、达成——生而必成，即是诚。

就《中庸》而言，"诚"与"成"的字面上的密切关联是很容易发现的。就《易》、《庸》之内在关系而言，则"诚"将乾"生"、坤"成"之德合于一体，与张大之乾元相通，彻底解决了二元一本的难题。另一方面，《庸》更主乾元"不息"之德，圣人"不已"之德，且将天人之乾德均绾合于"诚"。

"故至诚无息。不息则久，久则征，征则悠远，悠远则博厚，博厚则高明。博厚，所以载物也；高明，所以覆物也；悠久，所以成物也。博厚配地，高明配天，悠久无疆。"（《中庸·第二十六章》）《庸》系之于首

---

① 李道平：《周易集解纂疏》，中华书局1998年版，第560页。

② 参见劳思光《新编中国哲学史》第2册，第62—69页。张岱年有近似思路，其《中国古典哲学范畴要论》唯独为"诚"出两条目，分别列于"自然哲学"与"知识论"之下。又于前条下列"诚"有"道德境界"意。实有三义分疏。参见张岱年《中国古典哲学范畴要论》，中国社会科学出版社2000年版，第100、232页。

③ 参见段玉裁《说文解字注》，中华书局1981年版，第92页。

的正是"至诚不息"。《易》之《象》曰"天行健，君子以自强不息"，《庸》则引《诗》云"'维天之命，於穆不已'，盖曰天之所以为天也"。（《中庸·第二十六章》）不息不已，显属乾元之天德。所谓"无疆"，《易》将之配坤；《庸》则单提之配悠久，直通于不息之天，转入乾元。盖《周易》终卦为"未济"。《序卦传》释曰，"物不可穷也，故受之以《未济》"，终焉。"无穷"即"无疆"。

"有天地，然后万物生焉"（《周易·序卦传》），则天地非物，而是万物无穷之理。万物无穷之理，即诚之不已不贰、易之生生不息。体用不二，易、诚、天、地之德，又必现于万物无穷、君子不已，而非悬于人物之外之存有。无论《易》、《庸》，皆主成性存存、反复其道之意。始生必有所终成，而终成又非绝对目的，必更始起新。此与中国思想不可以"存在"（是、所是、本质等）问题为主导，是同一思想事件的不同面相。中国古典思想之精义，在于以生生摄生成。单提生成，只是元亨利贞。生生不息，则蕴贞下起元、一阳来复。如是，无论释之以易或诚，不息不已、悠久无疆，才是 physis 大化流行之全体大用。哲学的另一开端，由此而现。

《中国社会科学》2014 年第 4 期

政治学·公共管理·国际关系

"预付人权":一种非西方的
普遍人权理论[*]

赵汀阳[**]

摘要 对于一个被公共化的共享概念,西方人权文化的历史背景不意味着解释的特权,既然人权被认为是普遍有效的概念,它就必须在理论上是开放的,在文化上不可以设限。天赋人权在理论合法性上的失败,特别表现为它所包含的自毁逻辑。人权制度只能以公正原则作为唯一最高原则去定义人权体系,人权就是每个人能够被公正对待的权利。预付人权理论认为,每个人生来就获得人类预付借贷给他的与任何他人相同的权利,人权虽然不劳而授,但绝非不劳而享,否则损害公正。一个人获得并接受了预付人权就意味着承诺了做人的责任,并且将以完成做人的责任来偿还所借贷的权利。如果拒绝了预付人权所要求的部分或全部义务,就视同自动放弃了部分或全部人权。预付人权保留了天赋人权理论的几乎所有优点,而消除了天赋人权理论反公正的危险因素,不仅具有理论的普遍有效性,而且具有允许因地制宜的实践弹性。

关键词 人权 预付人权 关系 公正 博弈论

---

* "预付人权"的初步构思最早见于笔者的《论可能生活》(1994),又有短文发表于《哲学研究》(1996/9)。开始称为"有偿人权",也称"预付人权",现在统一为"预付人权",因为它与"天赋人权"的对比性更加清楚一些。"预付人权"这个概念在欧洲讲演时笔者曾经译成 conditional human rights,credit human rights 这个比较传神的译法是黄平先生帮笔者确定的。关于"预付人权"的观点,先后有邱本、王海明和石勇等多位先生提出批评和商榷,特别是石勇先生的两篇长论文,分析尤其细致,谨向诸君致谢。现在笔者对这个理论有了更严格和更深入的想法,事实上在写作本文时,黄平先生和张宇燕先生在策略分析、公共选择和博弈分析等问题上已经提出了许多宝贵意见,特此表示感谢。

** 赵汀阳,1961年生,哲学博士,中国社会科学院哲学研究所研究员。

一 如何超越人权的知识政治学

人权已经发展成为一个虽无宗教之名而有宗教之实的西方新宗教。人权成为西方新宗教标志着西方现代性的完成以及随之而来的终结（完成往往意味着终结）。现代以来，以人的主体性为基本原则的现代性消解了神的权威，尽管基督教在今天仍然是个具有相当力量的传统精神象征，但已经退化为次要的意识形态；自由主义虽是现代社会的主流意识形态，但特殊的政治偏向使它仅仅是"自由世界"的政治话语而难以成为普遍意识形态。这意味着，现代长期缺乏一种能够一统江湖的最高意识形态。现代的物质世界早已成熟，但其精神无主的状态表明现代性没有完成。在此背景下，人权观念巧妙地消化了基督教和自由主义资源而成为新宗教，人权在今天的地位几乎相当于基督教在中世纪的地位。人权实现了由思想向信仰的转变，可是当人权变成拒绝怀疑的信仰，它在思想上就死了。以人权为依据去批评各种事情就好像是不证自明的正确的政治行为，而对人权的质疑也都好像变成了天生不正确的政治行为。

单就理论潜力而言，人权确有条件被做成一个超越文化特殊性的普遍观念。但人权本来的学理性被宗教性和政治性所掩盖，变成西方用来攻击其他文化体系的一个政治理由。理论与政治的偷换弄脏了人权概念。在这里，我们试图纯化人权概念，消解人权的知识政治学，使之纯化为一个学理问题。

人权概念起源于西方，但对于一个被公共化的共享概念，历史背景不意味着解释的特权。假如一方面人权被认为是普遍的而非专属的，另一方面又把人权的解释权看作是西方专有的，这是无理的矛盾。既然人权被认为是普遍有效的概念，它就必须在理论上是开放的，在文化上不可以设限。假如人权只能按照西方偏好和标准去定义，人权就只是个西方的地方性概念，也就不能用来批评其他文化。因此，人权不是既定的而是一个允许对话和辩论并且可以重新解释和定义的公共概念。在"去历史化"和"去西方化"之后的人权才可能成为一个普遍概念。显然，人权在理论上有着多种可选择的可能含义，在所有可能的人权概念之中最好的那一个，才有资格成为普遍的人权概念，而那个"最好的"人权概念只能是学理上最优的概念。这是重新确定人权概念的唯一正确方法。

"预付人权"：一种非西方的普遍人权理论

不过，在西方话语霸权的影响下，西方价值偏好所规定的人权概念成为目前流行的人权解释框架，世界各国由于没有发展出别的更好的人权理论，在人权问题上就只好默认西方的解释框架，于是，即使反对西方的人权批评，也只能在西方所规定的框架内去进行辩护，这样就事先受制于人，完全没有主动权，无论什么样的辩护都自陷于被动。默认对方给定的不公正解释框架是一个严重的政治失误，默认心灵受制于人就等于出卖心灵，等于签订了精神上的无条件的投降条约。

非西方国家缺乏自己创造的人权解释框架，就不得不默认并且受制于西方的解释框架，因此所能想到的对西方批评的反驳策略主要是这样几个类型：（1）试图证明自己国家的人权状况已经逐步得到某些改善，并没有像西方所批评的那么糟糕；（2）反过来指出西方也同样存在着尚未解决的人权问题；（3）提出某些别的人权项目，试图通过增加人权项目来削弱批评。

这样一些辩护策略并不成功，不仅被动，而且弱势。策略（1）是非常不成功的辩护，因为预先承认了西方标准并且承认自己有错误，尽管把错误解释为客观条件限制所致，那也仍然是错误，既不能把错的说成对的，甚至也不能把大错说成小错；策略（2）是最幼稚的辩护，而且不成立，因为别人的错误不能用来为自己的错误辩护，更不是自己也犯错误的合法理由；策略（3）相对来说有些积极意义，但微不足道，至多稍微冲淡西方色彩，因为所增加的新项目只是在承认了西方框架的前提下才是有意义的，而且，新增加的项目没有理由成为基本项目而只能是补充性项目，因此终究缺乏力量。以上几种常见的不成功辩护策略表明了非西方国家在知识论上的失败。

这些策略失败的一个知识论原因是错误地承认某种游戏是唯一可能的游戏，因此把西方定义的人权看作是既定的游戏。这里涉及对游戏理论（在哲学中称游戏理论，在经济学和政治学中也称博弈论）的一个基本理解。维特根斯坦相信游戏的根本问题是规则问题，它是所有制度及其实践模式的哲学基础。但维特根斯坦忽视了另一个甚至更根本的游戏问题，可以称之为"游戏种类选择"问题（维特根斯坦对规则的技术性困难更感兴趣，而忽视了游戏的政治学意义）。游戏的选择是一个前规则问题，它是游戏的原始出发点。生活总要进入某种游戏，但在把某种游戏确定为共同承认的游戏之前，存在着一个创造性的原始游戏，它是"选择游戏的游戏"，在这个特殊游戏中，所有规则都是未定的，而且正是需要被选择和规定的，这意味着在理论上存在着多种可能游戏，它们都是同等资格的候选游戏。选择了某种游戏就是选择了某种政治。人权必须被看作是个未定的游戏，这样就能够把问题退回到原始游戏状态也即退回到理论起点进行重新反思。

以学理去解构政治是拒绝话语霸权的最好方法，但有必要注意一种并不成功的学理策略，一般称作文化多元论或者相对主义策略。为了反对西方的人权批评，非西方国家往往以多元论或相对主义为理由去坚持自己的文化权利，例如亚洲有些国家的政治家和学者主张"亚洲价值"（类似的还有"伊斯兰价值"）去反对普遍主义价值观，其论证策略主要是强调价值观从属于文化，而不同文化之间缺乏可通约性。

如果一种价值观不承认普遍主义，就没有希望成为普遍规范，就没有资格对世界问题说话。普遍主义价值观未必总是对的，但它却有应对普遍问题的气度、设想和责任感，这就是普遍主义的"普遍性"资格。地方主义虽然可以是一种文化保护主义策略，但无法应对普遍问题，因此，地方主义并不能真正解构话语霸权，最多是对话语霸权的一种未必有效的设限，而霸权仍然还是霸权。要真正解构话语霸权，唯一有效的做法就是去发现更好的普遍主义理论。各种文化之间存在着许多不可兼容的差异和冲突，如果把各种价值都说成是普遍价值，或许有助于互相尊重，却不能改变和解决任何问题，而全球化已经给定了普遍交往和合作的要求，于是必定需要一种能够获得普遍认可的并且能够解决共同问题的普遍价值体系。这样一种普遍价值体系目前尚未存在，它必须被构造出来。

二 西方人权概念的地方局限性

人权是典型的现代观念，现代观念又被认为是经过理性批判而建立的超文化观念，而超文化就同时是超历史的，这是现代普遍主义的梦想。以康德为典型代表的现代哲学家最理解理性的力量：只有理性才具有"普遍形式"，因此才能把某个观念整成普遍观念。但西方人权承载着太多的西方文化特殊偏好，并不是理性所能够消化得了的。我们可以通过检查西方人权所必需的一些基本假设，把伪装成普遍知识的西方人权概念还原为一种地方信念。

"预付人权"：一种非西方的普遍人权理论

自基督教取代希腊哲学成为西方的精神主导，西方在价值观方面就再也没有越出宗教格式，人权就是西方的现代宗教。启蒙对神权的否定虽然导致了传统宗教的衰落，却继承了基督教的许多假设，只不过把神的宗教变成了人的宗教。新教以来，基督教不仅肯定了在上帝面前人人平等，尤其还肯定了每个人与上帝直接交通，这样就把平等的信念落实为平等的权利。来自基督教的平等观念成为现代性的重要基础，它至少支持了这样几个现代信念：（1）每个人不依赖于他人的独立价值；（2）每个人的平等价值；（3）每个人的个体价值相对于他人的绝对地位。因此现代性可以追溯到基督教，至少到马丁·路德。正是基督教把"人"这个整体单位真正分化成为个体。在此之前，虽然有"个体"，但个体总是属于共同体的，还没有完全独立的意义，而基督教通过建立每个人与上帝的直接神圣关系而压倒了人与人的世俗关系，于是每个人都从他人那里独立出来了成为"他自己"。在所谓"上帝之死"之后，已经独立于他人的个人甚至与上帝的关系也不再真实，人虽然孤零零，却升格为绝对价值。"个人"这一存在论单位与"个人权利"这一伦理学价值的结合完成了现代性的基本结构。个人的绝对价值正是西方人权的必要假设和根本意义。在价值上独立自足的个体概念是经过基督教和现代启蒙两道加工而形成的，这其中的宗教背景和现代性背景都是西方特殊的地方文化，只不过西方试图把它们推销成普遍观念。西方文化的成功传播更多地依靠了武力、殖民和霸权，而很少由于他者的主动仰慕而得到成功传播，这一点说明了西方文化并没有普遍魅力而只是一种地方偏好。在世界的其他文化里，甚至包括基督教之前的希腊文化，在关于人的理解上都没有如此突出个体的优先地位和绝对地位，而是更重视共同体的意义（家庭、城邦、部族或国家等）。

从理论上说，"个人"是神学的一个存在论虚构，它并不存在于真实生活中，而只存在于神学生活中。神学生活是一个只有"人与上帝"以及"上帝与魔鬼"这样单调关系的可能世界，因此人可以仅仅以"个人"这一单调身份与上帝交往。可是在世俗世界中，"个人"这一身份显然过于单调以至于无法表达丰富的生活内容和意义，而且人与人的关系比人与神的关系要重要得多，事实上每个人的各种生活意义都不得不在与他人的关系中被定义，或者说，人的意义不可能还原为个人概念去说明。西方人权文化的背景是神学文化，这一不协调的背景使它具有悖谬性的后遗症，它所设想的人的概念只在某个可能生活中有意义，而不是一个对各种可能生活普遍有效的人的概念。一个普遍理论必须能够把各种可能世界和可能生活计算在内，而一种文化传统却只能表达一个特殊的可能世界及其可能生活。

三　人权论证的有效策略

既然目前的人权概念并非普遍有效，我们就需要重新构思人权概念。要论证一个有普遍意义的人权概念，其论证策略就必须把真实世界的所有可能生活考虑在内，以笔者目前的考虑，这样一组论证策略应该是合适的：

（1）要定义一个普遍有效的人权概念，就必须把所有可能生活考虑在内，即把各种可能出现的行为策略考虑在内，而不能仅仅代表某种地方生活。

（2）给定理论 T，那么必须考虑 T 所需的防护能力，或者说，T 是否能够承当得起 T 所带来的可能后果？T 是否有能力应付 T 所可能导致的各种问题？这是个"理论担当问题"。人们对某种观念如此偏爱以至于往往只看到好处而忽视其后果。这个问题也可以看作是一个博弈论问题：理论 T 相当于给出了一个制度策略，于是就不得不把人们的各种可能的反应策略考虑在内。

（3）理论 T 必须获得存在论的支持，即 T 所承诺的事情必须是真实世界所能够支付的。这是一个"理论兑现问题"。这个问题也很容易被忽视，人们往往只考虑到一个主张是不是"好的"，而没有考虑到所要求的或所承诺的事情是否是真实世界能够支付得起的。事实上，世界所能够支付的"好事情"远没有人们希望的那么多，而且，在很多情况下，人们的各种要求之间互相矛盾或者互相消解，从而减低了世界的支付能力。

人权理论是一个非常"入世"的理论，因此必须把生活条件以及各种或许出现的可能生活计算在内。这样的"现实理性"论证策略显然比传统的"概念理性"论证策略更为谨慎。试图仅仅在概念演绎中完成合法性论证的传统方法已经变得非常可疑。最典型同时也最有影响的是康德的伦理学论证，它往往被看作是人权的纯正理论基础。康德相信通过对理性自身的分析就可以必然得出普遍道德原理，其主要成果是"绝对命令"的一般公式和"人是目的"的最高价值观。康德的理论分析模式有着严重局限，至少有两个困难：

（1）理性人假设。这是现代思想的通用假设，假如不把理性原则看作是唯一最高原则，就不可能得出那些康德式结论。可是理性人假设并不符合人的事实，它仅仅表达了人的心智（mind），而没有表达人的心事（heart）。这样的分析模式不仅把人切掉了一半，而且很可能切掉了更重要的一半，因为心事才表达了人们真正想要的东西。正因为拒绝了"心事问题"，康德才能够推出一种单调而无矛盾的道德生活，而丰富多彩的生活就被省略不计了。现代理性主义论证所以显得干脆利索，就是因为省略了许多本来必须计算在内的因素，也就省略了各种本来不得不考虑的困难。回避了心事问题的理性眼界太小，用来理解人和生活恐怕削足适履。而且，仅就理性人假设而言，康德的道德原则也并非唯一的逻辑结论。从理性人假设出发，至少可以同样合理地推出两个以上不同的甚至互相冲突的结论，就像一个方程有两个合法解。理性人不仅可以推论出康德意义上的一视同仁的"道德人"，也同样可以推论出亚当·斯密意义上的追求个人利益最大化的"经济人"。把理性看作是道德基础，既不可靠也不真实，因为理性出产的未必是道德的，理性可以有助于道德，也同样可以有助于不道德。

（2）平等原则和个人全权自主原则。康德理论所以对人权理论无比重要，就在于它能够为人权提供合法性论证（justification），特别是证明人权所必须依靠的两个核心假设：平等原则和个人全权自主原则（autonomy，通常译为"自律"，恐怕片面，因为 autonomy 的核心意义是"自主权"，当然"自主权"包含"自律"）。尽管康德的"绝对命令"逻辑地蕴含了平等原则和个人全权自主原则[①]，但康德论证却建立在一些隐秘错误之上。康德论证的出发点是"人皆有理性"，但从这个前提推到绝对命令还需要许多步骤。由"人皆有理性"显然推不出"理性原则是唯一或者最高原则"或者"所有事情由理性说了算"。能够满足"人皆有之"这一标准的人性除了心智（mind），还有心事（heart）、潜意识和本能，每一样都有巨大能量去左右人的选择。理性使人具有自由意志，因此，由"人皆有理性"推出个人"自主权"倒是可行的，但仅仅

---

① 康德的"绝对命令"是这样说的：Act only on that maxim through which you can at the same time will that it should become a universal law。

有个人"自主权"还远不足以支持现代伦理或人权，还必须能够推出平等原则。康德由理性的普遍性品格推出平等，这固然是个有想象力的方法，可惜由理性的普遍性原理只能或然地而不可能必然地推出平等原则，而由理性的普遍性原理同样可以或然地推出许多反平等原则——康德的"绝对命令"的弱点就在于此。例如有人可以满足康德标准而同意让"弱肉强食"、"男尊女卑"或者吸毒、偷窃和贪污成为普遍规范，这说明理性不可能控制人的行为局面。由理性普遍性原理不能必然推出平等原则，这一后果非常严重，它甚至将导致个人自主权原则的崩溃，因为，如果没有平等原则去控制个人自主权的限度，个人自由将在失控中无限扩张，个人主义的利益最大化原则将被无限制滥用，而过分扩张的个人自由必定互相否定每个人的自由。

罗尔斯对康德理论进行了重要的补救。罗尔斯虽然没有挑明理性不能必然推出平等的难题，但从他的努力来看，他显然意识到这个可怕的困难，因此想象了"无知之幕"下的博弈，这个虚构条件虽然事实上不可能（许多人批评这一不切实际的设想），但却差一点就成功解决了康德问题。按照罗尔斯的计算，"无知之幕"使得没有一个理性人愿意冒险，于是就"必然地"都愿意接受一个相对平等原则，以保证即使自己碰巧是弱者也能获得相对平等的照顾。罗尔斯虽巧，但仍然没有能够拯救康德理论，因为仍然存在着类似错误。即使以"无知之幕"作为博弈的初始条件，也仍然存在着同样合理的多个理性解而绝非唯一解，至少选择"公正"与选择"平等"是同等理性的解。更严重的挑战是，由于博弈总是反复多次的博弈，"无知之幕"下的选择只是第一回合，接下来的无数回合就很快回复到真实博弈。揭开幕帘之后真相大白，许多人就会不满意"无知之幕"下的制度安排，就总会利用制度不可避免的各种漏洞去解构这个制度，甚至利用各种政治手段去重新选择新的制度。这才是理性原则的必然后果：如果说在"无知之幕"下人们的理性选择倾向于选择平等，那么，当"真相大白"，人们的理性选择就必定有所变化，理性总要根据博弈条件的变化去选择最合适的策略。理性为所有事情服务，无论好事坏事，试图让理性只用于某事而不用于别的，尤其是一种幻想。

现代哲学家们不断试图为西方人权理论提供哲学论证，但在技术策略上都没有超越康德/罗尔斯水平。例如 A. Gewirth，他试图从个人作为"理性的行为者"推出人权的合法性，利用的还是理性的普遍性原则，即在要求自己的权利时就不得不同时把个人权利普遍化①。这种论证策略无非重复了康德模式的错误。现代哲学家总是忽视这样的事实：（1）省略掉人性的丰富性，把太多的可能生活忽略不计，这样的理论无法应付各种可能的困难；（2）权利表达的是人们的要求，而人的要求实在太多，世界和生活根本无法支付那么多要求被普遍化的权利，世界和生活会被太多的权利压垮。

四　天赋人权的危险逻辑

在温和意义上，权利（rights）是对某些自由或利益的正当要求（justified claims）；在强硬意义上，权利则意味着拥有某些自由或利益的正当资格（justified entitlements）。一种"要求"的目的无非是达到一种"资格"，因此权利的最终意义还是资格。无论哪种意义，权利都有着一个基本的反思性问题，即权利的正当性问题（the rightness of rights）。

一种资格必须在某个"游戏"中被定义，否则其意义无法确定，因此资格总是有条件的。特定游戏规定了特定资格的限度，对资格的条件限制同时就是使资格成为资格的定义。因此，资格永远具有这样的逻辑结构：

p 具有做 x 的资格 e，当且仅当，p 做某事 y；

并且

p 具有做 x 的资格 e，当且仅当，p 不做某事 z。

比如说：如果不付钱就不能获得商品；作弊就会被取消比赛或考试资格；犯法就会按法律判刑。在没有成文规则的日常生活中，也存在着自然约定和默认的游戏规则，比如有人品质很差，人们就没有兴趣与他合作，也就实际上把他排除在游戏之外。如此等等。

天赋人权理论相信，每人生来就平等地拥有一系列权利，这些权利终身无条件拥有，在任何情况下都不可剥夺并且不可让渡。于是人权似乎是超越任何约定或法定游戏的权利，变成了至上的特权。"人权高于一切"这一逻辑意味着人权高于主权、高于法律、高于制度、高于文化，如此等

---

① See Alan Gewirth, *Human Rights：Essays on Justification and Applications*, University of Chicago Press, 1982.

等。无条件的至上性是非常危险的逻辑，因为无条件的权利是对任何价值标准的否定。

"权利为本"（rights-based）的现代性颠覆了"诸善为本"（virtues-based）的自然传统，把"善者优先"的秩序颠倒为"权利优先"，这不是价值观的变化，而是对任何价值釜底抽薪的消解。列奥·斯特劳斯早已发现这个"现代自然权利论的危机"。自然权利（natural rights，即天赋人权）据说源于"自然法"（natural law）的"自然正当性"（natural right），但由自然正当性变成自然权利是一次偷换性的颠覆，因为自然正当性是以"诸善为本"的，这与自然权利以"权利为本"恰好相反，因此，自然权利反而是"自然不正当"。斯特劳斯认为只要是"权利优先"，就必定导致价值虚无主义，因为只要否定了诸善的优先地位就等于取消了所有价值①。价值由诸善所定义，如果权利优先于诸善，权利的正当性又能以什么为根据呢？它或者无根据或是任意的根据。这个列奥·斯特劳斯问题提醒我们：当不再以诸善作为依据，就不再有任何正当性的依据了，因此我们必须面对这样一个惊人的事实：一向冠冕堂皇的人权根本没有价值依据。

既然超越了善，权利优先原则就必定蕴含着一个关于权利的悖论：假如对某种自由和利益的要求可以被搞成一种权利，那么任何一种并且所有对自由和利益的要求就都可以按照同样理由被搞成权利，因为，既然权利优先于任何一种善，就不存在任何价值理由去规定哪些要求能或不能被搞成权利。这个悖论将是价值混乱和社会失控的根源，而且已经开始表现在人权的实际发展状况中。通常认为到现在已经发展出三代人权：第一代是政治权利和公民权利；第二代是社会和经济发展权利；第三代是各种文化和不同价值观的权利。目前权利种类已经很多，而且越来越多，权利终将过满为患。权利背后是欲望，欲望无数而且互相冲突，因此权利也互相冲突，而没有一个世界能够支付其多无比的权利。权利反噬权利是个无法避免的问题，例如第二代人权会削弱或损害第一代人权，而第一代人权则会损害第二代和第三代人权，甚至第二代人权也会损害第三代人权。甚至在西方认为比较保险的第一代人权之中也存在许多互相冲突，而且第一代人

---

① 列奥·斯特劳斯：《自然权利与历史》第1、6章，三联书店2003年版。

权的项目就已经发展得太多以至于社会难以承当①。为什么会出现人权的膨胀和失控？究其原因，人权的注册条件太低，几乎就是无条件注册，因此随便什么自由和利益要求都可以被搞成人权，而且各种批评都被认为是"政治不正确"。

问题还远不止是世界支付不起太多的权利。人权不仅注册条件太低，而且还承诺太高，它承诺了永不剥夺的权利，承诺了成本惊人的权利，这又将导致社会游戏的崩溃。想象一个游戏，如果无论怎么耍赖都不用出局，这个不公正的游戏肯定是可疑的。考虑人权的游戏情况：给定任意一个人无论做什么事情都永远保有不可剥夺的人权，于是，无条件的人权蕴含着"破坏他人人权的人拥有人权"。根据"破坏他人人权的人拥有人权"这一逻辑，如果某人为了私利去破坏他人的人权，他就等于获得额外奖励，即"为自己利益去破坏他人人权而无损于自己人权"这一奖励。这样不正当的奖励不仅破坏了公正，而且破坏了平等，破坏了人们对善恶是非的正常理解，特别是破坏了人类正常生活所需的博弈环境和博弈条件，因为它在逻辑上蕴含着：（1）社会的博弈环境相对有利于坏人；（2）人权制度相对有利于破坏他人人权的人；（3）人权社会相对有利于不公正的行为。诸如此类。显然，只要损害公正原则所要求的行为与结果的对称关系（善有善报，恶有恶报），做坏事被惩罚的风险减低，而且惩罚也相当轻微，总之，做坏事的成本变小而收益很大，通过坏事而获利就变成优选策略。天赋人权所以是危险的，就在于它是一条反公正原则。人权所追求的平等、尊重生命、个人自由等都是可取的，但必须以公正为前提才是可能的，一旦公正原则崩溃，所有其他价值也将如覆巢之卵。

任何社会都必须以公正原则作为唯一最高原则，否则必定导致价值混乱和社会失控。按照中国哲学理论，乱世会破坏所有好事情，治世虽不能保证所有好事情，但至少有利于某些好事情。任何一种游戏，无论多么简单，都必以公正原则作为游戏的元定理，否则无法进行。公正原则是任何法律的正当性和有效性的依据。德沃金指出法律必须以公正原则作为"立法意图"，而立法意图表现在法律的各种元定理中，例如"任何人都

①　参见霍尔姆斯和桑斯坦《权利的成本：为什么自由依赖于税》，北京大学出版社2004年版。

不得从其错误行为中获得利益"（参见德沃金对"埃尔默案件"的深入分析）①。现在这个流行人权文化的社会所以还没有崩溃，是因为法律、政治和经济还没有完全为人权所统治，还有许多在现代得以幸存的传统观念，因此社会游戏得以维持。

破坏公正原则最后必定导致社会价值崩溃和人心失衡。虽然我们不怀疑天赋人权理论的良好动机，但有理由认为它考虑不周，缺乏理论上的谨慎。

五 普遍人权的元理论问题

一种人权观念可以是一个因时因地的政治策略，但如果要成为普遍的价值观念就必须能够通过理论合法性的检查，就是说，任何一种人权理论都需要元理论的支持。为了能够重新思考人权理论的设计，特别需要反思以下几个基础性问题：

1. 人权的存在论基础

如果没有他人，就根本不存在人权问题。所以需要人权，就是因为需要处理"我与他人"的关系，因此，"人际关系"，而不是"个人"，才是人权的存在论前提，人权问题必须落实在人际关系上去分析。我们准备选择这样的存在论：关系是存在论基本单位，并且，关系先于个体，人的所有生活问题都必须在这一分析框架中去理解。这与西方以"个体"为存在论基本单位的分析框架完全不同。

"个体"（individual）意味着"不可再分的单位"，它如果用来指示事物，应该是一个合适的存在论标志，但如果用来指示人，则不能正确表达人的存在性质，而且是对人的非法删节。Individual 更适合表达人的身体性存在，却不能表达人的精神性存在。例如，日常语言中可以说到"我的身体"和"我的情感"，但其逻辑语义却完全不同，"我的情感"必须是"及物的"才有意义，在大多数情况下，它的及物性表现为"涉及他人"。这意味着，"我的情感"并不是一个限制在 individual 之内的事实，而是一个属于人际互动空间的关系性事实。孔子对人有更深入的理解，孔子用仁（二人）来解释人所以为人，其深意就是要在"关系"中去理解人。把人

---

① 参见德沃金《法律帝国》，中国大百科全书出版社 1996 年版，第 14—19 页。

的概念转换为个人概念去分析是一种"存在论偷换"。

人的存在所以形成最深刻的存在论问题，就在于它突破了普通存在论的一般形式。普通存在论是以物理存在（the physical）作为基本存在形式的，所以存在论就成为"物理学之后"（meta-physical）的研究。西方存在论的这一传统定位是存在论的错误方向。人的存在方式是有意义地"生活"而不是生物学的"活着"，人的存在场域远远溢出在身体之外，人是在与他人的相互关系中被定义的，因此说，关系先于个人，关系之外无个人，关系为实，个人为虚。在关系中，他人始终是优先的，因为他人总是一个多数集合，远大于"我"，而且是"我"的存在环境和条件，相对于"我"，他人总是无限大。他人的存在论优先地位决定了"我"的所有权利都永远是他人的恩赐。"我"并没有因为自由意志就成为所谓的主体，自由意志仅仅表达了"我愿意如此这般"，却不能保证"我可以如此这般"，因为他人不见得允许我如此这般。西方存在论在把"人"偷换成"个人"之后，又进行了二次存在论偷换，把"个人"偷换成"主体"，因此制造了个人自由和个人权利至上地位的幻觉。主体/个人是人造的虚拟存在，它误导了生活。如果要正确使用主体这个概念，就必须理解到"主体总要从属于他人"（to be a subject is to be subject to the others），也就是首先承认"他人"的核心地位。这是以孔子为代表的中国哲学也是列维纳斯哲学的原理①。

以关系存在论为基础，可以看出，权利必须在相互关系中去理解。显然，如果没有他人，或者说不存在某种关系，就无所谓权利。如果与任何他人都没有任何关系，比如鲁滨逊，却要说"我有不被干涉的权利"，这是荒谬而无聊的。因此，人权在本质上要表达的不是个人自由，而是人际关系对个人自由的正当限制，就是说，不可能先界定个人权利而后界定相互责任，而必须先界定相互责任而后才有可能界定个人权利。任何一种权利都存在于"关系"中，而不是事先存在于个人"身上"，这决定了"由责任决定权利"的存在论顺序。这个存在论顺序不可以颠倒，否则后果很严重。

西方权利理论错误地把存在论的基本单位选定为"个人/主体"，这样就把权利看作是个人存在的一个自然属性。可是显然没有任何证据能够证

---

① See Levinas, *Totality and In finity*, Martinus Nijhoff, 1979.

明个人身上具有这样一个自然属性，甚至从"个人"概念也不能分析地蕴含权利，即权利无法由"个人"必然推出。假如一定要强行从"个人"推出权利，则要冒很大风险。"个人"身上自然就有的只是欲望、需要和自我中心意识，假如把个人所欲的某些东西说成是对权利的"合法要求"，那么就同样可以把个人所欲的所有东西都说成是对权利的合法要求——因为在"个人"这个分析单位中找不出拒绝把某些欲望变成权利的限制性理由。把"个人"当作权利的分析单位所以是个严重错误，就在于"个人"的存在本身并不包含任何限制性理由。人什么都想要，于是什么都可以被宣称为权利，欲望的膨胀导致权利的膨胀，最后，权利会把生活空间挤爆。人们宣称太多的权利，一种权利就变成了对别的权利的破坏。现代人过度迷恋权利，以至于忽视权利无限扩张所导致的社会困难。不断扩张的私人空间必定侵犯别人的私人空间，甚至侵犯公共空间，从而形成权利反对权利的局面。"我"的权利意味着他人的责任，权利太容易被"宣称"，而责任很难落实，实的跟不上虚的，有限责任能力无法支付无限扩张的权利。

因此，我们有理由修正人权的存在论基础，把"关系"看作是权利的存在形式，于是，权利的合法性不再落实在个人身上，而是落实在关系中。权利是他人所承认的责任的对应形式，如果没有他人的承认，权利就没有合法性。由于他人总是试图避免责任，于是，权利总是博弈的结果，而正当的权利就是公正博弈的结果。以上我们证明了，由于"个人"由其本身无法证明他所宣称的权利的正当性，因此只能在"关系"中去定位权利的正当性。

2. 人的概念

人的概念支配着人权的意义，因此必须选择一个能够最充分表达人性的概念。

既然西方强调"天赋的"人权，所默认的人的概念就只能是生理学意义上的人，只要生理上是人，就拥有无条件的人权。把人的自然属性说成人权的理由，这意味着权利只与"是"（is）有关而与"行为"（do）无关。用自然身份兑换社会权利，这无论如何是相当奇怪的，因为自然界不存在权利这件事情，权利是社会游戏的一个因素。假如自然身份与社会权利之间可以有跨界兑换关系，权利的应用领域就会被扩大到失控的地步。许多主张动物权利的人，如 T. Regan 和 P. Singer 等，就看准了生理人概念界限不清的问题，因此宣称权利应该扩展到许多高级动物上，[①] 因为它们也有相当的智力、感受和意识水平，而在动物和人的意识水平之间并没有清楚的界限（令人尴尬的是，许多高级动物与人的智力差距还不及人之间的智力差距那么大）。甚至在 Singer 看来，"人"这个概念没有太大意义，意识水平才是定义高级存在的标准。有趣的是，动物权利虽是个混乱的问题，但它却是从人权推出的结果，可见人权概念是个混乱之源。

人的概念只有能够表达出人的独特价值才是有意义的，只有道德才能表明人的行为的特殊意义，才能表达属于人的独特生活问题。显然，人的概念只能是"道德人"而不是"生理人"。建立在生理概念上的人权理论不仅缺乏道德意义甚至破坏道德，最终将破坏人的概念。生理人只能表明人的自然行为，却不可能表达社会行为，以自然行为而要求获得人权这样的社会报酬，显然不合逻辑。如果一定坚持这样的逻辑，混乱和困难还在后头，不仅是动物，将来还会有生物学创造的各种怪人，还有特别像人的机器人，诸如此类。显然，对于人权理论，有效的人的概念只能是道德人。

既然由自然属性推不出道德，那么，在人权问题上，"人"不构成理由，"做人"才是个有效变数。按照笔者的"可能生活"理论，对于人来说，一般存在论的"存在"（to be）是一个错误的分析形式，正确的形式应该是"因义而在"（to be meant to be）这一扩充形式，[②] 这一改革的基本理由是，对于人来说，一个人是人，这其中"是"（to be）的意义无法由"是"来表现，或者说，存在本身（to be）不是存在的一个值（value），而必须在"做"（to do）中去实现，"做"成为"是"的意义明证（evidence），因此，存在无非做事（to be is to do）。这一存在论的新公式表明了人的存在因其化成行为而获得意义，因此，德性是定义"人"的概念所必需的条件。对于德性（virtues），可以有这样的客观判断指标：如果无论你是否具有品质 v，你都愿意与具有 v 的人进行合作，或者，如果别人具有 v，那么你也愿意自己具有 v，那么 v 就是一种值得追求的德性。正因为人有德性，因此人这个概念才具有识别特征。

把人的概念标准降低到生物学指标，这不是博爱，而是对人的行为价

---

① See Regan and Singer eds, *Animal Rights and Human Obligations*, Englewood Cliffs, NJ: Prince-hall, 1989; Singer, Animal Liberation, New York Review/ Random House, 1990.

② 参见赵汀阳《论可能生活》（三联书店 1994 年版；中国人民大学出版社 2005 年修改版）。

值的彻底贬值，是在否定人的德行和高尚努力。假如人们不再需要追求高尚品质，就能永远无偿地享受所有权利，人类的优秀品德和道德行为就一钱不值了，其荒谬和危险性就像不管学习好坏人人都得优，或者无论是否劳动人人都得同样报酬。如果社会如此不公，人们迟早会发现最佳策略就是去做自私无耻的人。人本身不是目的，但人必须有人的目的。人是做成的，而不是本然的（a man does rather than is），在自然上"是"一个人不等于在道德上"做成"一个人。选择"道德人"作为人的概念，意义在于，只有把人的概念与美德联系起来，与人类社会所需要的优秀价值联系起来，才能够使人的概念具有分量。缺德的人在生理上与道德人是同类，但在伦理上却是异类。如果抹杀这一基本差别，把人的概念落实在人的自然存在上，通过这样抹平价值去达到的只能是劣平等，这种向低看齐的现代主义平等决不是一个好社会的理念。只有以道德人概念为基础才能形成向高看齐的优平等。

3. 公正原则的优先性

假如给定一个游戏的意图是非合作博弈，那么它的基本假设就将包括理性原则，个人利益最大化以及风险规避。但如果给定一个以合作为意图的游戏，它的基本配置就将是理性原则、公正原则、美德原则以及共同利益最大化（合作比不合作所需的条件组合要复杂得多）。游戏意图还决定了游戏的"形势"：假如意图是非合作，那么"个人"在该游戏中占有优先地位，人们将先考虑个人自由最大化，然后再考虑不得已的限制，也就是以"个人"为主导去规定"关系"；假如意图是合作，那么"关系"就占有优先地位，人们将先考虑最好的可能关系，然后再考虑个人能够保留的自由，即以"关系"为主导去规定"个人"。人们总是希望生活游戏能够同时兼备公正、自由和平等这些性质，但对公正、自由和平等的重要性排序存在不同偏好，因此我们需要从技术上去分析什么样的排序能够保证所有价值都得到满足。

现在来分析人权游戏。西方承认的人权体系主要强调个人生命、私有财产和个人自由（特别是政治自由）。以个人为本的权利体系的第一价值是自由，其次是平等。自由和平等不仅压倒了公正，而且修改了公正的本义，现代理论往往以自由和平等去解释公正，结果挤掉了公正的本来意义，把公正变成自由和平等的一种组合方式，这样就实际上取消了公正，从而造成许多自毁性隐患。权利意味着个人的自由主权空间。个人自由空间的边界在哪里？这是个问题。既然公正不被看作是最高判断原则，权利界定就没有普遍标准，这使得主体间永远是个是非之地，就像国际间永远是个是非之地。

从个人出发去解决个人边疆问题的现代方法是理性谈判，哈贝马斯就寄希望于商谈理性能够克服个人理性的缺点，他相信通过理性对话最后总能够达成互相理解从而形成一致意见。哈贝马斯虽然看到了理性互动能够最大限度地发挥理性的潜力，但他忽视了"互相接受"这个必要环节，于是，"对话，理解，接受，一致意见"这个必要流程被简化为"对话，理解，一致意见"，问题是，从理解推不出一致意见①。如果不能解决"接受"问题，哈贝马斯方案所能达到的最大限度的理性成就至多相当于程序公正（形式公正），而不可能达到实质公正，也就无法解决任何实质性问题，比如说，根据什么标准来规定价值以及价值排序的问题，或者，根据什么标准来选择人权项目以及这些项目排序的问题。由于形式公正无法保证实质公正，因此公正一直是个没有完成的问题，也就不能解决权利的正当性问题。显然，如果坚持自由和平等的优先地位，就等于否定了公正，也就很难形成合作，而一个缺乏公正合作的游戏将反过来损害自由和平等。

如果要把自由、平等和公正这三种众望所归的价值结合起来，唯一可能的排序是公正、自由、平等。这几种价值的不同性质注定了它们不同的弹性：自由和平等都有比较大的弹性，可以多一些或少一些，而公正几乎没有弹性，只有"公正或者不公正"，不存在比较级。于是，只要稍微削弱自由和平等就能够与公正兼容，而如果反过来，则必定破坏公正。因此，从技术性上说，"公正优先"模式是唯一能够同时保证公正、自由和平等的兼容排序。

公正原则的完美程度与真理相似，而且在结构上也相似。真理就是把如此这般说成如此这般；同样，公正就是对如此这般的付出给予如此这般的回报，同样都是对称或等值关系。如果不以真理作为知识标准，知识就崩溃；如果不以公正作为游戏标准，游戏就崩溃。所以说，公正是任何权利获得普遍有效性的唯一条件，也是权利获得合法性的唯一根据。如果失

---

① 参见赵汀阳 *Understanding and Acceptance*, in *Les Assises de la Connaissance Reciproque*, Le Robert, Paris, 2003。

去公正，就必定有些人宁愿不合作而导致游戏崩溃，或者不接受而退出游戏。显然只有公正原则才能定义一种不包含自毁因素的权利游戏。公正原则的完美性和力量在于它的对称性或等值性，它使得任何反对意见都没有立足之地。所谓人权，就是公正关系所允许的个人自由空间，而不是个人所要求的自由空间。也许有必要再次强调，我们所使用的公正指的是古典含义的公正，即行为与报应的对称或者付出与回报的对称，其结构相当于逻辑上的互蕴关系。

六 作为新普遍主义的预付人权理论

根据以上的基础分析，笔者准备推荐的预付人权理论实际上已经水到渠成。为了更好地说明问题，我们也可以设想一个原始博弈，不过这个博弈不需要霍布斯"丛林"，也不需要罗尔斯的"无知之幕"，也不需要经济学家们喜欢的"公共财产悲剧"。这些初始条件都太做作，与生活真实相去太远。尽管理论设想的初始条件总与真实世界有些出入（这是允许的），但如果初始条件过于单调，就恐怕与真实世界无法匹配。由一个与真实相差太远的游戏推导和总结出来的规律未必能够代表真实生活的规律，而把幻想出来的规律应用于真实生活恐怕是危险的。于是，我们有理由要求一组与真实世界虽然有些不同，但与真实世界比较匹配的初始条件，即一组尽量仿真的条件。大概如下：

（1）每个博弈方都优先考虑自己的利益，包括自己的专属利益和自己可及的共享利益，并且，在专属利益与共享利益之间不存在先验给定的偏好排序，比如不存在"专属利益优先于共享利益"的排序，而仅仅考虑某种利益，无论是专属的或是共享的，是否是自己可及的最大利益；

（2）每个博弈方的思维是理性的，但思维能力不等，因此各自的策略水平不同；

（3）每个博弈方将按照各自的价值偏好排序表去理性地计算得失，而不存在一个普遍通用的价值排序表。假定 p 偏好 x，即使其他人都认为 x 一钱不值，p 仍然为了 x 而牺牲别的利益，这一计算将被认为是充分理性的；

（4）足够多次的连续博弈，类似于历史的效果；

（5）每个博弈方拥有关于其他博弈方的部分知识；

（6）每个博弈方各自拥有的初始策略知识不等，但可能的策略是有限多个的，而且每个博弈方都能够学会其他博弈方的策略。

根据这一仿真社会的初始博弈条件，可以获得以下分析：

首先我们可以修正一个流行的错误。在通常的分析模式中，个人利益的最大化仅仅计算到自己的专属利益，而没有把对自己同样有利甚至更有利的共享利益计算在内，因此才会把理性人定义为互相麻木不仁的人。事实上，人的大多数"最大的"利益都只存在于共享关系中，可以表达为：对于某人，存在着某种最大利益 x，当且仅当，x 同时为他人所分享。就是说，x 仅仅存在于与人共有的关系中，而不可能为个人所独占。例如家庭、爱情、友谊以及任何合作所创造的巨大效益。人们真正关心的利益是"自己可及的利益"，而不是个人独占的利益。人们对利益的理性排序完全不像现代理论所妄想的那样，永远把政治自由和财富排在最前面，因为人们的最大利益往往属于由"关系"所创造的利益，比如安全、幸福、成就和权力。强调理性计算，本身并没有错，但现代理论把需要计算的项目搞错了，被漏掉的利益项目太多，尤其把最大利益漏掉了。当纠正了在利益项目上的计算错误，就能够发现人们的博弈真相：人们所以苦苦进行博弈，根本上不是为了获得一些宣称拥有个人自由空间的消极权利（据说是最基本的人权），而是为了形成最好的制度，这个制度保护了能够使人们获得最大利益的所有合作关系，而合作关系是安全、幸福以及各种最大利益的必要条件甚至是充分条件。这个至今尚未存在的最好制度的标志是：（1）所有人都一致承认这个制度；（2）所有人都失去采取不合作行为的积极性；（3）所有人都有自由选择的机会去形成个人幸福的帕累托改进。

博弈的第一回合甚至许多个回合都不足以形成长期稳定的制度和规则，大家在别人出牌时互相了解对方情况并且互相学习到各种策略，这意味着后续博弈条件和博弈策略不断被改进，能力更强的人不断推出更高明的策略使自己利益占优，但领先总是暂时的，高明的策略很快变成公开的知识。一定要等到"集体黔驴技穷"，大家拥有足够饱和的共同知识或对称知识（对称的知己知彼）以及普遍知识，这时将出现普遍的策略模仿，大家都模仿某个被证明为最好的策略，于是达到均衡和一致，成功的制度才能够产生。

在足够多回合的博弈之后，最有可能被普遍模仿的策略将是对称性公

正。可以这样证明：给定人人都是理性的，按照博弈论，理性计算的一个
标准是：不吃亏并且至少不比别人更吃亏（风险规避），那么，假如任何
一个"冲突"策略被普遍模仿，必定所有人都吃亏（霍布斯丛林定理）；
假如任何一个只顾自己、漠视他人的"不合作"策略被普遍模仿，大家都
只能得到比较失望的结果（纳什均衡）；假如一个罗尔斯式的"合作"策
略被普遍模仿，表面上似乎能够有比较好的结果，但却是一个不可能达成
稳定均衡的策略，因为只要允许以某种理由去形成某种偏离公正的福利特
权，就会有无数种偏心的理由都来要求福利特权。所有价值观就会卷入争
夺霸权的冲突，因此将回复到不合作状态；最后，唯一能够避免所有偏心
理由的"合作"策略就是对称性公正。对称性公正的策略越被普遍模仿，
制度就越稳定，冲突就越来越少，这一点与自由和平等的策略形成强烈对
比，自由和平等策略越被普遍模仿，冲突就越多。博弈论有个未决的重要
难题：不合作如何才能够形成合作？这个问题所以一直不能解决，恐怕就
在于没有充分考虑公正策略。自由和平等的优先不能带来公正，相反，只
有公正优先才能够定义所有人都可以接受的有限自由和有限平等，或者
说，无限公正才能规定并保护有限自由和有限平等。

　　根据以上的博弈分析，一个具有普遍必然性的人权制度只能以公正原
则作为唯一最高原则去定义人权体系，人权就是每个人能够被公正对待的
权利。又根据关于人的概念的存在论分析，一个人之"所是"（is）还没
有完成人的概念，一个人必须在其"所为"（does）中完成人的定义，正当
的做人方式是一个人拥有人权的资格认证。考虑到人的概念的双重性和过
程性（由生理人到道德人），能够充分全面地表达公正原则的人权概念就
只能是预付人权，而不能是天赋人权。天赋予人的仅仅是生命和能力。人
类文明把人权预付给人，就是期待他做成一个合乎道德要求的人，一个人
必须"做"成一个道德的人，才"是"一个完整意义上的人，才能保有人
权。人不能只享受人权而无视做人的义务。因此，预付人权的基本原
则是：

　　（1）由于做人需要一个过程，人权这种资格就只能事先给予并且事后
验证，所以人权是预付的。任意一个存在，只要是人，都无例外地得到预
付的任何一项人权，或者说，每个人生来就获得人类借贷给他的与任何他
人相同的权利。

　　（2）人权虽然不劳而授，但绝非不劳而享，否则损害公正。因此，预

付人权是有偿的，是有条件保有的。所有人权，包括生命权和自由权等，都是有偿的。一个人获得预付人权就意味着承诺了做人的责任，并且将以完成做人的责任来偿还所借贷的权利。一个人可以自由选择是否履行做人的义务，如果选择履行做人的义务，则一直享有人类游戏的全部权利；如果拒绝履行做人的义务，则视同自愿退出人类游戏，准确地说，如果拒绝了预付人权所要求的部分或全部义务，就视同自动放弃了部分或全部人权。

（3）根据"理性知识永远有限"的原理①，任何规划出来的人权体系都只能被认为是历史性的或暂时性的，永远都存在改进甚至改写的余地，因此，一个人权体系将给予每个人哪些权利以及什么限度的权利，这要取决于世界在特定时代条件下的支付能力，随便宣布太多有名无实的权利除了增加社会冲突和搞乱世界，并无积极意义。任何一个人权体系的根本问题不在于它许诺了哪些权利和多少权利，而在于它所许诺的权利是否具有正当性及其证明（legitimacy and justification）。任何一个人权体系都只能以公正原则作为唯一普遍有效的解释原则（元定理），因为除了公正原则并不存在任何其他原理能够证明正当性。任何一个人权体系以及它所包含的每一种人权都必须具体地落实公正的对称性关系，都必须是公正理念的具体范例，这样才具有正当性，而任何偏离公正关系的权利都是不正当的。

（4）形式公正不能保证实质公正，这是公正的最根本难题。要确定具体内容上的对称关系确实存在着技术上的困难，因为几乎不存在能够证明两种不同的东西是"等值的"客观标准。最好的主观标准是所有人的一致同意，但这一点几乎做不到。一般的解决方式是以民主去替代一致同意，但以多数否定少数本身就是不公正，而且还可能导致更坏的事情。也许比较好的方法是想象一个最少当事人模型：如果双方一致同意 pRq 是一个公正关系，并且，双方一致同意角色互换的 qRp 同样是公正关系，因此（pRq）=（qRp）的换位等值关系成立。任何持有不同意见的其他人可以作为任意变元代入为这个模式中的模拟"当事人"去接受检验，这样可以排除作为旁观者的偏见。于是获得这样的理性解：如果任何人代入当

---

① 可以看作是休谟定理。休谟证明了：人类所拥有的知识永远是截至现在的关于世界的部分知识，因此，永远不可能由此推出关于世界的整体和未来的知识。

事人而不发生不同意见，则这个最少当事人模型就象征性地反映"所有人一致同意"；如果有人代入当事人之后仍然有不同意见，则视同自愿退出由公正原则定义的权利游戏，也就视同自愿放弃受保护的权利。据此很容易发现天赋人权理论是不公正的：显然不可能所有当事人一致同意破坏他人人权的罪犯以无条件人权为名而逃避相应的惩罚。

（5）如果说权利是资格，那么义务就是代价或者成本。权利和义务关系的公正同样在于对称性，即权利和义务是互相蕴涵的：某人 p 拥有某种权利 R，当且仅当，R 承诺了与之对称的义务 O。如果某人拥有的权利大于义务，就等于把部分义务推卸到别人身上，或者等于多占了别人的利益，因此，在某人 p 所承诺的权利/义务关系与任一他人 q 所承诺的权利/义务关系之间同样存在着互相蕴涵的关系：p（R↔O）↔q（R↔O）。而天赋人权关于权利和义务关系的理解有逻辑错误，由于认定人权是无条件的，因此，以上的两种互相蕴涵关系就被简化为一种互相蕴涵关系：p 的权利蕴涵 q 尊重 p 的权利的义务，反之亦然，即（pR→qO）↔（qR→pO）。这是以平等冒充公正的典型模式，它隐瞒了权利和义务的合法性问题。假如给定一个游戏，人人无论怎么耍赖作弊，都不会被取消游戏资格，这样的游戏虽然兼备了自由、平等和公平（fair），可就是没有公正。可以想象，这个游戏是玩不下去的。所以必须强调对称性公正，就在于我们不能随便替他人做主，不能随便就把他人心灵给代表了，他人未必同意我们拥有如此这般的权利以及因此强加给他的义务，他人想象的权利可能有所不同，或者权利排序的偏好有所相同。只有先承诺我的义务以获得我的权利的正当性，然后才有正当理由去申请他人尊重我的权利的义务。义务和权利在逻辑上是"同时的"，但在价值上义务先于权利，因为只有义务才能够保证权利的正当性，而反之不然。于是又有这样的关系：p 所承诺的义务 pO 在先，并且蕴涵着相应的权利 pR，因此又蕴涵着他人 q 尊重这一权利的义务 qO，即（pO→pR）→qO。这种解释的优点是能够避免在人权问题上各种不公正的实践难题，比如"破坏人权的人享有人权"这类难题。一个人如果破坏人权就是拒绝了义务 pO，由于 pO 蕴涵 pR，拒绝pO 就失去 pR，也就不再有理由要求他人的义务 qO。在实际生活中如果他人愿意继续承当义务 qO，那是因为宽容的美德，而不是必须。如果不意识到这一点，就是对美德不公。

德沃金有名言"个人权利是个人手上的政治护身符"（或译为"政治

王牌"，trump）①。这多少点破了个人权利或天赋人权的政治实质，它是个人用来反对政府或集体的一个反抗理论，现在又进一步成为各怀目的的各种非政府组织的反抗理论，也成为西方用来鼓动非西方的民间力量的反抗理论。这一反抗理论在以弱抗强方面当然有其积极意义，但却不是一个适合于以公正和合作为标志的成熟社会的权利理论，而且它在理论上缺乏谨慎的技术性考虑，从而暗含着权利反对权利的自毁逻辑，因此更不是一个成熟的普遍有效的权利理论。笔者相信预付人权是一个比天赋人权更具思想合理性的权利理论，它保留了天赋人权理论的几乎所有优点，而消除了天赋人权理论反公正的危险因素，不仅具有理论的普遍有效性，而且具有允许因地制宜的实践弹性。

《中国社会科学》2006 年第 4 期

---

① ［美］德沃金：《认真对待权利》，中国大百科全书出版社 1998 年版，导论，第 6 页。

中国公共政策议程设置的模式

王绍光*

摘要 任何社会在任何时候都面临着各式各样的挑战,但政府应付挑战的资源是有限的。在制定公共政策时,政府往往不得不对优先处理哪些挑战有所取舍。能否影响决策过程固然是权力的一面,能否影响议事日程的设置则是权力更重要的另一面。因此,在讨论政策制定时,我们必须首先了解:议程是如何设置的? 什么人影响了议程的设置? 本文依据议程提出者的身份与民众参与的程度区分出六种政策议程设置的模式,重点讨论这六种模式在中国的实现形式和发展趋势。观察议程设置模式的转换有助于我们领会中国政治制度的深刻变迁。

关键词 公共政策 议程设置 政治变迁

参与选举决策者固然重要,但这种参与几年才有一次机会。在一些所谓"民主"国家,大多数民众对政治的参与仅局限于这一种方式。每过几年,他们在选举热潮的裹挟下过一把"当家作主"的瘾,此前此后,他们只是一板一眼地当顺民,对政治不闻不问,要问也不知从何入手。然而,决策者上任以后的所作所为对民众的生计、国家的前途影响甚大。因此,决策决不应该是决策者们的禁脔,哪怕他们是老百姓选举出来的。真正的民主体制必须给民众参与政策制定全过程的机会。

谈到政策制定,一般人都把注意力集中在决策过程本身,而忽略了一个至关重要的问题:为什么有些事情被提上议事日程,而另一些却没有? 任何一个社会都面临各种挑战,但政府应付挑战的资源是有限的,这些资源既包括财政资源、人力资源、信息资源、时间资源,也包括注意力资

---

* 王绍光,1954 年生,政治学博士,香港中文大学政治与公共行政系教授。

源。换句话说，在具体决策之前，政府不得不做出抉择，对处理哪些挑战有所取舍。1962 年，美国政治学家巴查赫（Peter Bachrach）和巴热兹（Morton Baratz）发表了一篇文章，题为"权力的两方面"。① 这篇短短六页的论文之所以很快变成政治学的经典之作，是因为它指出了一个显而易见、但人们往往视而不见的简单事实：能否影响决策过程固然是权力的一面，能否影响议事日程的设置则是权力更重要的另一面。有学者曾比较过美国两个城市，甲污染严重，但当地政府与民众很少讨论污染问题；乙情况好得多，不过当地政府与民众却十分重视如何减少污染。究其原因，才发现甲城有势力强大的利益集团操控着议程设置，千方百计避免污染问题引起当地老百姓和政府官员的注意。② 试想，一个被严重不平等困扰的社会，政府却从来不处理公正问题；无论在这个社会里其他问题的决策过程有多么民主，我们还是可以看到一只若隐若现的黑手在幕后操控着议程设置。因此，在讨论政策制定时，我们必须首先了解：议程是如何设置的？谁参与了议程的设置？为什么有些问题拿到台面上讨论、另一些问题却被排斥在外？

议程设置是指对各种议题依重要性进行排序。为了便于分析公共政策的议程设置，我们可以将议程分为三大类：传媒议程、公众议程和政策议程。传媒议程是指大众传媒频频报道和讨论的问题；公众议程是引起社会大众广泛关注的问题；政策议程是指决策者认为至关重要的问题。这篇文章的重点是政策议程设置，但这三种议程的设置可能是互相关联的。例如，西方国家的实证研究发现新闻媒体可以引导民众把关注点集中在某些议题上。在那里，传媒要影响公众议程的设置，往往不是通过直截了当地告诉民众哪些议题重要、哪些议题不重要，因为这样做常常适得其反。更有效的方法是对某项议题进行反复报道，并把这些报道放在引人注目的位置或时段。研究传媒议程设置的鼻祖之一科恩（Bernard Cohen）有句话说得很到位：传媒如果对受众"怎么想问题"指手画脚，恐怕很难成功，

---

① Peter Bachrach and Morton Baratz, *Two Faces of Power. American Political Science Review*, Vol. 56, No. 4, 1962, pp. 947－952.

② Matthew A. Crenson, *The Un-politics of Air Pollution*, Baltimore：Johns Hopkins University Press, 1971.

但它对受众"想什么问题"的控制却易如反掌。① 正因为传媒议程对公众议程设置具有毋庸置疑的影响，近几十年来，在传媒学中，探讨传媒议程与公众议程的关系已变为一门显学。② 近年来，有些西方传媒学者更进一步，开始讨论传媒议程与政策议程的关系。③

不过，传媒并不是影响大众舆论的唯一原因，政治动员、社会运动、突发事件，以及其他很多因素都可能导致民众转变对公共事务的看法和情绪。无论公众议程是如何形成的，它与政策议程的设置关系更为密切。既然本文的侧重点是政策议程设置，我们将不会详细考察传媒如何影响公众议程，而是径直把注意力集中在公众议程与政策议程的关系上。

如上所述，公众议程是社会大众认为政府应该关注的问题。尽管人们的看法不尽相同，但假如定期进行民意调查的话，从对"什么是最紧迫的社会问题"的回答中就能描绘出公众议程变化的轨迹。哪怕没有民意调查，公众议程也会以其他方式表现出来。考察民众关心的问题与政策制定者关注的问题呈现什么样的关系，可以为我们确定政治制度的性质提供一个新的视角。不少人把官员的产生方式作为划分政治制度的唯一标准，这是把形式凌驾于实质之上。更关键的是，什么人在政策议程设置的过程中扮演怎样的角色、民众关心的问题是否被提上决策者的议事日程。如果政策议程的设置被统治者或少数精英分子把持、民众关心的问题与政策制定者关注的问题南辕北辙，哪怕官员是民选的，这种制度也不配被称为"民主"的。反之，如果公众议程能够对政策议程产生直接的影响、后者能切实反映前者的内容与排序，即使官员并非由直选产生，把这种制度斥之为"不民主"也显得过于简单化。换句话说，通过考察公共政策议程设置，我们可以透过表象、更深入地认识政治制度运作的逻辑。

基于上面的分析，我们依据政策议程提出者的身份与民众参与的程度

---

① Bernard C. Cohen, *The Press and Foreign Policy*, Princeton: Princeton University Press, 1963, p. 13.

② Maxwell McCombs and Donald Shaw, *The Agenda-Setting Functio of Mass Media. Public Opinion Quarterly*, Vol. 36, 1972, pp. 176 – 187.

③ John W. Kingdon, *Agenda*, *Alternatives*, *and Public Policies*, New York: Harper Collins, 1995.

区分出六种议程设置的模式（见表 1）。① 这篇文章将分别讨论这六种模式在中国的实现形式和发展趋势，其目的是通过观察议程设置模式的转换来揭示中国政治制度的深刻变迁。

表 1　　　　　　　　　　　　公共政策议程设置的模式

		议程提出者		
		决策者	智囊团	民间
民众参与程度	低	I 关门模式	III 内参模式	V 上书模式
	高	II 动员模式	IV 借力模式	VI 外压模式

一　关门模式

这是最传统的议程设置模式。在这种模式里，没有公众议程的位置；议程的提出者是决策者自身，他们在决定议事日程时没有、或者认为没必要争取大众的支持。在传统社会里，当一般老百姓没有什么政治参与意识时，这是议程设置的主要模式。在当代中国，这种议程设置模式也没有完全消失。1988 年的"物价闯关"也许可以算得上一个例子。

从计划经济转型到市场经济，价格改革当然是题中应有之义，但价格从由政府管制过渡到由市场供需决定的难度可想而知。20 世纪 80 年代初，邓小平曾警告，价格改革必须如履薄冰。② 直到 1985 年，他还认为"理顺生活资料价格恐怕要用三年，加上生产资料价格的改革，需要的时间更长"。③ 从 1985 年到 1987 年，随着物价改革缓步推进，居民消费价格指数开始上扬，出现 1950 年代初以来从未见过的通货膨胀率。④ 到 1988 年 2 月初开会分析经济形势时，中央政治局清醒地认识到，当时物价上涨

---

① 科比（Cobb）及其合作者认为议程设定有三种模式，相当于我们这里所说的"外压"、"动员"和"内参"模式。受他们的启发，再结合中国的实际，笔者提出议程设定有六种模式，而不是三种模式。参见 Roger Cobb, Jennie-Keith Ross, and Marc Howard Ross, Agenda Building as a Comparative Politics Process, American Political Science Review, Vol. 70, No. 1, 1976, pp. 126 – 138。

② 福建省地方志编纂委员会：《福建省志·物价》（http://www.fjsq.gov.cn/ShowText_nomain.asp? ToBook = 181 &index = 32 &）。

③ 邓小平：《抓住时机，推进改革》（1985 年 7 月 11 日），载《邓小平文选》第 3 卷，人民出版社 1993 年版，第 131 页。

④ 国家统计局编：《中国统计年鉴（1999）》，中国统计出版社 1999 年版。

幅度过大，超过了老百姓的承受能力。为了稳定物价，国务院出台了一系列控制社会集团购买力、压缩固定资产投资的措施。在做了这些铺垫后，国务院4月初决定调高部分农产品的收购价格，并对城市职工的补贴由暗转明。尽管如此，全国随即掀起了一波抢购狂潮。在这种情况下，价格改革理应放缓一点。但当时中国实际最高领导人邓小平认为，价格改革刻不容缓。在5—8月会见外国访客时，他反复强调，"物价改革非搞不可，要迎着风险、迎着困难上"，希望闯过物价改革这个难关。①

在此背景下，6月9日，《人民日报》发表了评论员文章《改革有险阻　苦战能过关》。虽然文章作者很清楚，物价改革会暂时损害不少人的利益，但他相信，人民对这种冲击可以承受。基于这种乐观的估计，中央政治局于8月中旬讨论并原则通过《关于价格、工资改革的初步方案》，确定价格改革的总方向是，少数重要商品和劳务价格由国家管理，绝大多数商品价格放开，由市场调节。8月19日，该方案一经披露，立即在全国范围内引起新一波抢购狂潮，甚至出现挤兑未到期的定期存款来抢购商品的情况。

在物价闯关这个事件中，议程设置完全没有民众参与。决策者下决心快速推动价格改革后，甚至没有做出争取民众理解和支持的努力，只是一厢情愿地假设民众会明白决策者的苦衷。结果1988年全年，居民消费物价指数飙升18.8%，造成民众普遍不满。事后，邓小平从这个事件中汲取了一个深刻教训："制定一切政策，要从实际出发。只要注意这一点，就不会犯大错误。如果发现错误，要赶快纠正，不要掩饰，不要回避。"②

二　动员模式

与关门模式一样，动员模式里的议程也是由决策者提出的；与关门模式不同的是，在动员模式里，确定一项议程后，决策者会千方百计引起民众对该议程的兴趣、争取他们对该议程的支持。也就是先有政策议程、后有公众议程。在什么样的情况下决策者会放弃关门模式而采取动员模式

---

① 人民网：《中国共产党大事记（1988年）》（http://www.people.com.cn/GB/33831/33835/2527651.html）。

② 邓小平：《保持艰苦奋斗的传统》（1989年3月23日），载《邓小平文选》第3卷，人民出版社1993年版，第288页。

呢？首先，广大民众具有了强烈的参与意识，关门模式的正当性遭到普遍的质疑。其次，所涉及的议程执行起来需要得到民众普遍、自觉的合作。再次，决策者缺乏实施该议程所必需的资源。在这三种情况下，决策者会希望用某种方式动员民众参与议程设置，以减少执行阶段的障碍；但他们同时又不希望、或不放心民众主动参与议程设置。

中国人民非常熟悉动员模式。在毛泽东时代，从土改、三反五反，到总路线、大跃进、人民公社，再到四清、文革，几乎每一次重大的、战略性的议程设置都采取了这种模式。动员模式一般包括五个阶段：首先是"运动开始，发出文件"。文件既可采取中共中央、国务院文件的形式，也可采取人民日报社论、评论员文章的形式，甚至还可采取"毛主席最新指示"的形式。第二阶段是"层层传达、普遍宣传"。传达往往是先党内、后党外，先干部、后群众，要求做到家喻户晓、人人皆知。需要强调速度时，则要求传达不过夜。第三阶段是"认真学习、深刻领会"。学习是指学习文件、社论、辅导材料之类，其目的是让大众吃透中央精神，包括为什么要提出新议程，什么是新议程的"精神实质"，以及落实新议程的步骤、方法等。第四阶段是"抓住典型、以点带面"。典型既可以是正面典型，也可以是反面典型。典型的意义在于用实例向广大群众展示新议程的必要性、可行性和优越性。第五阶段，通过以上几个阶段的工作，动员模式希望能统一思想、形成共识，从而达到贯彻落实新议程的目的。

美国政治学者林德布洛姆曾将政府获取民众服从的手法归纳为三大类。第一是压服，即在暴力威胁下，民众不得不服从；第二是收买，以恩惠来换取民众的服从；第三是说服，通过教育动员，让民众内化官方的意识形态，将政府意图转化为自觉行动。毛泽东时代常见的动员模式便属于第三类，其优点是比压服和收买成本低，但缺点是难以持续、长久地奏效。①

改革开放以后，中国在议程设置方面采取动员模式的频率大大降低了，但并未放弃。例如，在以下政策的议程设置中，这个模式依然在起作用：提倡一对夫妇只生一个孩子（1980 年），在个体经济中开辟就业渠道（1981 年），在农村全面建立家庭联产承包责任制（1982 年），开展"五讲

---

① ［美］查尔斯·林德布洛姆：《政治与市场：世界的政治—经济制度》，王逸舟译，上海三联书店 1992 年版。

四美"活动、清除精神污染（1983 年），加快城市经济体制改革（1984
年），推行国营企业工资改革，破除大锅饭（1985 年），改革劳动制度、打
破铁饭碗（1986 年），反对资产阶级自由化（1987 年），深化企业劳动人
事、工资分配、社会保险制度改革（1992 年），深化企业职工养老保险制
度改革（1995 年），对公有制企业实行大规模减员增效、下岗分流（1997
年），在全国范围内进行城镇职工医疗保险制度改革（1998 年）。①

三　内参模式

在内参模式里，议程不是由决策者提出的，而是由接近权力核心的政
府智囊们提出的。形形色色的智囊通过各种渠道向决策者提出建议，希望
自己的建议能被列入决策议程。他们往往不会努力争取民众的支持，而更
看重决策者的赏识；他们有时甚至不希望所讨论的问题变成公众议程，因
为担心自己的议案可能招致民众的反对，最终导致决策者的否决。在这个
模式里没有民众与决策者的互动，只有智囊们与决策者的互动。

在毛泽东时代，大部分重要决策都是由毛泽东、周恩来等最高领袖亲
自决定的。② 那是一个伟人的时代，但这并不意味着完全没有内参模式的
地位。以下三个例子从时间上跨越了 1950 年代初到 1970 年代初，从中可
以看出当时内参模式的特点。

案例一：1950 年 6 月下旬朝鲜战争爆发，到 8 月初，朝鲜人民军已经
解放了朝鲜 90% 以上的领土。当时社会主义阵营普遍以为朝鲜统一指日
可待。中国领导人却没有盲目乐观。8 月 23 日，在总参作战室工作的雷英
夫等人经过反复研究最新情报后做出判断：美军可能很快在仁川登陆，切
断朝鲜人民军的补给线，形成南北包围和夹击人民军主力的态势，使朝鲜
战局发生逆转。他们进一步预测，9 月 15 日是大潮，美军这一天登陆的可
能性最大。毛泽东得知后说："这些判断有道理，很重要"，"很快结束战
争是不可能了，战争肯定是持久的、复杂的、艰苦的"，并随即作出应对
部署。③ 雷英夫的报告直接影响了最高领导人的战略决策。

---

① 人民网：《中国共产党大事记》（http://zg.people.com.cn/GB/33835/index.html）。
② 例证见中央档案馆《党的文献》编辑部编《共和国重大决策和事件述实》，人民出版社
2005 年版。
③ 雷英夫：《抗美援朝战争几个重大决策的回忆》，《党的文献》1993 年第 6 期。

案例二：1956 年 6 月，波兰波兹南的工人为增加工资、改善生活状况而举行示威，保安部队进行镇压造成很大伤亡，在全国引起很大的震动和愤慨。8 月，曾因"右倾民族主义错误"而被解除统一工人党总书记职务的哥穆尔卡再度出山，并要求当时担任波兰国防部长的苏联元帅罗科索夫斯基返回苏联。10 月 17 日驻波苏军出动坦克部队包围华沙，企图进行镇压。波兰人民群情激昂，波苏军队互相对峙，形势非常紧张。在整个事件中，中国驻波兰大使馆一直强调问题的核心是波兰的反苏情绪，把波兰事件定性为"反共事件"。但通过深入采访，新华社驻波兰记者谢文清的判断截然相反。他在 10 月 12 日的电文中说，问题的症结是苏联的大国沙文主义。苏军出兵后，谢文清又在 10 月 22 日发回的密电中写道，"华沙的调集军队之举是不够明智的，引起人民强烈的不满"。① 当时，中央有关波兰的信息主要只有大使馆和新华社两个来源，中央后来接受了谢文清的意见，批评了大使馆的看法。受到毛泽东、周恩来高度赞赏的谢文清调研材料在一定程度上影响了后来中共中央对苏联的立场。②

案例三：1969 年 3 月，中苏之间发生武装冲突，从而引发了对苏联战略的讨论。有人认为，苏联的战略将会东移，进攻中国；有人认为，苏联仍是向西，同美国争夺欧洲。国内最担心的则是美苏是否会联合反华。1969 年年底，经过深入调查研究，新华社驻西德记者王殊以翔实的材料和数据证实，欧洲是美苏争夺的重点，苏联的根本利益在欧洲。对于发展中德关系，王殊认为，首先要破除西德是"军国主义"、"复仇主义国家"的老框框。通过广泛采访，他得出结论，在西德占主导地位的是和平主义。同时，西德经济发展很快，有扩大国际市场的需要。如果加强两国的贸易关系，对双方都会有好处。王殊因而建议中央考虑先邀请西德反对党领导人访华，以推动执政党更积极地发展两国关系。看了王殊的报告后，毛泽东、周恩来大加赞赏，并于 1972 年 7 月下旬单独召见了他；外交部也破例数次对他发出内部通报表扬。王殊的报告对最高领导人确立中国的全球战略产生了相当大的影响。后来中德关系果然发展神速，于 1972 年 9 月 29 日草签两国建交联合公报，其中王殊功不可没。③

---

① 沈志华：《一九五六年十月危机：中国的角色和影响——"波匈事件与中国"研究之一》，《历史研究》2005 年第 2 期。

② 王殊：《一位讲实话的记者同事》，《大公报》2005 年 7 月 19 日。

③ 王殊：《中德建交亲历记》，世界知识出版社 2002 年版。

由上面三个例子可以看出，毛泽东时代的内参模式有三个特点。第一，内参发挥作用的领域主要与国家安全有关；第二，内参主要不是来自研究机构，而是来自参谋和情报收集机构。第三，内参往往是个别"智囊"的作品，而不是"智库"的成果。中华人民共和国成立之后面临着险恶的国际环境，如何让新生的共和国自立于世界民族之林是当时中国最高领导人不得不优先考虑的问题。很显然，这三个特点都带有鲜明的时代痕迹。

改革开放以后，内参模式更为常见，究其原因，最关键的是，中国面临的历史任务发生了深刻的变化。如果说毛泽东时代首先要解决的是自立问题的话，那么改革开放要解决的问题是如何使中国自强。发展现代经济涉及广泛的领域，其复杂性超越了任何个人的能力。这就要求对决策辅助机制加以改造。过去那种依靠个别智囊的体制已经很难适应现代决策需要，必须代之以决策咨询群体。正是在这个时代背景下，中国在改革开放之初便提出了决策科学化的口号，并着手逐步建立健全思想库体系。

最早出现的思想库可能是 1980 年形成的"中国农村发展问题研究组"，其成员是一批具备"通天"关系的高干子弟及知识分子子弟。在中央书记处研究室和中国社会科学院的支持下，该组成员四处调研，并把报告直接送到中央领导人办公桌上，为 1981 年中央农村工作会议准备了系统全面的第一手调查数据。后来，他们又参与了中央关于农村的几个"一号文件"的制定，形成一支有实力的决策研究力量。后来，发展组成员分别进入中国经济体制改革研究所（简称体改所）等研究机构。[①] 随着改革向城市和工业方向推进，体改所的作用日益凸显，成为 1980 年代中国最有影响的思想库。这种状况一直持续到 1989 年。在此前后，另外一些智囊机构也应运而生，包括国务院内设立的若干个研究中心（后来整合成为国务院发展研究中心）、中信国际研究所等。[②]

1990 年代以后，随着经济活动越来越复杂，研究领域的专业分工也越来越精细。因此，中国科学院、中国社会科学院、各部委办、各重点高校属下的研究机构开始越来越积极地卷入政策研究和咨询工作。[③] 即使在以

---

① 黄锴坚：《王小鲁：十年》，《经济观察报》2005 年 4 月 21 日。

② 邹蓝：《中国智囊机构对政府管理决策过程的影响》，2004 年 2 月 18 日，中国改革论坛网（http://www.chinareform.org.cn）。

③ 林双川：《中南海倾听"科学思想库"进言》，《半月谈》2004 年第 20 期。

前被视为非常敏感的外交领域、两岸关系领域，近年来也出现了几十个大大小小的思想库。① 除此之外，高级知识分子聚集的各民主党派也不甘寂寞，纷纷利用其"直通车"的便利向政府高层建言、反映社情民意。② 与此同时，中央领导人还从各领域特选了一小批所谓"中央直管专家"，作为最高决策的咨询对象。这些与中央保持直接联系的智囊对中央决策的影响当然更大。③

上述思想库一般都会出版诸如"简报"、"参阅"之类的内部报告。这些发行量很小的内参，往往可以直达天庭。最高领导人则几乎每天都会圈阅、批示、转发一些报告。④ 在正规渠道之外，部分研究人员还凭借自己的学术声望和人脉关系通过非正常程序向最高当局递交密札或进谏。⑤

2002 年年末，新一届中央领导人上任以后对决策科学化、民主化更加重视，并作出了表率。从 2002 年 12 月 26 日到 2006 年 5 月 26 日，新一届中央政治局已经举办了 31 次集体学习活动，请哲学社会科学和自然科学方面的专家讲课，平均 40 天举办 1 次学习活动。⑥ 同时，新一届领导班子十分重视思想库、智囊团的建设。⑦ 为此中国科学院提出要"充分发挥国家科学思想库作用……增强对国家重大发展战略的咨询能力"；⑧ 中国社会科学院也要求各研究所"努力担当思想库和智囊团的重任，更好地为党和国家决策服务"。⑨ 可以预见，未来在议程设置上，内参模式还会扮演相当重要的角色。

---

① 孙哲：《中国外交思想库：参与决策的角色分析》，《复旦学报》2004 年第 4 期。

② 洪绂曾：《开创参政议政、社会服务工作的新局面——在九三学社中央参政议政和社会服务工作会议上的讲话》，2003 年 10 月 23 日（http：// www. 93. gov. cn/ldyl/ldjh/ldjh9. htm）。

③ 玉米：《易纲入选中央直管专家》，2005 年 3 月 15 日，南方网（http：//www. south-cn. com/finance/zhixing/200503150885. htm）。

④ 谌彦辉：《内参揭秘》，《凤凰周刊》2005 年第 14 期（总 183 期）。

⑤ 例如原中国社会科学院研究员、现全国政协专职委员何新曾将自己所写的每个报告同时复印 7 份，送报邓小平、江泽民、陈云、王震、李鹏、李先念、王任重等高层领导，并向一些领导人当面进言。参见何新《我在中国政治中的风雨二十年》（http：//www. hexinnet. com/documents/qcth/1. htm）。

⑥ http：// news. xinhuanet. com/ziliao/ 2005 – 11/ 29/content 3849521. htm。

⑦ 李长春：《从"三贴近"入手改进和加强宣传思想工作》，《求是》2003 年第 10 期。

⑧ 齐彬：《中国科学院学部正在积极构建国家科学思想库》，中新社北京 2004 年 6 月 2 日电。

⑨ 张车伟：《努力发挥思想库和智囊团的作用》，《中国社会科学院院报》2004 年 2 月 24 日（http：//www. cass. cn/ webnew/file/2004022412838. html）。

四 借力模式

在内参模式中，政府智囊们只关心自己的建议是否会得到决策者的青睐。借力模式的不同之处在于，政府智囊们决定将自己的建议公之于众，希望借助舆论的压力，扫除决策者接受自己建议的障碍。无论中外，一般而言，政府智囊们都希望直接影响决策者，而不是采取迂回的方式；不到万不得已，政府智囊们不希望因诉诸舆论而得罪当权者。那么，他们为什么会偶尔出此"下策"呢？恐怕最主要的原因是，智囊们深信自己的建议有强大的民意支撑，而政府内部却存在反对的声音。

在中国，借力模式并不常见，但最近却有一个很好的例子。从1990年代起，中国开始市场导向的医疗体制改革。根据1993、1998、2003年三次国家卫生服务调查，改革后城乡居民的医疗费用支出越来越高，而享有社会性医疗保险的人比例越来越小。[1] 2003年的非典危机暴露了公共卫生体制改革的缺陷，也顺带引发了人们对医疗体制改革的反思。[2] 但此后仍有政府官员公开声称，必须进一步推行市场化的医疗体制改革，让"国有资产逐步退出公立医院"。不过，在2005年春，国务院发展研究中心社会发展部和世界卫生组织"中国医疗卫生体制改革"合作课题组却发表了6份专题报告和1份总报告，证明医改是"不成功"的，甚至是彻底"失败"的。由于这些报告刊登在内部刊物上，它们最初并没有引起人们的注意。2005年6月底，情况突然急转直下。国务院发展研究中心社会发展部副部长葛延风在接受媒体采访时，透露了总报告的内容。他指出，未来中国医疗卫生体制的改革应该坚持两条原则：一是追求公平，要确保所有社会成员都能够得到基本的医疗卫生服务；二是要强调卫生投入的绩效，即在有限的全社会卫生投入水平下，使全民族的健康水平获得最大限度的提高。而市场化改革不可能达到这两个目的。[3] 几乎同时，卫生部政策法规司司长刘新明也在《医院报》上说出了"市场化非医改方向"的话。[4]

---

① 王绍光：《政策导向、汲取能力与卫生公平》，《中国社会科学》2005年第6期。

② 王绍光：《中国公共卫生的危机与转机》，《比较》2003年第7期。

③ 张冉燃：《医改"会诊"结论：从总体上讲，改革不成功》，《瞭望新闻周刊》2005年6月28日。

④ 杨中旭：《中国医改思路出现重大转折》，《中国新闻周刊》2005年第24期。

这两则报道一面世便在媒体上和民众中引起轩然大波：媒体上一时间出现大量有关医改的报道和讨论；而民众则几乎一边倒地同意"医改不成功"的判断。[1] 虽然有些市场派的学者坚称，医改不能走回头路;[2] 虽然卫生部希望回避关于医改是否"不成功"的话题,[3] 但潘多拉的盒子已经打开，如果政府医改的思路不作重大调整，民众是难以接受的。[4] 看来，智囊们借力之举相当有效。

五　上书模式

这里的"上书"是指给决策者写信，提出政策建议，不包括为个人或小群体作利益申述之类的行为。上书模式与内参模式十分相似，都是有人向决策者提出建言，不同之处在于建言人的身份。在内参模式里，建言人是政府的智囊或智囊机构；在上书模式里，建言人不是专职的政府智囊。不过，建言人也未必是一介平民，他们往往是具有知识优势、社会地位的人。只有这种人才拥有某种"话语权"，才了解上书的管道，提出的建议才可能被重视。其实，即便是精英们的上书，往往也是石沉大海，毫无反响。清朝不断"上书各中堂、各大人、各先生"的龚自珍在《送南归者》中不是发出过这样的感叹吗："布衣三十上书回，挥手东华事可哀"。一般民众，人微言轻，他们的上书往往在秘书那里就被挡住，很难送到决策者跟前。无论古今中外，由平头百姓一纸上书影响议程设置的案例简直是凤毛麟角。

上书模式固然很少出现，但并不意味着当代中国完全没有这样的例子。2003 年 7 月 3 日，怒江、澜沧江、金沙江的"三江并流区"被联合国教科文组织正式批准为世界自然遗产。几乎同时，2003 年 8 月中旬，国家发展与改革委员会通过了怒江流域水电开发方案。怒江兴建水电站的决定马上引起一批环保组织的反对。一方面，他们通过各种方式动员媒体发出反坝的声音，争取舆论支持；另一方面，他们上书国务院领导，要求停

---

① 唐勇林：《调查显示九成公众不满意 10 年来医疗体制变化》，《中国青年报》2005 年 8 月 22 日。

② 胡舒立：《谨防医保改革刮"共产风"》，《财经》2005 年第 16 期。

③ 李宗品：《高强：不要争论医改成功与否》，《新京报》2005 年 11 月 29 日。

④ 这可以从胡舒立的文章和高强的讲话发表后引发的批评潮看出一斑。

止怒江水电梯级开发。2004 年 2 月中旬，在发改委上报国务院的报告上，国务院总理温家宝亲笔批示："对这类引起社会高度关注、且有环保方面不同意见的大型水电工程，应慎重研究，科学决策"，暂时搁置了一度箭在弦上的怒江水电工程。[①] 2005 年 7 月，温家宝总理赴云南考察工作期间，地方官员向他反映怒江水电建设停工已久，地方不知如何进退，希望中央能尽快定夺。温总理回京后，即指示发改委、环保总局、水利部等有关部门"加紧论证研究，尽快拿出自己的意见"。由于担心怒江工程重新启动，61 个环保组织和 99 位个人又于 2005 年 9 月起草一份公开信，并将它呈送国务院、发改委、环保总局等有关部委。[②] 与此同时，支持开发怒江水电的人也上书中央领导，希望该工程早日上马。[③] 正反两方面的上书形成拉锯战，使中央到目前为止还没有对怒江工程定案。民间组织的活动与上书如此影响中央政府的决策，这在中国恐怕还是第一次，成为一个标志性的事件。

随着社会自由度的加大，社会地位不同、立场各异的人将会更积极地运用自己的发言权。因此，上书今后有可能变成影响中国议程设置的主要模式之一。

六　外压模式

与上书模式一样，在外压模式里，议程变化的动力来自政府架构之外。它与上书模式不同之处不在于"外"，而在于"压"。在上书模式里，议程的提出者希望通过给决策者摆事实、讲道理来影响议程设置；在外压模式里，议程的提出者虽然不排除摆事实、讲道理的方式，但他们更注重诉诸舆论、争取民意支持，目的是对决策者形成足够的压力，迫使他们改变旧议程、接受新议程。在上面提到的"怒江水电"一案中，我们已经看到了外压模式的影子。在一般情况下，外压模式有以下几个特点。

第一，只有在初始阶段，外压模式里的议案倡导者是可以确定的。随

[①] 曹海东、张朋：《怒江保卫战幕后的民间力量》（http：//finance. sina. com. cn/g/2004 0524/1237774903. shtml）。

[②] 胥晓莺：《NGO "怒江保卫战" 逆转？》（http：// www. businesswatch. com. cn/ Article-Show. asp？ArticleID = 1253）。

[③] 郭少峰：《两院士上书建议开发怒江水电》，《新京报》2005 年 10 月 23 日。

着议案影响力的扩大、议案支持者的增加，会越来越难分辨谁是倡导者。这时的关键是议案的民意基础到底有多广，是否对决策者构成足够的压力。说到民意，我们应该区分两部分民众。一部分是所谓"关切的民众"（attentive public），一部分是一般大众（general public）。前者在数量上永远是总人口的一小部分，但他们对公众议题不仅十分关心，而且相当了解。他们对议案的支持有助于防止议案滑出舆论的焦点圈。后者是大多数人，他们对多数公众议题的注意力往往是短暂的，很少长期、执着地卷入某项争议。正因为如此，一旦一般民众支持改变旧议程、接受新议程，对决策者的压力之大是可想而知的。在这种情况下，公众议程最可能变为政策议程。①

第二，外压模式产生作用的前提是少数人关心的议题变为相当多人关切的公众议程，否则压力便无从产生，而这个过程需要时间。即使某个议题已经提上了公众议程，要最终进入政策议程的话，同样也需要时间。因此，外压模式的一个特点是所需时间一般比其他模式长。

第三，由于头两个特点的存在，研究者很难准确断定外力通过什么方式最终影响了议程的设置。他们能做的无非是在时间的先后顺序上将外部压力的演化与政府议程的变动联系起来。

上述三点是一般情况下外压模式的特点。但也有特殊情况，即突然出现所谓"焦点事件"（focusing events），引起社会的普遍关注，进而迫使决策者迅速调整议程。焦点事件一般都是坏事，如灾难、事故等，它们会对某一群人的利益造成现实的伤害、对其他人的利益产生潜在的伤害。这类事件的发生使得利益群体、政府官员、大众传媒以及广大公众对现存问题有更深切的认识，希望纠正明显的政策失误。② 注意焦点的集中有助于打破已往的力量平衡，使争取议程转换的意见在公众舆论里占据上风，形成强大的民意压力，迫使决策者在短期内调整政策取向。因此，有学者把焦点事件引发的反应阶段称之为"政策窗口"（policy window）。③ 由于焦点事件的影响是

---

① Roger W. Cobb and Charles D. Elder, *Participation in American Politics: The Dynamics of Agenda Building*, Baltimore: The Johns Hopkins Press, 1975, pp. 107 – 108.

② Thomas A. Birkland, *After Disaster: Agenda Setting, Public Policy and Focusing Events*, Washington, D. C.: Georgetown University Press, 1997.

③ John W. Kingdon, Agenda, *Alternatives and Public Policies* (2nd ed.), New York: Harper Collins, 1995.

直接、快速、容易确定的，不少研究者都把注意力集中在它上面。[①]

过去，在中国议程设置一般采取的是上面提到的五个模式，外压模式比较少见。尽管早在 1980 年代中期，中央领导人就在提出决策科学化的同时，提出了决策民主化的主张，[②] 直到 1990 年代后期以来，带民主色彩的外压模式才越来越常见。之所以会出现这样的变化，可以从两方面考虑：压力从何而来？压力为什么会产生影响议程设置的效果？

先看压力的根源。虽然中国经济在过去四分之一个世纪里高速增长，但不惜一切代价追求高增长率也带来一系列严重问题。到 1990 年代末，有些问题已变得触目惊心，包括环境危机、贫富悬殊、缺乏经济与社会安全等。与此同时，社会分化程度越来越高。在改革初期，由于社会分化程度低，哪怕某些人必须为改革付出代价，他们也往往愿意牺牲短期的个人利益，因为他们相信，改革最终会使所有人受益。随着社会日益分化，改革的金字招牌脱落了。[③] 那些在前期改革中利益受损的阶层对新推出的改革不再毫无保留地支持，而是对带有"改革"标签的举措疑虑重重，生怕再次受到伤害。这些人仇视滥用权力、中饱私囊的官员，敌视一夜暴富、挥金如土的新贵，蔑视巧舌如簧、发"改革"财的学者。更重要的是，他们普遍感觉到中国的改革到了强调经济社会协调发展的时候了！这就是政府面临的社会压力所在。

那么潜在的压力是如何转化为现实压力呢？四个领域的变化发挥了关键性作用：利益相关者的施压、非政府组织的卷入、大众传媒的转型和互联网的兴起。

先看利益相关者的施压。当社会分化不太严重时，各利益相关群体往往处于"自在"阶段，缺乏"自为"意识，也不大会为自身的利益向决

---

① Paul C. Light, *The President's Agenda: Domestic Policy Choice from Kennedy to Carter* (*with Notes on Ronald Reagan*), Baltimore: Johns Hopkins University Press, 1982; Giandomenico Majone, *Evidence, Argument and Persuasion in the Policy Process*, New Haven: Yale University Press, 1989; Frank Baumgartner and Bryan D. Jones, *Agenda and Instability in American Politics*, Chicago: University of Chicago Press, 1993.

② 1986 年 7 月 31 日，在全国软科学研究工作座谈会上，时任国务院副总理的万里首次亮出决策民主化和科学化的提法。邓小平审阅万里的讲话全文后，当即作了"很好，全文发表"的指示。张登义：《邓小平同志与中国软科学》（http://www.cssm.com.cn/web/news/displaynews/displaymod/mod1.asp？id=562)。

③ 孙立平：《改革共识基本破裂》，2005 年 9 月 20 日（http://www.cul-studies.com/jiang-tan/jianggao/200511/3077.html)。

策者施压。随着社会分化程度提高，各利益群体对自身利益变得更加敏感，会产生向决策者施压的冲动。当然，冲动是一回事，能在多大程度上施压是另一回事。这里的关键是利益相关群体的动员能力。在所有利益相关群体中，拥有政治和组织资源的地区无疑最强。

区域政策是利益相关群体施压的一个例子。1980年代中期以前，中国存在地区差距，但问题并不突出。其后，由于国家政策明显向东部倾斜，导致东西部差距迅速扩大。① 1990年代初，学者与政策研究者就地区差距展开了一场争论，当时的主流要么认为中国地区差距没有扩大，要么认为地区差距不算太大。② 邓小平也主张应等到"本世纪末达到小康水平的时候"，再"突出地提出和解决"地区差距问题。③ 不过，落后地区不愿再等了。这时，在每年的全国人民代表大会上，都有来自内陆的代表公开表示对中央倾斜政策的不满。面对内陆省份越来越大的压力，1996年八届人大四次会议上通过的"九五"计划及2010年远景目标纲要指出：要坚持区域经济协调发展，逐步缩小地区差距。可惜，具体政策措施力度不够。因此，1990年代后半期，对政府区域政策的批评不绝于耳。在这个背景下，1999年中央提出了西部大开发战略，国务院并于次年成立了西部地区开发领导小组，正式进入西部大开发的实施阶段。④ 其后，在全国人大上，面临巨大转型困难的东北三省人大代表纷纷投书，强烈要求中央实施东北振兴战略。2003年9月，"振兴东北地区等老工业基地"终于正式也成为中国政府的"战略决策"。⑤

再看非政府组织的卷入。在过去20年里，中国目睹了一场前所未有的社团发展。截至2006年3月底，全国共有各类在民政系统注册的社团近17万个。⑥ 事实上，在民政部门登记注册的组织仅占社团版图的一个角

① 《中国西部开发政策的战略转变：访国务院发展研究中心市场经济研究所副所长陈淮研究员》（http：//www.chinatalents.gov.cn/xbkf/index9.htm）。

② 当时的争论，参见王绍光、胡鞍钢《中国：不平衡发展的政治经济学》，中国计划出版社1999年版，第一章。

③ 邓小平：《在武昌、深圳、珠海、上海等地的谈话要点》（1992年1月18日—2月21日），载《邓小平文选》第3卷，人民出版社1993年版，第374页。

④ 吕书正：《实施西部大开发战略》，2002年10月18日，中国网（http：//www.china.org.cn/chinese/archive/219330.htm）。

⑤ 吴冬艳：《"振兴东北等老工业基地"国策出台始末》，2003年11月24日，新浪网。

⑥ 民政部公布的2006年一季度民政事业统计数据（http：//admin.mca.gov.cn/mztj/yuebao0603.htm）。

落。大量组织选择注册为商业机构，或者干脆不注册。[①] 更容易被忽略的是，按照中国法律，县以下的草根组织根本无须注册，如那些在企业、机关、学校、街道、乡镇和村落内开展活动的社团。加上未注册的组织，全国至少有 50 万以上的社团。[②]

大多数社团对公共政策没有兴趣，但有一类社团最大的关注点便是公共政策，即倡导性社团。人们习惯于把这类社团称为"非政府组织"或"NGO"。在中国各类 NGO 中，环保 NGO 最为积极。1990 年代以前，中国也有环保社团，但绝大多数是自上而下组建的、半官方的环境科学研究团体。那时环境污染问题还不太突出，民众对此不太关心。因此，那时的环保社团要么研究多于行动，要么干脆没有什么行动。1990 年代以后，生态环境恶化日渐显著，人们的环保意识也逐步高涨。在这个背景下，涌现出一批民间环保 NGO。[③] 进入新世纪，民间环保 NGO（尤其是高校学生团体）开始在各地大量出现，并呈逐年增加的趋势。据不完全统计，全国现有 2000 多家环保 NGO。[④] 它们的经费主要靠自筹（相当大的比重来自境外）。除了开展环保教育、配合政府编制环保计划、担任有关机构环保顾问外，这些环保 NGO 还竭力呼吁改善生态环境，并动员各种力量干预破坏环境的行为、工程和计划，对政府形成巨大的压力。[⑤] 上面提到的怒江水电工程便是一例。

环保 NGO 数量不多，但能量巨大，原因之一是很多组织与大众传媒有千丝万缕的联系。传媒把环保 NGO 的声音以放大的方式传播出去，无形中加大了它们的影响力。

中国的大众传媒不仅充当了环保 NGO 的"扩音器"，而且近年来在公众议程设置方面扮演着越来越积极主动的角色，进而影响到政策议程的设置与调整。传媒的议程设置功能有三个层次：报道或不报道哪些"议题"，是否突出强调某些"议题"，如何对它强调的"议题"进行排序。[⑥]

---

① 一位上海民政局的原官员告诉笔者，她退休之后就为一家未经注册的非政府组织工作，因为社团的注册门槛设得太高了。

② 王绍光、何建宇：《中国的社团革命：中国人的结社版图》，《浙江学刊》2004 年第 6 期，第 71—77 页。

③ 吴晨光：《婴儿期的中国环保 NGO》，《南方周末》2002 年 1 月 7 日。

④ 洪大用：《民间环保力量成长机制研究》，2004 年 6 月，自然之友论坛（http://www.fon.org.cn/forum/printthread.php?threadid=5806）。

⑤ 唐建光：《中国 NGO：我反对！》，《中国新闻周刊》2004 年第 24 期。

⑥ 陈力丹、李予慧：《谁在安排我们每天的议论话题？》，《学习时报》2005 年 11 月 22 日。

这里说的不是指某几家传媒机构的某几次报道，而是指传媒整体在较长时期里的报道活动。很显然，不进入第一个层次，民众对一些议题就不会感知。例如，1980年代的煤矿事故比现在更普遍、更严重，但当时并没有成为公共议题。1990年代中后期以来，矿难成为国人关注的焦点之一，主要是因为传媒对它进行的广泛报道引起了公众的重视，不仅进入了第一个层次，还进入了第二个层次。① 在一个较长时期里，进入第二个层次的议题当然不止一个，这时，如果传媒对一系列"议题"的报道呈现一定排序的话，也会影响公众对这些议题重要性的判断。

近几年来，中国民众对三农、农民工、生态环境、公共卫生、医疗保障、贫富差距等问题的关切，在很大程度上是传媒强调的结果。在中国，媒体的角色一直被定位在"宣传机器"上。② 为什么党的喉舌近年来会变得越来越具有公共性，成为连接政府与民众的双向桥梁呢？这是因为媒体的量和质都发生了巨大的变化。

在量方面，与改革初期比，电台的数量增加了3倍，电视台、报纸、杂志的数量都增加了10倍以上。③ 质的变化更为深刻。从1980年代开始，传媒便开始市场化，这个进程在1990年代以后加快。现在，国家仍掌握电台、电视台、报纸和一些刊物的所有权，但失去了国家财政拨款的传媒机构必须在激烈的市场竞争中求生存。一旦追求利润成为传媒机构的主要驱动力，其日常运作的逻辑便改变了，它们必须考虑：如何吸引读者或观众？如何扩大自身的影响力？当然党和政府的机关报、机关刊物的自由度比较小，但这些传媒机构在转向传媒产业的过程中，都增设了自由度相对大得多的附属报刊，例如《人民日报》属下的《环球时报》，新华社属下的《瞭望东方周刊》，上海文汇新民联合报业集团属下的《新民周刊》和《外滩画报》，广东省新闻出版集团属下的《新周刊》，以及南方报业传媒集团属下的《南方周末》、《南方都市报》、《新京报》、《21世纪经济报道》等。本来就不属于党报系统的《中国新闻周刊》、《财经》、《商务周刊》、《中华工商时报》等报刊相对独立性也不小。在这些著名报刊的带动下，全国几百家报刊（例如《江南时报》、《大河报》等）纷纷开辟或

---

① 王绍光：《煤矿安全生产监管：中国治理模式的转变》，《比较》第13辑，2004年。

② 新闻出版署：《报纸管理暂行规定》（http://www.jincao.com/fa/law !4.02.htm）。

③ 国家统计局编：《中国统计摘要（2006）》，中国统计出版社2006年版，第196页。

增加新闻评论和公共事务讨论的版面，不断拓宽言论边界。影响所至，已经波及广播和电视媒体。

在竞争的压力下，媒体往往会主动"三贴近"，不时报道敏感的新闻事件，评论敏感的时政话题。正是在这种背景下，大众传媒开始更积极主动地为各种利益诉求开辟表达的空间，促使某些民众关心的议题变为公共议题，进而推动国家政策、法律、体制的变革。

大众传媒面临的竞争不仅来自传统媒体内部，还来自新兴网络媒体，如互联网、手机短信等，尤其是互联网的兴起迫使传统媒体不得不改变以往新闻和信息的传播格局，并且为公众讨论公共事务提供更开放的空间。

如果从 1994 年 4 月 20 日中国正式进入互联网之日算起，中国进入网络时代不过 10 余年。然而，互联网的发展可以用"爆炸性"来形容。1997 年年初，全国的互联网使用者不过区区 62 万人；到 2006 年 1 月，这个数字已经暴增至 1.11 亿，而且增长的势头仍没有放缓的迹象。2000 年前，由于网民数量低于 1000 万，真正意义上的网络媒体还没有形成。随着网民在 2001 年突破 2500 万，情况开始发生变化。2002 年，当网民超过 4500 万时，网络舆论急遽升温。2003 年，当网民达到 7000 万时，网络舆论风起云涌，"黄碟"案、刘涌案、黄静案、宝马案、日本人珠海买春案、京沪高铁案、孙志刚案在虚拟空间掀起一波波巨大的舆论浪潮。无怪乎这一年后来被人称作"网络舆论年"。① 此后，互联网成为公众传递信息、表达意见、评论时政、释放情绪的一个主要渠道，网络舆论对公众议程设置的影响越来越显著。

与传统媒体比较，互联网最大的特点是人人都是潜在的信息发布者，信息多向（而不是单向）传播，传播范围可以瞬时传遍地球每个角落。这些特点使控制信息难上加难，使普通网民拥有了前所未有的话语权，也使公共权力不再可能完全在暗箱中操作。②

---

① 张玉洪：《前不见古人的波澜壮阔：2003 年中国网络事件述评》（http://www.usc.cu-hk.edu.hk/wk w zdetails.asp？id=2960）。

② "全球互联网项目"通过比较各国资料发现，其他国家的多数受访者都不认为"通过使用互联网，人们对政府会有更多的发言权"，只有中国例外，60% 以上的受访者同意这一说法。参见 2004 年 4 月 26 日郭良在耶鲁大学法学院的演讲《中国互联网的发展及其对民意的影响》（http://www.usc.cuhk.edu.hk/wk_wzdetails.asp？id=3329）。

出现具有公共性、开放性、交互性、多元性、瞬时性的网络媒体后，公众议程的设置逻辑也开始发生变化。在传统媒体时代，议程说到底是由屈指可数的传媒机构设置的，政府通过控制传媒机构来影响议程设置相对比较容易。进入大众网络时代，情况就不同了，网民可以通过互动，将他们认为重要的问题（而不是传媒机构认为重要的问题）变为公众议程的一部分。例如，在宝马车撞人、孙志刚被打致死、农民工讨取欠薪、医疗体制改革失败、郎咸平批评国企改革等一系列网上讨论活动中，网络舆论都显示出设置公众议程的力量，因为所有这些问题都触犯了民众十分关心的公平正义原则。

由于网络已成为反映民意的渠道，中国的最高决策层对它也越来越重视。在2003年"非典"肆虐期间，国家主席胡锦涛和国务院总理温家宝都透露，他们也曾亲自上网，了解舆情。2004年9月举行的中共十六届四中全会指出，"要高度重视互联网等新型媒体对社会舆论的影响"。为此，在传统内参报告以外，国务院办公厅秘书一局信息处最近开始定期编辑《互联网信息摘要》，报送国务院领导。① 近年来，不少大案如安徽阜阳假奶粉案、广州农民工讨薪遭打、湖南嘉阳违法拆迁案等都是通过这条渠道迅速上达国务院的。② 从高层对网络舆情的高度关注，可以看出网络媒体的影响力之大。

当然，网络媒体与传统媒体并不是相互对立的，它们的作用完全可以互补。当某个议题引起网民广泛关注时，传统媒体往往会马上介入，进行采访和深度报道，黄静案、日本人珠海买春案、京沪高铁事件都是这样的例子。反过来，某家传统媒体机构对个别事件的报道可能在网络论坛上引起轩然大波，使它迅速变为公众议程的一部分。在更多情况下，网络媒体与传统媒体交互作用，很难辨别是谁引导谁。"孙志刚事件"就是两者互动的一个典型。在网络普及以前，广州地区的报纸就曾对"收容遣送事件"作过一些调查性或揭露性的报道，仅在2000年至2001年两年间，这样的报道就有6则之多，但都没有

---

① 林双川：《中央领导高度重视网络舆论，民意汇入中南海》（http：// news. xinhuanet. com/politics/2006 – 04/10/content4404242. htm）；董瑞丰、杨桃源：《网上议政催生民意生产力》，《瞭望》2006年第11期。

② 陈亮、董晓常：《互联网中国的新民意时代：意见也是"财富"》，《互联网周刊》2005年3月31日（http：//media. 163. com/ 05/ 0331/11/ 1G5T8FDT00141E7P. html）。

引起太大的反响。① 2003 年 3 月 20 日，湖北青年孙志刚因未带证件，在广州收容所被打致死。3 月底，一位在北京学传媒的研究生在著名 BBS 提供网站"西祠胡同"的"桃花坞"讨论区公布了这个消息。"桃花坞"是全国各地媒体从业者聚集的地方。这则消息于是引起了《南方都市报》深度报道记者陈峰的注意。陈峰与他的同事在采访孙志刚的亲属和有关部门以后，于 4 月 25 日率先在报纸上对此案进行了揭露。② 其后，别的媒体纷纷转载。但更重要的是，这时中国的互联网已拥有近 7000 万网民，孙志刚事件在网络上引起了强烈反响。如果没有网民的推波助澜，这个事件也许会像以前一样很快风平浪静。然而，借助网络的威力，这个事件导致舆论哗然，形成强大而持续的民意压力，并最终推动政府于 6 月 20 日废止了实行多年的收容遣送制度。网络媒体与传统媒体交叉作用竟能这么快导致一项制度的变革，不仅在中国，即使在世界上恐怕也是空前的。

除了像孙志刚案这样的"焦点事件"外，在多数情况下，舆论影响公众议程的设置、进而影响正式议程的设置是一个较长的过程。对比最近几年提上公众议程的话题与政府政策的调整，我们可以看到两者之间存在一条清晰的脉络，包括三农问题、农民工问题、户籍改革问题、义务教育问题、公共卫生问题、医疗保障问题等。在所有这些领域，舆论对原有政策的批评一般都比政策调整要早 3 至 5 年，前者对后者的推动作用毋庸置疑。③

最初，舆论批评的焦点集中在具体政策领域，但人们逐步认识到，具体政策之所以出现偏差，是因为中央政府采取了"效率优先"的整体政策导向，④ 地方政府则为了追求 GDP 高增长率而不惜一切代价。于是，近年

---

① 李艳红：《弱势社群的公共表达：当代中国市场化条件下的城市报业对"农民工"收容遣送议题的报导》（http://mumford. albany. edu/chinanet/shanghai2005/liyanhong_ch. doc）。

② 陈峰：《孙志刚事件采访记》，《今传媒》2005 年第 3 期。

③ 李异平：《论媒体维护农民权益的多元化意义：以〈南方周末〉为例》（http://www. chinareform. org. cn/cgi-bin/BBS_ Read_ new. asp？Topic_ ID = 3091）。

④ "效率优先，兼顾公平"最初是由周为民、卢中原牵头的"社会公平与社会保障制度改革研究"课题组提出来的，其主报告以"效率优先，兼顾公平：通向繁荣的权衡"为题发表于《经济研究》1986 年第 2 期。1993 年，中共十四届三中全会通过的《中共中央关于建立社会主义市场经济体制若干问题的决定》正式使用了"效率优先，兼顾公平"的提法。十五大坚持了这个提法。

来在网络和传统媒体上，我们看到对这种政策导向的普遍质疑和强烈抨击。面对舆论压力，中央决策层不得不作出回应。为了缓解批评，2002 年年底召开的中共十六大试图重新解释"效率优先，兼顾公平"的含意，使用了"初次分配效率优先、再次分配注重公平"的提法。[①] 但贫富悬殊的残酷现实告诉人们，初次分配中的不公平问题（如老板、经理与普通职工之间的收入差距）同样需要重视，单靠财税等再分配杠杆来调节是远远不够的。[②] 2003 年 10 月，党的十六届三中全会虽然仍然沿用"效率优先，兼顾公平"的提法，但其已被"以人为本"的"科学发展观"大大冲淡。到 2004 年，十六届四中全会干脆放弃了"效率优先，兼顾公平"的提法。[③] 2005 年年底，中共十六届五中全会通过的《关于制定国民经济和社会发展第十一个五年规划的建议》又进了一步，提出未来中国要"更加注重社会公平，使全体人民共享改革发展成果"。[④] 从"发展是硬道理"、"先富论"、盲目追求 GDP 增长，到"以人为本"、"共同富裕"、"构建社会主义和谐社会"，是个历史性的跨越。没有民众对"改革"的质疑反思，没有新兴与传统媒体对公共政策的激烈辩论，没有社会要求重新定位中国改革的强烈呼声，政策导向出现如此巨大的转折是难以想象的。[⑤]

在今日中国，六种公共政策议程设置模式依然并存。但与毛泽东和邓小平时代相比，强人政治的色彩已近销声匿迹。在议程设置过程中，随着专家、传媒、利益相关群体和人民大众发挥的影响力越来越大，"关门模式"和"动员模式"逐渐式微，"内参模式"成为常态，"上书模式"和"借力模式"时有所闻，"外压模式"频繁出现。用执政党自己的术语来说，议程设置已变得日益"科学化"和"民主化"了；或用国务院总理温家宝的话来说，议程设置"突出了着力解决经济社会发展中涉及全局和

---

① 江泽民：《全面建设小康社会，开创中国特色社会主义事业新局面》（在中国共产党第十六次全国代表大会上的报告），《人民日报》2002 年 11 月 18 日。

② 刘国光：《把"效率优先"放到该讲的地方方》，《经济参考报》2005 年 10 月 15 日。

③ 《中国共产党第十六届中央委员会第四次全体会议公报》（http://news.xinhuanet.com/newscenter/2004-09/19/content_1995366.htm）。

④ http://news.xinhuanet.com/politics/2005-10/18/content_3640318.htm。

⑤ 吴金勇、商思林：《重思改革》，《商务周刊》2005 年第 22 期；仲伟志：《2005 中国改革交锋录》，《经济观察报》2005 年 10 月 10 日；赵瀚之：《改革年演变成为质疑改革年：2005 进进退退话改革》，《赢周刊》2005 年 12 月 12 日。

人民群众关注的重点问题"。① 虽然"科学化"和"民主化"的程度未必尽如人意，但从这个角度观察，我们可以看到，中国政治的逻辑已经发生了根本性的变化，而西方舶来的"威权主义"分析框架则完全无力把握中国政治中这些深刻的变化。在过去几十年里，这个标签像狗皮膏药一样往往被随处乱贴。中国政治在此期间发生了翻天覆地的变化，贴在中国政治上的标签却一成不变。如此荒唐的概念与其说是学术分析工具，不如说是意识形态的诅咒。现在已经到了彻底摆脱这类梦呓的时候了。

《中国社会科学》2006 年第 5 期

---

① 《温家宝主持召开座谈会征求"十一五"规划意见》（http: //www.chinanews.com.cn/news/2006/2006 – 02 – 10/8/688742.shtml）。

共和传统的历史叙事[*]

张凤阳^{**}

摘要 面对强势的"民主"和"自由",该怎样测量"共和"的思想温度,并把握其在现代公共生活中的平衡功能呢?"公共性"是共和主义的基本价值关怀,古典共和对这个议题的索解导出了两种交叠互补的治国路线。一是"德治",即通过美德教育,引领公民对公共利益做出优先选择;二是"法治",即通过混合均衡,防范公共权力蜕变为操控在个别人或个别集团手中的私器。可以说,正是这两个方案的互补性复合,构成了古典共和传统的完整的弹性框架。在近代政治大变革时期,激进民主主义者用公共意志支持了一种高度集权的政制模式,但这种模式不能很好地解决后革命时代的国家治理问题。相形之下,消极自由主义者力主实施一种分权制衡的宪政共和方案,但消极自由的过度膨胀,又在当代社会衍生出了某种"公民唯私主义综合症"。因此,在新的时代条件下重申并发扬共和传统,应该恰当把握温良中道的共和气质,"共和"的思想温度堪称健康公共生活的显示器与调节器。

关键词 共和主义 激进民主 消极自由

引 言

大略从 20 世纪中叶开始,一种复兴共和主义的思想努力在西方知识

---

* 本文是国家社科基金项目"和谐政治文化研究:基于共和主义的理论视角"(07BZZ007)的阶段研究成果。

** 张凤阳,南京大学公共管理学院教授。

界悄然涌动，历经半个世纪的发展，现已汇聚成一股蔚为大观的政治文化风潮。[①] 若干年前，"重申共和传统"的声音见诸中国知识界，嗣后，相关讨论渐趋升温，及至今天，也演化成了一个引人注目的热门话题。[②] 但是，社会条件不同，价值偏好有别，理论关切的重心也就不可避免地呈现分殊。在今日世界，共和传统的复兴或重申大致有两条进路，而这两条进路，就其主导取向而言，似乎分别对应了西方和中国两种不同的情境。

在西方历史上，共和主义本是一个古老的政治传统。但是，随着自由主义获得现代政治话语的操控权，这个传统即使没有灭绝，至少也在相当程度上被屏蔽了。因为这个缘故，当晚近的某些西方思想家谈论并着力推动共和主义复兴的时候，自由主义就很自然地成了他们必须直面的主要对手。按照哈贝马斯的说法，自由主义的狂飙突进，使当代西方人患上了一种"公民唯私主义综合症"。[③] 因此，如何塑造肩负责任的积极公民，以发展一种堪与自由主义抗衡或媲美的政治哲学，便成为当代西方共和主义复兴策略的要点。[④] 在这种策略的引领下，民主参与作为校正"消极自由"

---

① 一般认为，汉斯·巴伦（Hans Baron）1955 年发表《早期意大利文艺复兴的转折》一文，标志着公民共和主义复兴的开始，而波考克（John Pocock）、斯金纳（Quentin Skinner）、佩迪特（Philip Pettit）、米歇尔曼（Frank Michelman）、森斯坦（Cass Sunstein）等人，则被看作是推动公民共和主义复兴的重要角色。关于当代西方共和主义的复兴，国内学者刘训练博士做了系统的梳理（参见刘训练《共和主义的复兴》，载马德普主编《中西政治文化论丛》第 4 辑，天津人民出版社 2004 年版）。

② 在当代中国学界，提出并探讨"共和"议题的早期代表性著作有施治生、郭方主编的《古代民主与共和制度》（中国社会科学出版社 1998 年版）等；代表性论文有《论共和国——重申一个古老而伟大的传统》（载王炎编《宪政主义与现代国家》，生活·读书·新知三联书店 2003 年版）等。这些成果对后来的相关研究产生了重要影响。

③ 哈贝马斯：《在事实与规范之间——关于法律和民主法治国的商谈理论》，童世骏译，上海三联书店 2003 年版，第 669—670 页。

④ 大体而言，"对立"与"亲和"是公民共和主义的复兴者应对强势自由主义的两种典型姿态。前者如波考克；后者如斯金纳和佩迪特。波考克强调公民美德，揭示了偏爱积极参与的共和主义理想同偏爱消极自由的自由主义立场之间的紧张关系（参见波考克《德性、权利与风俗——政治思想史家的一种模式》，载应奇、刘训练编《公民共和主义》，东方出版社 2006 年版）。斯金纳基于自由国家的优先地位，论证了"消极自由"与"积极自由"之间的某种兼容性（参见斯金纳《自由主义之前的自由》，李宏图译，上海三联书店 2003 年版）。而佩迪特则超越"消极自由"与"消极自由"的二元划分，开辟出名为"免于支配或依附的自由"的第三条路线，尝试性地建构了一种关于自由与政府的共和理论（参见佩迪特《共和主义——一种关于自由与政府的理论》，刘训练译，江苏人民出版社 2006 年版）。以上这些代表性人物的共和主义复兴策略虽有所分别，但他们却共同意识到，挡住他们去路的超级对手是自由主义而不是民主主义，这一点没什么疑问。

的良方，不仅为共和主义首肯，而且被安放在了一个显赫的位置。① 但是，这样的进路切合当代中国的政治文化情境吗？

自五四运动以来，对"德先生"的高扬成为中国进步政治文化的主旋律，而取代帝制的"共和"，除作为国号或政体种类还被人们提及外，其独特而丰富的价值蕴藏事实上淡出了人们的视野。这种状况一直延续到今天。在当代中国，作为制度安排和治理模式的"民主"，被附加了"社会主义"、"中国特色"等若干约束条件。这很重要。但即使如此，"民主"本身的正当性不仅被确认，而且还逐步演化成了借以合法表达各种价值理念及利益诉求的最具开放性的政治言路。所以，如果超越单纯的学术兴趣来讨论"共和"，那么，对当代中国知识界而言，更富现实针对性的本土关切，似乎不在追究"共和"与"自由"的紧张，倒是要辨析"共和"与"民主"的差异。直言之，开辟并拓展"共和"的话语空间，以缓解"民主"的压力、弥补"民主"的不足，应该成为我们的研究重心。

无论在逻辑意义上还是在历史意义上，"公共性"都是共和主义的价值中轴。围绕这一中轴，古典共和传统衍生出"德治"和"法治"两条交叠互补的治国路线。在近代政治大变革时期，激进民主主义者将古典共和的美德诉求急剧升温，不仅以道德正义论证暴力施用的合法性，而且用公共意志支持了一种高度集权的政制模式。但这种模式不能很好地解决后革命时代的国家治理问题。相形之下，消极自由主义者对以德治国不抱奢望。他们冷却浪漫的道德热忱，从人性恶的假设出发，力主实施一种分权制衡的宪政共和方案。因此，如果打一个形象的比喻，也许可以说，激进民主主义的诉求过"热"，而消极自由主义的逻辑则太"冷"。本文将建立一个解释框架，着重以历史叙事的方式对共和传统的嬗变进行考察和描述。但作为学人，笔者亦打算就下述价值论问题作回应性思考：面对强势的"民主"和"自由"，该怎样测量"共和"的思想温度，并把握其在现代公共生活中的平衡功能呢？

一　环绕"公共性"中轴的"德"与"法"

在法国大革命进程中，曾发生过一场如何处置路易十六的大辩论。雅

---

① 参见哈贝马斯《包容他者》，曹卫东译，上海人民出版社 2002 年版，第 281 页。

各宾领袖罗伯斯庇尔慷慨陈辞："从前路易是国王，而现在已经建立了共和国"。① 他质问那些打算宽恕国王的国民公会代表，如果路易被判无罪，革命人民岂不成了诽谤者？因此，必须对路易实施"闪电一样"的打击，使之"化为乌有"。罗伯斯庇尔郑重提议，要在革命烈士为自由牺牲的地点，"让路易对世界作出一个有教育意义的榜样，并为了纪念这一难忘的事件，建立一座纪念碑，来加强各国人民对自己权利的认识和对暴君的憎恨，使暴君们的心里对人民的审判感到恐惧"。② 于是，路易十六被送上了断头台。

在某种意义上，处决路易十六乃标志政治现代性的一个革命象征。它不仅高度凸显"共和"与"王政"的二元对立，而且将"推翻帝制走向共和"嵌入人们的现代意识，使之成了追求文明进步的一个必然选择。君主国是"私天下"，共和国是"公天下"，两者迥乎不类，高下立判。这是现代人的某种已成定势的惯性思维。缘此，一个无法抑制的联想便反复涌动——君主腾出的地方究竟由谁来填补？施密特（Carl Schmitt）在论及政治现代性问题时指出，"王权时代已经终结，因为已经不再有国王，而且除非借助人民的意志，没有任何人有勇气做国王"。③ 明言之，"一切权力来自人民的信念"，就其政治正当性辩护功能来说，类似于传统时代"一切权威来自上帝的信念"。④ 此乃现代政治的一条自明公理。依据这条公理，"共和"与"民主"犹如孪生姐妹，其关系之亲密，足可用唇齿相依来形容。但是，"共和"的这种现代讲法可以不加修饰地推衍到古代吗？

在政治过程中，所谓"人民的统治"，通常要落实或转型为"多数规则"，这是"民主"治理的最基本的"程序共识"。⑤ 在西方政治思想史上，人们最早就是按照人数标准来定义民主政体的。直到今天，多数人的利益和意志不仅依旧充当"公共性"的代言者，而且，它作为政治合法性理据的位阶事实上还被现代民主人士拔高了。古典共和主义者承认并强调，共和国既为"公天下"，那就理当把"公共性"奉为立国之本。这没有任何疑义。但是，统治者的人数究竟在多大程度上构成施政取向的约束

① 罗伯斯庇尔：《革命法制和审判》，赵涵舆译，商务印书馆 1997 年版，第 105 页。
② 同上书，第 114 页。
③ 施密特：《政治的概念》，刘宗坤等译，上海人民出版社 2003 年版，第 55 页。
④ 施密特：《政治的浪漫派》，冯克利、刘锋译，上海人民出版社 2004 年版，第 183 页。
⑤ 参见萨托利《民主新论》，阎克文译，东方出版社 1997 年版，第 95 页。

条件，却有待深入探究。古典共和主义者一再追问：君主当权、贵族当权可能会谋私，难道平民当权就不会谋私吗？如此看来，在政治实践中有没有确立并贯彻公益为本的治国宗旨，远比多少人分享执政者的名义来得重要。这是亚里士多德特别强调的政体分类原则。①

在已经变成教科书版本的现代论述中，亚里士多德的政体学说往往被给出一种技术化理解，于是有"二分法"或"六分法"之类的简单解释。这种解释固然通俗，却也不免有些肤浅。事实上，亚里士多德基于治国宗旨而将政体划分为"正宗"和"变态"两类，挑开了共和传统的一个首级议题。倘把这个议题解读为广义的"反腐败"，那么，古典共和主义就此所做的通盘考虑，便可归结成环绕"公共性"中轴的两个最基本的治国方案。一个方案的进路是：为确保"天下为公"，怎样通过教化和培养，引领公民对维护和促进公共利益做出优先选择？另一个方案的进路是：为免于"天下为私"，如何借助混合与均衡，防范公权蜕变成操控在个别人或个别集团手中的私器？前者为"德治"方案，崇尚"积极"的进取；后者乃"法治"方案，偏重"消极"的守卫。可以说，正是这两个方案的互补性复合，构成了古典共和传统完整的弹性框架。

在当代社会，为矫治"消极自由"的缺失，一些思想家顺着"积极"进路来发掘古典共和遗产，颇为强烈地凸显了"公民参与"和"审议民主"在健康公共生活中的地位。② 按照阿伦特的说法，"公共性"意味着穿透"被遮盖的存在的阴影"，因此，"共和"所展示的政治舞台，本质上是一个"任何东西都可为人所见所闻"的透明空间。③ 这个透明空间一方面将公民聚合起来，使之在对话和商谈的互动情境中作出关乎公共事务的集体决策；另一方面又把公民区别开来，使之在成就荣耀的不懈努力中展示自己服务公共事业的与众不同和出类拔萃。④ 这样，积极公民便成为共和主义的必然诉求。古代共和国的政治实践告诉我们，一个"好"公民不仅享有参政权利，而且一定得采取参政行动。他要学修辞，掌握论辩技

① 参见亚里士多德《政治学》，吴寿彭译，商务印书馆 1995 年版，第 132—134 页。

② 在这个问题上，"审议民主"、"协商民主"等，不过是"弱"表达；还有一种"强"表达，就叫作"强势民主"（参见巴伯《强势民主》，彭斌译，吉林人民出版社 2006 年版，第 145—165 页）。

③ 参见阿伦特《人的条件》，竺乾威译，上海人民出版社 1999 年版，第 38—39 页。

④ 同上书，第 32 页。

巧；还得劳筋骨，苦练杀敌本领。当然，最为根本的，是要养成大公无私的优良品格和赤诚无畏的爱国情怀。所以，霍诺汉（Iseult Honohan）强调，应把"公民共和主义"视为共和传统的一个实质性部分。[①]

单从理想的角度作考量，公民美德仿佛是达成良政善治的可靠条件。因为，一个品行高尚的人不可能腐败，即使当权，也不致变成吃羊的牧羊狗。进一步说，普通公民若奉公守法，已能维系良好的公共秩序；而精英人才要是一心向公，则优善的国家治理就更有保障了。正因如此，培养好公民的"育人工程"便成了共和国常态治理的一个重要组成部分。但是，理想和现实总有落差。偏爱"哲学王"的柏拉图，晚年曾对混合均衡政制给予肯定；及至亚里士多德和西塞罗，这样的制度安排不仅得到褒扬，而且被推举成了现实可行的最好政体。[②] 在共和主义的视域中，这是一条有别于"德治"的"法治"路线。其正面辩护逻辑是：共和国既为全体公民所"共有"，那么，公共权力就应为全体公民所"共享"，公共事务则当由全体公民来"共治"。但以制度设计理路论，"混和"与"均衡"的隐蔽旨趣，实际上不在"积极扩张"而在"消极防御"。它提示人们，"公共性"宗旨的有效守护，在现实政治生活中应落脚于防范各种形式的公共权力"私有化"——"僭主化"、"寡头化"以及"平民化"。

可以说，对各种形式的公权私有化都保持高度警惕，乃"共和"制度设计的精髓。由此入手，以佩迪特为代表的当代共和主义者特别申述了"共和"与"自由"的亲和关系。他们强调，假使公权私有化在某个维度上恶性膨胀，政治生活中便会出现不受约束的独霸势力，专制和奴役也就在所难免。所以，共和国只能被恰当地理解为"无支配"的自由国。[③] 用不着复杂的推论就能明白：既然保障公民自由的可靠办法是对政治生活中可能出现的专断意志施以有效约束，而不论这个意志看起来多么神圣，那么，"德治"之于良好国家治理的重要性就不能过分高估。唯依法治"政"、依法治"权"，才构成"共和"安邦方略的根本。这是宪政共和主义的基本论点。

---

① See Iseult Honohan, *Civic Republicanism*, New York: Routledge Press, 2002, pp. 4 – 5.

② 参见柏拉图《法律篇》，张智仁、何勤华译，上海人民出版社 2001 年版，第91—94 页；亚里士多德《政治学》，吴寿彭译，商务印书馆 1995 年版，第132—134 页；西塞罗《论共和国 论法律》，王焕生译，中国政法大学出版社 1997 年版，第60 页。

③ 参见佩迪特《共和主义——一种关于自由与政府的理论》，刘训练译，江苏人民出版社 2006 年版，第40—41 页。

历史地看，宪政共和的"分权制衡"源自古典共和的"混和均衡"。从亚里士多德、波利比乌斯到西塞罗，古典共和主义者特别忧心的一个问题，是政权在僭主、寡头和暴民之间的恶性轮转。"混和均衡"就是作为防范此类政体衰变的制度化举措而提出的。[①] 实际上，这是一种基于联合政府平台的多元共治模式。一般说来，若少数权贵渐成嚣张气候，古典共和主义者便乐见多数平民的反向牵制作用。可是，如果一味强调"政事裁决于大多数人的意志"，[②] 那就有些走过头了。依据古典共和主义的治国原则，"共和"所高扬的"公共性"，是同任何群体的一己之私相对的，不管这类群体是公民成员的少数还是多数。直言之，一旦背离公共目标，个别人的利益要求为"私"，少数人的利益要求为"私"，多数人的利益要求归根到底也是"私"。亚里士多德告诫说，底层民众"贫无立锥"，"易趋极端"。假使他们大权在握，却仅以穷人的立场断是非，还恃强逞暴，岂不导致政体的败坏?[③] 考虑到"育人工程"在改变平民低俗习气方面还会遭遇天然屏障，亚里士多德干脆把"民主"打入了"变态"政体的另册。这一立场表明，尽管"民主—共和"的结盟在今天被视为天经地义，可在古典共和传统那里，"共和"与"民主"的关系远没有我们想象得那样亲近。

另一方面，"王政—共和"的对分在今天虽成习惯用法，但对古典共和主义而言，"共和"与"王政"的关系却并非我们想象得那样紧张。佩迪特指出，将反君主制定义为共和传统的特征，多少有些夸大其词。准确的说法应该是这样："只有当共和主义者认为一个君主将不可避免地寻求绝对权力并侵犯他们所珍视的那种自由时，他们才是反君主制者。"[④] 古典共和传统为贤明君主出具的德性条件——主持公道，关爱国民，倾心维护和促进共同体根本利益等，很有些不切实际的理想化色彩，常常遭人诟病。现代共和主义者认识到，一个仁慈的主人在生活中不对仆从颐指气

---

① 参见西塞罗《论共和国 论法律》，王焕生译，中国政法大学出版社 1997 年版，第 59—60 页。

② 亚里士多德：《政治学》，吴寿彭译，商务印书馆 1995 年版，第 312 页。

③ 参见亚里士多德《政治学》，吴寿彭译，商务印书馆 1995 年版，第 205—207 页。

④ 佩迪特：《共和主义——一种关于自由与政府的理论》，刘训练译，江苏人民出版社 2006 年版，第 25 页。

使，并没有实质性地改变其间的支配与被支配关系。① 但从另一个角度看，古典共和传统关于混合均衡的政制构想，仍旧为兼容君王因素保留了足够的弹性。在这里，君王因素虽受到其他因素，譬如贵族因素和平民因素的牵制，难以成为绝对的权力中心；可是，受到牵制的君王因素终究代表着混合政府系统中的一个强大"执政官"，其决策模式的相对单纯，以及建立在权威基础上的统一指挥和统一调度，实为大国治理所必须。这是马基雅维里在发掘古典共和传统时反复申明的一个重要论点。

二 直面"邪恶"的知性真诚

在关于共和主义的当代论辩中，一个关键议题是如何勘定马基雅维里的思想方位。② 长久以来，人们习惯于根据《君主论》的主旨，把马基雅维里看作是一个"非道德主义者"。早在文艺复兴时期，一些人文思想家就将马基雅维里斥为"厚黑学"的发明人，并予以嘲讽和怒骂；晚近的思想史家虽变得理智，但在撕掉道德温情面纱而裸露残酷政治本相的意义上把握马基雅维里的理论贡献，依然是一种流行见解。③ 但斯金纳提示说，马基雅维里不仅写过《君主论》，还是《李维史论》的作者。④ 用"宣扬邪恶"来概括《君主论》的主旨已显庸俗；而将《李维史论》的"自由理想"撇开，就更加片面了。⑤ 在斯金纳的笔下，马基雅维里展现的是一个钟爱自由、品格高拔的共和主义者形象。

这个形象的可信度如何？施特劳斯认为，关于马基雅维里传授邪恶的论点虽然老派，却并非危言耸听。只要读一读《君主论》中那些主张用狮子和狐狸的两面手法玩弄权术的文字，答案就会很清楚。⑥ 问题在于，马

---

① 参见佩迪特《共和主义——一种关于自由与政府的理论》，刘训练译，江苏人民出版社2006年版，第28页。

② 这个关键议题的象征性表达，借用波考克大作的书名，便是所谓"共和"历史上的"马基雅维里时刻"（See J. G. A. Pocock, *The Machiavellian Moment*, Princeton：Princeton University Press, 1975, pp. vii – viii）。

③ 参见卡西尔《国家的神话》，张国忠译，浙江人民出版社1988年版，第145页。

④ 马基雅维里《李维史论》一书的全称是《论提图斯·李维〈罗马史〉的前十卷》，《李维史论》为简称，冯克利先生译作《论李维》。

⑤ 参见斯金纳《近代政治思想的基础》上卷，奚瑞森等译，商务印书馆2002年版，第217、246页。

⑥ 参见施特劳斯《关于马基雅维里的思考》，申彤译，译林出版社2003年版，第1—2页。

基雅维里既以《君主论》为王者出谋划策，又确曾借《李维史论》大肆宣扬共和精神。这使他呈现出似乎矛盾的两副面孔。按照施特劳斯的看法，要道破这两副面孔的秘密，一种可取的解经方式就是：在《李维史论》中，马基雅维里阐发了其政治学说的"整体"，而《君主论》则仅仅探讨了这个学说的"一部分"。因此，"《君主论》隶属于《李维史论》"。①

如此说来，辨识隐藏在《李维史论》之中的共和主义理路，就成了准确把握马基雅维里思想方位的关节点。擅长史料考据的斯金纳证明，在文艺复兴时期的意大利，共和国通常被理解为一种融君王因素、贵族因素、民主因素于一体的"综合统治形式"。② 事实上，马基雅维里本人也是这样界定共和政体的。③ 但是，混和均衡政制骨子里是一个弹性框架，而这个框架究竟朝什么方向伸缩，全赖具体情境，并无不变之规。比较而言，斯金纳更加看重意大利城市共和国在民选政府、公民参政等方面所留下的历史遗产，尽管他意识到将"共和"与"民主"等同起来的做法并不合适。他似乎觉得，"共和"既要追求免于支配的"自由"，则"僭主"和"寡头"就应被视作重点防范对象。所以，当读到马基雅维里关于平民参政可有效阻止少数权贵的傲慢自大和胡作非为的论述时，他给予了特别积极的评价。④ 不仅如此，斯金纳还沿着相仿的套路解读《君主论》，说这部遭人误会的奇书实际上也推崇"美德"，甚至像同时代的"君王宝鉴"派作家一样，把"美德"当作"最光辉灿烂的事物"来称颂。⑤ 这种论点很有些"道德洁癖"的意味。

也许可以说，斯金纳精于细节考据而弱在大局观察。问题的要害是，作为近代早期共和制度样板的意大利城市共和国，在国际政治的大竞赛中几乎全部失败了，而且，每到紧要关头，它们都不得不将领导权交给那些

---

① 施特劳斯：《关于马基雅维里的思考》，申彤译，译林出版社 2003 年版，第 11 页。

② 参见斯金纳《近代政治思想的基础》上卷，奚瑞森等译，商务印书馆 2002 年版，第 221 页。

③ 参见马基雅维里《论李维》，冯克利译，上海世纪出版集团 2005 年版，第 52 页。

④ 参见马基雅维里《论李维》，冯克利译，上海世纪出版集团 2005 年版，第 54—57 页；斯金纳《近代政治思想的基础》上卷，奚瑞森等译，商务印书馆 2002 年版，第 280—281 页。

⑤ 参见斯金纳《近代政治思想的基础》上卷，奚瑞森等译，商务印书馆 2002 年版，第 194 页。

霸气的好战领主。① 在诸侯林立的封建格局中，这些城市共和国实际上像各类小王国和小公国一样，不过是杂乱拼缝的政治坐褥上的一块块碎片，因此，其"传统"浓妆远远盖过了"现代"成色。《李维史论》开篇就声称要探索一种"新秩序"。② 倘着眼于时代大背景，充分考虑早期现代化进程已然提出并愈显强烈的政治整合要求，似可得出这样的结论：马基雅维里心目中的"新秩序"，实质性地呼应着统一民族国家的创建。这才是其政治学说所内隐的现代意识。因此，《李维史论》的理论旨趣，并非"城市共和"而乃"大国治理"。在这个意义上，施特劳斯关于"《君主论》隶属于《李维史论》"的断言，便很值得咀嚼玩味了。

按照韦伯的形象说法，是否拥有合法使用暴力的独占权，乃评估现代国家之成熟水准的核心指标。③ 这是因为，若暴力的合法使用权过于分散，国家的法度就殊难统一；即使形式上统一，其效力也不可能真正具有普遍性。马基雅维里的从政经验告诉他，"新秩序"的奠基之路绝非坦途，所以，要成就伟业，必得有大智大勇，还须动员一切可以动员的力量。施特劳斯提请读者注意，在《君主论》的末尾，马基雅维里一反全书的冷静基调，使用了热力四射的煽动语言。④ 乍看起来，这种语言所流露的思想情绪，仿佛表明马基雅维里是在按照古典共和的"美德"路数，呼唤一种关切国家命运的积极公民。斯金纳即作如是观。但是，曼斯菲尔德（Harvey C. Mansfield）通过悉心的文本解读而发现了一个有趣的现象：对于古典共和传统的德目表，马基雅维里事实上是有所选择的。他不喜欢古希腊而偏爱古罗马；在古罗马精英中，他首肯那些建功立业而品行不端的枭雄，却不把高风亮节的西塞罗放在眼里。⑤ 这是为什么？

西塞罗曾讲，"美德"如"技艺"，其价值全在于"运用"；而对"美

---

① 参见熊彼特《资本主义、社会主义和民主主义》，绛枫译，商务印书馆1979年版，第173页。

② 马基雅维里：《论李维》，冯克利译，上海世纪出版集团2005年版，第43页。

③ 参见韦伯《经济与社会》下卷，林荣远译，商务印书馆1997年版，第730页。

④ 《君主论》以佩脱拉克的诗作结："反暴虐的力量，将拿起枪，／战斗不会很长！因为古人的勇气，／在意大利人的心中至今没有消亡。"（马基雅维里：《君主论》，潘汉典译，商务印书馆1994年版，第125页）

⑤ 参见马基雅维里《论李维》，冯克利译，上海世纪出版集团2005年版，"导论"（曼斯菲尔德撰），第3页。

德"的最好运用，根本说来就是要"管理国家"。① 所以，共和国的公民应该热诚关心并积极参与公共事务。我们知道，在古代共和国，广场热议及法庭论辩构成公民参政的常态，因此，问题就像斯金纳指出的那样，"积极公民必须具备两种至关紧要的品质：发现真理的理性和使他的听众接受真理的口才"。② 但是，对统一民族国家的创建而言，论辩和说服之类的"技艺"到底能派上多大用场，是大可质疑的。按照马基雅维里的看法，西塞罗为修辞学张目，实属古希腊的柔弱遗风；而文艺复兴的弄潮儿们遵从西塞罗的教导，将修辞学确定为人文研究的重心，显然也没有号准时代脉搏。正是从这样的角度作观察，曼斯菲尔德强调，马基雅维里之所以在英雄谱中删除西塞罗的名字，乃是基于探索"新秩序"的使命感，力图通过抬升古罗马的"军事价值和军事荣耀"，而给文艺复兴时代的人文主义赋予一副"硬朗的面相"。③

在古典语境中，"德性"（virtue）的原本意涵是"优秀"和"卓越"。若取"行行出状元"的朴素理解，那么，"优秀"和"卓越"的具体表现便五花八门。但如上所说，修辞功夫和论辩技巧不入马基雅维里的法眼。这位"新秩序"的探索者更加偏爱勇武豪迈的英雄气质。曼斯菲尔德认为，马基雅维里就算勾画过一张德目表，也把传统的德目排序彻底打乱了。他贬"节制"而扬"勇敢"，因此，最能彰显"优秀"和"卓越"的领域，不在"灵魂"而在"身体"。④《李维史论》指出，民主政治练就了古希腊人的嘴皮功夫，却也抑制了其生命的狂野和壮美；而崇尚谦卑和恭顺的基督教道德，则不仅把现世搞得"女人气十足"，还将天堂"解除了武装"。⑤ 用这样的价值观教化民众，不使世界变得羸弱才怪。所以，《君主论》正告那些有雄心大志的王者，除非做勇猛无畏的男子汉，没有驾驭命运的其他办法。⑥ 按照马基雅维里的理论逻辑，"勇敢"是狮子般的"力量"；"智慧"乃狐狸式的"精明"；"节制"只能被理解为权衡利弊

---

① 西塞罗：《论共和国　论法律》，王焕生译，中国政法大学出版社 1997 年版，第 12 页。

② 斯金纳：《霍布斯哲学思想中的理性和修辞》，王加丰等译，华东师范大学出版社 2005 年版，第 87 页。

③ Harvey C. Mansfield, *Machiavellis Virtue*, Chicago：The University of Chicago Press, 1996, p. 11.

④ Ibid., p. 52.

⑤ 参见马基雅维里《论李维》，冯克利译，上海世界出版集团 2005 年版，第 214—215 页。

⑥ 马基雅维里：《君主论》，潘汉典译，商务印书馆 1994 年版，第 120 页。

得失的"审慎"；至于历来受人尊崇的"公正"，也绝非目的论意义的"自然正当"，而不过是工具论意义的"行为妥帖"。① 这样，在"德性"问题上，因长期浸润而形成的某种心理洁癖，便被彻底祛除了。

施特劳斯认为，与同时代的人文主义者相比，马基雅维里的思想敏锐，在于深刻洞察并准确把握了这样一个重大区别："一方面，是由一个中央政府治理的国家，国内的全部政治权力都来自这个中央政府；另一方面，是存在着各种地区势力或地方势力的国度，这些势力各自为政。"② 从这个角度看，一个统一的中央集权的君主国，远比一个公民参政的地方性城市共和国更能代表时代进步方向。施特劳斯指出，马基雅维里擅长总结历史经验。他体悟到，凡立国之初，纯正的共和政制殊难型构，倒是霸气的君主堪当共和国的奠基重任。③ 但问题是，如果接受施特劳斯的解读，以为在马基雅维里的总体理论谋划中有一种《君主论》对《李维史论》的隶属关系，那么，能不能进一步推论说：对马基雅维里而言，共和国在更高水平上构成了君主国的转型目标？

文本分析告诉我们，《李维史论》确曾思考过此类问题，而其结论，至少逻辑地暗含了"共和"之于"王政"的价值优先性。斯金纳力主从"选举"、"参与"、"自由"诸要素入手来阐发这种价值优先性，显得思路很顺畅。但施特劳斯强调，如果径直把文艺复兴时代的城市共和国说成是马基雅维里心目中的政制典范，那是不得要领的。关键在于，《李维史论》探索的是一种"新秩序"，而这种"秩序"之"新"，除非立于《君主论》所确认的基础平台，便无法得到准确理解。④ 现代意义的共和政制，也许会排除世袭君主，却离不开一个力量足够强大的执政官，即使这个执政官由民选产生。否则，环境变化的挑战便不好应对，高效的行政管理亦不可想象。曼斯菲尔德以其精到的研究证明，在马基雅维里那里，差不多所有现代执政官的要件都被超前地把握并不无放大地描绘出来了。⑤ 因此，说《君主论》隶属于《李维史论》，实际上也就意味着，现代共和政制不仅广泛吸纳民主因素，而且以扬弃的形式将君主因素包含在了自身之中。

---

① 参见马基雅维里《君主论》，潘汉典译，商务印书馆1994年版，第74—85页。
② 施特劳斯：《关于马基雅维里的思考》，申彤译，译林出版社2003年版，第83页。
③ 同上书，第426页。
④ 同上书，第120页。
⑤ 参见曼斯菲尔德《驯化君主》，冯克利译，译林出版社2005年版，第139—172页。

在近代思想史上，大概没有谁比马基雅维里更加直白地道破了政治的残酷和人性的阴暗。君主弄权术、贵族玩阴谋、平民耍心眼，诸如此类的文字在《君主论》和《李维史论》中比比皆是。马基雅维里甚至用"忘恩负义"、"容易变心"、"逃避危难"、"追逐利益"、"冷酷无情"等刻薄语词，描述了一般意义的人类本性。① 曼斯菲尔德不无戏谑地说，在马基雅维里笔下，"人类的形象来自动物，而不是诸神"。② 这是一种极具代表性的评价。据此，马基雅维里常常被人们斥为传授邪恶的导师。但施特劳斯认为，恰恰就是直面邪恶的知性真诚，使马基雅维里与古典学说分道扬镳，而开了现代伦理的先河。③ 辩证地看，因为揭穿人性的残酷本相，马基雅维里将古典共和传统的"德治"维度屏蔽起来，甚或暗示人们此路不通；但也出于同样的缘由，他在客观上又将古典共和传统的"法治"维度凸显出来，婉转地启发人们这是康庄大道。孟德斯鸠所谓"以权力制约权力"、麦迪逊所谓"用野心对抗野心"等，就是沿着这条大道，基于对人性的深深忧患而提出的制度设计理念。此乃宪政共和主义的正果。只不过，这样的正果超出了马基雅维里本人的思想视界。在《李维史论》中，马基雅维里虽循着混合均衡的古典共和理路，充分肯定平民参政的积极作用，并作出"人民的声音好比上帝的声音"之类的惊世断语，④ 但是，《君主论》的立意和旨趣却告诉我们，这位在非常状态下关切国家统一大业的思想家，终究还是把"驯化君主"的问题撂到一边了。两个半世纪之后，雅各宾党人为革专制君主的命，在广场上架起了断头台。

三 革命语境下的政治正确

从某种意义来说，个人独立和国家主权乃政治现代性的两个相反相成的取向。这两个取向皆导源于市场经济的发展。现代化的历史经验表明，市场经济大潮一方面将个人从传统血缘和宗法脐带的束缚下解脱出来，使之成为独立的商品生产者和商品经营者；另一方面又在自由交易的过程中不断撞击着封建壁垒，并因此提出了统一货币、统一度量衡、统一游戏规

---

① 参见马基雅维里《君主论》，潘汉典译，商务印书馆1994年版，第80—81页。
② Harvey C. Mansfield, *Machiavelli's Virtue*, Chicago：The University of Chicago Press, p. 38.
③ 参见施特劳斯《关于马基雅维里的思考》，申彤译，译林出版社2003年版，第406页。
④ 参见马基雅维里《论李维》，冯克利译，上海世纪出版集团2005年版，第196页。

则的政治整合要求。这就是为什么君主集权成为近代欧洲流行政治形式的根本原因。① 但是，一种能够为现代化提供积极支援的政治体系，不仅要稳定、有秩序，还应该开放、有活力。随着现代化水平的不断拉升，后一方面的要求益发强烈，从而，君主政体的内在缺陷也就因为自由民主声浪的反衬而一步步裸露出来。由此，马基雅维里《君主论》所称的奠基工作便被超越，时代发展在更高水平提出了新问题：面对大权独揽且恣意妄为的专制君主，政治变革应该作出怎样的选择？围绕这一问题展开的理论思考和实践行动，最终使"共和—王政—民主"在古典时代定型的三角关系，发生了一场翻天覆地的大逆转。

在 17 世纪前期的英国，"共和"与"王政"的关系已呈逆向摩擦之势，而且，其间的矛盾紧张很有些水火不容的意味。保王派宣称"君权神授"天然正当，共和派则以"民权神授"反唇相讥。"你说所有的国王都源于上帝，因此人民连暴君也不应反抗。我告诉你，人民的集会、投票、决议、行动、法令也同样是源于上帝的，上帝在这桩事上亲自作了证，因此便有了上帝的权威作根据。"② 这是弥尔顿的著名申辩。按照斯金纳的评论，共和主义者之所以指控"王政"，并不仅仅因为，君主在合法形式上占据了国家元首宝座，更重要的是，他以上帝的神圣旨意为借口，谋取无限制的绝对统治权，从而将公民权利及其法律屏障踩在了脚下。这便是"奴役"。在生活质态上，"奴役"意味着"自由"的沦丧，因此，追求一种免于专断意志支配的"自由"，也就成了共和主义革命纲领的坚核。③

其实，"自由"不仅是 17 世纪英国共和主义者高举的一面旗帜，也是 18 世纪法国共和主义者在大革命进程中喊得震天动地的一个响亮口号。如果从良好国家治理的长远目标来认识"自由"，那么，"共和"将合乎逻辑地导向"宪政"。这是因为，只有将政府置于宪法和法律的控制之下，实行分权制衡，才能有效防范政治生活中涌现某种威胁"自由"的独霸性或支配性力量。所以，共和国是"自由的王国"，也是"法律的王国"。④

---

① 参见亨廷顿《变化社会中的政治秩序》，王冠华译，生活·读书·新知三联书店 1989 年版，第 124 页。

② 弥尔顿：《为英国人民声辩》，何宁译，商务印书馆 1978 年版，第 75 页。

③ 参见斯金纳《自由主义之前的自由》，李宏图译，上海三联书店 2003 年版，第 13—17 页。

④ 参见哈林顿《大洋国》，何新译，商务印书馆 1983 年版，第 20 页。

可问题在于，一当进入群情激昂的革命场域，政治动员的行动逻辑就很容易造成"反专制君主"对"防绝对权力"的功能替代。就此而论，17 世纪英国革命者用查理国王的人头为共和国作献祭，不过是小试牛刀；18 世纪法国革命者旨在缔造共和国的弑君行动及其与保皇势力展开的毫不妥协的战斗，才叫轰轰烈烈。但耐人寻味的是，也正是在反君主专制的大革命中，"共和"向"民主"移交了现代政治话语的主导权，而且，除美国制宪论辩时的历史性辉煌外，似乎再也无力与"民主"争当革命魁首了。为什么会这样？

阿伦特认为，"革命是唯一让我们直接地、不可避免地面对开端问题的政治事件"。① 按照哈贝马斯的理解，"开端"问题实乃现代性的自我确认。"现代不能或不愿再从其他时代样本那里借用其发展趋向的准则，而必须自力更生，自己替自己制定规范。"② 考虑到马基雅维里式的"新秩序"依然包裹着君主制的外衣，因此，法国大革命所昭示的"开端"，形式上是政治现代性的二次确证，实质上是政治现代性的终极确证。换言之，随着传统神权政治和王权政治的终结，新型的革命政权再不能靠诉诸上帝为自己的正当性辩护，而只得不待外求地"自我奠基"。但这种"自我奠基"必须做到绝对的充实和完备——"要寻找一种新的绝对性来取替神圣权力的绝对性"。③ 因此，"开端"问题的形象表达，或如阿伦特所说：在世俗王权被推翻之后，谁来占据原本至高无上的君主腾出的位子？④ 或如施密特所说：在超验秩序被颠覆之后，谁来接替上帝担任最高的和最确定的实在？⑤ 革命的政治动员表明，共和主义对这类问题的应付和处理，很有些捉襟见肘。

一般认为，贵族情结乃古典共和传统的一个思想标记。依西塞罗之见，国家的善治需要超凡的智慧和杰出的才能，因此，在理想意义上，由少数"最优秀的人"出任共和国的"执政官"与"裁判官"，要比平民当权来得更好。⑥ 古典共和主义的一个重要预设是，经由美德教育，普通公

---

① 阿伦特：《论革命》，陈周旺译，译林出版社 2007 年版，第 10 页。
② 哈贝马斯：《现代性的哲学话语》，曹卫东等译，译林出版社 2004 年版，第 8 页。
③ 阿伦特：《论革命》，陈周旺译，译林出版社 2007 年版，第 28 页。
④ 同上书，第 140 页。
⑤ 施密特：《政治的概念》，刘宗坤等译，上海人民出版社 2003 年版，第 62 页。
⑥ 参见西塞罗《论共和国　论法律》，王焕生译，中国政法大学出版社 1997 年版，第 47—48 页。

民或许能做到奉公守法，但如果将美德的实质意涵理解为"优秀"和"卓越"，那么，其衡量标杆，就不能取自低俗的平民，而只能法乎睿智高雅的贵族风度。于是便有这样的平衡摆：一方面，出于公共责任的考虑，古典共和主义者主张对穷人的利益给予必要的关切，而讨厌寡头的为富不仁和飞扬跋扈；另一方面，因偏爱贵族伦理，他们又把穷人定性为道德上的"无产阶级"，不仅对其投以斜视的目光，还将防御暴民乱政看作混和均衡政制的一项基本功能。可是，在社会结构全面转型的大动荡和大变革时代，贵族—精英真的具备为新秩序奠基的正当资格和主体能力吗？

一些古典共和主义者曾在"贵族"与"富豪"之间作界分，说"富豪"唯"金钱"是取，还骄奢淫逸，逞强放肆；而"贵族"的实质意涵，根本在于"才德"方面的出众、优异和高拔。[①] 这种界分虽颇具眼光，但在现实的社会分层格局中，"贵族"和"富豪"终究是难以区隔的。古希腊和古罗马如此，法国大革命前的社会—政治状况亦如此。按照革命思想家和宣传家西耶斯的说法，与专制君主沆瀣一气的"贵族"，非但不神圣，反倒是革命的对象。他只用一个简单的三段式推论，就把深为古典共和传统偏爱的"差序政治结构"彻底翻转了。"1. 第三等级是什么？是一切。2. 迄今为止，第三等级在政治秩序中的地位是什么？什么也不是。3. 第三等级要求什么？要求取得某种地位。"[②] 这个三段式推论清楚地表明，那个堪为"最高实在"的主权者，不能从上层而只能从底层来找寻。卢梭及雅各宾党人给出的终极答案是：只有诉诸"人民"，才能填补传统神权和王权体系崩塌后留下的价值空场，并一劳永逸地解决革命政权的正当性来源问题。这便是施密特所谓"世俗化"意义的"政治神学"。[③] 在这种"政治神学"的势能作用下，"共和"也必须追随"民主"，坚定不移地将"人民的声音"尊为"上帝的声音"，要不然，就遑论政治正确。

如此，"民主"便为革命动员输入情感能量，从而急剧升高了政治诉求的热度。前文述及，为防范公权私有化，古典共和曾提出过一种兼容各社会阶层的多元共治模式。但是，多元共治的精髓在"平衡"，而以革命化标准来检测，"平衡"所散发的折中调和气息，非但缺乏战斗力，更有

---

① 参见亚里士多德《政治学》，吴寿彭译，商务印书馆 1995 年版，第 205、235 页。
② 西耶斯：《论特权 第三等级是什么？》，冯棠译，商务印书馆 1991 年版，第 19 页。
③ 施密特：《政治的概念》，刘宗坤等译，上海人民出版社 2003 年版，第 31 页。

立场不稳、敌友不辨之嫌。所以，"民主"就极力高扬"平等"。在"反特权"的意义上，"平等"表达了长期受压迫的底层民众的正义呼声，其情绪之激愤，实可归结为萨托利（G. Sartori）所称的"抗议性理想"。①托克维尔还告诉我们，备受"共和"垂青的"免于支配"的"自由"，经过"民主"的革命锻造，也从宪政—法治的制度框架中分离出来，转换成了一种"翻身解放"的政治承诺。这一承诺的社会心理效应表现在："人们似乎热爱自由，其实只是痛恨主子。"② 不但这样，按照阿伦特的看法，刻写在大革命旗帜上的"博爱"，亦被怨恨动员所型构了。罗伯斯庇尔时常慨叹人民的"不幸"和"悲苦"，在他眼里，"博爱"就是对劳苦大众的"同情"，而革命，则要将"走向弱者的强烈冲动"升华为"最高政治美德的意志"。③

但是，说"人民"在"民主"视阈中仅只呈现为一个苦难者形象，并不确切。卢梭通过对"自然状态"的浪漫勾画而诗意地宣告，"怜悯"乃最仁厚、最善良的道德情感。它根植于人类性灵深处，不待外求，浑然天成，所以，理当在价值谱系中占据一个至高的本源性位阶。④ 按照这样的标准，傲岸自负的贵族风尚和矫揉造作的绅士派头，哪有底层民众的草根味道来的质朴、纯真和圣洁！因此，所谓"人类不平等的起源"，不仅是财富分配意义的两极分化，而且是道德评价意义的是非颠倒。就问题的后一方面论，革命之为划时代变革，无非要匡正被旧道德所歪曲的价值排序，还"卑贱者"和"高贵者"以本来面目。据此，我们可以这样来理解卢梭对政治现代性的思想奠基："人民"的"卑贱"身份源于一项"伪契约"，事实上，唯"人民"才配享"道德人格"的"高贵"荣誉，从而，也只有"人民"，才能作为"公共意志"的外显，以舍我其谁的恢宏气度担当神圣而庄严的"主权者"。⑤

这样一来，革命话语的主导权就牢牢控制在了"民主"手中。按照古典共和的政制构想，"天下为公"对应于各种形式的"天下为私"。但是，

① 萨托利：《民主新论》，阎克文译，东方出版社1997年版，第339页。
② 托克维尔：《旧制度与大革命》，冯棠译，商务印书馆1992年版，第202页。
③ 参见阿伦特《论革命》，陈周旺译，译林出版社2007年版，第62—63页。
④ 参见卢梭《论人类不平等的起源和基础》，李常山译，商务印书馆1982年版，第100—103页。
⑤ 参见卢梭《社会契约论》，何兆武译，商务印书馆1982年版，第39—41页。

一当考虑非常状态下的政治决断，"混合"与"均衡"之类的说法，似显左右摇摆。革命动员需要确认一个敌对的"他者"。这个"他者"不仅要在现实政治生活中找寻，还要通过理论建构，入木三分地揭露其丑恶嘴脸。于是，革命思想家和宣传家就沿着卢梭指示的方向，不断加大对"王政"的指控力度，并依据"民主"的逻辑，重塑了"共和"的现代革命风貌。潘恩质问说，国家主权本来属于人民，但"王政"却声称主权在君，还借助世袭制代代相传，岂不荒唐？① 这样，经由革命话语的操演，古典共和关于"天下为公"与"天下为私"的相对松弛的对立，就不断收缩，最终变成了"人民民主"与"君主专制"之间的高度紧张。阿伦特指出，罗伯斯庇尔坚持法律应"以法兰西人民的名义"而不是"以法兰西共和国的名义"来颁布，充分说明了"民主"之于"共和"的革命统帅地位。②

一经接受"民主"的制导，"共和"在革命年代会推出什么公民教育方案？是对话、沟通和协商能力的养成吗？卢梭认定，"理性使人敛翼自保"。③ 一个工于心计、凡事明哲保身的人，不可能具备高尚的公共情怀。因此，倘把"德行"视为"灵魂的力量"，那么，"善良的人"就不是什么擅长逻辑推理的"哲学家"，而是一个"喜欢赤身裸体上阵的运动员"。④ 只要对卢梭的这一论点稍加揣度，我们便会很自然地联想到讨厌修辞和论辩技巧的马基雅维里。安塞尔－皮尔逊（Keith Ansell-Pearson）指出，像马基雅维里一样，卢梭也赞赏"宏伟、身体的活力以及所有使人勇敢无畏的东西"。⑤ 这是因为，对新秩序的奠基来说，英雄气质堪称最紧要的公民品格。但是，马基雅维里不为良心拖累，仅只在成就霸业的实用意义上谈论勇毅和刚健，从而把暴力施用的正当性问题简单地打发了。比较起来，卢梭之被雅各宾党人奉为精神领袖，一个根本性的原因即在于，他不仅追随古典传统，极力凸显"德行"的价值向度，而且以"公共意志"的名义，在现代水平上对暴力手段的革命化行使出具了一种正当性辩护。罗伯斯庇尔将这种辩护解读为"美德"与"恐怖"的结合：没有

---

① 参见潘恩《潘恩选集》，马清槐译，商务印书馆1982年版，第237页。
② 参见阿伦特《论革命》，陈周旺译，译林出版社2007年版，第63页。
③ 参见卢梭《论人类不平等的起源和基础》，李常山译，商务印书馆1982年版，第102页。
④ 卢梭：《论科学与艺术》，何兆武译，商务印书馆1963年版，第9页。
⑤ 安塞尔－皮尔逊：《尼采反卢梭》，宗成河等译，华夏出版社2005年版，第47页。

"美德"，"恐怖"就会有害；没有"恐怖"，"美德"则显软弱。因此，"革命政体就是自由对暴政的专制"，"恐怖是迅速的、严厉的、坚决的正义"。①

在血雨腥风的大革命岁月，诉诸"公意"乃行使司法审判的最终依据，其正当性和神圣性是不容置疑的。据此，激进的雅各宾党人不仅处决了作为旧制度象征的国王，而且对一切敌视革命、阻碍革命的反动分子毫不留情地进行了镇压。一些狂热的革命分子宣称，社会这个躯体，越流汗就越健康。但是，用完美的道德理想标准来衡量，社会躯体的健康程度永远都不可能充分。所以就要不断革命。既革反动分子的命，也革落后分子的命。托克维尔评论说，雅各宾专政似乎使人类精神失去了常态，不知道有什么东西可以攀附，不晓得有什么地方可以栖息。"革命家仿佛属于陌生的人种，他们的勇敢简直发展到了疯狂。"② 当这种疯狂延伸至心理层面，竟以灵魂净化名义，演变成"无休止地搜查伪君子的斗争"的时候，阿伦特不无悲恸地指出，法国大革命离开宪政—法治，以及宪政—法治所保障的公民自由，似乎越来越远了。③

四 "防御型"制度设计

在论及共和传统之现代转向的时候，波考克提出了一个"时刻"的隐喻，以说明承上启下、继往开来的关键性。他让马基雅维里和卢梭分享了这份殊荣。"卢梭是18世纪的马基雅维里"。④ 能否以及如何将卢梭界定为一个共和主义者，也许见仁见智，难有定论；但把卢梭视为现代共和成长史上的一个关键角色，大概没有异议。在此需要讨论的是：卢梭所表达的"民主"诉求，在什么意义上构成了"共和"的一个现代性支点？仅仅凭借这个支点，"共和"能不能妥善应对后革命时代的国家治理问题？

从逻辑上讲，任何政治体系都必须就国家权力的归属问题给出确定的回答。这是所谓主权的价值优先性。若取一个通俗的类比，似可把主权看

---

① 罗伯斯庇尔：《革命法制和审判》，赵涵舆译，商务印书馆1997年版，第176页。

② 托克维尔：《旧制度与大革命》，冯棠译，商务印书馆1992年版，第191页。

③ 参见阿伦特《论革命》，陈周旺译，译林出版社2007年版，第83页。

④ J. G. A. Pocock, *The Machiavellian Moment*, *The Machiavellian Moment*, Princeton: Princeton University Press, 1975, p. 504.

作终极意义的"国家所有权"。说这项权力"对内最高"，实际上也就等于排除了地位并列或权力共享的他者。因此，主权是完整的和不可分割的。在"君权神授"的传统证明格式中，完整的主权显示为一个完整的肉身，国家主权的不可分割意味着君主身体的不可侵犯；而一个单一性的生命所以能承受如此沉重的主权负载，根本说来，则是因为帝王的身份在"合乎福音"的意义上被神圣化了。① 现代文明的成长，逐步消解超验秩序，最终导致了政治合法性基础的世俗位移。这一点，近代契约论者大多有清醒的认识。② 但是，在主权问题上，仅仅诉诸"理性协议"，充其量只能提供一个补充性的次级方案，因为，国家权力的最终归属，是不好经常拿出来讨价还价的。按照施密特的说法，主权的特征在于"决断非常状态"，容不得半点犹豫和彷徨。③ 这意味着，主权者不仅要来自世间——否则就不具有现代意味；而且必须表现得天然正当——否则就不能终止价值纷争而证成其神圣和绝对。此即卢梭对主权问题的答辩理路。

在《社会契约论》中，这种理路表现为"公意—主权—人民"的一体化建构。据此，主权一方面被解读为"公意"的外显，以昭示国家归属的公共性质；同时，主权者又被释义为"集体的生命"，以申明主权的完整和不可分割。④ 卢梭强调，连传统时代被神圣化的帝王都不能担当主权重任，在现代条件下，世俗化的个体公民岂能将国家攫为己有？所以，"公意"绝不等于"个人意志"。但"公意"是否可以被理解成"众人意志"？在现实社会政治生活中，"众人意志"的程序化体现，是经过商议而达成的理性共识。可是，卢梭质疑说，这样的共识实乃多数人的偏好，而且，它只重眼前，不顾长远，还随情境的变化而不断更改，怎堪担当固国之本的主权者角色？按照卢梭的逻辑，要完成对"主权在君"的终极置换，负载主权的"公意"必须"永远以公共利益为依归"，具有正义、善良、仁爱等价值禀赋，并以"大我"的形式呈现为统一的而不是分裂的"道德人格"。⑤ 这就是经典民主话语中的"人民"

---

① 参见卡西尔《国家的神话》，张国忠译，浙江人民出版社1988年版，第115页。

② 哈贝马斯评论说，既然超验的终极根据不再成立，从世俗的眼光来看，"理性协议本身的程序和假设前提就变成了原则"（哈贝马斯：《交往与社会进化》，张博树译，重庆出版社1989年版，第190页）。

③ 参见施密特《政治的概念》，刘宗坤等译，上海人民出版社2003年版，第6—7页。

④ 参见卢梭《社会契约论》，何兆武译，商务印书馆1982年版，第35页。

⑤ 同上书，第39—41页。

概念。

在西方政治思想史上，卢梭并非申述人民主权说的第一人。但不可否认的是，只是经过卢梭的价值本体论证明，人民主权说才彻底击败其他竞争对手，而成了现代政治的一条不言而喻的公理。从此，"一切权力属于人民"，不仅成为回答"国家所有权"问题的唯一正确选项，而且在道义和法理两方面给现代水平的良政善治悬设了一个永恒的支援性背景。它庄严宣告，政府不是自足的权力主体，而是受委托的权力代理者。"只有真正自下而上授予的权力，只有表达人民意志的权力，只有以某种得以表达的基本共识为基础的权力，才是正当的权力。"① 可以说，也正是依据人民主权原则，民主选举和民主监督，方以不容置疑的合法形式，成了现代共和政制所必须满足的基本约束条件。于是，麦迪逊就将共和政体的特征描述为：（1）政府的所有权力都直接或间接地派生于人民；（2）那些自愿接受民众委托的政府官员，仅只在忠实履行职责的情况下对公共事务进行期限有限的行政管理。②

按照习惯说法，共和政体的选举制和限任制同君主政体的世袭制和终身制形成鲜明比照。这自然是成立的。在美国制宪大论辩中，拥戴国王的动议被否决，加封贵族的做法被拒斥，从正面印证了这一点。③ 不过，仅仅依据国家元首的产生方式及任职期限来指认君主政体与共和政体的差别，容易落入形式化的窠臼。严格说来，选举和限任之于共和政体，不但有形式的而且有实质的意义。因为，若没有这两项制度约束，国家将变相地丧失"公天下"的属性，而蜕变为垄断在个别人或个别集团手中的"私有物"。果然如此，也就再不配"共和"之名了。所以，辩证地看，"民主"对"共和"的强势制导，既可能像经过革命洗礼的美法那样，表现为君主和贵族在政府系统中的剪除；亦可能像经过革命再造的英国那样，表现为君主和贵族在政府系统中的虚置。要么无君主、无贵族，要么虚君主、虚贵族，这就是"民主"为"共和"规设的制度选择路径。但纵然如此，也仍有必要追问："共和"可以为"民主"完全替代吗？

---

① 萨托利：《民主新论》，阎克文译，东方出版社1997年版，第38页。
② 参见汉密尔顿等《联邦党人文集》，程逢如等译，商务印书馆1989年版，第193页。
③ 参见法伦德《美国宪法的制订》，中国人民大学出版社1987年版，第105—106页。

在《社会契约论》中，卢梭曾提出这样的政制构想："要寻找出一种结合的形式，使它能以全部共同的力量来卫护和保障每个结合者的人身和财富，并且由于这一结合而使每一个与全体相联合的个人又只不过是在服从自己本人，并且像以往一样地自由。"① 按照如此完美的理想标准，要一揽子解决所有的制度设计难题，除非诉诸公意的"道成肉身"，别无其他良方。这是卢梭的理论逻辑，也是雅各宾党人的行动逻辑。但不无吊诡的是，伴随大革命进程而展开的法国制宪史，读来却是一份糟糕的记录。②宪法一部接一部地出台，是不是在现实政治场域中不断谋求人民意志之革命化现身的必然结果？阿伦特认为，鉴于宪法的频繁更迭必定伤及优善的国家治理，因此，要将共和国建成"法律的王国"而不是"人的王国"，就应通过一种"逆革命"的反向运动，来阻止民粹情绪加诸制宪的革命化进程。③ 此即美国的宪政经验。如果模拟一场思想对话，其中一方是被法国雅各宾党人奉为导师的卢梭，另一方是作为美国联邦党人代表的麦迪逊，那么，在制度设计理路上，激进民主与宪政共和的分野，便可以透过下述设问来体会：

（1）大众参与是否需要过滤和节制

从古希腊开始，公民在政治舞台现身，直接参与公共事务的议决，就被视作民主政治的典型表现形式。这种形式尤为卢梭所喜爱。卢梭强调，真正意义的民主，理应像雅典城邦那样，呈现为统治者与被统治者身份的重合，即，人民作为国家的主人，不经中介性的"代表"而亲自决定和管理国家的公共事务。相比之下，代议制悬挂了人民的主人地位，使人民当家作主的神圣意志不再展现为直接议决公共事务的高亢的广场论辩，而仅仅降调成了选择代理人的"同意"之声。殊不知，人民在选择"代表"的时候仿佛是"自由"的，但"代表"一上任，他们就立刻沦为"奴隶"了。④ 在

---

① 卢梭：《社会契约论》，何兆武译，商务印书馆1982年版，第23页。

② 从1789年大革命开始到1814年波旁王朝复辟，短短25年间，法国竟陆续出台了5部宪法。嗣后，制宪的困境长期折磨着法国人。在那片土地上接二连三地生长出1814年路易十八宪章、1830年路易·菲利普宪章、1848年第二共和国宪法、1852年拿破仑三世宪法、1875年第三共和国宪法、1946年第四共和国宪法以及1958年第五共和国宪法等。

③ 参见阿伦特《论革命》，陈周旺译，译林出版社2007年版，第168页。

④ 参见卢梭《社会契约论》，何兆武译，商务印书馆1982年版，第125页。

美国制宪论辩中，卢梭对代议制的指控亦曾产生颇为强烈的回响。① 但麦迪逊指出，直接民主所需要的支持条件——微型政治规模、群体利益的高度耦合以及公民德性的敦厚质朴等，在现代社会大有疑问，即若不是完全不成立的话。考虑到广土众民和利益分化的客观现实，麦迪逊认为，任由大众涌入政治竞技场，不加过滤地径直行使政治决策权，那就很可能刺激派别争斗，甚或酿成严重的政治动荡。② 在这个意义上，大国善治的更可取的选择，毋宁是用中介性的代议机构取代公民大会之类的"广场政治"，以舒缓公民利益表达可能产生的偏执情绪，进而搭建起某种平衡并整合多样化偏好的公共政策平台。这就是宪政共和之所以推崇"代议制"的基本缘由。③

（2）主权和治权的关系应该怎样把握

在形而上的价值层面，作为主权者的"人民"，确如卢梭指出的那样，只能是匀质性的和整体性的，不然的话，就会逻辑地导出国家属于某群人或某些人的结论。但在形而下的操作层面，以整体名义"拥有"国家的"人民"，却无法以不可分割的方式去"治理"国家。当卢梭背负"化圆为方"的雄心，试图设计一种完美的政治结合形式的时候，"主权"和"治权"这两个不同层次的问题被他简单地一锅煮了。可要命的是，一旦"治权"披上"公共意志"的道德外衣，并以"主权者"的口气声称不可分割和不受约束，便极有可能演化为自命不凡的现代"僭政"。④ 雅各宾专政说明了这一点。比较起来，麦迪逊对完美的理想国不抱奢望。⑤ 他坚持人民主权原则，但只把这个原则理解成具有一般指导意义的合法性理据。⑥ 也就是说，一个组织良好的政府必须符合人民意志、代表人民利益，此乃永远正当的价值诉求；然而，在现实政治生活中，这个诉求在多大程

---

① 参见斯托林《反联邦党人赞成什么——宪法反对者的政治思想》，汪庆华译，北京大学出版社 2006 年版，第 25—41 页。

② 参见汉密尔顿等《联邦党人文集》，程逢如等译，商务印书馆 1989 年版，第 48—49 页。

③ 同上书，第 66 页。

④ 参见贡斯当《古代人的自由与现代人的自由》，阎克文等译，商务印书馆 1999 年版，第 310—313 页。

⑤ 参见法伦德《美国宪法的制订》，董成美译，中国人民大学出版社 1987 年版，第 105—106 页。

⑥ 参见汉密尔顿等《联邦党人文集》，程逢如等译，商务印书馆 1989 年版，第 257—258 页。

度上为既定的政府所兑现，却只能用怀疑的目光来打量。就此而言，宪政共和的制度设计内隐着一种忧患意识和防范心理。它一方面强调，归人民所有的"主权"是自身完备的本源性权力，容不得讨价还价；另一方面又强调，由政府行使的"治权"是受"主权"之托的派生性权力，不仅要讨价还价，还必须予以分割和限制。共和传统历来主张，"天下为公"对应着各种形式的"天下为私"。引申开去，国家权力"属于人民"，在落实为具体的制度规划的时候，应重点防范国家权力"归于私人"。这是"共和"的制度设计要诀。

（3）制度安排考虑单一价值还是多元目标

卢梭辩称，一切自由的行为都来自两种原因的结合。"一种是精神的原因，亦即决定这种行动的意志；另一种是物理的原因，亦即执行这种行动的力量。"[①] 前者为立法权，后者为行政权。据此推论，即便接受"主人"与"主事"不得不分离的政治现实，则"纯正"民主逻辑所诉求的"理想"的代议制，也应该将表达人民意志的立法权置于优先地位，而让行政和司法部门按照这一意志统一行动。换句话说，立法权直接派生于人民主权，是从最高权力引申出来的"次一等的权力"。[②] 这样，人民的至高无上，在现实政治生活中便最切近地体现为议会的至高无上。但是，追求单一价值的最大化能够设计出良好的制度吗？麦迪逊不以为然。[③] 在他看来，议会的组织与运作所体现的"民主"原则固然重要，可除此之外，大国善治还需要"效率"和"公正"。将行政机构贬为立法机构的"听差"，就无法想象拥有自由裁量权并能针对环境变化及时做出回应性决策的强有力的"执行官"；把司法机构贬为立法机构的"仆从"，便无法想象站在超党派立场上独立断案的客观公正的"裁判官"。在这个意义上，制度安排必须考虑"多项设计标准"。这些标准既不是完全"兼容"的，也不是完全"矛盾"的。[④] 此乃共和传统一再强调的混合均衡原理。

（4）用人民控制政府抑或用野心对抗野心

坚持人民的国家主人地位，是民主政治纲领的"硬核"。因此，在程

---

① 参见卢梭《社会契约论》，何兆武译，商务印书馆1982年版，第75页。

② 参见维尔《宪政与分权》，苏力译，生活·读书·新知三联书店1997年版，第135页。

③ 参见亚历山大·汉密尔顿、约翰·杰伊、詹姆斯·麦迪逊《联邦党人文集》，程逢如等译，商务印书馆1989年版，第179—181页。

④ 奥斯特罗姆：《复合共和制的政治理论》，毛寿龙译，上海三联书店1999年版，第69页。

序运作方面，民主治理必然要求所有的政府部门都由民众选举产生，并接受民众的质询和监督。① 这已成为现代政治的一条通则。问题只是，民主选举的益处意味着它的充分可靠吗？按照麦迪逊的说法，"依靠人民是对政府的主要控制，但是经验告诉人们，必须有辅助性的预防措施。"② 这种预防措施就是用"野心"对抗"野心"。麦迪逊一再告诫，"一个选举的专制政体并不是我们争取的政府"。③ 因此，在宪政规划中，"人民是他们自身的最佳卫士"这一乐观期望，似应转换成"人民是他们自己的最坏敌人"这一悲观假设。④ 佩迪特认为，宪政共和主义者之所以采取如此消极的防御姿态，是因为他们意识到，政府的施政措施既应服务于公共目的，那就必须最大限度地避免它们被专断地和假公济私地使用。"没有哪个个人或群体可以任意决定如何使用这些措施。没有人能够将它们置于自己的股掌之中，哪怕是极为仁慈的、充满公益心的人也不行，更不用说那些处于自己的私利而干涉其公民伙伴之生活的人了。"⑤ 麦迪逊关于"人不是天使"的至理名言更发出了这样的警示：现实生活中的"人民"，不论直接呈现为"大众"，还是间接呈现为"代表"，一旦大权独揽，不受限制，也是会"野心"发作的。就此而论，分权制衡的法治方案比公民教育的德治方案，能够更有效地防范滥用权力的政治腐败，至少在操作意义上是如此。这是联邦党人依照宪政—法治精神对共和传统所做的一个现代性再造。

五　余论

评说共和传统，古今思想家都会提及"天下为公"的价值信条。事实上，这也是"共和"（republic）一词的本义。透过当下的若干流行术语，如"公共利益"、"公共事业"、"公共权力"、"公共秩序"、"公共责任"等，我们自不难揣度，"共和"究竟给人类政治文明打上了多深的烙印。

---

① 参见维尔《宪政与分权》，苏力译，生活·读书·新知三联书店1997年版，第154—155页。

② 亚历山大·汉密尔顿、约翰·杰伊、詹姆斯·麦迪逊：《联邦党人文集》，第264页。

③ 同上书，第254页。

④ 参见维尔《宪政与分权》，苏力译，生活·读书·新知三联书店1997年版，第158页。

⑤ 佩迪特：《共和主义——一种关于自由与政府的理论》，刘训练译，江苏人民出版社2006年版，第226页。

可以说，一部共和主义的发展史，就是一部良政善治的探索史，尽管这部历史充满了曲折。

倘把共和国理解为一项"公共事业"，则公共权力为全体公民所"共享"，公共事务由全体公民来"共治"，也就合乎必然。因此，"共和"兼容"民主"。问题只是，公共性的达成仰赖多数公民的积极政治参与，但多数公民的积极政治参与并不一定就能确保公共性。这意味着，"民主"仅仅是"善治"的必要条件，而非"善治"的充分条件。如果过高估计"民主"的能量，并用"多数人的意志就是正义"一类的逻辑为这种能量的释放作合法辩护，那就很可能刺激狂热的民粹情绪，致使国家治理发生结构性失衡。

辩证地看，唯因共和国是"公天下"，所以就必须防范"公共权力"落到个别人或个别集团手中，以免他们不受约束，肆无忌惮地干假公济私和以权谋私的"腐败"勾当。进而言之，如果透过"共和"的法治方案而嗅出一种浓浓的"自由"味道，那也不是什么错觉，因为，防范公共生活中出现独霸性的支配力量，实际上也就等于防范公共生活中出现强迫性的专制力量。所以，"共和"兼容"自由"。但是，倘无条件地坚持个人本位，崇尚价值多元，把国家仅只看作保障个人权利的工具，将公共领域片面理解为集团利益的博弈场所，则会滋生或助长公民唯私综合症和政治参与冷漠症。

在历史演化过程中，"共和"一直与"民主"、"自由"缠绕在一起，如今，则差不多为"民主"、"自由"完全遮掩，仿佛到了难觅踪迹的地步。考虑到这种情况，为申述"共和"的特殊价值，进而在公共生活的版图里给它划出一块正当的活动空间，似有必要对"共和"的"理想类型"作逻辑的抽象和归纳。略述如次：

（1）对共和传统来说，"公共性"乃本源性的一阶价值，就像入世而又超验的信仰，构成了评判所有制度安排和政治行为的终极合法性理据。因此，（2）就价值诉求而言，共和国的政权必须运行于"公共"的轨道，追求"公共"的幸福，达成"公共"的善业。这俨如来自神圣之域的绝对律令，天然正当且永远有效。但是，（3）在形而下的操作层面，若监察既定的政府组织或政策实践，看其有没有以及在多大程度上满足了"公共性"要求，则只能投以挑剔和苛刻的目光，并始终保持怀疑。这等于说，现实的国家治理模式不可能完美，总有这样那样的瑕疵或弊端。所以，

（4）要不断趋近"公共性"，必须积极开展公民教育，围绕公共精神和参政素质两大方面努力培养公民之"好"。但要清楚，公民素养应该且能够逐步提升，却永远达不到尽头。这意味着，（5）并非"神祇"的公民，一旦大权在握，不受约束，便存在误用或滥用公权的可能。因此，为不致背离"公共性"，必须健全权力制衡机制，为护卫良好的公共秩序树立一道坚实的法律屏障。根本说来，（6）无论培养优秀公民的"德治"还是防范公权私有化的"法治"，都派生于"公共性"的价值本源，并服务于"公共性"的价值目标。在这个意义上，不管彰显"积极"取向的"民主"，抑或透着"消极"味道的"自由"，只是"共和"治国纲领的局部性论点。

也许可以说，激进民主的诉求过"热"，而消极自由的逻辑则过"冷"。相形之下，共和精神，若采纳亚里士多德的价值定位，讲究的是勿过勿不及的"中庸"，推崇的是对"中间"的恰到好处的"命中"。共和传统历来强调，国家的治理千头万绪，纷繁复杂，因此，应秉持公共性宗旨，设法在诸多原则之间达成精妙的平衡，而不好任由某一原则在公共生活中越界扩张。古人云："治大国如烹小鲜。""共和"深谙此道，谓之智慧。个体生命的体温不能过热或过冷，公共生活亦然。在这个意义上，温良中道的"共和"，堪称健康公共生活的显示器和调节器。

《中国社会科学》2008 年第 4 期

农民理性的扩张："中国奇迹"的
创造主体分析[*]
——对既有理论的挑战及新的分析进路的提出

徐 勇[**]

摘要 在中国，农民占多数，长期以来被视为传统保守的力量。长期日常农业生产方式下形成的农民理性，在农业社会内部的功效是有限的，主要是生存理性。而这种理性以其惯性进入工商业社会后会形成扩张势态，产生一种农民理性与工业社会优势结合的"叠加优势"，释放出其在传统农业社会和现代工商业社会都未曾有过的巨大能量。要理解"中国奇迹"，必须理解中国农民；要理解农民，必须理解农民理性。以农民理性中的关键性词语来说明农民理性扩张是如何造就"中国奇迹"的，需要跳出传统与现代二元对立的思维定式，高度重视社会变革中的民性、民情及民意。

关键词 农民理性 中国奇迹 创造主体

早在 1994 年，林毅夫就与他人合著了《中国的奇迹：发展战略与经济改革》一书，从新制度主义的角度，提出了著名的比较优势理论。[①] 进入 21 世纪以后，特别是近年来，有关讨论更多。[②] 随着中国经济的高速发展和政治相对稳定，"中国奇迹"及其相关的"中国模式"、"中国经

　＊ 本文得到教育部"长江学者奖励计划"科研资金支持。

＊＊ 徐勇，华中师范大学政治学研究院教授、教育部"长江学者"特聘教授。

① 林毅夫、蔡昉、李周：《中国的奇迹：发展战略与经济改革》，上海三联书店、上海人民出版社 1994 年版。

② 2009 年 7 月 1 日创刊的《中国社会科学报》在头版，并用了四个版面讨论相关主题（参见童力《中国道路：全球视野与历史维度》、《十学者纵论中国道路》）；《中国社会科学》2009 年第 5 期发表了题为"全球视野下的中国道路：1949—2009"的系列论文。

验”、“中国道路”等“中国性”成为热门议题，各种看法和观点纷纷纭纭，但认识视角主要是制度主义的。这些认识毫无疑问有相当高的价值，但历史创造的主体问题显然被忽视了。有关“中国奇迹”及其“中国模式”、“中国经验”、“中国道路”等“中国性”的观点，与其说是展示了一个不可思议的社会经济现象，不如说是提出了一个未曾预料的重大问题：“中国奇迹”是中国人创造的，而中国人的主体是农民。那么，为什么在一个充满传统主义的农民国度里，能够在短时间创造出一个“中国奇迹”？我们不能离开中国人讲“中国奇迹”，也不可离开“农民性”谈“中国性”。本文试图透过社会历史表象，从人这一创造主体的角度对“中国奇迹”的发生与发展加以分析。

一　对传统经典理论的挑战及其新的解释框架

无论持什么观点，从学术研究的角度看，要解释“中国奇迹”，必须回答两个问题：它是何人创造？又是何时创造？这两大问题给传统经典理论带来了强大挑战，是传统经典理论难以回答的。

毫无疑问，当今中国的发展及“中国奇迹”是在传统农业社会向现代工业社会转变中发生的。传统与现代的二分法长期以来是社会科学界流行的经典理论。这一理论主要来源于西方工业社会的建立时期，为 20 世纪初韦伯所奠基。从社会科学发展来看，韦伯是一个分类学的经典代表，特别是他将社会分为传统社会与现代理性社会，它们之间的魅力型社会只是一个过渡的非常规类型。① 至此之后，传统被视为落后，现代被视为进步，便成为社会科学的定论，甚至成为不容置疑和挑战的意识形态。传统社会是农业社会，作为传统社会因子的农民，自然是落后的传统社会因子，在他们身上没有任何进步的动力，只是固守传统的消极力量。因此，在整个 20 世纪上半叶，被视为传统保守力量的农民基本上没有进入社会科学研究的视野。

但世界社会科学界完全没有预料到的是，正是“保守”的农民促成了

---

① 这种社会分类学在西方社会科学界十分流行，如涂尔干的“机械团结”与“有机团结”的分类，梅因的“身份社会”与“契约社会”的分类，滕尼斯的“礼俗社会”与“法理社会”的分类，莱德费尔德的“民俗社会”与“都市社会”的分类等，大体都是传统社会与现代社会分类的延展。

一个个新兴国家的崛起；而新兴国家面临的主要问题仍然是农民的贫困问题。于是，自 20 世纪 60—70 年代起，传统农民被纳入社会科学研究的视野，"出现了所谓'农民学辉煌的十年'。有人甚至说这一时期农民研究领域取得的划时代进展可以与物理学领域中牛顿定律的发现相比拟"。① 尽管农民成就了这一意义上的革命，但是，社会科学界对农民的作用仍然估计得很不充分。美国学者亨廷顿是研究传统社会向现代社会转变的政治学家。与前人相比，他对农民的历史地位和作用给予了较为积极的评价，但也只是将农民视为一种稳定性力量，认为："在现代化政治中农村扮演着关键性的'钟摆'角色。""农村的作用是个变数：它不是稳定的根源，就是革命的根源。"② 至于农民在革命后的经济发展中的作用却语焉不详。摩尔可以说是西方社会科学界最重视农民作用的大师。他突破了西方固有的传统与现代二分法的理论模式，特别是发现，"在两大文明形态起承转合的历史关节点上，分崩离析的传统社会所遗留下来的大量阶级因子，会对未来历史的造型发生强烈作用"。③ 因此他将其代表作《民主和专制的社会起源》一书的副标题定为"现代世界诞生时的贵族与农民"。摩尔充分估计到农民的革命性作用，他强调："现代化进程以失败的农民革命为起点，在 20 世纪，它却经由成功的农民革命而进入高潮。那种认为农民只是历史客体，是一种社会生存状态，是历史变化的被动承受者，而与历史变革的动力无缘的观点，已经站不住脚了。"但他对革命后农民的建设作用却持极端否定态度，认为："农民为摧毁旧建筑提供了动力，然而在以后的再建设工作中却毫无贡献。"④

以上传统经典理论自然无法解释"中国奇迹"的产生。这是因为，"中国奇迹"是在一个十分传统的国度里产生的。中国是一个世界上农业文明最为悠久的国家，形成了强大的农业文明传统。中国也是一个世界上农村人口占多数的国家，一直到 1990 年代，中国的农村人口仍然占世界农村人口的五分之二。中国还是一个典型的以家庭为基本单位的农民国家，

---

① 参见《农民学丛书》总序，转引自［美］J. 米格代尔《农民、政治与革命——第三世界政治与社会变革的压力》，李玉琪、袁宇译，中央编译出版社 1996 年版，第 2 页。

② 塞缪尔·P. 亨廷顿：《变化社会中的政治秩序》，王冠华等译，生活·读书·新知三联书店 1989 年版，第 266—267 页。

③ 巴林顿·摩尔：《民主和专制的社会起源》，拓夫、张东东等译，华夏出版社 1987 年版，第 2 页。

④ 同上书，第 368、389 页。

即农民主要是生产经营规模较小、相对独立的农业生产者，农民个体的力量相对薄弱。在一般理论看来，在这样的国家，由于强大的政治动员，可以兴起一场轰轰烈烈、改天换地的革命，却因农民先天的惰性或者说保守性而难以创造出经济发展的奇迹。然而事实恰恰相反，正是在这样的国度，产生了一个令世人瞩目的"中国奇迹"。中国直到1978年改革开放时，80%以上的人口为农村人口，或者是纯粹的农民，他们是创造"中国奇迹"的主体。如果离开了农民谈"中国奇迹"，只能给人以如此结论：好像"中国奇迹"是从天而降，是某个神灵的恩赐。因此，我们不能离开人这一世界主体谈经济社会发展，离开农民谈论中国。"农民性"与"中国性"密切相关。要理解"中国奇迹"，必须理解中国农民；要理解中国农民，就必须突破以往传统与现代二元对立的经典思维模式，寻求新的解释框架。

尽管摩尔对革命后农民的作用评价过低，但他对两大文明形态起承转合的历史关节点上的农民所给予的注意，还是十分有启迪意义的。如果我们将"中国奇迹"与农民联系起来，就需要研究农民及其行为活动。为此，本文试图建立在文明形态起承转合的历史关节点上农民理性扩张的分析进路。

如果要将农民与"中国奇迹"联系起来，首先必须问"谁是农民"？所谓农民，一般是指从事农业生产活动的人。但是，中国是一个有着漫长农业文明和短暂工业文明的国家，从事非农业产业的人群也主要来自于农村。在中国，三代从事非农产业的人群占极少数。因此，这种代际的关联决定了即使未从事农业产业的人群也深深浸淫和具有深厚的农民意识或者"农民性"。这种农民意识深深影响着中国人，直至中国领袖。所以，本文所说的农民主要是指从事农业生产活动的人，同时也包括具有农民意识的人。

农民作为主体，必然有其理性。当然，关于农民是否有理性，也是20世纪六七十年代"农民学"讨论的一个热点问题，由此出现了所谓"理性小农"、"道义小农"等尖锐对立的观点。① 产生争论的原因，也是在于传统经典理论对"理性"的界定。古典经济学家亚当·斯密提出了"经

---

① 参见《农民学丛书》总序。转引自 J. 米格代尔《农民、政治与革命——第三世界政治与社会变革的压力》。

济人理性"的假说。根据这一假说，只有那些以最小的代价获得收益的人才符合经济理性。韦伯在此基础上，又将"算计"作为衡量是否具有经济理性的尺度。后来关于农民理性的争论都源自于此。"经济理性"是一个重要的分析概念，但也有其限度。这是因为，理性是一个历史性概念。理性作为一种主观意识，来自于特定的生产方式和环境，是客观环境的主观反映。马克思认为："人们是自己的观念、思想等等的生产者，但这里所说的人们是现实的、从事活动的人们，他们受自己的生产力和与之相适应的交往的一定发展——直到交往的最遥远的形态——所制约。"① 古典经济学的"经济人理性"也只是资本主义市场经济环境的产物，并不是先天就有，也不是永恒不变的。从人的主体性、历史性看，农民也是具有理性的。农民在长期的农业生产活动中会形成特有的意识、态度和看法，它们在特定的环境下是合理的，也是有效的。② 理性除了是客观环境的反映以外，它一旦形成还会形成自主性，即思维惯性。虽然环境发生了变化，但深深植根于社会心理结构中的意识，作为一种文化基因，会继续支配人的行为。这就是近些年文化人类学所重视的惯习。历史越长，惯习越牢固。即所谓的过去告诉未来，经验支配选择。对于中国来说，数千年的农业文明传统的积淀，深深影响着农民，直至每个中国人的行为。因此，所谓农民理性，是指农民在长期农业生产活动中形成的意识、态度和看法，它们不仅来自于本人的感性经验，还是长期传统的积淀。

理性支配着人的行为。理性的作用范围和功效有所不同。理性受制于环境，有时环境改变了，人们仍然会按自己惯有的理性行动，从而有可能产生理性在原有环境下所不可能有的巨大能量。这就是理性扩张。理性扩张是指在特定场域内形成的理性扩展到其他场域，从而使自己的功效得以扩展。这是因为，任何理性都是在特定的社会中发生的。而社会的发展伴随兴起、成长、发展、衰退的生命周期。这种生命周期受制于社会成本的支配。③ 愈是成熟的社会，支配社会运转的社会成本愈高，生命活力愈会

---

① 《马克思恩格斯选集》第 1 卷，人民出版社 1995 年版，第 72 页。

② 一般来说，合理性和有效性是理性的两大要素（参见胡荣《理性选择与制度实施——中国农村村民委员会选举的个案研究》，上海远东出版社 2001 年版，第 29 页）。从广义看，理性不过是人类选择自己行为的能力，这种选择受制于特定历史条件，换言之，在特定条件下对自己行为作出合理的选择，以获得最大收益，就是理性的。

③ 社会成本是指维持社会正常运转所需要或者所支付的费用或代价。

衰减。这就是为什么新兴社会往往是生命活力最为旺盛的社会,成熟社会往往是生命活力下降的社会。当在一种社会环境下形成的理性惯性进入到其他社会时,不仅可能激活原有的潜力,而且可能产生一种其他社会场域所不具有的特有功效,形成所谓的"叠加优势"和爆炸性的"突变",[①]从而实现理性的扩张。这在两种文明形态起承转合的历史关节点上,表现得尤其突出。产生于西方世界的商人资本和工业资本如果不是走向世界,进行殖民扩张,就不可能实现其资本理性,或者说早期城市商人伦理的扩张。商人伦理在西方社会更替时发挥了巨大能量,形成了后来韦伯所说的资本主义精神。如果说是商人改变了西方,那么,农民则改变了中国。[②]农民不仅成就了中国革命,而且促使了中国改革,更创造了经济发展的"中国奇迹"。

在我们回答何人创造了"中国奇迹"的同时,还必须回答何时创造的问题。同样的农民,同样的农民理性,为什么在长期的历史中只能产生十分有限的能量,而近30年来则产生出了巨大的功效?这取决于环境的改变。就国内而言,是改革开放促使传统农业社会向现代工业社会的大转变;就世界而言,是发达国家的社会成本日益高昂、生命活力相对衰减、欠发达的新兴国家迅速崛起的大变革的交替时期。中国的改革开放不仅适应了国内社会转变的要求,也适应了世界格局的变革。改革开放前,中国主要是农业社会。农民理性与农业社会是相匹配的,其作用也是有限的,主要适应于生存的需要,或者说是生存理性。"在一元经济条件下,假如不存在土地所有权的集中,那么农户间的收入差距即使存在也不会很显著,即表现为一种'大众贫困'。"[③]改革开放后,中国走向工商业社会,二元经济结构不仅更为明显,更重要的是处于结构性开放状态,农民可以自由跨越经济结构,向非农领域流动。农民面对的工商业社会是一个全新的世界。在别国已成熟的工商业社会及其理性原则,对于中国农民则十分陌生。而农民闯入或者卷入这一陌生世界之时,仍然会按照其在农业社会

---

① 任何一种文明形态都有其内在的优质因素,即通常所说的"精华"。这些优质因素在原有文明形态框架下所产生的作用是相对有限的。但在两种文明形态转换中,不同文明形态中的优质因素可能会重合,而形成"叠加优势",产生为原有文明形态框架所局限的巨大能量。

② 参见徐勇《农民改变中国:基层社会与创造性政治——对农民政治行为经典模式的超越》,《学术月刊》2009年第5期。

③ 沈红等:《边缘地带的小农——中国贫困化的微观理解》,人民出版社1992年版,第25页。

形成的理性行事。农民理性的优质因素与现代工商业社会的优质因素的有机结合，会释放出传统农业社会和现代工商业社会都未曾有过的巨大能量，产生"叠加优势"。① 农民理性正是在这一起承转合的历史关节点上得以扩张，由生存理性扩展为发展理性，从而成就了"中国奇迹"。

二 农民理性扩张怎样造就"中国奇迹"

农民理性是农民在长期的农业生产环境中形成的意识、态度和看法，它们不是来自于经典文献，而是来自于日复一日的日常生产和生活。由于中国的文化经典主要是记录和提供国家治理的学说，来自下层的农民的思想和行为模式并没有较多见之于经典文献。相对文化经典而言，农民习以为常的日常生活哲理对他们的影响更大，也更为持久。本文所说的农民理性主要是农民通过自身及其前辈的活动经验形成的意识、态度和看法，它们更多见之于谚语等常用话语之中。为此，本文将以农民理性中的关键性词语来说明农民理性扩张是如何造就"中国奇迹"的。

（一）勤劳

勤劳是指辛勤地劳动，将劳动视为生活的源泉，也是人生最重要的价值，它是农民理性的最基本要素。这是由农业生产特点和方式决定的：农业生产高度依赖于自然，受大自然支配，是自然环境的依附者。传统农业主要依靠两大生产要素，一是土地，一是劳动。生产的增长主要依靠劳动投入。有所劳才有所得，多一分劳动多一分收获。劳动不仅是生存的目的，而且是一种人生态度，是人的一项"天职"。特别是在人多地少的中国，"强劲的体力多于良田"，② 更需要通过不断的劳动投入才能得以生存或者积累财富。而中国的农民在人身上是自由的，他们与农奴不同，能够将劳动与收入联系起来，有劳动积极性。中国农民可以说是世界上最为勤

---

① 事实上，中国共产党在对改革开放以来的中国特色社会主义道路的总结中，已注意到人类文明的优质因素相互结合的问题。如党的十五大报告提出："把社会主义同市场经济结合起来，是一个伟大的创举。"（参见江泽民《高举邓小平理论伟大旗帜，把建设中国特色社会主义事业全面推向二十一世纪》，载中共中央文献研究室《中共十三届四中全会以来历次全国代表大会中央全会重要文件选编》，中央文献出版社 2002 年版，第 423 页）胡锦涛总书记在中共十七大报告的基础上，进一步提出了"十个结合"。

② ［美］费正清：《美国与中国》，张理京译，商务印书馆 1987 年版，第 12 页。

劳的群体,没有劳动时间限制和劳动条件要求。"勤扒苦做"、"起早贪黑"是高尚的、为人称道的行为;"休息是不符合道德要求的",① "游手好闲"、"好吃懒做"、"偷懒耍滑"更为农民所鄙视。毛泽东指出:"中国人从来就是一个伟大的勇敢的勤劳的民族",② 又说:"中华民族不但以刻苦耐劳著称于世,同时又是酷爱自由、富于革命传统的民族。"③ 韦伯也认为:"中国人的勤奋与劳动能力一直被认为无与伦比。"④ 还有人则将中国人视为"勤劳的蚂蚁"。

但在传统农业社会,农民勤劳难以致富。首先是自然条件限制。农业生产受自然约束,其收获受季节的限制,劳动产品的增长是有限的。直至改革开放前,我们还可以经常看到,由于没有化肥,农民只有通过不断松土,增加劳动投入,以期获得多一点点,甚至微不足道的农产品。这种劳动投入愈来愈多,收益却不能相应增长,甚至为负收益的现象,在黄宗智看来属于"经济内卷化"。⑤ 其次,农业文明时代主要是人与土地的关系。土地资源总是有限的,产品总量难以增长。在人多地少的条件下,土地平均占有至多也只能是勉强度日。如果要获得比他人更好的生活,必然要占有更多的土地,由此就会造成土地兼并,即利己必损人。当土地兼并严重,就会产生战乱,用暴力的方式重新分配土地,将富人变穷,即"富不出三代"。所以,传统农业社会是一个贫穷而平均的社会,勤劳并不能致富,勤劳的功效是十分有限的,表现为"勤劳的贫穷",或者说是"有效率的贫穷"。

进入工商业社会,勤劳则会产生巨大的能量。工商业社会的生产可以超自然约束,财富增长总量是无限的。人可以更多地征服自然、改造自然,在实现财富增长的同时扩大需求并不断满足扩大了的需求,从而达致"勤劳革命"。⑥ 由于产品总量增长的空间增大,人们有可能在本人财富增长的同时也使他人的财富并不减少。在工商业时代,资本收益的同时,也能使劳动的绝对收益增长。在这种条件下,社会并不一定要以暴力战乱的

① H. 孟德拉斯:《农民的终结》,李培林译,社会科学文献出版社 2005 年版,第 186 页。

② 《毛泽东选集》第 5 卷,人民出版社 1977 年版,第 5 页。

③ 《毛泽东选集》第 2 卷,人民出版社 1991 年版,第 623 页。

④ 马克斯·韦伯:《儒教与道教》,王容芬译,商务印书馆 1995 年版,第 115 页。

⑤ 黄宗智:《华北的小农经济与社会变迁》,中华书局 1986 年版。

⑥ 参见彭慕兰《大分流——欧洲、中国及现代世界经济的发展》,史建云译,江苏人民出版社 2003 年版,第 88 页。

方式重新分配财富。财富的积累有了可能。但在一个成熟的工商业社会，财富积累速度是有限度的。这是因为工商业社会是人为建构起来的社会，出于种种原因，人们对于劳动时间和劳动条件加以各种约束，如"八小时工作制"、"双休日工作制"、"未成年人劳动保护制"等。这就是所谓的现代性，或者说工业劳动理性的建构。而这种现代性意味着生产成果的时间受到限制，或者需要支付愈来愈多的社会成本。

对于刚进入工商业社会的农民来说，他们主观上并不知晓这些现代性，而仍然用他们千百年形成的勤劳习惯行事。这种农民式的勤劳可以在工商业社会产生巨大的能量。改革开放以来，中国经济是最有活力或者说在世界上最有竞争力的经济，世界新华人经济、沿海外资经济和民营经济，这三大经济体的主体都是农民。他们的劳动时间在世界上是较长的，他们的劳动条件在世界上的要求是较低的。① 由此生产出世界上最廉价的商品，并占领世界市场，形成了对成熟工商业社会的巨大冲击。一些外国人认为中国人开厂经商不讲规则，没有时间和条件限制。其实他们不知道，这些中国人主要是农民，在农民劳动心理习惯中，是没有白天黑夜、没有星期六星期天的意识的。

改革开放后兴起的企业的员工主体是农民工，主要从事的是制造加工业等初级产业，普遍采用的是做多少得多少的计件工资制，而不是通行的计时工资制。计件工资表现比较直观，管理简单。计件工资制与农业劳动报酬相类似，也是做多少得多少。马克思认为："'计件工资'促进了工人个性的发展，从而促进了自由精神，独立性和自我监督能力的发展。"② 为了获得更多的劳动收入，劳动者会自动投入更多的时间，生产更多的产品。在工商业社会，"时间就是金钱"，多投入劳动时间就有可能获得更多的收入，这是传统农业社会所不可能有的。所以，在新兴企业里并没有因为劳动时间长、劳动条件差而出现员工"闹事"，"闹事"的主要原因是付出了劳动而没有获得收入。相反，在相当多的农民工看来，有事做，能够加班，就可以有更多收获。在一双具有"现代性"的眼睛看来，农民工做的是最脏、最苦、最累、最危险的工作，但在农民工看来则是"自由选

---

① 根据相关统计数据，仅仅是在可以进行比较的 2001—2006 年间，中国人的工作时间平均高出西方发达七国平均工作时间，每年达 708 小时。而对于从事非农产业的农民来说，工作时间会更长。

② 马克思：《资本论》第 1 卷，人民出版社 1975 年版，第 605 页。

择"：一则可以比农业生产有更多收获，近 20 年农民普遍盖了新房，其主要经济来源就是打工。农民现金收入中，外出务工经商的收入比例不断上升，已远远超出农业劳动收入。农民事实上早已开始自我的"以工补农"。沈红等人的实地调查说明"二元经济中劳动力的再配置……产生了'双重效益'，一方面曾经属于剩余或者说不尽其用的劳动力现在处于充分就业的状态；另一方面仍留在农业领域的劳动力的边际产品和平均产品也相应获得了增加，其结果农户总体经济状况有了改善"。[①] 诺贝尔经济学奖获得者刘易斯对传统部门通过现代部门获益给予了精当的评价，认为："传统部门通过该部门的人口随缘转入现代部门挣钱并给家里汇款而分享现代部门的利益。"[②] 二则农民刚进入工商业领域时并没有劳动时间和劳动条件的意识和要求，挣钱或者通过劳动挣到更多的钱是最高目的，也是人生的价值所在。尽管他们在外务工辛苦，但当他们一年一度回到家乡能够带回在家乡不可能获得的收入，他们内心会油然生起自豪感和满足感。中国能在短短 20 多年内成为世界上外汇储备最多的国家，不能不归功于不知疲倦的农民工这样一群"勤劳的蚂蚁"。是勤劳而不是技术扩张了中国经济的竞争力。农民的勤劳理性与工商业社会提供的致富空间形成的"叠加优势"成就了"中国奇迹"。

（二）勤俭

生产和消费是日常生活中的主要内容。如果说农民理性在生产方面表现为勤劳的话，那么，在消费方面则表现为勤俭，即努力节约，将消费支出降到最低限度。这是因为，农业生产收益有限，没有更多的财富可以消费。而农民的生产与消费是一体的，节支就意味着增收。同时，农业生产受自然天气影响很大，有丰年也有歉年，而外界不能提供相应的生活保障，农民只能依靠自己的积累进行自我保障，由此形成农民日常生活的节俭理性。

早期的西方商业社会，为了积累财富，将节俭作为重要的生活理念。在亚当·斯密看来，社会中的资本存量是靠制造业中的工业企业家的

[①] 沈红等：《边缘地带的小农——中国贫困化的微观理解》，第 29 页。

[②] 阿瑟·刘易斯：《二元经济论》，施炜等译，北京经济学院出版社 1989 年版，第 151 页。

"过度节俭"积累起来的。① 只是这种节俭理念后来为日益扩张的社会消费主义所淹没。成熟的工商业社会是以市场为中心的，一方面生产能力无限扩大，另一方面，消费欲望也迅速扩张。因此，在工商业社会里，人们的生活水平大大提高。今天一个普通平民的生活可能比一百多年前的皇帝还要好。但是，在成熟的工商业社会，经济是波动的，而且呈周期性波动。人们可以过上好日子，特别是在经济繁荣时期超前过上好日子，但却难以应对危机。因为，人们的需求是刚性的，即"由奢入俭难"。特别是发达国家的社会福利保障制度比较健全，促使人们愿意消费，甚至"超前消费"；加上各种营利机构以各种方式诱导、鼓励、刺激人们消费。这使得人们超出自己的能力，甚至超出自己的必要需求消费。由此就可能造成生产与消费、能力与欲望的脱节。发达国家近年出现的金融危机与国民的超前消费不无相关。

改革开放以来，中国步入以市场为中心的工商业社会，人们的生活水平大大提高，这是无可争议的。同时，农民的节俭理性继续发挥着作用。这是因为，中国在进入工商业社会初期，尚没有建立起成本很高的社会保障体系，特别是农民基本上没有多少保障。他们必须依靠自身的力量寻求正常生活的保障，将消费限制在自己能力的范围内。量入为收、适度消费、储蓄优先、防范风险仍然是消费生活的重要原则。正因如此，改革开放以后，中国成为外汇储备最多、民众储蓄率很高的国家。尽管政府一再强调拉动消费，但民众仍然十分谨慎地消费。将资金投入再生产，以钱生钱，或者更多地储蓄以应对不测，仍然是民众的主要选择。与"高工资、高消费、低储蓄"的西方发达国家相比，中国则表现为"低工资、中消费、高储蓄"的经济类型。

节俭理性在经济波动剧烈的今天发挥了极其重要的作用。一方面，中国可以通过资本的滚动不断扩大再生产，由一个资本短缺的国家进入到一个资本剩余的国家，国家"不差钱"。另一方面，高储蓄率使国家和民众都有足够的能力应对经济危机。在国际金融危机中，西方国家只能利用历史遗留的金融垄断地位和成本高昂的保障体系来度日，中国则可以充分利用高储蓄而从容应对。

---

① 参见速水佑次郎《发展经济学：从贫困到富裕》，李周译，社会科学文献出版社2003年版，第119页。

(三) 算计

一般认为,商人是精于算计的。在韦伯看来,西方国家之所以能够率先进入资本主义,就在于算计。其实,农民也是会算计的。由于资源和财富有限,使农民不能不考虑如何使自己的损失最小化或收益最大化,以满足自己和整个家庭正常生活的需要。诺贝尔经济学奖获得者舒尔茨认为,"农民在他们的经济活动中一般是精明的、讲究实效的和善于盘算的"。①但是,与商人的算计不同,在农业社会,农民的算计是缺乏交换的算计,是如何对仅有的"存量财富"进行精打细算的算计,主要是基于生存,遵循"安全第一",是一种"过日子经济"。这种理性在传统农业社会只能平安度日,难以致富。

在西方国家,随着工商业社会的成长,在资本逻辑的推动下,以交换生钱的商人算计发挥到极致,资本形式从商业资本向产业资本转换,进一步向金融资本扩展。金融资本追逐的是以钱赚钱,以小钱赚大钱,短时间获得暴利。特别是随着经济全球化和信息技术的发展,居世界金融主导地位的国家可以利用其金融优势地位,过度发行货币,造成金融流动性过剩,"虚拟经济"严重脱离"实体经济",出现一个个"经济泡沫",也留下了一个个巨大的赚钱空间。正当西方商人理性醉心于"以钱生钱"之时,中国的老实巴交的农民登上了历史舞台,参与到世界经济过程中。而当农民进入工商业社会以后,他们不在乎赚哪些钱,只在乎有没有钱赚。只要赚钱,做什么都行。中国出口的商品主要是日常生活用品,虽然利润薄,但保证有钱赚。因为,人们可以不坐飞机,不开奔驰汽车,但不能不穿衣或缺少家用。中国民营经济,或者说以农民为主体的工商业经济的崛起,主要背景是原有国有计划经济体系不完善、缺乏活力,出现了大量的日常生活用品需求,而民营经济满足了这一需要。即便是有极其微薄的利润,农民商人也会做。这种算计已超出了"过日子经济"的限制,财富效应大大扩展。当民营经济走向世界之后,获得的赚钱空间就更大了。它们所经营的日常生活用品是发达国家不屑于制造和经营的,也是其他发展中国家未能进入世界市场的。在农民出身的中国民营企业家看来,哪怕赚一

---

① 西奥多·舒尔茨:《经济增长与农业》,郭熙保、周开年译,北京经济学院出版社1991年版,第13页。

分钱，只要有钱赚就是值得做的。中国短时间创造的巨大外汇储备正是在一分钱一分钱的迅速积累上形成的。正是农民的算计理性与世界大市场赚钱空间的"叠加优势"成就了"中国奇迹"。

（四）互惠

有人说中国农民天生"善分不善合"，其实"分"与"合"都存在。农民互助合作由来已久。因为一家一户无法完成生产和生活全过程，特别是在农忙时期，农民都会以换工等形式互帮互助，实现的是互相均衡收益，即互惠。农民在日常生活中的互助互惠行为更多，如"患难相恤，守望相助"，每逢婚丧嫁娶等生活大事时邻里之间互相帮忙，资金互惠的"抬会"等。"帮帮忙"成为传统中国人的口头语，也是人生的价值所在。斯科特通过观察，认为："互惠这条道德原则渗透于农民生活乃至整个社会生活之中。""它意味着被接受下来的礼品或服务为接受者带来了相应的义务——有朝一日要以相当的价值给以回报。"① 而"建立和维持互惠关系主要取决于信任、公平和相互尊重的性质"。② "乡土社会里从熟悉得到信任。"③ 但在农业社会里，这种互惠只是为了顺利度日，是同质要素的叠加，难以使财富得到增长。

商业社会是一种由于交换和竞争引起的互不信任的分立性社会。这种社会分立在西方源远流长，由古希腊罗马时期的奴隶制，到中世纪的封建农奴制，再到庄园黑奴制。特别是早期的西方商人，他们在封建社会的夹缝中生长出来，充满着不是你输就是我赢的尔虞我诈，并随着财富增长出现了社会分化和社会冲突。工业革命后整个社会又裂变为利益尖锐对立的资产阶级和劳动阶级，劳资尖锐对立和冲突。这一传统一直沿袭下来。④ 为了缓和矛盾，20 世纪以后，西方发达国家实行"高工资、高福利、高消费"的社会制度。但这种制度需要支付高昂的社会总成本，从而降低了在世界市场上的竞争力。

---

① 詹姆斯·C. 斯科特：《农民的道义经济学：东南亚的反叛与生存》，刘建等译，译林出版社 2001 年版，第 215—216 页。

② V. 奥斯特罗姆、D. 菲尼、H. 皮希特编：《制度分析与发展的反思——问题与抉择》，王诚等译，商务印书馆 1996 年版，第 110 页。

③ 费孝通：《乡土中国　生育制度》，北京大学出版社 1998 年版，第 10 页。

④ 从某种意义说这也是"博弈理论"及类似思想在西方特别盛行的重要原因之一。

中国农民进入工商业社会时，没有形成西方意义上的阶级，也没有阶级的自我意识，① 更没有界限分明（如奴隶制）的两大阶级对立和冲突。阶级利益冲突和对立为温情脉脉的宗族乡亲人情伦理关系所稀释。这就是梁漱溟先生所说的"中国人缺乏阶级意识（阶级自觉），尤不习于阶级观点（本于阶级眼光分析事物）"。② 当历史上长期形成的农民式互惠理性进入工商业日常生活之中，使劳资合作有了可能。当地人出地，外来资本出钱，外来农民打工，实现三方受益。尽管老板赚了钱，但农民没有什么反感，因为他们也从中获得了比在家务农多得多的收益。改革开放以后，沿海地区的许多工厂被称为"血汗工厂"，资本在中国获得的利润率大大高于其他地方（这也是外资纷纷进入中国的重要原因之一），但劳资之间的冲突频率和烈度却远远低于其他国家，甚至低于远比中国落后的非洲国家。为此，社会才有可能在经济尚不发展的条件下不需支付高昂的社会成本，就可建立社会保障制度。中国的经济发展也从互惠理性中获得了巨大的活力和竞争力。中国的商品之所以能够行遍世界，连有着悠久工商传统的老牌西方国家也只能祭起贸易保护主义大旗，道理很简单："一个便宜十个爱。"中国依靠廉价的商品叱咤世界市场风云，而廉价的商品来自于廉价的劳动力，廉价的劳动力又来自于劳资合作，劳资合作的源泉则是农民的互惠理性。这种合作互惠是异质要素的相加，可以形成增量财富。因此，农民的互惠理性与低廉的竞争成本结合形成的"叠加优势"成就了"中国奇迹"。

这种农民式的互惠理性提升到国家层面，就是改革开放后国家倡导的合作主义对外关系，形成国家间的合作模式。合作而不是冲突，对话而不是对立，互惠而不是互损，不仅为中国的国际形象大大添彩，而且增强了中国经济的总竞争力。

（五）人情

传统农业社会是一个"亲缘社会"和"熟人社会"。人们在村落里生于斯、长于斯、死于斯，长期的紧密交往形成亲情关系，因此农业社会又

---

① 马克思对此有过精辟的分析，认为小农缺乏阶级的自我意识，因而"又不是一个阶级"（参见《马克思恩格斯选集》第 1 卷，第 677 页）。

② 转引自善峰《梁漱溟社会改造构想研究》，山东大学出版社 1996 年版，第 209 页。

是一个"人情社会"，情感甚至大于王法。因为人情可以给人带来信任、依托、互助等各种好处。农民遇到本人无法解决的问题和面临陌生环境时，首先想到的是可以信任、依托和互助的亲戚乡邻这些"自己人"。但在传统农业社会，这种人情只是正常生活的需要，对于财富的增长和个人的发展没有多少作用。

现代西方世界是以商人的崛起而起步的。经常流动的商人面对的是一个"业缘社会"和"陌生人社会"，经济交往主要依靠契约等中介形式维系，有了纷争也是找专门的律师解决。但是中介机构并不直接创造财富，它们的存在是需要支付成本的。因此，工商业社会日益成熟的过程，也是社会交往成本日益高昂的过程。

中国农民闯入工商业社会时，没有多少商业理性的准备，更多的是农民的人情理性。在金耀基看来，"人情是'制度性规范'，也即一个人在与他人往来时，他会自觉与不自觉遵从人情的规范而行事"。[①] 农民外出打工的起始阶段，尚被视为应该加以限制的"盲流"，外部社会根本没有职业介绍性机构。即使后来有了职业中介等机构，也大多属于营利性质，甚至存在欺诈行为。在这一背景下，农民主要是依靠老乡、亲友介绍和带路。中国上亿农民工基本上都是依靠亲带亲、邻带邻的方式外出的。亲邻是熟人，也是信得过的人。亲邻之间长期建立的人情因素，保障了相互之间的依赖和依存关系。如果亲邻之间发生欺诈，就将面临长期积累的人情资本的流失，甚至本人及家族在乡里乡亲中抬不起头来。以农民为主体的民营企业也主要依靠本家族的人共同经营。面临陌生而竞争激烈的外部性工商业社会，只有长期交往过的本家、亲戚、朋友、老乡才是信得过的"自己人"，其他人是靠不住的"外人"。有好处时"自己人"共同享有，有了难处"自己人"共同度过。一般情况下，不需要外部性的中介机构介入自己的经济生活。这种人情理性可以大大降低交往成本，扩展致富效应。新制度主义创立者诺思对诸如人情这类非正式制度给予了合理评价，认为："过去解决交换问题的非正规方式又带到现在，使这些非正规约束成为社会长期连续变迁的重要源泉。"[②] 中国的上亿农民工如果依靠职业介绍机构介绍职业，不知需要多少机构，更不知需要向这些机构支付多少

---

① 金耀基：《中国社会与文化》，香港：牛津大学出版社 1992 年版，第 33 页。

② 诺思：《制度、制度变迁与经济绩效》，杭行译，上海三联书店 1994 年版，第 51 页。

成本。如果中国的农民工和民营企业遇到什么事都要寻求法律解决，也不知需要向支付多少法律成本。而中介机构的成本最终会进入社会总成本之中，从而降低社会的总竞争力。人情可以说是农民进入陌生的工商业社会最重要的交往理性：依靠亲邻外出务工经商，既可以减少和避免外部性风险，降低外部性成本，获得更多收益，又可以进一步增进人情往来。人情可以说是改革开放后中国经济运行的助推剂和润滑剂。一般我们可以说人情是"传统的"、"落后的"，但改革开放后中国经济的高速发展过程中却大量存在甚至依靠人情因素。由此我们可以看到：改革开放以来，一方面是现代工商业社会的迅速发展；另一方面是"同学、同乡、同宗"这类传统人情因素的扩张。这是经济环境使然，也是农民的一种理性选择，在外部性风险和成本高昂的环境下，农民以人情来扩大交往，规避风险，降低成本，获得更高收益。农民能够降低成本和风险的人情理性与工商业社会提供的交往和赚钱空间形成的"叠加优势"成就了"中国奇迹"。

（六）好学

农业社会也是一个学习型社会。只是这种学习主要是经验式学习，学习内容是世代相传的农业经验，学习方式也是耳濡目染。不学习就无法承继家业，正常生产。更重要的是，传统农业社会的发展空间不多，要出人头地就只能做官，要做官就必须努力学习。因此，"耕读结合"、勤奋好学也是中国农民理性的重要内容。家里再穷也要让子女读书，或者家族供养一个有可能出人头地的学生。《论语》的第一句话就是学习，"学而时习之，不亦乐乎"。但是，传统农业社会的好学是不断地模仿和重复前代人的经验和知识，难以创造财富，即使是读书做官也是更多地占有财富而不是创造财富。所以，在古代世界，虽然中国是世界上"知识分子"最多的国家，但却没有与之相应的创造发明，仅有的"四大发明"也没有更多地应用于日常生产，创造财富。

工商业社会的最大成就是将知识转化为现实生产力，知识生产与物质生产同步发展。知识生产不仅大大促进了物质财富的增长，使当今社会的一般平民也能够过上宽裕生活，更重要的是知识生产成为一个产业部门，不断适应社会，甚至追逐社会的需求。发达工商业社会几乎是与知识创新同步发展的。但是，受经济影响，知识部门有时也可能脱离经济部门。如美国进入金融资本时代后，高端学校教育和尖端人才纷纷介入金融领域，教育部门也与实体经济相脱节。特别是发达国家的经济状况使这些国家形成一种"文明的傲慢"，不愿承认或者学习其他国家的优异之处，从而形成自我的封闭。

进入工商业社会以后，对于农民来说，是一个全新的世界。他们只有学习才能掌握生存发展的本领。因此，他们以全方位开放的心态去接受新鲜事物。同时，他们的学习又充满着农民的理性，根据自己的需要来安排学习的内容和方式，具有典型的经世致用的实用性特点。首先是模仿式学习，虽然不懂，但可以"照葫芦画瓢"，不需要支付多少学习成本就可以将他人花费甚大的东西学到手。其次是选择式学习。学习是经世致用而不是虚无缥缈的幻想，学习什么、不学什么、先学什么、后学什么，都根据自己的需要。学习他人的东西是为了自己更好的生活，而不是简单的照抄照搬。再次是创造式学习，在学习的同时根据自己的需要和社会发展趋势进行加工、提高，以创造出新的东西，而不是一般的"拿来主义"，由此就可以做到"青出于蓝而胜于蓝"。中国人走向世界，能够在举目无亲的异国他邦站住脚，并能出人头地，主要依靠的是中国农民式的勤奋和好学。优秀华裔美国人占美国总人口的比例大大超出其他族裔。改革开放后的中国农民能够行遍世界，除了勤奋以外，重要的因素还有学习。大量农民进城或到外地务工经商，对陌生世界一窍不通，主要依靠学习。那些成功的农民企业家，更是出类拔萃的学习典范。30多年的改革开放，使农民的好学理性的能量发挥到极致。林毅夫等人认为，中国经济高速增长的重要因素是技术进步的"后发优势"，其实现方式是向其他国家学习、模仿，由此大大节约自己投资开发研究的成本。[①] 经世致用的农民学习理性与工商业社会的知识创造财富结合的"叠加优势"成就了"中国奇迹"。

（七）求稳

在传统农业社会，农民面对着一个不可预知的自然世界，他们最大的愿望和幸福就是平安，求稳怕变，小富即安，"平安是福"，不折腾。同时他们也十分知足，能够娶妻生子，养家糊口，已是万福，他们没有太多不切实际的幻想，也没有多少资本供他们折腾。"没有选择是整个农民生活

---

① 林毅夫、蔡昉、李周：《中国的奇迹：发展战略与经济改革》，第16页。

的特点。"① 因此,农业社会是一个追求安宁而不是变革的社会,是一个稳定机制强、动力机制弱的社会。农业文明只能以十分缓慢的速度发展,农民也只能日复一日地"重复昨天的故事"。

工商业社会是一个不断变革的社会,人们的物质欲望极速扩大,供给始终难以满足需求。为此,工商业社会的迅速发展也伴随着动荡不安。马克思在《共产党宣言》中写道:"生产的不断变革,一切社会状况不停的动荡,永远的不安定和变动,这就是资产阶级时代不同于过去一切时代的地方。"② 20 世纪,一方面是物质极大丰富,另一方面人类也付出了惨重的代价。工商业社会可以说是一个发展动力充足而稳定性较弱、平衡性较差的社会。这也是 20 世纪下半叶许多新兴国家充满着政治动荡的重要原因。

30 多年来,中国经济高速发展,政治社会相对稳定,创造了所谓的"中国奇迹"。这是外国人评价"中国模式"的核心内容,也是外国人无法理解中国人为什么能够做到这一点的"中国之谜"。其实,重要的谜底就在于求稳怕变的农民理性。新中国成立后的前 30 年,农民经历了土地改革的大变革之后渴求过上稳定安逸的生活,但是政策的多变也使他们饱尝了折腾的苦头。改革开放以后,农村政策符合农民意愿,但农民也强烈需要政策的稳定性。邓小平在 20 世纪 80 年代就多次表示,中国的基本政策不能变,农民最担心和最害怕的就是政策多变。1989 年政治风波刚平息,邓小平就强调政策不能变。1992 年,他又深有感触地指出:"为什么'六·四'以后我们的国家能够很稳定?就是因为我们搞了改革开放,促进了经济发展,人民生活得到了改善。"③ 1980 年代,农民因为有好的政策而获得温饱,从而期盼稳定。1990 年代,由于负担沉重,农村出现不稳定因素。但是在深化改革和扩大开放中,工业发展吸收了大量农民,使得农民能够"以工补农",有了新的生存机会。他们仍然期盼着稳定,有更多的赚钱机会。这正是虽然 1990 年代农民负担沉重,但总体上农村稳定、没有出现挑战基本制度的危机的重要原因,也是西方世界多次预言的"中国崩溃"未能兑现的基本因素。因为,农民稳,中国就可以稳。改革开放

---

① H. 孟德拉斯:《农民的终结》,第 179 页。

② 《马克思恩格斯选集》第 1 卷,第 275 页。

③ 《邓小平文选》第 3 卷,人民出版社 1993 年版,第 371 页。

以来，一方面推动变革，使人们获得财富，另一方面"小富即安"的农民理性促使国家能够在变革时代保持稳定。胡锦涛总书记在纪念改革开放30周年讲话中用了"三个不"（"不动摇、不懈怠、不折腾"），就是最好的概括。通过稳定促进发展的政策来稳定农村、通过提供发展机会来稳定农民进而稳定国家，已成为改革开放后的一项基本国策。追求稳定踏实的农民理性与工商业社会发展动力结合形成的"叠加优势"成就了"中国奇迹"。

（八）忍耐

中国农业社会里的农民是一家一户生产的小农，要在不可驾驭的自然环境下获得生存，必须具有高度的韧性，能够忍受一切艰难困苦。正如费正清所说："在广阔的平原上，耐性的中国农民听任天气的摆布，依靠天赐的阳光和雨露。他们不得不接受世代不绝的水、旱、饥、疫等天灾。这同生活在地形多样化土地上的欧洲人的命运成鲜明对比。"[1] 同时，为了应对艰苦的环境，必须寻求社会支持，形成良好的人际关系。农民在日常生活交往中非常注重人伦关系的和谐，为人处事尽可能避免纷争与矛盾，以和为贵，以"忍"为上。即使是对待官府的强迫一般也是极度的忍耐，只有到了生存也难以维持时才反抗，即"该出手时才出手"。中国农民的忍耐力是世界上独一无二的，由此也形成了世界上特有的"东方式隐忍"。但在农业社会里，农民的忍耐只是出于生存的需要，并不能根本改变其环境和命运。

西方列强是在商人和海盗主导下崛起的，在资本扩张的诱导下，信奉强权，张扬个性，他们只会为一个自己所期待的目标不断地进攻，而绝不会忍耐。这也是进入 20 世纪以后产生两次世界大战的重要原因。战争无疑会使人类支付巨大的成本。

中国进入世界时，已是一个强权的世界，但农民的忍耐理性帮助了中国。在抗日战争时期环境极度恶劣的条件下，毛泽东提出了"持久战"。国家总体落后使中国不可能获得战争的速胜，但中国也不会因此而灭亡，因为中国是正义的一方，特别是中国人有着无与伦比的忍耐精神。1950 年代末和 1960 年代初的三年经济严重困难时期，中国得以平稳度过，也与农

---

① 费正清：《美国与中国》，第 13 页。

民忍耐理性相关。改革开放以后,农民进入或卷入到一个全新的工商业世界,他们面临着不可预知的命运,也处于难以想象的艰苦条件下,但是农民以其坚忍不拔的忍耐精神克服着各种困难,不仅在未知和陌生的世界立足,而且改变着自己的环境和命运。有人认为,中国的改革是一种"渐进式改革"。事实上,就体制改革与人的关系而言,中国的改革力度是相当大的,如1980年代的"百万大裁军"、1990年代国企改革中上千万工人下岗或者转换身份等。这在那些所谓"激进式改革"的国家是不可想象的。中国得以顺利度过"改革大关"与农民式的忍耐理性密切相关。邓小平在1980年代实施大裁军时多次强调,为了经济建设军队要忍耐。这种农民式的忍耐理性已上升为国家理性。改革开放以后,特别是世界社会主义制度遭到重大挫折时,邓小平提出了"韬光养晦"、"不出头"的战略。"不出头"就可以埋头搞建设,积累实力,可以不成为他人攻击的对象。尽管局部性、个别事件可能受到一些伤害,但从大局看就得忍耐。实力强大了,局部性、个别事件也会减少。为此,中国提出了"和平崛起"的理念。这一理念希望在国家的崛起过程中尽量以和平方式处理与外部世界的冲突和矛盾,以减少崛起和发展的成本。富于忍耐的农民理性与工商业社会的扩张式发展结合的"叠加优势"成就了"中国奇迹"。

三　农民理性的嬗变:"中国奇迹"的限度与持续

在起承转合的历史关节点上,特定的农民理性与工商业社会的优势结合,得以扩张,产生两种成熟社会都不具有的巨大功效。但是,理性是特定环境下的产物,其内容、形式及其功效十分复杂。这种复杂性也使"中国奇迹"表现出其特有的限度并制约着其持续性。

农民理性具有特殊性。"中国奇迹"是事实,这是举世公认的。但是为什么这一奇迹发生于中国而不是其他国家,或者说为什么当今其他国家没有出现经济高速增长和政治相对稳定的"奇迹"?重要原因之一,是数千年农业文明传承下来的农民理性。这种农民理性是中国特有的,是无法移植和难以模仿的。印度近年来经济发展迅速,但与中国还存在相当距离。其中的原因之一在于农民理性的功效。中国和印度的发展格局与农民相关的命题,摩尔早有论述,迄今仍然有相当的启示性意义。由特定的农民理性,或者说民情所决定的"中国奇迹"及其之后的"中国模式"、"中国经验"、"中国道路"因此更多地具有"中国性"，是"中国特色"的具体体现。正如我们不可轻易模仿西方模式、西方经验和西方道路一样，"中国模式"、"中国经验"和"中国道路"的影响、作用也是有其限度的，不可轻易推及，其他国家不可也难以照抄照搬。当然，由"中国奇迹"导出的"中国模式"、"中国经验"、"中国道路"是非常值得总结和分析的。为什么中国这样一个传统农业文明十分悠久的国度能够崛起为一个世人关注的"中国奇迹"。这本身就是一个世界性命题：每个国家都需要根据自己的国情民意选择最适合自己发展的道路！

当然，在我们高度评价农民理性扩张对于创造"中国奇迹"的作用的同时，也必须意识到这种理性的扩张所付出的代价。这种代价可能短时间不明显，但随着时间的推移，其个人代价和社会成本会逐渐显现。农业生产是一种简单劳动，处于自然状态，可以不需要时间、条件的要求。工业生产是一种复杂劳动，伴随着各种不可预知的风险，如工业生产可能出现一般农业生产不会出现的工伤、有害物质等。永不停息和反复运转的机器生产将人变成机器的一部分，劳动强度大和单一性强。特别是中国农民工从事的加工业、采掘业、建筑业等，劳动强度高，人身风险大。农民进入这些生产领域以后，虽然没有考虑劳动时间和劳动条件的要求，但也可能导致他们的健康受到损害，特别是这种伤害因为没有事先的合约而得不到必要的补偿，不仅给当事人造成痛苦，也会使社会付出成本。如沿海地区的工厂被称为"血汗工厂"，山西等地不断出现煤矿安全事故等。

农民理性的扩张在农业文明向工业文明转换的起承转合关节点上发挥了巨大作用，这种作用并不是永恒不变的。人的理性最终是环境的产物，环境在变，人的理性也会变。当农民进入工商业社会以后，他们最终会随着环境的改变而改变自己的理念、态度和看法。这样，两种文明形态中的"精华"要素交互形成的"叠加优势"就会慢慢失去，进入到社会常轨，农民理性也会由扩张转化为收缩状态。从勤劳看，第二代农民工（主要指1980年代及其以后出生的人）基本没有经历农耕生活，他们更多接受的是工业理性，对劳动时间和劳动条件的要求大大高于其前辈。国际金融危机造成大量农民工回乡，政府前所未有地想方设法扩大农民工就业，但第二代农民工除了仍然要求工资待遇外，还附带着更多条件,如工作时间、工作条件和工作地点。政府对劳动者的保护措施正在得到加强,由农民理性扩张产生的低成本劳动已很难再有。近年来,中国国民生产总值由高增长进入到中度增长,甚至需要保增长,这与劳动成本的不断提升相关。从勤俭看,新一代农民的消费更多的是市民化,加上政府为农民提供的保障愈来愈多,农民愿意消费,也敢于消费,储蓄意愿和储蓄率开始下降。依靠国民的"低工资、高储蓄"来保持经济高速增长已很难延续。从算计看,民营企业仍然习惯于赚小钱,而依靠廉价劳动生产廉价商品保持出口增长的空间已不大。正因如此,一些沿海地区的领导人近年倡导企业结构转型,从依靠廉价劳动和消耗资源的经济增长方式向依靠知识技术创新的经济增长方式转变。但这一转变过程却相当艰难,尤其是需要将传统的模仿式学习转变为创造式学习。而目前,中国的知识生产仍然局限于模仿式学习。中国现在是世界上博士数量和科技论文数量名列前茅的国家,但原创性的科技发明却微乎其微。市场经济强化了人的自利意识,农民的互惠理性因为进入开放和变化的市场社会以后而转变,他们遇到问题时首先想到的是寻求社会中介机构,社会成本因此增大。农业社会依赖于"向后看"而获得的稳定意识正在为市场经济的"横向比较"而产生的不稳定性所替代,人们对相对不利的环境愈来愈缺乏耐心。为此,政府不得不支付更多的社会成本来维护社会稳定。自新世纪以来,群体性事件不断增长,解决群体性事件的成本也在迅速增长。不断增长的社会总成本最终会降低经济总竞争力。这说明,"中国奇迹"也会随着时代的变化而变化。"奇迹"是相对而言的,如果"奇迹"是常态,就不再是"奇迹"了。

如果说农民理性由扩张到收缩是必然趋势,甚至反映了社会的进步,那么,需要注意的是农民理性扩张有可能形成"叠加劣势"。前文提到,农民理性与工商业社会的优质要素结合可以形成"叠加优势",与此同时,它们二者中的劣质要素的结合也可能产生"叠加劣势"。这是因为,农民的理性也会变化,甚至畸变,当它与工商业社会固有的不良要素相结合,就有可能产生"叠加劣势"。① 农民理性扩张不仅增加了国家财富,也使

---

① 正如任何一种文明形态都有其内在的优质因素,即通常所说的"精华"一样,任何文明形态也有其内在的劣质因素,即所谓的"糟粕"。这些劣质因素在两种文明形态转换中也可能重合,从而形成所谓的"叠加劣势"。

少数农民富裕起来了。这些富裕起来的农民（通常被称为"富一代"）在传统农民理性的惯性作用下，仍然保持勤劳、勤俭的特性，而他们的后代（通常被称为"富二代"）中的一些人不仅不具有勤劳、勤俭的特性，而且重享受轻劳动、重消费轻节俭，甚至在工商业社会消费价值的刺激下"斗富比阔"。如近年来浙江省不断发生的"飙车案"，主要成员便是"富二代"。中国历史上所说的"富不出三代"正在新的形势下发生。从学习看，小富之后的骄傲自满，甚至狂妄自大，开始抬头。从人情看，人情日趋淡薄，并为利益所替代，为了钱可以，甚至首先"杀熟"，如"传销"。为了人情而支付的社会成本高昂，如政商勾结的腐败。从互惠看，一部分"暴富"之人缺乏修养，"富而不贵"，不仅不尊重劳动和作为劳动者的平民，甚至"为富不仁"，从而造成社会的撕裂和对立，滋生"仇富心理"的民粹主义，有可能出现社会冲突，甚至激烈的社会对立。近几年出现的部分群体性事件并没有特定的指向，主要是社会不满情绪的发泄。如果社会不满得不到有效化解，日积月累就有可能发生"社会爆炸"。而这最终会葬送"中国奇迹"的成果，削弱"中国模式"、"中国经验"和"中国道路"的影响力。

传统农业社会向现代工商业社会过渡期，农民理性得以扩张。但随着社会的变化，农民理性也会由扩张到收缩，再到衰减，直至蜕变。改革开放30年，是农民理性的扩张期，现在正进入收缩期。一方面农民理性扩张未完全消失，另一方面农民理性的能量在减小，并步入衰减时期。而随着农民逐步市民化，农民理性将最终为市民理性所替代。但长达数千年的农民理性不会简单或迅速地失去，它还会以新的形式展现在世界上。

四　小结

本文以农民理性为切入点解释"中国奇迹"的发生及其可能的变化，主要试图说明以下观点：

其一，走出传统与现代二元对立的思维定式。20世纪以来，中国正处于传统农业社会与现代工业社会的交替之中，现代性一直是社会追求的目标。出于改变现实的目的，现代性目标成为神圣、崇高、先进的化身，传统则被视为落后、退步、弃之不及的东西，由此形成了传统与现代二元对立的思维定式。而伟大的革命，特别是历史上最彻底的土地革命恰恰发生于传统最为深厚的中国;伟大的发展,特别是在世界上少见的经济发展奇迹,恰恰也发生于农民人口占多数的中国。这一历史进程要求我们走出传统与现代二元对立的思维定式,否则我们无法解释在一个农民国度里为什么会突然发生一个"中国奇迹"。近年来,随着中国经济的发展及其独特性,兴起了传统文化热、国学热。人们又试图将中国的成功归之于东方特有的儒家文化,即传统主义取向。这种取向的重大缺陷是无法解释为什么在两千多年的儒家文明或者是农业文明时代,中国并没有腾飞而只能极其缓慢的发展。这种取向与现代主义取向一样,仍然局限在传统与现代对立的二元框架内。如果要对中国发展道路作出科学合理的解释和预测,必须走出传统与现代二元对立、非此即彼的思维定式。

其二,重视文明形态起承转合的历史关节点上的因素及其影响。20世纪以来,中国正处于文明形态的转换之中。这一历史转换是亘古以来从未有过的大事件。而在起承转合的历史关节点上,某种因素会发生重要,甚至关键性作用。以往,我们比较多地重视领袖人物的作用,这无疑是正确的。因为在一个小农占绝大多数人口的国度里,以领袖个人为代表的政治集团的感召、动员和组织作用是至关重要的。所以,邓小平认为,没有毛泽东,中国可能还要在黑暗里继续摸索一段时间。[1] 而邓小平在改革开放中的关键性作用也是举世公认的。但在肯定历史关节点上的领袖作用的同时,我们往往忽视了人民大众的作用。没有亿万人民大众,领袖无论多么伟大都无法完成扭转乾坤的使命。那么,在中国,人民大众是谁呢?主体是农民。在中国,要成就任何伟业,都不可忽视农民的作用。本文的要旨就是要说明"中国奇迹"不是某一个神圣人物的作用,而与历史上从来都处于默默无闻状态的"泥腿子"——农民有关。但在现有关于"中国奇迹"、"中国模式"、"中国经验"和"中国道路"的研究中,几乎看不到作为中国人的主体——农民的影子,而离开了人这一主体,遑论什么"奇迹"、"模式"、"经验"和"道路"?

其三,重视社会变迁中的文化和民性民情民意因素。以往忽视农民的作用,重要原因是强调制度的功能。只要在少数领袖人物领导下改变了制度,就会带来所需要的一切。事实并不这样简单。制度是形式外壳,其内核则是文化。再好的制度如果没有相应的文化内核,就难以发挥其作用而

---

① 参见《邓小平文选》第2卷,人民出版社1994年版,第345页。

沦为形式和空壳。多年来我们强调中国的发展必须符合中国国情，但没有将文化和民性民情民意视为国情的组成部分。事实上，文化和民性民情民意是活的国情，是软国情，它比地理、经济状况等硬国情更能发挥其主动性作用。正是从中国的民性民情民意出发，又适应农业社会向工业社会转变的要求，中国才能走出一条独特而有成效的道路，创造出举世瞩目的"中国奇迹"。本文的价值不仅是要说明农民理性扩张是如何成就"中国奇迹"的，更重要的是要说明长期历史形成的文化和民性民情民意在历史转换中的关键性作用。

其四，对于历史制度主义的分析框架给予足够重视。20 世纪以来，由于中国的制度革命和改革成为主题，制度主义分析框架大行其道。在这种理论看来，只有改变了制度，一切会随之而变，因此它往往忽视了制度变迁中的历史因素。在马克思主义看来，"世界不是既成事物的集合体，而是过程的集合体"。[1] 世界是一个历史过程，且是一个由人创造的能动过程。"历史不过是追求着自己目的的人的活动而已。"[2] 历史制度主义注重制度变革是一个历史过程，这一过程是由人这一历史主体所创造的，制度变革能否有成效，与特定的历史时期人的因素分不开。现有分析"中国奇迹"、"中国模式"、"中国经验"和"中国道路"的论著恰恰缺乏对人这一创造历史的主体给予足够的关照。这也是写作本文的目的之一。

《中国社会科学》2010 年第 1 期

---

① 《马克思恩格斯选集》第 4 卷，人民出版社 1995 年版，第 244 页。
② 《马克思恩格斯全集》第 2 卷，人民出版社 1957 年版，第 118—119 页。

实现政治问责的三条道路[*]

马 骏[**]

摘要 建立一个对人民负责的政府是现代国家治理的核心问题。实现这一目标,需要解决两个最基本的问题:谁来使用权力?如何使用权力?选举制度是解决第二个问题相对较好的制度,而预算制度是解决第二个问题最好的制度。通过历史比较分析,可以总结出三条实现政治问责的道路:19世纪的欧洲道路、从建国到进步时代改革的美国道路以及雏形初现的中国道路。这意味着,西方经验并不是唯一的实现政治问责的道路。相对于西方经验来说,中国20世纪80年代以来的国家转型具有极大的特殊性。尽管面临各种挑战,但一条政治问责的中国道路正在形成。

关键词 政治问责 权力 选举 预算

前 言

建立一个对人民负责的政府,是现代国家治理的核心问题。然而,最大的挑战是:运用什么样的问责机制才能实现这个目标。长期以来,政治问责理论几乎都是基于西方经验而形成的,并都隐含着这样一个假定:要实现政治问责首先必须建立选举民主,离开选举民主,任何关于政治问责的讨论都是毫无意义的。在此背景下,政治问责的研究者们也倾向于采取演绎的分析方法来研究非西方世界的问责实践。他们通常只是简单地将现存的、主要是基于西方经验——在很多情况下是美国经验——而构建起来

---

　* 本文获教育部"高等学校基本科研业务费"资助。

** 马骏,中山大学行政管理研究中心、政治与公共事务管理学院教授。

的问责理论运用到那些"外邦世界"。虽然他们还没有认真研究非西方世界的实践，但他们常常预先假设这些地方不可能存在问责制度。而他们之所以这样自信地得出结论，仅仅是因为那些实践与他们所理解的西方国家的政治问责方式不一致。显然，这种研究方法是很成问题的。它蒙蔽了研究者的眼睛，使他们的理论触觉变得迟钝，对那些理论意义深远但不同于现有理论假设的问责实践视而不见，从而失去了进一步发展理论的机会。因此，在研究非西方世界的政治问责实践时，需要放弃演绎的方法，转而采用归纳的方法。[①] 最近，一些学者开始超越西方的经验，探索其他实现政治问责的途径。其中，尤以中国 30 年来的大国转型经验最引人注目。

　　本文的研究重点是，实现政治问责究竟是不是只有一条道路？在主流的国际学术界看来，答案是肯定的——只有实行西方的选举民主才能实现政治问责。然而，在西方世界之外，的确可能存在某种不同于西方的实现政治问责的道路。中国正在探索一条属于自己的道路。然而，什么是中国式的问责道路？如何理解它？它是什么性质？而且，在西方经验内部，问责道路是否也存在着差异？本文试图对这些问题进行回答。借助政治问责理论最近的发展以及美国政治学家克里夫兰至今仍然是充满启发性的观点，[②] 本文首先建构了一个政治问责的理论框架，根据这一理论，同时运用历史比较方法，识别出三条实现政治问责的道路；并分别对这三条道路进行比较和分析。

三条问责道路：一个理论

　　在政治领域，首先必须有权力，才有政治，随之就需要对权力进行控制，确保权力不被滥用。实质上，这也是两千多年政治思想讨论的核心问题。只不过，到了现代社会，这一关注以更加精致的形式被重新表述为政治问责问题。[③] 实质上，政治问责的核心问题也是对权力进行控制以防止

---

　　① M. W. Dowdle, "Public Accountability in Alien Terrain", in M. W. Dowdle, ed., *Public Accountability*, New York: Cambridge University Press, 2006, pp. 329 – 357.

　　② Frederick A. Cleveland, "Popular Control of Government", *Political Science Quarterly*, Vol. 34, No. 2, 1919, pp. 237 – 261.

　　③ A. Schedler, "Conceptualizing Accountability", in A. Schedler, L. Diamond & M. Plattner, eds., *The Self-Restraining State*, Boulder, CO: Lynne Rienner, 1999, pp. 13 – 28.

出现权力滥用。如果说政治的基本特征是赋予权力并对权力的使用进行控制，那么，在设计问责制度时有两个问题是最基本的：谁来（或不能）使用权力？如何使用权力？相应地，就会产生两类最基本的问责制度分别来解决这两大问题。毫无疑问，建立一个负责的政府也需要在国家治理的其他各个方面建立制度。然而，对于实现政治问责来说，首先必须解决的是这两大问题，否则，无论其他环节的制度建设如何完美也很难真正实现问责的目标。其实，90 多年前，政治学家和公共预算专家克里夫兰就已经系统而清晰地阐述了这一思想。[①]

对于问责制度的第一个问题——由谁来使用权力——来说，在两千多年的政治史上，人类尝试了许多的解决方式，其中主要有暴力、血缘继承、任命、抽签、考试和选举。[②] 在现代社会之前，血缘继承被认为是最主要也最具合法性的权力转移方式。而在现代社会，选举则成为最主要也最具合法性的权力转移方式。其实，除了考试之外，其他方式都在人类政治活动的早期就已出现并沿存于人类社会的某些政治实践中。暴力是最古老的解决人类冲突的办法。在国家和政治出现之后，暴力也成为一种解决权力转移的方法。在人类历史上，权力转移经常充满了暴力和血腥。显然，暴力是最不好的一种方式。因此，在现代社会之前，随着权力被统治者个人及其家族私有化，血缘继承逐渐成为最主要的权力转移方式，一种基于血缘的合法性也被逐步地建立起来。而且，这种血缘继承在很多地方又被进一步神化，以所谓的"君权神授"来提高这种权力转移方式的合法性。然而，即使血缘继承被视为合法的权力转移方式，暴力的阴影也总是挥之不去。由于在位的统治者可能有多个子嗣，权力继承的冲突就会不可避免地发生。在历史上，为了解决可能出现的暴力冲突，大多数国家都确立了所谓的嫡长子继承制。然而，这也不能彻底根除暴力，因为其他掌握了足够实力（经济和军事）的个人或集团——无论是否与统治者有血缘关系——都可能冒险一搏，凭借武力攫取权力。这就是说，血缘继承并不能确保和平地实现权力转移。此外，这种基于权力私有的权力转移方式最缺乏公平，也最缺乏民主。无论最高统治者是以何种方式获得了权力，他

---

① Frederick A. Cleveland, "Popular Control of Government", pp. 237–261.

② 参见 Daniele Caramani, *The Societies of Europe* (Vol. one), New York: Grove's Dictioaries, Inc. , 2000, p. 49。

都需要一大批官员为其管理从中央到地方的国家事务。在历史上，最流行的方式是任命制，即由最高统治者根据某些标准（如关系的远近亲疏、品德、才能等）任命官员。当然，在一些国家，例如19世纪以前的法国，卖官制非常发达而且高度制度化。很明显，这样的任命制具有较强的主观性和随意性，而且也不够公平、民主。在中国历史上，统治者们则以比较理性化的考试制度来取代随意性较强的任命制。在科举制度形成后，中国的权力赋予方式是一种血缘继承与考试制度的结合，居于最顶层的是血缘继承，其下则主要以考试来选拔官员。考试制度是一种精英导向的选官方式，它有利于吸纳知识精英进入政府工作，提高政府行政能力，但是不符合民主原则。19世纪，西方国家在推行选举制度的同时，也借鉴中国的考试制度建立起了公务员制度。

在现代社会，选举逐渐取代血缘继承成为最主要也是最具合法性的权力转移方式。然而，选举也是一种古老的权力转移方式。在历史上，除选举外，抽签方式也被用来实现权力转移。尽管在现代政治中，抽签已经很少用，也很少被讨论，但是在古希腊、古罗马的政治实践中，抽签和选举是并用的。在古雅典，抽签被看成是最民主的挑选公职人员的方式。实际上，直到现代代议制政府出现之前，大多数允许公民参与政治的政治体制仍在使用抽签。不过，从古希腊开始，思想家们就一直在争论这两种方式孰优孰劣。几乎所有的思想家都认为抽签比选举更加民主，甚至是一种最民主的权力转移方式。[1] 20世纪90年代后期在政治问责领域掀起了新一轮讨论的政治学家奥多拉教授也指出，抽签其实比选举更加民主。[2] 尽管直到1797年意大利的一些城邦国家仍在使用抽签，但自18世纪中叶以后，抽签就开始慢慢地淡出政治思想家和政治家的视野，选举民主转而成为关注的焦点并从19世纪开始大行其道。王绍光认为，其中的原因是选举比抽签更有利于维护社会精英阶层的利益。[3] 这是一个合理的解释，因为任何制度选择都受制度设计者的动机和利益左右，即使是那些设计民主制度的政治家也不例外。

---

① 王绍光：《民主四讲》，生活·读书·新知三联书店2008年版，第48—50页。

② Guillermo O'Donnell, "Horizontal Accountability in New Democracies", in A. Schedler, L. Diamond & M. Plattner, eds., The Self-Restraining State, Boulder, CO: Lynne Rienner, 1999, pp. 29 – 51.

③ 王绍光：《民主四讲》，第52、53页。

　　19 世纪是选举民主确立其至高无上的地位的时代。在这一时期，选举发展成为最重要也被认为是最具有合法性的实现权力和平转移的制度。相对于暴力以及血缘继承来说，选举能够和平地转移权力。相对于暴力、血缘继承、任命和考试来说，选举制度是民主地、公平地实现权力转移的方式。当然，选举制度不一定是最好的民主制度。相较而言，选举就不如抽签民主。但是，它可以在保留民主成分的同时回避抽签可能带来的问题，即选择一个缺乏能力的人担任公职。这也许就是为什么从 19 世纪开始选举成为最主要的实现权力转移方式的原因。不过，19 世纪的选举制度具备了一些以前的选举制度没有的现代特征：自由、竞争、平等。选举变成一种真正意义上的抉择，投票人可以在不同的候选人中进行选择，选举因而变成是自由的和竞争的。在选举中，不仅存在着政治上的替代人选，而且投票人可以自由地在这些替代人选中进行选择。尽管之前的选举制度中就有一些自由与竞争的影子，但这两个原则直到 19 世纪才被充分确立。在 19 世纪，平等的原则也在选举中确立下来。该原则包括两个方面的内容：一方面所有的替代人选都有平等的机会胜出；另一方面投票是平等的和直接的，这最充分地体现在"一人一票"原则中。而且，随着普选制的建立，平等原则从有限的投票人扩大到了所有的公民。①

　　在 20 世纪，随着选举制度继续完善（例如实行普选制）和一些学者（例如熊彼特）的努力，选举逐渐变成民主的代名词，并成为最主要甚至是唯一的政治问责制度。毫无疑问，在历史上，选举制度的确为政治问责做出了贡献。它从根本上颠倒了问责链条，从原来的对君主个人负责转变成对人民选举出来的代表负责，然后最终对人民负责。② 然而，这些年来，越来越多的研究开始质疑选举问责的有效性。在现实中，许多实行了选举民主的国家，例如在所谓的"新民主国家"，尽管已经建立了选举制度，但是许多官员仍然是不负责的，常常滥用权力。③ 为什么选举制度不能有

---

　　① Daniele Caramani, *The Societies of Europe*（Vol. one）, p. 50.

　　② A. Premchand, "Public Financial Accountability", in S. Schiavo-Campo, ed., *Governance, Corruptionand Public Financial Management*, Manila: Asian Development Bank, 1999, p. 152.

　　③ W. Funnell & K. Cooper, *Public Sector Accounting and Accountability in Australia*, Sydney: University of New South Wales Press, 1998, p. 9; Guillermo O'Donnell, "Horizontal Accountability in New Democracies", pp. 29 – 51.

效地实现问责呢？如前所述，政治问责涉及由谁来使用权力和如何使用权力这两个基本问题，而选举制度只能解决前者，却无法解决后者。鲁宾指出，选举主要有三个功能，第一位的功能是权力的转移，第二位的功能是利益代表，第三位的功能才是问责。尽管选举制度有助于实现政治问责，但是实现问责只是它第三位的功能，从属于权力转移和利益代表。[①] 对于实现政治问责来说，解决权力使用的归属问题固然重要，但是权力使用问题同样重要，有时甚至更加重要。因为选举完成后，当选人在整个任期内的权力使用都不是选举制度本身能有效约束的，即使官员不负责任，人民也只能等到任期结束时才能再次通过选举对官员进行惩罚。所以，对于政治问责来说，需要另一个制度来积极主动地监督和约束当选官员在任期内的权力使用。总而言之，正如克里夫兰指出的，仅仅有选举制度并不能确保官员负责任，更重要的是要建立一个控制制度来约束每一次权力的使用。[②] 此时，预算制度就非常重要了。

根据谢尔德对政治问责概念的重构，政治问责包括两个基本含义：（1）官员对自己的行为或者活动负责，即公共官员有义务告知和解释他们正在从事的活动。这又包括两个基本的要素：信息和解释。官员有义务和责任提供关于他们的行动或者决策的信息，包括正在做什么、准备做什么、已经做了什么，并就这些活动或者决策提供合理的解释，同时问责机构也要求官员提供这些活动或者决策的信息并给出合理的解释。（2）强制，即问责机构能够对不负责任的权力使用者施加惩罚。[③] 可见，对于实现政治问责来说，首要的条件是能够获得关于政府活动的信息。如果没有这些信息，政府就是看不见的政府，就不可能让它变得对人民负责。由于政府无论开展什么活动都要花费资金，没有钱什么活动都无法开展，因此，最能够准确地反映政府活动的信息就是财政信息。通过财政收支的信息，人们就可以准确地知道政府正在（或者准备或者已经）开展的活动。进一步而言，控制权力行使的最佳方式就是控制政府的活动，而控制活动

---

① Edward Rubin, "The Myth of Non-Bureaucratic Accountability and the Anti-Administrative Impulse", in Michael W. Dowdle, ed., *Public Accountability*, pp. 68 – 69.

② Frederick A. Cleveland, "Popular Control of Government", pp. 237 – 261.

③ A. Schedler, "Conceptualizing Accountability", pp. 13 – 28.

最好的办法就是控制资金。① 克里夫兰用了一个非常形象的比喻：如果把总统看成国家这条船的船长，如何才能使这个船长对船上的人负责呢？最好的办法就是控制开船所需的燃料。② 正是在这个意义上，财政问责对于政治问责来说是至关重要的，而政治问责也只有与财政问责联系起来才能具有实质性的内容。③

然而，只有当国家财政是按某种特殊的方式进行管理时，财政体系才能有效地控制政府的活动、约束权力的使用，进而实现财政问责和政治问责。尽管对财政问责的探索早已有之，但是，直到现代公共预算建立之后，财政体系才变成一个能够有效地约束权力使用、促进财政问责的制度。④ 现代预算制度在政府内部建立起集中、统一的预算控制，将所有的财政资金都纳入统一的预算控制程序之中，编制一个能够详细、准确地反映政府及其各个部门全部活动的政府预算，并将其提交给立法机构进行审查、批准，由立法机构从外部监督政府的财政收支活动。随着现代预算的建立，政府就变成了一个看得见的政府、一个有可能被监督的政府。政治学家威劳比说，如果政府预算编制得很好并且是向社会公开的，那么，它就能发挥"告知过去的运作、目前的条件和将来的提议，明确地确定责任并方便于控制"的作用。⑤ 预算将迫使行政官员在公众及其代表们面前陈述他们开展的活动以及开展这些活动的理由。通过审查政府的预算，公众及其代表们就可以审查政府的活动是否必要、成本是否合理，有权力的机构和部门就能够做出同意或者不同意的决定。这样，预算制度就成为一个非常有效的、对权力的使用进行监督和约束的控制制度，进而就能够成为

---

① Jun Ma, "The Dilemma of Developing Financial Accountability without Electio", *Australian Journal of Public Administration*, Vol. 68, 2009, pp. 62 – 72; Jun Ma & Yilin Hou, "Budgeting for Accountability", *Public Administration Review* (Special Issue, Dec.), 2009, pp. 53 – 59.

② Frederick A. Cleveland, "Popular Control of Government", pp. 237 – 261.

③ J. Glynn, *Public Sector Financial Control and Accountability*, Oxford: Basil Blackwell, 1987, p. 21; W. Funnell & K. Cooper, *Public Sector Accounting and Accountability in Australia*, p. 10.

④ A. Premchand, "Public Financial Accountability", J. Glynn, *Public Sector Financial Control and Accountability*, p. 16.

⑤ W. F. Willoughby, *The Movement for Budgetary Reform in the States*, New York: D. Appleton and Company for the Institute for Government Research, 1918, p. 1.

一个基本而且重要的问责工具。①

　　总之，如果说实现政治问责需要解决两个最基本的与权力相关的问题，那么，相应地就需要有两个相对较好的制度。对于"由谁来使用权力"这个问题来说，选举制度相对而言是一个最好的制度；对于"如何使用权力"或者"如何控制权力的使用"来说，预算制度是一个最好的制度。假设各国最初都是从既无现代选举制度也无现代预算制度的条件下开始国家建设的话，那么，从理论上来看，至少存在三条实现政治问责的道路（见图1）。在路径 A 中，国家在一个大致相同的时间内建立现代选举制度与预算制度，并不断完善它们；在路径 B 中，国家先建立现代选举制度并不断完善之，若干年后才启动预算改革，建立现代预算制度；在路径 C 中，国家在现代选举制度建立之前，先建立现代预算制度。图 1 中的两个制度维度分别代表着选举制度和预算制度发展程度的高低。

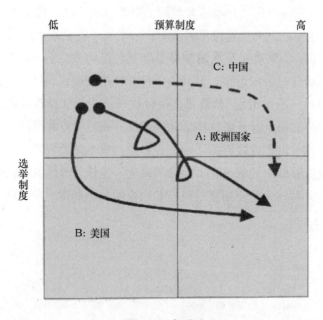

图1　三条道路

　　① Frederick A. Cleveland, "Evolution of Budget Idea in the United States", *Annals of the American Academy of Political and Social Science*, Vol. 62（Nov. 1915）, pp. 15 – 35; Frederick A. Cleveland, "Popular Control of Government", pp. 237 – 261.

由于选举制度和预算制度都是实现政治问责所必需的，因此，路径 A 应是最佳的实现政治问责的道路。在路径 B 和路径 C 中，国家并未同时建立这两种制度，而是先建立其中的一个制度，若干年后才启动另外一个制度的建设，因此，从理论上说，它们都存在一定的局限性。这三条道路不仅在理论上成立，也存在于现实中。当然，直到最近中国的国家转型呈现其独特性之前，在历史上出现过的主要是路径 A 和路径 B。路径 A 是许多欧洲国家在 19 世纪走过的国家建设道路，路径 B 是美国从建国到 20 世纪 20 年代经历的国家建设道路。尽管存在着差异，但是这两条道路都属于西方经验范围内的尝试。在欧洲和美国，政治问责的道路都是从选举制度开始的。这就有助于我们理解，为什么目前以西方经验为主的政治问责理论如此强调选举制度。从 20 世纪 90 年代末期以来，中国的政治实践开始表现出越来越明显的路径 C 的特征，中国正在走一条与西方不同的建立政治问责的道路。当然，由于中国的改革仍在进行中，在图 1 中，路经 C 的曲线目前仍是虚拟的。

欧洲国家的道路：19 世纪

在 19 世纪之前，选举制度就已经存在于欧洲。但是，直到 19 世纪，现代选举制度尤其是在国家层面的选举制度才在欧洲发展起来。[①] 从 19 世纪初开始，第一波民主化浪潮席卷欧洲国家（大致从 1828 年到 1926 年），以选举为核心的民主制度终于在国家层面构建起来。桑沙因提出了一个判断 19 世纪政治体制是否民主的最低标准：（1）50% 的成年男性拥有投票权；（2）负有责任的政府首脑要么在选举产生的议会中获得多数支持，要么是定期普选产生的。若按此标准，19 世纪以前的欧洲并没有国家层面的民主制度。[②] 当然，这个标准只是一个最低标准。判断一个政治体制是否是选举民主，不仅要看它的国家权力机构是否通过选举产生、公民在多大范围内参与了选举，还需要看选举条件是否公正、平等，选举程序本身是否公正、合理。[③] 在 19 世纪，欧洲国家相继在这些方面进行了

---

① Daniele Caramani, *The Societies of Europe* (Vol. one), p. 50.

② 参见塞缪尔·亨廷顿《第三波——20 世纪后期民主化浪潮》，刘军宁译，上海三联书店 1998 年版，第 15 页。

③ Daniele Caramani, *The Societies of Europe* (Vol. one), pp. 21–46.

改革，最终于 19 世纪后期或 20 世纪初建立起现代选举制度。表 1 列出了欧洲国家议会选举改革的主要内容及其时间。

表 1 欧洲各国选举制度的建立

	举行第一次选举的年份	引入匿名投票的年份	引入直接选举的年份	引入男性普选的年份
芬兰	1869*	1907*	1907*	1907
丹麦	1849*	1901*	1849*	1918
荷兰	1849*	1849*	1849*或1848	1918
奥地利	1873*或1848	1907*	1909*或1907	1897
挪威	1815*	1885*	1906*	1900
瑞典	1866*	1866*	1909*或1911	1911
英国	1831*或1832	1873*或1872	1813*	1918
法国	1815*	1831*或1820	1824*或1831	1848
德国	1848*	1919*或1871	1871*	1848
意大利	1861*或1848	1861*或1848	1861*或1848	1913
比利时	1831*或1830	1877*或1878	1831*或1847	1894
瑞士	1848*	1872*	1848*	1848
西班牙	1812（1869）	1931	1834（1837）	1869
希腊	1822	1844	1844	1844
葡萄牙	1820（1911）	1822	1822（1838）	1911
冰岛	1922	1906	1906	1916

资料来源：标有 * 号的数据来自 Toke Aidt, Jayasri Dutta & Elena Loukoianova, "Democracy Comes to Europe", *European Economic Review*, Vol. 50, No. 2, 2006, pp. 249 – 283, Table 3. 未标 * 号的数据来自 Daniele Caramani, *The Societies of Europe* (Vol. one), Table 2.2, 2.3, 2.6, 2.9. 某些国家采用某个制度的某些年份在两份资料中有所不同。括号外的年份是该制度最初引入的年份，括号中的年份是该制度在经过反复后重新被引入的年份。

1810 年代，一些欧洲国家首次举行了国家层面的议会选举。不过，当时拥有选举权的成年男性公民在成年男性中所占的比例很小。例如，1831 年，比利时举行了首次选举，但只有 4.5% 的成年男性有选举权，其中又只有 62% 的男性参加了选举。[①] 1831 年，英国第一次举行全国范围的议会选举

---

① Toke Aidt, Jayasri Dutta & Elena Loukoianova, "Democracy Comes to Europe," *European Economic Review*, Vol. 50, No. 2, 2006, pp. 249 – 283.

时，也仅有4.4%的成年人享有选举权。1815年，法国首次举行了国家层面的选举，但在1814年，选民人数也只有72000人，只占成年人口的1%。造成参选人数偏低的原因除了排斥女性以及较严格的年龄限制之外，主要还是因为在经济能力和教育水平方面设置的高标准。即使是男性公民，也只有当他们拥有的财产或者缴纳的税收达到一定标准之后，才会被法律承认是拥有选举权的公民。这些选举权方面的经济限制在19世纪之前就已存在。在英国，尽管1688年《权利法案》规定国民议会实行自由选举，但之后不久就对选举权设置了很高的财产和收入限制。18世纪中期，英国700万成年人中只有15万人享有选举权。直到1831年，成年人口中也仅有4.4%的人享有选举权。因此，19世纪选举改革的重点之一就是取消这些限制，实行相对普遍的公民选举。1832年，英国议会降低了选民的财产限制，这使得选民的人数从30万人左右上升到67万人，但也仅占全部成年人口的7.1%。1838年，英国爆发了以争取男性普选权为目标的宪章运动。虽然这一运动当时被镇压，但在其压力之下，1867年英国第二次改革其议会选举，在城市中降低了选民资格的财产限制和居住年限，这使得城市里的工人获得了选举权，男性公民中的选民达到三分之一。1884年，英国进行第三次选举改革，将城市的男性普选权扩大到农村，200万农村男性成年人因此获得了选举权，选民占成年男性公民的比重上升到大约三分之二。在法国，扩大选举权的改革则更加曲折、艰难。法国大革命之后的政府时而取消、时而又强调财产和纳税方面的限制。在波旁王朝复辟时期，选举权附加了更加严苛的财产限制。1830年的《七月法令》更是将选民人数从10万人猛降为2万5千人。1848年，在工人运动的压力下，法国被迫通过法律，确立了直接的普遍选举。但是，直到1871年的第三共和国初期，成年男性的普选权才最终确立起来。[1] 不过，19世纪欧洲普选改革的重点是男性普选权，成年女性的普选权改革一直到20世纪初才开始启动。在欧洲，女性普选权运动一直持续到70年代才大功告成，最早确立女性普选权的国家是挪威（1915），最晚的是西班牙（1976）。[2]

在这一时期，欧洲国家还改革了选举条件和选举程序，落实平等原则，增加选举过程的公平与合理。由于改革面临的政治方面的阻力相对于

---

① 王绍光：《民主四讲》，第55—64页。同时参见 Toke Aidt, Jayasri Dutta & Elena Loukoianova, "Democracy Comes to Europe", pp. 249–283。

② Daniele Caramani, *The Societies of Europe* (Vol. one), p. 53.

普选来说要小，因此这些环节的改革比普选方面的改革都启动得要早。例如，为了落实"一人一票"的平等原则，在这一时期，欧洲国家开始限制多次投票制而代之以平等投票制。多次投票制在 19 世纪之前就以多种形式存在，例如英国的大学教师和有产者可以在大学或者财产所在地投一次票，再在居住地投一次票。欧洲各国取消多次投票制度的时间不一，但主要集中在 19 世纪：法国、葡萄牙、挪威和西班牙（1815），希腊（19 世纪 40 年代），丹麦、瑞士、德国、荷兰（1848），芬兰、奥地利、意大利和瑞典（19 世纪 60 年代至 20 世纪初）。英国和比利时改革的时间比较晚，它们在一战后才开始启动这方面的改革。① 此外，如表 1 所示，绝大部分欧洲国家都在 19 世纪引入了直接选举来取代原来的间接选举。同样，大部分欧洲国家也都在 19 世纪引入了匿名投票。

与此同时，19 世纪也是欧洲国家建立现代预算制度的时期。现代预算制度最早成型于 19 世纪的欧洲。著名预算专家凯顿认为，在欧洲从中世纪后期一直到专制君主制时期盛行的是一种"前预算模式"，19 世纪之前的欧洲处于"前预算时代"，即没有预算的时代。在这一时期，尽管国家从社会中汲取了大量的财政收入，但是整个财政体系效率极其低下，浪费与腐败盛行。财政体系一方面在政府内部缺乏集中统一的行政控制；另一方面，立法机构不能有效地监督政府财政，无法落实财政问责。于是，在政府内部，君主缺少有效的手段来约束官员的行为，无法确保表面上忠诚的官员在财政上也是对其负责的。同样地，由于缺乏有效的外部监督，君主本人也不需要对别人负责，社会也没有办法使得君主对人民负责。②

在 17 世纪后期的英国，现代预算制度已开始萌芽。1688 年"光荣革命"后，为了适应国会议员们越来越强烈的加强监督政府资金的要求，英国国会进一步巩固了原有的收入同意权，并获得了对政府开支的否决权以及对已开支的支出款项进行审计的权力，国会开始任命各种委员会来审查由其授权的资金在使用过程中是否做到了"明智、诚实和经济"。这些措施极大地加强了国会的预算监督权，也提高了它的预算监督能力。18 世纪末期，为了规范资金收支管理，实现经济与效率，英国进一步在政府内

---

① Daniele Caramani, *The Societies of Europe*（Vol. one）, pp. 23, 55.

② Naomi Caiden, "Shaping Things to Come", in Irene Rubin, ed. , *New Directions in Budget Theory*, New York: State University of New York Press, 1988, pp. 43－58; Naomi Caiden, "A New Perspective on Budgetary Reform", *Australian Journal of Public Administration*, Vol. 1, 1989, pp. 51－58.

部集中财政管理权力。例如，要求建立一个将所有支出合并在一起的支出预算，要求各个政府部门提前计划下一年的支出，要求所有部门都按照统一的格式记录支出，等等。18 世纪后期，法国也开始在政府内部将收支权力集中到新设的财政部，建立集中型的国库管理模式。① 在这些改革的基础上，以英国和法国为代表的欧洲国家纷纷在 19 世纪开始进行预算改革，建立现代预算制度。欧洲国家建立现代预算制度的时间各异。尽管英国在 18 世纪后期就已开始编制预算，但是它直到 1866 年才在支出方面建立起全面的国库控制，它也是在这一时期才建立由内阁承担整体预算责任的行政预算体制，从而真正建立起现代预算制度。1814 年，法国开始编制年度预算，有些学者视其为现代预算的第一次实践。在 1817—1827 年间，法国颁布了一系列旨在对税收和支出进行集中管理的法令，但其后的预算改革经常被政治动荡打断。直到 19 世纪后期，现代预算制度才最终在法国建立起来。1830 年，比利时模仿法国模式建立了现代预算制度，但不是很成功，它的预算体系很长时间都没有整合在一起，比如议会经常要在一年中不停地审批预算。1848 年后，荷兰建立了有利于议会控制支出的集中型财政体制。但它们都到 19 世纪后期才建立现代预算制度。其他的欧洲国家也在 19 世纪后期和 20 世纪初建立起现代预算制度：意大利（1860）、瑞典（1876）、挪威（1905）、丹麦（1915）。② 随着现代预算制度的建立，公权的使用被纳入一种全新的控制体系，这些国家开始以一种"前所未有的方式"从公民那里汲取财政收入，并将之用于公共目的。这些现代民主国家终于发展出一种"被广泛视为有效率的、有生产率的，而且比以前更加公正的"财政制度。③

总之，欧洲国家基本上都是在 19 世纪大致相同的时期同时建立起现代选举制度和预算制度的。恰如韦伯尔和瓦尔达沃夫斯基在《西方世界

---

① Douglass North & Barry Weingast, "Constitutions and Credible Commitments", *Journal of Economic History*, Vol. 49 (December 1989), pp. 803 – 832; A. Premchand, "Public Financial Accountability"; Webber Carolyn & Wildavsky Aaron, *A History of Taxation and Expenditure in the Western World*, New York: Simon & Schuster, 1986, p. 326.

② Webber Carolyn & Wildavsky Aaron, *A History of Taxation and Expenditure in the Western World*, p. 327; Naomi Caiden, "A New Perspective on Budgetary Reform", pp. 51 – 58; Frederick A. Cleveland, "Evolutio of Budget Idea in the United States", pp. 15 – 35. 参见王绍光、马骏《走向"预算国家"》，《公共行政评论》2008 年第 1 期。

③ Webber Carolyn & Wildavsky Aaron, *A History of Taxation and Expenditure in the Western World*, pp. 300, 301.

的税收与支出史》中所说的："正如代议制政府的理念在 19 世纪前半期从一个国家传播到另一个国家一样，财政管理的革新思想也在这一时期快速地传播开来。"① 不过，这两个制度的建设都经历了很长的时间。例如，法国开始建立选举制度和预算制度的时间都是 19 世纪初，但直到 19 世纪后期才最终建立起这两个基本制度。

美国道路：从建国至 1928 年

由于建国的特殊历史经历，从建国之日起，美国人就对选举民主情有独钟，并对选举制度形成了一种非常坚定的信赖。一直到 19 世纪后期，美国主流的政治文化都坚信，只要实行选举民主——定期举行公开的选举，而且选举出来的官员或者议员是有任期限制的——就可以建立一个负责的政府，而且还认为选举是一种与美国的民主理念相吻合的制度，一切政治上的弊端都可以通过选举来加以矫正。在这种信念的驱动下，美国人建国后很快就投入巨大的热情来建立选举制度，并在建国到 20 世纪初将近 130 年的时间里持之不懈地改革和完善选举制度。② 与其宗主国一样，在殖民地时期，美国各州的选举权也附有财产限制。最初是土地方面的限制，其后随着经济结构的变化，财产的定义也变得更加宽泛，以便于容纳城市其他财产所有者或者能够缴纳一定数额税收的公民。然而，选举权只能属于成年白人男性。1787 年制定的宪法未对选举权进行规定，而是将这一权力留给了各州。最初 13 个州制定的州宪法普遍都对选举权规定了财产方面的条件，例如财产或纳税。由于这一限制，在美国建国初期，有资格的选民只占成年白人男性很小的比例。1789 年举行第一次选举时，只有 4% 的成年白人男性参与了投票。不过，后来加入美国的新州为了吸引移民，也因为西部地多人少，它们在财产方面的要求相应比较低。有些州只要缴税就可以获得选举权，有些州甚至取消了这一条件，这就极大地提高了美国选民的数量。③ 在 1828 年的总统选举中，拥有选举资格的男性数量

① Webber Carolyn & Wildavsky Aaron, *A History of Taxation and Expenditure in the Western World*, p. 318.

② Frederick A. Cleveland, "Budget Making and the Increased Cost of Government," *The American Economic Review*, Vol. 6, No. 1, 1916, pp. 50 – 70.

③ 王绍光：《民主四讲》，第 61—62 页。

迅速超过了白人男性总数的50%，这在当时是一个相当高的比重。在欧洲国家建立现代选举制度的 19 世纪，美国人也没有落后。亨廷顿指出，与欧洲国家同步，美国大约在 1828 年也开始进入了其所谓的第一波民主化。[①] 从 19 世纪到 20 世纪初，美国人从各个方面完善了选举制度：扩大了选举权的范围，逐步实现了白人男性普选；缩短了选举产生的职位的任职期限；扩大了选举制度适用的范围，增加了必须通过选举才能任命的职位的数量；禁止刚刚担任完一个固定任期的行政官员又重新被选举；制定各种措施来解决选举中存在的腐败。[②]

如果说在传统的农业社会，以社区自治为基础的选举民主能够在一定程度上确保政府是负责的或者至少不是很坏的。那么，从 19 世纪中期开始，随着美国日益变成一个城市化和工业化的社会，加之大量欧洲移民的涌入改变了原有的选民结构，选举制度就变得越来越不能适应经济社会的变化，也不能再为代议制民主的国家治理提供合法性。政府变得越来越庞大，它对经济和社会的介入也越来越深，担负的职能也越来越复杂。在这种情况下，即使实行了选举，普通民众也很难弄清楚政府究竟对什么负责。而且，随着城市化的加速推进，政府规模越来越大，民众已不可能再像以前那样可以经常地接触政治家，政府与民众之间的距离越来越远。在这种情况下，以选举为基础的代议制民主的基础就逐渐被侵蚀了。此时，19 世纪 30 年代初已雏形初现的"政党机器"就粉墨登场，并逐步控制了选举以及选举之后的官职分配——臭名昭著的"政党分肥制"——和政策制定。在"镀金时代"，政党机器已经高度制度化。选举变成了选票买卖和利益交换，一些精英选民开始对选举政治失去兴趣。同时，政府运作高度政党化，政府职位变成当选政党的战利品，政府行政缺少专业化和职业精神，从而效率极其低下，政策制定也被政党操纵来为特殊利益（主要是那些为政党提供了支持的商业利益）服务。[③] 这使得像克里夫兰这样的进步时代改革者发出了抱怨：尽管经历了将近 130 年的选举民主，并一直在不断地完善选举制度，但 20 世纪初的美国人却非常失望地发现通过民主选举产生的政府仍然是不负责任的。在这种情况

---

① 塞缪尔·亨廷顿：《第三波——20 世纪后期民主化浪潮》，第 15 页。

② Frederick A. Cleveland, "Budget Making and the Increased Cost of Government", pp. 50 – 70.

③ Jonathan Khan, *Budgeting Democracy*, Ithaca：Cornell University Press, 1997, p. 3.

下，进步时代（1890—1928）的改革者开始从各个方面改良美国的国家治理。在这一时期，美国人继续完善他们的选举制度，以解决 19 世纪后半期选举中存在的各种问题。例如，为了打破政党机器对选举的控制，进步时代的改革引入匿名投票和直接普选。① 然而，在进步时代预算改革者克里夫兰看来，民主制度不能仅仅发展到选举民主就停步不前。在选举制度之上，还必须建立一个对权力的使用进行控制的机制，其中最重要的就是预算制度。②

19 世纪的美国人目睹了欧洲的预算改革，但是美国政治文化对集权以及其中可能潜藏的专制一直非常敏感。他们不仅对选举制度情有独钟，而且也比较倾向于强议会的预算模式，并有意识地弱化了政府首脑在预算中的作用。在大多数美国人看来，欧洲那种强化行政控制的行政预算体制，在没有君主制而且选举制度运转正常的情况下是不需要的。③ 因此，直到 20 世纪初之前，美国各级政府都没有一个内在一致的预算体系。各级财政都在一个严重碎片化的、缺乏集中统一控制的预算体系中开展。在殖民地时期，立法机构就将财权集中在手中，它在建国后又进一步加强了对预算权的控制。然而，在现实中运作的预算只不过是一个分散的立法预算，所谓预算不过是各个立法机构批准的拨款法案的无序混合。立法机构收到的只不过是各个部门提交的一个个的资金申请，而不是一个整体的部门预算，更不可能是一个整体的政府预算，而且收支常常无法联系起来。在立法机构内部，预算决策也是分散的，各委员会独自在不同的时间通过单个的拨款法案。政府首脑在预算过程中无足轻重，他既不能整体性地对政府进行管理，也不能在政府内部实施统一的预算控制，因而不能有效地履行对人民的责任。各个政府部门直接向立法机构的各个委员会申请资金，政府的财政部只不过是一个收发室，负责把部门资金申请汇集起来转交给立法机构。结果，在将近 130 年的时间里，美国从上到下的各级政府

---

① Maureen A. Flanagan, *America Reformed*, New York: Oxford University Press, 2007, p. 103.

② Frederick A. Cleveland, "How We Have Been Getting along Without a Budget?" *Proceedings of the American Political Science Association*, Vol. 9, the 9th Annual Meeting, 1912, pp. 47 – 67; Frederick A. Cleveland, "Popular Control of Government", pp. 237 – 261.

③ Frederick A. Cleveland, "Budget Making and the Increased Cost of Government", pp. 50 – 70; Frederick A. Cleveland, "Popular Control of Government", pp. 237 – 261; Richard Fleischman & R. Penny Marquette, "The Origins of Public Budgeting", *Public Budgeting & Finance*, Vol. 6, No. 1, 1986, pp. 71 – 77.

都没有一个预算可以全面、准确、详细地反映政府的活动及其成本。无论是对议员还是人民，甚至对政府首脑来说，政府都是"看不见的"。于是，政府不仅效率低下，而且腐败盛行。19 世纪末和 20 世纪初的美国人此时才终于认识到，如果没有恰当的预算控制，选举产生的官员同样会滥用权力。①

早在 19 世纪 80 年代和 90 年代，美国的城市政府就开始改革政府会计体制以提高行政效率，并让人民和投资者了解政府真实的财政状况。19 世纪 80 年代早期，波士顿市启动了预算改革，这也许是美国最早的预算改革。在该市，随着公共服务的扩张，提高政府效率的要求也越来越高。为此，波士顿市开始将城市政府的运作与政治（市议会）适当地分开，并于 1885 年赋予市长预算权，建立了行政预算体制。1899 年，全国城市联盟设计了一个最佳的城市治理框架，其中也包括了行政预算体制。不过，直到 20 世纪初，预算改革才变成一个全国性的运动。美国的预算改革发源于地方，再扩展到州，最后到联邦层面。掀起全美国预算改革热潮的是纽约市。在纽约市政研究所——克里夫兰就是其中的领袖之一——的帮助下，从 1907 年到 20 世纪初期，纽约市建立了一个全新的现代预算制度。纽约市的改革很快吸引了美国其他的城市政府，到 20 年代中期，大部分美国城市都建立了现代预算制度。到 1919 年，全美国已有 44 个州通过了预算法；到 1929 年，除阿拉斯加外，所有的州都制定了预算法。联邦层面的预算改革比较迟，这是因为在联邦层面，国会的势力非常大，而且国会对于建立行政预算体制、加强总统的预算权持犹豫的态度。1911 年，塔夫特总统（1909—1913）任命了一个经济效率委员会，负责在联邦层面推动预算改革，克利夫兰担任主席。1912 年，该委员会向总统提交了名为《国家预算的必要性》的报告，建议由总统编制统一、全面的政府预算，然后提交国会审批。1912 年 6 月 27 日，塔夫特总统将报告提交国会，并制定了《1914 会计年度的预算》，然而，该报告并未获得国会的支持。一战结

---

① Frederick A. Cleveland, "How We Have Been Getting along Without a Budget ?" pp. 47 – 67; Frederick A. Cleveland, "Budget Making and the Increased Cost of Government", pp. 50 – 70; Frederick A. Cleveland, "Popular Control of Government", pp. 237 – 261; Jonathan Khan, Budgeting Democracy; Webber Carolyn & Wildavsky Aaron, *A History of Taxation and Expenditure in the Western World*, p. 327; W. F. Willoughby, *The National Budget System*, Maryland: The Johns Hopkins Press, 1927, pp. 4 – 18; Richard Fleischman & R. Penny Marquette, "The Origins of Public Budgeting", pp. 71 – 77.

束后，改革国家预算体制的呼声已经势不可挡，国会再也阻挡不了预算改革。有趣的是，1920 年 6 月，国会通过了一项预算改革方面的法案，试图建立预算制度，但由于其中一个条款限制了总统的权力，威尔逊总统（1913—1921）否决了此法案。1921 年，国会几乎原封不动地再次通过这项法案，并获得了哈丁总统（1921—1923）的批准。这就是在 1921 年 6 月 10 日通过的《会计与预算法》，它标志着美国终于在国家层面建立起了现代预算制度。该法案建立了行政预算体制，将一部分预算权从国会转移到总统，由其编制一个全面的政府预算并提交国会审批。同时，成立了预算局，其作为政府的核心预算机构，直接对总统负责。出于权力的平衡，国会成立了自己的审计署。其后不久，国会两院也改革了国会内部的预算程序，将拨款权集中到一个委员会。[1]

中国道路：雏形初现

20 世纪 80 年代以来，中国重构经济体制的同时，政治体制也发生了变化。目前，那种认为中国 30 多年的转型只有经济改革而没有政治体制改革的说法，已经很少有人同意。在这 30 多年中，为了发展市场经济并解决市场经济发展过程中所带来的问题，政府的职能、组织结构和运行程序都被重构了。党和国家之间的关系、国家机构如立法机构与政府之间的关系也得到了改善。中央与地方的关系也出现了变化，相对于 80 年代以前，地方的自主权大大加强了。在这个过程中，中国的选举制度也发生了重要的变化。中国的选举包括直接选举和间接选举，前者主要适用于农村的村民委员会，以及县、乡两级的人民代表大会代表，后者主要适用于各级国家机关领导人员以及设区的市（自治州）、省（自治区、直辖市）和全国人民代表大会代表。中国的选举制度创设于20 世纪 50 年代初。"文革"期间，选举几乎完全停止。1979 年通过并于1980 年生效的《选举法》重新启动了选举，其后，1982 年、1986 年和1995 年又三次修订了这一法律。在 20 世纪 70 年代末和 80 年代初，地方

---

① Jonathan Khan, Budgeting Democracy; Irene Rubin, Class, Tax, and Power, Chatham：Chatham House Publishers, Inc. , 1998；王绍光、马骏：《走向"预算国家"》，《公共行政评论》2008年第 1 期。

人大代表的选举制度发生了一个重要的改变，50 年代初局限在乡镇一级的直接选举现在被扩展到县一级。根据《选举法》第 2 条的规定，全国、省、自治区、直辖市的人大代表由下一级人民代表大会选举产生，而县（市）、乡、镇人大代表由人民直接选举产生。1982 年新制定的《宪法》第 92 条也明确规定，县（市）、乡（镇）一级人大代表以直接选举的方式产生。此外，《选举法》第 30 条规定，全国和地方各级人大代表大会代表候选人的名额应多于应选代表名额，即实行差额选举。第 31 条规定，选民也可以提出候选人。这些举措使得县、乡层面的人大代表选举，呈现出比以前更高的透明度和竞争性，从而更能让人民当家做主。[①] 同时，公民的参与热情也有所提高。一项全国范围的调研发现，在 1990—1991 年的选举中有 61.6% 的公民参与了投票。一项在北京的调查发现，在 1995 年的选举中有 58.5% 的公民参与了投票。不过，县、乡人大代表的选举仍然只是"半竞争性的"。[②]

　　1987 年，中国通过了《村民委员会组织法》。20 世纪 80 年代，中国在村委会这一层面启动了竞争性的直接选举。到 1989 年底，全国 14 个省、自治区、直辖市依法选举了村委会干部。根据相关法规规定，村委会领导必须由村民以直接选举、秘密投票和差额选举的方式选举产生。在候选人的产生方式上，既有村民直接提名和村民间接提名，也有组织提名。但在实践中，一些地方发展出来了"海选"等方式，将候选人的提名权完全交给村民。[③] 20 世纪 90 年代以来，在农民创新和国家支持的共同推动下，村委会选举开始走向规范化和制度化，并逐步扩展到全国各个乡村。1994 年，民政部首次明确了村民自治的四项基本制度：民主选举、民主决策、民主管理和民主监督。截至 1998 年 6 月，全国已有 26 个省、自治区、直辖市的人大常委会制定和实施了《村民委员会组织法》。福建、江苏、辽宁、湖南、河北、贵州等 9 个省还制定了专门的《村民委员会选

---

　　① Jie Chen & Yang Zhong, "Why Do People Votes in Semicompetitive Electios in China？" *The Journal of Politics*, Vol. 64, No. 1, 2002, pp. 178 - 197. 牛铭实：《为何中国的地方自治总不成功》，载陈明明、何俊志主编《中国民主的制度结构》，上海人民出版社 2008 年版，第 181—198 页。托马斯·海贝勒、君特·舒耕德：《从群众到公民——中国的政治参与》，张文红译，中央编译出版社 2009 年版，第 126—127 页。

　　② Jie Chen & Yang Zhong, "Why Do People Votes in Semicompetitive Electios in China？" pp. 178 - 197.

　　③ 徐勇：《中国农村村民自治》，华中师范大学出版社 1997 年版，第 107—110 页。

举法》。1997 年，中国共产党十五大报告突出强调基层民主，要求进一步完善农村的民主选举和村务公开。1998 年，九届全国人大常委会修订并通过了《村民委员会组织法》。截至 2008 年，31 个省、自治区、直辖市都已制定了村委会选举办法，其中有 6 个省（如江西、山西、四川）还在村民组织法的实施办法中规定了具体的选举办法。1997 年，超过 80% 的村都至少举行了一轮选举。1998 年制定新的《村委会组织法》后，31 个省、自治区、直辖市又依法组织了新一轮的村委会换届选举，涉及 70 万个村委会和将近 6 亿农民。① 到 2001 年，基本上全国所有的村都举行了选举。目前，全国农村普遍都举行了 6 次到 7 次村委会选举。根据民政部 2005 年底和 2006 年初开展的一项全国范围调查，有学者指出，村民自治已全面进入民主巩固期：77% 的农民参与了选举；90% 以上的村委会干部都是由民主选举产生的，上级领导和村支部指定的村委会领导在 10% 以下；由村民提名的候选人占 70%，选举委员会、村支部或者上级提名的比例分别是 17%、8% 和 5%；超过 85% 的村委会主任和成员都是以差额选举的方式选举产生的。② 尽管中国的村民选举仍然存在一些不足，例如贿选、家族势力操控选举等，但是，毫无疑问，这是一条独具中国特色的基层选举民主道路。在农村直选的成功经验的鼓舞下，1998 年，国家开始在城市基层——居委会——推行竞争性的直接选举。1999 年，民政部选定了 26 个城市试验区直选居委会干部。其实，早在 1998 年青岛市就开始推行社区直选。1999 年 6 月，沈阳市沈河区文化路街道也直选了社区居委会。从 2000 年到 2002 年，城市社区直选从试点走向大规模推进，其典型模式是广西的城市社区直接选举。在 2002 年选举之前，广西南宁、柳州、桂林和武鸣已经进行了 20 余次的社区居委会直选。其后，城市社区居委会直选开始大规模地在其他城市展开。例如，2003 年，北京市在一部分老城区举行了社区换届选举，居民参选率高达 96%。2004 年，整个上海市的社区都举行了居委会直选。此外，南京、宁波等地也相继进行了试点。到 2008 年，全国 10 多个省、市实行了社区居委会直选。这些试点极大地推进了城市的基层民主，使居委会由过去上级指派或内定转变到居民代表选举，

---

① 林尚立：《政治建设与国家成长》，中国大百科全书出版社 2008 年版，第 225—227 页。
② 刘义强：《民主巩固视角下的村民自治》，《东南学术》2007 年第 4 期。

再到全体居民参与选举。①

不过，从整体上来看，公开的、竞争性较强的直接选举目前主要只存在于村委会和城市居委会层面。尽管其意义重大，但是，它们都只是基层政权的派生机构，而不是一级政权。20 世纪 90 年代后期以来，尽管个别地方试点了乡镇干部直选，但整体上并未推开。这就是说，选举制度的完善任重而道远。例如，扩大直接选举的范围，增加选举的竞争性，密切民选代表与选民之间的联系等。然而，在 20 世纪 90 年代后期，中国启动了一场意义深远的预算改革，这一改革有助于推动国家治理的转型，提高国家的治理能力和政府的负责程度。②

从 1978 年到 1999 年，中国财政改革的重点主要集中在收入方面，在传统的以计划为核心的资金分配体制瓦解之后，新的预算体制并未建立起来。所以，在这一时期，财政体系具有许多"前预算时代"的特征：一方面在政府内部缺乏对收入和支出集中统一的预算控制，另一方面各级人民代表大会（简称人大）也不能有效地进行预算监督。前者主要体现在两个方面。首先，预算资金分配权极其分散。除了财政部门之外，其他部门（例如计划部门）也拥有资金分配权。随着预算外财政的膨胀，各个支出部门也拥有了可以自主支配的预算外资金甚至各种非法的"小金库"。由于缺乏部门预算编制，预算编制不能将资金细化到部门和具体的项目，部门因此获得了二次分配权，这进一步加剧了资金分配权的分散。在这种情况下，财政部门就不可能是真正意义上的核心预算机构，不能将所有的政府性资金集中起来实施统一的预算控制，也无法编制出一个能够准确、详细地反映政府及其部门全部活动的政府预算。其次，财政管理体制极度分散。这主要体现在账户分散、现金余额分散，缺乏财政单一账户体系，以及与之相伴随的采购分散和付款分散。更为严重的是，对财政交易的监管和会计控制也非常分散。由于三套会计体系互相分割，没有任何一个会计体系能够对发生在整个支出周期的财政交易进行完整的记录和监管。预算

---

① 胥子婷：《城市社区选举，会逐步走向成熟与完善》，《社会》2007 年 12 月；陈文新：《中国城市社区居委会直接选举：发展历程与现实困境》，《学习与实践》2008 年第 3 期；托马斯·海贝勒、君特·舒耕德：《从群众到公民——中国的政治参与》，第 132 页。

② 王绍光、马骏：《走向"预算国家"》，《公共行政评论》2008 年第 1 期。Jun Ma, "If You Cannot Budget, How Can You Govern?" *Public Administration and Development*, Vol. 28, 2009, pp. 1 – 12；Jun Ma, "The Dilemma of Developing Financial Accountability Without Electio", Vol. 68, 2009, pp. 62 – 72。

内资金一旦以拨款的形式离开财政部门，财政部门就无法对之进行监控。至于预算外和制度外资金，完全是由各个部门"坐收坐支"。由于缺乏集中统一的预算执行控制，不仅财政资金的运作效率较低，而且极易滋生各种违规行为。政府内部缺乏集中统一的预算控制也使得人大不能有效地对预算进行监督。在资金分配权分散的情况下，政府的财政部门根本无法编制并向人大提交一个能够准确、全面、细致地反映政府及其各个部门活动的预算，这就使得人大难以有效地履行法律所赋予的预算监督职能。政府预算只涵盖财政预算内资金，纳入人大预算监督的也只是这一部分资金。即使是这一部分资金，它们的编制也非常粗略，报送人大审批的预算草案按功能汇总，其预算口径不直接对应于预算部门，且一个科目涉及多个部门，不仅外行看不明白，内行也看不透，人大根本无法从预算草案中看出经费预算与部门工作间的对应关系。而且，由于没有部门预算，预算也只能编制到"类"一级，因此，在预算年度之初，资金并没有落实到具体的部门和项目，而是由财政部门根据人代会批准的总预算，参照上一个预算年度的预决算数以及本年度的变化情况等因素逐步下达到各个部门，这就使得人代会批准的预算意义不大，导致预算执行过程中的追加、变更频繁，进而使得人大难以跟踪和监督预算执行的情况。①

1999 年，中国启动了预算改革，包括部门预算改革、国库集中收付体制改革、政府采购改革等。这一改革的目标是建立现代预算制度。预算改革首先在政府内部建立起集中统一的预算控制。部门预算逐步将原来分散的资金分配权集中到财政部门，由财政部门制定统一的预算程序和规则，以规范资金分配。部门预算改革的基本思路是政府预算以部门为基础进行编制，"一个部门一本预算"。部门预算改革强调先有活动才有预算，有预算才能有支出，而不能再像以前那样先有钱再去想做什么事，没有预算也可支出。这就是要将预算约束植入公共管理过程，用预算来约束活动。同时，部门预算的编制必须遵守综合预算原则，即部门必须将包括预算外在内的所有收支都编进本部门的预算。这就改变了以前政府预算只反映预算内收支，大量预算外资金只报账甚至不报账的粗放管理方式。从 2002 年

---

① 马骏：《中国公共预算改革的目标选择》，《中央财经大学学报》2005 年第 10 期；财政部预算司：《中央部门预算编制指南（2007 年）》，中国财政经济出版社 2006 年版，第 1—2 页；王雍君：《国库体系重构与公共财政管理改革》，《财政研究》2003 年第 4 期。

开始，各级财政部门更是加大"收支两条线"改革的力度，将预算外资金纳入预算管理。到 2007 年上半年，国务院批准的收费项目 90% 以上已纳入预算管理，政府性基金则全部纳入预算管理。这些资金都全额上交国库或财政专户，支出则纳入部门预算编制范围。此外，各级政府都不断改进预算编制方法，细化部门预算，建立规范、科学的预算分配模式。对基本支出，建立和完善了定额管理体系，不断细化定额项目、完善定额测定方法。为提高基本支出预算编制的准确性，推进实物费用定额试点，探索定员定额与实物资产占用相结合的定额标准体系。对项目支出预算，采取项目库方式进行管理，将项目按重要程度和轻重缓急排序，使项目经费的安排与部门的事业发展和年度工作重点紧密结合。同时，推动项目支出滚动管理，从而提高支出的计划性。最后，为了提高资金的使用效果，2004 年，广东省开始探索支出绩效评价，2006 年，中央也开始这一试点。目前，越来越多的地方政府已经启动支出绩效评价，例如江苏省、浙江省、广东省的广州市、南海区、三水区等。从投入控制转向绩效问责表明，中国的预算改革开始迈向一个新的、更高层面的财政问责。[1] 在部门预算改革的基础上，最近几年，中国进一步深化预算改革，提高政府预算编制的完整性和透明度。2007 年，为了更加全面、准确和清晰地反映政府收支活动，政府预算编制开始使用新的政府收支分类体系。2008 年，单独编制国有资本经营预算，汇总进政府预算。2006 年和 2008 年，提出改革土地出让金管理制度，强调将土地出让金纳入预算管理。[2] 最近，国家开始筹划编制社保预算。

　　同时，国库集中收付体制改革和政府采购改革在预算执行过程中建立起集中统一的预算控制，由财政部门对各个部门的收支活动进行事前监督。国库集中收付体制改革的目标是建立一个集中型的现代国库管理制度。在清查、撤并部门已开账户的基础上，各级政府都建立起国库单一账户体系。所有的财政资金必须缴纳进该账户，所有的财政支出都只能从该账户流出，而且，不到实际支付发生之时，所有资金都不得离开该账户。在国库单一账户的基础上，又实行了财政直接支付体系。这就使得部门

---

① 财政部预算司：《中央部门预算编制指南（2008 年）》，中国财政经济出版社 2007 年版，第 2、12 页。

② 马骏、李黎明：《为人民看好"钱袋子"》，黑龙江人民出版社 2010 年版，第 84、88、126—127、129—130 页。

"只能看见数目（用款数），但是看不见钱，更碰不到钱"。从2001年中央财政启动这一改革以来，截至2006年4月，中央国库集中支付改革已扩大到全部中央部门，纳入改革的基层预算单位也从2001年的136个扩大到3643个，并首次将中央补助地方的专项资金纳入国库集中支付。① 国库集中收付体制改革在地方层面也进展顺利。至2005年底，36个省、自治区、直辖市和计划单列市全面实施了这一改革，并推进到200多个地市和500多个县。在这种新的国库管理制度下，财政部门能在预算执行过程中对资金的流动进行动态监控，建立起实时监控、综合核查、整改反馈、跟踪问效的运作机制。这既能确保资金的安全性，又能提高预算执行的运作效率。同时，政府采购改革也不断推进，集中型的政府采购体系逐步被建立起来并取代原来分散的部门采购体系，公开招标和财政直接支付等方式也开始在政府采购领域使用，并逐步扩大使用范围。1998年，全国的政府采购规模为31亿元；2002年突破1000亿元，2005年超过2500亿元。②

预算改革，特别是部门预算改革，为人大加强预算监督创造了条件。一方面，部门预算改革使得政府提交人大审查的政府预算不仅包括反映财政收支总貌的总额数据，而且包括反映各个部门的全部收支活动的部门预算，其编制得也越来越全面、细化和准确。另一方面，部门预算改革后，编制政府预算包括部门预算的时间大大地提前，报送人大常委会初步审查的时间也大大地提前。部门预算改革以来，各级政府报送人大审查的部门预算的数量一直在稳步上升。2000年，国务院向全国人大报送了教育部、农业部、科技部、劳动和社会保障部4个部门预算试点单位的部门预算；2001年，增加到26个部门的部门预算，2003年增加到29个，2004年增加到34个，2005年增加到35个，2006年增加到40个，基本覆盖国务院所有职能部门。此外，报送全国人大审议的部门预算也不断细化，中央财政用于教育、科技、医疗、社保等涉及人民群众根本利益的重大支出总量和结构情况均报送全国人大审议，对不能列入部门预算项目的安排情况，财政部在向国务院报告的同时也转送全国人大备案。在地方层面，人大预算监督也稳步得到加强。目前，全国已有2408个省级部门预算报送同级人

---

① "楼继伟在2007年中央部门预算编制工作会议上的讲话"，见财政部预算司《中央部门预算编制指南（2007年）》，第178页。

② 财政部预算司：《中央部门预算编制指南（2007年）》，第171页。

大审查，超过了编制部门预算的半数。其中，河北、广东、辽宁、黑龙江、江苏、安徽、福建、宁夏、新疆、深圳、厦门、宁波 11 个地区已将本级所有部门预算报送同级人大审查。而且，报送同级人大审查的预算正在不断细化。除少数几个省外，大部分省（自治区、直辖市和计划单列市）已经开始向同级人大报送包括基本支出与项目支出明细项目情况在内的综合预算。最后，在报送人大审查的预算中，30 多个省级已经把超收安排情况、中央财政性转移支付情况、中央专款情况和预算调整情况列入报送内容。① 预算改革以来，各级各地人大都抓住机遇，制定加强人大预算监督的条例或决定，成立专门的预算机构（例如财经委和预算工委）协助人大审查监督预算，从而加强人大预算监督，提高预算监督能力。目前，各级各地基本都建立了以部门预算为基础的，包括初审和大会审两大阶段的预算审查程序。所谓初审就是在政府预算正式提交每年一次的人代会审批前一个月，先提交人大常委会进行初步审查，人大常委会在审查中就相关的收支问题向政府反映人大的意见和要求。预算改革以来，各级各地人大在初审环节创新了各种模式。例如，福建省、厦门市、深圳市人大常委会采取重点监督来加强人大预算监督的深度和力度；河北省人大在预算初审环节引入公民听证。大会审就是政府预算草案提交每年一次的人代会审查，经全体人大代表表决后通过政府预算。在这一阶段，一些地方人大的人大代表也开始积极地开展预算审查。例如，在广东省，2003 年以来，随着政府提交的部门预算越来越详细，人大代表的预算审查开始出现了前所未有的变化，例如开始质问一些不合理的支出，开始要求政府修改预算、调整支出结构，等等。在大会审期间，武汉市和深圳市等运用"单项表决"模式审查和批准重点支出。例如，在 2003 年人代会期间，武汉市人大代表运用这一模式否决了政府某部门的基建支出。当然，由于人代会的会期短、缺乏预算修正权等原因，目前人大预算审查监督主要依赖于初审。

同时，2006 年以来，在一些地方，开始出现了公民参与预算的试点。例如，浙江温岭市泽国镇与新河镇的预算民主恳谈，哈尔滨市阿城、道里等的参与式预算，江苏的无锡市参与式预算等。当然，尽管温岭新河镇的

---

① 财政部预算司：《中央部门预算编制指南（2008 年）》，第 18、180 页。财政部预算司：《中央部门预算编制指南（2007 年）》，第 171 页。

预算民主恳谈也包含了公民参与的内容，但更多的是一种人大预算监督。此外，除了新河模式是将所有的预算都提交预算民主恳谈外，其他地方的公民参与预算都主要适用于资本预算领域，即那些与公民生活息息相关的公共设施领域。尽管各地的公民参与预算采取的方式不同，但它们都在基层层面让公民参与预算决策，以影响资金的分配。这就探索了一条新型的社会主义基层民主道路。

在十年的预算改革中，预算改革一直在重塑预算过程中各个机构之间的权力关系，也重建了一套新的预算程序与规则。随着新的预算制度逐步确立其权威地位，政府及其各个部门都必须遵守既定的程序和规则提出资金申请并经特定的审查和批准程序之后才能获得资金，然后还必须遵守既定的预算程序与规则才能使用这些资金，开展活动。其结果是，预算改革以来，部门的行为相较以前已经越来越规范。而且，在一定程度上，预算过程已开始对政策制定者的行为构成约束。[1] 正是在这个意义上，我们可以说，在选举制度仍待完善之前，通过预算改革可以在一定程度上重塑权力结构和权力使用的程序与规则，进而在一定程度上对权力的使用施加约束和控制。这就是有别于西方经验的实现政治问责的中国道路。毫无疑问，这也是一条可行的政治问责的道路。然而，这条道路的成功需要中国的执政者进一步深化预算改革，并在不远的将来适时地抓住时机推动选举制度改革。此外，正如一些研究已经发现的，选举制度方面存在的不足也在某些方面制约着预算改革的深入，例如，在半竞争性选举中产生的某些人大代表缺乏充足的加强预算监督的动机。[2]

结论与讨论

本文的研究发现，的确存在非西方的实现政治问责的道路。中国目前就在探索这样一条道路。这也充分说明了中国大国转型经验对于理论发展的重要性。此外，即使在西方世界，也不是只有一条实现政治问责的道路。尽管欧洲和美国的政治体制具有基本相同的文化渊源，但是，美国道

---

① 王绍光、马骏：《走向"预算国家"》，《公共行政评论》2008 年第 1 期。

② Jun Ma, "The Dilemma of Developing Financial Accountability Without Election", Vol. 68, 2009, pp. 62 – 72.

路相对于欧洲来说就呈现出一种特殊性。也正是在这个意义上，美国模式相对于欧洲经验来说就体现了一种"美国特殊主义"。而今，相对于欧洲和美国的经验来说，中国经验似乎正在逐渐呈现出另一种"特殊主义"。在三条道路中，相比较而言，欧洲模式可能是最好的。对于实现政治问责来说，选举制度和预算制度是两个最基本的制度，因此，最好能同时建立这两个最基本的制度。这意味着，其他两条道路，尽管都是实现政治问责的道路，但都存在一定的局限性。当然，一个国家最后选择何种道路，受诸多因素的影响。任何制度建设都有一个时机与条件的问题。

尽管中国正在探索一条不同于西方的政治问责道路，但是，在现阶段，这一模式只是雏形初现。首先，中国何时推开竞争性的直接选举仍是一个未知数。精英阶层，甚至包括知识精英阶层，对中国推行选举民主的时机和条件仍然存在着争议。尽管村委会的选举已经推行了 20 多年，但是，向乡镇一级推进仍然阻力重重。其次，尽管十年的预算改革取得了很大的成就，但中国的预算改革仍然面临很多挑战，包括进一步加强人大预算监督，在政府内部建立一个独立性很高的核心预算机构，整合计划和预算，建立绩效预算，建立总额控制机制，等等。而且，其中某些问题的解决，可能需要改革政治过程的某些部分。这意味着，在未来 20 年甚至 30 年国家重建的过程中，中国还需要继续深化和完善预算改革，建立一个财政上负责的政府，并在时机成熟时及时地改革选举制度。回顾历史，欧洲建立起相对完善的选举制度和预算制度花了 100 年左右的时间，美国则花了 150 多年的时间。对于美国来说，即使是进步时代的预算改革，如果从 19 世纪 80 年代的政府会计改革算起，也花了将近 50 年的时间。很显然，对中国而言，这也必将是一个漫长且充满期待的过程，不可能一蹴而就。

《中国社会科学》2010 年第 5 期

毛泽东"三个世界划分"理论的
政治考量与时代价值

姜 安*

摘要 毛泽东"三个世界划分"理论萌芽于20世纪四五十年代"一个中间地带"思想，雏形于60年代的"两个中间地带"思想，正式形成于70年代初期。毛泽东以国家利益与主权诉求为逻辑原点，以矛盾对立统一论为哲学基石，以冷战时代背景为历史平台，以反对霸权主义为主要外交方略，形成了著名的"三个世界划分"理论。作为中国外交战略和国际关系理论的标志性成果，毛泽东"三个世界划分"理论具有十分特殊的时代价值，特别是在国际伦理与正义原则、话语权与国家形象、安全机制与战略伙伴关系、相互依存与文化超越等领域形成的理念和原则，是值得我们倍加珍视的宝贵的思想资源。

关键词 毛泽东 "三个世界划分"理论 国家利益 冷战格局 国际战略

作为中国外交战略和国际关系理论的标志性成果，毛泽东"三个世界划分"理论孕育在1840年以来中国与世界关系的历史逻辑之中，诞生于战后国际社会动荡、分化、改组的深刻的历史变革之中，具有十分特殊的时代价值。[①] 它不仅科学揭示了时代特征，而且直接影响了冷战时代国际

---

* 姜安，深圳大学社会科学学院、当代中国政治研究所教授。

① 目前，关于"三个世界划分"理论（或战略思想）的争鸣，学术界主要存在三类观点：否认或质疑说，认为"三个世界划分"理论缺乏客观标准，且不符合国际事实，更多带有以我划线的主观随意性。赞成或肯定说，强调"三个世界划分"理论是对马克思主义的重大贡献，为中国确立了重要外交原则，赢得了战略上的主动。过渡论或过时论，提出"三个世界划分"理论只是在冷战特定时空界定下产生了一定影响，随着时代变迁，该理论已经过时。

格局和国际秩序以及中国外交战略的基本价值取向。21 世纪以来，国际形势虽然发生了新的变化，但国际政治的本质并未改变，全面梳理和考量毛泽东"三个世界划分"理论的历史脉络、逻辑体系，对 21 世纪中国外交理念和发展战略具有重大的历史借鉴意义和现实价值。

一 "三个世界划分"理论的思想
来源和形成过程

毛泽东"三个世界划分"理论萌芽于 20 世纪四五十年代"一个中间地带"思想，雏形于 60 年代的"两个中间地带"思想，正式形成于 70 年代初期。这一理论的逐渐成熟化，恰恰是基于冷战时代国际社会总体形势演变，特别是大国博弈和民族独立运动发展的历史背景，围绕国家安全和民族独立进行政治思考的结果。

（一）"一个中间地带"理论

毛泽东"三个世界划分"理论萌芽于战后初期，其主要标志是在 20 世纪 40 年代中期到 50 年代中期提出了"一个中间地带"理论。

第二次世界大战结束后，国际局势凸显帝国主义与无产阶级革命时代下的三大经济政治征象。一是美国全球霸权外交战略凸显。美国开始策划"领导世界，实现美国世纪"的新外交霸权战略，导致冷战全面爆发。二是世界经济政治关系新组合和新矛盾凸显。美苏战时同盟关系结束，中苏结盟关系开始启动，美国与西方关系出现控制与反控制的新矛盾，大国博弈关系出现新的分化和组合。三是民族独立运动现象凸显。战后民族独立国家开始作为新的政治力量引起大国利益集团的争夺，反帝、反霸、反殖运动和亲帝、亲霸、亲殖运动互相交织，纷繁复杂，国际政治展开新的画卷。战后局势推动中美关系模式出现新的变化。一方面，美国支持蒋介石反动政府，中国内战日趋激烈；另一方面，新中国诞生后，朝鲜战争爆发，美国对中国进行封锁和制裁，中国的安全形势复杂而严峻。

在这个背景下，毛泽东以全球视角对国际力量组合关系进行了深入的分析。早在 1946 年 8 月 6 日会见美国记者安娜·路易斯·斯特朗时，毛泽东首次提出了关于"中间地带"的思想，强调："美国和苏联中间隔着极其辽阔的地带，这里有欧、亚、非三洲的许多资本主义国家和殖民地、半殖民地国家。美国反动派在没有压服这些国家之前，是谈不到进攻苏联的。现在美国在太平洋控制了比英国过去的全部势力范围还要多的地方，它控制着日本、国民党统治的中国、半个朝鲜和南太平洋；它早已控制着中南美；它还想控制整个大英帝国和西欧。美国在各种借口之下，在许多国家进行大规模的军事布置，建立军事基地。"① 接着，1954 年 8 月，毛泽东在同英国工党代表团谈话时，曾反复讲到"中间地带"问题。毛泽东指出，美国的目的"首先是占据从日本到英国的这个中间地段。美国在北美洲处在这个中间地段的那一边，苏联和中国处在这一边。美国的目标是占领处在这个广大中间地带的国家，欺负它们，控制它们的经济，在它们的领土上建立军事基地，最好使这些国家都弱下去，这包括日本、德国在内"。②

在这里，毛泽东明确揭示了以下重要的国际政治命题：

首先，国际社会重新组合，呈现新的力量分配格局。在毛泽东的国际视野中，美国和苏联分别代表世界上不同的政治力量和发展方向。作为国际社会最大的行为主体，苏美之间的外交博弈是国际社会的最大政治。其中，毛泽东对苏联有三个定位，即"世界和平的保卫者"、"阻碍美国反动派建立世界霸权的强大的因素"和爱好民主自由以及进步的力量。中国共产党的外交目的之一是保护苏联、捍卫苏联。毛泽东对美国也有三个定位，即反动派、霸权和侵略国家、帝国主义势力。③ 中国共产党的外交目的之一就是反对并遏制美国的霸权和帝国主义扩张的努力。其次，国际体系凸显权力关系的结构性和层次性。二战结束后，国际社会呈现出不同力量相互牵制的垂直权力关系，突出表现为"第一种势力"（美国和苏联）、"第二种势力"（欧、亚、非三洲的许多资本主义国家）和"第三种势力"（殖民地、半殖民地国家）的存在。它们之间的关系互动和力量博弈构成了当时国际社会的基本存在方式。最后，战后地缘政治重新布局。相对于英国首相丘吉尔的"铁幕"演说，毛泽东"中间地带"理论是对当时国际格局的新界说。处于"中间地带"的国家既是美国梦想侵略和控制的对象，也是世界民主进步力量需要争取的对象。这个"中间地带"

---

① 中华人民共和国外交部、中共中央文献研究室编：《毛泽东外交文选》，第 59 页。
② 同上书，第 159—160 页。
③ 同上书，第 60—61 页。

成为后来毛泽东划分"三个世界"中的第二世界和第三世界的雏形。第四，战后世界的主要矛盾日渐明晰。毛泽东强调，当时世界构成了复杂的矛盾链，"美国反动派同美国人民之间的矛盾，以及美国帝国主义同其他资本主义国家和殖民地、半殖民地国家之间的矛盾"。① 其中，主要矛盾的核心是美国谋求称霸世界和世界人民反对美国霸权。

毛泽东"一个中间地带"思想奠定了"三个世界划分"理论的基本框架。这是因为：一是以国家实力为基础，通过对国际社会力量进行比较分析，得出苏美两国是当时世界的两大政治力量中心的基本结论。二是以层次性和地缘政治分析为依据，首次区分了国际社会三种力量的存在，即美苏两大势力、欧亚非三洲的许多资本主义国家和殖民地、半殖民地国家。三是以矛盾动力说为前提，阐明了国际社会复杂的利益矛盾关系，并突出了矛盾主体的层次性，既揭示了美国与其他资本主义国家之间的矛盾，也揭示了美国与其他落后国家之间的矛盾，明确美国是世界和平民主力量的头号敌人，凸显了矛盾斗争的主要对象和统一战线对象。四是以阐明国际政治斗争的目的性为指向，明确指出国家独立、主权完整、反对帝国主义和霸权主义，是"中间地带"思想的灵魂和出发点。可以说，"一个中间地带"理论"在毛泽东的国际战略思想中最有代表性，对近现代中国历史的发展的影响也最大。同时，这个思想的提出也是一个标志。从这时起，中国共产党人开始独立自主地判断国际形势"，② 构成了后来"三个世界划分"理论的基本内核和逻辑框架的基础。

（二）"两个中间地带"理论

20 世纪 50 年代中期至 60 年代中期，随着国际形势的进一步变化，毛泽东对世界图景的观察与分析范式的系统化日渐深入，"一个中间地带"理论在 60 年代初期逐渐演变为"两个中间地带"理论。

1962 年 1 月 3 日，毛泽东在会见日本禁止原子弹氢弹协议会理事长安井郁的谈话中，强调了关于"中间地带"的三个关键点：（1）世界地缘政治分为三大块，即"社会主义阵营算一个方面，美国算另一个方面，除

---

① 中华人民共和国外交部、中共中央文献研究室编：《毛泽东外交文选》，中央文献出版社、世界知识出版社 1994 年版，第 59 页。

② 章百家：《1974：向 1946 回归》，《世界知识》2006 年第 17 期。

此之外，都算中间地带"；（2）"中间地带国家的性质也各不相同"，"中间地带国家各式各样，各不相同"，存在四种类型的国家；（3）"美帝国主义及其走狗是压迫者、剥削者、欺侮者"。①

1963 年 9 月 28 日，毛泽东在中共中央工作会议上进一步把上述四类国家概括为"两个中间地带"，通过实现国别与区域的明晰化，突出了中间地带力量的多元性质：（1）"我看中间地带有两个，一个是亚、非、拉，一个是欧洲"；（2）美国与欧洲资本主义国家以及日本存在矛盾，日本、加拿大、法国等对美国不满意，"他们是控制和反控制的斗争"；（3）"苏联与东欧各国的矛盾也有明显发展，关系紧张得很"。②

1964 年 1 月 5 日，毛泽东会见日共中央政治局委员听涛克己时，再度阐释了"中间地带"的层级结构：（1）从国际地位来说，美、苏占第一位，美、苏两国都有核武器，想统治世界；（2）日本、英国、法国、西德、意大利等占第二位；（3）"中间地带有两部分：一部分是指亚洲、非洲和拉丁美洲的广大经济落后的国家，一部分是指以欧洲为代表的帝国主义国家和发达的资本主义国家"；（4）在社会主义阵营中，中苏关系存在矛盾，"中、苏两国之间的关系，还不如中国同日本自由民主党的关系好"；（5）苏联与东欧各国有矛盾，"在东欧各国则发生反对苏联控制的问题"。③

1964 年 7 月 10 日，毛泽东在同日本社会党人士谈话时，明确了"两个中间地带"的洲际定位，其核心是：（1）当今世界有两个中间地带，即"亚洲、非洲、拉丁美洲是第一个中间地带；欧洲、北美加拿大、大洋洲是第二个中间地带"；（2）"整个亚洲、非洲、拉丁美洲的人民都反对美帝国主义。欧洲、北美、大洋洲也有许多人反对美帝国主义"；（3）帝国主义国家之间存在矛盾，"有的帝国主义者也反对美帝国主义"。④

在这里，有几个问题需要进一步说明：首先，比照"一个中间地带"理论，在"两个中间地带"理论中，苏联的国际定位发生了根本的变化，已经由原来世界反对美国帝国主义力量变成了民主与和平的敌人。其主要

---

① 毛泽东把"中间地带"的基本构成，具体划分为四种类型的国家：（1）保留殖民地的国家；（2）被剥夺殖民地但仍有强大垄断资本的国家；（3）真正取得独立的国家；（4）名义上独立，但实际上仍是附属国的国家。（参见中华人民共和国外交部、中共中央文献研究室编《毛泽东外交文选》，第 487 页。）

② 《毛泽东文集》第 8 卷，人民出版社 1999 年版，第 343—344 页。

③ 同上书，第 344 页。

④ 同上书，第 345、358 页。

原因是，赫鲁晓夫在苏共二十大上掀起了批判斯大林的运动，由此导致中苏关系紧张乃至冲突。毛泽东对此评价道："苏共二十大之后，我们已经感到赫鲁晓夫不对头……"① "中苏的分歧要从一九五四年开始算起。"② 后来，中苏在 1958 年海军基地问题、1959 年中印边界事件等冲突中，苏联认为，中国"是教条主义、托洛茨基主义、专讲空话、假革命、民族主义"。③ 很显然，苏联推行老子党政策，奉行大国沙文主义，导致社会主义阵营名存实亡，毛泽东已经不再认同苏联和中国同在一个世界，而将苏联纳入同美国并列的第一世界之中。其次，美国霸权主义和帝国主义势力仍然是世界民主力量的头号敌人。1964 年 1 月 12 日，毛泽东在对《人民日报》记者发表谈话时，曾用侵略政策、战争政策、"和平演变"政策、"弱肉强食"政策来形容美国的帝国主义政策，并认为"美帝国主义称霸全世界的侵略计划，从杜鲁门、艾森豪威尔、肯尼迪到约翰逊，是一脉相承的"。④ 由此，毛泽东得出一个结论："美帝国主义是全世界人民最凶恶的敌人。"⑤ 再次，高度关注亚、非、拉国家民主团结和主权独立运动。1955 年 4 月 18—24 日，包括中国在内的 29 个亚非国家召开了万隆会议。毛泽东对亚非会议给予了极高的评价，一是"万隆精神已发展很快，影响很大"；二是"亚非会议团结了大小国家，人口有十五亿"；三是"万隆会议是一次很好的会议，万隆会议真了不得"。⑥ 1956 年 7 月 26 日，埃及政府宣布将苏伊士运河公司收归国有。非洲民族独立浪潮的发展，让毛泽东相信"非洲有一个很大的反对帝国主义和殖民主义的风暴"。⑦ 而 1961 年首届不结盟国家首脑会议的召开和 1964 年"七十七国集团"建立，使毛泽东更加坚信亚、非、拉民族国家力量的壮大已形成势不可挡的洪流。最后，美国与欧洲各国存在巨大矛盾。1958 年西欧六国建立经济共同体，法国总统戴高乐主张建立"欧洲人的欧洲"，奉行独立自主的外交政策。这一事实表明，西欧国家反对美国控制的联合自强意识日益明显。对此，毛

---

① 《毛泽东文集》第 8 卷，第 345、358 页。
② 中华人民共和国外交部、中共中央文献研究室编：《毛泽东外交文选》，第 603 页。
③ 《毛泽东文集》第 8 卷，第 359 页。
④ 同上书，第 355 页。
⑤ 同上书，第 354 页。
⑥ 中华人民共和国外交部、中共中央文献研究室编：《毛泽东外交文选》，第 263 页。
⑦ 《毛泽东文集》第 8 卷，第 384 页。

泽东认为"帝国主义国家内部是不统一的"，[①]"四分五裂，这就是西方世界的形势"。[②]

综上所述，"两个中间地带"思想比较清晰地呈现了毛泽东国际关系理论的基本逻辑框架：第一，就国际格局而言，美国和苏联为第一世界，它们都想统治世界。第二，美国是世界人民的头号敌人。在中国国家安全利益中，美国是主要政治对手。第三，中苏两国已经位列不同的国际方位中，不属于同一个世界。第四，广大中间地带的国家和人民是世界反对苏美统治的主要力量。第五，"两个中间地带"理论蕴含着一些超越社会制度差异和意识形态分歧的思想。应当说，"从'一个中间地带'理论发展到'两个中间地带'理论，深刻地反映了战后世界格局在50年代和60年代发生的巨大变化：苏美控制各自盟国的能力大为削弱，两极体系正从内部开始瓦解；'中间地带'力量日益壮大，逐步成为抗衡苏美的国际力量；'中间地带'内部利益多元、矛盾交错。凡此种种，皆使整个世界呈现出多元化、多极化的发展趋势"。[③]

更为重要的是，从"一个中间地带"理论向"两个中间地带"理论的演进历程，跨越了中华人民共和国成立这个重要的历史转折点。这不仅标志着中国共产党从领导人民为夺取全国政权而奋斗的局部执政的党，转变为领导人民掌握全国政权为维护独立自主、和平发展而全面执政的党，而且这一历史性变化，需要党从全面执政走向长期执政的过程中，面对国际形势的复杂变化，形成具有独创性的新的重大理论判断，实现新中国对外战略的新的"顶层设计"。因此，上述"中间地带"理论在整体意义上"系统地廓清了中国革命运动与美苏矛盾以及与苏联对外政策的关系。它的产生预示了中国革命运动在战后东亚格局中将独立发展的趋势，揭示了中国革命运动不会再受任何大国操纵的基本趋势，中共最终将走上独立自主地争取中国革命彻底胜利的道路"。[④] 同时，建国后"两个中间地带"思想的提出，不仅"可以视为毛泽东国际战略思想初步形成的标志"，[⑤]

① 中华人民共和国外交部、中共中央文献研究室编：《毛泽东外交文选》，第248页。

② 同上书，第361页。

③ 石斌：《毛泽东关于世界多极化的思想及其战略意义》，《中共党史研究》2003年第3期。

④ 牛军：《从延安走向世界——中国共产党对外关系的起源》，中共党史出版社2008年版，第279页。

⑤ 李捷：《国史静思录》，中国社会科学出版社2009年版，第79页。

而且是对"一个中间地带"理论的深化，又为"三个世界划分"理论的最终形成起到了支撑和转折的作用。

需要指出的是，毛泽东历来注重"冷眼向洋看世界"，始终坚持用实事求是和矛盾论的观点观察、分析、处理国际事务。"中间地带"理论总体架构的实质在于，强调"中间地带"国家在战后国际格局中的地位和作用。其核心是要团结、依靠作为反对美帝国主义和苏联霸权主义主力军的第一中间地带国家，争取第二中间地带国家，使之成为反对美帝国主义和苏联霸权主义的同盟者。"国际间的事要由大家来商量解决，不能由两个大国来决定。"① 正是基于此，在战略价值上，从毛泽东1939年关于"两个世界、四个集团"观点②的提出，到1946年"一个中间地带"理论的雏形，到新中国成立初期在"两大阵营"中"一边倒"战略③的实行，再到60年代"两个中间地带"理论的形成，无疑都否定了政治中立的前提。④ 可以说，拒绝中立化的"中间地带"理论，确保了新中国外交的原则性与灵活性的与时俱进，极大地拓展了中国外交的国际空间，有助于中国在和平共处五项原则基础上，通过独立自主、不结盟的和平外交努力，真正做到"中国决不依附

---

① 中华人民共和国外交部、中共中央文献研究室编：《毛泽东外交文选》，第590页。

② 早在1939年9月1日，毛泽东就中国抗战期间的国际新形势对《新华日报》记者发表谈话指出："在欧洲方面，德意帝国主义集团和英法帝国主义集团之间，为了争夺对殖民地人民统治权的帝国主义大战，是迫在眉睫了。""在资本主义世界，除了上述两大集团之外，还有第三个集团，这就是以美国为首的包括中美洲南美洲许多国家在内的集团。"在远东，第四个集团则表现在，"日本帝国主义受了苏德协定的严重打击，它的前途将更加困难"。同时，"在整个资本主义世界之外，另一个光明世界，就是社会主义的苏联"。（参见《毛泽东选集》第2卷，人民出版社1991年版，第583页。）

③ 毛泽东在1949年6月30日发表的《论人民民主专政》一文中，以一种论战的语调写道："'你们一边倒。'正是这样。一边倒，是孙中山的四十年经验和共产党的二十八年经验教给我们的，深知欲达到胜利和巩固胜利，必须一边倒。积四十年和二十八年的经验，中国人不是倒向帝国主义一边，就是倒向社会主义一边，绝无例外。骑墙是不行的，第三条道路是没有的。"（《毛泽东选集》第4卷，人民出版社1991年版，第1472页。）在1956年12月8日，毛泽东同工商界人士的谈话中再次指出："我们一边倒是和苏联靠在一起，这种一边倒是平等的。"（《毛泽东文集》第7卷，人民出版社1999年版，第176页。）

④ 1948年11月，刘少奇撰文指出："一切民族，要从帝国主义压迫下争求解放和保卫民族独立，取得苏联及世界无产阶级和共产党人的援助，乃是胜利的最重要的条件。""或者联合苏联，或者联合帝国主义，二者必居其一。这是爱国与卖国的界限，这是革命与反革命的界限，这是世界上不论那个民族是走向进步或是走向倒退的界限。""不是站在这一边，又不站在那一边，而实行中立，则是不可能的。"（刘少奇：《论国际主义与民族主义》，《人民日报》1948年11月7日。）

于任何大国或者国家集团，决不屈服于任何大国的压力"，① 从而有力地支援了各国的民族解放运动和革命运动，"为实现这个世界规模的统一战线而奋斗"。②

（三）"三个世界划分"理论的提出

1974 年 2 月 22 日，毛泽东在会见赞比亚总统卡翁达时指出："美国、苏联是第一世界。中间派，日本、欧洲、澳大利亚、加拿大，是第二世界。""亚洲除了日本，都是第三世界。整个非洲都是第三世界，拉丁美洲也是第三世界。"③ 由此，毛泽东正式提出了"三个世界划分"理论。1974 年 4 月 10 日，邓小平代表中国政府在联合国第六届特别会议发言中，全面系统地阐述了毛泽东的"三个世界划分"理论。

毛泽东"三个世界划分"理论蕴含着新的时代逻辑内涵：

首先，总体判断和辨识国际格局。20 世纪 40 年代中期到 60 年代末，毛泽东对国际形势有一个波动性的认识和估计：40 年代中期到 50 年代中期，中国的国家安全威胁主要来自美国的霸权主义。50 年代中期到 60 年代末，中国的国家安全威胁主要来自美国和苏联的霸权主义威胁。这个认识在毛泽东的"一个中间地带"和"两个中间地带"思想中已经体现得十分清晰。但是，当历史行至 60 年代末 70 年代初时，国际形势发生了新的变化。一方面，美国因深陷越南战争泥潭，国内出现新的经济危机，加上苏美军备竞赛中，苏联处于攻势，迫使美国开始实施战略收缩，对中国的安全威胁逐渐式微；另一方面，苏联社会帝国主义和霸权主义开始猖獗，中国在地缘政治、外交政治以及军事领域承受巨大的安全压力。特别是 1969 年珍宝岛事件后，苏联提出建立"亚洲集体安全体系"的倡议，试图同亚洲的一些国家建立所谓"安全合作关系"。苏联势力大举进入蒙古、印度、越南和阿富汗等国，事实上形成对付中国的军事联盟。受毛泽东的指示，陈毅、叶剑英、徐向前、聂荣臻 4 位元帅在 1969 年 7 月 11 日和 9 月 17 日提出了《对战争形势的初步估计》、《对目前局势的看法》两份报告。其结论是：第一，在可以预见的时期，美帝、苏修单独或联合发

① 中共中央文献研究室编：《十二大以来重要文献选编》上册，人民出版社 1986 年版，第 39 页。

② 《陆定一文集》，人民出版社 1992 年版，第 389 页。

③ 《毛泽东文集》第 8 卷，第 441、442 页。

动大规模侵华战争的可能性不大。第二，在中美苏三大力量之间的斗争中，中苏矛盾大于中美矛盾，美苏矛盾大于中苏矛盾。第三，美苏之间的矛盾和斗争是经常的、尖锐的。这个判断对中国外交战略的调整产生了巨大影响。与此同时，1972 年 5 月尼克松访问苏联，双方签署了限制战略武器的协定。美苏接近的动向促使毛泽东下决心进一步缓和中美关系，以防止美苏联合对付中国。毛泽东联合美国压制苏联的"一条线、一大片"战略构想由此而生。①

其次，确定划分"三个世界"的新标准。毛泽东关于"三个世界"的划分标准有两个维度：第一个维度是以国家实力为标准，即以军事实力、经济实力为标准，划分为"三个世界"。毛泽东认为，"美国、苏联原子弹多，也比较富"，属于第一世界。"欧洲、日本、澳大利亚、加拿大，原子弹没有那么多，也没有那么富"，② 属于第二世界。中国和其他亚、非、拉国家属于第三世界。第二个维度是突破了以意识形态和社会制度划线的框框，以称霸与反霸斗争为标准，划分国际政治中的"三个世界"。尽管毛泽东在 20 世纪 50 年代中期曾批评过苏联搞大国沙文主义，60 年代初也批评过苏联的某些外交行为，但没有公开将苏联与美国划为一类。这时，意识形态和社会制度的标准使得毛泽东仍然把美苏之间的争夺，看成是两种社会制度的斗争。因此，他在提出"两个中间地带"时，是把美苏作为两大对立的国际政治力量来对待的。后来，当苏联出兵占领捷克斯洛伐克和挑起珍宝岛事件后，毛泽东清楚地认识到，苏联的对外行为是为了霸权利益，它与美国的对抗不是两种社会制度之间的斗争，而是两个超级大国争夺世界霸权的博弈。因此，美苏"是当代最大的国际剥削者和压迫者，是新的世界战争的策源地"。③ 这是毛泽东将美苏两国认定为第一世界的重要依据。需要说明的是，正是毛泽东超越意识形态和社会制度标准的设定，赋予了第三世界作为反对霸权统一战线设想的政治弹性，甚至可以将第二世界的发达资本主义国家与第三世界民族独立国家

---

① 史云、李丹慧：《中华人民共和国史》第 8 卷，香港中文大学当代中国文化研究中心 2008 年版，第 106、122—123 页。另据亨利·基辛格透露，勃列日涅夫曾在 1973 年和 1974 年两度向尼克松建议，美苏两国成立对付中共的准结盟关系。参见亨利·基辛格《大外交》，顾淑馨、林添贵译，海南出版社 1998 年版，第 675 页。

② 《毛泽东文集》第 8 卷，第 441 页。

③ 《中华人民共和国代表团团长邓小平在联大第六届特别会议上的发言》，《人民日报》1974 年 4 月 11 日。

"组织"在新的"合作平台"之上，拓展了中国新的外交空间。

最后，扩大国际统一战线的战略内涵。由于毛泽东将划分"三个世界"的标准进行新的界定，相应的反霸权主义战略获得了更多的力量支持。一方面，统一战线最基本的力量是第三世界。亚洲（除了日本）、整个非洲、拉丁美洲等第三世界国家就是统一战线的最基本的力量，这也成为中国外交战略的基本立足点。另一方面，毛泽东国际统一战线战略的最大变化，是进一步坚定了将第二世界纳入到中国安全战略中的意志。为了更大限度地团结国际社会一切可以团结的力量，毛泽东使用了一个很重要的词汇："中间派"。所谓"中间派"就是介于"第一世界"和"第三世界"的另一种力量，即第二世界，并将这个"中间派"视为国际反对霸权战略的重要力量。这样，毛泽东"三个世界划分"理论中统一战线的内涵获得了极大的丰富。

二 "三个世界划分"理论的逻辑体系

就中国与世界的关系而言，毛泽东作为新中国的开国领袖，对民族独立的维护、国家主权与尊严的捍卫、国家安全的护持，始终保持格外的敏感和关注。正是在这一意义上，以国家利益与主权诉求为逻辑原点，以矛盾对立统一论为哲学基石，以反对霸权主义理论与策略为国际战略，构成了毛泽东"三个世界划分"理论的逻辑体系。

（一）逻辑原点：国家利益与主权诉求

就理论而言，划分"三个世界"不是凭空臆想出来的主观映像，而是基于近代以来中国与世界互动关系的客观反映，具有强大的历史逻辑力支撑。

首先，中国近代社会耻辱和悲惨的命运，为毛泽东国际观中的"国家利益与主权诉求"思想设定了历史前提。作为中国进入近代耻辱历史的标志性事件，鸦片战争的实质是在以西方列强为主导的近代"全球化"运动中，在资产阶级"按照自己的面貌为自己创造出一个世界"，并"使东方从属于西方"[①] 的国际设计和制度安排下，爆发的落后国家与西方列强之间的主权之争。鸦片战争的失败不仅引发了近代中华民族的集体思考，

---

① 《马克思恩格斯选集》第 1 卷，人民出版社 1995 年版，第 276、277 页。

而且给中华民族的命运带来了国际性拷问，即基于当下国际体系和国际秩序背景，如何正确透视和考量中华民族的历史方位和未来发展。于是，在20世纪的国际政治层面上自然地产生了这样的历史逻辑：一是维护民族独立和国家安全，即在帝国主义、霸权主义和殖民主义猖獗的时代，如何联合一切可以联合的国际力量，寻求维护国家主权完整和自保的方案，以免重蹈近代命运的覆辙；二是确定新的国际定位，即面对旧的国际体系和国际秩序，在大国博弈中对中国国家安全保持新的警惕，并对安全路径进行战略选择。正如亨利·基辛格所言，"自从十九世纪上叶鸦片战争打开中国门户以来，中国人视西方是一连串无休无止地国耻的始作俑者。地位平等、强烈坚持不听命于外国，在中国领导人心目中，不只是战术，更是道德上的必然"。①

其次，世界战争再次验证了国际政治中的丛林法则，促使毛泽东更加坚定维护国家主权和安全尊严的意志。在一定意义上讲，中国与世界战争的关系主要体现在两次世界大战和战后局部战争中。在凡尔赛—华盛顿体系和雅尔塔体系所缔造的国际垂直权力体系和秩序下，中国的国际命运面临严峻的境遇。一战时期，毛泽东经历了中国被蹂躏和羞辱的时代。二战时期，他经历了日本侵华战争的整个历史时期。随着毛泽东革命斗争经验越来越丰富，站在更高的历史平台上去审视中国与国际的关系，特别是战后爆发的朝鲜战争、越南战争等，使得毛泽东更加珍视国家安全和民族自立。当然，帝国主义和霸权主义盛行的同时，也是世界各国人民，特别是落后国家人民追求民主革命和民族独立运动浪潮汹涌澎湃的过程，这让毛泽东明显地感受到了革命力量的日益壮大，看到了新的依靠力量和革命的希望。正因如此，毛泽东在思想上升华了两种维度的政治判断，这就是既看到了帝国主义和霸权主义对中国主权的威胁，也发现了维护国家利益的国际依靠力量，这构成了"三个世界划分"理论的国际历史观前提。

最后，中国与苏联的特殊历史经历，让毛泽东对中国国家主权和安全利益拥有更深的理解和护持。1956年9月，毛泽东在会见南斯拉夫共产主义者联盟代表团时，针对斯大林问题讲道，"第三国际做了许多错事"，"过去的王明路线，实际上就是斯大林路线"。"这是我们第一次吃斯大林

---

① 亨利·基辛格：《大外交》，第770页。

的亏。"① 毛泽东还说，本人不喜欢斯大林，是因为斯大林"站在别人的头上发号施令"。② 1958 年 7 月，中苏两国围绕"建立联合舰队"等问题发生冲突。毛泽东在会见苏联驻华大使尤金时强调，"你们一直不相信中国人，斯大林很不相信。中国人被看作是第二个铁托，是个落后的民族。你们说欧洲人看不起俄国人，我看俄国人有的看不起中国人"。③ 1957 年，毛泽东在谈到中苏关系时，强调几个核心思想：一是"苏联那些顽固分子还要搞大国沙文主义那一套，行不通了"。某些人"利令智昏"。二是"现在中苏之间就有那么一些矛盾"。三是中苏关系"总是要扯皮的"，我们"跟他们抬杠子了，搞得他们也抬了"。④ 1964 年 1 月 5 日，毛泽东对日本人士讲，"中、苏两国之间的关系，还不如中国同日本自由民主党的关系好，也不如中国同池田派的关系好"。其主要原因，"就是因为美、苏两国都有核武器，想统治全世界"。⑤ 1965 年 1 月，当美国作家埃德加·斯诺提出"赫鲁晓夫下台后，中苏关系有什么改进？"时，毛泽东回答："可能有点，但是不多。"⑥ 1974 年 5 月，当英国前首相爱德华·希思追问苏联是否对中国构成威胁时，毛泽东则将苏联比喻为"一股祸水"，并强调"我们准备它来"。⑦ 从上述谈话中不难看出，在涉及国家、政党、民族利益问题上，毛泽东始终以高度的政治戒备清醒地认识和处理中苏关系。应当说，这是导致毛泽东决心捍卫国际尊严与独立，并将苏联认定为第一世界的非常重要的历史情结。

（二）哲学基石：矛盾对立统一论

毛泽东对世界和社会的解构方程蕴含着独特的哲学思维方式。这就是：矛盾是普遍的、绝对的，贯穿于一切事物发展过程的始终。同时，矛盾系统中必有一种是主要矛盾，它规定或影响着其他矛盾的存在和发展形态。毛泽东认为，这个辩证法的宇宙观，主要的就是教导人们要善于去观察和分析各种事物的矛盾运动，并根据这种分析，指出解决矛盾的方法。

---

① 《毛泽东文集》第 7 卷，第 120 页。
② 同上书，第 125 页。
③ 同上书，第 386 页。
④ 同上书，第 190、191 页。
⑤ 《毛泽东文集》第 8 卷，第 344 页。
⑥ 同上书，第 408 页。
⑦ 中华人民共和国外交部、中共中央文献研究室编：《毛泽东外交文选》，第 603 页。

可以说，上述哲学观构成了毛泽东"三个世界划分"理论的哲学依据，也构成了其国际关系政治博弈理论的依据。

首先，国际社会始终存在着各种矛盾。1956年9月，毛泽东在同埃及驻华大使哈桑·拉加卜围绕苏伊士运河斗争谈话时强调，国际社会存在"帝国主义国家间、帝国主义和社会主义国家间、帝国主义和民族独立国家间的矛盾"。① 1962年，毛泽东指出，"英国和法国是帝国主义，但它们是大帝国主义美国想吃掉的中等帝国主义国家，同美国有矛盾，日子也很难混，可以作为人民的间接同盟者"。② 1963年9月，针对社会主义阵营，毛泽东同样运用矛盾论分析，认为"苏联与东欧各国的矛盾也有明显发展，关系紧张得很"。③ 就20世纪70年代国际政治而言，世界矛盾链中最大的矛盾焦点是民族独立国家与美国帝国主义的矛盾，它决定着国际政治发展的走向。为了解决这个矛盾，民族独立国家可以利用美国与西方国家的矛盾，建立反对美国霸权的统一战线。同时，就中国与大国之间的矛盾而言，如果说中美矛盾在40年代、50年代甚至60年代是最大的矛盾的话，那么，在70年代中苏矛盾就是最主要的矛盾。这构成了"三个世界划分"理论的矛盾论前提。

其次，国际力量之间的矛盾存在辩证统一性。毛泽东辩证分析帝国主义内部的矛盾，强调"帝国主义国家相互之间闹矛盾，所以我们有机可乘。它们并不那么团结，美国人和英国人并不那么团结，美国人和西德人也不是那么团结的，阿登纳同英国人也不对头。所以全世界劳动者，受帝国主义压迫的爱国人民，同盟军是很多的"。④ 这反映出毛泽东在大矛盾格局中一直坚持辩证法原则，既认同国际社会存在着各种复杂的矛盾体这一普遍性，又辩证地强调矛盾存在的特殊性，也就是国际社会存在帝国主义国家之间的矛盾，特别是与民族独立国家之间的矛盾，也存在西方国家与美国之间的矛盾。这三大矛盾的相互对立与统一，构成了当时国际社会利益矛盾体，蕴含着巨大的矛盾动力，影响了国际社会的演变和发展。这种矛盾的结构性存在及其解析，正是毛泽东构建"三个世界划分"理论的有力支撑。

---

① 中华人民共和国外交部、中共中央文献研究室编：《毛泽东外交文选》，第248页。
② 同上书，第487页。
③ 《毛泽东文集》第8卷，第344页。
④ 同上书，第176页。

最后，国际政治斗争充满矛盾的斗争性与妥协性。毛泽东对国际格局和国际秩序的分析具有两个维度的理解力：一是实践哲学中的斗争理念。这种斗争意识既源于近代中国与西方列强百年斗争的耻辱历史记忆，也来自两次世界大战带给中国的历史经验，又与战后国际共产主义运动内部矛盾，特别是霸权主义和帝国主义猖獗存在密切关系。因此，在"三个世界划分"理论框架中，始终蕴含着矛盾斗争构成了战后世界政治主旋律的逻辑判断，而其中的主要音符就是反对帝国主义和霸权主义的斗争。二是实践哲学中的妥协与变通思想。毛泽东强调国际社会的斗争性质，并不意味着其外交战略旨在制造国际恐怖和战争。"三个世界"的划分旨在通过利益相关性和共同性建立利益共同体，建立起更加广泛的反对帝国主义和霸权主义统一战线。正是基于此，这一战略思想以鲜明的外交妥协与变通的政治主张，实现了国际斗争与国际妥协的会通，体现了目的性与手段性的统一，为冷战对抗时期超越国际政治利益纷争，联合国际和平力量，共同反对霸权主义，确立了新的思维方式和价值取向。

毛泽东的矛盾实践论来自马克思主义哲学的中国实践。同时，列宁关于帝国主义理论和殖民地学说的两个理论维度，又强有力地支撑了上述理论的自信心。毛泽东以马克思主义哲学为分析工具，以矛盾对立统一为逻辑出发点，针对国际政治的本质，分析国际社会各种矛盾共同体之间的利害关系，将"谁是我们的敌人，谁是我们的朋友"作为外交战略的首要问题置于复杂的国际体系中，提出了系统分析国际政治的理论范式。不言而喻，"三个世界划分"理论形成了毛泽东关于民族独立国家在国际体系中的新政治博弈理论。

（三）国际战略：反对霸权主义理论与策略

通观毛泽东"三个世界划分"理论，一个非常鲜明的特质就是在两极格局向多极化格局转化的历史背景下，以反对霸权主义、帝国主义、殖民主义，争取民族独立和国家安全为新的话语特征，确立了分析国际关系的总体框架，为实施"远交近攻"的中国式外交谋略奠基。

1. 外交战略基石

国际体系中的身份识别，既是国际关系的重要理论命题，也是一个国家进行国际定位和实施外交政策的前提假设和理性判断的基本依据。毛泽东对"第三世界"的身份识别,① 是在一个崭新的标准和框架体系中进行确证的。其一,身份识别的结构释义。"第三世界"的身份识别是在三个矛盾对立统一的国际体系中体现的。这三个国际体系就是以美苏为第一世界,以欧洲、加拿大、日本等国为第二世界和以广大发展中国家为第三世界。其二,身份识别的参照性。"第三世界"的身份识别是以国际社会反对霸权主义为参照而体现的。第三世界不是相对于社会主义阵营和帝国主义阵营而存在的第三类意识形态标签,而是相对于国际霸权主义存在的国际权力的等差结构。它主要以民族独立国家维护主权完整、自立、自强为特征体现其存在价值。其三,身份识别的思维模型。20世纪六七十年代属于冷战中期,社会主义和帝国主义两大阵营在思维模式和价值观上的分歧与对立,构成了时代性特征,即建立在社会制度和意识形态的不可协调性。因此可以说,毛泽东关于"第三世界"的身份识别,就是以超越社会制度差异和意识形态分歧而进行的新界定,这在认识境界和思维模型上是一种重要超越。这直接为毛泽东的中国外交战略奠定了基本政策,即发展同第三世界国家之间的关系是中国外交政策的基本立足点。

2. 博弈目标

毛泽东"三个世界划分"理论实质是一种政治博弈理论。毫无疑问,毛泽东是将民族独立和国家安全置于反对帝国主义、霸权主义和殖民主义整体链条基础上的,也就是说,中国国家安全与独立的逻辑前提之一,是反对帝国主义、霸权主义和殖民主义的胜利。这在毛泽东"一个中间地带"→"两个中间地带"→"一条线、一大片"→"三个世界划分"理论框架中体现得十分明显。但是,我们还发现了一个现象,即毛泽东的外交战略在不同的历史年代中是具有流变性的。第二次世界大战期间,毛泽东主要关注两大阵营——法西斯阵营与反法西斯阵营的战争。在毛泽东的视域里,当时的美国和苏联与中国在一个共同的国际阵营中。毛泽东认为,中国的外交目的是"为着保卫苏联、保卫中国、保卫一切民族的自由和独立而斗争"。② 为此,1941年,毛泽东在为中共中央起草党内指示中,

① 关于"第三世界"的身份识别,法国学者艾尔弗雷德·索维从阶级界定、法国总统戴高乐从民族主义和不结盟以及法国学者皮埃尔·雅勒从国家的经济类型等不同角度的分析是有代表性的。但它们的共同缺陷是,标准模糊,界限不明。参见史云、李丹慧《中华人民共和国史》第8卷,第128—129页。

② 《毛泽东选集》第3卷,人民出版社1991年版,第806页。

曾以"关于反法西斯的国际统一战线"为主题，强调："在外交上，同英美及其他国家一切反对德意日法西斯统治者的人们联合起来，反对共同的敌人。"① 由此可见，这个时期，毛泽东将苏联和美国视为中国抗日的政治同盟。战后，毛泽东的外交理论以及外交战略因历史和环境的变化而不断变化。如果说，在反对帝国主义、霸权主义和殖民主义整个链条中，20世纪40年代至50年代中叶，毛泽东的主导思想主要集中反对帝国主义和殖民主义的话，那么，从50年代中叶开始，特别是60年代和70年代初，其主导思想主要是反对霸权主义。

3. 安全方略

可以肯定地说，作为中国古代外交的基本攻防谋略之一，"远交近攻"是毛泽东在现代国际政治博弈中反对霸权主义的主要外交方略。② 为了积极应对邻近霸权国家对中国的威胁，毛泽东积极而缜密地进行了三个维度的外交设计：第一，在坚持原则的基础上，积极同美国进行外交缓和化。当然，其中的目的不仅仅是发展两国关系这么简单，还有一个重要目的是，在防范苏美关系结盟对中国造成外交压力的同时，建构中美关系的合作机制，对抗苏联霸权主义。第二，在西方国家中寻找反对霸权主义和帝国主义的力量。从"中间地带"到"三个世界划分"理论充分体现了加强同西欧国家的关系等，扩大国际反霸、反帝力量的思想。按照詹姆斯·多尔蒂的研究成果，中国的策略是"支持加强北约，鼓励欧洲一体化，提醒西方不要把苏联的缓和建议看得太认真"。③ 第三，建立以第三世界为主体的广泛的统一战线。真正让毛泽东看到第三世界力量的存在，并积极在国际社会表达其意志，将其视为中国维护国际正义和国家安全统一战线对象的原因，是第三世界与中国命运的相关性以及日益蓬勃壮大的力量。在欢迎印度尼西亚总统苏加诺的宴会上，毛泽东讲道："我们亚洲、非洲和拉丁美洲爱好自由和独立的人民，都在反对殖民主义。"④ 毛泽东在欢迎印度副总理拉达克里希南时强调："我们这个时代的一个特点是亚非各

① 《毛泽东选集》第3卷，第806页。

② 在毛泽东反霸谋略中，"远交近攻"分成"三环外交"，即以加强同第三世界国家关系为基石，联合第二世界的西欧国家为基本纽带，缓和同第一世界美国的关系，达到真正反对和抗击霸权主义国家——苏联的政治目的，实现国家安全。

③ 詹姆斯·多尔蒂、小罗伯特·普法尔茨格拉夫：《争论中的国际关系理论》，阎学通、陈寒溪等译，世界知识出版社2003年版，第488页。

④ 中华人民共和国外交部、中共中央文献研究室编：《毛泽东外交文选》，第276页。

国民族独立运动的高涨。"① 正是在这一意义上，毛泽东将中国与广大亚、非、拉国家连接为一个利益和命运共同体，视为世界反霸权主义同等重要的政治资源。

三 "三个世界划分"理论具有鲜明的时代价值

毛泽东逝世后，国际形势呈现新的发展态势，中国的国家利益和国家安全在新的国际坐标系中，面临新的定位和新的考验。用怎样的理论范式和价值观论证和回答一系列新的国际难题，成为当代中国国际关系理论与实践的新使命。回眸和总结战后国际社会发展的实际，结合当今国际社会的时代特质，我们认为，毛泽东的外交思想资源，特别是"三个世界划分"理论及其战略，对于理解当今国际社会的本质，构建中国国家安全战略，仍具有十分重大的理论意义和实践价值。

（一）国际伦理与正义原则

毛泽东"三个世界划分"理论体系中蕴含着一个国际伦理的道德标准——正义原则。遗憾的是，这方面的国际贡献被埋藏在巨大的战略框架中，以至于有人认为，毛泽东"三个世界划分"理论体现明显的个人政治价值偏好，其斗争哲学直接导致更注重暴力革命与冲突对抗。随着和平发展成为时代主题，这一过渡性的战略也将结束其历史使命。严格地讲，这是一种误解。很显然，作为从帝国主义和殖民主义体系与秩序下独立的后发展国家，新中国的发展指向迫切需要基于自身生存利益来观察和解读世界秩序的理论表达。毛泽东"三个世界划分"理论的提出，是在西方推行的冷战思维和意识形态空前对立的情况下，为中国的国际正义与合法性进行的争辩和设计，在价值理想和价值规范层面，提出了民族独立国家关于国家间关系的伦理法则，构建起了中国外交的基本伦理。

第一，追求国际正义。从价值层面上分析，《威斯特伐利亚和约》和让·布丹的国家主权思想，成为近现代国际关系政治伦理的基本法则。这个价值观的意义在于，主权独立与平等应当成为国际社会的理想和道德

---

① 中华人民共和国外交部、中共中央文献研究室编：《毛泽东外交文选》，第290页。

追求。毫无疑问，对国家主权的忠诚和尊重成为各国谋求国家行为正当性的基本要义。在"三个世界划分"理论中，毛泽东用两个价值维度诉诸国际伦理的理解和解释。一是在基本价值层面上，强调对主权、人权、正义、自由、安全的尊重；二是在民族国家道义上，突出对民族独立、平等、自决和解放理念的价值偏好。毋庸讳言，毛泽东对国际正义的关注是建立在权力或国家利益与道德之间的关系上的。基于国际关系本身就是主权国家利益的矛盾体的事实判断，毛泽东在"三个世界划分"整体框架的理解和设计中，突出的基本理念就是通过反对帝国主义、霸权主义和殖民主义的国际斗争，维护民族独立国家的主权和利益，从而确证理论和策略的正当性与合法性。

第二，反对霸权主义。我们并不否认毛泽东对国际社会的分析和战略设计具有个人政治价值偏好，但是，当这个斗争哲学是以反对霸权主义、维护国家安全为主要政治目的时，其外交政治伦理就是对国际道德的贡献。20 世纪 60、70 年代，西方国际关系理论曾盛行现实主义学派的代表观点——霸权和平论。该理论基于这样的假设：国际社会是处于无政府状态的，因而需要实力基础之上的权力分配以及随之建立的霸权体系，以维护和建立新的国际秩序。只有霸权国才有动机、能力和责任，运用自己的威望和声誉，通过制定和维护一整套国际体制，形成霸权体系内的相对和平与稳定。应当说，上述理论的形成与毛泽东"三个世界划分"理论诞生的背景几乎是一致的。所不同的是，毛泽东"三个世界划分"理论是典型地站在世界范围内，特别是站在发展中国家立场上的反霸权理论，并成为一种解构意义上的批判式的理论回应！毛泽东认为，美国打着"保卫自由"的旗号，实际上是"屠杀别国人民的自由"，"任意侵占别国领土的自由，任意蹂躏别国主权的自由"。"过去，希特勒、墨索里尼和东条英机都是这样。现在，美帝国主义更是这样。"[1] 霸权主义是以强权、垄断、扩张、殖民等为手段，争夺势力范围和损害国际利益的运动和思想的集合体现。它常常与势力范围、强权政治、归属主义、殖民精神、征讨风格相联系，极易繁衍出战争思想与冲突意识，并直接物化为经济垄断、政治扩张、军事战争和文化殖民。正如列宁所言，"'世界霸权'是帝国主义政

---

① 中华人民共和国外交部、中共中央文献研究室编：《毛泽东外交文选》，第 568 页。

治的内容，而帝国主义政治的继续便是帝国主义战争"。① 在这里，毛泽东为国际社会提出了如何反对霸权主义的国际政治伦理命题，这就是建立国际反霸统一战线，维护民族独立和国家尊严。这个基本的政治逻辑仍然适用于当今世界。

第三，中国永远不称霸。毛泽东在反对苏美两国推行霸权主义的同时，始终强调中国永远不称霸。这个思想首先是因为，毛泽东所一贯坚持的正义原则在支配和影响着对国际政治伦理的认识。毛泽东秉承的道德标准是国际公正与平等、民主与人权、自由与独立，这既是对国际霸权主义的限定，也是对中国未来发展道路的界定，已成为历届中国政府外交价值观的主导思想之一；其次，中国与广大第三世界国家的命运具有深刻的历史相关性，决定毛泽东不会对世界推行霸权主张。1964 年 7 月毛泽东在会见第二次亚洲经济讨论会亚洲、非洲、大洋洲等国家代表时强调："中国人民能压迫你们吗？能剥削你们吗？如果中国政府这么干，那末中国政府就是帝国主义，而不是社会主义了。"② 最后，霸权主义在国际社会中既造成了像一战、二战那样的世界灾难，也给战争发起国的人民造成了巨大灾难，决定了崛起后的中国不能推行霸权主义。总之，"中华人民共和国在毛泽东那个时代，基本上奠定了或者说构成了自己作为一个强国的外交伦理，一整套的道德观念"③。毛泽东反对霸权主义的思想既是国家安全战略的国际需要，也是主张国际正义伦理的直接体现，从而使得"三个世界划分"理论获得了充分的国际伦理和道义的支持。

（二）话语权与国际形象

在庞杂的国际话语体系中，充斥着无数的"大型对话"与"微型对话"，其中，霸权与反霸权的大型话语交锋，对全球政治光谱中的国家间关系产生了深远影响。其实，"在国际关系领域，所有的叙述活动都是政治活动。叙述为人们提供理解和认识上的框架和视角…… 由此引导和影

---

① 《列宁选集》第 2 卷，人民出版社 1995 年版，第 740 页。

② 《毛泽东文集》第 8 卷，第 386 页。

③ 牛军：《毛泽东的外交遗产》，载凤凰卫视编著《世纪大讲堂》，辽宁人民出版社 2007 年版，第 138 页。

响人们对外部/内在世界的理解和认识。"① 然而几个世纪以来，意识形态外交一直是西方国家对外行为的"光荣传统"，由霸权国家主导的"西方世界中心论"、"霸权和平论"、"民主和平论"、"人权外交论"等成为国际关系理论中起支配地位的声音。意识形态制造是西方国家实施文化霸权战略的主要外交模式。它以所谓文明的方式，设计巨大的文化陷阱，一个重要的政治目的就是，霸权话语通过假象替代真实、制造等级和制造幻觉等方式，实现对非霸权话语的驱逐、压制，最终摧毁其反抗力，② 为构建西方主导的权力垂直体系和不平等的国际秩序进行铺垫和造势。尽管具有强烈民族主义色彩的第三世界国家政治领袖和知识分子们，对西方的强势语言和价值立场持怀疑甚至是批评态度，但是，必须看到的是，上述努力仍然比较孱弱，其基本语言和思想逻辑并没有成为占据世界话语高地的主导声音。毛泽东"三个世界划分"理论用中国的话语方式，为第三世界国家透彻观察和剖析当代世界国际关系提出了新的话语系统，凸显了对第三世界生存与发展的文化观照，成为尊重世界文明"多样性"发展的重要思想萌芽，塑造了社会主义中国的新的国际形象。

第一，"三个世界划分"理论确立了对旧国际秩序的前提批判。对旧秩序的前提批判来自于毛泽东的历史观和世界观。这个历史观和世界观既基于1840年以来中国历史命运的发展逻辑，来源于落后民族国家被殖民、被剥削的历史经历，同时也来自于对国际旧秩序主导者的质疑。这种历史经验和质疑，集合成了反对帝国主义、霸权主义和殖民主义的时代呐喊。毛泽东以崭新的逻辑分析和话语特质，揭示了国际社会三种不同层次的势力及其不同的价值观，使得第三世界国家的政治领袖和人民更加深刻地认识到国际社会的三种力量分野，更明确了自身的国际定位，并从发展中国家的自身利益表达中升华了政治意志和价值诉求——改变旧的经济政治秩序，建立新的国际经济政治秩序。从这个意义上讲，毛泽东"三个世界划分"理论是对国际旧秩序的革命性反思和政治批判。

第二，"三个世界划分"理论提供了理解世界图景的新思维方式和新框架。在以西方国家为主轴的世界图景设计中，民族国家对强权势力的依

---

① 刘永涛：《语言与国际关系：拓展政治分析的新视角》，《世界经济与政治》2011年第7期。

② 参见甘均先《压制还是对话——国际政治中的霸权话语分析》，《国际政治研究》2008年第1期。

附是一种"常态",以西方或者强国话语为主导的垂直规范体系是一种"常式"。毛泽东"三个世界划分"理论却以一种新的思维方式提出了反国际依附的新模式。这种新的世界图景不再以西方为中心,而是以三个不同势力为政治博弈单位,以追求国际正义和民主为重要政治目的,建立国际反对霸权主义的统一战线。它一方面代表了战后大多数落后国家的外交意志和国际诉求,为广大发展中国家自强和自立提供了极大的思想和信心支持;另一方面努力打破国际社会由少数霸权国家或国家集团称霸世界话语权的状况,使世界出现了不同于第一世界和第二世界的另一种空前的新声音。毋庸置疑,毛泽东"三个世界划分"理论是迥异于西方社会的价值逻辑,最能代表落后国家关于全球治理的重要理念和价值观表达。

第三,"三个世界划分"理论塑造了新中国的国际形象。在冷战后时代,随着中国的不断崛起,西方国家,特别是美国对中国进行新的审视和定位,其中,以"中国威胁论"为代表的文化帝国主义的盛行,客观上造成了中国的国家形象被妖魔化。上述情况的出现急需中国发出自己的国际声音。在这里,毛泽东"三个世界划分"理论为我们提供了重要的启示:在"三个世界划分"理论中,中国是反对帝国主义、霸权主义和殖民主义的主力军;中国是追求民族独立与平等的发展中国家;中国是支持国际伦理正义的主权国家;中国发展的未来是永远不称霸!这给现代中国对当下西方抛出的所谓"中国威胁论"、"黄祸论"等的反击,提供了经典的理论样板。需要强调的是,"三个世界划分"理论对中国永远属于第三世界的国际定位,是自我身份的自觉认定,对于当今中国经济崛起之后的大国历程所具有的多维约束作用是弥足珍贵的。这主要表现在:基于综合国力迅速提升的政治自觉约束,基于负责任大国成长的道义担当约束,基于积极推进和谐世界的文化传统约束。这正是迥异于强权政治的中国气派的内涵所在,是中国外交战略的精神所在。事实上,目前中国政府所倡导的和平发展论、和平崛起论、负责任国家论以及永远不称霸理论,无不是毛泽东"三个世界划分"理论的历史继承和深化。

(三)安全机制与战略伙伴关系

冷战结束以来,安全问题出现了三种基本形态的转变,即从主权安全到人权安全、从国家安全到全球安全、从军事安全向文化安全的转变并相互交织,这必然对国家安全战略提出新的要求。"三个世界划分"理论仍然能够为当今中国国家安全战略的演进提供思想资源和理论供给。

第一，毛泽东始终对中国国家安全状况抱有忧患和警觉意识，对今天的中国安全观具有积极借鉴和警示意义。进入 21 世纪后，国际社会日趋多元性、复合性、开放性和立体性的特点决定，确保国家安全已经不再是一维向度的战略绸缪，而是基于多维向度的价值选择的系统工程。尽管目前国际安全形势的内涵比照 20 世纪 40 年代到 70 年代发生了一些变化，但是，国际社会的政治本质并没有发生根本性变化，国家利益与国家安全的矛盾与冲突依然是国际风云诡谲多变的主题。毛泽东"三个世界划分"理论所关注的中国国家利益与国家安全，从其理论和战略的整体思考中可以看出，质疑国际帝国主义和霸权主义的政治野心，警惕国际战争和地缘战争，忧患中国的国家命运和民族命运是最基本的政治考量。这对于我们理性审视当代国际社会的安全环境，树立正确的国家安全观是富有教益的。

第二，毛泽东基于国际力量体制对抗的事实，建构安全战略的分析思维模式，对于研究当下国家安全具有重要启发意义。毛泽东所处时代面临的最大国际问题是帝国主义和霸权主义对中国国家安全的威胁。对于这个问题的解决，毛泽东首先用身份识别的方式，确认了"三个世界"不同力量体制，并揭示了中国最大的政治敌人和政治朋友，明确了国际斗争的主要对象和方向；其次，毛泽东以世界不同国家之间存在的矛盾为切入点，揭示了"三个世界"力量体制的相互制衡，实际上明确揭示了世界多极力量的存在和多极化的发展指向，这有助于理解和推进国际关系民主化趋势的发展；最后，毛泽东一直将发展同第三世界国家的关系作为重要的外交基石，组建国际统一战线以反对霸权主义这个第三世界国家安全最危险的敌人。事实证明，毛泽东关于霸权主义的判断至今仍然具有现实意义。尽管国际力量体制和制度安排有新的变化，尽管霸权主义以各种名目出现，诸如推行人权外交、鼓吹霸权和平、渲染文明冲突等，但是强权的存在和霸权的实质，从根本上决定了建构新的国际安全和国家安全机制，推进世界多极化、民主化、平等化进程，必然是谋划中国新的国家安全战略的题中应有之义。

第三，毛泽东"三个世界划分"理论极富外交弹性，对于建立安全战略伙伴关系具有积极指导意义。在毛泽东所处的时代，导致中国安全困境的因素主要是，帝国主义势力、霸权主义势力、民主和平力量之间的实力不对称以及国际权力落差等。因此，建构权力制衡关系就成为中国外交战略的主要路径。毛泽东运用"三个世界划分"理论，坚持独立自主原则，实施远交近攻的外交谋略，谋求在大国博弈中缓和中美关系，利用西方国家之间的矛盾以及确立第三世界外交基石，寻求建构与苏联霸权主义的权力制衡，是超越于同时代基辛格"均势"思想的外交大手笔。面对新的安全形势，当今中国应当运用毛泽东的外交理念，对国家安全战略进行新的政治计算：积极采取自主合作型外交战略，建立新型战略伙伴关系，赋予外交更大的自主弹性；坚持国家核心利益，坚持主权安全与平等；在以"互信、互利、平等、协作"为核心的新安全观指导下，努力推动国际合作安全机制，以合作促和平，以斗争促合作。

（四）相互依存与文化超越

随着全球化时代的到来，在世界相互依存度明显增强，国际公共安全面临越来越大的压力，国际利益纠纷不断加剧的情况下，如何有效地指导新的安全机制的形成，毛泽东"三个世界划分"理论给出了借鉴性的答案。

第一，寻求国家间关系的妥协和变通。当今中国面临三个维度的国际理解与沟通难题：一是如何站在人类层面，实现国际公共安全建构上的理解与会通？二是如何跨越社会制度与意识形态差异，增进对话和了解？三是如何面对中国的崛起，处理好与周边和世界的关系？对于解决上述三大问题，毛泽东"三个世界划分"理论充满了外交哲学的辩证法。20世纪，毛泽东为了实现反对霸权的目的，可以改变对美国的政策，由战争和对抗转化为对话与合作；为了实现反对霸权的目的，可以跨越社会、制度和文化差异，联合第二世界，团结第三世界，建立广泛的统一战线。一句话，以妥协和变通寻求国际关系的变革，是毛泽东外交哲学境界的体现。同理，在警惕和抵制西方，特别是美国对我国实行西化、分化图谋的前提下，寻求国家间关系的妥协和变通，应当也必须是当今中国外交哲学的基本理念。它的逻辑在于，妥协与变通是真正融入国际社会的必要技术路径，是保持国际关系稳定与和平、消解矛盾和防止冲突的必要纽带，是降低外交成本和冲突风险的必要手段，是增进国家间互信、互利和共赢的必要方式，也是推动国际社会走向和谐的必要前提。

第二，寻求超越社会制度和意识形态差异的理性方案。意识形态一直是国际事务当然的"政治语言"。社会制度和意识形态的差异和对立是冷战时代的政治标记，不仅影响了冷战时代的国际政治，也影响了当时中国外交的实践。尽管毛泽东的外交战略，包括"三个世界划分"理论带有明显的时代性特征，但是，在寻找解决世界问题的方案中，毛泽东运用斗争哲学和变通哲学，在将帝国主义、霸权主义、殖民主义作为一种意识形态时，从国际道德层面进行了原则性的否定和批评，凸显了中国永远不称霸的国际道德水准；在号召世界各国人民反对霸权主义时，敢于打破原有的思维模式，跨越社会制度和意识形态的分歧和对立，实现了原则性与灵活性的有机统一，体现出高超的政治智慧。可见，毛泽东并未陷入方法论的逻辑悖论，而是在正反相结合的逻辑中实现了有机会通。很显然，超越冷战思维，就是一种理性外交模式的选择。毛泽东"三个世界划分"理论与战略中的超越思想，以一种独特的外交理解力，对当今世界处理和解决国际社会难题提供了新启示。

第三，寻求理想主义与现实主义争论中的道德裁定。从本质上讲，文化是一种道德选择。追求怎样的文化，会导致出现怎样的文明？在相互依存度越来越高的国际社会，如何建立一个崭新的世界？基本答案是"以平等开放的精神，维护文明的多样性，促进国际关系民主化，协力构建各种文明兼容并蓄的和谐世界"。① 这里，隐含着两个重要的现实维度：一个维度是维护世界人民所认同的基本价值准则，它的主轴就是正义、民主与自由；另一个维度是尊重不同民族文化的生存样态，它的主轴是尊严、独立与平等。毛泽东"三个世界划分"理论的国际贡献，正是在理想主义与现实主义冲突之间，提供了坚持反对霸权主义、帝国主义和殖民主义的正义原则，维护民族独立与尊严、国际民主与平等的文化方案。在当今国际社会，曾出现以塞缪尔·亨廷顿为代表的"文明冲突论"等论调，可能会关涉这样的命题：谁将是文化的主导者，谁将在文化世界的竞争中被边缘化，并最终被淘汰？我们并不完全同意亨氏的观点，但是，它却揭示一个国际政治的隐喻：国际政治最高意义的竞争和博弈其实是在文化世界里。毛泽东"三个世界划分"理论提供的最基本的思想指南就在于，要求中国必须用正义法则规约外交行为，树立负责任的大国形象，在反对霸权主义的同时，努力以和平崛起和永不称霸的方式，有效捍卫民族独立与尊严，

---

① 《十六大以来重要文献选编》中册，中央文献出版社2006年版，第997页。

对国际社会给予积极贡献。由此，作为当代中国外交文化的战略选择，这种道德确认既是对符合世界人民根本利益具有进步作用的价值观、国际道德观的文化认同，也是中国获得世界认可的价值规范和文化意义所在。

四 余论

各种试图简单地用西方国际关系研究方法和理论范式，来谋求解释和证明毛泽东"三个世界划分"理论，犹如用西方的圣经来解释中国的历史，都存在着制造一种伪证事实的理论逻辑。可以肯定地说，西方国际关系理论的文化来源和实践平台与中国存在着巨大差异性。就西方国际关系来说，现实主义理论来源于修昔底德、马基雅维利、霍布斯的思想，自由主义理论来源于洛克和康德等人的理论，而它们的实践来源却是欧洲古代和近代战争史、威斯特伐利亚体系、两次世界大战和冷战等。① 中国关于国际关系的理念和原则来源于"儒家文化的天下观和朝贡体系"、"中国近代主权思想和中国的革命实践"、"中国的改革开放思想与融入国际社会的实践"。② 作为现代中国的政治领袖，毛泽东首创"三个世界划分"理论具有鲜明的东方文化特征和气质，它是植根于东方地缘文化的本土意识与民族历史记忆的结合，又蕴含在中国特色的历史逻辑之中。在关注国际关系的基本格局时，"三个世界划分"理论否定了所谓价值中立原则，贡献了民族国家关于理解世界的独到声音，为维护社会主义中国的生存与巩固，提供了有效分析世界现状与力量对比的科学方法，对中国国际关系学派的真正生成，提供了有益的方法论启示和巨大的信心支持。

新中国成立后，中国共产党和政府在不同时期提出了一系列国际关系理论和外交战略，其主要方程式是"和平共处"→"三个世界划分"→"和平与发展"→"和谐世界"。这些战略策略的创新，体现了中国与时俱进的时代观和秩序观，并始终贯穿一条鲜明的主线，就是尊重各国生存与发展权益，维护国家主权与安全、国际伦理与正义原则。"三个世界划分"理论的提出，"表明中国的国际战略和外交方针开始摆脱极'左'思

---

① 参见 Tim Dunne, *Inventing International Society: A History of the English School*, London: Macmillan, 1998。

② 参见秦亚青《国际关系理论中国学派生成的可能和必然》，《世界经济与政治》2006 年第 3 期。

潮的束缚，努力超越意识形态的局限，重新回到以国家安全和国家利益为最高原则的务实轨道"。① 这无疑是对 20 世纪 50 年代新中国首创的和平共处五项原则进行了历史性的充实，不仅贯彻了亚非会议所坚持的落后国家民族团结、民族自立和民族自决原则，更是扩大了反帝、反霸、反殖的思想内涵和政治基础。重要的还在于，"三个世界划分"理论在以追寻国际正义和国家安全为原则的基础上，为 70 年代末"我国后来的对外开放政策的推行作了一定的准备"。② 随着中国综合国力的提升，"三个世界划分"理论奠定了"和平与发展"、"和谐世界"理论演进和战略策略的思想基石，从而成为中国和平外交整体链条中的有机组成部分。在 21 世纪国际局势重新组合和世界秩序重新塑造的历史变革中，"三个世界划分"理论中凸显的诸多政治价值和外交范式，仍然会作为重要支点和引擎，支撑并影响着中国外交方略的基本价值取向。

就中国与世界的关系而言，近代以来的国际经验和历史教训，迫切地要求新中国的政治家们除了具有现代民族和国家意识外，还要具备卓越的国际理解力，站在历史吊桥和时代的高度上，考量中国与世界的关系，思考中国的历史方位，以国际道义与政治伦理为道德武器，谋划出纵横捭阖的外交战略，维护国家安全与独立，以给予中国最大的政治贡献。不言而喻，毛泽东"三个世界划分"理论有力地推动了始自 20 世纪 70 年代末的中美关系的正常化、中国国际战略地位的提高以及新时期中国外交新格局的出现，使当代中国在国际战略博弈过程中"获得了最大的战略利益"。③ 当然，作为战争与革命的时代性产物，"三个世界划分"理论及其战略难免具有某些历史局限性，这会成为其进一步发挥影响力的障碍性因素，但是，如果不从冷战时代两极格局背景下国际斗争的历史事实出发，"不联系一定时间、地点和条件，对具体问题作具体分析，而是用唯心主义的、形而上学的方法，抽象地、孤立地去观察，那么，我们对国际政治现象就很难作出正确的判断，对世界政治力量也就很难做出正确的划分"。④

回顾 20 世纪两极格局规制下的冷战世界，毛泽东"三个世界划分"

---

① 李捷：《国史静思录》，第 395 页。
② 胡绳：《中国共产党的七十年》，中共党史出版社 1991 年版，第 534 页。
③ 李捷：《国史静思录》，第 395 页。
④ 人民日报编辑部：《毛主席关于三个世界划分的理论是对马克思列宁主义的重大贡献》，人民出版社 1977 年版，第 4 页。

理论为中国维护社会主义的生存与巩固，提供了有效分析世界现状与力量对比的科学方法。展望 21 世纪，中国倡导和谐世界的主张，旨在唤起所有具有相同和类似理念的国家和人民，形成一种追求和平、发展、合作的正义力量，引导这个世界走向正确的方向。但是，世界多极化的发展趋势决定了和平与发展时代主题下的中国"对世界政治力量的划分永远不能规定一个一成不变的公式"。[①] 历史的辩证法告诉我们，从 20 世纪的"冷战世界"、"三个世界"到 21 世纪的"多极世界"、"和谐世界"，我们所生活的当今世界尽管有经济全球化的强大助推，但只要霸权主义、强权政治存在，人类就无法实现永享文明福祉的"一个世界"。

毋庸置疑，作为维护国家安全、坚持独立自主、求实创新的战略典范，毛泽东"三个世界划分"理论以高超的政治智慧，为世界新秩序的生成和建立提供了新的价值观照和路径选择，为中国外交方略建构了务实而有益的博弈方程式。作为一种国际政治哲学，毛泽东"三个世界划分"理论所体现出的认知范式和逻辑演绎，缔造并主导着中国社会主义外交战略的光荣传统。它对中国外交政策的最大影响不只表现在具体策略和技术上，而将在思想原则和价值观领域不断地凸显出来。作为一项宝贵政治思想资源，毛泽东"三个世界划分"理论的意义不仅在于以崭新的东方制造，为构筑冷战背景下中国安全方略奠定外交基石，更在于以强大的历史逻辑力为支撑，以高远的国际视野，洞察国际政治的本质和发展定律，以伟人的气质和信念，给予第三世界国家和人民巨大的信心支持，这将超越时空限定，始终是 21 世纪中国走向大国外交，实现民族复兴的重要思想宝库和外交指南！

《中国社会科学》2012 年第 1 期

---

① 吴兴唐：《"三个世界"写作班子的回顾》，《当代世界》2003 年第 9 期。

现代国家认同建构的政治逻辑

林尚立[*]

摘要 在人成为主体力量的现代社会，国家认同不是简单的国家观念或国家意识问题，而是国家建设本身的问题。在全球化、现代化与民主化的大时代背景下，围绕现代国家建设所形成的国家认同建构，是以民主为基本前提，以国家制度及其所决定的国家结构体系的全面优化为关键，最后决定于认同主体的自主选择。在国家与人、制度与人的有机互动中，国家结构体系的质量决定着其塑造民众国家认同的能力；而国家认同的形成过程也塑造着国家结构体系。因此，国家建设在努力改善国家认同的同时，必须时时从国家认同检视国家建设面临的问题与挑战，从而将国家制度的健全、国家结构体系的优化与国家认同的深化有机地统一起来。基于此，当代中国国家认同建构的战略议程应在学理上阐释中国现代国家产生与发展的历史逻辑，在理论上阐释国家及其制度的价值合理性与工具合理性，在制度上优化国家结构关系以实现多元化与一体化共存发展，在政策上实践国家发展与治理的基本价值。

关键词 国家认同 国家建设 国家结构体系 现代国家 中国国家认同

不论是把人定位为天生的政治动物，还是定位为天生的社会动物，其现实存在一定是在四种力量规范下形成的：一是自然，二是组织，三是制度，四是价值。现实的人是这四大规范力量共同作用的产物，但同时也是创造这些规范的力量。人类社会发展以追求人的自由与解放为核心取向，

---

* 林尚立，复旦大学国际关系与公共事务学院教授。

人类历史从古代迈入现代的根本标志就是：人从一种被决定的力量逐渐解放为一种决定性的力量。于是，人成为现代社会与现代国家的逻辑起点。由此，人的观念、权益与行动，就自然成为社会与国家建构与发展的决定力量。现代国家认同问题就是由此形成的。可见，现代国家对国家认同的需求，不是源于国家的整合性与统治性，而是源于人的独立性与自主性。

简单来讲，国家认同就是人们对其存在其中的国家的认可与服从，其反映的是人与国家的基本关系。对国家而言，它决定着国家的合法性基础，进而决定着国家的稳定与繁荣。在人成为主体力量的时代，人对国家的认可与服从，一定不是国家强力的产物，而是人与国家之间有机互动的结果，其内在的逻辑是：人是国家的主体，建设国家；国家最大限度地满足人的生存与发展的基本需求。据此，国家认同问题，就不简单是人们的国家观念或国家意识问题，而是国家建设本身的问题。没有合理、有效的国家建设，就不可能形成具有广泛社会和文化基础的国家认同。所以，本文的基本假设是：现代国家认同的建构，在很大程度上取决于现代国家结构体系的内在合理性及其自我完善能力。

一 现代国家与国家认同

认同是基于人的心理、思想与信仰形成的，其逻辑起点源于人的自我认知。所以，"认同"问题最早是由心理学提出的。[①] 人的现实存在，不是孤立的，而是社会存在。人的自我认知一定基于其社会存在以及由此形成的社会关系。换言之，人是通过他者来认知自身的，因而，对他者的认知直接关系到自我认知，而认知他者的逻辑起点一定在自我。正是在这种自我与他者所建构的关系中，人们才能判定自身来自何方、处于何处、走向何方。对他者的认知，就构成人们的基本认同。这种认同对象可以是个人的，也可以是集体的，如组织、集团与共同体。于是，就有了权威认同、组织认同、族群认同、阶级认同以及国家认同，等等。可见，认同是人的社会存在必然产生的心理与精神要素，是人的生存与生活之本。至于每个人认同什么，则取决于每个人的实际社会存在及其心理和精神取向。

---

① 查尔斯·泰勒：《自我的根源：现代认同的形成》，韩震等译，译林出版社2001年版。

亚里士多德认为，人是天生的政治动物，必须过政治生活。① 从这个逻辑出发，人们在政治生活中所形成的国家认同，是人们现实存在必不可少的心理与精神要素。

马克思认为，人即使不是政治动物，至少也是社会动物。② 这表明人的现实存在一定是社会存在；而到目前为止的人的社会存在，必然趋向组织国家，从而决定其社会存在的另一方面，即作为国家成员的政治存在，过政治生活。国家认同就是在这种政治存在中形成的。然而，国家作为人类文明的产物，在历史上有一个发展的过程，从而形成了马克思所指出的"古代国家"与"现代国家"之分。在不同时代的国家，国家认同的形成及其对国家的意义是完全不同的。

在马克思看来，"古代国家"与"现代国家"之间的差别，不是历史时期的差别，而是构成国家的人的类本质的差别。"古代国家"是以人的共同体存在为基础的，换言之，构成"古代国家"的人是"共同体人"，在马克思看来，这与古代国家的所有制，不论是公有，还是私有，都是共同体的公有或共同体的私有直接相关。马克思指出：在古代，"土地是一个大实验场，是一个武库，既提供劳动资料，又提供劳动材料，还提供共同体居住的地方，即共同体的基础。人类素朴天真地把土地当作共同体的财产，而且是在活劳动中生产并再生产自身的共同体的财产。每一个单个的人，只有作为这个共同体的一个肢体，作为这个共同体的成员，才能把自己看成所有者或占有者"③。与古代相反，"现代国家"是以人的独立存在为基础的，换言之，构成"现代国家"的人是"个体人"。马克思认为，随着工业革命以及以自由劳动与资本结合的资本主义生产形态的出现，人摆脱共同体的存在，成为独立的，同时也是"孤立的个人"，并由此构成了市民社会。马克思指出：资产阶级革命所带来的"政治解放一方面把人归结为市民社会的成员，归结为利己的、独立的个体，另一方面把人归结为公民，归结为法人"。④ 人的类本质从"共同体人"发展为"个体人"，决定了"古代国家"与"现代国家"有天壤之别，集中地体现在人与国家的关系上。对此，马克思有过精辟的分析："在古代国家

---

① 马克思实际上是认同亚里士多德对人的现实存在的这种判断的。
② 《马克思恩格斯全集》第44卷，人民出版社2001年版，第379页。
③ 《马克思恩格斯全集》第30卷，人民出版社1995年版，第466页。
④ 《马克思恩格斯全集》第3卷，人民出版社2002年版，第189页。

中，政治国家构成国家的内容，并不包括其他的领域在内，而现代的国家则是政治国家和非政治国家的相互适应。"① 因而，在古代国家中，"国家的物质内容是由国家的形式设定的。每个私人领域都具有政治性质，或者都是政治领域；换句话说，政治也就是私人领域的性质。在中世纪，政治制度是私有财产的制度，但这只是因为私有财产的制度就是政治制度。在中世纪，人民的生活和国家的生活是同一的，人是国家的现实原则，但这是不自由的人"。② 只有到了现代，人民的生活与国家的生活才实现了分离。所以马克思说，"国家本身的抽象只是现代才有，因为私人生活的抽象也只是现代才有。政治国家的抽象是现代的产物"。③ 这里所说的"政治国家"就是国家制度，就是现代国家体系，它是基于现代社会发展需求而建构起来的一套用于保障个体与社会权益、维护和推进整个共同体发展的制度体系。由此，我们可以得出结论：在"古代国家"，人与国家是一体的，国家决定人的现实存在；在"现代国家"，人与国家是二元存在的，人的自主性决定国家的现实存在。在马克思看来，具有自主性和独立性的"这种人，市民社会的成员，是政治国家的基础、前提"④。从这个意义上讲，在前现代国家，实际上不存在以国家为对象，以决定国家制度合法性为取向的国家认同问题。

　　然而，仅仅从"古代国家"与"现代国家"内在差别来把握现代国家认同是不够的。因为，认同是人得以现实存在的基本属性，生活在"古代国家"的人，也依然存在认同问题。要深入把握现代国家认同问题，就必须辨析古代国家与现代国家在认同上的具体差异。这就需要进一步考察"古代国家"与"现代国家"在组织形态上的差异。从历史发展进程来看，"现代国家"自然是从"古代国家"发展而来的；但从内在属性与组织形态来看，"现代国家"与"古代国家"则完全是两种类型的国家。用吉登斯的观点来看，它们之间的历史关系是一种断裂的关系，现代国家"是一种以特别突出的方式与前现代性国家形成鲜明对照的社会类型"。⑤ 它们之间形成鲜明对照的关键点，除了前面提

---

① 《马克思恩格斯全集》第 3 卷，第 41 页。
② 同上书，第 42—43 页。
③ 同上书，第 42 页。
④ 同上书，第 187 页。
⑤ 安东尼·吉登斯：《现代性的后果》，田禾译，译林出版社 2000 年版，第 11 页。

到的人与国家关系有本质不同之外，就是国家的组织形态存在巨大差异。

"古代国家"组织形态形成的逻辑，可以从亚里士多德关于古代城邦形成的历史逻辑中寻找到其影子。亚里士多德认为，"城邦的长成出于人类'生活'的发展"，其背后的逻辑是：男女组成家庭，若干家庭组成村坊，若干村坊组成城邦。[①] 按照这样的逻辑，国家作为一种政治共同体，是人们集聚而成的，换言之，人群的聚合才产生了国家。实际上，中国人也是按照这样的逻辑来解释国家的，故有"集家成国"之说。马克思和恩格斯不否认人群在特定区域内聚合是产生国家的基础，但强调这种聚合之所以产生拥有公共权力的国家，是因为这种聚合在带来发展的同时，也带来冲突，其中包括阶级冲突。国家的使命就是协调冲突，从而使聚合起来的人们能够共同生存、共同发展。然而，人类最初的聚合往往是基于血缘和地缘关系形成的，形成的共同体要么是"部落"，要么是"族群"（ethnic group）。由于支撑"部族国家"的力量直接来自维系部族的共同语言、共同信仰、共同文化传统以及共同心理所形成的文化资源，所以，格罗斯又将这种国家视为建立在"文化—民族"基础上的国家，他认为这个"文化—民族"就是我们今天所说的种族（ethnics）。很显然，在"古代国家"中，人们对国家的认同可以说完全基于人们所秉承的共同文化，人们对自身族群身份的认同与其对国家的认同具有内在一体性。至于被征服的部落和族群对征服国家的认同，则基于征服的政治逻辑而形成，这其中除了强力因素之外，也有文化的因素。

然而，现代国家组织形态形成的逻辑则完全不是如此。它不是基于血缘的或地缘的自然关系纽带而形成的，而是基于特定的制度性安排而形成的，其出发点就是：通过一套制度体制将一定区域的人民整合为一个能够共享制度安排的统一共同体。这与基于人类组织自然演化而形成的"古代国家"不同。"现代国家"具有很强的主体建构性，这个主体就是构成国家的全体人民，其族群结构可以是单一族群的，也可以是多个族群的。在这样的国家建构逻辑中，同一族群的人们或不同族群的人们，基于对作

---

① 亚里士多德：《政治学》，吴寿彭译，商务印书馆1983年版，第4—10页。

为共同意志产物的国家主权的认同而汇聚在一起，[①] 共同支撑主权下形成的国家制度，并使其成为维护和保障个体与社会的有效力量。人们把在这样国家建构逻辑中汇聚在一起的全体人民，称为民族（nation），[②] 并将由此所形成的现代国家，称为民族国家（nation-state）。显然，这种民族是基于国家制度的政治安排所形成的，有人将其视为"国家民族"，以区别支撑"古代国家"的"文化民族"。[③] 在现代政治逻辑中，这个"国家民族"与拥有现代国家主权的人民是同义语。[④] 在马克思看来，现代社会之所以会出现这样的国家建构逻辑，关键在于经济与社会的发展促进了人的自主，从而使人摆脱了对组织或共同体的依赖，在"纯粹私有制"的基础上成为社会领域独立的个体。由这样个体所构成的"市民社会"，马克思也称之为"现代社会"。现代国家就是应这种现代社会而产生的，用马克思的话来说，"现代国家是与这种现代私有制相适应的"产物。[⑤]

综合上述分析，现代国家具有这样三大基本特点：其一，它以现代社会为基础，以构成国家的每个人拥有政治平等的政治解放为历史和逻辑前提；其二，它以现代国家主权为核心，以建构全体人民能够共享并获得发展保障的国家制度体系为基本的组织框架；其三，它以公民权的保障为机制，将社会的全体成员聚合为具有共同政治纽带的共同体，即民族或民族国家。现代国家的这三大特点，决定了构成国家的人民的国家认同（national identity），既是现代国家建构的基础与前提，也是现代国家维系和繁荣的保障。由此可以断言，国家认同是现代国家的生命所在，失去了国

---

① 英国学者埃里克·霍布斯鲍姆特别指出："'民族'的建立跟当代基于特定领土而创生的主权国家（modern territorial state）是息息相关的，若我们不将领土主权国家跟'民族'或'民族性'放在一起讨论，所谓的'民族国家'（nation-state）将会变得毫无意义。"（参见埃里克·霍布斯鲍姆《民族与民族主义》，李金梅译，上海人民出版社2000年版，第10页。）

② 关于"民族"这个概念内涵在西方文化中的演变及其在现代民主政治中与"人民"概念之间深刻的内在关系，英国学者埃里克·霍布斯鲍姆在其《民族与民族主义》一书中作了详细的历史考察和学术分析。（参见埃里克·霍布斯鲍姆《民族与民族主义》）

③ 德国学者作了这种区分："除去一些特例，人们可以将民族分为文化民族（Kulturnation）与国家民族（Staatsnation）。前者主要基于某种共同的文化经历而凝聚起来；后者首先建立在一种普遍的政治历史与法则的统一力量之上。"（参见弗里德尼希·梅尼克《世界主义与民族国家》，孟钟捷译，上海三联书店2007年版，第4页。）美国学者菲利克斯·格罗斯与德国学者弗里德尼希·梅尼克都用这种区分来分析现代民族国家。（参见菲利克斯·格罗斯《公民国家——民族、部族与族属身份》，王建娥、魏强译，新华出版社2003年版。）

④ 埃里克·霍布斯鲍姆：《民族与民族主义》，第21—22页。

⑤ 《马克思恩格斯文集》第1卷，人民出版社2009年版，第583页。

家认同，现代国家也就失去了所有意义。

二　现代国家认同的建构

在现代政治中，国家认同协调的是人民与国家之间的关系。现代国家的权力来自人民，人民与国家的关系直接决定着国家的合法性，即决定着国家的生存与发展。只有获得人民支持和社会合作的国家政权，才是稳定与有效的国家政权。由此可见，国家认同是现代国家的生命所在。

然而，国家认同不仅是现代国家生存与发展的需求，同时也是生活于现代国家中的每个公民的需求。在现代化日益将全球社会凝聚成为一个共同体的时代，任何个人虽然可以在全球的空间中安排自己的生活，然而，这种自主与自由是以必须拥有特定国家的公民身份为前提的。同时，拥有独立自主的现代人，不像前现代人那样是以天地自然为其生存的最后底线，而是以特定政府提供的最基本生存保障为其生存的最后底线。这两点决定了当今世界的任何人都必须有国家的归宿。虽然现代人的独立与自主赋予其选择国家的权利，但没有赋予其不选择国家的自由。这种自主选择背后就蕴含着国家认同。从这个角度讲，国家认同也是现代人得以生存与发展的前提所在。正如有些人宣称的那样，国家认同"乃是他们个人安身立命最基本而不可或缺的认同所在，是他们赖以为生的社会价值所系"。① 与此同时，我们也应该看到，现实中存在的个人，不论其法律上拥有多大的自主与自由，其与生俱来的种族属性及其生命成长的最基本社会形态属性则是无法选择的，而这些属性往往构成每个人建构其国家认同最基本的心理与文化背景。正如马克思所说的历史不可能随意创造一样，每个人的国家认同建构也不是随意的。

强调国家认同对现代国家与现代人所具有的不可或缺性，关键是要表明：对任何社会来说，国家认同的建构，不是单向的行动，而是双向的行动，既有赖于国家对民众的国家认同的建构，也有赖于个人建构自己的国家认同。在这种双重建构中，人的主体性及其所形成的选择是基础，而国家为每个人生存与发展所营造的整个国家结构体系是关键。据此，现代国家认同是个体在接受、参与并分享国家制度体系过程中所形成的对国家制

---

① 埃里克·霍布斯鲍姆：《民族与民族主义》，第5页。

度体系及其决定的自我身份（公民身份）的认同。根据这个定义，可将国家认同分为三个层面：第一个层面是对建构现代国家有决定意义的国家制度体系的认同；第二个层面是对这个制度体系所规定的公民身份和权利的认同；第三个层面是对国家制度体系所建构出来的具有现实社会基础的整个政治共同体本身的认同，简单来讲，就是对人们生活其中的国家这个政治共同体的认同。

这三个层面中，第一个层面的认同最为根本，并由此引出现代国家认同建构的第一个现实政治基础——民主。马克思指出："现代国家同这些在人民和国家之间存在着实体性统一的国家的区别，不在于国家制度的各个不同环节发展到特殊现实性"，"而在于国家制度本身发展到同现实的人民生活并行不悖的特殊现实性，在于政治国家成了国家其他一切方面的制度"。① 因而，在现代国家打破了人民与国家之间存在着的实体性统一结构之后，现代国家就从具体的社会生活（用马克思的概念讲，就是物质国家）中抽象出来，国家制度就不再直接等同于人们的生活，在超越人们生活自主性基础上拥有相对的自主性，成为在整体上保障社会成员生存、生活与生产的外在制度体系。正是这种抽象和自主性，使得国家制度要获得真正的存在与发展，就必须赢得人民的认同。因为，人民是建构国家制度的主体，是国家权力的唯一来源。所以，现代国家认同的现实政治基础一定是民主。只有基于民主原则发展起来的现代国家，才有现代国家认同问题。在马克思看来，在现代化和民主化过程中，国家本身的抽象所形成的相对自主与私人生活的抽象所形成的个体社会存在的相对自主是相辅相成的共生关系，正是在这样的关系中，现代国家建设才能形成对国家认同的需求。

既然现代国家认同的现实政治基础是民主，那么现代国家认同的建构就一定是从民主建构开始的。这意味着任何试图现代化和民主化的国家，要建构一个有效的国家制度体系，就必须牢牢地守住民主的根本：即国家权力来自人民，人民是国家的主人。只有守住了这个根本，现代国家制度体系才能得到确立与巩固。因为，只有在民主的条件下，人们对国家的认同才是内在的和巩固的，其逻辑是：在民主的条件下，人民是真正的主权者，因而，人民对国家主权的认同，实际上就是对人民自身的认同。这意

---

① 《马克思恩格斯全集》第3卷，第43页。

味着国家与人民的相互自主性，只是构成现代国家对国家认同的内在需求；而要真正形成人民将国家放在心中，从而全力支撑与拥护国家制度体系的国家认同，就必须是人民基于人民主权逻辑所形成的国家认同。在卢梭看来，基于主权在民，人民的意志公意化为国家主权，国家主权获得了绝对的权力，当这种权力从全体人民利益出发运行的时候，人民对国家的认同，实际上是对人民共同意志所形成的公意的认同，即对自身整体意志的认同。① 所以，只有在真正的民主条件下，国家认同才能获得现实的主体性，才能内化为人民的价值与信仰。

真正的民主自然体现为人民决定国家事务，国家保障人民的进步与发展，而其具体体现，不仅是一种价值，更重要的是基于这种价值所形成和运行的一套国家制度。这种国家制度首先保障人民的权利，其次规范国家的权力，使其成为能够维护和保障人民权利的力量。然而，从工具层面来看，这样的国家制度必须既拥有保障人民权利的功能，同时又拥有保证国家保障个体权利、维护公共利益、促进人与社会整体发展的功能。在马克思看来，这样的国家制度将形成于"政治国家和非政治国家之间的妥协，因此它本身必然是两种本质上相异的权力之间的一种契约"。② 这里所说的非政治国家，实际上就是基于人们的现实生产与生活所形成的社会。这就意味着真正民主的建构，一旦落实到具体的社会与国家，不仅要考虑民主内在价值与原则的要求，而且要充分尊重社会的现实。因而，基于纯粹民主的价值和原则，而不是基于国家与现实社会妥协所产生的"一种契约"的国家制度，一定是无根无源的，能给人们带来幻觉，但不能得到人们最终的认同。

由此，就引出国家认同建构的第二个前提与基础，即国家制度的现实合理性，或者说，国家制度所决定的整个国家结构体系的现实合理性。国家结构体系就是构成国家的各个要素以及国家部分与整体所形成的具有内在一体性的结构安排，而实现这种安排的就是国家制度。国家结构体系借助国家制度而形成，但不等于制度本身；国家制度借助国家结构体系而运

---

① 卢梭：《社会契约论》，何兆武译，商务印书馆2003年版，第31—42页。卢梭这里的分析蕴含着辩证逻辑。恩格斯对卢梭分析平等问题时所同样体现出来的辩证力量，给予了积极的肯定，认为这种辩证的说法与马克思在研究中所运用的方法，具有"完全相同的思想进程"。（《马克思恩格斯文集》第9卷，人民出版社2009年版，第148页）

② 《马克思恩格斯全集》第3卷，第73页。

行，但不能替代国家结构体系。因而，它们之间是一种辩证统一关系：国家制度必须以一定的国家结构体系，即历史与现实所决定的国家各要素之间的关系为基础；与此同时，国家各要素之间的关系要获得合理化存在，就必须通过合理有效的国家制度来实现。在马克斯·韦伯的理论中，不论是国家结构体系还是其背后的国家制度的合理性，都应该属于工具合理性。在现代化的过程中，对任何一个国家或国家政权来说，只有比较充分地实现了国家结构体系及其背后的国家制度的价值合理性与工具合理性的有机统一，才能得以最终的稳定与巩固。在民主化使民主的价值合理性几乎成为既定选择的前提下，对于各国来说，工具合理性的关键就是解决在一定的社会用什么样的国家结构体系及其背后的国家制度来实现民主。美国人在现代国家建设方面的成功，就在于美国一开始就将国家建设建立在充分考虑美国的国情与民情基础上。《联邦党人文集》开宗明义就向美国国民提出要求："时常有人指出，似乎有下面的重要问题留待我国人民用他们的行为和范例来求得解决：人类社会是否真正能够通过深思熟虑和自由选择来建立一个良好的政府，还是他们永远注定要靠机遇和强力来决定他们的政治组织。如果这句话不无道理，那末我们也许可以理所当然地把我们所面临的紧要关头当做是应该作出这项决定的时刻；由此看来，假使我们选错自己将要扮演的角色，那就应当认为是全人类的不幸。""如果我们的选择取决于对我们真正利益的明智估计，而不受与公共利益无关的事实的迷惑和影响，那就万分幸运了。"① 显然，这里所说的"真正利益"，既有美国人的一般利益，也有社会各阶级的利益，更有美国作为一个整体所蕴含的国家利益。

然而，任何利益的形成，其背后都一定有价值选择；同时，任何利益都是在特定的关系结构中存在，并受这种关系结构所决定的，如村落的关系结构、族群与宗教的关系结构、阶层的关系结构、地区之间的关系结构等。这决定了任何国家制度建立所需要的深思熟虑，一定离不开这个国家制度所针对族群的社会、历史与文化。无数的历史事实表明，能够得以持久成长并不断巩固的国家制度，都一定与其所对应的社会、历史、文化形成了内在的契合。在这种契合中，国家制度及其所决定的国家结构体系既是特定的社会、历史和文化产物；同时又是特定的社会、历史和文化得以

---

① 汉密尔顿等：《联邦党人文集》，程逢如等译，商务印书馆1980年版，第3页。

维系和发展的动力与保障。正因为有了这种契合，国家制度也就能够建构起具有稳固社会心理和文化传统的国家认同。因为，对这个国家的国民来说，这种社会、历史与文化是与生俱来的，交融于他们的生命与意识之中。实践表明，虽然这种契合是现代国家建设的内在要求，但要形成这种契合并不容易，不仅需要时间，而且需要智慧、勇气与能力。法国大革命是成功的，但大革命之后法国社会与人民却陷入帝制与共和不断交替的痛苦之中，其背后的症结在于法国无法创立一种既能保障集中统一、又能充分满足多元纷争的现代民主制度以适应法国利益取向高度多元化的社会结构。直到 1958 年，戴高乐创建"超总统制",① 法国才比较好地实现了这种契合性。"戴高乐认为，他的人民过分倾向于分裂。因此，他认为，一个庄重的强迫选举人选择政府的选举制度和一部庄重的责成政府实施统治的宪法，会有助于使法国人民更有凝聚力和更庄重得多。"② 戴高乐指出："为了使国家理所当然地成为法兰西统一、实现全国最高利益、全国人民持续进行政治活动的工具，我认为必要的条件是，政府绝不可从议会产生，换句话说，不是从各政党产生出来，而应由全国人民直接委任的一个超党派的元首遴选出来，而这位元首具有计划、决定和行动的权能。如果不是这样的话，那么，由于我们的个人主义、我们的分歧和过去的不幸给我们遗留下来的分裂因素，我国所有的那些无组织的倾向，就会再一次使国家陷入这样一种处境：各种变化无常的思想意识产生对抗，部门间存在竞争，政府对内对外的措施似乎既不能持久又毫无价值。既然事实证明我国之所以能够取得胜利只能依靠这样一种权威——它有能力克服一切分歧，并且考虑那些摆在它面前的有关现在与将来的问题，因而我认为此后我要进行的重大的斗争，目的在于赋予法兰西一个能够肩负其命运的共和国。"基于此，"法国人民在拥护第五共和国时，却没有那种暗中的盘算。对群众来说，关键在于建立一种既尊重其自由又有能力行动和负责的制度"。③ 由此可见，任何一种国家制度要赢得国民认同，根植于人们的心

---

① 人们习惯于把法国的体制称为"半总统制"，这主要是因为法国的体制是总统制与议会内阁制的结合；然而，从法国建构这种体制的出发点来看，法国体制中所包含的总统制应该看作是"超总统制"，因为，在这种体制中，法国总统所拥有的超然权力要大于美国总统。

② 安吉洛·M. 科迪维拉：《国家的性格：政治怎样制造和破坏繁荣、家庭和文明礼貌》，张智仁译，上海人民出版社 2001 年版，第 43 页。

③ 夏尔·戴高乐：《希望回忆录》，《希望回忆录》翻译组译，中国人民大学出版社 2005 年版，第 6—7、34 页。

中，首先应该根植于特定的社会、历史与文化，从而孕育和发展其内在的合理性。法国是如此，美国也是如此。托克维尔在分析美国民主时，是从美国最基层的乡镇自治开始写起的，他发现，美国的民主制度是从基层社会生长起来的，有相当厚实的社会与文化基础。

然而，对于许多国家来说，之所以建立现代民主制度，在很大程度上是因为现代化将其卷进了现代化和民主化的潮流，建构现代民主制度已成为其在这个时代和这个世界生存的历史性选择。但在具体的实践中，这些国家一旦触及民主建构，马上就面临如何跨越"建造民主"制度与"运用民主"制度之间存在的峡谷。如果跨不过去，"建造民主"要面临失败，同时"运用民主"也就无从谈起；而跨越这个峡谷的关键，就是如何将民主制度建立在特定的历史、社会与文化之上。实践中，那些凭借某种民众的激情、某种绝对的理念以及某种政治的投机而"建造民主"的国家，最终的命运都是跌入峡谷——不是国家碎裂，就是一切从头来过。在这样的境况下，国家认同也就成了一句空话，游荡在人们心中的可能仅仅是最粗浅的民族主义。

可见，对于每个人来说，要建构国家认同，必须还要有第三个前提条件，就是能够享受国家制度所带来的自由、发展与幸福。人是社会的主体，人的生产与生活组成了社会。人与社会的发展所需要的秩序和保障必须通过国家来完成。因而，任何国家实际上都是在对现实社会的重新组织和安排基础上形成的。所以，有人把国家视为"'政治上'有组织的社会"。[①] 国家在政治上对社会的组织就是通过国家制度来完成的，其实质就是对人与社会关系的再组织。亚里士多德在两千多年前就十分明确地指出：所谓政治制度，不过是"全城邦居民由以分配政治权利的体系"。[②] 这决定了人的现实存在，不仅有自然的存在、社会的存在，而且有政治的存在，因而，人的生存、生活与发展，不仅取决于自然、社会、历史与传统，而且取决于当下的国家制度对其实际存在的安排。这种安排直接触及人们的生存与发展条件，关乎人民的自由与发展的空间。现代民主赋予人们所有的自由权利虽然都离不开国家、都依赖国家，但同时也赋予了人们

---

① 凯尔森：《法与国家的一般理论》，沈宗灵译，中国大百科全书出版社 1996 年版，第 213 页。

② 亚里士多德：《政治学》，吴寿彭译，第 109 页。

自由选择国家归属的权利。[1] 这决定了任何人都必须有国家认同建构。至于对具体国家的认同，则取决于由其迁徙自由而形成的对具体国家的选择。这种选择除了情感、习惯、信仰与文化因素之外，就是自我利益与发展的需要。换句话说，在现代民主的条件下，对任何公民来说，其对国家制度的认同，一定要考虑国家制度所给予的自由空间、保障条件与发展可能，否则，人们对国家的认同与支持是相当脆弱的。所以，美国学者李普赛特认为，现代民主政治系统的稳定，必须基于这个政治系统所拥有的合法性与有效性的有机统一。在这种统一中，政治系统不仅能在价值上符合社会大多数的人意志，而且能够创造惠及社会大多数人的发展绩效。[2] 由此可见，国家制度给予人的自由与发展多大空间和多少保障，是人们建构其国家认同的重要依据与基本动力。

综合上述分析，我们可以得出结论：在全球化、现代化与民主化的大时代背景下，围绕现代国家建设所形成的国家认同建构，一定以民主为基本前提，以国家制度及其所决定的国家结构体系的全面优化为关键，最后决定于认同主体的自主选择。从根本上讲，国家认同是人们在与社会、与国家的互动中自我建构起来的，其本质是对自我与国家之间存在的内在一体性的认同。这种一体性，不仅缘于血缘、地缘以及历史传统，而且缘于人们的利益与意志。基于人民主权所建构的现代民主就是强调人民建构国家、国家服务人民，这其中所形成的一体性，正是人们建构国家认同最基本的价值前提和逻辑前提。有了这个前提，人们所形成的具体国家认同，则取决于人们生活其中的国家制度及其所决定的国家结构体系。

三　国家结构体系与国家认同的互相塑造

用于描述或提炼现代国家形态的概念有很多，如政治国家、民族国家、政治系统等，这些概念主要用于分析国家与社会关系以及国家运作本

---

[1]　齐格蒙特·鲍曼：《免于国家干预的自由、在国家中的自由和通过国家获得自由：重探 T. H. 马歇尔的权利三维体》，载郭忠华、刘训练编《公民身份与社会阶级》，江苏人民出版社 2007 年版，第 320—336 页。

[2]　西摩·马丁·李普赛特：《政治人——政治的社会基础》，张绍宗译，上海人民出版社 1997 年版，第 55—60 页。

身，力图对国家作一个整体性的抽象和把握。因而，这些概念无法用来分析和把握人们基于十分具体、细微、深切感受与认知所积累起来的国家认同。美国学者本尼迪克特·安德森把民族或民族国家视为"一种想象的政治共同体"，这表明人们的国家认同多少带有想象的成分。然而，对于每个人来说，其国家认同不仅仅体现为对国家这个政治共同体及其所决定的自我身份的认同，更重要的是体现为对其所参与的国家结构体系的认同，而这种认同一定是在人们与国家结构体系的具体互动中逐渐形成的。可以说，国家认同不是"想象"的产物，而是人与国家有机互动的产物。在这种有机互动中，人们是通过对国家内涵要素的感知来认知和把握国家的。这决定了人们对国家的感知以及情感，很大程度上取决于人们所感受的国家各构成要素及其相互关系的合理性和影响力。于是，对国家认同的建构及其内在逻辑的考察，就必须引入一个考察维度，这就是国家结构体系。正如前面已经指出的，现代国家结构体系都是通过法律与制度巩固下来的，因而，国家结构体系的背后，必然伴随着国家制度。在国家与人、制度与人的有机互动中，国家结构体系的质量决定着其塑造民众国家认同的能力；反过来，国家认同的形成过程也塑造着国家结构体系。如果这种关系抽象为人与制度的互动关系，其相互塑造关系也就看得很明白了。实际上，任何具体的国家形态，都是在国家制度与人民的相互塑造中形成和确立下来的。

于是，在民主的前提下，民众的国家认同问题，就可以从一个侧面转换为国家结构体系的质量及其对民众的塑造（或者说对公民的塑造）的问题。从这种转换的角度出发，任何国家要塑造广泛而深入的国家认同，其前提和基础不在于对公民的塑造，而在优化塑造公民的国家结构体系及其背后的国家制度。否则，再强大的公民教育与公民塑造，也维护不了国家的持久统一与稳定。美国教授 Susanna Barrows 就认为，民族意识的形成不能用刻意强制的手段，否则负面效果将可能在长久之后爆发，南斯拉夫就是一例。以瑞士及法国的某些地区为例，留给地方某种程度的自我发展空间，并不见得对民族（或国家）的认同不利。而且，民族认同既有由上而下的方式，也有由下而上的途径。① 她的这种观察在一定程度上说

---

① 台湾"中央研究院"近代史研究所编：《认同与国家：近代中西历史的比较》，第554页。

明了国家结构体系对国家认同所具有的独立价值和重要作用。

要把握国家结构体系，就必须首先把握现代国家本身。如果把现代国家视为从政治上重新组织起来的社会（或共同体），那么，就可以从两个面向来把握现代国家：一是将国家视为用于重新组织社会的那套制度体系，也就是马克思所说的政治国家或国家制度；二是将国家视为经过国家制度重新组织之后的政治共同体，也就是作为共同体的实在国家。罗伯特·麦基佛（Robert Maciver）就是从第二个面向来定义国家的："国家是一个联合体，通过政府用强制力和公布的法律实施自己的行为，在一个疆域划定的共同体内维持社会秩序统一的外部前提。"① 这两个面向侧重不同，第一个面向侧重于现代国家的本质，第二个面向侧重于现代国家的实体。但其蕴含的内在逻辑是共同的：首先，都以国家与社会二元结构为前提；其次，都将国家制度视为塑造现代国家这个政治共同体的力量；最后，都将现代国家的成长过程视为用现代国家制度重新将社会聚合为一个有机政治共同体的过程，用马克思的话来说，就是国家与社会达成"一种契约"的过程。② 所以，如果从现代国家建设来看，完全可以将现代国家视为国家通过一套制度体系将国家内部各个要素重新整合为一个有机整体的过程，而在这个过程中，国家与社会不断互动，以至于具体的国家制度都不过是国家与社会达成"一种契约"的产物。这决定了任何具体的国家制度都是对国家与社会的具体要素所做出的制度性安排，而这种安排的合理性，不仅取决于制度的逻辑，而且取决于所安排要素之间结构关系的现实逻辑。在具体的国家建设实践中，这两个逻辑是相互作用、相互影响的。例如，中央与地方关系的制度安排及其所决定的国家结构形态，与现实存在的中央与地方关系的权力关系、利益关系、认同关系之间就存在着紧密的互动关系。许多时候，现实结构关系及其内在逻辑会迫使既有的制度安排发生变化，甚至摧毁既有的制度安排，如一个国家从单一制结构变成联邦制结构，从联邦制结构变成邦联制结构，反过来的逆向变化情形也是存在的。由此可见，作为一个政治共同体存在的现代国家，其呈现给人们的一定是两个层面：一个层面就是国家制度；另一个层面就是国家制度所协调、维护的各相关要素之间形成的结构关系，这就是本文所强调的

---

① R. M. Maciver, *The Modern State*, London: Oxford University Press, 1947, p. 22.
② 《马克思恩格斯全集》第 3 卷，第 73 页。

国家结构体系。

对于生活在现代国家之中的人们来说，每个人既在现代国家制度下，也在现代国家结构体系之中。与此相应，国家认同既包含着对国家制度的认同，也包含着对国家结构体系的认同。前者更多的是从价值出发，往往可以超越现实利益考虑来确立认同；而后者更多的是从现实的情感与利益出发，取决于人们对具体国家结构体系的认知与感受。在人们的国家观念与意识之中，这两个层面的国家认同，既可能是一致的，也可能是冲突的。这种冲突是十分复杂的，最基本的是两种状态：一种是认同国家制度，但不满意国家结构体系；另一种是认同国家结构体系，但不完全认同国家制度。最糟糕的情形是，人们对国家制度以及国家结构体系同时存在认同危机，这必将导致国家陷入风雨飘零的境地。由此可见，从国家认同建构的角度看，现代国家建设必须是国家制度建设与国家结构体系的优化的有机统一。在民主化成为国家建设既定目标的前提下，国家制度建设就必须紧扣国家结构体系的优化来展开：以制度合理性与有效性，来优化国家结构体系；以国家结构体系的整体优化来落实和巩固国家制度，民主就是由此巩固下来的。

简单来讲，国家结构体系是建构现代国家过程中各相关要素所形成的结构关系总和，是支撑现代国家并保障其稳定与活力的基本结构体系。这个结构体系出发的原点是人。作为国家成员的政治人，首先是现实的存在，即处于社会关系之中；其次是历史的存在，即处于历史的规定性与历史的创造性之中；最后是精神的存在，即处在用自己的价值和理想观照现实之中。人是国家的尺度，基于人的三种存在，国家结构体系就必须从三个维度来安排和优化。这三个维度就是：空间的维度、时间的维度以及超越时空的价值的维度。

从时间的维度看，国家结构体系面临的基本问题就是如何合理安排这个社会与国家的过去、现在与未来的关系。这其中，大而化之讲，涉及传统与现代、现实与理想等问题；进入具体领域，涉及国家对过往历史的逻辑编排、对重大事件的态度、对历史作用和影响的把握，涉及国家对当下的历史定位、对未来取向的把握以及对国家和民族命运的设定等等。纵观世界各国，不论国家的意志源自何方，都一定要对其所处的历史与时代做出必要的把握。这一方面是为了解决国家从何而来、走向何方，以及国家应该担当的时代使命的问题；另一方面也是为了解决国家现有制度的选择所具有的历史与时代合理性。国家与制度的诞生有多少历史合理性基础，直接关系到国家与制度有多少合法性资源。马克思的伟大作品《路易·波拿巴的雾月十八日》深刻分析了当年欧洲资产阶级国家如何借助历史的资源为其现实的革命建构合理性与合法性，从而创造新历史、新政权、新国家。在马克思的逻辑中，国家政权之所以要这样做，是因为虽然"人们自己创造自己的历史，但是他们并不是随心所欲地创造，并不是在他们自己选定的条件下创造，而是在直接碰到的、既定的、从过去承继下来的条件下创造"。① 因而，要建构现实的合理性，就必须建构现实在历史中的合理性。在这个过程中，确实存在让历史为现实政治服务的可能，但这却是国家与生俱来的权力。国家在这方面的能力与水平，直接决定着国家建设的能力与水平。

从空间的维度看，国家结构体系面临的基本问题就是如何合理安排好国家组织与建设所面临的最基本的关系，具体包括：国家与社会（或政党、国家与社会）的关系，军队与国家的关系，立法、行政与司法的关系，政府与市场的关系，政治与宗教的关系，民族与宗教的关系，中央与地方的关系，阶级与阶层的关系，党派之间的关系，国有与私有的关系，国内与国际的关系，等等。一个国家的具体形态直接取决于国家处理这些关系所确立起来的国家结构体系。国家的根本制度与具体制度都直接参与到这些关系的安排与处理中，并成为整个国家结构体系的制度支撑。细究这些关系的背后，无不与具体的利益相关，因而，国家在空间维度所建构起来的结构关系，实际上是对整个国家利益关系的安排与协调。这种安排与协调将最终决定在这个利益结构体系之中每个公民的权利大小、自由空间与发展资源。现代国家公民身份直接取决于国家对这些关系的安排与协调。现代国家发展的逻辑表明，现代化与民主化使公民身份要素不断充实与丰富。用马歇尔的研究来说，18 世纪公民身份要素仅包含公民权利这一层；到了 19 世纪，增添了政治权利这一层；到了 20 世纪，又增添了社会权利这一层，从而在今天形成了三大权利要素的有机统一。② 实际上，伴随着公民身份中权利要素的增加，公民与国家结构体系之间的关系

---

① 《马克思恩格斯选集》第 1 卷，人民出版社 2012 年版，第 669 页。

② T. H. 马歇尔：《公民身份与社会阶级》，载郭忠华、刘训练编《公民身份与社会阶级》，第 3—60 页。

也就更加全面和深入。在当今世界，公民与国家结构体系之间的关系已基本成为国家建设的普遍范式。在这样的范式下，国家结构体系在决定公民身份与权利的同时，也直接决定着公民对国家本身的认知与认同。

从价值的维度看，国家结构体系面临的基本问题就是如何将当代人类基本价值合理地安排进具有特定历史与文化的社会之中，并使其成为社会认同、国家遵从的国家核心价值体系。在这方面，马克思和恩格斯有一段经典的论述得到普遍的认同：① "统治阶级的思想在每一时代都是占统治地位的思想……他们作为一个阶级进行统治，并且决定着某一历史时代的整个面貌，那么，不言而喻，他们在这个历史时代的一切领域中也会这样做，就是说，他们还作为思维着的人，作为思想的生产者进行统治，他们调节着自己时代的思想的生产和分配；而这就意味着他们的思想是一个时代的占统治地位的思想。例如，在某一国家的某个时期，王权、贵族和资产阶级为夺取统治而争斗，因而，在那里统治是分享的，那里占统治地位的思想就会是关于分权的学说，于是分权就被宣布为'永恒的规律'。"② 这里，马克思和恩格斯实际上指出了统治阶级意识形态与价值建构是任何统治的内在要求。这个逻辑放到现代国家认同建构上也是完全成立的。在马克思和恩格斯看来，国家意识形态与价值体系的建构，既是为了思想统治，同时也是为了统治与统治制度本身，即为了统治本身以及统治所需要的制度体系提供有力的价值支撑，从而获得社会认同和牢固的社会基础。所以，任何现代国家都必须建构相应的国家核心价值体系，而任何国家的核心价值体系都必须对基本的价值形成合理的结构安排，明确价值的优先顺序。这对于引导人们的国家认同和协调整个社会的观念与行动具有十分重要的作用。实践表明，核心价值的缺乏或者价值顺序的混乱往往是社会和政治危机的潜在根源。托克维尔指出："为了使社会成立，尤其是为了使社会欣欣向荣，就必须用某种主要的思想把全体公民的精神经常集中起来，并保持其整体性。"③ 显然，这种整体性就来自价值与思想体系内在结构的合理性与有机性，而其内在逻辑，不仅取决于价值本身，更为重要

---

① 英国社会学家吉登斯在分析意识形态与国家关系的时候，就是以马克思这个论断为参照范式的。（参见安东尼·吉登斯《民族—国家与暴力》，胡宗泽等译，生活·读书·新知三联书店1998年版，第90—98页。）

② 《马克思恩格斯选集》第1卷，第178—179页。

③ 托克维尔：《论美国的民主》（下），董果良译，商务印书馆1991年版，第524页。

的是取决于社会的现实逻辑。

综合上述分析可知，国家结构体系对国家认同的影响是极为深刻的，它从人们的历史与文化背景、人们的现实生存与发展状态以及人们的价值观念等方面影响和左右着人们的国家认同。但必须指出的是，从现代国家建设的逻辑来看，由于现代国家的主体是人民，国家权力来自人民，所以从整体上讲，国家结构体系与国家认同之间实际上存在着相互塑造的关系。例如，人们完全可以用公民权利的普遍范式来影响国家结构体系的建构与发展。当然，对于个体来说，在其国家认同形成过程中，国家结构体系所产生的作用是决定性的。

既然国家结构体系与国家认同之间具有相互塑造的关系，那么对国家建设来说，不论是国家认同的强化，还是国家结构体系的优化，都具有同等重要的价值和意义。在这一点上，美国著名政治哲学家罗尔斯关于正义观念与社会基本结构之间关系的理论能够提供很好的理论佐证。罗尔斯指出："一种公开的正义观，正是它构成了一个组织良好的人类联合体的基本条件。""对我们来说，正义的主要问题是社会的基本结构，或更准确地说，是社会主要制度分配基本权利和义务，决定由社会合作产生的利益之划分的方式。所谓主要制度，我的理解是政治结构和主要的经济和社会安排。""社会基本结构之所以是正义的主要问题，是因为它的影响十分深刻并自始至终。在此直觉的概念是：这种基本结构包含着不同的社会地位，生于不同地位的人们有着不同的生活前景，这些前景部分是由政治体制和经济、社会条件决定的。"① 可见，正义观念与社会基本结构之间是相互决定、相互塑造的，这与国家认同与国家结构体系之间的关系是完全一样的。所以，正如"一个组织良好的社会是持久的，它的正义观念就可能稳定"② 一样，一个结构体系合理的国家是稳定的，与其相应的国家认同也自然是深入与巩固的。

四 从国家认同检视国家建设

从古到今的西方政治学基本理论，都将培育与制度相适应的公民作为

---

① 约翰·罗尔斯：《正义论》，何怀宏等译，中国社会科学出版社 1988 年版，第 3、5 页。
② 同上书，第 441 页。

政体建构与国家建设的关键所在。所以，不论是古希腊的柏拉图、亚里士多德，还是近代的卢梭、孟德斯鸠以及现代的罗素、杜威等，都无不强调任何政体都要守住政体的基本原则，都要建构公民教育的基本体系。在孟德斯鸠看来，所谓政体的基本原则实际上是政体得以支撑和运作的国家价值取向与精神基础，[①] 其现实的承载者就是公民，而配置的途径就是公民教育。在这样的学说和理论下，公民对政权、制度与国家的认同，在很大程度上取决于建构与政体性质相适应的公民教育体系与国家意识形态。这个经典的西方政治理论至今依然成立。但是，任何人都不能因此将国家认同的建构完全寄托在国家意识形态层面的教育与宣传上。实际上，对国家认同建构来说，这种宣传教育不是本，而是末，真正的本在于这种宣传与教育所服务的国家制度是否为创造国家认同提供了可能。托克维尔在分析美国政治的时候就发现，美国国家结构体系中地方分权布局对美国人的国家认同产生具有深刻的影响："我最钦佩美国的，不是它的地方分权的行政效果，而是这种分权的政治效果。在美国，到处都使人感到祖国的存在。从每个乡村到整个美国，祖国是人人关心的对象。居民关心国家的每一项利益就象自己的利益一样。他们以国家的光荣而自豪，夸耀国家获得的成就，相信自己对国家的成就有所贡献，感到自己随国家的兴旺而兴旺，并为从全国的繁荣中获得好处而自慰。他们对国家的感情与对自己家庭的感情类似，而且有一种自私心理促使他们去关心州。"[②] 虽然这里多少有点言过其实，但却道出了现代国家建设的一条真理：人们的国家情怀与国家认同，很大程度上取决于国家是否合理地安排了人与社会、人与政府以及人与国家的基本关系。这种安排就是现代国家建设的基本使命与任务所在。

所以，国家认同蕴含在国家建设之中，既是国家建设的出发点，也是国家建设的归宿。国家建设的水准决定着国家认同状况，反过来，国家认同状况反映着国家建设的水准。这决定了国家建设在努力改善国家认同的同时，也必须时时从国家认同的角度来检视国家建设面临的问题与挑战，从而将国家制度的健全、国家结构体系的优化与国家认同的深化有机地统一起来。从这个角度讲，现代国家建设实际上是一项系统工程，即实现

---

① 孟德斯鸠：《论法的精神》（上），张雁深译，商务印书馆1963年版，第19页。

② 托克维尔：《论美国的民主》（上），董果良译，商务印书馆1991年版，第105页。

人、制度与政治共同体有机统一的系统工程。基于此，判定一个国家建设与发展水平的高低，甚至判定一个国家机体的健康与否，显然不是单项的制度标准所能确定的，而是要综合考察这个系统的实际状态。在这种考察中，从国家认同来检视国家建设无疑是一个重要的维度。

本文之所以强调从国家认同来检视国家建设，关键是要表明，任何一个现代国家建设，都不是一种机械性、模式化的建设，它实际上是一个社会、一个民族在现代化过程中的一种自我实现，是一种新社会、新国家与新文明的创造。在这个过程中，人们顺现代化的潮流而动，接受现代文明的基本原则和精神，但是人们对其理解与把握，都是从人们所处的现实状态与时代背景出发的，因而，其对各国的实际内涵是在不断变化和发展的。所以，现代国家建设实际上是一个持续的历史过程，虽然现代国家基本框架的搭建及实现稳定运转是现代国家建设的基本任务，但并不意味着现代国家建设就终止于这个基本任务的完成。因为，在现代政治逻辑下，人与社会是决定国家的力量，而不同时代的人们都对其所需要的国家有自己的期望和要求，都要求他们所处时代的国家解决他们那个时代人们所面临的困难与挑战。既然每一时代的人们都希望有符合自己时代要求的国家，那么每一时代的人们都自觉或不自觉地用自己的愿望和想象来塑造自己的国家，从而都面临着改造国家与建设国家的任务。经历了第一次世界大战的痛苦之后，英国思想家罗素发表了《社会改造原理》，要求重塑国家，使其成为能够将人民的占有性冲动转化为创造性力量的国家，并由此来抑制战争的危险。① 当然，正如马克思所指出的那样，这种想象和改造不是随心所欲的，都只能"在直接碰到的、既定的、从过去承继下来的条件下"展开。② 由此可见，不断地被塑造、被建设是现代国家的内在属性，任何现代国家都处于国家建设的过程中；不同的是，有的国家已经成型，有的国家尚在成型之中。所以，从国家认同检视国家建设，一是要检视现代国家体系是否成型；二是要检视持续不断的国家建设的新趋向与新使命。在这种检视中，关键的视点不是国家认同的强弱，而是国家认同的内在结构体系。这是在国家认同与国家结构体系相互塑造中形成的，与国

---

① 罗素认为，私有财产和国家是现代世界两个最有势力的制度，它们因为权力过大，都已变成对生活有害的力量。为此，罗素提出了改造现代国家的系统设想和建议。（参见柏特兰·罗素《社会改造原理》，张师竹译，上海人民出版社 2001 年版，第 23—42 页。）

② 《马克思恩格斯选集》第 1 卷，第 669 页。

家结构体系具有内在的对应性。基于这种对应性，从国家认同的内在结构体系出发，人们能够比较准确地把握国家建设实际面临的任务与挑战。这是从国家认同检视国家建设的根本意义所在。

如前所述，国家认同的出发点是自我，它包括了自我的意志以及生存与发展的现实要求。因而，人们是从不同的层面和维度来感受和认知国家及其与自我的关系，从而形成国家认同的结构体系，由此所形成的综合则构成了人们整体的国家认同。但必须指出的是，人们实际形成的国家认同，并非完全基于自我以及个体对国家的功利要求。因为，国家认同往往与人们必然拥有的原始族群认同纠缠在一起，而这种族群认同的内在支撑并非自我意志与感受，也不是人们的利益满足，更多的是天然的情感与内在的信仰。① 但是，在现代国家，基于国家与社会的分离、政治与宗教的分离以及政治与行政的分离，国家与人民都更多地从公民身份出发来建构其国家认同，国家强调的爱国主义一定是以尊重宪法和民主为前提的。所以，人们的国家认同虽然无法脱离其所在族群的历史与传统，但其对国家生活的参与和评价还是能适度超越族群认同，从而使国家认同与族群认同有了一定程度的剥离。否则，当年美国比较政治学家阿尔蒙德与维巴进行的公民文化研究就缺乏应有的逻辑前提与现实基础。② 这也是本文提出用国家认同检视国家建设的前提与基础。

对于每个人来说，现代国家认同是从其所拥有的公民身份出发的。按马歇尔的理论，现代国家公民身份由三大权利体系决定：公民权利、政治权利与社会权利。换言之，公民是在追求与实现这些权利的过程中与国家结构体系及其背后的国家制度进行有机互动，从而确立自己的国家认知与认同的结构体系。与公民权利体系相对应，人们的国家认同结构体系，必然包含三个层面：首先是主权与宪法认同层面，这与公民权利相关；其次是制度与法律认同层面，这与政治权利相关；最后是福利与政策认同层面，这与社会权利相关。但必须指出的是，任何国家的公民不仅仅是一种

① 美国学者罗伯特·杰克曼认为："作为国家政治制度合法性关键所在的国家认同，只不过是种族认同的一种特殊的情况。"（参见罗伯特·杰克曼《不需暴力的权力：民族国家的政治能力》，欧阳景根译，天津人民出版社2005年版，第137页。）

② 阿尔蒙德与维巴认为，公民文化虽然是现代与传统的混合文化，但是基于公民参与政治过程中形成的，而在现代政治体系中，这种政治参与可以视为公民利益输入政治系统的政治过程。（参见加布里埃尔·A.阿尔蒙德、西德尼·维巴《公民文化》，徐湘林等译，东方出版社2008年版。）

社会或制度的产物，而且也是一种文化和历史的产物。这决定了公民对国家制度体系所决定的公民身份的认同，不可避免地需要文化力量与信仰力量的支撑，因为，人们对国家制度体系的认同首先是对其秉承的价值、理想与目标的认同。所以，国家认同结构体系中一定还包含着作为建构国家认同基础的第四层面：价值与信仰认同层面。对于个人来说，这四个层面尽管有其内在的逻辑联系，但在人们具体的精神与观念中，是以连带、交叠与混合的状态存在的。然而，对于国家建构公民的国家认同来说，其内在的层次性和逻辑性则是十分鲜明的，从上到下依次是：主权与宪法认同层面、制度与法律认同层面、价值与信仰认同层面、福利与政策认同层面。这样的层次结构是现代国家建构与维系的内在逻辑决定的。现代国家建设与发展的实践也充分表明，国家是在从上到下逐层地建构和巩固公民的国家认同过程中走向巩固和成熟的。当国家终于在价值与信仰层面有效地确立起公民的国家认同时，国家制度及其所创造的国家一体性也就真正地深入人心，一种普遍的爱国心与共同信仰也就能得到有效的发育和成长，国家与社会也就因此走向巩固。① 国家成长到这个阶段，福利与政策影响公民利益所带来的国家认同危机，犹如风吹大树，动摇的不是根本，而是枝叶。2008 年金融危机爆发以来，陷入财政与福利危机的一些发达国家民众的表现多少证明了这一点。他们不会拷问国家制度体系本身，而是不停地责难执政的政府，于是，国家认同危机完全变成政府认同危机。

考察当今世界各国的发展，人们常常用民主的巩固与否来判定国家建设与发展的水平，并将实现民主巩固作为国家建设的基本目标。实际上，这个检视与判断模式和从国家认同结构体系来检视国家建设具有内在的一致性。因为，任何一种制度最终得以巩固，不是制度背后的权力以及制度本身的力量，而是人们对制度的认同和信仰。只有根植于人们心灵与信仰中的制度才是最为稳固的制度。相较于"民主巩固"的视角，从国家认同检视国家发展水平，不仅能够判定国家制度体系是否达到巩固状态，而

---

① 托克维尔指出："一个没有共同信仰的社会，就根本无法存在，因为没有共同的理想，就不会有共同的行动，这时虽然有人存在，但构不成社会。因此，为了使社会成立，尤其是为了使社会欣欣向荣，就必须用某种主要的思想把全体公民的精神经常集中起来，并保持其整体性。"社会建构如此，国家建设也是如此。（参见托克维尔《论美国的民主》（下），第 524 页。）

且能够比较好地分析国家建设在任何现代国家所面临的实际问题和挑战及其应对的重点与路径。

国家建设是现代国家的常态，只是不同的国家有不同的任务和使命。正如林茨等人指出的那样，判定一个政体是巩固的民主政体，并没有排除其将来崩溃的可能。① 制度巩固的国家与制度尚未巩固的国家之间在国家建设上的差别，仅仅是国家建设使命的差别。前者的使命是提升和优化国家的能力，后者的使命是不断巩固国家的根本，即根本的制度体系。相比较而言，前者的国家建设是专项性的，根据国家发展的实际状态，在某个具体层面展开；后者的国家建设则是全面性的，往往必须在四个层面同时展开。在全球化时代，发达国家的国家建设更多的是在福利与政策层面展开的。哈贝马斯就认为，这个层面的国家建设是战后发达国家解决资本主义经济与资本主义民主之间冲突，避免国家危机的关键所在。他说："如何解决把经济效率同自由和社会保障，即把资本主义同民主结合起来的问题，关键在于实行某种致力于在高就业水平下比较全面地推行福利和社会保障的政策。"② 所以，战后发达国家都将建设和维持福利国家作为国家建设的基本任务。

对于必须进行全面性的国家建设的许多发展中国家来说，从国家认同检视国家建设，对于准确把握国家建设战略议程有积极的意义。因为，基于前面提到的国家认同结构体系与国家结构体系之间存在着一定的对应与相互塑造关系，国家就能在这种检视中寻找到国家建设的战略基点，并形成相应的战略安排。例如，仔细考察冷战结束后出现的新兴经济体国家，虽然这些国家都处于经济快速发展的状态，但从国家认同与国家结构体系相互塑造的逻辑来看，不同国家的国家建设战略议程是不同的。有的国家必须解决国家制度的历史与现实合理性问题；有的国家必须解决国家结构体系的内在一体化问题；有的国家必须解决福利与社会政策问题；等等。和许多发展中国家一样，作为一个新兴经济体大国，中国正处于全面性的国家建设时期，也面临着如何建构合理有效的国家建设战略议程问题。

---

① 胡安 · J. 林茨、阿尔弗莱德 · 斯泰潘：《民主转型与巩固的问题：南欧、南美和后共产主义欧洲》，孙龙等译，浙江人民出版社 2008 年版，第 6 页。

② 于尔根 · 哈贝马斯：《超越民族国家？——论经济全球化的后果问题》，乌 · 贝克、哈贝马斯等：《全球化与政治》，王学东等译，中央编译出版社 2000 年版，第 72 页。

五 现代国家认同建构的中国议程

中国是一个文明古国，同时又是一个年轻的现代国家；中国是一个正全面融入全球体系的国家，同时又是一个力图创造自己独特制度与价值的国家；中国是一个社会分化与个体化不断增强的国家，同时又是一个正致力于建构制度与推进一体化进程的国家。这是社会转型与国家成长必然经历的一个历史时期。在这个时期，国家建设在成长的同时，面临着各种可能的发展陷阱；与此相应，国家认同在不断建构的同时，面临着认同危机、身份困惑以及价值缺失的挑战。这是国家成长最有活力的时期，但同时也是国家成长最艰难、最关键的时期。不论是发达国家成长的历史，还是发展中国家的发展经验都表明，把握好这个时期，关系到国家建设与成长的最终质量，从而关系到整个民族的未来。中国要把握好这个时期，最关键的就是整体推进国家建设。具体来说，就是实现国家制度建设、国家结构体系优化与国家认同建构的有机统一。

与世界历史上其他的文化与文明相比，在中国传统文化与政治中，人与国家的关系可能是最为紧密的。其基础主要体现在三个方面：其一，在中国的传统文化中，家与国具有同构性，国家是集家而成的政治共同体；其二，中国是一个传统文化和制度早熟的国家，在围绕着"修齐治平"的中轴所建立起来的生活体系之中，国家力量深入到人们的人生理想与生活实践之中；其三，中国是一个以世俗生活为主体的国家，国家是组织、协调和主宰世俗世界和世俗生活的唯一力量。所以，传统中国所凝聚起来的中华民族虽然是一个"文化民族"，但这个民族却是以"国家"为核心的，尽管这个"国家"不是现代国家。传统中国的这种状态完全不同于其他民族与国家的前现代状态。可以说，在中国迈向现代国家的时候，中华民族就不仅仅是一个"文化民族"，它实际上也是一个"政治民族"，即基于政权与制度力量而聚合在一起的民族。这种"政治民族"与现代国家所形成的"国家民族"的不同之处在于：它是用政权，而不是用主权的力量来聚合不同的族群；它靠亲疏与朝贡，而不是靠平等与制度来聚合不同的族群。尽管如此，这种"政治民族"的历史积淀，还是为中国人建构现代民族国家提供了与众不同的国家观念。比较鲜明地体现为两点：其一，民众与国家具有相互的依存性。民众将国家视为民之父母，必须关爱民众、为民做主；与此同时，国家视民为国之本，以"民为邦本"为治国原则。其二，虽然人们离不开国家，但国家不是最终目的，最终目的是超越国家的天下。由此，天下就成为国家现实存在的合法性依据所在。① 而在中国的政治逻辑中，天下之本在人心所向，其境界是共存、包容与交融。因此，尽管中国建构的现代国家与传统帝国在制度形态上没有任何的衔接关系，但中国人在建构现代国家，形成现代国家认同的时候，还是将历史与文化传承下来的国家观念带到现代的实践之中。这种独特的国家观念为中国人建构现代国家认同提供了最重要的心理与文化模板。认识到这一点，就能够理解为什么从千年专制帝国中走出来的中国人能够很快让民主共和的思想在心中扎根，并成为现代国家认同最基本的价值基础。②

前面的分析已经表明，现代国家认同的建构，离不开现代国家制度及其所决定的国家结构体系的建构、优化与巩固。以 1911 年辛亥革命为历史起点，一百多年的中国现代国家建设实践先后经历了两大时代、两大形态：第一个时代就是 1949 年前的革命时代，其形态是建设资产阶级民主共和国；第二个时代就是 1949 年之后的建设时代，其形态是建设社会主义人民共和国。这两个时代、两大形态，虽然差异很大，但还是具有一定的历史与制度的延续性。然而，对于国家认同建构来说，这种延续性的影响十分有限；相反，它们之间的巨大差异性使得中国建构现代国家认同的进程出现了某种历史性断裂。因为，1949 年之后，中国人是在中国共产党所建立的新社会、新国家的基础上重新建构新的国家认同的。

中国历史发展的结构和逻辑，决定了当代中国人的国家认同是基于其在三个时空中形成的国家认知和国家观念复合而成的：第一个时空自然是中国千年历史与传统的时空，这个时空建构了中国人对"文化中国"的认同及其独特的国家观念；第二个时空是鸦片战争以来中国从传统帝国迈向现代国家历史的时空，这个时空建构了中国人对现代共和国的认同；第三个时空就是 1949 年以来中国社会主义革命与建设实践的时空，这个时空建构了中国人对社会主义中国的认同。第三个时空所形成的国家认同对

① 赵汀阳：《天下体系》，江苏教育出版社 2005 年版，第 43—62 页。

② 1954 年，刘少奇在《关于中华人民共和国宪法草案的报告》中明确指出："辛亥革命使民主共和国的观念从此深入人心，使人们公认，任何违反这个观念的言论和行动都是非法的。"（《刘少奇选集》（下），人民出版社 1981 年版，第 135 页。）

当下的国家建设与发展最为关键，但中国的发展表明，人们在第一个时空和第二个时空所建构的国家认同对国家建设也是至关重要的。在第一个时空所形成的国家认同，一方面构成了中华民族的共同心理与文化基础，另一方面维系和保证了国家大一统特性的精神与信念基础。① 在第二个时空所形成的国家认同，则保证了中国现代国家建设不是衔接在中国的传统帝国之上，而一定是衔接在现代文明之上。正是这两个层面的国家认同使中国在近代曲折进程中，维系了国家的内在统一与现代化、民主化的发展取向。所以，中国人要在第三个时空形成稳定的国家认同，就离不开第一个时空和第二个时空对国家认同的建构作用。

当下，中国人所要认同的现代国家是社会主义国家。社会主义国家在中国的存在，虽然有历史的必然性，也有制度的合法性与实践的合理性，但依然还是不完善、不成熟的。因此，国家认同依然需要积极的建构与深化。正如前面所分析的，国家认同建构不是孤立的政治行动，作为国家建设的重要方面，它一定与现实的国家结构体系及其背后的国家制度的健全密切相关，需要相互借力、相互塑造。这就需要国家认同建构的战略议程，明确从何入手、建构什么以及行动顺序。基于前面分析的国家认同与国家结构体系相互塑造的原理，中国国家认同的建构战略议程应该从优化国家结构体系入手，其基础则在于国家民主的成长与国家制度的健全与完善。鉴于此，中国国家认同建构的战略议程应聚焦于以下四个方面：

第一，从学理上阐释中国现代国家产生与发展的历史逻辑及其规定。人们认同国家的最重要的前提，就是对其所面对国家的现实合理性的认同。对于任何国家来说，其现实合理性，除了其现实有效性之外，很大一部分还取决于其历史必然性。这就意味着，现代国家诞生的历史必然性以及相应手续的合法性对人们认同现代国家具有至关重要的作用。在这方面，中国现有的阐述逻辑与内容的说服力随着时代的发展越发虚弱，原因在于其视角是革命的视角，其范式是意识形态的范式。不能说清楚现实国家从何而来、为何而来以及如何而来，那国家就无法确立其存在的现实合理性。在英国哲学家罗素看来，研究和说清楚这些，"对任何有关我们自

① 姜义华：《中华文明的根柢——民族复兴的核心价值》，上海人民出版社 2012 年版，第10—61 页。

己地位的意识、对任何摆脱于我们自己教育上的偶然境遇，都是不可或缺的"。① 为此，中国应该从现代化与现代国家建设的视角出发，在学理研究的基础上，科学而严谨地呈现出中国现代国家，尤其是社会主义中国诞生和成长的历史必然性与历史规定性。在中国的国家建设中，这个问题已经超越出学术的范畴，其本质是政治问题，即党和国家以比"革命"更大的范畴与时代逻辑来阐述中华人民共和国得以诞生和发展的内在历史逻辑。解决了国家诞生的历史必然性与合理性，伴随国家诞生而形成的相应现代国家制度，即社会主义国家制度的内在合理性也就有了相应的历史基础。当然，社会主义国家制度的内在合理性，除了需要历史基础之外，还需要理论基础。

第二，从理论上阐释国家及其国家制度的价值合理性与工具合理性。理性化是现代文明发展的内在动力与现实追求。民主与法治是现代国家理性化的具体体现。所以，在现代文明的背景下，人们将国家作为理性的产物来看待和评判。要成为理性化的国家，就必须做到价值合理性与工具合理性的有机统一。具体来说，就是在确立大家认可的国家价值取向之后，必须有一套能够达成价值合理性的有效制度安排与制度运行，即工具合理性。显然，价值合理性与工具合理性的有机统一，不仅要体现在理论逻辑上，而且要体现在实践逻辑上。相比较而言，理论逻辑上的解决更具有全局性的价值，因为，它能够为具体的实践提供明确的方向与任务。所以，托克维尔说："建立在一个容易加以界说的简单原则或学说之上的政府，虽然不是最好的政府，但无疑是最强大和最长命的政府。"② 这个道理对中国国家认同建构是富有启示的。中国虽然在实践中获得了应有的制度自信，但是这种制度自信背后的理论力量仍有待加强。例如，对于人民民主的中国政治制度安排与现代民主价值和制度之间的内在一致性，还缺乏有说服力的理论支撑。这正如马克思所言，理论只要说服人，就能掌握群众，就会变成物质力量。③ 因而，对国家认同建构来说，非常需要能够说服人、掌握群众的国家与国家制度的理论建构。

第三，从制度上优化国家内部的结构关系，以实现多元化与一体化共

---

① 罗素：《论历史》，何兆武等译，生活·读书·新知三联书店 1991 年版，第 1 页。

② 托克维尔：《论美国的民主》（上），第 185 页。

③ 《马克思恩格斯选集》第 1 卷，第 9—10 页。

存发展。在现代国家体系中，人们对国家的最真切需求主要有两个：一是自由，实现自主而多元发展；二是平等，从而实现有保障的自由。这种保障来自于两个方面：其一是平等，以避免不平等对自由的直接伤害；其二是福利，以保障拥有自由的人能够获得除自然给予之外的最基本生存保障。这两个需求自然形成国家发展的两大趋向：一是多元化，二是一体化。其共存的基础就是合理的制度安排及其对国家内部结构关系的优化，诸如政党、社会与国家的结构关系，其关键是政党的角色定位与功能定位；中央与地方的结构关系，其关键是中央与地方的职能配置；民族关系，其关键是民族平等权利的制度实现方式；城乡结构关系，其关键是城乡一体；等等。实践表明，这其中的任何一种结构关系出现问题，都会对国家认同产生深刻的影响。因为，在整个国家系统中，这些结构关系之间具有深刻的连带关系，某一种关系失衡，就会带来其他关系的失衡。所以，优化国家内部结构关系，固然需要具体的制度设计，但更需要国家整体的规划和安排。由此，就需要理论和战略。

第四，在政策上体现和实践国家发展与治理的基本价值。国家认同的主体是现实生活中的人，而人对国家的最直接感受就是政策及其所产生的治理，这些关系到人们的切身利益。所以，国家要赢得人们的认同与信任，就必须有高水平的治理与政策能力。对于国家来说，政策水平的高低，不仅取决于它解决老问题的效力，而且取决于它避免引发新问题的能力。这就要求政策既能够平衡好方方面面的利益，同时更为重要的是能够紧紧地守住人们公认的核心价值，使政策不仅体现核心价值，而且实践核心价值。在中国这样地区差异较大、利益多元的社会，政策的简单化，不但不可能解决问题，而且还会引发新的问题，从而引发社会与国家、民众与政府之间的紧张状态。为此，政策制定者应该充分发扬中国的两大民主资源：一是群众路线与群众工作；二是协商民主实践。这两大民主资源，既能拉近政府与民众、国家与社会的关系，也能够最大限度地提高政策的适应性以及体现和实践国家基本价值的能力，减少政策可能产生的负面效应。许多国家在治理中出现的认同危机，往往不是由制度引发的，而是由政策引发的，但是，政策引发认同危机到了一定程度，就会变成制度问题。到了这个程度，国家认同就会面临巨大的挑战。

六 结语

现代国家认同是人与国家有机互动的产物。认同出于自我，是情感、观念、信仰与理想的复合体，不论其形成过程多么复杂，都离不开认同的主体与客体之间的相互作用。现代国家认同是在现代与全球化所构成的大时空中存在的，不仅认同的主体拥有这样的大时空，国家实际上也拥有这样的大时空。在这样的大时空中，人与国家都经历了多重的现代化和全球化洗礼，因而不论是认同主体对国家的选择，还是国家对认同主体的接纳，都不再完全局限于特定的族群、文化、宗教、制度所形成的规定性，它们之间是相互开放的系统。冷战结束后，网络化的拓展与深化，进一步促进了这种相互开放。在这样的大背景下，任何社会的现代国家认同建构，不论从国家来讲，还是从个人来讲，除了有赖于不可缺少的公民教育之外，在很大程度上还有赖于国家建设的整体水平。对于日益全球化和网络化的现代公民来说，国家内部体系的合理性与国家在全球体系中的独特性与先进性，必然日益成为决定其国家认同取向的重要因素。因而，在21世纪的今天，国家认同建构不能脱离国家的建设与发展，对国家认同建构具有重要影响的国家意识形态，也只有充分融合在国家建设之中才能对认同起作用。缺乏应有的国家认同，现代国家必然陷入危机；而在快速变迁的时代，一代人的国家认同已不能完全决定新一代人的国家认同，所以，持续不断的国家建设将是现代国家得以存续和发展的关键所在。从这个意义上讲，具备提升和巩固国家认同的国家建设能力，将成为各国立足当今世界的关键所在。

《中国社会科学》2013 年第 8 期

全球治理的中国视角与实践

蔡 拓[*]

摘要 中国需要一种区别于西方主流全球治理理论的特殊理论视角，即国内层面的全球治理，它是指：（1）把全球治理内化为本土的跨国合作；（2）把全球治理锁定于全球问题的治理；（3）把全球治理植根于本国公民社会的培育和基层民主的建设。中国正在实践这种全球治理，并为世界提供着新鲜有益的经验与启示：（1）多主体、多部门合作制度是实施全球治理的基本形式与有效机制；（2）政府在全球治理中仍起主导作用，但政府部门及其官员的权力与管理观念正日益更新；（3）全球意识与全球价值在全球治理中有所体现，但与全球变革的要求还相距甚远；（4）公共精神和公民共同体的建设是全球治理造就的宝贵财富。

关键词 全球治理 国内层面的全球治理 公民社会 公共精神 全球问题 跨国合作

一 全球治理的概念与要义

1990 年代以来，全球治理（global governance）无论就其理论研究还是实践影响而言，都受到国际社会的广泛关注。从某种意义上说，它同全球化理论与实践一样，正在成为 21 世纪的主题，全面规约着人类的发展及其前景。

作为一个新生的、发展中的理论，全球治理的概念及其本质内容不仅有争议，而且存在诸多不确定性。尽管如此，从已有的研究成果来看，我

---

* 蔡拓，1947 年生，哲学博士，中国政法大学全球化与全球问题研究中心教授。

们还是可作出下面的概括与评介：

关于全球治理的概念。全球治理是治理在国际层面的拓展与运用，虽然两者仍有不少区别，但在基本精神和核心内涵上显然是相同或相通的。正因为如此，全球治理的概念也就往往与治理的概念联系在一起，甚至在不少语境中被等同了。迄今为止，被学术界引证最多的全球治理的定义是由全球治理委员会作出的。这个定义是："治理是各种各样的个人、团体——公共的或个人的——处理其共同事务的总和。这是一个持续的过程，通过这一过程，各种相互冲突和不同的利益可望得到调和，并采取合作行动。这个过程包括授予公认的团体或权力机关强制执行的权力，以及达成得到人民或团体同意或者认为符合他们的利益的协议"①。随后，该报告对这一包括国内与国际层面的治理进行了解释。"从全球角度来说，治理事务过去主要被视为处理政府之间的关系，而现在必须作如下理解：它还涉及非政府组织、公民的迁移、跨国公司以及全球性资本市场。伴随着这些变化，全球性的大众媒体的影响大大加强了"②。治理理论的主要创始人之一詹姆斯·罗西瑙则通过治理与统治的比较来界定治理。他指出："与统治相比，治理是一种内涵更为丰富的现象。它既包括政府机制，同时也包括非正式、非政府的机制，随着治理范围的扩大，各色人等和各类组织得以借助这些机制满足各自的需要并实现各自的愿望"③。"全球治理可设想为包括通过控制、追求目标以产生跨国影响的各级人类活动——从家庭到国际组织——的规则系统，甚至包括被卷入更加相互依赖的急剧增加的世界网络中的大量规则系统"④。后来，罗西瑙在对全球治理进行本体论研究时又进一步指出："治理，指的是导引社会体系实现目标的机制，一个非常适合理解世界上旧有边界日渐模糊、新身份司空见惯、政治思考面向全球的概念"⑤。另一位全球治理研究的著名学者托尼·麦克格鲁则把全球治理定位为多层全球治理，并认为："多层全球治理指的是，

---

① ［瑞典］英瓦尔·卡尔松、［圭］什里达特·兰法尔主编：《天涯成比邻——全球治理委员会的报告》，中国对外翻译出版公司1995年版，第2页。

② 同上。

③ ［美］詹姆斯·N.罗西瑙主编：《没有政府的治理》，江西人民出版社2001年版，第5页。

④ 俞可平主编：《治理与善治》，社会科学文献出版社2000年版，第265、16—17、26—27、267页。

⑤ 俞可平主编：《全球化：全球治理》，社会科学文献出版社2003年版，第64页。

从地方到全球的多层面中公共权威与私人机构之间一种逐渐演进的（正式与非正式）政治合作体系，其目的是通过制定和实施全球的或跨国的规范、原则、计划和政策来实现共同的目标和解决共同的问题。"① 戴维·赫尔德在其颇有影响的《全球大变革》一书中也谈道："全球治理不仅意味着正式的制度和组织——国家机构、政府间合作等——制定（或不制定）和维持管理世界秩序的规则和规范，而且意味着所有的其他组织和压力团体——从多国公司、跨国社会运动到众多的非政府组织——都追求对跨国规则和权威体系产生影响的目标和对象"②。在研究欧洲治理方面有影响的学者贝阿特·科勒－科赫提出了自己的见解：治理越来越被理解为"公私行为体之间任务与责任的共享"，被认为是"持续不断的相互作用过程中社会、政治和行政管理行为体的指导性努力"③。辛西娅·休伊特·德·阿尔坎塔拉指出：治理"是在众多不同利益共同发挥作用的领域建立一致或取得认同，以便实施某项计划"，而治理一旦被运用于全球化和跨国组织领域，则出现全球治理，其目的是通过制度创新，把国内外社会各阶层的个人和机构联系起来以处理全球性问题④。利昂·戈登克尔和托马斯·韦斯则直接给全球治理作出界定："我们把全球治理定义为：给超出国家独立解决能力范围的社会和政府问题带来更有秩序和更可靠的解决办法的努力"⑤。中国学者俞可平表达了自己的看法："所谓全球治理，指的是通过具有约束力的国际规制（regimes）解决全球性的冲突、生态、人权、移民、毒品、走私、传染病等问题，以维持正常的国际政治经济秩序"⑥。在同一篇文章中，他又以另一种表达谈及全球治理："全球治理是各国政府、国际组织、各国公民为最大限度地增加共同利益而进行的民主协商与合作，其核心内容应当是健全和发展一整套维护全人类安全、和平、发展、福利、平等和人权的新的国际政治经济秩序，包括处理国际

---

① 俞可平主编：《全球化：全球治理》，社会科学文献出版社 2003 年版，第 151 页。

② ［英］戴维·赫尔德等：《全球大变革》，杨雪冬等译，社会科学文献出版社 2001 年版，第 70 页。

③ 俞可平主编：《全球化：全球治理》，社会科学文献出版社 2003 年版，第 311 页。

④ 俞可平主编：《治理与善治》，社会科学文献出版社 2000 年版，第 265、16—17、26—27、267 页。

⑤ 同上。

⑥ 俞可平：《全球治理引论》，《马克思主义与现实》2002 年第 1 期。

政治经济问题的全球规则和制度"①。

以上介绍的仅仅是试图给治理或全球治理作出概念界定的部分学者的观点。更多的学者则是通过构成因素的概括、表现形式的描述，以及特点归纳等方式诠释治理与全球治理的内涵。本文在借鉴他人研究成果的基础上对全球治理作出这样的界定：所谓全球治理，是以人类整体论和共同利益论为价值导向的，多元行为体平等对话、协商合作，共同应对全球变革和全球问题挑战的一种新的管理人类公共事务的规则、机制、方法和活动。

关于全球治理的要义。要义就是核心内涵、根本内容，是一事物区别于其他事物的本质规定。本文认为，在认识和把握全球治理的要义时，应注意以下特点和内容。

其一，从政府转向非政府。

传统上对公共事务的管理是由政府主持和承担的，这既是它的权力，也是它的责任。政府对国内公共事务的管理习惯上被视为统治，它通过强制性权力分配社会资源、维护社会秩序。政府对国际公共事务的管理则主要表现为外交，特别是以参与诸多政府间国际组织的方式，表达利益要求和对国际事务的看法。显而易见，在这种经典的公共事务管理制度中，政府不仅独揽大权，而且几乎是唯一的政治权威的拥有者和体现者。

全球治理打破了政府对公共事务管理的垄断，许多非政府的行为体，如国际非政府组织、跨国社会运动、全球公民网络、跨国公司等以多种方式、途径参与公共事务的管理，同政府分享公共权力和政治权威。在这方面已有不少有说服力的例子，如国际清算标准委员会确立了全球的清算规则；国际标准化组织在全球促进标准化工作的发展，至今已制定 13736 条国际标准，其中包括著名的 ISO 9000 质量管理体系认证和 ISO 14000 环境管理体系认证；多数国家的航海法是在伦敦的国际航海组织草拟的，航空安全法是在蒙特利尔的国际航空组织完成的；而地球之友、绿色和平组织、大赦国际等组织在环境、人权等领域的作为更是广为人知。甚至在传统的安全领域，非政府组织也表现出积极参与的趋向，并作出实际的贡献。像 1997 年禁止地雷条约的签订，就是由近 1000 个非政府组织组成的国际禁雷运动所推动的，其领导人因此而获得 1997 年诺贝尔和平奖。这

---

① 俞可平：《全球治理引论》，《马克思主义与现实》2002 年第 1 期。

些个案表明，由于人类社会生活的日益复杂，联系的日益紧密，涉及范围的日益扩大，政府对公共事务的管理，无论在体制、方式还是能力上都表现出局限性，所以，非政府行为体的崛起是必然趋势。

其二，从国家转向社会。

如果说从政府转向非政府是全球治理中直观的变化，那么从国家转向社会则是这一直观现象背后更本质的内容，因为它涉及一个更具根本性的问题，即国家与社会的关系。国家脱胎于社会，是社会发展到一定阶段的产物。尽管在历史的演变中，两者的关系因地域、发展阶段、历史传统等因素的影响而表现出多样性，但总的来讲，自国家产生以来，代表并行使公共权力的国家，相对社会而言始终处于主导地位。近代民族国家体制的确立虽然伴随着公民社会的发育、发展，但国家在社会生活中的支配地位从未在根本上被动摇过，甚至可以说 20 世纪是国家独立展示其历史作用的最辉煌的时期。

但是，20 世纪 90 年代兴起的全球治理则对国家在人类社会生活中的绝对主宰地位提出真正的挑战。国际非政府组织、跨国社会运动、全球公民网络、全球公共领域以及跨国公司，都是区别于国家的社会活动领域和社会力量，也可统称为全球公民社会。[①] 所以，当公共事务的管理从政府转向非政府时，实际上意味着公共权力从国家向社会的部分转移。无论从民主的理论还是从国家消亡的理论来看，这种权力的转移都具有历史必然性和合理性，它朝着还政于民、权力回归社会迈出了有历史意义的一步。

其三，从领土政治转向非领土政治。

领土化是民族国家的典型特征，领土政治是至今人们所熟悉并认同的国家政治，它意味着政治统治的合法性和政治权威的有效性仅适用于其领土范围之内。国际政治虽涉及并试图处理超越领土的政治事务与政治关系，但仍以领土政治为依托，所以，传统意义上的国际法和政府间国际组织对人类公共事务的管理依然是有限的。

全球治理突破了领土政治，开始凸显非领土政治，这表现为非国家行为体的大量出现和跨国性活动的剧增。对于领土政治转向非领土政治，国

---

① 为了与国家区别，这里采用了国家与公民社会的两分法。事实上，目前学术界更流行的是国家—市场—公民社会的三分法，即把独立于政治国家与市场经济组织的公民结社和活动领域称作公民社会。

际学术界已尝试着用新的框架与概念加以解释。如赫尔德提出"功能性政治空间"的观点,认为:"电信规制领域代表了一种超越国家界限的功能性政治空间的存在;它清楚地表明,在这种情况下,政治共同体自身的意义不仅仅局限于领土逻辑,还存在于一个由多种利益组成的跨国共同体"①。罗西瑙则通过阐述权威的重构来解说非领土政治。他认为国家只是权威的众多来源之一,当代人类社会已出现了区别于国家权威的新"权威空间"(SOAs)。非政府组织、非国家行为体、无主权行为体、议题网络、政策协调网、社会运动、全球公民社会、跨国联盟、跨国游说团体和知识共同体这十大术语就是用来描述新"权威空间",勾勒非领土政治画面的。这表明,"权威空间并不一定与根据领土划分的空间相一致,而是具有相当大的灵活性"②。这些尝试性解释并非无可争议,但其对从领土政治向非领土政治转移的分析,无疑应引起我们的关注与思考。

其四,从强制性、等级性管理转向平等性、协商性、自愿性和网络化管理。

全球治理的要义不仅体现在管理主体、管理范围、管理权力的归属与指向等方面,从权力的性质及其运行上看,也不同于传统的政府管理。

传统的政府管理,以强力和法律为后盾。政府通过颁布法令,制定政策,合法使用暴力,来实现对社会公共事务的管理。显然,这种权力体制和管理制度建立在强制性、等级性的政治理念基础之上,突出的是政府的政治权威,强调的是自上而下的单向度权力运行规则。在这种强制性、等级性管理体制和制度下,尽管公民们可以通过定期选举来更换政府官员,调整政府的法规与政策,从而在一定程度上实现利益表达和公共事务参与的权利要求,但这毕竟是间接而有限的,同时也无法从根本上改变该体制下权力的强制性、等级性和单向度性。政府依旧可以在得不到多数公民认同的情况下,行使管理权力。

全球治理体现了一种全新的权力关系和管理规则。首先是权力主体的平等性。全球治理是多元主体的共同参与,包括政府和诸多非政府行为体。在这些主体之间,并无上下尊卑之分。政府可能在当前的治理中仍起

---

① [英]戴维·赫尔德等:《全球大变革》,杨雪冬等译,社会科学文献出版社2001年版,第86页。

② [美]詹姆斯·罗西瑙:《面向本体论的全球治理》,载俞可平主编《全球化:全球治理》,社会科学文献出版社2003年版,第63页。

主要作用，但它仅仅是诸多行为体中的一员，并无特权和发号施令权。在不同的领域和不同的问题上，各行为体会表现出各自的优势，从而客观上拥有更大的发言权，但这同样不意味着某种权力高于其他权力。其次，管理的协商性。既然在全球治理中，权力主体是平等的，权力向度是多元的，那么诸行为体之间就只能通过协商、对话、合作来实施对公共事务的管理。不明确并认同伙伴关系，不善于沟通、谈判、协商，就不可能有全球治理。再次，管理的自愿性。这里，自愿性既指自愿参与管理，又指自愿而非强制地服从公共权威。全球公共事务的管理不能仅仅依靠政府，公民要有参与的热情和自觉性，离开这一前提就不要奢谈全球治理。此外，实现公共事务的有效管理，需要公民的高度认同。法律的强制性虽然也是进行管理的必要手段之一，但毕竟不如建立在公民的共识与认同之上的管理那样有效、恒久，因为全球治理中渗透着公民自觉的责任与义务观念，正是这一点使其与传统的推崇权力与权威的政府管理再次区别开来。最后，管理的网络化。全球治理是全球化、网络化时代的产物，这个时代导致了世界日益紧密的相互依存，导致了事物生成和发展的非直线性，以及事件因果链条的复杂性和多向性。这个总体的特征决定了社会结构的网络性，从而要求公共事务的管理进行相应的变革。全球治理恰恰以网络化管理回应了时代的需要，它以多元权力主体的并立、多重权威的并行、多向度权力运作的制度框架，展示了网络化管理的基本风貌。

其五，全球治理是一种特殊的政治权威。

人类公共事务的管理需要权威，所以，全球治理离不开权威。事实上全球治理本身就是一种权威，只不过是一种特殊的权威，因为这种权威的确立和合法性不能用适用于民族国家的民主理论加以解释，它是多种主体协调、对话、合作的结果。与此同时，必须懂得全球治理扩大了政治权威，但并未取消国家和政府的权威。从权威的扩展而言，曾长期垄断政治权威的国家和政府，其权力有所减弱，不承认这一点是非理性的；但从国家和政府应当行使和保留的政治权威而言，至今并未减弱，也不应该减弱，更谈不上过时。在这方面，人们不要过于天真。

二　全球治理的中国视角

面对全球治理的兴起，一个开放的中国必然要作出自己的思考与回应。但是一个不容忽视的问题是，全球治理对于中国和西方发达国家而言，由于各自的发展阶段、国际地位和历史文化传统不同，所以无论学术界关注的重点和研究视角，还是具体的实践，都会产生差异。而这恰恰是需要认真对待的。

全球治理的理论产生于西方，它更多地反映了发达国家对全球化时代国内国际事务的见解（包括困惑、挑战、期望和预测），尽管这些见解程度不同，但它们无不以现实为依托。从目前西方全球治理研究关注的焦点来看，主要集中于非领土政治和全球公民社会的定位。到底如何认识非领土政治，它对传统的领土政治有多大影响，是否要用新的分析单位（如罗西瑙的"权威空间"、赫尔德的"功能性政治空间"）取代传统的分析单位——国家及其权威？到底如何评价全球公民社会，它是区别于国际社会的一个实体性社会，还是一个观念性社会？对它的存在机理、合法性基础、活动规则以及历史走向能否给予、怎样给予更有说服力的阐述？正是这样两个理论症结决定了西方全球治理研究的特殊视角，即全球层面和跨国层面的机制、关系与活动，特别是全球公民社会所参与或试图介入的机制与活动，涉及全球公民社会、超国家组织和政府间国际组织以及它们之间的互动。福特基金会"全球公民社会"项目部2003年"促进公民参与全球治理"研究计划非常鲜明地体现了这一研究视角。该研究计划"要求申请此项目的公民社会组织具有战略性的计划，以增强或促进全球治理主体与全球公民之间的可信任机制，并且寻求有效的机制，从而使全球公共政策协商中能够听到公民的广泛呼声"。该研究计划提供的参考性选题有：公开安理会协商与议程记录的必需性；修改世界银行与国际货币基金组织投票的章程；增加国内立法部门在国际谈判中的声音；在国内层次选举国际制度的代表；加强全球法院或对国家法律负责的全球制度；增强国际法在国家内部的实施力度；等等。

与之不同，中国对全球治理的理解与感受受到以下几个因素的制约：

首先，中国重返国际社会的时间不长，对国际社会许多领域的相应机制、规则都不甚熟悉，尚有一个学习—适应的过程。同时，中国的国力也还有限，我们还不是一个完整意义上的、有全方位影响的大国，而只是一个崛起中的大国。这种状况就决定了中国在国际事务中谨慎、低调、不出头的风格，并且更希望也更习惯于在现有的国际组织和多边主义的体制与框架中处理人类公共事务。

其次，中国是一个发展中国家，所以有着与发展中国家相同的倾向。一般而言，广大发展中国家一方面对主权有一种特殊的政治情感，往往把维护国家主权与争取民族独立的政治历程和政治成果联系在一起；另一方面，又深切感受到现存国际秩序的不公正，试图尽快使本国强大起来，真正摆脱西方发达国家的控制。这样，它们势必对挑战国家和主权地位的非领土政治、全球主义抱有戒心。

再次，中国的公民社会尚处于生成与初创时期，尽管比改革开放前有了长足的发展，但在数量、能力、本身素质及其社会影响方面，都同西方发达国家（甚至同某些发展中国家，如巴西、印度、菲律宾等）有着较大的差距。这样，就使得中国的公民社会很难顾及和参与全球公民社会的活动，其视野和活动更多地局限于国内。

显而易见，上述因素使中国在参与和融入全球化的过程中，一方面感受到全球治理的必然性、合理性，从而加大了参与国际事务并且与国际规则接轨的自觉性与力度；另一方面，对西方发达国家强调和关注的非领土政治、全球公民社会有较多保留。对突破联合国和多边主义框架、由全球公民社会倡导和推动的全球层面与跨国层面的活动和新机制的建立持慎重态度。由此决定了中国关注和研究全球治理的特殊视角：在国家层面和本国范围内认同并推动全球治理。

其一，把全球治理内化为本土上的跨国合作。

全球治理原本是诸多行为体在全球层面和跨国层面通过对话、协商、合作来应对全球问题，管理人类公共事务，如遏制全球变暖、防治艾滋病、打击恐怖主义、防范金融危机等。中国无疑已经参与并将更积极参与国际社会的诸多治理活动，从而感受到全球治理的挑战与趋势。但毋庸讳言的是，由于中国主要以国家或政府的身份参与国际事务，所以对中国而言，全球层面的全球治理似乎与原来的国际治理并无区别。倒是国内日益增多的跨国合作，为中国勾勒了一个全球治理的新视角。这就是把全球治理从模糊的全球层面内化到清晰的国家层面，在本土上通过实施诸多跨国合作项目来感悟全球治理，并在这一过程中加深对全球治理的认同。这里，涉及两个必须澄清的问题。

一个是全球层面与国家层面的关系。全球治理聚焦于全球层面的机制、关系与活动，三大主体——国家、政府间国际组织和全球公民社会——在全球层面上展开对话、协商、合作，这是该理论的基本点。如果偏离了这个基本点，就会被认为是曲解了全球治理。但问题是三大主体的对话、协商、合作仅仅存在于全球层面吗？如果在国家层面上也出现并实际推动着某些事务的治理，能否称之为全球治理呢？本文认为是可以的。在一个日益相互依存的世界，人们不仅关心在全球层面就某些问题、领域达成全球性制度、规范，以加强对人类公共事务的有效管理，维护共同利益，而且会以跨国合作的方式，对虽存在于一国之内，但却会有全球性影响的问题与事务进行治理。这时，虽然现象上只是国家层面的治理，但其意义却是全球的，因此也符合全球治理的基本含义。比如在中国环境、防治艾滋病和戒毒领域，存在着广泛的跨国合作。既有发达国家，又有以联合国为代表的政府间国际组织，还有国际上有影响的非政府组织，它们构成国际纵队，同中国中央政府、地方政府、非政府组织一起，开展着颇有成效的治理工作。这难道不是全球治理吗？当然是。因为中国在上述领域的进展与成就，无疑符合全人类的利益，也必将推进全球层面的环境治理和公共卫生状况的改善。所以，全球治理不能仅局限于全球层面的治理，也应关注国内层面的治理。这样，该理论就会有更大的包容性。

另一个是跨国合作与国际合作的关系。本文所提出的国家层面的全球治理以跨国合作的存在为前提，换言之，只有在一国之内存在某些领域的跨国合作，才能视其为全球治理。跨国合作不同于传统的国际合作。跨国合作是突破国家中心、国家主体的合作，它必须包括非国家行为体，特别是非政府组织。只有国家、国际政府间组织和全球公民社会三大主体共同参与的合作，才称其为跨国合作，同时也才满足国内层面的全球治理的要求。如果仅有国家间或国家与政府间国际组织的合作，那只是传统的国际合作。这种国家中心的国际合作虽然也是不可或缺的，但不能视为国内层面的全球治理，而只能归属于国际治理。

其二，把全球治理锁定于全球问题的治理。

全球治理的范围非常广泛，可以说遍及政治、经济、文化、军事、社会等人类生活的各个领域。从国际社会来看，一些非常敏感而重大的议题已被涉及，比如全球治理委员会关于改革联合国的主张，该主张的基本点是扩大全球公民社会的作用。"首先，是在改造后的联合国体系中，增进民间社会的实际作用，而不是仅限于在改造后的结构中分配给它一些席位。其次，应承认联合国体系之外的民间社会所起作用的重要性"①。它提出的具体建议是建立一个作为辩论机构的"人民大会"，用来补充由各国政府代表的联合国大会。而在此之前，应为全球公民社会提供一个年度论坛。此外，关于建立国际刑事法庭、经济安全理事会等建议都关涉全球性制度与机制的重构。与此同时，作用与日俱增的国际非政府组织，并不满足于仅仅参与发展援助、人道主义救援、环境保护以及疾病防治等经济、社会事务。为国家所垄断的政治、军事、安全事务正成为非政府组织积极介入的新领域，比如对军备控制和防止武器扩散施加影响力、推动并参与预防性外交、致力于国际人权保护等。

中国视野中的全球治理既然定位于国内层面的全球治理，那么所治理的对象就必须有所选择与限定，而在我们看来，最恰当的国内层面的全球治理对象，莫过于那些关涉人类生存与发展的全球性问题。这是因为：

一方面，全球问题具有真正的全球性、公共性。全球治理指涉的是人类公共生活，不是某一地区、某一国家、某一民族、某一团体的事务，全球问题恰恰符这一特点。当代人类关切的生态、环境、发展、资源、毒品、艾滋病、难民、人权、国际恐怖主义、太空开发与海洋利用等全球问题既关涉整个人类，又与每个人息息相关。也就是说，无论其存在还是影响都是全球性的，具有典型的公共性。全球问题无疑需要在全球层面，通过对话、协商、合作确立一系列有效治理的机制、条约和规范，如全球气候变暖框架条约。但也必须同时重视这些问题在一个个具体国家、地区的改观与解决。全球问题在每个国家的表现程度、形式不尽相同，应对的方略和解决途径也会有所差异，但正因为它的全球性和公共性，所以就为全球治理提供了平台。当一个国家借助于国际社会和全球公民社会的力量，治理本国存在的全球问题时，这无疑是参与、推动全球治理的一种好方式。

另一方面，全球问题具有超意识形态性，便于进行跨国合作，也易于避免某些政治上的麻烦与冲突。全球问题的超意识形态性是指其存在的普遍性、挑战的共同性和利益的相关性。全球问题不因一国是社会主义国家就不存在，也不因一国是发达国家就可避免，它反映了人类社会生活中更

---

① ［瑞典］英瓦尔·卡尔松、［圭］什里达特·兰法尔主编：《天涯成比邻——全球治理委员会的报告》，中国对外翻译出版公司1995年版，第221页。

一般的内容。正因为如此，全球问题所带来的挑战就是人类面临的共同挑战，它所关涉的利益就是人类的共同利益。全球问题的这一显著特点，不仅有助于在全球层面达成合作的共识，形成有约束力的机制与条约，尤其适于在国内层面开展跨国合作，实施全球治理。道理显而易见，当他国、国际组织和全球公民社会试图介入一国的政治、军事、外交事务时，必然会触动敏感的主权问题，从而导致激烈的反应，甚至纠纷。但对于关乎经济、社会发展，指向改善人与自然关系，提高人类生活质量的问题与事务，各国大都欢迎国际社会的介入，包括资金的投入、人员的培训、技术的支持，以及治理机制与方法的引进。总之，对于国内层面的全球治理，将其治理对象锁定于全球问题不仅是适宜的，而且是现实可行的。它既为全球层面的治理主体介入存在于一国但却有全球影响的事务提供了可能，又为主权国家所接受，中国的实践就是一个力证。自改革开放以来，中国已在环境、戒毒、防治艾滋病领域开展了大量的跨国合作，吸纳了大批资金、技术，卓有成效地推动着全球治理。可以说，中国为在国内层面以全球问题为平台实施全球治理提供了很好的经验。当然需要指出的是，尽管全球问题从整体上讲具有全球性、全面性、超意识形态性、相互缠结性、挑战性等特点，但其内部也是有区别的。有些问题，如生态环境、资源、人口、艾滋病、毒品、贫困等问题超意识形态性更强，从而共识性也更突出。有些问题则较为复杂和敏感，如人权、国际恐怖主义。它们虽然也有全球问题本身所共有的特点，从而导致在维护人权、反对国际恐怖主义方面的全球治理，但由于与政府行为联系更为密切，所以会在不同程度上受到政治或意识形态的影响。这一类问题，就不适于作为国内层面全球治理的对象。当代人道主义干预引起的争论与纠纷，反对恐怖主义的泛化和非法制化倾向导致的忧虑，都证明了这一点。

其三，把全球治理植根于本国公民社会的培育和基层民主的建设。

治理和全球治理不同于国家统治和政府管理的最关键点是，前者依托于公民和公民社会，而后者则依靠国家、政府的权威与强制。治理和全球治理的过程就是还政于民的过程，就是公民社会成长、民主精神弘扬的过程。反之，没有较为发展的公民社会，缺乏具有公共精神和民主素养的公民，也就不存在名副其实的治理和全球治理。全球层面的全球治理着眼于公民在超国家或跨国事务上的参与，正是这种自愿的参与使公民得以学习民主，学习公共事务管理，并不断形成新的国际非政府组织，壮大和健全全球公民社会。活跃于人道主义救援、环境保护、戒毒、防治艾滋病等领域的诸多非政府组织、公民运动，都是这样生成、发展并实践着全球治理的。中国关注全球治理与全球公民社会的互动，并在可能的条件下参与国际非政府组织和全球公民运动的活动，但这毕竟有限①。因为能够有全球的视野和目标，具备与全球公民社会对话、合作的能力，并能在某些问题和领域上影响全球公民社会的治理活动，这样的非政府组织在中国还非常少。造成这种状况的原因，既有体制和政策上的制约，又与中国公民社会自身的发展远未成熟相关。所以现实的选择就是在国内层面的全球治理中，有意识地培育公民社会，加强基层民主建设，提升公民的公共精神和参与能力。培育国内的公民社会是发展全球公民社会的基础，也是切实推进全球治理的保障。对于当代中国而言，尽管伴随着市场经济的发展和政府职能的转变，公民社会的生长发育具备了前所未有的空间，但公民社会依旧弱小，而且很不规范。所以，尽可能把公民社会的力量吸引到国内层面的全球治理，使它们在治理中国的全球问题的跨国合作中得到锻炼，增长才干，提高民主参与的自觉性和社会责任感，强化自身的组织力和影响力，这无疑是促进中国公民社会成长的一条有效途径。事实上，正在中国进行的以治理全球问题为宗旨的跨国合作，很多都是政府间国际组织和国际非政府组织发起和资助的。这些组织在设计、谈判这些合作项目时，往往都特别强调民众的参与，把社区、社团、公民个人的参与作为合作项目实施的前提条件之一，也是衡量合作项目是否成功的标志之一。这就为受制于政策、财力、能力而不能广泛和有效参与公共事务管理的基层组织与民众创造了条件，使他们在项目实施中成为当事人甚至主角，从而在客观上培育着中国的公民社会。随着国内公民社会的发展与成熟，中国就会有更多的非政府组织、公民运动走向世界，成为全球公民社会的一员，参与全球层面的全球治理。如果忽视了这样一个渐进的过程，鼓励不成熟的非政府组织和不成熟的公民个人过早介入全球层面的全球治理，那么不仅无助于全球治理，还会影响国内公民社会的健康发展。

中国视野中的全球治理在着重国内公民社会培育的同时，也指向基层民主的建设。基层民主指的是中国广大农村和城市居民所能直接感受并行

---

① 一个很明显的例子是，在 2002 年世界可持续发展首脑会议（WSSD）上，中国的草根NGO 第一次亮相，并引起了世界的关注。但在几千个与会的 NGO 中，中国大陆仅占十几席。

使的民主。在这方面，扩大公民的直接选举权是最有力也最为人们所知的举措，它涉及县以下人民代表、乡镇长、村民委员会、居民委员会的产生。虽然这种公民选举权与全球治理并无直接关系，但它所渗透和体现的民主参与精神却是同全球治理一致的。扩大基层民主的另一举措则是推进社会自治，而社会自治恰恰是全球治理的精髓。中国目前施行的公民自治主要体现在农村村民自治、城市社区自治和行业自治三个领域。正是这些领域的社会自治，培养着有参与意识和能力，尊重对话、协商规则的公民。然而需要特别注意的是，社会自治的组织基础在很大程度上是由国内公民社会奠定的。换言之，公民社会越成熟，社会自治的要求越强烈，从而就会导致社会自治范围的扩大与程度的提高。

如前所述，国际社会在中国开展的跨国合作，大都指向并落实到基层。于是，跨国合作中培育的公民社会，同时促进着基层民主。实际上不少跨国合作项目都成立了社区管委会，而这个委员会往往同村民自治委员会、居民自治委员会有着极为密切的关系。当村民们通过直接选举产生管委会成员时，他们一定会在直接选举村民委员会和居民委员会时有更出色的表现。由此可见，培育国内公民社会和加强基层民主建设是相辅相成的，自觉地认识到这一点，就能使中国在全球治理中有更多的收益。

三 中国参与全球治理的实践及其启示

全球治理的中国视角，试图用三个立足点（立足于国内的跨国合作，立足于国内的全球问题，立足于国内公民社会的培育和基层民主的建设）来解读全球治理，赋予其新的理论内涵。那么，这种区别于当前国际学术界主流认识的全球治理理论是否有现实表现与依据呢？答案是肯定的。我们正在进行的《全球治理与中国公共事务管理的变革》的研究项目，以生动的个案和丰富的事实说明，中国正在本土上实践着中国特色的全球治理，并提供着有益的经验与启示。

其一，多主体、多部门合作制度是实施全球治理的基本形式与有效机制。

政府与非国家行为体的合作、共同参与是全球治理的基本规定性之一。这一点在中国的跨国合作、全球治理中也得到充分体现，其具体形式就是多主体、多部门的合作制度。需要指出的是，多部门合作在中国的综合治理、齐抓共管等术语和经验中已有所体现，但其基本指向是政府部门间的合作，而且最终要由某个行政机构或负责人统摄。因此，严格地讲，政府部门间的合作与本文所要阐述的全球治理中的多部门合作制度有本质区别。我们这里讲的多主体、多部门合作制度，是指国内外不同行为体（国家、政府间国际组织、全球公民社会），以及同一行为体的不同部门、层次、单元，共同参与中国本土上的跨国合作，推进全球治理的制度性安排与机制。比如中英艾滋病防治项目，成立了由中国十个部委和两个国外机构组成的项目协调委员会，包括国家对外经济贸易部、卫生部、国家发展计划委员会、公安部、司法部、教育部、广播电影电视总局、全国妇联、共青团中央、国家计划生育委员会以及联合国艾滋病规划署和英国国际发展部。这个协调委员会将就中英艾滋病防治项目的重大事宜进行对话、协商、合作，相互间没有等级之分。与此同时，为了推动项目的实施，又成立了项目办公室和专门的专家指导小组。下属的云南和四川两个项目省也在各个层级成立了相应的多部门参与的项目小组，直到项目的最后实施地。我们调研的四川省资中县艾滋病社区关怀项目，把这种多主体、多部门合作制度一直延伸到试点单位——公民镇。而云南省易门县艾滋病感染者关怀企业试点项目，还把私人企业家融入到多部门合作制度中，更体现了这种制度与机制的包容性。

由此可见，全球治理语境下的多主体、多部门合作制度必须包括如下要素：首先是国内外多种行为体的共同参与。仅有国内各部门的协同合作，那只是中国式的综合治理，不能视作全球治理意义上的多主体、多部门合作制度。其次，要有非政府组织的参与。没有非政府组织的参与仅是传统的国际合作。这里，非政府组织既包括国际非政府组织，也包括国内非政府组织，而对于当代中国而言，国内的非政府组织不可按发达国家的标准衡量，要充分考虑其不成熟性，容纳各种变通的、过渡性的组织形态。但无论怎样不成熟，在多主体、多部门合作制度中必须打破政府单一管理的形式，以便听到非政府组织的声音，这是毋庸置疑的。最后，参与成员的平等性和处理公共事务的协商性。多主体、多部门合作制度并非不要权威，这种制度本身就形成某种管理公共事务的权威，只是这种权威的确立与合法性不能用传统的民主理论加以解释，也不能以传统的等级式政府管理体制加以审视，它是多元主体之间平等对话、协商的结果。

其二，政府在全球治理中仍起主导作用，但政府部门及其官员的权力与管理观念的日益更新也是一个基本事实。

国家和政府在社会生活中的主导作用，是自签订《威斯特伐利亚和约》以来所确立的国家中心主义的一整套国内、国际政治规范与制度所认可并维护的。尽管这一点在当代受到重大挑战，但并未从根本上被改变，当然情况不尽相同。在全球层面，当涉及社会、经济、环境、人道主义援助等事务时，全球公民社会的作用日益凸显，有时甚至扮演主角。而本文所研究的国内层面的全球治理，政府的主导作用则毋庸置疑，也是不同于全球层面的全球治理的主要表现之一。

为什么中国本土上开展的全球治理，政府的主导作用异常突出、鲜明？首先，相对市场经济的建设和社会生活的变迁，中国政治与政府改革的进程还相对滞后、有限。尽管为适应市场经济和社会生活变迁的需要，政府已在权力下放、职能调整、角色定位方面作出了不少努力，但传统的集权式的管理模式和行政命令式的管理方法仍然颇有市场与影响。政府更习惯于自己统摄社会资源与权力，实行单向度、等级式的社会管理，认为这样才能提高行政效率，维护社会秩序。而若放权给公民社会，一则政府不情愿，二则又担心非政府组织和其他公民共同体的能力有限，会导致社会失控与混乱。鉴于此，政府就会自觉不自觉地在开展跨国合作时，从政策上作出有利于自己而限制公民社会的规定与安排。其次，中国的公民社会，特别是其中坚非政府组织还处于生成、发育的初期。中国的NGO是伴随着改革开放和市场经济的推进而兴起的，时间短、数量有限、能力欠缺、成熟度也较低。显然，没有数量就形不成规模，而没有一定规模就很难更多地影响社会。能力欠缺表现在财力、组织力、自治力、影响力诸多方面。中国NGO的绝大多数并非严格意义上的NGO，对政府的依赖性很大。从财政支持到组织挂靠都离不开政府，这样，其作为一个自治组织的独自影响力势必大打折扣。成熟度表明NGO能否理性地定位社会角色和责任，自觉接受社会规范和法律的约束。由于中国NGO的兴起处于社会转型和变革的大背景下，而且自身又往往受到旧传统和旧习气的侵袭与束缚，所以自觉的角色意识、责任意识、规范意识、法制意识都极有待提高，这也在客观上制约着其社会作用的发挥。总之，中国NGO的现状决定其在管理社会生活中的权威性、有效性、可信度都尚难以同政府相提并论。再次，政府与公民社会的良性互动有助于政府发挥主导作用。如果说前两个原因主要立足于政府与NGO自身的不足，那么第三个原因则试图提供另一考察问题的视角。政府与公民社会的关系大致有三种类型：自由主义主张公民社会制约国家与政府；激进主义主张公民社会对抗国家与政府；而晚近较为理性的观点则主张公民社会与国家、政府合作互补、共生共强。总的来讲，前两种主张历史更悠久，社会影响也更大。但随着社会生活的日益复杂和相互依存度的增强，政府与公民社会合作互补、共生共强的观点开始得到更多人的认同。中国公民社会的兴起恰逢其时，这为政府与公民社会关系的理性定位与良性互动营造了良好的环境。一方面，政府正在转变观念，逐渐承认公民社会管理社会公共事务的独立地位与作用，不再视 NGO 为洪水猛兽；另一方面，公民社会又清醒地认识到政府在管理社会生活中不可或缺的主导作用，并明确自身的定位：不仅仅是政府的助手，也绝不是政府的对手，而要在增强独立自主性的基础上，成为政府的合作伙伴。显然，这样的定位增强了政府主导跨国合作的合法性，客观上有利于国内外对政府主导作用的认同。

在承认政府主导中国本土上的全球治理的同时，我们还应看到，政府及其官员的权力与管理理念正在发生变化，治理和全球治理的观点、思想正潜移默化地影响着政府的行为。在开展跨国合作，治理全球问题的实践中，政府逐渐认识到：首先，政府管理社会公共事务的能力是有限的。认为政府是万能的，政府可凭借手中的权力支配一切、管理一切的传统权力与管理理念在社会生活日益复杂化的今天正在失去市场。现实表明，正因为社会生活的日益复杂化，政府不可能洞察、熟悉各种社会事务。权力并不等同于能力。管理社会公共事务的能力往往需要更多的专业知识，而这是权力所难以赋予的。所以，政府的正确做法应是发动更多社会力量参与社会公共事务的管理，这样才能弥补政府能力的不足。显然，承认政府能力的有限性，就朝着多元主体参与社会公共事务管理迈出了关键性的一步。其次，非政府组织与各种公民共同体在社会公共事务管理中完全能够发挥独特作用。当政府把视野转向其他行为体，并开始共同管理社会公共事务时，政府不仅消除着以往对非政府组织的误解与疑虑，而且不得不承认，非政府组织和诸多公民共同体在管理社会公共事务时有独自的优势，能收到更好的效果。再次，政府要学会同非政府行为体对话、协商。政府习惯于命令、指挥，并通过等级式制度管理社会公共事务。但在跨国合作中，则不存在这种上下级关系，大家都是平等的一员，政府不仅在重大问题上要与国外资助方、合作方协商、谈判，而且在国内诸多行为体中也不能发号施令。尽管传统管理的惯性还在一定程度上起作用（比如国内诸行为体习惯上会认为行政级别高的单位就是事实上的领导），但在制度安排中，政府不具有特权。所以，政府在实践中开始进行角色转变，并逐步在治理规则的约束中认同伙伴式合作关系。不言而喻，政府观念的更新将是一个漫长的过程，而且这种更新已经开始了。

其三，全球意识与全球价值在全球治理中有所体现、有所认同，并得到传播，但与全球变革的要求还相距甚远。

全球治理有一种内在的全球情怀和鲜明的全球取向。无论是全球层面的全球治理，还是国内层面的全球治理，都要求以全球的视角思考和解决人类面临的共同问题，从而使人类的共同利益得以维护，并实现人类整体的进步与发展。正是这种全球情怀与倾向，突出了全球意识和全球价值的作用与意义。

全球意识区别于国家、民族、群体意识，它是一种新的思维方式和观念。全球意识强调人类整体性，即以全球的视野考察、认识社会生活和历史现象。整体性并不等同于共同性，当然两者之间也有密切的关系。全球价值包含两层含义。首先是指人类作为一个整体有其独立的价值，换言之，人类可被视为一个新的价值主体，它不同于国家、民族、群体等主体；其次是指价值的普世性，即一种受到普世关怀、得到普世认可的价值。全球治理正是通过关注人类整体面临的挑战与问题，塑造维护人类整体利益与秩序的规则、机制，以达到促进人类整体进步与发展的价值目标。因此，正如全球治理委员会所说，"全球价值观必须是全球治理的基石"①。同样，全球意识也是全球治理的前提。

中国本土上以跨国合作形式进行的全球治理也在一定程度上体现着全球意识和全球价值关怀，并在治理的进程中培育和强化着全球意识和全球价值，使其认同度得以逐渐提高。这表现为：一方面，跨国合作的参与者不同程度地认识到，治理中国存在的全球问题不仅是中国的事情，也是人类的共同事务，它关涉人类的共同利益。特别是中国国内各参与主体，开始改变单纯的受援方角色定位，认识到中国存在的全球问题的世界意义，从而能够更自觉地与国际合作方建立平等的伙伴关系，推动全球治理。另

---

① ［瑞典］英瓦尔·卡尔松、［圭］什里达特·兰法尔主编：《天涯成比邻——全球治理委员会的报告》，中国对外翻译出版公司1995年版，第45页。

一方面，跨国合作的参与者在实践中加深了对全球机制、全球规范、全球模式、全球合作意义的认识。比如多部门合作制度和参与式工作方法，是国际社会在治理全球问题中形成的行之有效的机制、方法。那么，它们能否被运用于中国本土上的全球治理，并得到人们的认可呢？事实表明是完全可以的。在中英艾滋病合作项目和云南多部门与地方参与山地生态系统生物多样性保护示范项目中，多部门合作机制被明确规定并得到了很好的贯彻。从理念到组织形式，中国参与方都表示理解、认可。而在草海项目中，参与式工作方法帮助中国参与方改变了自上而下开展环保与扶贫工作的思路，转向自下而上的路径，结果充分调动了村民的积极性、创造性，使项目获得成功。同样的道理，在中国治理实践中形成的"草海模式"（即环保与扶贫、村民参与相结合）被国外专家认为在环保、脱贫和发展事业中具有超前性和创新意义，有推广的价值。后来，国际扶贫和环保机构在草海进行了数十次的考察和培训。云南昆明金碧社区禁毒项目则创造了着重对吸毒者进行心理关怀，建立"无毒社区"的经验，被联合国官员称为帮教工作中的一个新亮点、一个新的希望、一条新的路子。

显而易见，中国本土上的全球治理使中国官员与公民对全球意识、全球价值有了更多的感悟与认识。对于一个长期闭关锁国，又深受意识形态影响，习惯于以阶级的、国家的、意识形态的视野思考问题和采取行动的民族，这种转变无疑有其历史意义。但需特别注意的是，相对前所未有的全球变革，中国官员与公民的全球意识、全球价值关怀还显得十分欠缺，远远不能适应时代发展的需要。从我们的调研来看，中央一级（如公安部、卫生部、国家环保局以及中国性病艾滋病防治协会）的行为体，由于频繁的国际交流与合作，所以全球视野和情怀比较明显。同样，主要成员为精英的 NGO，如艾滋病工作网络、北京天恒可持续发展研究所，对全球治理的精髓也能有更深刻的把握。但从更多的层级上看，对全球意识和全球价值的了解十分模糊，更谈不上真正的认同。不少组织、机构和个人关心的仅仅是跨国合作能给自身带来哪些明显的收益，甚至把国外资助方戏称"大老板"，看重的也是他们对资金、技术的投入。这种状况虽情有可原，但的确是与全球治理不合拍的。

其四，公共精神的培育和公民共同体的建设是全球治理造就的宝贵财富，也是其历史意义与影响所在。

治理与全球治理在其浅层意义上追求的是能给公民和社会带来更大利

益的善治,而在其深层意义里,则是通过治理的过程造就有参与能力和公共精神的公民和公民社会,从而最终还政于民,实现权力向社会的回归。这无疑是当代的人文指向,也是走向新文明的历史底蕴。当我们立足于此来审视全球治理对中国的影响时,就会进一步认清全球治理的历史贡献。

公共精神,指的是一种关心公共事务,并愿意致力于公共生活的改善和公共秩序的建设,以营造适宜人生存与发展条件的政治理念、伦理追求和人生哲学。公共精神有赖于人的自觉,换言之,强制不能产生公共精神。一个公民和一个社会的公共精神究竟是如何形成的,至今未有定论,也颇使学术界困惑①。但有一点少有争议,那就是社会生活本身的联系越密切,生存挑战和境况越严峻,公共精神越容易生成和发展。正是在这个意义上,我们说,全球化导致的全球相互依存,全球问题导致的人类生存挑战,为张扬公共精神提供了历史舞台。中国本土上的全球治理是在这个舞台上开展的,所以它在客观上有助于公共精神的培育。

毋庸讳言,由于种种原因,当代中国公民的公共精神总体上讲比较欠缺,特别在基层和农村更为明显。但情况正在发生变化,村民自治所显示和爆发出的公民参与热情及创造性足以表明,制度安排和必要环境的提供,能够激发公共精神。我们所调研的中国本土上的全球治理项目同样证明了这一点。在草海项目中,由于参与式工作方法的宣传与实施,村民们的参与热情空前高涨。他们对怎样实现草海的环境保护与经济发展献计献策,并创造了适宜的组织形式和管理机制。比如,村基金管理人员的民主产生和监督、项目管理委员会的设置,等等。同样,在云南多部门与地方参与山地生态生物多样性保护示范项目中,两个试点区的项目管理委员会都由社区民众无记名投票产生,竞选者不乏其人,而民众的踊跃参与也令人欣喜。至于四川资中和云南易门两个艾滋病关怀项目,则在艾滋病关怀社区中反映出公民的参与精神。这里既有艾滋病感染者,也有参与艾滋病关怀的自愿者和普通居民,为了防治艾滋病,他们形成一个公民共同体。尤其需要指出的是,像红树林那样纯粹的艾滋病患者社团,在与病魔和死亡进行抗争的同时,献身于公共事业,站到防治艾滋病的第一线,这非常令人钦佩。

---

① 参见〔英〕罗伯特·D. 帕特南《使民主运转起来》,王列、赖海榕译,江西人民出版社 2001 年版。

公共精神与公民共同体密不可分。所谓公民共同体就是公民自愿结成的组织（包括社团、社区、网络），以表达对某一特定议题的关注或从事某一特定议题的活动。公民共同体的基本特点是公共性、自愿性、民间性、参与性。这里，公共性是指共同体的宗旨有助于公共生活和公益事业；自愿性是指共同体出于公民的责任、义务、理念的驱动而非他人强制而成立和维系；民间性是指共同体不会被纳入任何行政层级，它是政府框架外的自主活动领域，虽然在其组成上可能有行政机构或官员介入；参与性则是指共同体以参与公共事务为其动力和生存内容。显而易见，公民共同体既是公共精神的载体，同时又为展示和弘扬公共精神提供了平台和保障。草海合作项目所建立的包括草海自然保护区管理处和村民的环保社区，云南多部门与地方参与山地生态系统生物多样性保护示范项目所建立的包括乡镇行政机关和广大村民的管理社区，以及云南昆明金碧禁毒社区、四川资中艾滋病关怀社区等，都显示了公民共同体的功能与作用。公共精神的发达和公民共同体的成熟是一个民族和国家的希望，更是人类的福音。尽管当代中国的公共精神和公民共同体还远不尽如人意，但毕竟已开始了历史性变化。从中国本土上的全球治理，我们可以看到一个富有公共精神和参与能力的公民社会正在生成，并终将崛起。

《中国社会科学》2004 年第 1 期

国家双边关系的定量衡量

阎学通　周方银[*]

摘要　本文探讨了国家双边关系的定量衡量这一基本理论问题。国家间关系根本上是由国家间的事件表现出来的，因此，本文借鉴了事件数据分析的已有成果，并有所改进。通过确定双边关系分值标准，设立事件影响力转换公式，衡量由事件引起的既有双边关系分值的变化等环节，克服了从事件数据分值过渡到双边关系分值中存在的理论和技术困难。对过去 5 年中美关系、中俄关系等的数据测试表明，本方法能够对双边关系进行比较有效的衡量，衡量的结果能够直接应用于对双边关系的分析，并具有比较明显的政策意义。

关键词　国家双边关系　定量　衡量　事件数据

国际关系学的研究对象十分广泛，但其中一个最基本的研究对象是国家的双边关系。随着这门学科的不断发展，国际关系研究从研究国家关系的性质变化逐渐走向研究国家关系的程度变化，也即从定性分析走向定量分析。定量分析国家关系的基础是定量衡量国家的双边关系，但如何才能科学地定量衡量双边关系却是一个学术难题。从 2002 年以来，我们一直在摸索解决这一难题的方法，现将取得的成果提供给同行检验。

国家双边关系衡量方法及其问题

国家间的关系是由国家间的事件表现出来的，因此事件数据分析就成

---

*　阎学通，1952 年生，清华大学国际问题研究所教授；周方银，1971 年生，清华大学国际问题研究所国际关系专业博士研究生。

为定量衡量双边关系的基本方法。事件数据分析是国际关系研究中行为主义的产物，它开始于 20 世纪 60 年代。其代表性模型有爱德华·阿萨尔（Edward Azar）的"冲突与和平数据集"（COPDAB, 1982）、查尔斯·麦克莱兰（Charles McClelland）的"世界事件互动测量"（WEIS, 1976）、马里兰大学的"全球事件数据系统"（GEDS）和堪萨斯大学的"堪萨斯事件数据系统"（KEDS）等。事件数据分析法把复杂的政治行为分解为一系列的构成单元，如评论、访问、回报、抗议、提出要求、发出威胁、采取军事行动等，然后对它们进行赋值。① 国际关系的定量研究，就是把行为体的互动行为进行数值编码，然后进行分析。② 事件数据的统计过程主要有四个步骤：（1）确定事件消息的来源；（2）建立或选择一个编码系统；（3）按照该编码系统对事件进行赋值；（4）计算赋值结果并进行分析（见图1）。

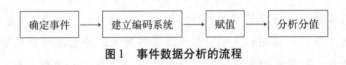

图1 事件数据分析的流程

事件数据分析的核心，是如何把双边关系中的事件转化为可以定量处理的数值。赋值方法不同，衡量结果也会有所不同。赋值的原则是，在"冲突—合作"这一维度上对不同的事件赋予不同的数值，但不同赋值系统的具体赋值标准却是不同的。例如，戈尔德施泰因（Goldstein）分值的权重标准大体上相当于阿萨尔—斯隆（Azar-Sloan）分值权重标准的对数。③ 不同的赋值系统不仅赋值标准不同，研究功能也不同，即对观察分析双边关系所能提供的帮助不同。图 2 是按戈尔德施泰因权重标准对1979—1997 年间伊朗和伊拉克双边关系事件赋值的图形。④

---

① 对于事件数据分析的比较完整的介绍，可以参考 Philip A. Schrodt and Deborah J. Gerner, AnalyzingInternational Event Data: *A Handbook of Computer-Based Techniques*, Draft, October, 2000, http: // www. ku. edu/-keds/papers. dir/automated. html; Robert G. Muncaster and Dina A. Zinnes（eds.）, *International Event-Data Developments: DDIR Phase II*, Ann Arbor: The University of Michigan Press, 1993。

② 参见 http: //www. ukans. edu ~ keds/eventdata. html。

③ Philip A. Schrodt and Deborah J. Gerner, *Analyzing International Event Data*, chap. 3, pp. 3 – 19.

④ Ibid. , pp. 1 – 9.

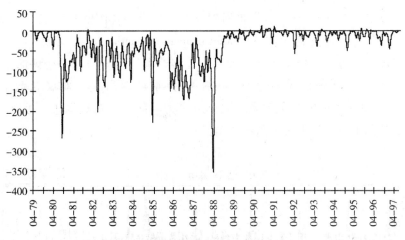

图 2　按戈尔德施泰因分值标准衡量的 1979—1997 年
伊朗对伊拉克的事件分值

　　戈尔德施泰因的赋值方法，可以通过分值变化表现出军事冲突的某些规律，有助于观察具体冲突的特征，特别是对冲突周期和冲突前期特征的认识，[①] 所以经常被用于中东问题研究。不过这种赋值方法并不能表现双边关系友好或敌对的程度。例如在图 2 中，两伊关系冲突事件数据中有些点的分值为零，表明这一时期两伊之间没有发生军事冲突，但这并不能表明此时的两伊关系既不敌对也不友好，因为事实上这两个国家的关系是处于敌对状态的，只是在那一时刻没有发生军事冲突事件而已。

　　中国学者李少军先生曾在 2002 年对中美关系做过定量分析。[②] 他根据公开文献提供的信息，将中美互动的事件转化为具体数值，然后根据数值和图形分析中美关系的变化特征。该项研究是国内学术界对双边国家关系进行定量研究的首次尝试，有相当的科学性。该研究方法的分值评估体系是确定的，计算过程是由计算机完成的，事件的选取来自于公开出版

---

　　① 例如 Preventive Measures 就是集中于冲突预警，此外还有用于分析冲突的软件，如 CASCON，参见 John L. Davies and Ted Robert Gurr, Preventive Measures. Lanham：Rowman & Littlefield Publishers, Inc. , 1998 和 Lincoln P. Bloomfield, Allen Moulton, Managing International Conflict from Theory to Policy：A Teaching Tool Using CASCON, New York：St. Martin's Press, 1997。

　　② 李少军：《"冲突—合作模型" 与中美关系的量化分析》，《世界经济与政治》2002 年第 4 期，第 43—49 页。

物，数据来源可公开检验。① 他所建立的"冲突—合作模型"，认为中美关系是冲突与合作的连续体（conflict-cooperationcontinuum），冲突与合作之间可以连续过渡。根据这个"冲突—合作模型"，他建立了一个评估体系，并按照这一评估体系对事件赋值。他评估的时段是克林顿执政 8 年（1993—2000）间的中美关系。通过以月为时间单位对数据进行处理，得到了如图 3 所示的中美关系示意图。②

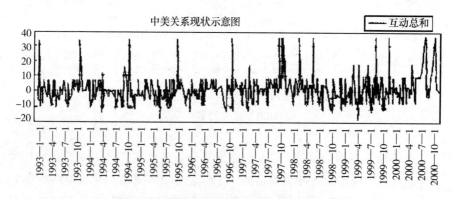

图3　李少军衡量的 1993—2000 年中美关系

不过，这项研究存在一个问题，即把国家互动事件的分值当作双边关系好坏程度的分值，因此其衡量结果并不能反映双边关系的性质和好坏程度。事实上，国家间的互动事件是在双边关系历史的基础上决定双边关系变化的方向和程度的，事件本身并不能告诉我们双边关系的友好或敌对程度已经达到了什么水平。也就是说，事件分值衡量不能等于关系分值衡量。在图 3 中我们可以看到，中美关系的分值时而为正时而为负，但事实上中美关系的性质并非每个月都在朋友和敌人之间频繁地变化。如果我们根据两国间在某月发生的事件的分值来判断两国关系当月所处的好坏等级和程度，至少会出现如下两个问题：（1）当两个国家在某月没有重要事情发生时，此时得到的双边关系分值将为零。也就是说，它们的关系处于既无冲突也不友好的绝对中间状态，这显然不符合

① 该研究以刘连第编著的《中美关系的轨迹》为蓝本，从中选取了 642 个"事件"。参见刘连第《中美关系的轨迹》，时事出版社 2001 年版。

② 李少军：《"冲突—合作模型"与中美关系的量化分析》，《世界经济与政治》2002 年第4 期。

国际关系的常识。按照一般常识，在没有重大事件发生的情况下，两国关系应保持在原有的敌对或友好状态。（2）以事件数据作为双边关系的直接分值，将使双边关系的衡量总是从零开始，从而失去了历史基础。如果两国在某月发生的事件都是正面的，则该月两国关系为正；如果该月发生的事件都是负面事件，则该月两国关系为负。如此衡量的结果将可能与事实完全相反。

国家双边关系衡量方法

（一）衡量双边关系的基本流程

要有效衡量国家双边关系友好或敌对的程度，核心问题是解决从事件赋值向关系赋值的转化。我们的基本设想是，双边关系是由众多事件组成的，这些事件随着时间形成了一个"事件流"，对双边关系的衡量需要在事件累积和流动两个维度上同时进行衡量。也就是说，对事件影响力进行累积是我们衡量的起点，测量事件影响力随时间流动的变化是衡量的过程，双边关系现状是衡量的终点。从起点到终点之间的转化过程将是复杂的，因此将事件数值转化为双边关系数值的合理性，将取决于转化后的双边关系数值能否与实际经验相一致，至少要有很强的相似性。为此，我们设计了如图4所示的定量衡量双边关系的流程。

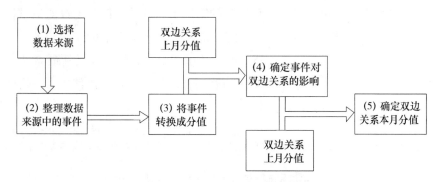

图4　定量衡量双边关系的流程

在图4中，环节（1）是对数据来源进行选择。从统计分析的角度来说，无须穷尽所有的公开数据来源，只要数据来源可靠即可。例如，衡量中国与大国的双边关系，选择《人民日报》和中国外交部网站的事件数据就可基本满足需要。

环节（2）是将数据来源中与我们研究对象和研究范围有关的事件进行筛选和归类。

环节（3）是在"冲突—合作"这一维度上，根据对双边关系影响力的大小，将已发生事件转换成一维的事件分值，即将当月发生的正负事件的分值相加，求得该月的事件总分值。这一转换需按预先确定的事件分值表来实现。设定事件分值表是为了保证转换过程具有较大的一致性和可比性。

环节（4）是把事件分值进一步转换成对双边关系的影响值。环节（4）与环节（3）的区别在于，环节（4）的赋值需要考虑双边关系所处位置的影响。这是因为，当双边关系的好坏程度处于不同水平时，同一事件对该双边关系的影响力不同。例如，2001年中美军机相撞事件，对两国关系产生了很大的负面影响；但是在朝鲜战争期间，中美间的一场空战就是平常事件，对两国关系的影响极小。①

环节（5）是把由事件导致的双边关系的变化值叠加在上个月双边关系的分值上，得到当月的双边关系分值。

（二）对双边关系分值标准的设定

用数值表示双边关系的好坏程度的第一个问题是如何制定数值衡量标准，也就是要设定两国关系变化的度量范围。对于数学上的距离空间，人们可以设定许多不同的距离标准，如欧几里得距离、闵可夫斯基距离等。②设定此类衡量标准，要符合方便性和有用性原则。③ 例如在常压下，我们

---

① 在李少军的研究中，事件在任何时候发挥的作用都是不变的，这是因为他没有考虑到两国关系已经达到的位置所产生的影响。更深层的问题在于，在他的分析框架内，这种影响是无法处理的。

② 实际上，数学中有时把按某种方式定义的距离叫作"范数"，把赋予距离叫作"赋范"，而这个"范数"的英文是"norm"，也就是通常所说的"规范"。这似乎意味着，在数学中，也有一些规范性的内容。见 Carl L. DeVito, *Functional Analysis and Linear Operator Theory*, Redwood：Addison-Wesley Publishing Company, 1990, chap. 1。

③ 科学哲学中的约定主义，制定了一些选择标准，不过这些标准主要是针对理论而言的。参见［美］劳伦斯·A. 博兰《批判的经济学方法论》，王铁生等译，经济科学出版社2000年版，第143页。

将水的冰点设为 0 ℃，沸点设为 100 ℃。借鉴这个方法，我们设定双边关系变化的分值范围为 -9 到 9，其中，-9 代表两国关系最恶劣的情形，9 代表两国关系最友好的情形，这是两种极限情况。两者的中值为 0，此时表示两国关系处于绝对的非敌非友状态，两个毫无关系的国家之间的关系可视为这种状态（如柬埔寨与布基纳法索的关系），或是双边关系中的合作与冲突是绝对地各占 50% 的情况。① 双边关系在极端敌对或友好的状态下受事件影响的敏感性弱，在绝对非敌非友状态下受事件影响的敏感性强（见图 5）。双边关系的这一客观特征，在进行数值衡量时表现为，双边关系的分值越接近 0，事件使双边关系分值变化的范围越大；而双边关系分值越接近 9 或 -9 时，事件使双边关系分值变化的范围越小。根据这一特征，我们采取逐级递减 0.1 的原则，设定了从中值 0 到 9 和 -9 非等距间隔的国家双边关系数值标准。

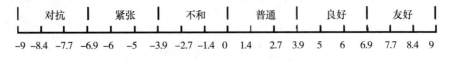

	对抗		紧张		不和		普通		良好		友好	

-9 -8.4 -7.7 -6.9 -6 -5 -3.9 -2.7 -1.4 0 1.4 2.7 3.9 5 6 6.9 7.7 8.4 9

图 5 国家双边关系数值标准

（三）事件分值表的设定

为了避免赋值的随意性，我们依照事件数据分析中的通行做法，设定一个确定的事件分值表来保证赋值的一致性。② 在事件数值分析中，比较具有代表性的分值表有阿萨尔—斯隆分值标准、戈尔德施泰因分值标准和"世界事件互动测量"分值标准。但这些分值标准主要是用于分析冲突行为，无法用于衡量双边关系，为此我们制定了一套与双边关系分值标准（见图 5）相一致的事件分值标准（参见附录）。③

设定这个事件分值表时，我们坚持了完整性和排他性两个原则。完整性是指可能选取的事件都能按分值表赋予分值；排他性是指同一事件只适

① 全球化可能使两个国家完全没有关系变得不可能，但有些国家之间的确没有实质性的安全、政治或经济关系。

② 事实上，现在的事件数据分析，主要是采用机器编码，而基本上放弃了手工编码，因此，对编码系统的依赖更强了。

③ 我们制定的衡量中外双边关系的分值表还不完善，但主要是技术细节问题，并不影响主旨分析，特别是不影响分析的方向和性质。

用于一个分值，避免同一事件归入两个以上类别的可能。事件分值表是根据经验确定的，但是在它确定以后便不再改变，从而避免了赋值的主观性和随意性。

（四）事件影响力分值的计算

事件对双边关系分值的影响力取决于本月两国关系中的事件和两国关系上月的分值这两个变量。事件的作用是使两国关系发生变化（变好或变坏），但这种变化是在现有两国关系基础上发生的。在不同关系水平的基础上，相同事件对两国关系的影响力不同。例如，在两国关系已经很友好的情况下，首脑会晤对双边关系的改善作用是很有限的；而在两国关系不好的情况下，举行一次首脑会晤，或者签订一项合作条约能起到明显改善双边关系的作用。为了解决事件在不同关系水平上的影响力不同的问题，我们根据双边关系分值标准（见图5），设计了如下的事件影响力计算公式：

$$
I = \begin{cases} \dfrac{N - P_0}{N} I_0 & \text{当 } I_0 \geq 0 \\[2mm] \dfrac{N + P_0}{N} I_0 & \text{当 } I_0 < 0 \end{cases}
$$

式中　I 表示事件在两国关系位于 P_0 时的分值；

　　　N 表示两国关系变化范围的绝对值；

　　　P_0 表示事件发生时两国关系的初始值[1]；

　　　I_0 表示事件在事件分值表中的分值。

因为两国关系的变化范围是 $[-N, N]$，因此 P_0 的取值范围为 $[-N, N]$。在本文中，P_0 的取值范围为 $[-9, 9]$。

上面的公式具有如下特点：（1）当事件对两国关系起正向推动作用时，即当 $I_0 > 0$ 时，随着初始位置从对抗向友好的方向移动，事件的正向推动作用逐渐减小。当两国关系达到最友好状态时，正面事件的正向推动作用为0。例如，1971年尼克松总统访华之前，中美在越南战场上是敌对方，所以美国总统尼克松访华使中美关系发生了质的变化；而中

---

① 由于这里的分析是以月为单位的，因此，如果我们考虑5月份发生的事情的影响，那么，两国关系的初始值 P_0 就是4月底时两国关系的分值。

美建立了正式外交关系后，美国总统里根访华对双边关系的推动作用就远远小于尼克松访华的作用。（2）当事件对两国关系起负向推动作用时，即当 $I_0 < 0$ 时，随着两国关系初始位置从对抗向友好方向移动，事件的负向推动作用逐渐增强。在两国关系最紧张的情况下，负面事件的负向推动作用为 0，即任何负面事件都不能使两国关系的数值小于 $-N$。例如，2000 年美国总统布什上台，此时中美关系是非敌非友，因此撞机事件使得双边关系严重倒退；但在 1965—1971 年间援越战争时，双方互为敌手，中国军队在越南战场上打下美国轰炸机或是美军轰炸中国防空阵地，对双边关系都没有重大影响。（3）当两国关系处于零位置，即初始值为 0 时，事件影响力分值等于事件分值表中的分值。（4）该公式具有对称性。当 P_0 与 I 的数值相同且符号相反时，意味着推动力相同，但方向相反。

（五）两国关系当前分值的确定

两国关系的本月分值等于两国关系的上月分值加上由事件引起的本月两国关系的变化值。这似乎是一个简单的相加，但由此产生的一个难题是，上月分值如何确定？因为上月分值的确定又依赖于上上个月的分值，这意味着有了上上个月的分值才能获得上个月的分值。这一逆推过程可以是无休止的，于是产生了第一次主观确定的初始值误差影响以后分值计算准确性的问题。然而，我们所设计的影响力公式具有一种纠偏能力，随着统计时间的延长可以纠正初始值误差，从而解决了确定上个月分值的准确度难题。接下来我们将通过检验双边关系初始值收敛效果的方法来表明这一点。

对国家双边关系衡量方法的测试

设定了双边关系定量衡量的方法之后，我们就需要对事件分值表、双边关系初始值计算方法以及双边关系总体衡量的合理性及其有效性进行测试。

（一）对事件分值表合理性的测试

为了检验所设定的分值表对事件赋值的合理性，我们采用两种事件分值表对比的方法，来观察不同事件分值对双边关系的影响力。我们实际使用的事件分值表是依据事件的重要性进行赋值的，在检验时我们又设计了一个按事件个数赋值的分值表。这个分值表将正面事件一律赋值为1，负面事件一律赋值为 −1，这样只区分事件对双边关系变化方向的影响，而不区分其对变化程度的影响。例如，如果某月的事件分值为 −5，则意味着该月负面事件比正面事件多了5件。以下我们称这种赋值表为简化分值表。我们分别用这两个不同的事件分值表逐月统计中美关系中发生的事件分值，其结果如图6所示。

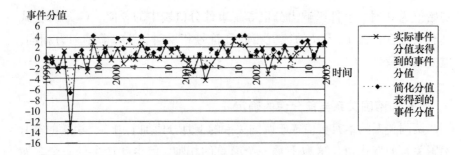

图6　依两种事件分值表统计的事件分值对比

我们把简化分值表得到的事件分值统一除以3，使两者在图中的变化曲线接近，以便观察。这不会影响分析的性质，因为我们对比的目的在于研究它们的变化方向是否相同，以及它们之间是否具有相关性。从图6中可以看到，在90%以上的点上，这两条曲线的变化方向是一致的。对这两个变量进行回归分析，得到如下结果：[①]

实际事件分值 = −1.1817 + 0.3847 × 简化事件分值

回归方程的决定系数 $r^2 = 0.772$，P 值 $= 0.000$，表明实际事件分值与简化事件分值的相关性很强（见图7）。这说明，即使使用简单的简化分值表，也能够得到有意义的结果，更何况我们实际采用的分值表对事件的赋值是更精细的，提高了对事件重要性赋值的准确度。这意味着我们所采用的这个分值表是可以满足定量分析需要的。

___

① 此回归分析是用 Matlab 软件进行的。

（二）对初始值（上月分值）计算方法有效性的测试

如前所述，我们在衡量两国关系的当前分值时，面临的一个难题是初始值无穷逆推。我们解决这个问题的思路是，对过去某个时间的双边关系做多个任意赋值，然后从这些不同分值出发计算当前分值，经连续时间的统计计算，观察它们各自结果之间有多大差别。如果差别依旧，则说明这种计算初始值的方法无法解决初始值不准确的问题；如果汇集于一点，则说明使用这种计算方法是有效的。为此，我们做了如下检验，对 1998 年 12 月的中美关系做不同的赋值，让它们分别从 9 至 -9 的七个不同的初始分值出发，观察其至 2003 年底的结果（见图 8 和表 1）。[①]

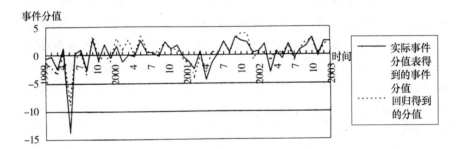

图7　按事件分值表得到的事件分值与回归方程拟合得到的分值比较

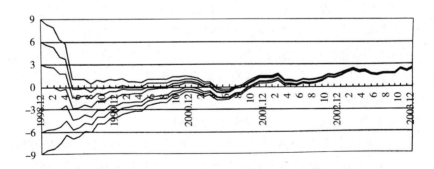

图8　1998—2003 年中美关系从不同初始值出发的演化结果

---

① 秦亚青先生对此项检验提出了有价值的建议，在此表示感谢。

表1　1998—2003 年中美关系从不同初始值出发的中美关系分值的时点数据

	1998 年 12 月	1999 年 12 月	2000 年 12 月	2001 年 12 月	2002 年 12 月	2003 年 12 月
	-9	-4.1	-0.7	0.5	1.5	2.4
	-6	-3.3	-0.4	0.7	1.5	2.4
中美	-3	-2.5	-0.1	0.8	1.6	2.4
关系	0	-1.4	0.6	1.2	1.8	2.5
分值	3	-0.6	0.8	1.3	1.8	2.5
	6	0	1.1	1.4	1.9	2.6
	9	1	1.4	1.5	1.9	2.6

图 8 表明，随着时间的延长，从不同分值起点出发的中美关系的每月分值呈现向狭窄范围汇聚的趋势，最终它们汇聚到同一个点。特别是对于极端情况，数据也能够较快地收敛，这意味着使用本文设计的双边关系衡量方法，即使对过去两国关系初始值的赋值有较大的误差，也能将其纠正到与双边关系实际情况相符的点上来。由于这种计算方法对初始值的统计是以以往若干年的"事件流"为基础的，因此较长时期的连续统计计算结果，实际上是对"事件流"的浓缩反映，因此能消除较早初始值的误差，保证当前初始值（上月分值）的准确性。由此也说明这种计算方法是合理和有效的。

（三）对衡量方法总体效果与实际情况一致性的测试

为了检验我们设计的双边关系衡量方法是否可以客观反映实际的双边关系，我们需要用经验事实为依据来进行检验。首先，我们让两个不同的双边关系从相同的初始值出发，然后进行连续的统计计算，观察两个双边关系的不同"事件流"是否能够使它们产生差别，并且这种差别是否与我们所了解的客观历史事实相一致。与客观历史事实一致，则说明这套双边关系定量衡量方法是有效的，否则就是无效的。

我们以中美关系和中俄关系为例进行检验，以 1998 年 12 月为初始点，为不失一般性，设这两个双边关系的初始分值都为 0。然后，根据前述衡量流程对这两个双边关系的分值进行逐月计算，得到的演化图如图 9 所示。

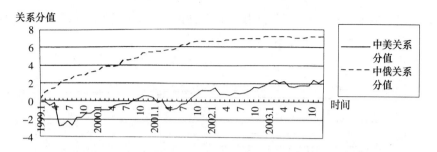

图 9 从同一初始值出发的中美、中俄关系演化结果

当我们设定 1998 年 12 月中美关系、中俄关系的初始分值均为 0 时，得到的 2003 年 12 月中美关系和中俄关系的分值分别为 2.5、7.1。从图 9 中我们可以看到，1999 年 1 月中美关系和中俄关系从相同的初始值出发，但它们的演进路线很快就分岔了，中俄关系明显好于中美关系，而且这种差距有相当的稳定性。两条曲线的差异是非常符合冷战后中俄关系和中美关系客观实际情况的。特别是中俄关系曲线的平滑和中美关系的曲折，特别符合这一时段中俄关系与中美关系的实际特征。这进一步说明用"事件流"定量衡量双边关系是可以反映客观情况的。

从图 8 和图 9 所显示的结果中，我们还可以看到，初始值的位置离当前值位置越远，它导致当前分值误差的作用越小。此外，这还表明，用这种衡量方法得到的双边关系当前值能较多地包括双边关系中的新近事件信息，能较充分地反映当前双边关系的实际状态。这对衡量当前双边关系来讲，是一种很好的性质。

国家双边关系衡量方法的应用

我们设计定量衡量双边关系的方法，最直接的目标是使双边关系的赋值合理，但最根本的目的还是为研究双边关系提供一个新的工具，从而使研究人员可以更加深刻地认识双边关系，得出更加符合客观实际情况的判断。接着，我们介绍一下这种衡量方法适用的研究内容。

（一）用于识别双边关系的一般性变化特征

通过定量衡量不同的双边关系，可以观察双边关系在不同敌对或友好的水平上的变化敏感性。我们用本文设计的方法，衡量了 2001—2003 年的中俄、中美两个双边关系，得到的图形如图 10 所示。

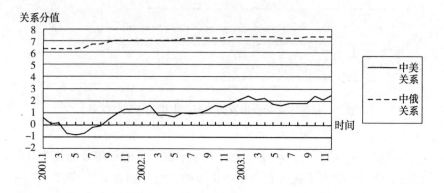

图 10　中俄、中美关系演化图（2001—2003 年）

从图 10 中我们可以看到，中俄关系的变化曲线是相对平滑的，而中美关系的变化曲线则是大起大伏的。这表明，当双边关系向敌对或友好的极端状态接近时，双边关系的稳定性会提高，一般事件对双边关系的影响力将下降；而双边关系接近非敌非友的状态时，双边关系则容易大起大伏，事件会导致双边关系发生较大程度的变化。根据对中美、中日、中俄、中法、中印关系的衡量，我们发现当双边关系达到良好和紧张的状态，即双边关系分值大于 3.9 和小于 - 3.9 后，双边关系开始显现稳定特征。

（二）用于识别双边关系的细微差别和变化

定性分析方法可以识别双边关系中的重大变化，但难以判断细微变化的程度。例如，定性分析方法可以判断出，2004 年的中俄关系明显好于中法关系和中印关系，但是，定性分析的方法很难对双边关系如中美关系和中日关系的好坏差别程度做出判断。依据定量分析方法得到如图 11 所示的图形，研究人员就可以比较这两个双边关系的差别了。

在图 11 中我们可以看出，从 2001 年 1 月到 2002 年 12 月，中日关系一直好于中美关系。但是，到 2003 年 2 月，中美关系首次好于中日关系。此后，2003 年 10 月和 12 月，中美关系又两次好于中日关系。这种细微变

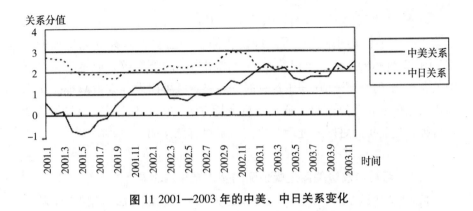

图 11 2001—2003 年的中美、中日关系变化

化,人们根据主观经验是无法判断的。通过把中美关系与中日关系的演化曲线进行比较,可以使研究人员更敏锐地把握到它们的变化趋势。例如,笔者曾在 2004 年 1 月 4 日预测,其后三个月内,"中日政治关系将成为中国与所有大国的双边关系中最差的,甚至不如中美关系。"[①] 这一预测被后来发生的历史事件所证实。而这一预测结果就是用本文设计的衡量方法对中日和中美关系进行定量衡量后做出的。

(三) 可帮助认识具体双边关系变化的时间特征

以中美关系为例,图 12 是对 1999—2003 年每年中美关系变化的定量衡量结果。

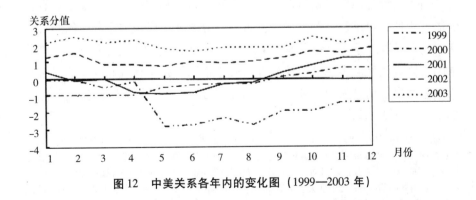

图 12 中美关系各年内的变化图 (1999—2003 年)

---

① 阎学通、周方银:《2004 年 1—3 月中日关系走势》,《世界知识》2004 年第 2 期,第 31 页;《对 1 月 4 日中日关系预测的检验》,《世界知识》2004 年第 8 期,第 42 页。

从图 12 中我们可以发现，以往几年中美关系的变化特征是上半年波动式下降，下半年则平稳回升。即使我们不知道引发这种变化特征的原因，图 12 显示的特征也足以给我们提供相当多的外交政策启示。从改善中美关系的角度出发，认识了这种时间特性，就可以设计政策减小一年内双边关系的起伏程度。可见通过定量衡量方法，发现和认识双边关系的变化特征，对于我们更好地处理双边关系是很有意义的。

（四）可用作双边关系定量预测的基础及检验工具

自 2002 年秋季起，我们在研究双边关系定量衡量方法的过程中，就不断运用衡量后的结果作为我们定量预测中美、中俄、中日、中印、中法五个双边关系变化的基础。从衡量这五个双边关系变化的结果中总结预测经验，并用衡量结果检验我们预测的准确程度。至今，我们已经在《世界知识》杂志上公开了对中日、中法、中美及中俄双边关系三个月内变化趋势的定量预测，并于事后对预测准确程度进行公开检查。[①] 这种方法对于定性的预测也可以起到检验的作用。例如，2004 年 1 月 1 日，某预测说本月中日关系会明显恶化，但是，到了月底时大家对是否明显恶化可能会产生分歧，因为甲认为是"明显"的恶化，而乙则可能认为恶化得不"明显"。而引进这个定量衡量方法，就可以有效观察恶化的程度到底有多大，从而可以解决对预测准确程度衡量标准不一的问题。对双边关系的定量预测，用这一方法检验将更加客观。

对本文设计的定量衡量双边关系方法的检验和应用，显示该方法有较强的客观性、可重复性和准确性。将事件分值转化成为关系分值的系统方法，克服了事件分值等同于国家关系分值所产生的分值与实际情况不符的缺陷。固定的赋值表和分值计算方法使衡量结果有了客观标准。笔者希望通过公开事件信息来源、分值标准和计算方法，与同行共同检验这一衡量

---

① 阎学通、周方银：《2004 年 1—3 月中日关系走势》，《世界知识》2004 年第 2 期，第 31 页；《2004 年 2—4 月份中法关系走势预估》，《世界知识》2004 年第 4 期，第 52 页；《2004 年 4—6 月中美关系走势预估》、《对 1 月 4 日中日关系预测的检验》，《世界知识》2004 年第 8 期，第 42 页；《2004 年 5—7 月中俄关系走势预估》、《对前次（2 月 4 日）中法关系预报的检验》，《世界知识》2004 年第 10 期，第 46 页；《2004 年 6—8 月中印关系走势预估》，《世界知识》2004 年第 12 期，第 40 页；《对 4 月 4 日中美关系预测的检验》、《2004 年 7—9 月中日关系走势预估》，《世界知识》2004 年第 14 期，第 44 页；《对 5 月 4 日中俄关系预测的检验》，《世界知识》2004 年第 16 期，第 40 页。

方法的合理性和可靠性，从而促进定量衡量双边关系研究的深入发展。

附录：事件分值基准表

（事件分值的设定范围设定为从－6 到 6。我们不可能穷尽所有的事件，表中只选择典型事件，实际事件可以典型事件为参照系。）

分值	正面事件	分值	负面事件
6	建立邦联关系 签订安全国防一体化条约 签订政治和外交一体化条约	－6	分裂对方领土 进行全面经济封锁 宣战或不宣而战
4.5	建立外交关系 签订双边睦邻友好条约 签订货币一体化条约 签订双边军事同盟条约	－4.5	断交 为对方的流亡政府提供活动基地 战争升级
3	建立伙伴关系 达成边界协定 签订经济一体化条约 宣布停战、签订停战协议 派军参加该国进行的军事行动	－3	召回大使 派军参加多国针对对方的战争 战前的军事摩擦
2.5	撤回大使后恢复互派大使 结束经济封锁、停止经济禁运 达成临时停火协定 解除武器禁运	－2.5	建立以对方为敌的军事同盟 实行经济禁运 在战争中发动新的大规模战役 实行武器禁运
2	签订双边综合经济协议（如中美关于中国入世的协议） 政府间重要双边军事协议 联合研制先进军事装备、联合进行军事技术开发 取消全面经济制裁	－2	驱逐对方外交官 加入直接以对方为目标的军事同盟 进行全面经济制裁 在对方领土上空进行军事侦察（需要作为事件发生，且双方有反应） 为针对对方的军事行为提供军事基地和其他支持
1.5	签署双边自由贸易协定 大型联合军事演习 国家领导人正式访问	－1.5	以政府声明的形式表示极大愤慨和严厉谴责，并提出最强烈抗议 举行针对对方的大规模军事演习
1	国家领导人顺访、国家副主席进行正式访问双方共同成为多边军事同盟条约的成员国	－1	以立法形式干涉对方内政（如美国通过《与台湾关系法》） 向对方基本政治立场挑衅（如日本领导人参拜靖国神社） 在联合国安理会对对方行使否决权 破坏双边正常贸易关系 进行不利于对方的大规模军事部署

续表

分值	正面事件	分值	负面事件
0.8	领导人非正式会议、多国领导人正式会晤（如安理会常任理事国首脑会晤）、国家副总理进行正式访问或会晤 联合军事演习 双边战略安全对话与磋商 就边界等安全问题达成协议 恢复中断的两军高层交往，恢复军事领域的磋商	−0.8	以政府政策形式干涉对方内政（如其他国家允许台湾领导人过境） 对方政府以军事政策形式干涉内政（如其他国家向台湾出售武器） 政府发出严重军事警告 推迟两军高层交往、中止军事领域的磋商
0.6	国家领导人在国际会议中会晤、外长正式会晤、外长正式访问、总理级例行会议、副外长级对话（如中美人权对话）、副外长级磋商、发表联合声明 建立或者恢复在政治、安全、人权等领域的对话 发表政府声明，支持对方在国际领域的行动与政策 军事与安全领域部长级访问与会晤	−0.6	外交发言：强烈反对、极大愤慨和坚决反对；提出抗议、副部长提出严正交涉；召见对方大使提出抗议 在重要国际会议提案反对对方立场（如联合国人权会议反华提案） 政府发表报告，攻击对方（如政府发表人权报告，诋毁中国人权状况） 中止双方政治、安全领域的对话 以政府声明的形式，反对对方的政策（如中国政府声明反对美国袭击南联盟） 阻止对方从他国获得先进的军事技术 在联合国安理会反对对方采取的军事行动
0.5	启动重要问题谈判 采取积极行动，解决双边贸易争端 大型舰队访问对方港口 取消在少数物项上的经济制裁	−0.5	外交部门发出严重警告 外交发言：强烈不满和坚决反对 政府重要部门或重要官员发表报告或散布言论，认为对方是一种重要威胁（如散布"中国威胁论"）、政府公布攻击对方的正式报告（如《考克斯报告》） 大使提出严正交涉 在对方使馆、领事馆前游行示威 在少数物项上进行经济制裁 进行小规模不利于对方的军事部署，以对方为假想敌进行军事演习
0.4	副外长级访问、副外长级正式会谈、副总理级例行会议 政府公报 重要问题谈判取得进展 两国在联合国等场合在重大问题上采取一致立场 签订综合多边协议（如 WTO 协议） 政府一般双边经济合作协议、排除双边贸易关系中的障碍，使正常贸易关系得以延长 经贸类的部长级官员访问、军事与安全领域的副部长级访问 就具体军事安全问题进行磋商（不是战略一级的）	−0.4	外交发言：坚决反对、强烈反对、抨击对方的行为、表示强烈关注 以外交发言等形式，在重大国际问题上，明确反对对方的政策立场 对对方产品征收高额反倾销税、取消已有交易、不发许可证 在联合国大会谴责对方的做法

国家双边关系的定量衡量

续表

分值	正面事件	分值	负面事件
0.3	外交发言：充分肯定和赞赏 外长在国际会议或陪同国家领导人访问期间见面、首脑通电话 有利于双边关系的大型民间活动 对话、磋商首次进行，或者恢复以前中断的外交关系，或者级别上升 非外交、安全、经贸类的部长级访问（如农业部部长、环境部部长等） 个别军舰、小型舰队访问对方港口	-0.3	外交发言：提出交涉、表示严重关切、严正驳斥 出口限制、出口管制、扣减配额 高级军事官员向对方发出军事警告（不是代表政府做出的正式军事警告） 取消拟定中的一般军事交流活动
0.2	外交发言：表示赞赏和支持 外长通电话、部长级例行会议、副部长级访问与会谈、局长级磋商 政府首脑会见到访的部长级官员 在外交上协作并在国际场合就一般问题采取一致立场 签订一般部门协议（如航空协议） 《人民日报》发表正面评论员文章或社论 撤销反倾销调查	-0.2	外交发言：声明对方做法毫无道理，批驳对方指控，表示反对、强烈不满、谴责、关注，表示对方做法是不能接受的 《人民日报》发表负面评论员文章或社论 进行反倾销调查 成立特别针对对方的一般军事组织或军事研究机构
0.1	外交发言：表示欢迎 《人民日报》上刊登的不太重要的政治方面的会见 政府重要官员公开发表支持改善双边关系的言论 会见前国家元首 首脑致函电表示慰问之类 副部长级例行会议	-0.1	外交发言：严正声明己方观点，对对方行为表示不满，认为对方说法是不负责任的、没有依据的，认为对方某种说法是别有用心的，表示关切 高级官员发表不利于双边经济关系的讲话

关系本位与过程建构：将中国理念植入国际关系理论

秦亚青*

摘要 30 年来兴起的西方国际关系理论三大主流学派——结构现实主义、新自由制度主义和结构建构主义——有一个共同的缺失，就是忽视对国际体系过程和国际社会中复杂关系的研究。对此，笔者拟借鉴主流建构主义，将"过程和关系"这两个中国社会文化中的重要理念植入国际关系理论，提出过程建构主义的理论模式。我们将过程定义为运动中的关系，论证了过程的自在性、过程动力和过程在国际关系中的作用。过程的核心是关系。如果说西方个体本位的社会性质的核心理念是"理性"，那么中国社会文化的一个根本理念则是"关系"。将这一理念挖掘出来并进行概念化处理，可依此确立过程建构主义"关系本位"的基本假定。同时，过程建构主义还认为，国际社会中的关系网络确定国家身份并孕化国际权力。过程建构主义是体系层次的进化理论，将分析重点置于国家之间的互动实践，强调过程的自在性以及对国际规范、国家身份和认同的建构作用。

关键词 国际关系理论 过程建构主义 关系性 国际规范 国家身份认同

到目前为止，西方国际关系主流元理论的发展主要是在体系层次，从华尔兹的结构现实主义（1979）开始，相继出现了基欧汉的新自由制度主义（1984）和温特的结构建构主义（1999）。这些理论在一定程度上解释了国际关系领域的某些现象，但是，它们又都忽略了一个重要的社会性要素：社

---

* 秦亚青，外交学院教授。

会互动过程和与之密切相关的社会性关系。结果是讨论国际关系的理论中却没有"关系"的地位，也鲜有"关系"理论，这是西方国际关系主流理论的重大缺失。实际上，过程和关系是中国社会文化中的重要元素，是中国政治哲学中的核心概念。过程包含关系，关系建构过程，过程的核心是运动中的关系，关系的运动形成了过程。如果说西方自启蒙以来三百余年的一个核心理念是"理性"（ratioality），那么中国传统思想中的一个核心理念就是"关系性"（relationality）。将这个中国元素概念化，以这个重要概念为核心，并与西方国际关系理论的立论方式相结合，结果会呈现什么样的理论取向呢？本文试图设计一种国际关系的过程建构主义理论，[①] 即采纳建构主义国际关系理论的基本假设和分析构架，吸收社会学关于社会性关系的论述，但其内涵要素则是中国的核心理念——关系性，亦即过程中的关系和关系中的行为体。[②] 由于篇幅所限，本文只提出一个过程建构主义的基本分析框架及其核心假定，目的是在形而上层面勾勒一种国际关系理论的轮廓。

一 社会过程与社会性关系：国际 关系体系理论缺失的要素

为了清楚地发现国际关系体系理论的缺失，我们需要对现有西方国际关系体系理论做一个简单的分析。过去 30 多年里发展起来的西方国际关系的元理论主要是三种体系理论，即：结构现实主义、新自由制度主义和结构建构主义。[③] 这些理论都试图在国际体系层面构建理论体系，以讨论国际体系因素如何影响国家行为。

---

① 参见秦亚青《国际关系中的进程因素》，《中国书评》1998 年第 13 期，第 5—18 页；Qin Yaqing, "East Asian Regionalism: A Process-Focused Model", Paper Presented at the Conference of "East Asian Cooperation and Sino-US Relations", Beijing, China, November 3 - 4, 2005。

② 过程建构主义主要借鉴的理论包括：建构主义国际关系理论；西方社会学和政治学关于关系的论述；中国社会学和社会心理学学者对中国传统中的"关系"的理论化成果。参见亚历山大·温特《国际政治的社会理论》，秦亚青译，上海人民出版社 2000 年版；Alexander Wendt, "The Agent-Structure Problem in Internatioal Relatios Theory", *International Organization*, Vol. 41, No. 3, 1987, pp. 335 - 370; Mustafa Emirbayer, "Manifesto for a Relatioal Sociology," American Journal of Sociology, Vol. 103, No. 2, 1997, pp. 281 - 317; Patrick Thaddeus Jackson and Daniel H. Nexon, "Relatios before States: Substance, Process and the Study of World Politics", *European Journal of International Relations*, Vol. 5, No. 3, 1999, pp. 291 - 332; 黄光国：《儒家关系主义：文化反思与典范重建》，北京大学出版社 2006 年版；翟学伟：《人情、面子与权力的再生产》，北京大学出版社 2005 年版。

③ 参见秦亚青《权力·制度·文化》，北京大学出版社 2005 年版。

首先来看结构现实主义。结构现实主义注重的是物质实力的分布，将国际体系视为无政府体系，将体系中的行为体视为各自独立的单位（主权国家）。这样就预设了一种原子论假定，即单位是构成体系的最小成分，单位之间的互动依靠外来力量的推动。这也就是弹子球比喻：每一个国家都是球台上的一个球，当球杆打出之后，球与球之间在外力的作用下发生物理性互动，并因之产生某种结果。根据国家的实力大小，国际体系又呈现单极、两极或多极格局，直接影响着国家的战争与和平、冲突与合作行为。对于结构现实主义来说，物质力量分布的状态足以决定国际体系的整体稳定以及主要国家在体系中的行为模式。①

新自由制度主义审视了国际体系与单位行为的变化之间的关系。基欧汉认为，如果依照结构现实主义理论进行推理，国际体系的物质权力分布不变，国家的战争/和平、冲突/合作行为也不会变。但在实际的国际体系中，在国际体系结构不变的情况下，国家行为也会发生变化。比如冷战两极体系中的苏联和美国，即便在最敏感的核军备竞赛方面，也会出现合作的情况，在其他低政治、低敏感度领域的合作就更多了。到底是什么因素在起作用，使得国际体系的无政府性被削弱，使得国家在无政府体系中可以进行合作？基欧汉发现，是国际制度在发生作用，基于此，他提出了新自由制度主义。② 新自由制度主义以"制度选择"更替了结构现实主义的"结构选择"，认为国际制度影响国家行为、促成国际合作。新自由制度主义是体系层次理论，因为它关注的是国家之间的互动。对于新自由制度主义学者来说，这种互动就是过程。国家之间互动所产生的作用是不能还原到单位层次去寻找因果关系的，所以，最重要的因素是影响互动的有形的国际制度。从这个意义上讲，一些自由制度主义学者认为他们是注重过程的。③

结构建构主义也是体系层面的理论。在温特提出施动者—结构问题的时候，他试图强调行为体和结构之间的互构关系，所以借鉴了吉登斯的结

---

① 肯尼思·华尔兹：《国际政治理论》，信强译，上海人民出版社 2003 年版。

② 罗伯特·基欧汉：《霸权之后》，苏长和等译，上海人民出版社 2001 年版。

③ 小约瑟夫·奈在《理解国际冲突：理论与历史》一书中专门讨论了结构与过程的问题。他将过程定义为"单位之间互动模式与类型"（patterns and types of interactio among its units），进而又将过程定义为"游戏是如何进行的"（how the game is played）。他认为结构与过程都是国际关系中的重要因素。参见小约瑟夫·奈《理解国际冲突：理论与历史》，张小明译，上海人民出版社 2005 年版，第 45—46 页。

构化理论，双向互构也成为早期建构主义国际关系理论的一个基本标志。①
但后来温特为了发展一种体系层次的元理论，借鉴了结构现实主义的理路，其理论体系的完善也标志着结构建构主义的形成，亦即体系层面的观念结构（文化）成为温特建构主义中的核心因素，观念结构影响了单位行为体的身份构建，并因之影响了它们的行为方式。温特建构主义的核心被称为"文化选择"，以有别于华尔兹的"结构选择"和基欧汉的"制度选择"。1999 年《国际政治的社会理论》一书的问世，标志着结构建构主义理论体系的形成，也使温特的理论成为单向建构理论，其重点在于讨论国际体系层次的观念结构是如何影响国家行为体的，并且这种观念结构更多地用"规范"来表现。所以，在主流建构主义的研究议程中，多是国际规范是如何传播、如何建构行为体身份和影响行为体行为的。温特从双向建构转向单向建构，说明西方体系理论学者很难摆脱线性思维的束缚，一旦开始考虑元理论，便开始了从一点到另外一点的因果推理。

应该说，这三种国际关系的体系理论都具有解释作用。但是，它们又都缺少了一个重要的因素，那就是国际体系中的社会要素：关系。可以说，西方主流国际关系理论虽然将学科称为国际关系，但却没有形成真正的讨论"关系"的理论。结构现实主义对关系性的重视程度最低，对过程基本不予讨论。新自由制度主义认为自己重视过程，实际上仅仅将过程视为一种背景，视为一种行为体活动的场所，它最终强调的是制度，是过程的一种物化形式。一旦国际制度形成，国际制度与行为体之间的因果关系就成为核心研究议程，国际制度可以直接作用于国家，而过程则成为几乎完全不在研究范围之内的黑匣子。② 结构建构主义也强调过程。尤其是在温特早期的论述中，施动者与结构的互动被视为一个过程，在这个过程中施动者和结构本应没有孰先孰后的问题，它们在互构中产生和互生。但是，到了温特全面构建结构建构主义理论的时候，结构被物化了，结构成为解释施动者身份和认同的原因，过程再次成为一种背景、一种场所或是一个舞台：虽然过程不可或缺，但不是分析的主要对象，而是不能脱离施

---

① Alexander Wendt, "The Agent-Structure Problem in Internatioal Relations Theory", *International Organization*, Vol. 41, No. 3, 1987；J. Samuel Barkin, "Realist Constructivism," *International Studies Review*, Vol. 5, No. 3, 2003, pp. 325 – 342；J. Samuel Barkin, "Realist Constructivism and Realist-Constructivisms", *International Studies Review*, Vol. 6, No. 4, 2004, p. 351.

② 参见罗伯特·基欧汉《霸权之后》，苏长和等译，上海人民出版社 2001 年版。

动者和结构的依附性因素。①

实际上，过程或曰社会互动过程，是中国经验和思想中的重要元素。费孝通对比了中国与西方社会关系的不同，认为西方是个人主义社会，西方社会中的个人如一捆捆竖立在田地里的稻秸，相互独立，由社会契约和组织将他们维系在一起；中国的社会结构则好像水面上一圈一圈的波纹：每个人都是其社会关系推出去的圈子的中心，每个圈子和每个波纹都是通过某种关系联系在一起的。② 其实，波纹之间的不间断就是过程，条条波纹恰恰是关系的链条。个体与这些波纹环环相连，在无数的过程中影响和受到影响。台湾学者黄光国更是以《儒家关系主义》为名出版了他的研究论文集。如果将社会过程这个中国文化中的重要元素作为一个核心要素，将关系性作为过程中的核心内容并确立关系本位的假定，那么会呈现一种什么理论取向呢？

二　过程建构：过程建构主义的理论趋向

任何社会理论的关键都是抓住社会分析的根本环节，也就是社会中的核心纽结。西方社会的个人本位决定了西方社会理论将独立的个体作为社会的基本单位和核心纽结。西方的国际关系学也是以此为基础的。中国则不同，在中国社会中，个人不是社会的核心单位。中国社会的思维模式是"家国天下"，从家庭到国家到天下都是人的集合体，亦即社会单位。独立的个人只有在集体中才具有意义。所以，中国历来注重群体中的个人。没有群体，也就没有个人。群体的纽结是关系。正因为如此，过程建构主义的核心是关系，过程建构主义的理论趋向与核心假定都是围绕关系性展开的。

（一）过程建构主义的理论取向

我们首先制定一个分类标准，即使用两对标量来对现有的体系理论进

---

① 对比温特的早期重要论文 "The Agent-Structure Problem in Internatioal Relatios Theory" 和他后来的重要著作《国际政治的社会理论》，可以清楚地发现这个转向。参见秦亚青主编《文化与国际社会：建构主义国际关系理论研究》，世界知识出版社 2005 年版。

② 参见费孝通《乡土中国》，上海人民出版社 2007 年版。

行分类。这两对标量是：物质与理念；结构与过程。① 根据这一标准，现有体系理论可以大致分为结构理性主义（华尔兹的结构现实主义）、过程理性主义（基欧汉的新自由制度主义）和结构建构主义（温特的结构建构主义）（见图1）。本文提出的"过程建构主义"理论，其分析重点是过程，其理论硬核是关系性。关系性是社会活动的本质要素，关系性界定社会。我们所说的过程即运动中的关系，也就是说，它表现的是复杂关系的流动变化。过程既是关系运动的载体和场所，也是产生和发展关系的根本动力。过程与关系是不可分割的，是你中有我、我中有你的孪生要素。由于三大体系理论都忽视了关系这个中国文化中最具生命力的要素，所以我们首先在体系层次的理论谱系里面补足这个概念，以此确定过程建构主义在国际关系理论谱系中可能占据的地位，然后再对其理论取向加以解释和说明。

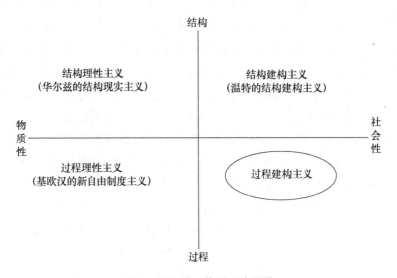

图1 国际关系体系理论图谱

从图1可以看出，结构理性主义属于物质主义范畴的理论，尤其强调以物质性权力分布定义的国际体系结构，这种结构规定了体系内单位——

---

① Robert Keohane, "International Institutions: Two Approaches", in Robert Keohane, ed., *International Institutions and State Power*, Boulder: Westview, 1989, pp. 158 – 179；亚历山大·温特：《国际政治的社会理论》。

国家——的基本行为方式，所以，结构理性主义的基本理论取向是物质性结构理论。温特的结构建构主义将华尔兹以权力分布定义的结构替换为以观念分布定义的结构，亦即国际体系的文化。他提出了三种国际体系文化：霍布斯文化、洛克文化和康德文化，认为是这些文化建构了体系单位（国家）的基本身份，因而也就决定了单位的利益与行为。他与华尔兹一样强调结构，但却将华尔兹的物质性结构改变为理念性结构，理念性结构规定了国家的相对身份并因之规定了它们的利益。所以，结构建构主义的基本理论取向是社会性结构理论。新自由制度主义大致属于过程范畴的理论，并且从形式上看，它重视的是国际制度，似乎非物质性的成分要大一些。但是，这里有一个重要的问题，那就是新自由制度主义所强调的过程，是一种"有规律的互动方式"。在这里，过程只不过是背景和陪衬，因为使这种互动有规律并可预期的是国际机制或是国际制度。[1] 国际制度是依靠对国家提供的实际奖惩情况而发生作用的。新自由制度主义所说的过程是一种附着性的物化，它对过程的重视只在于过程是互动的平台。从根本上说，新自由制度主义仍然属于物质主义范畴，它所讨论的制度虽然在很大程度上是非物质的，但其作用取决于制度能够提供的物质回报，物质性权力和利益仍然是国家行为的主要动因。所以，过程理性主义是物质性过程理论。简言之，对于现实主义来说，观念是无足轻重的，对于新自由制度主义来说，观念能够成为一个与权力和利益并列的自变量，具有独立的因果作用。[2] 然而，观念与权力和利益之间虽然是相互独立、相互并列的关系，但观念的作用也只能弥补物质性权力和利益解释的不足。所以，新现实主义和新自由制度主义的根基都是物质主义世界观。

过程建构主义的基本理论取向是社会性过程理论。也就是说，它强调社会性建构作用，认为社会性是国际关系理论的核心要素。另一方面，它提出了一个与结构建构主义不同的建构机制：以关系性为标示的过程。由于过程建构主义属于社会性理论，它接受结构建构主义的三个基本假定。第一，社会本体。国际关系的世界不仅仅是物质性的形成，而且更重要的

---

① 小约瑟夫·奈：《理解国际冲突：理论与历史》，第46页。

② Judith Goldstein and Robert Keohane, eds. , *Ideas and Foreign Policy*: *Beliefs*, *Institutions*, *and Poli tical Change*, Ithaca and London: Cornell University Press, 1993.

是社会性建构。① 这一假定并不是要否定物质的客观存在，而是反对把物质的客观存在作为解释行为体行为的唯一原因。物质主义国际关系理论假定行为体身份和利益是在社会性互动之前就已经存在的，是给定因素，是不以行为体的实践活动和话语结构的变化而变化的，因之也是非历史的。社会本体论认为，行为体有意义的行为只有在主体间社会语境中才得以成为可能。没有身份认同的行为体也就没有利益可言。因此，在国际关系的世界里，社会是第一性的，国家身份首先是国家在国际社会中的社会身份，这种身份产生于国家与其他国家在国际社会中的互动实践，并在这种不间断的实践过程中得以定义和再定义。② 第二，国家作为国际体系的基本单位。在当今国际体系中，国家仍然是国际体系的基本单位。这并不意味着其他国际体系行为体，比如个人或是国际组织，在国际体系中的作用不重要，而是因为国家仍然是现代国际体系运行的主要实践者和国际关系活动的主要组织者。即便是对于全球性问题，虽然没有任何一个国家可以单独应对和解决，但国际合作仍然主要是通过国家进行的。进而在全球化时代，国际国内两个层面高度互动，但是这种互动的协调中枢仍然是国家。第三，国际社会进化原则。国际关系的运动是变化的，这种变化是行为体能动作用使然。过程建构主义相信国际体系的变化是朝着更加符合人类期冀的方向变化，因此也就是朝着进步的方向进化。温特提出三种文化，即霍布斯文化、洛克文化和康德文化，分别以丛林原则、竞争原则和友谊原则表示，反映了一种进化发展的国际关系取向。虽然在某一历史时段和某一局部地域中国际关系可能会出现逆向发展的情景，比如从洛克文化倒退到霍布斯文化，③ 但过程建构主义同样认为国际社会从总体上说是朝着进步方向发展的。结构建构主义的一个突出问题是，它没有为这种进化提供动力，似乎一种文化在非历史、无动力的条件下就突然跃入另外一种文化。过程建构主义为这种进化提供了动力。

---

① 参见亚历山大·温特《国际政治的社会理论》；约翰·塞尔《社会实在的建构》，李步楼译，上海人民出版社2008年版。

② 秦亚青：《国家身份、战略文化和安全利益》，《世界经济与政治》2003年第1期。

③ J. Samuel Barkin, "Realist Constructivism", *International Studies Review*, Vol. 5, No. 3, 2003; J. Samuel Barkin, "Realist Constructivism and Realist-Constructi-visms", *International Studies Review*, Vol. 6, No. 4, 2004.

因此，过程建构主义首先是体系层次理论，是讨论国际体系层面因素如何影响国际体系单位的行为的，并且认为这些体系因素是无法还原到单位层面的。其次，过程建构主义主张社会本体论，关注的重点是非物质性的社会因素，强调的是行为体互助行为的意义生产过程。最后，过程建构主义相信社会进化原则，认为国际社会具有社会的基本特征，国际社会的发展过程是朝着更加符合人的期冀的方向发展的。体系层次、社会本体和社会进化这三点构成了过程建构主义的基本理论取向。图1也表明过程建构主义重社会性、重过程的基本特征。

（二）过程的意义

本文提出的过程建构主义理论虽然采用了主流建构主义的三个重要假定，但弱化了观念结构建构身份的自上而下的因果型模式，由强调观念结构转向强调主体间的实践过程。过程建构主义的主要论点是：过程在社会化中起到关键的和不可替代的作用。过程是运动中的关系，具有自在的地位。维持过程，就是维持关系，就会延续建构身份的实践互动。过程起关键作用，是指过程本身成为实践活动的中心。由于过程建构主义的关键部分是社会过程，所以我们有必要首先对过程做一个界定。

1. 过程与过程特征

过程是指产生社会意义的持续的实践互动关系。这就是说，过程建构主义的过程是运动中的关系，也就是复杂且相互关联的动态关系复合体，它的基础是社会实践。关系与过程是两个不可分割的因素。一般来说，重个体的社会强调结构，因为结构表现了独立个体的基本位置，这种位置决定了个体之间的互动。比如，在国际体系中，结构现实主义认为，霸权国的行为和主要大国的行为是它们在权力结构中的位置使然：霸权国希望保持霸权地位，大国希望夺取霸权地位。以此得出的结论就是大国之间必然发生悲剧性的冲突。[1] 结构建构主义虽然不像结构现实主义那样几乎完全不考虑过程的意义，但仍然认为国家的行为是由于它们在国际文化结构中的相对角色使然。重关系的社会必然强调过程，因为关系在过程中发生、发展并得以体现。过程既是关系复合体，也是关

---

[1] 秦亚青：《霸权体系与国际冲突》，上海人民出版社1999年版；约翰·米尔斯海默：《大国政治的悲剧》，王义桅等译，上海人民出版社2003年版。

系运作的时空域境。关系变，过程取向就会变，国家行为也会变。杰克逊和奈克森将过程定义为一系列"事件"，[①] 这其实是回归了实质主义，将在某一时空点上发生的事件及其物化结果作为过程的构成部分。过程建构主义将过程核心定位于动态"关系"，强调的是互动关系，而不是事件；突出的是流动的、历时性的主体间行为，而不是具体的行为结果；观察的是运动中的变化，而不是互动中的物化；思考的是"关系选择"，也就是说，关系影响着行为体的行为。过程建构主义的过程因之有着以下几个重要特征：

第一，过程与行为体是共生的、相互建构的，共同参与并进行着社会化实践。这里不存在因果律所规定的时间上的先后顺序问题，也无法将过程与行为体分离开来。近年来，西方国际关系学将社会化作为一个重要的研究方向，大量社会化的研究成果也已经问世。[②] 但在这些论述中，尤其是在具体的研究议程上，过程和行为体总是处于一种二元结构之中：或是行为体优先，由行为体建构过程，然后再由过程发生作用。[③] 或是过程先于行为体，过程建构行为体、施动行为体。[④] 无论是行为体优先还是过程优先，都摆脱不了二元结构，都试图将过程视为可以和行为体分离的东西。之所以出现这种状况，其原因就在于在西方人的思维方式里面，因果律总是第一位的，即便是在考虑过程的时候，也试图建立一种过程与结果之间的线性因果关系。但是，我们无法想象没有过程的行为体抑或没有行为体的过程。过程建构主义认为，过程与行为体是共存共生的。实际上，对过程的形象表述就是阴阳八卦图像：两个鱼形的阴阳和整个图像的圆是一体的、是互动互补的。脱离了两个鱼形不成其圆，脱离了圆则阴阳无形。阴、阳、圆图像同体共存，行为体通过行动和互动形成了过程，过程也制约着行为体或是赋予其能动作用。过程和行为体之间的关系以及过程中行为体之间的关系，不是线性的工具性因果关系，而是必须从整体角度，以圆的思维而不是用线的思维去审视的建构关系。这意味着，在国际

---

① 参见 Patrick Thaddeus Jackson and Daniel H. Nexon, "Relatios before States: Substance, Process and the Study of World Politics", p. 302。

② Alaistair Iain Johnston, *Social States: China in International Institutions, 1980 – 2000*, Princeton and Oxford: Princeton University Press, 2007.

③ 小约瑟夫·奈:《理解国际冲突: 理论与历史》, 第47—61 页。

④ Patrick Thaddeus Jackson and Daniel H. Nexon, "Relations before States: Substance, Process and the Study of World Politics".

社会里，国家从一开始就处于国际社会错综复杂的关系过程之中，没有任何国家可以脱离过程而天马行空，也没有任何过程可以没有国家而以空中楼阁的形式存在。

第二，过程建构主体间性。过程使行为体之间的互动实践成为可能，互动实践建构了行为体之间的主体间性。互动可以产生实质性的结果，所以过程有着平台的作用，过程中的关系也有着工具性质，西方理性主义国际关系理论对过程感兴趣的正是过程的这种工具性作用，比如互动过程可以产生制度，制度可以制约行为体的行为，等等。但对于过程建构主义来说，过程更为重要的是它建构了主体间性。主体间性被界定为一个使互动具有意义的实践和关系过程，国际体系的规范和观念结构在这一实践中产生和发展。[1] 主体间性互动产生了规范与规则，又在以规范和规则为基础的语境中展示自我与他者之间关系的运动，使行为在互动中产生共有意义。[2] 过程中的建构性互动关系具有三个特点：其一，国家间的互动实践在过程中发生和发展某种关系，从而确定一个国家相对于其他国家的身份；其二，物质权力通过国家间的实践互动和表象系统产生了意义，通过关系发生作用；其三，互动实践使国家不断调整自己的身份定位，因而也将调整自己的利益。行为体凭借互动实践中产生的规范和规则来赋予行为以意义，使行为体能够理解世界，并且也使自身的行为能够被其他行为体所理解。因此，在主体间互动意义上由实践活动所界定的过程才是有意义的，并能促使体系的政治文化发生改变。

第三，过程逻辑包含中国的包容性辩证思维。中国式的辩证法与西方的辩证法有着很大的不同。西方注重实体的思维是分离式思维：首先要明确实体的本质，比如实体 A 的本质属性和属性特征，然后确定 A 的存在和 A 的类属，因此，A 永远不可能是非 A。而中国传统的辩证思维则是互容式思维，亦即 A 可以包含非 A。比如，在过程的任何一个时空点上，一个互动中的行为体的身份正在形成之中，此时，存在和非存在是共在的（既

① Rey Koslowski and Friedrich V. Kratochwil, "Understanding Change in Internatioal Politics: The Soviet Empire's Demise and the International System," *International Organization*, Vol. 48, No. 2, 1994, p. 216.

② Friedrich Kratochwil, "Is the Ship of Culture at Sea or Returning?" 转引自 Maja Zehfuss, *Constructivismin International Relations: The Politics of Reality*, Cambridge: Cambridge University Press, 2002, p. 96。

是 A 也是非 A；或者说既不是 A 也不是非 A）。西方学者也意识到这种同体共存现象，比如，吉登斯使用了结构化（structuratio）概念，试图用二重性（duality）替代二元论（dualism），以克服西方思维中的二元定势；①温特使用了互构概念，希望讨论行为体和结构的共在问题。但是由于他们的文化底蕴和思维根基是西方的二分法，所以，对于这种 A 包含非 A 的中国式辩证法，西方人大多认为是不合逻辑的悖论，因此根本不会想到要这样去思维，只有中国哲学传统中才包含这种辩证思维。② 过程恰恰是这种思维可以解释的东西。所以，任何社会行为体从一开始就完全嵌入过程之中，没有什么独立于过程的先验社会存在。在这个过程中，行为体发生变化，不仅其行为发生变化，其实质也会发生变化，从而使 A 可以转化为非A。正题和反题之间的关系不是通过斗争形成合题，而是相互诠释、相互定义、相辅相成的，通过和谐形成合题。比如，在国际关系中，西方往往是定义一个国家为"流氓"国家，然后通过外交、经济或是军事手段对其进行打击；中国的思维是任何国家都在国际关系过程中运动，其身份是不断变化的，好与坏也是可以转化的，关键是如何发挥过程的积极作用，促其向好的方向转化。

2. 过程的自在性与过程动力

如果承认过程的核心作用，就要论证有关过程的三个相互关联的基本命题，即：第一，过程具有自在性，它不是以结果和为结果而界定的；第二，过程本身可以产生动力，过程的动力来源是关系的运动；第三，这种动力是体系层面的因素，是不能还原到任何具体的个体行为体的。过程的自在性是指过程可以独立于结果。西方主流国际关系理论是注重

---

① 安东尼·吉登斯：《社会的构成》，李康、李猛译，生活·读书·新知三联书店 1989 年版，第 89—93 页。

② 西方逻辑学的重要假定是：如果是 A，则必然不是非 A。但中国的辩证法则认为，首先，A 是可以与非 A 互容的，存在可以既是 A 也是非 A。其次，A 可以转化为非 A。这实际上否定了西方互动论的观点，即互动双方（A 和非 A）通过互动改变的只是次要特性，而非本质特性，因为 A 不可能成为非 A，无论怎样互动都是如此。中国辩证法中的变化则是可以发生定义性变化的，亦即 A 可以变为非 A。对中国式辩证思维最有影响的是《易经》和《老子》，这些经典著作表现了对立的两个方面相辅相成、共存共生、相互转化、变动不居重要思想，比如"有无相生，难易相成"（《老子》第 2 章）；"物壮则老"（《老子》第 55 章）；"祸兮福所倚，福兮祸所伏"（《老子》第 58 章）等。

结果的理论,[1] 这也受到了因果律的影响,亦即凡事有因必有果,因与果之间的过程只是因果这两个研究中心的附着物和发生场所。正因为如此,即便是认为重视过程的新自由制度主义也只是将过程一方面作为实现制度的背景,另一方面作为制度约束行为体行为的工具。西方主流建构主义应该是关注过程并将其视为重要因素的,因为社会化本身就是过程。但是,在实际研究中,这种对过程的关注就消失了,大多数西方学者或是为了理论建构的简约,或是下意识地受到因果变量的支配,高度关注的总是过程之后的结果,因此也就有意无意地将过程省略,使其成为研究过程中的黑匣子。主流建构主义的规范研究就是一个很好的例子。第一波规范研究是在 20 世纪 90 年代中期出现的,研究主要是提出两个变量,一个是国际体系中已有的规范,另一个是被社会化的行为体表现出来的行为,然后论证两个变量之间的因果关系。比如,先确定国际体系中的一个重要规范:发达的教育科学文化被视为现代国家的标志;再指明国家的行为:第二次世界大战后独立的发展中国家表现出来的重视教科文的行为;最后将两者以因果律连接起来:国际组织将这一国际规范教给国家,国家才表现出符合这种规范的行为。[2] 国家为什么接受规范则是一个黑匣子。从 2000 年之后,尤其是近几年来,第二波规范研究开始重视社会化机制,也就是说,他们希望打开黑匣子。比如,切克尔主编的《国际组织》专辑就将研究设计的重点放在了社会化机制上,但这就出现了另外一种情景,社会化机制这个作为中介变量的因素实际上成为研究中的自变量,国家行为成为因变量,社会化过程仍然只是一种事件发生的背景而已。[3]

过程的自在性特征表明,将过程自身置于研究重心不仅是合理的,而且是必要的。过程可以独立于结果,甚至不产生预期结果。杰克逊和奈克森曾使用过雷切尔的过程分类方法。雷切尔将过程分为两类:有主体过程(owned process) 和无主体过程 (un-owned process)。前者是指过程有一

---

① Qin Yaqing, "East Asian Regionalism: A Process-Focused Model", Paper Presented at the Conference of "East Asian Cooperation and Sino-US Relations", Beijing, China, November3 – 4, 2005.

② Martha Finnemore, *National Interests in International Society*, Ithaca: Cornell University Press, 1996;玛格丽特·凯克、凯瑟琳·辛金克:《超越国界的活动家:国际政治中的倡议网络》,韩召颖等译,北京大学出版社 2005 年版。

③ 参见 *International Organization*, Vol. 59, No. 4, 2005;秦亚青《研究设计与学术创新》,《世界经济与政治》2008 年第 8 期,第 75—80 页。

个肇始者，这个肇始者有意识、有目的地给予过程以动力；后者是指过程没有这样一个肇始者，过程无法还原到某个具体的行为体的有目的行为。①西方建构主义规范研究大部分以有主体过程为思维定式，所以，芬妮莫尔必须要发现一个社会化过程中的教授者（国际组织），换言之，国际组织有意识、有目的地启动了国际社会化过程，教会了被社会化国家应有的规范。切克尔的社会化机制，比如胡萝卜加大棒、角色扮演、规范劝服等，也都可以十分明确地追溯到一个具体的施动者（在他设计的研究中是欧盟或是北约）。但是，雷切尔指出，许多过程是无法追溯到具体肇始者的，比如谣言的传播、磁场的震颤等，这样的过程无法还原到一个具体的行为体有目的、有意识的行动。其实，我们在考虑社会规范的时候，也会遇到类似谣言传播这类过程，亦即某种规范是在无肇始者和无意识的情况下形成的，比如东盟的"舒适度"规范。②

这两种过程都很有意义。但如果仔细思考一下，第二种过程，亦即无主体过程的存在说明了什么呢？它说明过程是自在的。如果我们承认第二种过程的存在，也就必然接受过程本身就是过程的肇始者和维护者。试想一下全球化过程。人们普遍认为全球化的真正起始是冷战之后的事情，但是全球化进程的启动、产生的动力、已经和可能产生的结果等，都是无法追溯到任何一个具体的个体行为体的。对于全球化过程中的国家和其他国际行为体来说，它们置身于这个过程之中，不断适应和调整，不断定义和再定义自我利益，但是它们之中也没有任何一个能够中断、阻止或是逆转这个过程。

过程既然可以是自在的，那么也就能够产生自身的动力。因此我们需要明确过程的动力发生机制，也就是说，只有证明了过程本身可以产生动力，才能反过来确证过程的自在性。其实原因很简单：动力是一切生命之源，如果过程自身不能产生动力，过程也就不能独立存在。我们不会预设过程是一个永动机，所以过程的动力需要来自于运动要素。过程的运动要素就是关系。我们将过程界定为运动中的关系，就是说复杂的关系的交错

---

① Nicholas Rescher, *Process Metaphysics: An Introduction to Process Philosophy*, Albany: State University of New York Press, 1996, 转引自 Patrick Thaddeus Jackson and Daniel H. Nexon, "Relations before States: Substance, Process and the Study of World Politics", *European Journal of International Relationsk*, Vol. 5, No. 3, 1999, pp. 302 – 303。

② 秦亚青、魏玲：《结构、进程与权力的社会化》，《世界经济与政治》2007 年第 3 期。

流动产生了过程的能量。我们可以将关系分为两类，一种是静止的关系，另一种是流动的关系。血缘关系可以属于前者。一个孩子降生到社会上来，也就降生到一种关系网络之中，其身份也就得到了基本的界定，比如"文革"中的黑五类（地主、富农、反革命分子、坏分子和右派分子）和红五类（革命军人、革命干部、工人、贫农、下中农）等，这种关系在一定程度上规定了其以后的行为方式。所以，这种关系有着重大的意义。但是静止关系本身并不产生能量，因此也就不能成为过程的动力源。一旦静止的关系流动起来，就会产生动力。比如，利益权衡是行为体采取行动的直接原因，行为体在社会性过程中行动，自然会进行利益权衡。但行为体置身于关系复合体之中，并且每时每刻都在这种复合体中运动。所以，处于过程之中的行为体（actors-in-process）就会整合和被整合，其身份也会得以塑造和再塑造，利益也就会得以定义和再定义。进而，过程中的行为体会权衡利益，但利益的权衡并不意味着它可以任意脱离过程，因为行为体和过程是一体的。这种不断的运动，不断的塑造和被塑造，就成为产生动力的源泉。也就是说，过程是运动的关系，关系的运动可以产生过程动力。

与之相关的一个重要观点就是，过程产生的这种动力是不能还原到个体行为体的，因为关系本身不可能是由某一个人建构的，它必然是相互性存在。我们仍以谣言的传播为例。谣言可以是有意传播的，也可以是无意传播的。前者属于有主体过程，后者属于无主体过程。当一个信息被无目的和无意识地传播开来并变成谣言的时候，这个过程就形成了。最后形成的谣言是与原来的信息完全不相同的东西，甚至是无中生有的东西。这个传播过程可以说是充满了动力，因为其中包含了复杂的人际关系网络，网络上的每一条经络都会运动起来，成为传播过程中的动力源，但是这一动力本身又无法还原到任何一条具体的经线和络脉。所以，过程理论从定义上讲只能是体系层面的理论。

3. 过程的作用

在国际关系中，过程的重要意义在于过程通过互主性实践关系孕育规范、培育集体情感，并因此催生集体认同。虽然主流建构主义对规范形成和集体认同有过不少的讨论，但是这里我们还是希望补足一些被遗忘的东西，同时我们也希望将培育集体情感这个主流建构主义没有讨论过的方面作为过程的一个主要作用加以讨论。

第一，过程孕育规范。规范是行为体广泛接受的适当行为的准则[1]，规范的孕育和形成，有两个方面的动力：一方面来自规范的倡导者，另一方面来自过程本身。西方主流建构主义强调的是前者，认为规范通过倡导者提出，通过制度化和社会化两种手段来实现并加以普及。[2] 制度化是规范的内化途径，但并非规范普及的必要条件，可以先于或后于规范普及。欧盟的发展道路一直遵循高制度化的路径，通过签订一系列具有约束性的条约来推进欧盟的规范。[3] 而在东亚，由于对非正式原则的重视和制度建设的滞后，规范的传播与普及显然更多的是通过社会化而非制度化实现的，无论是东盟还是东亚 13 国的地区合作都是如此。但无论制度化还是社会化，都是在实践过程中实现的。比如，当社会化进程开始之后，参加的行为体都会感受到"伙伴压力"，即"一个地区许多国家接受新规范后（对新成员）产生的累积效应"。[4] 当规范被广泛接受以后，规范就被国家当作理所当然之物内化了，并因之成为国家行为适当性的自我判断标准。

第二，规范产生于过程本身。对于这一点，西方国际关系学者则很少关注，因为他们很少思考过程的自身动力问题。过程建构主义认为，规则和规范是在社会化进程中孕育的，形成的动力也来自于过程本身。也就是说，规范不仅是行为适当性的标准，而且也是规范参与者的实践活动，这种实践过程使得规范得以塑造实践者，也被实践者所塑造。[5] 过程的运动

① Peter J. Katzenstein, "Introduction: Alternative Perspectives on Natioal Security", in Peter J. Katzenstein, ed., *The Culture of National Security: Norms and I dentity in Wor ld Politics*, New York: Columbia University Press, 1996, pp. 1 – 32.

② Martha Finnemore and Kathryn Sikkink, "Internatioal Norm Dynamics and Political Change", in Peter J. Katzenstein, Robert O. Keohane, and Stephen D. Krasner, eds., *Exploration and Contestation in the Study of World Politics*, Massachusetts: The MIT Press, 1998, p. 255.

③ 秦亚青主编：《观念、制度与政策——欧盟软权力研究》，世界知识出版社 2008 年版，第 11—17 页。

④ Francisco Ramirez, Yasemin Soysal, and Suzanne Shanahan, "The Changing Logic of Political Citizenship: Cross-National Acquisition of Womens Suffrag Rights, 1890 – 1990", *American Sociological Review*, Vol. 62, No. 5, 1997, pp. 735 – 745. 转引自 Finnemore and Sikkink, "Internatioal Norm Dynamics and Political Change", in Peter J. Katzenstein, Robert O. Keohane, and Stephen D. Krasner, eds., *Exploration and Contestation in the Study of World Politics*, Massachusetts: The MIT Press, 1998, p. 263。

⑤ 儒家的"礼"主要是指人际交往的原则和规范，在这个意义上讲，"礼"近似于西方社会学中的"规范"概念。当然，这是一种比较简单化的类比。由于儒学的入世原则，所以"礼"是具有高度实践内涵的。参见郝大维、安乐哲《汉哲学思维文化探源》，江苏人民出版社 1999 年版。

既意味着规范通过行为体的社会性实践被持续不断地建构和再建构，共同利益被不断地生产和再生产，也意味着这些被建构的规范和规则反过来对过程的维持又起到了促进作用。这种互动的结构产生了行为体之间持续的社会化，行为体的实践活动又促进了这种互动的持续和发展。因此，过程的维持可能比任何实质性的立竿见影的结果都更为重要。过程建构主义承认有主体过程的重要意义，但更加突出了无主体过程的自身动力。在规范孕育和形成方面，过程建构主义更加突出的是过程本身的作用。承认过程的自身动力，试图发现这种动力的意义和作用，这是过程建构主义的重点研究议程。再以东亚地区合作为例。过程建构主义的学术兴奋点在于：哪些规范是无主体过程本身孕育和传播的；这样的规范孕育和传播又是如何改变和重塑东亚地区相互的角色身份的。

过程还有一个重要作用，那就是培育集体情感。主流建构主义以及西方重视过程的社会理论忽视了过程的另外一个重要作用，那就是过程建构集体情感。理性社会对情感的重视较低，在其理论构建过程中往往有意排斥了情感的作用；而在关系性社会中情感的意义是极其重要的。① 肯尼斯·博尔丁在讨论权力的时候曾经注意到情感的重要意义，认为权力有着三张面孔，一是强制性权力，比如海湾战争中的美国与伊拉克；二是交换性权力，比如经济相互依存中中国与国际经济体系；三是情感性权力，比如孩子与宠爱她的父母。一个年幼的孩子的物质性权力资源是极其有限的，但孩子之所以能够让父母做他希望做的事情，是因为他使用了情感这个能够影响父母的唯一权力杠杆。② 在心理学和社会学领域，中国（包括台湾）学者与西方学者的一个根本不同也是将研究重心放在情感方面。比如黄光国提出了三种关系：工具性关系、情感性关系和混合性关系。③ 混合性关系是工具性关系和情感性关系的混合形式，理性社会偏重工具性关系，关系性社会则偏重情感关系。④

集体认同是建构主义的重要概念，社会建构的重要结果就是形成集体

---

① 有中国学者因之称中国社会为"情场化"社会。参见黎鸣《情场化社会》，中国社会出版社 2005 年版。

② Kenneth Boulding, *Three Faces of Power*, Newbury Park, California：Sage, 1990.

③ 黄光国、胡先缙等：《面子：中国人的权力游戏》，中国人民大学出版社 2004 年版，第5—11 页。

④ 对于情感的作用，中国学者论述比较多。参见翟学伟《人情、面子与权力的再生产》；黎鸣《情场化社会》，中国社会出版社 2005 年版等等。

认同，亦即行为体普遍认同主导规范和因之确定的相互身份。西方主流建构主义理论更多地注重与理性相关的因素。温特定义了与集体认同相关的四种主要变量——相互依存、共同命运、同质性和自我约束。[①] 比如在应对 1997 年亚洲金融危机的过程中，东亚各国对于国际货币基金组织等全球性制度的失望使它们认识到相互依存、共同命运和东亚国家的同质性，也看到了中国坚持人民币不贬值的自我约束行为。所以，从东亚的例子可以看出，在地区合作进程中，东亚有着高度的相互依存、面对区域一体化和全球化大背景而产生的共同命运感，以及不断增强的共有规范和大国自我约束的征兆。[②] 一场金融危机使得东亚国家的集体认同感大大增强，并因之启动了东亚"10＋3"的合作进程。由于涉及这些主要变量的活动只能表现于互动的进程中，所以说进程催生了集体认同。

集体认同通过这四种变量的作用而形成，这无疑是有意义的讨论，但这些概念之中几乎完全没有情感因素的成分。所以，即便我们重视主流建构主义对集体认同的讨论，从过程的概念上面仍然可以看出，西方学者的研究重心是考虑过程如何通过理性使行为体内化体系规范并在利益和规范趋同的情况下产生集体认同。过程建构主义认为，过程还有十分重要的一面，就是建立、维系和强化情感性关系，使行为体在情感趋近的情况下产生集体认同，使得集体认同有着更加坚实的基础。这种情感趋近在许多时候不是理性作用的结果，而是在过程中通过不断交往和发展关系而产生出来的，同时，情感的接近又促进互动过程的进一步发展。西方国际关系理论往往重视理性的计算，并且认为"只要实现目的可以不择手段"。这类理论忽视了情感的力量。重视情感的社会重视维持过程，维持可以加深情感、加强关系的过程，重视维持和经营可以加深情感的关系。而情感性关系正是因为超越了利益的理性计算而往往是一种更趋长久和稳定的社会关系。[③]

过程只有在通过加强集体情感的情况下，才能呈现交感而化的效果。"交感而化"即关系的运动和建构导致渐进变化。过程在不同领域和不同

---

① 亚历山大·温特：《国际政治的社会理论》，第 7 章。

② 比如在东亚，中国加入《南海各方行为宣言》和执行《早期收获计划》是这方面的例子。

③ 黄光国：《人情与面子：中国人的权力游戏》，载黄光国《儒家关系主义：文化反思与典范重建》，第 7 页。

层次上孕育共有规范和规则，赋予民族和国家之间的互动以意义，催生集体认同和集体情感，改变体系内的角色结构，从而规定行为体的利益，塑造行为体的行为模式。比如迄今为止的东亚地区合作努力就代表了一种以过程为主导的社会建构模式，通过一体化过程实现渐进式的社会化和吸引主要国家参与过程的能力是这个模式的核心内容。理性国际关系理论首先为理性行为体在采取行动时设定了目标，所以将实现的过程视为"手段"，也就是次要的因素。在过程建构主义中，过程既被解释为手段，也被解释为目的，既是实践活动的场所，也是实践活动本身。如果强行实现预设目标可能具有颠覆过程的危险，行为体宁愿推迟甚至重新设定目标来维持过程的延续，这正是过程的目的性特征。

三 关系本位：过程建构主义的核心假定

在讨论了过程的学理意义之后，还需要考虑它的实质性内涵，也就是它最不同于西方主流国际关系理论的理论硬核：关系性。过程的实质性内涵是运动的关系，过程中的行为体也就是关系中的行为体（actors-in-relations）。所以，过程建构主义的分析重点是关系，观察对象是关系中的行为体。在国际关系领域，这就是国家间关系和关系中的国家。

国外社会科学理论中重点讨论"关系"的论文是埃米尔拜尔于1997年在《美国社会学杂志》上发表的《关系社会学宣言》。① 这篇论文首先提出了社会学领域的两大对立观点：实质主义（substantialism）和关系主义（relationalism）。埃米尔拜尔认为，实质主义是社会学的基本思维方式，将行为体视为独立的、分离的理性行为体，可以根据自己的自由意志采取独立的行动（self-action）。所以，社会研究的基本分析单位就是这种独立的个体。当然，这些独立的个体不可能不发生互动，互动也必然产生过程，但是这种互动是具有先验身份的个体以既定的身份、出于利益权衡而发生的，所以，从根本上来说，这种过程只是一个空壳。而埃米尔拜尔提倡的社会学则将过程视为具有重要意义的基本分析单位。对于埃米尔拜尔来说，在关系社会学中，行为体不应被视为独立的、分离的理性行为体，

① 参见 Mustafa Emirbayer, "Manifesto for a Relational Sociology", *American Journal of Sociology*, Vol. 103, No. 2, 1997, pp. 281 – 317。

他们是社会中的行为体，社会关系先于行为体的存在。

国际关系学界对于关系社会学的反应集中体现在 1999 年美国哥伦比亚大学的杰克逊和奈克森发表的论文《先有关系，后有国家：实质、过程与世界政治研究》中。① 这篇论文将埃米尔拜尔的关系社会学应用于国际关系领域，提出了一个"过程/关系"研究模式，强调了过程本身的建构作用和过程的动态性质。后来，杰克逊在一篇实证文章中将"关系建构主义"（relatioalconstructivism）应用到北约对南斯拉夫发动的军事打击的研究之中。从这篇论文中可以看出，杰克逊的"过程"是一种话语过程，即行为体是如何通过话语作用使自己的行动具有合法性的。② 这篇论文指出了一个重要的问题：行为体的行为是在话语过程中被不断诠释的。但其过程/关系模式的动力机制局限于话语作用，话语过程有着明显的动力主体，即北约。所有使北约轰炸合法性的话语建构都是北约这个动力主体的有目的和有意识的行为。所以，这篇论文的论述实际上更是对实体（entities）的研究，亦即一个独立的实体（北约）如何通过话语诠释，为自己的行为（轰炸南斯拉夫）辩解，并使之具有合法性的。从这一点上说，它与西方语言建构主义研究的方式大致是相似的，也没有将过程的分析重心放在关系上面。

这些关于过程与关系的论述的学理意义在于开拓了新的研究空间。他们的研究暗含了费孝通的稻秸和涟漪理论：独立分离的稻秸表现了西方的实质主义；连绵不断的涟漪表现了中国的关系主义。但是，由于其研究背景仍然是西方国际关系的理论话语体系，所以对关系的理解在很大程度上处于"为关系而关系"的状态。一方面，这些学者看到了在西方根深蒂固的实体性思维方式存在缺陷，认识到关系的重要性；另一方面，对关系的本质意义、关系与过程的关系、关系在社会互动实践中的作用等方面的认识是不清晰的。所以，无论埃米尔拜尔还是杰克逊和奈克森在理论假定中都将关系等同于过程，在实际研究中也都有意无意地回归实质主义和实体研究。进而，无论是费孝通的涟漪理论还是杰克逊和奈克森的关系理论，

---

① Patrick Thaddeus Jackson and Daniel H. Nexon, "Relations before States: Substance, Process and the Study of World Politics", pp. 291 – 332.

② Patrick Thaddeus Jackson, "Relatioal Constructivism: A War of Words", in Jennifer Sterling-Folker, ed., *Making Sense of International Relations Theory*, Boulder and London: Lynne Rienner, 2006, pp. 139 – 155.

都需要一种外力的推动，因为它们都不具备上文提出的过程的自身动力问题。

为了能够真正使中国的关系主义成为国际关系理论的一个核心理念和形而上理论硬核，需要依照中国的思维方式进行概念化，为此，我们对关系性做出以下基本假定。

假定一：关系本位的假定。这是过程建构主义的核心假定。社会是多层面的复杂体，对社会的研究，关键是要发现多层面复杂体中至关重要的联结枢纽。西方将独立的个人视为社会中最重要的单位，是一切社会活动的枢纽。这是社会科学中的原子论，与西方自然科学的原子论相契合，而分析的基本单位自然是这些独立和分离的个人。西方微观经济学是一个典型的例子，西方国际关系理论也是在这样一种思维框架中展开的。华尔兹的结构现实主义、基欧汉的新自由制度主义等理性主义国际关系理论表现得最为明显。在主流建构主义强调社会性的论述之中，作为分析单位的个人虽然被弱化，但是其思维根基仍然没有摆脱独立个体作为基本分析单位的巢臼：在理论上予以否定，在实际研究中予以认可。① 所以，西方主流国际关系理论的一个主要特点就是"个体本位"，它是以个体为核心的思维路径，是以个人为出发点研究个人与个人之间的关系，而这种关系是由理性个体根据自己的给定利益加以界定的。温特建构主义虽然弱化了个体本位，但是第一次相遇的比喻说明他对独立个体优先性的承认。②

西方社会的个人主义和理性原则是根深蒂固的理念，而中国社会中产生的思维方式则并非如此。本文以为，中国社会的基本特点之一是"关系本位"。所谓关系本位，就是指在社会生活中"关系"是最具意义的内容，是一切社会活动的枢纽。所以，关系性，亦即以关系为基本内容的社会属性，构成了社会知识和社会生活的核心。儒学以关系为起点的基本政

---

① 参见斯蒂夫·史密斯（Steve Smith）对温特的批判，史密斯认为，从根本上说，温特仍然是一个理性主义者。Steve Smith, "New Approaches to International Theory", in John Baylis and Steve Smith, eds., *The Globalization of World Politics*, New York: Oxford University Press, 1999, p. 186. 另参见 *Review of International Studies* 杂志专门设立讨论温特建构主义的论坛，尤其是其中 Steve Smith, "Wendts World" 等文章，*Review of International Studies*, Vol. 26, No. 1, 2000, pp. 123 – 180。

② 温特设定个人优先于社会的存在，所以他设计了第一次相遇：两个原来完全没有互动的个体第一次相遇，并由此开始互动。参见［美］亚历山大·温特《国际政治的社会理论》，秦亚青译，第 180、414—418 页。

治哲学思想首先是以各种不同的关系界定社会等级和政治秩序的，社会和政治的稳定首先是各种关系的顺达，社会规范多是关于调理关系的规范，社会和谐则是以道德主导和调节矛盾为基本标志的。台湾心理学学者何友晖在他的"方法论的关系主义"中对关系主义的论述实际上说明了"关系本位"的实质意义。他认为，社会现象的事实和原则是从许多个人形成的关系、群体和机构之中滋生出来，并独立于个人特征之外的。因此，关于个人的事实必须放在社会脉络中加以理解。[①] 这种社会脉络就是各种关系的组合。如果说西方的个人本位是基于西方文化传统和社会事实的，那么中国的"关系本位"也是基于中国文化传统和社会事实的。中国传统的阴阳观是将关系置于研究的核心，因为关系在中国人的思维中是处于第一位的。[②]

关系本位与个人本位具有十分不同的社会意义。作为多层面复杂体的社会中至关重要的联结枢纽就是关系。中国传统思维方式重视环境因素，环境主要是指社会环境，而社会环境主要由关系构成。环境本身就是一个复杂的关系系统，是纵横交错的关系网络。这种关系网络的图像更像是中医的人体经络图。[③] 如果说可以总结出一个"关系律"的概念，它与西方的因果律必然出于不一样的思维方式和建构方式。因果律首先需要将事物或变量独立起来，然后找出两者之间的因果关系，有因必有果。而中国人则可能更会在一个关系网络的整体中发现变动不居的关系律。也就是事物因关系的变化而变化，整体关系网络可以影响网络中的个体，反过来，网络中的个体与个体互动也会影响整个关系网络。西方人要尽量控制可干扰变量，而中国人要尽量考虑可干扰因素。

---

① D. Y. F. Ho and C. Y. Chiu, "Collective Representations as a Metaconstruct: An Analysis Based on Methodological Relationalism", *Culture and Psychology*, Vol. 4, No. 3, 1998, pp. 349 – 369; D. Y. F. Ho, "Relatioal Orientation and Methodological Relationalism", *Bulletin of the Hong Kong Psychological Society*, No. 26/27, 1991, pp. 81 – 95. 转引自黄光国《论华人的关系主义：理论的建构与方法论的考量》，载黄光国《儒家关系主义：文化反思与典范重建》，第 87 页。

② 美国心理学家理查德·尼斯比特（Richard Nesbitt）做过一个试验：两组儿童，一组是美国儿童，另一组是中国儿童。给他们看同一幅画，上面画着鸡、牛和草地，然后让他们将两样相关的物体连接起来。美国儿童将鸡和牛连接在一起，而中国儿童将牛和草地连接在一起。尼斯比特认为，中国人倾向于根据关系（牛吃草）思考问题，而美国人则是根据类属（鸡和牛同属动物）思考问题。参见 Richard E. Nesbitt, *The Geography of Thought: How Asians and Westerners Think Differently... and Why*, New York: Free Press, 2003, pp. 139 – 147。

③ 区结成：《当中医遇上西医：历史与省思》，生活·读书·新知三联书店 2005 年版。

关系是过程发展变化的动力，关系性是社会最根本的特性。由此推而广之，如果国际体系中也存在一个国际社会的话，[①] 那么关系性就是国际社会的根本特性之一。我们这样说并不是完全以关系性替代理性，关系中也包含着理性，只是对理性的认识不再是个体的、分离的思维所致，而是由关系的、整体的和社会的考量加以界定的；对理性个体的认识也不再是先验给定的理性权衡，而是关系理性式思维的社会人。

假定二：关系确定身份的假定。这一假定的关键是关系身份（relatioal identity），是指个人的身份只有在关系中才能够界定，个人行为的意义也只能在关系中产生。也就是说，行为体只有在关系之中才能存在。关系确定身份，没有关系就没有行为体。所以，个人从一开始就是社会人，不是独立和分离的自然单位，而是置身于一个复杂的关系网络之中，这个网络的脉络节点界定了个体的身份、角色和行为的适当性。温特假定的第一次相遇是虚假的假定，因为个人不仅降生到物质世界上，也同时降生到社会世界之中，从一出生就有着关系网络对身份的界定。任何个体的身份只能在关系网络复杂体中存在，绝对个体是没有身份的，也不可能是社会存在。正因为如此，绝对独立和分离的个体是不存在的。自我身份只有在与他者共存中才能够存在。

正是由于个体身份是由关系网络界定的，所以个体的身份也必然是多种共存，这样就形成了关系中行为体的身份格局。尼斯比特从诸多比较试验中发现，西方人重物质实体，并且首先发现和界定实体独有的自身性质，然后根据实体性质进行分类，并试图发现决定某类实体行为的规律。东方人的思维则不同，我们注重的是环境。任何实体只能存在于环境之中，要了解某个实体，必须首先了解这个实体与环境和环境中其他实体的关系。[②] 尼斯比特的试验给我们的启发是，关注实体，则必然重视独立变量以及独立变量之间的因果关系，相对忽视的就是环境和环境因素，这样的思维必然认为独立变量之间的因果关系构成了了解世界的认识论；关注环境，则必然重视关系，世界原本是一个不间断的、相互关联的人物和事物构成的混合体，而不是一个相互分离的个体简单相

---

① 赫德利·布尔：《无政府社会：世界政治秩序研究》，张小明译，世界知识出版社2003年版。

② Richard E. Nesbitt, *The Geography of Thought*.

加的集合体。这些人物和事物之间的关系本身产生事物发展变化的动力。关系使得事物变动不居，使得实体在非关系中成为非实体，实体存在因之也就成为非存在。所以，关系本位必然与方法论的整体主义相联系，关系本位的思考方式是难以产生西方个体主义方法论的。这就是为什么中国人在思考国际关系运作的时候，总是首先考虑"天下大势"或是总的国际形势环境，然后考虑中国作为国际体系中的行为体处于这种大势和各种复杂关系的什么节点上面，最后才会考虑通过什么样的关系来采取什么样的行动是合适的。

作为西方理性主义国际关系理论的现实主义和自由主义总是首先设定一个独立的自我，具有自身的属性和自组织能力。其实主流建构主义也是如此，首先确定独立个体，然后讨论两个独立自我的首次相遇，启动了自我与他者的关系，于是社会关系就从这里开始了。而中国哲学的思维是不存在独立于社会和他者的自我，不存在西方式的自由行为体的。自我的身份总是在关系中产生和存在：没有自我和他者的关系，自我也就没有了身份，因此也就没有了自我。个体自我的存在是在诸如家庭、村庄、社会、国家等集体中获得身份的，自我只有在一系列的关系网络中才能具有实践活动的身份和能力。比如当一个中国运动员夺得金牌的时候，他会很自然地说要归功于祖国。对于西方人来说，可能首先归功于自己的努力。这不是中国人的虚伪，而是中国人的思维。在关系网络中，自我的不同身份可能会同时被激活，而不是像温特所说的那样，虽有多种身份，但可单一激活。所以，维护各方关系，保持整体和谐就成为中国社会的基本思维和行为方式。

关系确定身份这一假定还有一个重要的含义：身份的可变性。东西方的辩证法是不同的，根本的不同还是在身份的可变性上面。西方人认为身份就是事物或行为体的实质存在，没有一个特定的身份，也就没有了整个事物或行为体。所以，一个事物或一个行为体就是它自己，而不是其他任何一个事物或行为体。即便强调变化的主流建构主义，也更多地讨论行为体身份中某些特征的变化，而不是其根本身份的变化。而中国人认为变化是常态，易者衡也。所以身份可以是多重的，可以是交互的，也可以是变化的。同时，西方坚持非悖论原则，认为一个观点或是属真或是属假，不可能亦真亦假。而中国的矛盾原则是：真是假来假亦真，真中有假，假中有真；真可变假，假可变真。"变"字才是事物的本真性质，"变"才真正表现了关系中个体的身份。我们在上文中提到中国的包容式辩证思维方式：在过程中的某个时空点上，身份是变化中的身份，在身份正在变化的个体身上同时存在 A 和非 A 两种不同的身份特征。这种变化是根据社会关系的变化而变化的。这是西方话语体系和概念体系无法解释也无法理解的东西。所以，中国哲学不会像西方那样预设某种个体身份，身份和关系网络是同时存在、同时设定、同时变化的。

过程建构主义接受主流建构主义的社会性假定，亦即接受了温特建构主义的一个重要观点：身份确定利益，利益决定行为。过程建构主义的论断是关系建构身份，因此，关系也就确定了行为体的利益和行为。试想，在"文革"当中，如果一个婴儿出生在一个"黑五类"的家庭之中，其也就出生在一个政治和社会关系网络之中。作为这个网络中的个体，其身份从一出生就被确定，其行为在很大程度上也就被设定了范围。这个关系网络的意义是可以发生变化的。比如改革开放之后，整体关系网络的政治和社会含义得到了重新诠释，"黑五类"这个术语已经不再具备现实意义，或者说在新的社会语境中已经没有意义。这样一来，其身份就可以得到重塑，从而其利益和行为也就得到重塑。所以，过程选择意味着关系性影响到关系中的行为体的行为，关系网络意义的变化导致关系中行为体身份的重塑，也意味着行为体行为的变化。

假定三：关系孕化权力的假定。关系孕化权力的假定表示，权力是关系性权力（relatioalpower），权力在关系网络中孕化。权力是国际关系理论乃至政治学的核心概念，任何国际政治理论都无法逾越对权力的讨论。虽然人们对"权力"概念的定义难以达成一个完全的共识，但"大多数分析家们还是承认，权力基本上是指一个行为者或机构影响其他行为者或机构的态度和行为的能力"。[①] 如果用最简单方式表述，权力就是影响力。

西方对权力的经典定义出自罗伯特·达尔。其实，达尔也是将权力视为人与人之间的一种影响关系：A 对 B 拥有权力就是指 A 具有让 B 做 B 本不愿意做的事情的能力。这样就将权力定义为那种让别人做他们

① 戴维·米勒、韦农·波格丹诺：《布莱克维尔政治学百科全书》，邓正来等译，中国政法大学出版社 1992 年版，第 594—595 页。转引自季玲《软权力理论》，载秦亚青主编《观念、制度与政策——欧盟软权力研究》，第 25—26 页。

本不愿意做的事情来满足自身目标的能力。这种能力以一定的资源为基础，通过一定的手段，以促使他人行为的改变来实现自身的目标为预期结果。西方政治学对权力的基本定义表现了两种推理方式。首先，它仍然表现了根深蒂固的因果式思维背景。尽管在这些定义中权力也被定义为关系，但是这又回归了将关系视为背景和场所的思维定式。因此，西方学者要先确立权力拥有方和权力接受方的二元结构，然后观察拥有方对权力的行使（原因）导致了权力接受方什么样的行为和态度的改变（结果）。对权力进行因果诠释是具有吸引力的，因为这样会使研究人员将这种权力研究方法运用到更一般的情况中。① 其次，权力表现为个体的物质能力（硬权力）或是吸引能力（软权力）。无论前者还是后者，都是独立的个体行为体所拥有的东西，是可以直接作用于受力对象的。所以，虽然西方学者也认识到权力是一种关系，但是这样的关系又落入了实体理论的套路，关系不过是两个实体之间施加影响的平台和背景。过程建构主义并不否认西方主流国际关系理论对权力的这种理解，权力的因果逻辑也确实是存在的：权力大的一方的意愿是原因，权力小的一方的行为是结果。但是过程建构主义更注重权力的关系性实质。这表现在三个方面。

第一，关系是权力运作的平台，没有关系便没有权力。即便从达尔的经典定义来看，权力也必须表现在一种关系之中。所以权力总是关系性权力，也就是说，权力绝不仅仅是某个实体的物质性拥有物，而是必然通过相互关系才能表现出来。比如在朝核问题上，虽然在参与的六方之中，美国的实力是最强大的，但是在最困难时期对朝鲜影响最大的不是实力最强大的美国，而是中国。中国在朝核危机缓解方面起到了不可替代的作用，是因为中国与朝鲜的关系、中国与美国的关系以及中国与东北亚的关系都是其他国家不可替代的，中国的影响力来自于关系，来自于运作和协调涉及朝核各方的关系网络。

第二，关系可以放大权力，也可以制约权力。在任何一种关系网络中，关系总是对权力的运作产生影响。比如，在中国宗族社会中，父亲对儿子的权力是绝对的和至高无上的。这种权力并非是父亲拥有的、可以影

① 季玲：《软权力理论》，载秦亚青主编《观念、制度与政策——欧盟软权力研究》，第27页。

响儿子的实际能力（比如体力和脑力）。父权得到无限的放大，是因为宗族社会规定了父子的关系。同时，权力也可以在关系中得到制约。就目前东亚地区的实力结构来说，中国的物质性实力已经远远超过了东盟中的任何一个国家，也超过了东盟这个次地区组织。但是，自1991年以来，中国重新界定了与东盟的关系，改原来的敌对关系为友好睦邻关系，并在其后的15年里将中国与东盟的关系发展为全面战略伙伴关系。这种关系不仅约束了中国对某种权力形式（比如武力）的使用，而且也使中国在维持和发展关系的过程中进行了自我约束。

第三，关系就是权力。西方国际关系学者在讨论权力的时候，很难考虑到关系这种无形的东西可以成为权力资源。现实主义学者考虑的总是物质性权力资源，比如经济实力和军事实力等。[1] 即便是研究软实力的学者，也往往不把关系置于分析框架之内。小约瑟夫·奈是这样表述软权力概念的："一个国家在世界政治中获得想要的结果可以是由于其他国家——羡慕其价值观、模仿其榜样、渴望达到其繁荣和开放的水平——愿意追随之。这种软权力——使其他国家想要你所想要的结果——同化他人而不是胁迫他人。"[2] 无论价值观、效仿榜样还是繁荣和开放，都是行为体自身的东西，这里面不包含具有相互性和主体间性的关系。但是，关系和关系网络是重要的权力资源。

四 结语

本文提出的过程建构主义是重视过程的体系层次理论模式，目的是要将中国社会文化中的一个核心元素——关系性——挖掘出来，以它为硬核，构建一个理论轮廓，并希望这个理论模式能够解释现有国际关系体系理论没有解释或是解释不足的国际关系现象，以此丰富国际关系理论的宏大体系，显现被压抑和被忽视的社会性特点。

过程建构主义有三个特点：第一，将过程置于集体身份建构的核

---

① 比如"战争相关系数"（Correlates of War, COW）指标体系的"权力"测量指标包括了军事、工业和人口三项指标。参见 A. F. K. Organski and Jacek Kugler, *The War Ledger*, Chicago: University of Chicago Press, 1980。

② Joseph S. Nye, *Soft Power: The Means to Success in World Politics*, New York: Public Affairs, 2004, p. 5.

心，将过程自身视为可以产生原动力的时空场域；第二，将"关系"设定为过程的核心内涵，也就是确立"关系本位"的过程建构主义基本假定；第三，过程因运动中的关系而具有自身动力，过程的基本功能是"化"的能力。过程建构主义的重心在过程，过程的核心是关系。过程的意义不仅在于它可以导向结果，而且更重要的是它能够通过关系的流动孕化权力、孕育规范和建构行为体身份。过程在加强情感性关系方面，具有重要的和不可替代的意义。所以，集体身份认同不仅仅是通过相互依存或是共同命运等基于理性和利益考虑而建构起来的，它还要通过集体情感的建构，而维持、经营、强化过程是建构集体情感的重要环节。过程理论并不否定结果的重要性，行为体行动的目的是为了取得结果。但是在预知结果难以取得或是暂时无法取得的时候，维持过程可能比达到预期效果更加重要。维持过程，就有可能最终达成预期结果。即便无法达成预期结果，过程也通过关系的运动，调整着各方利益和对利益的认识，协调各方的关注和要求，加强各方的情感认同，因而达成更好的或是比较好的结果。这样一来，过程自身的地位就大大加强了，也就是说，过程既是手段也是目的，维持过程本身与通过过程获得结果具有同等重要的意义。

过程建构主义将关系性这个中国社会的核心概念设定为自己的硬核，那么，这是否意味着它不会具有普适性意义呢？本文以为，社会科学的理论必然出自于局部的地缘文化背景，但也能够升华到具有普适意义的层面。比如西方的理性主义，它是从西方尤其是自启蒙以来的西方社会中产生的，但它抓住了人类的一个通性，即利己的、可以进行成本效益权衡的特点，使之成为社会理论的硬核，因之出现了大量的理论成果，成就了许多人类制度的创新，也使理性成为具有普适意义的核心概念。理性成为主导概念之后，便自觉不自觉地压抑了许多其他重要的社会性因素，使得理性成为唯一的元概念。无论理性概念多么重要，它都无法也无力承担起"唯一"的重负。

关系性是中国社会中的一个突出概念，几千年中国社会的历史和经验，无论是常人的实践活动还是思想家的思考论述，往往是将关系置于核心位置的。但我们在这里并不希望也不可能完全照搬传统理念对关系性的叙事，而是希望将这一概念置于现代国际关系和中国经验的框架之中，发掘关系性的意义。实际上，在任何社会中，关系性都是十分重要的因素，因为"社会必须定义为一种关系".[1] 虽然不同社会对关系性的解读不尽相同，甚至差别很大，但任何社会都不可能不以关系性作为自己的定义性特征。正是因为过程建构主义的核心概念有着普适性的潜力，所以，这一理论模式也就可能产生普适性的意义。

《中国社会科学》2009年第3期

---

[1] 流心：《自我的他性：当代中国的自我系谱》，常姝译，上海人民出版社2005年版，第5页。